Rudolf Mohr

Otto Henn · Pfarrer in Greifenstein

Otto Henn
Pfarrer in Greifenstein

Autobiographisches,
Predigten, Erzählungen, Gedichte

Aus dem Nachlaß
ausgewählt und eingeleitet
von

Rudolf Mohr

1986

Rheinland-Verlag GmbH · Köln
in Kommission bei
Dr. Rudolf Habelt GmbH · Bonn

Schriftenreihe des Vereins für Rheinische Kirchengeschichte
Band 87

*Die Herausgabe dieser Arbeit wurde durch einen Zuschuß
des Landschaftsverbandes Rheinland
und der Ev. Kirche im Rheinland ermöglicht.*

Titelbild:
Ansicht der Burg Greifenstein
(Postkarte Anfang des 20. Jh.)

Rheinland-Verlag GmbH Köln
Abtei Brauweiler – 5024 Pulheim 2
Alle Rechte vorbehalten
Satz: Helga Faustmann
Druck: Carl Blech, Mülheim a. d. Ruhr
Buchbinderische Verarbeitung: Kornelius Kaspers, Düsseldorf
Printed in Germany
ISBN 3-7927-0932-5

Inhaltsverzeichnis

B. Predigten von Otto Henn

Einleitung

von Rudolf Mohr, Düsseldorf

I. Zum Inhalt

Ein Pfarrernachlaß als Geschichtsquelle

Jeder Pfarrer verbringt einen großen Teil seines Lebens mit Lesen und dem schriftlichen Formulieren von Gedanken. Er arbeitet Predigten und Vorträge aus und schreibt zahlreiche Briefe. Man sollte meinen, die Archive der Gemeinden und das der Landeskirche müßten überquellen von Pfarrernachlässen. Das ist aber nicht der Fall. Höchst selten bleiben die papiernen Zeugnisse pfarramtlichen Wirkens erhalten.

Das hat mancherlei Gründe. Beim Umzug aus einer geräumigen Dienst- in eine enge Privatwohnung besteht immer die Gefahr oder die Notwendigkeit, sich von allen „erledigten" Sachen zu trennen und sie dem Reißwolf oder dem Feuer zu übergeben. Es soll auch nichts in falsche Hände kommen. Die Angst, durch Äußerungen über Personen mit dem Datenschutz in Konflikt zu kommen, ist nicht unbegründet. Finden Erben einen handschriftlichen Nachlaß vor, sind sie manchmal der ja auch zu respektierenden Meinung, die Intimsphäre ihres Vaters müsse gewahrt werden, seine hinterlassenen Gedanken gingen nach dem Ende seines Wirkens andere Leute nichts mehr an. Verstärkt werden kann eine solche Einstellung durch die richtige Erkenntnis, daß zumindest Predigten „eine leicht verderbliche Ware" sind, also eigentlich Wort für eine ganz bestimmte, sich nicht wiederholende Situation − im Gegensatz etwa zum Lied, das seine Besonderheit gerade darin hat, daß es zur Wiederholung bestimmt ist[1].

Außerdem sind auch weniger respektable Gründe im Spiel, wenn es um die Vernichtung von Pfarrernachlässen durch Hinterbliebene geht. Gelegentlich wird eine gewisse Pietätlosigkeit oder bloßes Unverständnis maßgebend sein. Da haben Nachkommen − wie die Söhne Bachs gegenüber der Musik und der Bibliothek ihres Vaters[2] − den Eindruck: das ist ein abgeschlossenes Kapitel, etwas von gestern, das uns nichts mehr angeht. Vielleicht handelt es sich hier um die oft unbewußte Rache sich geschädigt fühlender Pastorenkinder, denen ja zweifellos eine besondere und nicht unbedingt eine beneidenswerte Rolle zugewiesen wird[3]. Auch Hilflosigkeit kommt vor. Da hat der Vater oder Großvater „deutsch" geschrieben, in gotischen Buchstaben oder in Sütterlin. Wer kann das noch lesen? „Was man nicht nützt" − oder was einem nicht nützt − „ist eine schwere Last"[4] − also weg damit! Auch Gedrucktes ist vor solchem Schicksal nicht sicher. Von Abichts bedeutendem und heute seltenem Werk über den Kreis Wetzlar verkam fast die ganze Auflage auf dem Schulhausspeicher in Hochelheim und wurde dann als Altpapier behandelt[5].

Nun besteht aber hier kein Anlaß, über verlorene Pfarrernachlässe zu klagen. Im Gegenteil! Die Witwe von Otto Henn und seine Kinder, Ulrich Henn, langjähriger Superintendent des Kirchenkreises Duisburg-Nord und jetziger Rektor des Pastoralkollegs in Rengsdorf, und seine Schwester, Frau Ursula Weber in Berleburg, haben das schriftliche Erbe des Vaters nicht nur treu gehütet, sondern auch die Scheu überwunden, die zum großen Teil privaten Äußerungen einer vielleicht verständnislosen Nachwelt zu übergeben. Dafür gebührt ihnen Dank und Anerkennung.

Die Publikation einer Auswahl aus diesem Nachlaß in der Schriftenreihe des Vereins für Rheinische Kirchengeschichte erfolgt, um mit diesem Beispiel auf die Notwendigkeit der Erhaltung solcher Nachlässe und ihrer Heranziehung zu geschichtlichen Studien hinzuweisen. Alles, woraus sich eine die Vergangenheit betreffende Erkenntnis gewinnen läßt, stellt eine Quelle dar, auch wenn sie mehr privater Herkunft ist. Wir sind ja heute nicht mehr der Meinung, daß Geschichte gleichbedeutend ist mit dem Verlauf und dem Ergebnis von Schlachten und der Verlautbarung bekannter und bedeutender Politiker. Darum sind dem Historiker heute auch jene Quellen hochwillkommen, die einen Eindruck vermitteln von dem Alltagsleben der kleinen Leute: Eßgewohnheiten, Wohnverhältnisse, Mode, Lektüre, Reisemöglichkeiten: kurz: alles was als sog. Kulturgeschichte des Alltags inzwischen einen unverzichtbaren Bestandteil der Sozial- und Wirtschaftsgeschichte bildet. Diese Zeugnisse der Vergangenheit sind auch unentbehrlich, wo man nach der Frömmigkeit, dem gelebten Glauben, fragt und der entsprechenden Forschung einen selbständigen theologischen Stellenwert zuerkennt[6]. Gerade Tagebuchaufzeichnungen oder Memoiren, die sehr persönliche Wahrnehmung und Wiedergabe von Ereignissen, vermitteln einen guten Eindruck von dem kulturellen, religiösen, politischen und wirtschaftlichen Klima einer Zeit, u.U. besser als die mehr offiziellen Quellen: Protokolle, Verträge usw., die man primär befragt, wenn man sich ein Bild zu machen versucht über die Ursachen und Folgen geschichtlicher Prozesse.

Aus dem literarischen Nachlaß von Otto Henn werden eine Autobiographie, Predigten und Erzählungen veröffentlicht, die von der Burg Greifenstein handeln, und einige Gedichte, vier verschiedene Literaturgattungen, zu deren Charakterisierung im Folgenden etwas gesagt werden soll.

A. Zu Otto Henns Autobiographie „Aus meinem Leben"

Über die Literaturgattung Autobiographie und die Motive Otto Henns bei der Abfassung seiner Lebensbeschreibung

Bescheidener als mit der Überschrift „Aus meinem Leben" hätte sich eine Autobiographie nicht präsentieren können. Es taucht nirgendwo der Gedanke auf, das eigene Leben könne später für Historiker oder Biographen ein Gegenstand des Interesses sein, es wird auch nicht der Versuch gemacht, aufgrund eigener Erfahrung zeitgeschichtliche Vorgänge zu kommentieren und zu beurteilen.

Dennoch — wer über sich selbst schreibt, in welch anspruchsloser Weise auch immer, begibt sich auf den Boden einer sehr alten und ehrwürdigen Tradition und verfolgt einen ganz bestimmten Zweck. Es ist hier nicht der Ort, auf die Geschichte der Autobiographie[7] einzugehen, aber es sei doch, um die Konturen des Phänomens hervortreten zu lassen, an drei hervorragende Vertreter dieser Literaturgattung erinnert. Der erste, der auf christlichem Boden ausführlich über sich selber schrieb, *Augustin,* tat es in Gebetsform und sah also alles, wovon er sprach, in einer Beziehung zu Gott[8]. Auf dieser Linie befindet sich auch *August Hermann Francke* mit seiner Autobiographie[9], die sich und anderen Rechenschaft geben will über jenes Ereignis, das für Francke von zentraler Bedeutung ist im Leben eines Christen: die Bekehrung[10]. Er hat eifrige Nachfolger unter den Pietisten gefunden und damit nicht nur diese Richtung beeinflußt, sondern auch — wie mit zwei anderen vom Pietismus gepflegten Arten literarischer Äußerungen: Briefen und Tagebüchern — die deutsche Literatur bis in die Zeit der Klassik und Romantik. — Die Autobiographie des Klassikers *Goethe* ist überschrieben „Dichtung und Wahrheit"[11], sie verfolgt trotz erkennbarer pietistischer Einflüsse in dem dargestellten Leben keinen religiösen Zweck mehr, sondern sieht das eigene Leben, das mit der Dichtung aufs engste verbunden wird, selbst als eine Art Kunstwerk an. Der Titel deutet außerdem an, daß die Wahrheit im Sinne der Zusammenstellung von Fakten, die nur in ihrer Verknüpfung einen Lebenslauf ergeben, zu ihrer Darstellung eine gewisse Form nötig hat und ohne sie gar nicht darstellbar ist. Das muß in Kauf genommen, ja, gut geheißen und gewollt werden, auch wenn das gelegentlich auf Kosten der Wahrheit geht und sich nachweisen läßt, daß Einzelheiten nicht genau stimmen. Außerdem verlangen die Tatsachen auch oft, weil es dabei um Personen geht, Rücksichtnahmen, Verhüllungen, Verkleidungen, dichterische Verfremdungen[12]. Die Scheu, zu viel von sich selbst preiszugeben, macht diese Methode notwendig, vor allem aber auch die Ehrfurcht vor andern. In Goethes Fall spielt ein Herzog, Goethes Landesherr und unmittelbarer Vorgesetzter, eine große Rolle in seinem Leben. Nicht ohne triftigen Grund führt Goethe seine Autobiographie nur bis zu dem Punkt, wo seine amtliche Tätigkeit in Weimar beginnt, und auch seine anderen autobiographischen Werke klammern die Verhältnisse in Weimar aus. Bei einem Bericht darüber hätte der Autor zu viel unterdrücken, verschweigen oder schönfärben müssen, als daß dann noch berechtigterweise von Wahrheit hätte die Rede sein können.

Aus der bewegten Geschichte der Autobiographie sei nach diesen drei „Säulen" noch ein Zeitgenosse von Otto Henn erwähnt: August Winnig (1878-1956). In „Frührot"[13] berichtet er, wie er als ein Mensch, dem von seiner Herkunft her die Bildung verschlossen war, viele Hindernisse überwinden mußte, um zu ihr zu gelangen, aber sich dann doch alles Nötige aneignet und als Schriftsteller Ruhm und Beliebtheit erlangt. Dieser Lebensweg erklärt Winnigs soziales Engagement, und die Autobiographie ist zugleich auch eine tendenziöse Schrift, sie wirbt — wenn auch sehr zurückhaltend — für jene politische Einstellung, die Winnig selber vertreten hat, und durch die es ihm möglich erscheint, daß in Zukunft Bildung den Menschen aller Schichten zugänglich wird.

Autobiographien sind heute die große Mode. Viele Prominente von Film und Bühne erfüllen die Wünsche des Publikums, das mehr von seinen Lieblingen wissen will, möglichst viel Interessantes, Aufregendes, Skandalöses. Einige solcher Veröffentlichungen zeichnen sich durch wirkliche oder vorgetäuschte Harmlosigkeit aus, man wundert sich, wie wenig sie enthalten, was nicht für alle gilt, andere haben es darauf abgesehen, sogenannte Enthüllungen zu bieten, Skandale anzuzetteln, an jemand Rache zu üben.

Von diesem knappen Überblick über grundsätzliche Möglichkeiten und Muster von Autobiographien her fragen wir nun nach den Motiven, die Otto Henn bewogen haben, etwas aus seinem Leben niederzuschreiben. Man muß sich dabei immer vor Augen halten, daß es keineswegs zur Veröffentlichung bestimmt war. Als Leser kamen eigentlich nur seine engsten Familienangehörigen in Frage; vielleicht hat er das eine oder andere Kapitel einem guten Freund vorgelesen oder erzählt. Warum füllte er viele Seiten damit? Die Antwort läßt sich in drei Punkten zusammenfassen.

Erstens: Otto Henn besaß ein großes Erzähltalent und stellte die Episoden aus seinem Leben dar, die sich zum Erzählen eignen. Zweitens: er wollte sich selber darüber klar werden, was ihn nach Greifenstein geführt und dort gehalten hat, einen Ort, an dem offenbar große geistige Gaben nicht gefragt waren. Bezeichnend dafür ist, was Henn in Erinnerung an seine Einführung berichtet. Von dem Superintendenten aus Braunfels heißt es da: „Der gute Bingel, der sich nicht vorbereitet hatte (für Greifenstein war das nicht nötig), redete ziemlich kläglich" (S. 107). Drittens: der Autor Henn fragt nach Führungen Gottes in seinem Leben und er ist sicher, sie bei drei Wendungen seines Weges deutlich zu erkennen, die immer mit einem Ortswechsel verbunden waren.

1. Der Erzähler und sein Stoff

Die Frage, was sich erzählen läßt, und zwar so, daß der Erzähler und der Hörer oder Leser dabei schmunzeln können, in eine heitere Stimmung versetzt werden, ein Vergnügen haben, das ist der Schlüssel zur Auswahl dessen, was Otto Henn aus seinem Leben mitteilt. Erzählt wird nicht das, was für die Entwicklung dessen, der von sich berichtet, von ausschlaggebender Bedeutung gewesen ist, oder es ist höchstens beiläufig und zwischen den Zeilen davon die Rede, sondern berichtet wird das, was als Stoff für eine Erzählung geeignet ist. Die Henn'sche Autobiographie besteht im Grunde aus einer Reihe von Kurzgeschichten.

(Auto)biographien pflegen mit dem Herkommen zu beginnen, sie reden am Beginn von den Eltern oder weiteren Vorfahren, verweisen nach Möglichkeit auf eine lange Ahnenreihe oder setzen noch gewichtiger ein (wie z.B. Winnig) bei dem erdgeschichtlichen Werden der Landschaft, aus der sie stammen. Otto

IV

Henn dagegen führt uns zu Beginn einen kleinen Jungen vor, der wohl gerade laufen gelernt hat und sich an einem Ende eines über zwei Böcke gelegten mit Speisen beladenen Kuchenbrettes hochzieht. „Dabei kippte die ganze Geschichte, und eine Flut von fettigen Wässern und ein Hagel von rohen Eiern ergoß sich über mich, so daß ich nichts anderes meinte, als meine letzte Stunde sei gekommen. Auf das Gepolter und mein Jammergeschrei sind dann die Großen gelaufen gekommen und haben mich errettet. Ich erinnere mich noch, wie meine Mutter mir mit einem Tuch die ganz verklebten Augen abgewischt hat, aus denen ich meinte, nie mehr etwas sehen zu können" (S. 1).

Warum wird diese „Kindheitserinnerung ... an einen großen Schrecken" erzählt? Weil es ein amüsanter Erzählstoff ist, weil man sich den kleinen Kerl in der Speisekammer gut vorstellen kann, wie sich da „eine Flut" über ihn ergießt, und wie er „errettet" wird, so daß das große Unglück sich angesichts der Tatsache, daß er unverletzt blieb und sich keine schlimmen Folgen für seine von Anfang an schwachen Augen ergaben, in der Perspektive der Erwachsenen als ein Spaß erweist, nachträglich den Charakter einer Clownerie erhält und einen Grund zum Lachen bietet.

Wir werden diesem Gestaltungswillen, der das Alltägliche oder auch für den Betroffenen Schmerzliche zu etwas Amüsantem macht, auf Schritt und Tritt begegnen und müssen darin neben der Wahrheit die *Dichtung* erkennen, die Form, die das Ganze erst erzählungswürdig macht. Nicht die Frage, wie es wirklich gewesen ist, leitet den Autor, sondern wie es am wirkungsvollsten, am vergnüglichsten dargestellt werden kann. Statt trockener Objektivität fühlt er sich der Poesie verpflichtet.

Köstlich die Episode, wie der noch nicht schulpflichtige Junge der gestrengen Frau Kammerratswitwe etwas vorlesen muß, was er für ein spannendes und aufregendes Ereignis aus dem Wilden Westen hält, das er gern zu Ende gelesen hätte.

„Erst viel später, ich glaube, ich hatte schon Abitur gemacht, fiel es mir auf einmal wie Schuppen von den Augen: Meine schöne Indianergeschichte, nach der ich so lange gesucht hatte, war nichts anderes als das Lied des Gesangbuches: 'Fahre fort, fahre fort, Zion, fahre fort im Licht!' Davon hatte ich die erste und die letzte Strophe lesen müssen und in meiner durch Indianerlektüre genährten Phantasie die Ausmalung des Räuberkampfes dazugemacht" (S. 14).

Solche Szenen ereignen sich nur im Leben eines mit dichterischer Phantasie begabten Menschen.

Hauslehrerzeiten gehörten über viele Generationen zu den demütigendsten und nicht selten katastrophalen Erlebnissen junger Theologen[14] — statt vieler anderer Beispiele sei auf das hingewiesen, was Peter Härtling über Hölderlins Hofmeistertätigkeit schrieb[15] —, weil die im Wartestand auf eine Pfarrstelle Befindlichen zwar keine Mittel, aber nicht selten heftige Gefühle hatten, und zwar zu solchen Damen, die durch Standesunterschiede unerreichbar waren: die Töchter, manchmal auch die Mütter aus adeligem Hause.

Liest man Otto Henns Bericht über seine Stellung als Hauslehrer, ahnt man nichts von der kläglichen und kümmerlichen Rolle, die den Kandidaten da zugemutet wurde. Für unsern Autor war diese Zeit anscheinend ein reines Vergnügen. Natürlich beobachteten alle Mütter und Klatschbasen, ob sich nicht eine Romanze oder ein Skandal anbahne, und es ist natürlich die Frage, ob das Fräulein, das nach einer Ballnacht schleunigst zur Vervollkommnung der Formen gesellschaftlichen Umgangs an den Rhein geschickt wurde, nicht doch im Gefühlsleben des Erzählers eine größere Rolle spielte als er wahrhaben oder uns glauben machen will. Jedenfalls präsentiert er sich in der Rolle des Harmlosen und Unbeteiligten. Ihm liegen alle Annäherungen an die Gutsbesitzerstochter – auch während einer von den andern als verfänglich empfundenen Situation – völlig fern. Er sitzt „zufällig" mit Änne zusammen, die aber auf die Zuflüsterung eines Dieners, daß der Baron, ihr Kürassier-Bräutigam, nahe, „durch ein offenstehendes Fenster von der Diele in ein leeres Zimmer sprang, aber auf dem blanken Parkett ausrutschte und zu Fall kam. Ich sprang nach und hob sie auf ... Ich klopfte meine Dame noch ab und half ihr, die Toilette wieder in Ordnung zu bringen. Da kam schon ein Diener und rief: 'Das gnädige Fräulein zur gnädigen Frau!' " (S. 86). Bei der Abreise besagten Fräuleins ist der Kandidat, mit Blumensträußen überladen – er hat sie nicht gepflückt, sondern zum richtigen Zeitpunkt von seinen Schülern geschenkt bekommen –, ganz zufällig an der Bahn, steigt in den Wagen und überreicht den Damen die Blumen.

Eine Hochzeit ist eine ernste Angelegenheit, umso ernster, je schlechter die Zeiten sind. Die Zeiten bei Otto Henns Hochzeit im Jahre 1923 waren schlecht. Im Januar besetzten 60 000 französische und belgische Soldaten zur Sicherung „produktiver Pfänder" das Ruhrgebiet. Poincaré benutzte diesen Rechtsvorwand, um inzwischen längst überholte politische Ziele des 17. Jahrhunderts zu verwirklichen. Kanzler Wilhelm Cuno verkündete den „passiven Widerstand". Die Reparationslieferungen an Frankreich und Belgien wurden eingestellt. Frankreich besetzte Industrieanlagen, requirierte Rohstoffe und Transportmittel und beschlagnahmte Lohn- und Steuergelder. Für das ganze besetzte Gebiet wurde eine Zollschranke errichtet. Dadurch, daß die Besetzer auch die Eisenbahnverwaltung übernommen hatten, kam es zu häufigen Unfällen, Verspätungen und sonstigen Fehlleistungen, zum Teil auch als Folge von Sabotageakten. Die Franzosen reagierten mit Ausweisungen von fast 150 000 Menschen. Die Reichswehr rüstete sich zu einem bewaffneten Widerstand und stellte als Arbeitskommandos getarnte Zeitfreiwillige ein. Im April nahm der Staat nur noch ein Siebentel dessen ein, was er ausgeben mußte. Im Juni kostete in den Berliner Markthallen ein Pfund Linsen 10 000 - 11 000 Mark. Als Folge von Hunger und Arbeitslosigkeit kam es zu Ladenplünderungen. Als Stresemann im August Kanzler wurde, beendete er den passiven Widerstand, weil die wirtschaftlichen Folgen nicht mehr tragbar waren. Im Oktober rückte die Reichswehr in Sachsen ein, weil die „Proletarischen Hundertschaften" nicht aufgelöst worden waren. In der Landesregierung saßen Kommunisten und Sozialdemokraten. Die bayerischen Reichswehrtruppen wurden der Reichsgewalt entzogen. In Aachen riefen die Separatisten am 21. Oktober mit Unterstützung der Franzosen die „Unabhängige Rheinische Republik"

VI

aus. Im November kam mit der Ausgabe der Rentenmark das Ende der Inflation in Sicht[16].

Henns Hochzeit gerät aber trotz alledem in seiner Schilderung zur Komödie. Von den Anreiseschwierigkeiten der Braut ganz abgesehen, wird ein überängstlicher dörflicher Standesbeamter, der diese Tätigkeit natürlich nur nebenamtlich ausübt, erst mit Hilfe eines Oberinspektors dazu gebracht, die Trauung vorzunehmen. Der Blumenstrauß auf seinem Tisch ist geborgt, der Mann verliest sich mehrfach bei dem, was er aus einem Buch über die Bedeutung der Ehe zu Gehör bringen will „und bleibt dann erbarmungslos ganz stecken" (S. 121). Der Pastor, der getraut werden will, muß eingreifen, dem in Verlegenheit Geratenen weiterzuhelfen, damit die Zeremonie überhaupt vollzogen wird.

Und welche Probleme gibt es mit dem trauenden Pfarrer! Erst soll's der aus Ulm sein, weil der zu viele Termine hat, einer aus Braunfels. Schließlich traut doch der Ulmer. Während die Hochzeitsgesellschaft — größtenteils seine Verwandten — sich in seinem Hause sammelt, memoriert er lauthals seine Rede, so daß man's auf dem Flur hört. In der Kirche fällt, gerade als die Orgel eingesetzt hat, ein großes Stück vom Verputz mit lautem Getöse herunter, schließlich wird der Pfarrer nach den ersten Sätzen seiner Rede ohnmächtig. Wieder muß der Bräutigam eingreifen, ein Lied ansagen und den Pfarrer so weit bringen, daß er im Sitzen wenigstens noch die Traufragen stellt und den Segen erteilt. Später wird es heißen, Pfarrer Henn habe sich selbst getraut.

Nach der Trauung bricht das jungvermählte Paar abends um 11 Uhr von Ulm zur Dianaburg auf und verläuft sich nach den ersten Schritten wie einst Hänsel und Gretel. Erst um ein Uhr kommen die beiden Hochzeitsleute an und finden alles in tiefem Schlafe vor. Das passiert dem Försterssohn, der die Wege im Wald genau kennt!

Wen das und anderes in dieser Darstellung wundert, den würde der Erzähler Henn fragen: Lohnt es sich, von etwas zu reden und zu schreiben, das nur wahr ist und nicht auch amüsant? Wer erzählt, soll Humor haben und seine Erinnerungen humorvoll zu Papier bringen — oder es bleiben lassen.

Daß die Erheiterung derer, denen er sich mitteilt, in der Absicht des Autors Henn liegt, zeigt sich auch deutlich in der Fortsetzung dieses Kapitels über seine eigene Hochzeit. Er schließt nämlich zwei an (29 und 30), die ebenfalls von „absonderlichen Trauungen" handeln (S. 128), und erzählt erst von einer Trauung um Mitternacht, zu der er mit geladenem Revolver in der Talartasche ging, und von einer andern während seiner Hilfspredigerjahre in Burgbrohl, zu der der Bräutigam mit vier „Bräuten" erschien, nämlich mit Brautjungfern, von denen der seines Amtes waltende Geistliche nie etwas gehört hatte, sich ihre Funktion also auch nicht erklären konnte. Der wahren Braut hatte ein übereifriger Küster die Kirchentür verschlossen.

Wir hatten eingangs festgestellt, „Aus meinem Leben" sei eine ganz bescheiden klingende Überschrift. Sie verrät aber zugleich, daß sich der Verfasser an einem sehr hohen Vorbild orientiert. Kein Geringerer als Goethe wählte diesen Obertitel nicht nur für „Dichtung und Wahrheit", sondern auch für zwei weitere autobiographische Schriften, „Die italienische Reise" (1816/17) und

„Campagne in Frankreich" (1822). Diese Tatsache macht unübersehbar deutlich, daß es Otto Henn in seiner Autobiographie auf das Erzählerische ankam, auf gestalterische Form und zugleich im Sinne Goethes auf Deutung[17].

2. Erkenne dich selbst!

So sehr es Otto Henn darauf abgesehen hat, einen potentiellen Leser zu amüsieren, für sich selber verfolgt er mit der Niederschrift seiner Lebenserinnerungen eine durchaus ernste Absicht. Er will im Schreiben Klarheit über sich selbst gewinnen.

Die Frage nach dem Wesen der eigenen Person hat in unserem Jahrhundert so konträre Geister wie Dietrich Bonhoeffer[18] und Henry Miller[19] beschäftigt und von dem Problem der Selbstfindung oder Selbstverwirklichung zu reden und Identitätskrisen zu konstatieren, ist Mode geworden. Aber natürlich ist das keine Erfindung unserer Zeit. Die Aufforderung $\gamma\nu\tilde{\omega}\vartheta\iota$ $\sigma\epsilon\alpha\nu\tau\acute{o}\nu$: „Erkenne dich selbst!" stand als Wort des Gottes Apollo an seinem Tempel in Delphi[20], sie wurde von Cicero in der Form *Cognosce te ipsum* ins Lateinische übertragen und als Aufforderung, die eigene Seele kennenzulernen interpretiert[21].

Man kann ohne Übertreibung sagen: die Frage nach dem eigenen Ich beschäftigt jeden denkenden Menschen. Für Otto Henn stellte sie sich in einer speziellen Form: entspricht mein Beruf und mein Wirkungskreis dem, was von mir aufgrund meiner Veranlagungen und Begabungen erwartet werden konnte?

Henn macht in seiner Autobiographie darauf aufmerksam, wie seine Umgebung an ihm als Kind ungewöhnliche Züge entdeckte, die zu großen Hoffnungen für seine Zukunft berechtigten, und wie er selber, wenn er sich mit anderen verglich, mehr Unterschiede als Gemeinsamkeiten entdeckte. Die frühsten Erinnerungen, die im ersten Kapitel berichtet werden, sind nicht nur deswegen bemerkens- und erzählenswert, weil sie eine humorvolle Pointe haben, sondern weil sie auch in unaufdringlicher Weise das Bild eines mit großer Intelligenz ausgestatteten Kindes vermitteln. „Da mein Großvater im Jahre 1884 starb, haben sich diese drei Momentbilder vor dem vollendeten zweiten Lebensjahr schon dem kleinen Gehirn eingeprägt" (S. 2). Von den Lesekünsten des noch nicht Eingeschulten war schon die Rede (S. 13-17). Das Kind, das noch nicht richtig sprechen kann, charakterisiert bereits in einer so treffenden Weise den Redeschwall einer Frau Dr. Zinser, daß der von dem kleinen Jungen für sie gebrauchte Ausdruck als Spottname an ihr haften blieb und von der ganzen Familie gebraucht wurde (S. 8). Das Kind vermag dem Gartendirektor Barth genau zu berichten, wo die großen Geflechte aus Schilfrohr für die Gewächshausfenster lagen, so daß das dem Verantwortlichen einen Inspektionsgang ersetzte und „der Onkel über die Leistung des Lobes voll war" (S. 15). Als die Tante die Vorzüge des Neffen gegenüber der Frau

Ochsenmetzger volltönend preist, erklärt diese dessen Intelligenz für ganz selbstverständlich in Anbetracht so gescheiter Eltern (S. 22).

Daß ein Nachkomme mit denselben Voraussetzungen durchaus anders sein kann, führt Henn an seinem Bruder Walter vor — in der Darstellung eine Art Gegenfigur zu sich selbst. Jener ist wild, ganz Kind, immer von einer großen und lärmenden Schar von Spielkameraden umgeben, die auftauchen und umherbrausen wie ein Wirbelwind, der Erzähler selbst ist in sich gekehrt, am liebsten für sich allein, seinen Phansasien hingegeben, ein Eigenbrötler. Diese Rolle behält er auch als Student bei. Obwohl aus der Zeit viel vom Kneipen und Tanzen die Rede ist — seinem Wesen nach ist dieser sich flott gebärdende Student ein Naturliebhaber, ein Wanderer auf einsamen Pfaden, ein Einzelgänger.

Daß Henn mit seiner Selbsteinschätzung keiner Selbsttäuschung zum Opfer gefallen ist, sondern von seinen Mitschülern als außenstehenden Beobachtern genauso eingeschätzt wurde, dafür liegt ein schönes Zeugnis vor in einer Charakterisierung, die nach seinem Tod ein ehemaliger Klassenkamerad, Oberstudiendirektor Otto Schneider aus Siegen, in einem Mitteilungsblatt für Ehemalige des Weilburger Gymnasiums zur Erinnerung an Otto Henn schrieb:

„ ... Der Tod dieses prächtigen, gütigen Menschen geht allen, die ihn kannten, nahe und schmerzt auf das tiefste die noch Übrigen von seinen alten Klassenkameraden, deren Stolz und jahrzehntelanger anhänglicher Obmann in der Wilinaburgia er gewesen ist.
Als Quartaner kam der wohlerzogene, bescheidene, von den Flegeljahren nicht berührte Sohn eines Oberförsters in unsere Klassengemeinschaft. Hervorragend begabt, stets gleichmäßig fleißig ging er mit reifenden Jahren wesentlich ernster und tiefer als wir anderen geistigen Interessen nach und sammelte die entsprechende Ernte. Als vorzüglicher Mathematiker löste er mit überlegener Sicherheit an der Tafel jede Aufgabe, wenn keiner mehr weiter konnte und durch die vorher angerichtete Verwirrung selbst unser wohlwollender Professor Weis in Verzweiflung zu geraten schien. Zeitlebens hat Otto Henn die großzügige und der Individualität Spielraum lassende Pädagogik unseres allverehrten Klassenlehrers Prof. Gundlach gerühmt, und ebenso fühlte er sich von dem Humanisten Prof. Müller angezogen. In den Oberklassen wurde er unser Primus, und als solcher machte er 1902 das Abitur. In dem nach allen Richtungen hin wohlorganisierten, streng und repräsentativ geführten Gymnasialstaat des 'Königlichen Direktors' Dr. Paulus spielte der stille, keineswegs in den Vordergrund treten wollende 'Herr Henn' nach außen hin nicht die Rolle, die dem primus omnium an sich zugekommen wäre. Aber er war ein prächtiger Kamerad, stets hilfsbereit aus dem Reichtum seines Wissens und mit heiterem Humor gerne fröhlich unter den Fröhlichen, die damals in der 'Schwanegaß' einen engeren Kreis bildeten. — Sein Lebensweg nach dem Abschied von Weilburg ging in den stillen Bahnen, die seiner äußeren und inneren Veranlagung entsprachen. Er studierte Theologie in Tübingen, Halle, Berlin und Bonn. Es kennzeichnet ihn am besten, wenn ich aus einem aufgehobenen Brief von ihm an mich zitiere: ' ... Hermann Bücher [Geheimer Legationsrat in Berlin], der mich in Greifenstein einmal besuchte, bedauerte, daß so wider Erwarten 'gar nichts besonderes aus mir geworden wäre', bis er schließlich einsah, daß ich dennoch mit ihm nicht tauschen würde, weil ich sein Leben in der großen Welt einfach als Strafe empfinden würde, das ich nach auch, der ich in keiner Weise gewachsen sei. Im buen retiro hoch im Westerwald fühlte ich mich aber sehr am Platze, getreu der schönen Maxime, die noch über meinem Schreibtische hängt: 'Ama nesciri!' —'' [21a].

In der zitierten Briefstelle taucht in scharfer und prägnanter Form die Frage auf, die sich Henn selber gestellt hat und die mit ein Beweggrund zur Abfassung seiner Autobiographie gewesen ist: mußte aus ihm durch Pflicht und

Neigung nicht etwas Besonderes werden? Brachte er nicht alle Voraussetzungen dazu mit, und war er es nicht sich und anderen schuldig? Ist der Beruf des Pfarrers in einem abgelegenen Ort nicht ein Scheitern aller Pläne und eine Enttäuschung aller Erwartungen?

In dem Schreiben seiner Lebensgeschichte findet Henn darauf die Antwort, die in dem erwähnten Brief so selbstverständlich und abgeklärt klingt. Was er geworden war, ist nicht der kümmerliche Minimalfall dessen, was er hätte werden können und sollen, nicht ein bedauerliches Zurückbleiben der Wirklichkeit hinter der Möglichkeit, sondern sein „einfaches Leben" (S. 165)[22] war eine bewußte Entscheidung für eine Existenz in Verborgenheit und Bescheidenheit. Er sieht sich in keiner Weise in der Rolle des Fuchses, dem die Trauben zu hoch hängen, d.h. er gibt sich nicht resigniert darein, daß ihm keine glanzvolle Karriere beschieden war, sondern versteht den bewußten Verzicht darauf als die Verwirklichung eines hohen philosophischen und religiösen Ideals. Von allen möglichen Lebensformen ist nach seiner Überzeugung die verborgene die beste.

Der Gehalt dieser Lebensform kristallisiert sich für Henn in dem Satz „Bene vixit, qui bene latuit", gut gelebt hat, wer gut verborgen geblieben ist — ein Motto, das auch ein Verwandter seiner Frau, der Züricher Professor für Altes Testament Ludwig Köhler[23] in seiner Autobiographie zur Charakterisierung seiner Mutter, Ursula Köhler, geborene Bührer, verwendete[24].

Der Satz steht wörtlich so in Ovids Tristien (III,4,5), wo er in Zusammenhang gebracht wird mit dem Geschick des Ikarus, der bei seinem Flugversuch ins Meer stürzte. Der Sinn der Sentenz ist dort, daß jeder sich in den Grenzen seines Standes halten soll. Ovid wird als Verbannter zu solchen Reflexionen veranlaßt und gibt den Ratschlag: „Lebe nur dir und fliehe weithin die großen Namen, / Lebe nur dir und meide, soviel du kannst, die Höfe der Welt". Von dem Palast komme der schreckliche Blitz. Obgleich die Mächtigen einem viel nutzen können, solle man lieber auf solchen Nutzen verzichten, um keinen Schaden von ihnen zu erleiden. Es wäre gut, wenn er, der Warner, selber gewarnt worden wäre, dann hätte er vielleicht in Rom bleiben können. — Das Leben im Verborgenen ist bei Ovid dem Zusammenhang nach also eigentlich kein Ideal und nichts an sich Erstrebenswertes, sondern nur eine Vorsichtsmaßnahme, um sich vor Unglück zu bewahren, wie es leicht Leute trifft, die bekannt und prominent sind.

Ein Wort ähnlichen Inhalts wie das besprochene von Ovid ist „Ama nesciri": liebe es, unbekannt zu sein. Henn hat beide Wahlsprüche als Student in Tübingen kennengelernt und hielt sie für Worte Bernhards von Clairveaux (S. 53). Später hat sie Henn bei Thomas von Kempen[25] wiederentdeckt. Das Ovidzitat findet sich modifiziert in „De imitatione Christi"[26] in einem Kapitel mit der Überschrift „De monastica vita", vom mönchischen Leben, und lautet: „Beatus, qui ibidem bene vixerit, et feliciter consummaverit" (I,17,3): Selig, wer dort [nämlich im Kloster] gut gelebt und sein Leben glücklich beendet hat[27]. — Das „Ama nesciri" findet sich in dem Werk über die Nachfolge in 1,2,15: „Si vis utiliter aliquid scire et discere, ama nesciri et pro nihilo

X

reputari": Wenn du etwas zu deinem Nutzen wissen und lernen willst, dann liebe es, unbekannt zu sein und für nichts geachtet zu werden.

Es gibt in diesem Erbauungsbuch eine Reihe von Stellen, die in dieselbe Richtung weisen, z.B. I,20: „Melius est latere et sui curam agere: quam se neglecto signa facere": Besser ist es, verborgen zu sein und für sich Sorge zu tragen [d.h. für sein Heil zu sorgen] als sich zu vernachlässigen und Wunder zu tun. — Daß das Verborgensein hier ganz und gar ein Merkmal der Frömmigkeit ist und im Interesse einer gesteigerten Innerlichkeit empfohlen wird, zeigt die Weisung gegen Ende dieses Kapitels: „Claude super te ostium tuum, et voca ad te Jesum, dilectum tuum" (I,20,43): Schließe die Tür hinter dir zu und rufe zu dir Jesum, deinen Geliebten. — Bei Gerhard Tersteegen begegnet uns dann öfter das Motiv, daß man *daheim* sein muß, wenn es zu einer Gemeinschaft zwischen Jesus und der Seele kommen soll[28].

Die asketische Grundtendenz des Verfassers der Imitatio kommt deutlich dort zum Vorschein, wo er sich darüber äußert, was zur Hoffnung auf eine glückliche Todesstunde berechtigt: „perfectus contemptus mundi , ... abnegatio sui" (I,23,23): vollkommene Verachtung der Welt und Selbstverleugnung. Das Motiv für ein zurückgezogenes, am besten in der Zelle (I,20,24) verbrachtes Leben ist der Blick auf den Tod. „Stude nunc taliter vivere, ut in hora mortis valeas potius gaudere quam timere" (I,23,33): Bemüh dich, jetzt so zu leben, daß du in der Stunde des Todes mehr Grund zur Freude als zur Furcht hast.

Das muß man im Auge behalten, wenn man mit Henn die Spur der Empfehlung eines Lebens im Verborgenen und des Unbekanntseins nach rückwärts verfolgt und dann auf Epikur stößt (S. 164). Epikur (341-270) lehrt auch: λάθε βιώσας : „Lebe zurückgezogen"[29]. Aber wenn zwei dasselbe tun, ist es doch nicht dasselbe. Der Unterschied zu dem Verfasser der „Imitatio" ist gewaltig. Von dem Gedanken an den Tod will Epikur den Menschen im Interesse eines glücklichen, freudevollen Lebens ja gerade abbringen. Er bediente sich dazu der Atomenlehre Demokrits, die durch die Sophisten mit ihrer anthropozentrischen Weltsicht wieder in den Hintergrund gedrängt worden war. Bei Epikur erhält die Naturerklärung, die Physiologie, wie er manchmal sagt, eine existentielle Anwendung. Auch die Seele zerfällt im Tod, der also nicht zu fürchten ist. „Solange wir da sind, ist er nicht da, und wenn er da ist, sind wir nicht mehr"[30]. Auch die Götter können und wollen keine Furcht verursachen. Es widerspricht ihrem Wesen, Liebe oder Haß gegenüber den Menschen zu empfinden und sie zu belohnen oder zu bestrafen. In völliger Leidenschaftslosigkeit befinden sich die Götter in Metakosmien oder Intermundien, in Zwischenwelten, also weit außerhalb menschlicher Interessen- und Existenzsphären.

Epikurs Leugnung der Unsterblichkeit und die atheistischen Züge seiner Philosophie haben die heftige Feindschaft gegen ihn hervorgerufen, die auch vor Verdächtigungen und Verunglimpfungen nicht zurückgeschreckt ist, als seien die Epikureer die übelsten Genußmenschen und Egoisten. Aber eine unvernünftige Sinnenfreude hat Epikur nie propagiert. Es geht auch ihm wie den Stoikern um die Eudaimonia, einen Zustand der inneren Harmonie, und die Ataraxia, die Unerschütterlichkeit des inneren Menschen. Für ein glückliches und von Freude erfülltes Leben sind Schmerz- und Angstfreiheit nötig. Dazu will Epikurs Philosophie verhelfen.

In dem Zusammenhang wird verständlich, warum Politik bei Epikur keine Rolle spielt, und warum er davon abrät, nach Reichtum und einflußreichen Stellen zu streben. Man verwickelt sich damit nur in Kämpfe, verliert seine persönliche Autarkie, Unabhängigkeit, und vergißt, daß es innere Güter gibt, die wertbeständiger sind als die äußeren. Hat man ein Vermögen zur Verfügung, soll man es zur Vervollkommnung seiner Persönlichkeit benutzen; muß man es entbehren, ist das kein Unglück, wenn man es nicht durch seine Vorstellung dazu macht. Man bedarf wenig zum Leben. „Wem genug zu wenig ist, dem ist nichts genug"[31].

Man muß auch bedenken, daß Epikurs Empfehlung, zurückgezogen zu leben, eine ethische Komponente hat. Die Zügelung der eigenen Gier und Leidenschaft bedeutet auch die Respektierung der Gesetze und damit Rücksichtnahme auf die Interessen der andern.

Montaigne (1533-1592) hat in einem seiner Essays nachdrücklich darauf aufmerksam gemacht, wie schwer solche richtigen Grundsätze zu verwirklichen sind; er schreibt über „die Lehrsätze des Epikurs":

„Denn diese Vorschrift seiner Sekte: verbirg dein Leben, welche den Menschen verbietet, sich mit öffentlichen Ämtern und Verhandlungen zu beladen, setzt auch notwendig voraus, daß man den Ruhm verachten müsse, welcher in dem Beifalle besteht, den die Welt uns über die Handlungen erteilt, die wir vor ihren Augen verrichten. Derjenige, der uns gebeut, uns zu verbergen und für nichts anderes Sorge zu tragen als für uns selbst; der nicht will, daß wir andern bekannt seien, der will auch noch weniger, daß wir von ihm geehrt und gerühmt werden [...] Diese Lehren sind meines Bedünkens unendlich wahr und vernünftig; aber wir sind, ich weiß nicht wie, doppelsinnig, welches macht, daß wir nicht glauben, was wir glauben und daß wir uns von dem, was wir an uns selbst verdammen, nicht losmachen können. Man sehe nur die letzten Worte des Epikurs, die er kurz vor seinem Tode sagte; ihr Sinn ist groß und eines solchen Philosophen würdig, indessen haben sie doch einen kleinen Anstrich von Empfehlung seines Namens und von diesem Hange zum Ruhm, welche er durch seine Lehren so sehr verschrieen hatte"[32].

Henn bezeichnet sich in seiner bekannten humorvollen Weise als Epikureer. Ganz unerwartet sei er nichts anderes geworden als ein „Epicuri de grege porcus" (S. 164), ein Schwein aus der Herde Epikurs. Das Zitat stammt aus den Briefen des Horaz (I,4,16)[33]. Die Ausdrucksweise verrät, daß Epikur wegen der Bedeutung der Lust (Hedone) in seiner Philosophie als Anführer genußsüchtiger Menschen gewertet wird. Das ist, wie wir gesehen haben, nicht sein eigentliches Anliegen und natürlich auch nicht der Grund, warum Henn sich plötzlich in der Gesellschaft von Epikureern befindet.

Er entdeckt dort auch Goethe. Der Dichter hat ausdrücklich eine oberflächliche Beurteilung Epikurs als Verkünders des Lustprinzips abgelehnt und die Auffassung, der Sinnengenuß sei das Zentrum dieser Philosophie als Fehldeutung angesehen. In den „Maximen und Reflexionen" schreibt Goethe: „Man hat den Epikur, der ein armer Hund war wie ich, sehr mißverstanden, wenn er das Höchste in die Schmerzlosigkeit legte"[34].

Bei Goethe entdeckt Henn das Motto der von dem Weltgetümmel abgewandten Lebensweise in dessen Gedicht „An den Mond". Henn zitiert die beiden Schlußstrophen des Gedichts, von dem es zwei Fassungen gibt, die erste wird zwischen 1776 und 1778 entstanden sein, die zweite stand erstmals in den *Schriften 1789*. Die Schlußstrophen in Gegenüberstellung lauten so:

Selig, wer sich vor der Welt	Selig, wer sich vor der Welt
Ohne Haß verschließt,	Ohne Haß verschließt,
Einen Mann am Busen hält	Einen Freund am Busen hält
Und mit dem genießt,	Und mit dem genießt,
Was den Menschen unbewußt	Was, von Menschen nicht gewußt
Oder wohl veracht'	Oder nicht bedacht,
Durch das Labyrinth der Brust	Durch das Labyrinth der Brust
Wandelt in der Nacht.	Wandelt in der Nacht.

Die Änderungen an dieser Stelle scheinen geringfügig. Aus dem Mann wird der Freund, was weniger mißverständlich ist und den Zusammenhang des Gedankens mit dem Freundschaftskult des 18. Jahrhunderts erkennen läßt. Aus dem ,,wohl veracht' " im zweiten Vers der letzten Strophe wird ,,nicht bedacht". Vergleicht man die beiden Fassungen insgesamt, so handelt es sich im Grunde um zwei verschiedene Gedichte, nicht nur um Varianten. Im ersten liegt das Glück für das Ich in der Bindung eines Ruhelosen an die Landschaft, die Geliebte und den Freund, im zweiten spricht ein Einsamer, der auf das Erlebnis der Liebe und Freundschaft zurückblickt und Heilung von seiner Qual erhofft[35]. Charakteristisch sind die neu hinzugekommenen Strophen 3 - 6 in der zweiten Fassung:

> Jeden Nachklang fühlt mein Herz,
> Froh— und trüber Zeit,
> Wandle zwischen Freud' und Schmerz
> In der Einsamkeit.
>
> Fließe, fließe, lieber Fluß!
> Nimmer werd' ich froh,
> So verrauschte Scherz und Kuß,
> Und die Treue so.
>
> Ich besaß es doch einmal,
> Was so köstlich ist!
> Daß man doch zu seiner Qual
> Nimmer es vergißt!
>
> Rausche, Fluß, das Tal entlang,
> Ohne Rast und Ruh,
> Rausche, flüstre meinem Sang
> Melodien zu.
>
> Wenn du in der Winternacht
> Wütend überschwillst,
> Oder um die Frühlingspracht
> Junger Knospen quillst.
>
> Selig, wer sich vor der Welt
>
>   ...

Eine inhaltliche Zäsur liegt in der zweiten Fassung bei der eingerückten Strophe, auf die noch drei weitere folgen, in der ersten Fassung ist dieser Einschnitt bei dem „Selig", dem Beginn der vorletzten Strophe, zu bemerken.

In unserm Zusammenhang geht es um die Schlußstrophen, und es zeigt sich, daß Henn weder exakt die erste noch die zweite Fassung zitiert. Bei ihm lautet der Gedichtschluß:

> Gücklich, wer sich vor der Welt
> Ohne Haß verschließt,
> Einen Freund am Busen hält
> Und mit dem genießt,
> Was dem Tage unbewußt,
> Oder auch veracht',
> Durch das Labyrinth der Brust
> Wandelt bei der Nacht.

Der Strophenbau ist verändert. Die beiden Vierzeiler folgen ohne Unterbrechung hintereinander. Am Anfang ist das biblische „selig" durch „glücklich" ersetzt. Der am Busen gehaltene Freund (statt des Mannes) stammt aus der zweiten Fassung, dagegen „Oder auch veracht' " aus der ersten, wo es allerdings vor *veracht'* nicht *auch* heißt, sondern *wohl*. Der Gegensatz von *Nacht* und *Tag* in Henns Zitat findet sich in den beiden Originalfassungen nicht. Schließlich sagt Goethe in jeder der beiden Fassungen „Wandelt *in* der Nacht" nicht: *bei* der Nacht.

Henn zitiert entweder aus dem Gedächtnis, wobei ihm dann mehrere Fehler unterlaufen sein müßten, oder nach einer Schulbuchversion, in der sich ein Pädagoge berechtigt sah, eine Kombination zwischen den beiden Fassungen zu schaffen und auch andere „Verbesserungen" vorzunehmen, ein Schicksal, wie es viele Gesangbuchlieder zeitweilig erlitten haben.

Henn empfindet das Gedicht, in welcher Form er es auch ursprünglich kennengelernt haben mag, als Ausdruck einer „Abneigung vor allem Künstlich-Gemachten" (S. 164), die bei ihm so stark ausgeprägt ist, daß er selbst die Sprache Goethes an dieser Stelle für arg gekünstelt hält. Der für Henn so bedeutsame Gegensatz zwischen Natur und Menschenmachwerk kommt in dem Gedicht in einer Weise zum Ausdruck, die auch in dieser Form mit Henns eigenen Empfindungen übereinstimmt: die große Welt und der Bereich des Privaten, das vor jener den Vorzug verdient.

Verweilen wir noch einen Augenblick bei der so vielfältigen und bedeutenden Tradition des „Ama nesciri" zur Ergänzung dessen, was Henn für die Herkunft seines Ideals mitgeteilt hat.

Die früheste Stelle, die ich habe finden können, steht in „Iphigenie in Aulis" von Euripides (480-406). Dort sagt gleich in der ersten Szene Agamemnon zu dem Greis, der zum „Heiratsgut" der aus Sparta stammenden Klytämnestra, Agamemnons Gattin, gehört:

„Ich beneide dich, Greis,
Und beneide den Mann, der frei von Gefahr
Ohne Namen und Ruhm sein Leben durchmißt,
Doch Männer in Würden beneid ich nicht."

Auf den Einwand des Greises „Nun, hierin liegt ja des Lebens Glanz", fährt der König von Argos fort:

„Ein betrüglicher Glanz; wohl reizend und süß,
Doch, wenn er erreicht, ängstet er nur.
Bald weckt dir im vielfach wähnenden Volk
mißfälliges Urteil bitteren Schmerz;
Bald trübt dir das Glück
Ein Versehn in dem Dienste der Götter"[36].

Euripides ist stark von der Sophistik bestimmt, sozusagen ein „philosophischer Tragiker"[37]. Zu den Philosophen führt uns denn auch ein weiterer Beleg des „verborgenen Lebens" noch vor Epikur. In Platons (427-347) Apologie des Sokrates sagt dieser, daß jeder, der für die Gerechtigkeit streiten und sich nur für kurze Zeit erhalten will, *ein zurückgezogenes Leben* führen muß, *nicht ein öffentliches:* ἰδιωτεύειν, ἀλλὰ μὴ δημοσιεύειν (32a)[38]. Er habe bei seinem Gott geleisteten Dienst, der Entlarvung jener, die sich selbst für weise halten, es aber nicht sind, „nicht Muße gehabt, weder in den Angelegenheiten der Stadt etwas der Rede Wertes zu leisten noch auch in meinen häuslichen" (23b), er lebe vielmehr in tausendfältiger Armut (23c). Er gehe nur umher, um einzelnen zu raten, erdreiste sich aber nicht, öffentlich „dem Staate zu raten" (31c). „Denn wißt nur, ihr Athener, wenn ich schon vor langer Zeit unternommen hätte, Staatsgeschäfte zu betreiben, so wäre ich auch schon längst umgekommen und hätte weder euch etwas genutzt noch auch mir selbst" (31 d.e.). Sokrates sagt von sich: ich lebte „unbekümmert um das, was den meisten wichtig ist, um das Reichwerden und den Hausstand, um Kriegswesen und Volksrednerei, und sonst um Ämter, um Verschwörungen und Parteien, die sich in der Stadt hervorgetan, weil ich mich in der Tat für zu gut hielt, um mich durch Teilnahme an solchen Dingen zu erhalten, [ich habe] mich mit nichts eingelassen, wo ich weder euch noch mir etwas nutz gewesen wäre" (36 b.c). − „An meinen Söhnen, wenn sie erwachsen sind, nehmt eure Rache, ihr Männer, und quält sie ebenso, wie ich euch gequält habe, wenn euch dünkt, daß sie sich um Reichtum oder sonst irgend etwas mehr bemühen als um die Tugend" (41e).

Das zurückgezogene Leben, so ergibt sich aus diesen Schlußsätzen, ist Konzentration auf das Wesentliche, bedeutet die Vorrangigkeit der Tugend vor allen möglichen Interessen und Absichten. Der Philosoph, der sich an Sokrates orientiert − und wo käme die Philosophie an ihm vorbei! − hat das Vorbild eines Mannes vor Augen, der seine Aufgabe nur erfüllen kann durch den Rückzug aus den öffentlichen Aufgaben und durch Desinteresse an dem, wonach die Menge und Allgemeinheit trachtet.

Francesco Petrarca (1304-1374), mit dem in Italien der Humanismus begann, gehört insofern in unsern Zusammenhang, als er einen Traktat „De vita solitaria" (Vom einsamen Leben) verfaßt hat, zeitweise das Leben auf dem Land, vor allem auf einem bescheidenen Gut „in dem sehr kleinen, einsamen und lieblichen Tale, Vaucluse genannt, 15000 Schritt von Avignon entfernt, wo die Königin aller Bäche, die Sorgue, entspringt"[39], aber auch in Argua bei Padua[40] kennengelernt, geführt und als notwendige Voraussetzung seiner Arbeit betrachtet hat, vor allem aber, weil es ihm gelang, ohne Beruf und feste, sich stets wiederholende Verpflichtungen, ganz als *homo litteratus,* als freier Schriftsteller, zu leben. Petrarca hat mit seinen Motiven der Flucht in die Einsamkeit und der Geborgenheit in der Natur schon Gefühlslagen der Romantik vorweggenommen[41]. Er hebt in seiner Selbstdarstellung die Einfachheit seines Lebensstils hervor: „Ich war ein vollendeter Verächter des Reichtums, nicht als ob ich nicht gerne reich gewesen wäre, aber ich haßte die Arbeit und Mühe, die mit dem Reichtum unzertrennlich verbunden sind. Auch an üppigen Mahlzeiten lag mir nichts; bei meiner einfachen Lebensweise und den bürgerlichen Speisen lebte ich fröhlicher als alle Jünger des Apicius bei den ausgesuchtesten Mahlzeiten"[42].

Die Einfachheit schloß allerdings das „Ama nesciri" und das *latere,* das Unbekannt- und Verborgensein, nicht ein. Petrarca war ein gefeierter Dichter der Römer, der mit 37 Jahren auf dem Kapitol in Rom vor einer tausendköpfigen Menge aus der Hand eines Senators und Verwandten der berühmten Familie Colonna den Lorbeer empfing. Die Pariser Sorbonne hatte zum gleichen Zeitpunkt Petrarca die Dichterkrönung angeboten. Er zog Rom vor und hat sich zur Vergrößerung seines Ruhms vorher drei Tage lang von König Robert von Neapel, der im Ruf eines Philosophen und Gelehrten stand, prüfen und mit einem glänzenden Zeugnis ausstatten lassen.

Petrarca hat sein Leben lang die Nähe und Freundschaft reicher und mächtiger Männer gesucht, er hat ihre Protektion genossen und ließ sich als ihr Lob- und Prunkredner gebrauchen und dabei für sein elegantes Latein bewundern. Von Eitelkeiten war er bestimmt nicht frei. Es hat ihn schwer gekränkt, daß die Averroisten aus der Schule des Aristoteles von ihrem traditionellen nicht-humanistischen Standpunkt aus ihn für wissenschaftlich unbedeutend erklärten. Eitelkeit spricht auch gewiß daraus, wenn er sich beschwert, daß er mit sechzig (!) Jahren eine Brille benötigte[43].

Immerhin, er wußte, daß auch seine asketischen Anwandlungen nicht frei von Hochmut und Ruhmsucht waren[44], und sein Seufzer „hätte ich nur gut gelebt" ist sicher ehrlich gemeint, wenn man ihm auch bei seinem Drängen auf Latinität im Sinne von Eloquenz seine vorausgehende Beteuerung „Es liegt mir nichts daran, gut gesprochen zu haben"[45] nicht glaubt.

Petrarcas Lebensweise wurde für die Humanisten eine Art Modell oder Ideal, das sie alle auf ihre Weise zu verwirklichen trachteten. Der Gothaer Kanonikus Mutian (Konrad Mutianus Rufus, 1471-1526), der dafür berühmt und beliebt war, daß Freunden seine Bibliothek zur Verfügung stand, ließ über seiner Haustür eine Inschrift anbringen, die das Ideal der Zurückgezogenheit in humanistischem Zuschnitt zeigt, nämlich als Voraussetzung und Ermöglichung gelehrter und ungestörter Studien: „Beata tranquillitas"[46], selige Ruhe, Erasmus[47], berühmt und begehrt als Freund und Bundesgenosse und als Beweis der eigenen Bedeutsamkeit, war gewiß nicht unbekannt in der Welt, aber in einem Gespräch mit dem Thema „Der Ruhmbegierige" greift er die Maxime Epikurs auf: λαϑε βιωσας : lebe unbemerkt[48].

Es geht bei den beiden Dialogpartnern in dem genannten Gespräch des Erasmus um einen von Neid ungetrübten Ruhm, was so unmöglich sei, wie im hellsten Sonnenschein ohne Schatten zu wandeln. Wer aber einen Ruhm begehrt, der aus der Tugend entspringt, der wird den Ruhm verachten.

> Ceterum si cupis gloriam virtute partam, praecipua virtus est, *neglegere gloriam*: et summa laus est, non ambire laudem, quae magis sequitur fugientem. — Wenn du aber Ruhm begehrst, der der Tugend entspringt, ist es die vornehmste Tugend, den Ruhm gering zu schätzen, und das höchste Lob, dem Lob nicht nachzulaufen, das lieber dem folgt, der es flieht"[49].

Will man noch aus dem Breich der protestantischen Pfarrer auf einen Vertreter dieser Geisteshaltung mit dem humanistischen Ideal der „Ruhe und Stille" verweisen, so wäre hier Valentin Weigel (1533-1588) zu nennen, bei dem es sich unter dem Einfluß der Mystik ausgebildet und modifiziert hat. Er strich sich als Student in einem Exemplar der ersten Ausgabe der lateinischen Confessio Augustana nebst Apologie von 1531 zweimal das Stichwort „propter tranquillitatem" (wegen der Ruhe) an, und die Inschrift auf seinem Grabstein lautete: „RUWE VND STILLE / IST GOTTES WILLE / DAS IN MIR HERRE/ AVCH ERFVLLE"[50].

Man sieht, es sind keine kleinen Geister, die sich Otto Henn mit seinen beiden Wahlsprüchen „Bene vixit, qui bene latuit" und „Ama nesciri" zum Vorbild gewählt hat, und sie weisen nicht auf ein Klima der Naivität und geistigen Bescheidenheit hin, sondern gehören in einen sehr anspruchsvollen geistesgeschichtlichen, philosophischen und religiösen Kontext.

Bei einem Ausflug in die Antike und die spätere Geschichte, den wir unter dem Leitspruch „Ama nesciri" unternommen haben, könnte der Eindruck entstanden sein, als werde die Darstellung Henns unnötigerweise mit philologischem und philosophischem Ballast befrachtet. Davon kann aber keine Rede sein. Was uns heute an solchen Assoziationen und Zusammenhängen vielleicht gesucht und abwegig erscheint, ist für einen humanistisch Gebildeten zu Beginn unseres Jahrhunderts noch selbstverständlicher Wissensstoff und präsenter Zitatenschatz gewesen.

Wie früh das Ideal des einfachen Lebens als eines unbekannten und sich nicht nach Karrieremaßstäben richtenden Menschen bei Henn ausgeprägt war, zeigt ein Aufsatz, den er in der Obertertia schrieb. Der Lehrer las ihn dann als den besten vor. Die Schüler akzeptierten, was sie zu hören bekamen, die Klasse respektierte von nun an den Neuen, aber alle betrachteten ihn auch mit etwas wehleidigem Kopfschütteln. Das Aufsatzthema bestand darin, das Leben eines Mannes aus der Geschichte nach eigener Wahl zu beschreiben. Henn wählte sich Diogenes, jenen wunderlichen Philosophen, der die sokratische Selbstgenügsamkeit zur Askese steigerte und der eine durch die Zivilisation verfeinerte Lebensweise ablehnte. Typische Legenden berichten von ihm, daß er in einer Tonne lebte, von Alexander dem Großen, der ihn besuchte und ihm eine Bitte zu erfüllen versprach, nur begehrte, daß er ihm aus der Sonne gehe, und er mittags auf dem Markt von Athen mit einer Laterne nach „Menschen" suchte, ein Motiv, das Nietzsche in „Die fröhliche Wissenschaft" (1882) in charakteristischer Weise abgewandelt hat[51]. — Sowohl Epiktet[52] als auch Plutarch[53] erwähnen, wie sich Diogenes verhielt, als er verkauft werden sollte.

Bei seiner Suche nach der Herkunft der Vorliebe für das einfache Leben hat Henn sich auch die Frage gestellt, ob es möglich sei, sie einem Kind anzuerziehen oder durch Lektüre in ihm zu wecken (S.161). Für sich selbst nimmt er einen sehr starken Einfluß des Robinsonbuches auf sich an[54], das ihm eine Tante in der Schloßallee vorgelesen hatte. „Das war das erste Literaturprodukt, mit dem ich in Berührung kam, und das Buch hat solchen Eindruck auf mein junges empfängliches Gemüt gemacht, daß ich ihn heute noch lebhaft spüre" (S. 161).

Das Werk gehörte für viele Generationen zu den unauslöschlichen Jugendeindrücken, wahrscheinlich ohne viele Robinson-Diogenes-Existenzen zu erzeugen, wie wir in Henn eine nach seinem eigenen Verständnis vor uns haben. Der besondere Reiz dieser Lektüre besteht wohl in der durch sie hervorgerufenen Illusion, mit einem einzelnen in der Natur ganz auf sich gestellten Menschen könnte gewissermaßen die Schöpfung noch einmal ganz von vorn beginnen ohne all die durch die Zivilisation hervorgerufenen Deformationen und Entartungen. Ingeborg Bachmann hat diese Vorstellung als Wunsch eines Vaters im Blick auf sein Kind in der Erzählung „Alles"[55] gestaltet mit der für den Vater bitteren Einsicht: der Junge wird mehr und mehr — auch noch zur Genugtuung für seine Mutter — wie alle andern. Philosophisch ausgedrückt: Rousseau ist Idealist, kein Realist.

Nach Henns eigener Einschätzung ist die durch die Robinsonlektüre geweckte Vorliebe dann noch verstärkt worden durch Viktor v. Scheffels „Bergpsalmen"[56] — und natürlich war das Leben in einem Forsthaus daran beteiligt, die „abgeschiedene Waldeinsamkeit"[57] (S. 162), oder wie Henn an anderer Stelle in unbewußter Aufnahme eines Buchtitels von dem als zu „süßlich" empfundenen Ludwig Ganghofer sagt, er sei aufgewachsen „im Schweigen des Waldes"[58] (S. 110).

Wie Henns Grundeinstellung nicht mit Naivität oder Sentimentalität verwechselt werden darf, so auch nicht mit bloßer Romantik oder Nostalgie; einer ausschließlich rückwärts gewandten Haltung. In mancher Hinsicht wirkt diese ganze Lebenseinstellung gerade heute außerordentlich modern und aktuell, und zwar durch ihre grundsätzliche Skepsis gegenüber Zivilisation und Fortschritt. Henns Bekenntnis, „daß mir in der Zivilisation der meuternde Menschenwille den Gotteswillen der Schöpfung zu verballhornen schien, daß ich mich nie mit der Eisenbahn, der elektrischen Fernleitung, den Autos, den Flugzeugen usw. in der Landschaft befreunden konnte und schon als Junge meinen Großvater glühend beneidete, der als freier Mensch ... die wundervolle Aufgabe hatte, Heger und Pfleger des heimatlichen Waldes zu sein" (S. 165), zeigt ihn auf einem Bewußtseinsstand, der erst allmählich aufgrund ökologischer Erkenntnisse[59] Allgemeinbesitz wird.

3. *Gottes Führung*

Zu den beiden bisher besprochenen Motiven dieser Autobiographie: die Auswahl durch die Brille eines Erzählers, der gleichsam nach Stoff für Kurzgeschichten sucht, und die Selbsterkenntnis, die für das eigene Leben den Generalnenner „Ama nesciri" findet, kommt nun noch ein drittes: das theologische und religiöse. Henn hätte nicht Pfarrer sein müssen, wenn in der Schilderung seines Lebens von Gott gar nicht die Rede wäre.

Bei der so amüsant zu lesenden, fast verunglückten Trauung werden zwei Lieder gesungen: „Befiehl du deine Wege", ein Lied mit zwölf Strophen, dessen lange Dauer dem amtierenden Pfarrer Gelegenheit geben sollte, sich von seiner Ohnmacht zu erholen, und „So nimm denn meine Hände", das die Gemeinde mit besonderer Inbrunst am Schluß sang. Sie sind aber beide nicht zufällig aus einer Notlage heraus von dem Bräutigam selbst gewählt worden, sondern bringen ein Gottvertrauen zum Ausdruck, eine Hoffnung auf Gottes Führung, die der Autobiograph in seinem eigenen Leben walten sah. Er wählt dafür in einem die religiösen und frömmigkeitsgeschichtlichen Aspekte zusammenfassenden Kapitel die Überschrift: „Digitus Dei": der Finger Gottes.

Der Ausdruck kommt in einer Bibelstelle vor, nämlich 2. Mose 8,15: „Da sprachen die Zauberer zum Pharao: das [gemeint sind die Stechmücken] ist Gottes Finger. Aber das Herz des Pharao wurde verstockt, und er hörte nicht auf sie, wie der Herr gesagt hatte." — *Digitus Dei* ist aber auch ein Buchtitel, unter ihm sind kurze Erzählungen eines Erfolgsautors und Bestsellerproduzenten des vorigen Jahrhunderts zusammengefaßt, des Pfarrers Wilhelm Friedrich Oertel aus dem Hunsrückdorf Horn, der sich als Schriftsteller O.W. von Horn[60] nannte. Bei den Massenauflagen, die seine Bücher erreichten — von „Digitus Dei" ist in der Archivbibliothek der Evangelischen Kirche im Rheinland die 5. Auflage, Leipzig 1871, vorhanden, in der die Geamtauflage des Buches mit 32.000 Exemplaren angegeben ist; viele Erzählungen von Horns erschienen auch in Übersetzungen — ist es an sich schon wahrscheinlich, daß Henn das Buch gekannt hat, umso mehr als eine der Erzählungen in seinem eigenen Kirchenkreis spielt und einem dort bekannten und beliebten Fürsten ein schönes Denkmal setzt: „Ein Blatt aus der Geschichte der evangelischen Gemeinde von Daubhausen in dem Fürstenthum Solms-Braunfels". Sie handelt davon, wie ein Fürst des genannten Hauses bei Daubhausen im Wald eine Schar halbverhungerter und verschreckter Hugenotten beruhigte, den Bauern in Daubhausen ihre Höfe und Felder abkaufte und die Flüchtlinge dort ansiedelte[61].

Henn sah den Finger Gottes, seine gnädige Führung und freundliche Hilfe, an drei Stellen: 1. darin, daß er Vikar in Andernach werden durfte, einer Gegend, durch die er einst als Student mit dem Fahrrad gekommen war und dabei ein lebhaftes Bedauern verspürte, „daß diese herrliche Gegend ganz katholisch war. Denn da, so meinte ich, wäre in einer evangelischen Gemeinde die allerschönste Pfarrstelle, die ich erstreben könnte" (S. 155). Dorthin kam er dann schließlich „ganz ohne mein Zutun — durch eine wunderliche Verkettung von Umständen" (S. 155). — „So war ich wider alles Erwarten ab 1.6.08 Gemeindevikar in Andernach. — Miraculum stupendum! — " (S. 156): Erstaunliches Wunder!

2. Auch die Erlangung der Stelle in Greifenstein erschien Otto Henn als eine göttliche Fügung, zumal der katholische Fürst als Kirchenpatron ihm ausdrücklich erklärt hatte, im Solmser Land werde der Kandidat Henn, der ihm als ein Anhänger der liberalen Richtung geschildert worden war, keine Pfarrstelle erhalten (S. 96). Das war, wie sich später herausstellte, eine Machenschaft des „schwarzen Karlchens", des pensionierten Oberbieler Pfarrers Allmenröder, der zu seinem Nachfolger gern den Kandidaten Tröller wollte, um ihn mit seiner Enkelin zu verloben, eine Verbindung, die zwar zustande kam, aber nicht lange hielt. Aus selbstsüchtigen Motiven hatten hier futterneidische Theologen dem Konkurrenten Henn, der von sich selber sagt, daß er für eine ganz konservative Gesinnung prädestiniert sei (S. 165), eine politische Liberalität angedichtet — Henn kommentiert später (S. 157) diese Episode mit dem theologisch zentralen Wort der Josephsnovelle: „ Sie gedachten es böse zu machen: Gott aber gedachte, es gut zu machen"[62].

3. Noch ein drittes Mal sieht Otto Henn den Finger Gottes in seinem Leben, nämlich bei der Entscheidung, von Greifenstein nach Werdorf zu gehen, was für sein privates und dienstliches Leben einen wichtigen Einschnitt bedeutete. Man erfährt in diesem resümierenden Kapitel, durch welche gemeindlichen Gründe und privaten Wünsche und Notwendigkeiten es bei dem Pfarrer Henn zu diesem Stellenwechsel gekommen ist. Die unterschiedlichsten Überlegungen und Konstellationen haben dabei eine Rolle gespielt, ihre Gesamtheit stellt sich für Henn als der Finger Gottes dar.

Wenn man pietistische Biographien und Autobiographien kennt, besonders von Theologen, dann weiß man, daß sie in weniger belangvollen Fragen als einem Pfarrstellenwechsel nicht ohne Hinweis von oben, ohne ein Zeichen vom Herrn, handeln wollten, und sie suchten es nicht selten mit einer fragwürdigen oder gar verantwortungslosen Methode zu erzwingen. Das führt manchmal zu recht komischen Situationen, wie man an dem Wetzlarer Pfarrer Egidius Günther Hellmund sehen kann[63]. Daß Henn mit einer göttlichen Führung rechnet und nicht ausschließlich auf sein eigenes Urteil vertrauen will, auch nicht ehrgeizig nach dem Bestmöglichen strebt, erweist sich als ein pietistischer Zug bei ihm, ohne daß man ihn den Pietisten zurechnen kann.

Während seiner Vikarszeit in Viersen ist er mit Pietisten, bzw. Leuten der Gemeinschaftsbewegung zusammengetroffen, und es ist eindeutig, wie fremd sie ihm innerlich mit ihrem Blutkult waren. Daß das Blut Jesu Christi, von dem das Neue Testament als dem Mittel unserer Reinigung redet, im Zusammenhang steht mit alttestamentlichen Opfergedanken, das wollten oder konnten sie nicht begreifen, sie waren fixiert auf den Ausdruck *Blut* (S. 90f.). — Der Evangelischen Gesellschaft in Edingen, also den Gemeinschaftsleuten mit ihren besonderen Erbauungsstunden innerhalb der Landeskirche, ging dann, wie Henn bitter registriert, ihr bäuerliches Prestigebedürfnis weit über ihr sonst lauthals verkündetes Interesse an der Mission (S. 114).

Der pietistische Zug bei Henn ist frei von allem Schwärmerischen und aller Mirakelsucht. Der Finger Gottes wird diesem Pfarrer nicht jenseits vernünftiger Überlegungen, sondern innerhalb eines verantwortungsvollen Abwägens und Prüfens sichtbar. Aber man erfährt auch andererseits wieder, wie hier ein Christ nicht nur nüchtern untersucht, sondern auch eines kleinen irrationalen Anstoßes bedarf. Im Fall Werdorf spielt die Notwendigkeit, den arg in Verlegenheit geratenen Presbytern helfen zu sollen und zu wollen eine nicht geringe Rolle, schließlich ist sogar eine gewisse Dickköpfigkeit im Spiel, die den Opponenten beweisen will, daß sie bei einer Pfarrwahl gar nichts zu sagen hatten (S. 159). Aber die Wahl wurde dann ohne Henns Zutun herbeigeführt im Sinne von Paul Gerhardts Lied „Befiehl du deine Wege": „Bist du noch nicht Regente, / der alles führen soll, / Gott sitzt im Regimente / und führet alles wohl". Mit Henns eigenen Worten: „Ich war aber ganz gewiß, daß ein Höherer die Fäden in der Hand hielt[64], an denen die komplizierte Sache gelenkt wurde, und war entschlossen, dieser Führung zu folgen, die nichts anderes war als wieder der 'digitus dei' " (S. 160).

Warum bestimmte Themen, die man erwarten könnte, von Otto Henn nicht behandelt werden

An einer Autobiographie ist nicht nur das interessant, was sie berichtet, sondern oft auch das sehr aufschlußreich, was sie ausläßt. Das deutet dann nicht selten auf eine Verdrängungsabsicht hin, auf eine tiefe innere Verletzung infolge einer Niederlage, an die einer nicht mehr rühren möchte.

Aussparungen dieser Art findet man bei Henn nicht, aber es fällt auf, daß einiges, was man erwarten zu können meint, nicht vorkommt, und es ist zu fragen, warum davon nicht die Rede ist.

Die frühsten Kindheitserinnerungen Henns haften am Hause des Großvaters. Man erfährt aber über ihn und die Eltern des Berichterstatters so gut wie nichts. Nicht der mindeste Versuch ihrer Charakterisierung wird unternommen, ebenso fehlt jede Aussage über die Vorfahren, was umso verwunderlicher ist, als Henn sehr viel Zeit auf Ahnenforschung verwandt hat und eine umfangreiche Ahnentafel drucken ließ. Aber er wollte seine Lebenserinnerungen ja nicht veröffentlichen, er schrieb für sich selbst und Angehörige. Sie waren, was die Familiengeschichte betraf, Eingeweihte, hatten ähnlich viele Informationen, Erinnerungen, Kenntnisse wie er selbst, teilweise durch Gespräche mit ihm.

Henn benötigte als Bräutigam im Jahre 1923 eine Einreisegenehmigung nach Neuwied, um das Aufgebot zu bestellen, eine zweite Eingabe an die „Alliierte hohe Kommission" in Koblenz blieb unbeantwortet (S. 117). Das wäre natürlich ein Anlaß und eine gute Gelegenheit, sich ausführlich über die Verhältnisse in Deutschland nach dem ersten Weltkrieg zu äußern[64a]. Henn unterläßt das, primär vermutlich aus einem zu seinem Wesen gehörenden politischen Desinteresse, wie es für das Bildungsbürgertum vor 1933 insgesamt charakteristisch war. Wahrscheinlich setzt er auch das, was zu sagen gewesen wäre, als bekannt voraus, und schließlich hat er wohl das Empfinden, daß Zeitgeschichte noch nicht Geschichte ist und von den Miterlebenden selten für darstellungswürdig und -reif gehalten wird.

Am verwunderlichsten erscheint einem heutigen Leser die Art, wie Henn sich über seine Jahre als Student äußert. Vom eigentlichen Studium erfährt man wieder so gut wie nichts. Keine Darstellung der Wissensgebiete, in denen ein junger Theologe sich zurechtfinden muß, kein Hinweis, von welchen Problemen er besonders angerührt wurde, keine ernsthafte oder ergötzliche Schilderung seiner theologischen Lehrer. Vielmehr entsteht der Eindruck: studieren heiße in erster Linie wandern und reisen, dann wohl oder übel auch zechen und tanzen, allenfalls noch Einladungen von Professoren bekommen und annehmen (S. 80). Das Examen erscheint das eine Mal als ein Kinderspiel, ,,eine recht kindliche Komödie'', etwas nicht Ernstzunehmendes, ,,das ich, ehe ich's recht begriffen hatte, mit viel Lachen bestand'' (S. 82; vgl. S. 80). Das andere Mal stellte es sich als eine Torheit dar, mit der die Prüfer geschlagen waren. ,,Meine große Gelehrtheit konnte ich nicht loswerden und war froh, daß ich schließlich nicht durchfiel'' (S. 93). Henn ist sich bewußt, kein Examenstyp zu sein (S. 144) und der Leser sieht sich veranlaßt, sich über die Notwendigkeit und den Wert von Examina Gedanken zu machen, wozu es wissenschaftliche Stimmen gibt, die das ganze Unternehmen als objektiv· überflüssig und nur als psychologisch notwendig betrachten[65].

Ein Grund dafür, daß Otto Henn dieses Bild vom Studium und seinem Abschluß entwirft, ist sicher seine erzählerische Absicht. Er scheint angenommen zu haben, daß bei den potentiellen Lesern seiner Aufzeichnungen für das eigentlich Wissenschaftliche, für den Inhalt der Vorlesungen und Seminare, kein Interesse bestand, und daß sich ein Stoff nur dann zum Erzählen eignet, wenn er eine heitere Note enthält. Gibt es aber etwas Ernsteres als die Theologie?

Inzwischen hat eine Menge von Autoren sich bemüht, die heiteren Seiten der Theologie aufzuspüren und die Berechtigung solcher Heiterkeit ernsthaft nachzuweisen[66], aber Tatsache bleibt doch, daß die Theologie wie jede andere Wissenschaft nicht mit demselben Effekt und derselben Leichtigkeit darzustellen ist wie irgendein Studentenulk, z.B. der Zusammenstoß lampentragender Studiker mit Polizisten, wobei sich der Streit um das corpus delicti, das möglicherweise gestohlen war, zu einem Auflauf, einer bedrohlichen Studentendemonstration, entwickelte und durch die Rolle, die dabei der bucklige ,,Karl der Große'', auch ein Student, freiwillig übernahm, mit einer Überlistung der Polizisten endete, die dastehen wie die geprellten Teufel (S. 69f.).

Wenn man nach der Darstellungsabsicht Henns für seine Studentenjahre sucht, wird man sich auch der vernichtend negativen Urteile über die Schulen seiner Zeit erinnern müssen, womit er sich übrigens in einer Reihe mit berühmten Vorgängern befindet[67], besonders über die Volksschule, aber auch über das Gymnasium — welch eine Hilflosigkeit, Torheit, ja Blasphemie kommt zum Ausdruck in den Gebeten, die da zu hören waren (S. 47)! Fazit aller Leiden eines Schülerdaseins: „Dann lag, — ich stellte das mit Aufatmen fest — das Gymnasium endgültig hinter mir" (S. 49). Demgegenüber sollte das Studium nun Freiheit bedeuten. Vielleicht war die Hochschule für Henns Geschmack der Schule zu ähnlich, als daß man die studentische Freiheit *in* ihr hätte darstellen können. Sie ließ sich nur in nicht-akademischen Räumen verwirklichen.

Außerdem — was dem Leser vielleicht als Allotria, als nebensächlich und nicht zum Studium der Theologie hinzugehörig erscheinen mag, wertet Otto Henn selbst als etwas ganz Wesentliches und Bedeutsames. Er schreibt ja im Bezug auf seine Zeit als Gymnasiast in Weilburg: „Die ganze Woche wartete ich vom Montag an auf den Samstag hin. So lebte ich von einem Terzial zum anderen auch in der Erwartung der Ferien, die das beendeten. Vielleicht ist es darauf zurückzuführen, daß ich später meine Jahre eigentlich nur nach den Reisen zählte, die ich in ihnen gemacht hatte. Die schienen mir allein der Mühe des Jahres und des Behaltens wert" (S. 44).

Das wirkt zwar auf den ersten Blick wie die Ansicht und das Verhalten eines Sonderlings, rührt aber an ein gewaltiges Problem der Neuzeit, das in der Philosophie und auch in der Demagogie als Entfremdung des Menschen bezeichnet wird, der das, was er tun muß, seine Arbeit, nicht mehr als zu seinem Wesen gehörig betrachten kann. Sie ist nicht mehr Ausdruck und Teil seiner selbst, sondern nur ein Mittel zum Zweck, jenseits dessen dann das eigentliche Leben beginnt. Nur von daher erklärt sich der ungeheure Stellenwert, den der Urlaub im Lebensgefühl des heutigen Menschen hat. Er ist gewiß eine Notwendigkeit, aber auch eine heilige Kuh, er darf nicht angetastet und zur Disposition gestellt werden. In Henns frühen Amtsjahren gab es noch nicht die heutige Urlaubsregelung, aber er empfand damals schon sehr modern, wenn er sagt, daß das, was in jener Zeit eine Art Urlaub war, das Reisen, meistens in der einfachsten Form: auf Schusters Rappen, ein unentbehrlicher Teil des Lebens war.

Es ist nun auch nicht so, daß aus den Hörsälen gar nichts in Henns Autobiographie eingegangen wäre. Er erwähnt z.B., daß Professor Böhmer in Bonn[68] „recht interessante Einzelheiten aus der Spezialgeschichte unserer Heimat, z.B. der Hohen Schule in Herborn, des Prof. Piscators, des Sektierers Horch, der in Greifenstein inhaftiert war, usw. ausgegraben" (S. 77) habe. Bezüglich Horches liegt eine Verwechslung vor, er war zwar inhaftiert, aber nicht in Greifenstein, sondern auf dem Marburger Schloß[69]. Aber dort saß der mit ihm geistesverwandte Balthasar Klopfer hinter Schloß und Riegel, ein gräflicher Sekretär [?], der seiner Pflicht zum Kirchgang jahrelang nicht nachgekommen war und der seinen am 27. August 1697 geborenen Sohn nicht taufen lassen wollte, worüber das Greifensteiner Kirchenbuch einen ausführlichen Bericht enthält[70].

Von dem „Pastorieren" des jungen Pfarrers Henn erfahren wir mehr als über sein Studium. In seinem Vikariatsleiter hat er einen Pastor kennengelernt, wie er nach seiner, Henns, Meinung nicht sein soll: „eine gewaltige Arbeitskraft, ein sehr gestrenger Redner, der interessant wirkte, auch wenn er Belanglosigkeiten sagte. Ein Mann auch, dem es ernst war mit seinem Amt und seinen

Aufgaben, aber ein despotischer Charakter und von einem alles bestimmenden Ehrgeiz. Er herrschte im Haus über Frau und Kinder, ohne Widerrede zu dulden. Das häusliche Leben mußte ganz dem Amte dienen und die Frau manchmal sich abhetzen, um pünktlich Repräsentationspflichten zu erfüllen. Von morgens bis abends war er 'im Dienst' ''(S. 89f.). In Henns knapper, aber präziser Charakterisierung, die sofort eine klare Vorstellung von dieser Amtsperson und ihrem unfrohen Wesen vermittelt, ist unverkennbar eine starke Kritik enthalten, deren Berechtigung man heute nicht mehr bezweifeln wird, wo das Problematische der Parole, daß ein Christ immer im Dienst sei[71], erkannt ist und sich Psychiater solcher Patienten annehmen müssen, deren ewiges Dienen und Helfenwollen krankhaft ist[72].

Henn bekam als Vikar eine Rüge dafür, daß er gesagt hatte, das Predigen bereite ihm Freude, und zwar von dem späteren Präses der Bekenntnissynode Paul Humburg[73], was Henns Sympathien für diese Richtung nicht förderlich gewesen sein wird. Aufgrund seiner Viersener Vikariatserlebnisse ging er ins Gemeindevikariat ,,mit Widerstand bis an die Zähne gewappnet und entschlossen, von vornherein eine Position nach meinem Gusto zu schaffen gegen Gemeinde, Presbyterium und Pfarrer, koste es, was es wolle'' (S. 102). Alle Vorbehalte aber waren ganz unnötig, weil hier eine ganz andere Atmosphäre herrschte. ,,Alles war wundervoll angepaßt, harmonisch, gemütlich, daß man gar nichts von einer Bürde des Amts spürte, sondern die Arbeit wie von selbst sich erledigte'' (S. 103).

Unter solchen Umständen ist es auch nicht nötig, groß davon zu reden oder Fluchtversuche vor der Arbeit zu unternehmen, sie macht Freude, und die Freude gilt als theologisch erlaubt. Das ist die Harmonie, in der sich der sensible Pfarrer Henn am wohlsten gefühlt hat. Seine Angst vor der Stadt (S. 93) war von daher ganz unbegründet. Aber er hat dann gewiß auch in Greifenstein unter der ,,Bevölkerung, viel armseliger noch und primitiver, als ich sie mir in meinen schon recht heruntergeschraubten Erwartungen vorgestellt hatte'' (S. 110), seine Arbeit so zu tun versucht, daß sie ihm Freude machte. Darum erübrigte es sich für ihn, eingehend davon zu schreiben. Das entspräche ja wieder dem von ihm abgelehnten Typ eines Pastors, der nur den Dienst kennt und diesen nur als Bürde und Würde.

Es fällt auf, daß in dieser Autobiographie vom Kirchenkampf nicht ausdrücklich die Rede ist. Indirekt aber bezieht Pfarrer Henn Stellung durch die Selbstcharakterisierung, die er vornimmt. Einen Mann, der als Schüler im Turnen versagte, der in der kaiserlichen Ära nicht darunter litt, wegen seiner schlechten Augen untauglich für den Militärdienst zu sein, ein Mann, der als Försterssohn eine erklärte Abneigung gegen das Schießen auf Tiere hat, dem die Treibjagd verhaßt ist, ein ausgeprägter Individualist, der schon als Kind lieber für sich allein als in einer Horde von Jungen spielte, einer, der sich mit Goethe über die Seligkeit eines Sichverschließens vor der Welt einig ist, einer, dem die Szenen bei Kriegsausbruch 1914 schon peinlich und widerlich waren (S. 139), der den *amor minimi* hat, die Liebe zum Kleinen und Bescheidenen — ein solcher Mann konnte kein Nationalsozialist sein und mußte kritisch und ablehnend eingestellt bleiben gegenüber allen Parolen von Größe und empfindlich gegen die Anzeichen des Größenwahns. Das schloß eine konservative und damit auch nationale Gesinnung nicht aus.

Die nationalsozialistische Ideologie kannte nur Anhänger und Gegner. Man darf bei der Beurteilung der Stellung eines Menschen zu diesem System und zu jenen Christen, die glaubten, es müsse eine neue Theologie und einen neugermanischen Glauben geben, nicht in den Fehler verfallen, die nationalsozialistische Theorie zu übernehmen und entsprechend zu fragen: wer gehörte zur Bekennenden Kirche und wer nicht, um dann den unzulässigen Schluß zu ziehen: wer nicht zu dieser gehörte, ist der anderen Seite zuzurechnen.

Daß das falsch ist, kann man m. E. sehr schnell an einem Dokument erkennen, das ich in einem anderen Zusammenhang einmal veröffentlicht habe. Es handelt sich um den Brief der NSDAP, Ortsgruppe Wetzlar, — Greifenstein liegt im Kreis Wetzlar — an den „Führer" des Kirchenchores Niedergirmes[74] vom 20. Juni 1934. Es geht dabei um eine Großkundgebung am 28. Juni auf dem Domplatz in Wetzlar. In dem Schreiben steht der Satz: „Wer sich an diesem Abend fernhält und lieber irgendeiner nebensächlichen Angelegenheit nachgeht, der kommt mit Recht in den Verdacht, kein Interesse an dem Kampf wider die widerliche Miesmacherei zu haben, keinen Anteil zu nehmen, wenn es um die Sache des Volkes geht."[75] Man erkennt hier sehr deutlich den Anspruch des totalen Staates, der außer sich nichts gelten läßt, und die totale Politisierung. Außer der Politik darf und soll es nichts mehr geben, alles andere ist zweitrangig, überflüssig, verdächtig.

Das bedeutet aber zugleich: jemand, der sich mit dem angeblich Nebensächlichen beschäftigt, jemand, der sich ganz apolitisch verhält, zu diesem ganzen bestimmenden Komplex keine Meinung kundtut, das Private pflegt, Innerlichkeit will, manchmal vielleicht mit einem Zug zum Sentimentalen, wer anscheinend ins Idyllische, Mythische oder ins Reich der Phantasie ausweicht, wer vom Moralischen, vom Guten, vom Christlichen redet, kurz: wer sich politisch verweigert — der unterhöhlt auf seine stille, scheinbar weltfremde und versponnene Weise das System!

Dieses Problem ist nach dem Zweiten Weltkrieg heftig diskutiert worden im Blick auf die deutsche Literatur zwischen 1933 und 1945. Thomas Mann hatte behauptet, daß diesen Büchern ein Geruch von Glut und Schande anhafte, andere trugen aggressiv die These vor, daß die in Deutschland während des Dritten Reiches erlaubten Bücher sogar das System gestützt und geholfen hätten, dem Ausland die Augen zuzuschmieren, aber es wird dabei bleiben, daß Ina Seidel, Werner Bergengruen, Ernst Wiechert, Jochen Klepper, Rudolf Alexander Schröder, Reinhold Schneider und viele andere mit ihren Büchern eine Art geheimen Ordens schufen[76], der ein geistiges Gegengewicht zu den nationalsozialistischen Fanatikern bildete.

Die Kirchengeschichtsforschung hat, soweit sie sich bisher mit dem Dritten Reich beschäftigte, zu sehr auf den Gegensatz Deutsche Christen und Bekennende Kirche geachtet. Welche Bedeutung denjenigen in der Auseinandersetzung zukam, die sich scheinbar neutral verhielten, unzeitmäßig, so als sei gar keine Kampfzeit, als seien Politik und Krieg nicht die bestimmenden Mächte, das bleibt noch zu erheben, und wenn nicht alles täuscht, dann werden bei diesen Unpolitischen, denen ich Otto Henn zuzähle, ein Höchstmaß von Verantwortung und für den Neuanfang unentbehrliche Kräfte zu entdecken sein.

Daß Henn auf das Thema Nationalsozialismus und Kirchenkampf nicht eingeht, ist für das Gebiet, in dem er tätig war, umso leichter zu verschmerzen, als wir für den Kirchenkreis Braunfels eine einschlägige Arbeit von dem heftig engagierten Robert Steiner besitzen[77], bei der aber immer zu bedenken bleibt, daß es sich nicht um eine objektive geschichtliche Darstellung handelt, sondern um die Sicht eines Parteilichen, der sich selbst als Gegenspieler des Superintendenten Jakob Heep verstand[78].

Milieuschilderungen und Charakterbilder

Was man auch immer in Henns Autobiographie vermissen mag, ihr Informationswert ist trotzdem beträchtlich. Wir erfahren eine Menge Einzelheiten zur Kulturgeschichte des Alltags. Sie sind zwar bekannt, müssen aber öfter in Erinnerung gerufen werden, damit man nicht in den Fehler verfällt, den Zivilisationsstandart von heute auch für den Anfang unseres Jahrhunderts und in den Jahrzehnten danach vorauszusetzen. Die letzten 100 Jahre gehören zu der kurzen Zeitspanne, innerhalb derer sich mehr Veränderungen vollzogen haben als in allen Jahrhunderten vorher[79].

Aus Henns Beschreibung seines Lebens bekommt man einen Eindruck davon, wieviel bescheidener die Menschen seiner Generation lebten, und auf welche heute selbstverständlichen Bequemlichkeiten sie verzichten mußten. Ich nenne einige Beispiele aus den ersten Kapiteln der uns hier interessierenden Autobiographie.

Kinder kamen nicht im Krankenhaus auf die Welt, sondern zu Hause mit Hilfe einer Hebamme. Süße Milchbrötchen und gelegentlich einmal ein Zuckerstein waren schon „die herrlichsten Naschereien" (S. 10). Aufwendige Spielsachen[80] gab es natürlich auch nicht. Holzpferdchen auf Rädern wurden auf Jahrmärkten feilgeboten, da das Pferd immer noch einen Hauptfaktor des Transport- und Verkehrswesen darstellte. Ein selbstgemachter Schlitten war zwar schwer, dafür aber robust. Wenn auch ein Junge mit Kuchenförmchen spielte, so spiegelt sich darin die Tatsache, daß Brot und Kuchen noch in jedem Haushalt gebacken wurden.

Die Phantasie der Kinder litt nicht unter der bescheidenen Lebensweise, sondern wurde eher davon angeregt. Sie hatten ihre Lieblingsplätze in der Natur; was für Henn der „Hexberg" (S. 18) war, fand sein Zeitgenosse August Winnig als Kind in der „Teufelsmauer"[81]. Ein sensibles Kind wie Otto Henn vermag sich dann in sein Inneres zu versenken und in einem seltsamen Zustand zwischen Traum und Wachheit leise ferne Orgelmusik vernehmen und an heißen Tagen am Hexberg bei stark duftenden Kiefern etwas wie ein Geläut kleiner Glöckchen an Pferdegeschirr. Wenn Henn auch meint, einmal eine Abhandlung gelesen zu haben, die solche „Sphärenmusik"[82] als das Summen von Mückenschwärmen in großer Höhe erklären wollte, so bleibt doch bezeichnend, daß solche Töne nur dem Ohr des Kindes vernehmbar waren[83].

Für die Art zu leben vor unsern Tagen ist auch bezeichnend, daß es keine Zentralheizung gab und kein elektrisches Licht. Die Zeiteinteilung ist infolgedessen viel stärker an dem natürlichen Wechsel von Tag und Nacht orientiert. Henns Onkel, der Gartendirektor Barth, stand um vier Uhr morgens auf und ging um 9 Uhr abends zu Bett, um 7 nahm er das Frühstück ein und um 11 Uhr das Mittagessen[84].

Damals konnte sich aber auch noch eine Familie mit relativ bescheidenem Einkommen ein Dienstmädchen leisten, das — für die Kinder faszinierend — vulgäre und ein wenig frivole Vokabeln zur Verfügung hatte. Es war ebenfalls noch selbstverständlich, daß die Bäcker und Metzger ihre Waren ins Haus lieferten.

Der technische Fortschritt ist um die Jahrhundertwende schon in vollem Gange. Man kann schon das Abenteuer einer Fahrt mit der Eisenbahn erleben[85]. Die Errungenschaften des Telephons (S. 12) und der Telegrammübermittlung sind bereits 1888 bis nach Braunfels vorgedrungen. Es gibt auch den Anfang einer Straßenbeleuchtung (S. 19).

Zwei andere Zeugen der Industrialisierung dokumentieren die Schnellebigkeit der neuen Zeit. Henn erinnert sich an eine Lohgerberei in Wetzlar am Hausertor, wo sich „heute" das Werk von Leitz[86] befindet (S. 10). Inzwischen wird das Gebäude von der Textilgroßhandlung Scholz benutzt. Das „schaurige Werk [...] mit seiner roten Glut" (S. 11) bei Burgsolms ist die von Prinz Georg zu Solms-Braunfels errichtete Hütte, deren erster Hochofen 1875 in Betrieb ging, 1883 wurde die Anlage an Buderus verkauft und schon 1925 stillgelegt[87].

Noch gab es im Kreis Wetzlar überall einige große und viele kleine Landwirte, die mit den Erträgen ihrer Felder im wesentlichen den Eigenbedarf deckten. Man arbeitete nicht mit Maschinen, sondern mit Tieren und menschlicher Muskelkraft. Henn erinnert sich, wie er als Kind morgens den Dreitakt der Dreschflegel aus der Scheune hörte.

Den Pfarrer Henn hat dann die Psyche seiner dörflichen Gemeindeglieder interessiert; ihre stets auf den eigenen Vorteil bedachte Bauernschläue und ihr fast krankhaftes bäuerliches Selbstbewußtsein und ihre Geltungssucht haben ihm viel Ärger bereitet. Wenn er das auch rügt und tadelt, so versucht er es doch zu verstehen als Reaktion auf eine erlittene lange und schmerzliche Unterdrückung.

Mit der Charakterisierung des Ulmer Bürgermeisters und des Arztes Dr. Liebe in Elgershausen gelingt Henn die Schilderung von zwei Originalen. Das Erste, „der Emil" ist ein Beispiel dafür, wieviel ein fortschrittlich gesinnter unbürokratischer Mensch auch in einem Amt, das ihn durch viele Vorschriften einengt, zu leisten vermag, das andere beweist, wie viel ein einzelner Mensch mit künstlerischen Ambitionen und kulturellen Interessen in einer Gegend ausrichten kann, die weit entfernt ist von den großen Kulturzentren.

Henn selbst ist in gewisser Weise auch so ein Original, und es wäre hochinteressant zu erfahren, wo sonst noch ähnlich geartete Geister auf Pfarrstellen saßen[88], und wie sich der Verkehr mit ihnen gestaltete. Aber das zu berichten, lag nicht in der Zielsetzung dieser Autobiographie, die ja überhaupt ihren Schwerpunkt im ersten Teil des Lebens hat. Vor seiner Heirat stellte sich Henn die Frage, ob denn überhaupt eine Frau in seine Diogenes-Existenz passe. Er kommt bei seinen Überlegungen zu dem Ergebnis, daß eine Heirat keine Änderung dieser Lebensweise, für die er sicht entschieden hatte, bedeutet, sondern nur eine andere Form, eine zweite Phase des Diogenes-Daseins. Das bedeutet: was er auch noch entwicklungspsychologisch von sich hätte erzählen können, es wären nur Variationen zum Thema gewesen, auf die er lieber verzichtete.

So seien an dieser Stelle wenigstens die dürren Fakten eines Biogramms aufgezählt. Otto Henn wurde am 4.6.1882 in Braunfels geboren, kam nach der Absolvierung der dortigen Volksschule als Quartaner nach Weilburg, wo er 1902 das Abitur machte. Er studierte Theologie in Tübingen, Halle, Berlin und Bonn, legte 1905 und 1907 seine Examina ab, war zwischenzeitlich Vikar in Viersen und Hilfsprediger — nach heutiger Terminologie — in seinem Heimatkirchenkreis Braunfels und in Andernach und wurde 1911 als Pfarrer in Greifenstein eingeführt. 25 Jahre bekleidete er dieses Amt, weitere 15 Jahre bis zu seiner Pensionierung im Jahre 1952 war er Pfarrer in Werdorf und zog dann wieder mit seiner Frau, mit der er 33 Jahre glücklich verheiratet war, nach Greifenstein. Er starb am 9.4.1956 und wurde in Greifenstein begraben, wo seine Witwe auch wohnen blieb.

B. Zu Predigten Otto Henns

Das Evangelium ist nach Luther „eine gute *Rede,* eine Botschaft des Friedens von dem Sohn Gottes"[89], die Predigt ihrem Wesen nach gesprochenes, nicht gedrucktes Wort. Predigten sind zeitbezogen und zeitgebunden, aktuelles Wort für das Heute und Hier und morgen schon so veraltet wie die Zeitung von gestern. Gedruckte Predigten stehen immer mit den auf der Kanzel gesprochenen in einem Zusammenhang, wollen ihre Wirkung vertiefen, verbreitern, Hilfen zu ihrer Vorbereitung sein und sie notfalls teilweise ersetzen.

Predigten werden gehalten, um Glauben zu wecken und den Glauben zu stärken. Das ist auch normalerweise die Absicht von Predigtveröffentlichungen. Die Predigten Otto Henns, die hier vorgelegt werden, sind nicht ausgesucht worden als Erbauungsliteratur, sondern stellen in dem jetzigen Zusammenhang Zeugnisse dar, die uns einen Zugang zur Vergangenheit eröffnen sollen, sie sind Quellen zur Geschichte der Frömmigkeit, ein Zeichen und ein Gradmesser für die Zusammengehörigkeit von Theologie und Frömmigkeit. Die hier publizierten Predigten können und sollen nicht im einzelnen analysiert und kommentiert werden, aber drei Hinweise zu ihrem Verständnis erscheinen mir nötig.

1. Polemik gegen eine intellektualistische Theologie und einen materialistischen Zeitgeist

Die hier zum Druck gelangenden Predigten Henns umfassen den Zeitraum vom Ersten bis zum Zweiten Weltkrieg. Das ist auch die Zeit der Dialektischen Theologie, die eng mit dem Namen Karl Barth verbunden ist, auf den wir uns hier beschränken, obwohl er keineswegs allein diese Richtung vertritt. Sein berühmtes Werk „Der Römerbrief" erschien in der ersten Fassung 1919 in Bern[90], die zweite Fassung kam 1922 in München heraus[91]. Entgegen den Erwartungen, die der Titel weckt, ist das Werk weniger ein Kommentar zu einem Brief des Apostels Paulus als ein theologisches Programm, vereinfacht gesagt: die Abwendung von Schleiermacher, einem Klassiker der evangelischen Theologie, von dem man nach Barths Meinung aber nicht lernen konnte, was die Aufgabe der Theologie sei, nämlich das Wort Gottes. Schleiermacher habe das Schwergewicht von Gott auf den Menschen verlagert, er rede im Grunde „in einem etwas erhöhten Ton" nur von diesem[92]. Barth hat als Siebzigjähriger im Rückblick auf die Anfänge seiner Theologie im Ersten Weltkrieg als von einer „jähen Absatzbewegung gegenüber der *damals herrschenden,* mehr oder weniger liberalen oder auch positiven Theologie"[93] gesprochen. Sie war seiner Meinung nach „fast auf der ganzen Linie jedenfalls in allen ihren repräsentativen Gestaltungen und Richtungen *religionistisch* und damit *anthropozentrisch* und in diesem Sinne *humanistisch* geworden"[94].

Otto Henn war gewiß kein Barthianer, aber ein Zeit-, fast ein Altersgenosse Karl Barths (1886-1968)[95], und Henn hat so gut wie Barth den ersten Weltkrieg erlebt als ein ganz einschneidendes geschichtliches Ereignis, das überkommene Denkweisen radikal in Frage stellte und manches bisher als wertvoll Erscheinende als hohl und nichtig erwies. In Henns Predigten ist auch etwas zu spüren von einer theologischen Absatzbewegung, von einer Kritik an der herrschenden Theologie. Sie war für ihn zu intellektualistisch, zu formelhaft, zu mathematisch, zu sicher in ihrem Wissen, zu wenig negative Theologie, das heißt: ein Reden von Gott, das um die Unvergleichlichkeit Gottes weiß und sich damit der Unmöglichkeit bewußt ist, angemessen von ihm zu reden. Eine solch „negative" Theologie wahrt ehrfürchtig das Geheimnis Gottes, ohne an seiner Offenbarung zu zweifeln.

Einige Zitate aus den Predigten Henns sollen auf diesen Zug seiner Verkündigung und dieses Merkmal seiner Theologie — er wollte ja durchaus ein eigenständiger Theologe sein und nach seinem „Gusto" (S. 102) wirken dürfen — aufmerksam machen.

„Ja, vor dem Krieg — da taten wir oft so, als hätten wir ihn ganz durchschaut, als sei unserem scharfen Denken nichts mehr an ihm verborgen. Da wurde mit Leidenschaft gestritten herüber und hinüber: so ist Gott, nein, so! Auf die Art ist sein Name zu verstehen, nein: auf jene! Und jeder hatte sein besonderes System, in das er den Allmächtigen bannen zu können meinte, und sprach anderen rechte Erkenntnis ab. Und nannte 'Gott', was doch nur seiner Vorstellung Gebilde, seiner Weisheit Schöpfung war.

Ich muß gestehen: mir ist oft bange geworden, wenn ich sah, wie man sich so gar nicht verstehen *wollte*. Und mancher hat wohl mit mir im Herzen des alten Gebotes warnend Wort widerhallen hören: Du sollst nicht falsch Zeugnis reden ... ! Hand aufs Herz! Das stolze Pochen auf die Möglichkeiten unserer menschlichen Erkenntnis, das schroffe Aburteilen jeder Frömmigkeit, die nicht im Rahmen des eigenen Glaubensschemas lag, das war im Grunde mangelnder Respekt vor der Heiligkeit und Unantastbarkeit des erhabenen Namens Gottes.
[...]
Der Krieg kam. Wie Seifenblasen platzten all die kunstvollen Systeme, die Gott einfangen wollten. Wir sehen einmal wieder, daß er größer ist als unsere Gedanken" (S. 168).

Henn fragt, ob nicht alle Fragen und Zweifel, „auf die wir in unseren Gemeinden eingehen mußten" entstanden seien „aus dem anmaßenden Vorurteil: Gott *muß* das oder das tun — diese Not von mir abwenden, diese Sorge von mir nehmen, wenn ich gewiß an ihn glauben soll" (S. 168).

„Religion: nun ja, wir haben auch sie durchforscht und in Systeme gebracht. Gott: wir haben sein Wesen in scharf geschliffenen Begriffen analysiert. Wir haben gewissenhaft alle Methoden des wissenschaftlichen Arbeitens angewandt auch auf dies alles. Wir sind eifrig in ihre geheimnisvolle Tiefe gedrungen. Nun ist es erledigt und registriert. Wir sind ja so klug.

Ja, das sind wir. So klug, daß wir gar nicht sehen, wie unserer Erkenntnis Schärfe, ohne zu treffen durch Gott hingeht wie ein Schwertstreich durch die leere Luft. Wir versuchen, mit dem System unserer Begriffe die Religion zu fassen gleich wie jene Toren einst den Sonnenschein in einem Sack" (S. 178f.).

Jesus hat nicht auf unsere Weise von Gott geredet.

„Er beschrieb nicht Gott, er zog ihn nicht herunter in die Erdensphäre. Er lehrte ihn nicht in Formeln und Zeremonien finden und fassen. Er rief auf, im Vertrauen sich ihm hinzugeben von Herzensgrund" (S. 174). — Wenn wir uns von ihm führen lassen, „dann stehen wir vor dem majestätischen Gott, nicht vor dem lieben Alten unserer Kinderphantasie, nicht vor den leeren Abstraktionen unserer Schuljahre, sondern vor einer wirkenden, fest zupackenden Kraft, vor der mit jähem Schreck spürbaren lebendigen Wirklichkeit. Sie kehrt das unterste zuoberst in unserem Wesen. Sie schleudert uns mit Wucht heraus aus unserer selbstgewissen Bahn. Uns bleibt nichts anderes, als uns ihr auf Gnade und Ungnade auszuliefern" (S. 176f.).

Von der Kraft des Evangeliums heißt es an anderer Stelle:

„Das Evangelium ist gar keine Lehre, die irgend etwas dem Verstand begreiflich machen will, es ist keine Theorie, die sich an die Erkenntnis, die Einsicht, das vernünftige Urteil der Hörer wendete. Es ist eine Kraft Gottes, eine Kraft, die über den Menschen kommt und ihn vergewaltigt, ob er es will oder nicht, eine umgestaltende Macht, die ihn ändern, erneuern, beseligen will, die sich nicht an den Intellekt, sondern an den Glauben wendet" (S. 189). — „Die Gotteskraft des Evangeliums dringt wie ein Blitz vom Himmel durch das Bollwerk des Verstandes ein ins tiefe Herz. Das heißt Christ werden" (S. 190).

Man fühlt sich an Pascals „Memorial" vom 23. November 1654 erinnert, das den Satz enthält: „'Gott Abrahams, Gott Issaks, Gott Jakobs', nicht der Philosophen und Gelehrten"[96].

XXX

„Wir suchen ihn [Gott] in Besitz zu nehmen wie ein Ding dieser Welt. Und das ist er doch nicht" (S. 187). Wie modern und kühn eine solche Äußerung 1924 in einer Bauerngemeinde war, das ermißt man erst angesichts der Tatsache, daß noch nach dem Zweiten Weltkrieg die Feststellung, daß die Existenz Gottes etwas anderes ist als das Vorhandensein irdischer Dinge, auf Entrüstung stieß. In einem 1973 erschienenen Buch heißt es: „Als vor einiger Zeit ein Mainzer Theologie-Professor im Rundfunk äußerte: 'Es gibt einen Bodensee; es gibt einen Himalaja; aber Gott gibt es nicht', da rauschte ein Sturm der Entrüstung durch den deutschen Blätterwald. Die einen redeten sich ihren ohnmächtigen Zorn vom Leibe gegen den Gottesleugner; die andern schulmeisterten den Professor"[97]. Man muß allerdings sagen, daß Henn sich geschickter und weniger mißverständlich ausgedrückt hat als jener Theologe, der offensichtlich schockieren wollte.

Weil Gott kein Ding ist, darum kann man von ihm auch nicht in derselben Weise reden wie von Dingen. Lehren und Systeme sind unangebracht, wenn es um Gott geht. Mit Leidenschaft hat Otto Henn das immer wieder betont.

„Mit ihrem Erkennen wollen die Menschen alles meistern. Was sie alles über Gott und sein Wesen ausgeklügelt haben! Seht die metaphysischen Systeme, mit denen sie die Religion erfassen und verdeutlichen! Wieviel Spekulation ist schon aufgewandt worden, um auch in das Wesen der übersinnlichen Welt, des Gottesreiches einzudringen! Man weiß es nicht mehr anders, als daß man alle Offenbarung Gottes mit dem Verstand begreifen müsse. Man sieht in Christus einen Religionsstifter, wie es hundert andere gegeben hat, im Christentum eine Weltanschauung wie eine naturwissenschaftliche Theorie, im Evangelium eine Lehre wie die eines philosophischen Systems.

Man glaubt, auch für Gott den Namen entdeckt zu haben, die ihn in den Zusammenhang der übrigen Welt einreiht, so daß er nun, ungefährlich und harmlos, ein Werkzeug für den klugen Menschen, ein Helfer in seinem Dienst geworden ist" (S. 189). Gott aber ist „nicht Begriff einer theologischen Schule, sondern eine reale Macht" (S. 193).

Was Barth „Gottes schlechthin einzigartige Existenz, Macht und Initiative"[98] nennt, und was Rudolf Otto in dem Mysterium Gottes als „das ganz Andere" bezeichnet[99], findet sich ganz ähnlich bei Otto Henn, wenn er den Satz „Das Himmelreich ist nahe herbeigekommen" so auslegt: „Das ganz, ganz andere, die Welt Gottes will sich herablassen auf die Erde" (S. 196).

Ein Anklang an Rudolf Ottos berühmtes Buch über das Heilige findet sich auch in den folgenden Sätzen:

„Da versinkt das Heilige in dem allzu nüchternen Lichte des gewöhnlichen Alltags, da gibt es kein Geheimnis mehr, das man in Demut verehrt. Da ist es kein Wunder, wenn man erkundet und glaubt: Gott ist tot, dem alles mechanisierenden Verstand, der rationalen Sektion durch den Menschen ist er zum Opfer gefallen. Es ist ein lebloses Ding geworden wie die andern zählbaren, meßbaren auch" (S. 189).

Das in den vorstehenden Zeilen vorkommende Schlagwort „Gott ist tot" stammt von Nietzsche[100] und beunruhigte längst vor dem Aufkommen der sogenannten Gott-ist-tot-Theologie[101] die Gemüter. Für Henn liegt der Fehler in einem falschen, nämlich rationalistischen und intellektualistischen Denken über Gott.

„Nicht der kennt Gott, der aus dem Evangelium Definitionen für sein Verhalten zu uns herleitet. Nur der kann etwas von Gott wissen, der seine Gnade an sich erlebt. Das Evangelium ist keine Lehre über ihn, sondern eine Kraft von ihm, die nicht mit dem Verstand, sondern im Glauben erfaßt sein will, die uns aus der Schuld in die Unschuld, aus dem Zorn in die Gnade, aus der Hölle in die Seligkeit versetzt. In das 'Prinzip verständiger Ordnung' paßt das Evangelium nicht hinein" (S. 190).

Um die Gereiztheit Henns gegen Definitionen, die angeben, aus dem Evangelium abgeleitet zu sein, und gegen Theologen, die meinen, solche Ableitungen vorzunehmen zu können, zu verstehen, muß man sich solche philosophische Denk- und Redeweise einmal an einem Extrembeispiel vor Augen führen, das wir bei einem Kantschüler finden. Kant verwarf das Beten als abergläubischen Wahn und ließ es gelten im Sinne einer alle Handlungen begleitenden Gesinnung. Das Vaterunser ist nach diesem Verständnis der Ausdruck eines Vorsatzes zu gutem Lebenswandel. Der Kantschüler M. Schaumann übernahm Kants Moralismus und auch die Lehre Fichtes vom Ich und Nicht-Ich und äußerte sich in Fichte-Niethammers „Philosophischem Journal" (1795. V. Stück, S. 36ff.) über das Vaterunser folgendermaßen:

„Das Moralgesetz lautet in der Formel der *Qualität* so: Menschen-Ich! Das Urbild deines Lebens (welchem du in deinem Leben Realität zu geben streben sollst) sei das reine Ich, oder wie es in dem Mustergebet der Christen heißt: Gott (unser Vater), Du bist im Himmel. Das Moralgesetz selbst kann in der Formel der *Quantität* so ausgedrückt werden: Menschen-Ich! Das Gesetz des reinen Ich sei dir eins in allem Dein Wille, Gott, geschehe, so auf Erden, wie im Himmel. Die Formel für die *Relation* für das Moralgesetz ist: Menschen-Ich. Du sollst nicht Nicht-Ich sein! (Nicht mit dem reinen Ich in Widerspruch stehen, sondern durch dieses allein dich bestimmen lassen, so lange du lebst.) Gott, Dein Name sei heilig! Die Formel der *Modalität* für das Moralgesetz ist: Menschen-Ich. Du sollst das Nicht-Ich dem reinen Ich gleichsetzen; du sollst das Universum, das ist das Ganze alles Mannigfaltigen oder die Welt als ein Land betrachten, welches du zu einem Reich der Freiheit unter dem Vernunftgesetz organisieren sollst! Gott, Dein Reich komme"[102].

Friedrich Nicolai baute diesen Text in seinen Roman „Sempronius Gundibort" (1798) ein und konnte der Zustimmung vieler Leser sicher sein, wenn er sie aufforderte: „Laßt uns beten: Gott: die gesunde Vernunft komme allen verschrobenen Philosophen! Amen"[103]. Verurteilungen des Rationalismus im Namen der Religion sind nach solchen philosophischen Produkten nicht verwunderlich.

Der von Henn kritisierten rationalistischen Theologie entspricht ein allenthalben zu beobachtender materialistischer Zeitgeist.

„Heute gilt das helle, grelle Tageslicht. Heute gelten die Dinge, die sichtbar, greifbar hart sich im Raum stoßen. Heute gilt der nüchterne Verstand, der den gesetzmäßigen Zusammenhang, die ursächliche Verfassung des Seins aufhellt. Heute gilt der Nutzen, den verstandesmäßige Erfahrungen und experimentelle Tests liefern" (S. 178).

„Liebe Freunde: Es ist ein Grundirrtum unserer Zeit, daß wir, materialistisch befangen, alles nach den Gesetzen der Naturwissenschaft betrachten, verstandesmäßig erklärt, experimentell bewiesen haben wollen. Gar zu hochmütig sind wir, zu stolz auf unsere Weisheit und Klugheit.

Freilich haben wir dadurch große Fortschritte gemacht, geistvolle Wahrheiten entdeckt, ausgeklügelte Kulturwerke aufgebaut. Die Weisen und Klugen beherrschen *diese* Erde und machen sie sich untertan [1. Mose 1,28]. Aber sie haben damit auch ihren Lohn dahin. Geben sie ihre Seele dahinein, dann leben sie als tote Larven in einer toten, mechanisierten Welt" (S. 180).

Vorher spricht Henn „von dem Zwange des alles mechanisierenden Intellektualismus, von der starren Gewohnheit des begrifflichen Abstrahierens, die nur noch durch und für die empirische Welt gebildet sind" (S. 180).

Die Überzeugung, daß Intellektualismus und Materialismus vom Übel sind und man versuchen muß, davon frei zu werden, teilt Henn mit der Jugendbewegung[104], die sich auch gegen die Verstädterung wandte, nach einer naturnahen Lebensweise suchte und in vielem einfach dem Trend der Zeit entgegen war. Die Predigt, die Henn vor Gottesdienstbesuchern der Deutschen Jugendgemeinschaft gehalten hat, verrät sehr starke Sympathien für diese Bewegung, so daß man streckenweise den Eindruck hat, als diene das Kommen Jesu primär einem Programm von der Art, wie es die Jugendbewegung im Gegensatz zu dem, was *man* tat, entwickelte, als sei er ein Avantgardist im Kampf gegen das Konventionelle und Durchschnittliche.

„Weg weist er [Jesus] von den ausgefahrenen Gleisen der platten Alltäglichkeit, weg von den festen Ufern des Bekannten, des Greifbaren, des Sichtbaren, heraus aus der konventionellen Philisterei mit ihrer Mittelmäßigkeit, hin zu dem fernen Hochziel des Glaubens, hinauf auf den steilen Gipfel der Vollkommenheit" S. 175).

Soweit es um den kritisch-polemischen Charakter der Dialektischen Theologie geht, teilt Henn ihre Anschauungen, ist er sozusagen Barthianer ohne Barth. Die antisystematische Einstellung bei Henn, die nicht nur eine Abneigung gegen die theologische Systematik ist, sondern gegen Systeme überhaupt, führt dazu, daß er sich auch von einem ganz lehrhaften Bibeltext oder einem, der eigentlich viele Erläuterungen und Erklärungen verlangt, nicht zu einer Lehrpredigt verführen läßt oder zum Aufgebot dogmatischer Begrifflichkeit. Nur gleichnishaftes und bildhaftes Reden erscheint dem Prediger Henn dem Gottesgeheimnis gegenüber angemessen und macht den Menschen bescheiden, demütig und ehrfurchtsvoll. Die Bußtagspredigt von 1924 ist eine klare Verkündigung der Rechtfertigung, aber der Begriff wird vollkommen vermieden.

2. Die Verkündigung der Gnade

Was hat man von einem Prediger zu erwarten, der den Fähigkeiten und Kräften des Menschen alle Bedeutung abspricht, wenn es um Gott geht, von einem Prediger, der mit Matthias Claudius bekennt „Wir stolzen Menschenkinder / sind eitel arme Sünder und wissen gar nicht viel"[106] (S. 169), der den Kulturdünkel und Fortschrittsrummel kritisiert (S. 192), der alle Möglichkeiten des Aufstiegs als erschöpft ansieht (S. 192) — und das schon 1926! — ? Letzten Endes kann und will ein solcher Prediger nichts anderes predigen als die Gnade und nur die Gnade, seine Botschaft lautet, daß mit unsrer Macht nichts getan ist, daß aber Gott alles Entscheidende getan hat, und wir nur als Beschenkte leben können und uns nur dann recht einschätzen, wenn wir glauben, daß unser Bestes von Gott kommt.

Hören wir zunächst die Negation: die Gnade ist keine Möglichkeit des Menschen, es gibt keine praktikable Methode zu ihrer Aneignung. „Es läßt sich nicht 'machen'. Man kann sich nicht einfach hineinzwingen in das Leben, in die Gesetze der anderen Welt" (S. 213). Henn kann das auch mit Luthers bekanntem Vers ausdrücken: „Mit unsrer Macht ist nichts getan"[107] (S. 170), stellt aber, um nicht zu Quietismus oder gar Fatalismus zu verleiten, sofort Calvins Anliegen, die Ehre Gottes, daneben, betont die Notwendigkeit des Handelns, das aber letztlich auch nicht vom Entschluß und guten Willen des Menschen abhängt.

„Eines freilich gilt es zu beachten: daß unser Tun geschehe wirklich zu Gottes und nicht zu der eigenen Ehre. Gar leicht verwischen sich da die Grenzen, zumal da, wo man gewohnt ist, alles Tun auf Gottes Namen zu gründen. Laßt uns streng wachen, daß er nicht schließlich herabgewürdigt werde zum Deckmantel für die Sucht nach eigener Ehre" (S. 170).

„Den Willen Gottes *tun*, darauf kommt es an — und nicht so zu tun, als ob man ihn täte!

Wie werden wir solche Menschen? Wir können uns nicht selbst dazu machen. 'Ihr müßt von neuem geboren werden' spricht der Herr (Joh. 3). Er wird mit seiner Wunderkraft selbst uns helfen müssen. Darum heben wir die Hände: 'Ach, mache du mich Armen zu dieser heilgen Zeit ...'"[108] (S. 214).

„Zum Leben kommt nur der, dem es von Gott gegeben wird zu schauen, was man nicht beschreiben kann, zu erleben, was im Wort nicht faßbar ist" (S. 181).

In dem „Weltbild ganz anderer Ordnung" (S. 189), wie es der Apostel Paulus uns vor Augen hält, da „ist nicht mehr der Mensch das Maß aller Dinge [...] da steht im Mittelpunkt der lebendige allmächtige Gott. Da kommt es nur noch an auf seine Gnade" (S. 190).

Wenn es von seiten des Menschen ein gewisses Sich-einstellen, eine Vorbereitung auf die Gnade gibt, dann liegt das ganz auf der Linie dessen, was die Mystik das Entwerden genannt hat, das Aufgeben des stolzen Selbstgefühls, des Pochens auf eigene Leistung, und des Versuchs, das Geheimnis Gottes ergründen zu wollen, der auch als offenbarter ein verborgener Gott bleibt. Es kommt darauf an, daß „die Menschenseele ganz arm, ganz leer, ganz alles eigenen Besitzes bar, ausweglos Gott gegenübersteht" (S. 196), arm im Geist ist. „Gnade nennt die Schrift, was Ewiges vermittelt [...]. Und Gnade spottet der Erklärung, des Begreifens, des Verstandes, des Geistes. Gnade ist die von Gott ausgehende rätselvolle, schöpferische, den Menschen umwandelnde Kraft. Für Gott brauchbar [...] werden wir nur in absoluter geistiger Bedürftigkeit" (S. 197).

Gnade ist die Überwindung der Sünde durch den Erlöser Christus.

„Was sich da zwischen Gott und uns drängt, ist das, was die hl. Schrift 'Sünde' nennt, das Losgelöstsein von dem ewigen Urgrund, die Zurückweisung der uns angebotenen göttlichen Liebe. Das ist der höchste Einsatz dieser Liebe, daß er seinen eingeborenen Sohn gab [...]. In der Nähe des Gekreuzigten werden wir uns selber offenbar, sehen wir die Sünde, die uns hält, wird sie in uns verurteilt und gerichtet. In der Nähe des Gekreuzigten finden wir zugleich die hl. Liebe, die uns trotz alledem zu sich zieht" (S. 207).— „Wir sind nicht alleingelassen. Der Himmel bricht über uns auf. Eine Brücke wölbt sich zu uns herüber [... es] kommt Gottes Hilfe in unsere Schwachheit" (S. 221).

Sehr eindrucksvoll weiß Henn von der Gnade auch zu reden in einer Andacht beim 25jährigen Abitursjubiläum vor seinen ehemaligen Klassenkameraden. Er spricht von dem, was sie innerlich geworden sind in diesem Vierteljahrhundert: „Nüchterner, ernster, reifer, klarer, fester. – Aber auch spröder, starrer, unlebendiger, älter" (S. 226). Seiner eigenen Erfahrung nach entschwebt das eigentlich angestrebte Ziel immer mehr. Es ist auch in diesem Leben nicht zu erreichen. „Es liegt überhaupt hier nicht an unserm Rennen und Laufen. Es kommt nicht an auf unsere Leistungen, unser Können. Das Beste ist Geschenk und Gabe, Gunst und Güte – Gnade" (S. 226).

Daraus erwächst den Christen ihre Aufgabe in der Welt. „Lichter der Welt, Wegweiser für die Suchenden, Hüter des Tals, das können nicht die gescheiten, sondern das müssen gläubige Menschen sein" (S. 220).

3. Die Wahrnehmbarkeit Gottes durch den Menschen

Wie wird die Gnade empfangen? Wo ereignet sich das Zusammentreffen von Gott und Mensch? Klar ist, daß die Initiative bei Gott liegt, von ihm geht die Offenbarung aus, er ist der Handelnde, der Mensch der Empfangende. Das Verhältnis ist nicht umkehrbar. „Zu ihm [Gott] führt kein Weg, den wir uns selber bauen. Von sich aus hat er die Brücke geschlagen in unsere Verlassenheit" (S. 187). Aber unbeteiligt ist der Mensch daran auch nicht. „Wir müssen vielmehr seine Herz und Mut umgestaltende Gnadenkraft in innigem Vertrauen fassen, müssen uns seinem Leiten hingeben in zuversichtlichem Gehorsam" (S. 190).

Um bei dem Bild von der Brücke zu bleiben: es muß ja im Menschen einen Pfeiler geben, auf dem sie aufruht, oder, wenn man das als eine zu starke Aufwertung des Menschen ansieht, als einen Synergismus, ein Mitwirken an seiner Erlösung, es muß doch eine menschliche Fähigkeit geben, über diese Brücke zu gehen und eine Sehnsucht, die auf die andere Seite will, ein Fragen und Verlangen nach Gott.

Die Ansprechbarkeit des Menschen für Gott und die Ausrichtung auf ihn hat man Religion genannt. Sie erscheint im 20. Jahrhundert allerdings wie „Dornröschen, das vor langer, langer Zeit einmal schlafen gegangen" (S. 178) ist. Es sieht so aus, als habe die Religion allein in der Vergangenheit Größe und Kraft gehabt. Inzwischen sind die Dornen um das Schloß gewachsen, die sich mit dem Verstand nicht durchdringen lassen. So gelangen wir nicht in die unsichtbare Welt.

„Was wir mit den Augen sehen und mit den Ohren hören, reicht nicht an sie heran. Sie können wir nicht fassen in das Netz der Prinzipien der Kausalität, des Gesetzes, des Systems, mit dem wir die Natur als Objekt des Physikers einfangen. Sie offenbart sich nur dem, der die blaue Wunderblume[109] fand, die alle Türen öffnet, alles Verborgene sichtbar macht, sie erschließt sich dem Auge, das gelernt hat, hinter die Dinge zu schauen, dem Ohr, das die Sprache der andern Welt versteht; sie öffnet sich nicht dem Verstand in seiner Klugheit, sondern dem Herzen in seiner Reinheit, dem gläubigen Gemüt, der sich verwundernden Seele, dem 'reinen Toren'[110], dem Unmündigen, dem Kind" (S. 179).

Was Henn an einer Stelle die andere Welt (S. 179) nennt, das kann er auch als „Quell alles Lebens" und als „schöpferische Tiefe" oder mit dem „Urwort 'Gott' " bezeichnen (S. 187). Den Gegenpol zu unserer sichtbaren, erforsch- und beschreibbaren Welt bildet die „Welt des Geistes" oder „die Welt der Religion, die Welt Gottes. Sie kann man nicht erlernen. Sie muß man haben — oder man bleibt ihr ewig fremd" (S. 180). Aber das Habenmüssen ist nicht im Sinne einer Prädestination gemeint, Henn redet schon auch von der Weise, wie man dazu kommt. Er sagt, in dieser andern Welt erkenne man „durchs Miterleben" (S. 180), werde man weise im Schauen, gewinne man durch Hingabe, herrsche man durch Dienen, finde man sich, nachdem man sich verlor. Statt Denken also Empfinden und Erleben, „Intuition". Henn rechnet mit den Strömen einer „Urkraft im Inneren des Menschen, die wir Religion nennen" (S. 180), und er rechnet damit, daß die Menschen nach dem Gottesreich streben (ebd.).

Aber Gott ist kein Gebilde jener Urkraft Religion, sondern eine Realität, die von außerhalb unserer selbst auf uns wirkt, und unser Erleben ist das Fassen des Segens, der von Gott kommt.

„Es ist schon gut, daß wir die Gewißheit haben, daß wir dennoch keinem Phantom nachjagen, daß trotz des spröden Materials, das diese Erde bietet, sich unser Leben zu einem Gebild von ewigem Wert gestalten läßt. Woher wissen wir das? Nun, weil einer vor uns steht mitten in der häßlichen Wirklichkeit, dem das Licht einer anderen schöneren aus den Augen leuchtet, weil wir im Leben Jesu Christi die Möglichkeit des Ewigen ver- wirklicht sehen in unserer Welt. Er ist ein Eigener freilich und eigen sind die Wege, die er zu dem Ziel führt" (S. 176).

Wenn wir ihm folgen, werden auch wir Wunder schauen. „Wie das Netz des Petrus gar nicht die Fülle der Fische zu fassen vermag, so dein Erleben die Fülle des Segens, der deiner da harrt" (S. 176).

Der Mensch ist zwar in die Irre gegangen, wir haben uns entfernt von dem „Urgrund unseres Seins", kennen den Meister nicht mehr, „der das feine Instrument unserer Seele fügte, daß wir ihr und damit uns selbst fremd geworden sind" (S. 186), aber es besteht doch noch immer die Sehnsucht nach dem Verlorenen — und das Evangelium von Jesus Christus, der in die Welt kam und das angenehme Jahr des Herrn verkündigte, macht zur Wirklichkeit, was die Menschen „dichten und träumen im Märchen" (S. 183).

Ja, es gibt eine Beziehung zwischen Dichtung, Traum und Märchen einerseits und dem Evangelium bzw. dem biblischen Text andererseits. Es ist ein Verhältnis von Verheißung und Erfüllung. Alle Verheißungen sind in Jesus Christus wahr geworden (S. 183), und die Texte, die Berichte über ihn, geben Antwort auf das sehnsüchtige Fragen. Wenn Menschen auf die Sagen und Märchen hören, „dann ist es der Hunger nach Licht, der Menschenkinder zuhören läßt. An diese Sehnsucht knüpft auch unser Text an. Er setzt sie voraus, er kommt ihr entgegen" (S. 209). Märchen können darum als „Illustration" eines Textes herangezogen werden.

Die Märchen eigenen sich aber auch deswegen als Illustration eines biblischen Textes, weil es eine Verwandtschaft zwischen beiden gibt, eine Art Entsprechung. Das Märchen vom Sterntaler, dem Mädchen, das alles verschenkt, und die Seligpreisung derer, die geistlich arm sind, reden von derselben geistigen Haltung. „Nicht geist-reich – arm im Geist ist die Losung". „All das Suchen und Sammeln, alles Haschen und Gewinnen führt nicht zum Ziel. Anders will es der Heiland in seiner Seligpreisung, anders lehrt es die Märchenweisheit unserer Väter" (S. 196). Beide werden hier in einem Atemzug genannt, weil sie in diesem Punkt denselben Geist atmen. Hier leuchtet das unmittelbar ein. Gewagter erscheint die Parallelisierung des Gottesknechtes aus Jes. 42 mit dem Schwesterchen als einer Art Erlösergestalt in dem Märchen von den zwölf Brüdern (S. 202).

Man kann hier von einer Analogie zwischen zwei literarischen Gattungen sprechen und entdeckt dann schnell auch noch andere Analogien, eine zwischen dem Gottesgeist und dem Menschengeist und zwischen der Synagoge in Nazareth und einer christlichen Dorfgemeinde des 20. Jahrhunderts.

Was Armut im Geist ist und damit ein Boden zum Empfang des Himmelreiches, das läßt sich vergleichen mit dem künstlerischen Schaffen, es verhält sich mit jener Armut

„wie mit dem Gottesfunken im Menschengeist, den wir 'Genie' zu nennen pflegen. Auch der glüht stets nur unbewußt, der wirkt ohne klaren Willen, ohne die Kontrolle der Vernunft. In instinktiver Sicherheit, unabsichtlich wie im Rausch, wie von Sinnen, schaffen die Großen ihr unvergängliches, bleibendes Werk, das nicht die Minderwertigkeit der Erde an sich trägt. Das Vertrauen zu sich selbst, zur eigenen Kraft, dem eigenen Können, zu Fähigkeiten des Menschengeistes mag brauchbares Handwerk geben, Erfüllung aber gibt es nur, wo die Übermacht der Gewalt von droben das Ich mit all seinen Funktionen zersprengt" (S. 197).

Von der andern Analogie, der soziologischen, redet Henn gar nicht ausdrücklich. Er schildert nur die Gemeinde in Nazareth, nicht auch die in Greifenstein, aber er beschreibt jene so, daß sie transparent wird für die eigene Gemeinde. Man merkt leicht: Nazareth ist mit den Augen eines Dorfpfarrers gesehen.

„Da steht der Heiland in der Synagoge von Nazareth, seiner kleinen Vaterstadt, deren gedrückte Verhältnisse, deren mühselige und beladene Menschen er doch alle kennt. Hier ist der Nachbar, der sich so plagen muß Tag und Nacht für das Haus voller Kinder. Dort das alte Mütterchen, das voll Sorgen ganz allein steht in der Welt. Drüben die Armen, die sich beschämt im Hintergrund halten, weil sie in der bösen Zeit nicht alles leisten können, was das Gesetz vorschreibt, da vor ihm der Kranke, von dem Jesus weiß, daß er sehr zu leiden hat jahraus, jahrein" (S. 183).

Solche Entsprechungen, Vergleiche, Parallelen sind möglich und nötig wegen der prinzipiellen Beziehung zwischen Gott und Mensch. „Es besteht eine Wechselwirkung zwischen unserem Verhalten und Gottes Handeln an uns" (S. 211).

Die hier präsentierten Predigtgedanken Henns zu dem Thema Gott und Mensch reichen aus, um nun die Frage zu stellen: in welchen theologiegeschichtlichen Zusammenhang gehören ein solches Denken und solche Verkündigung? Eins ist von vorneherein sicher: auf keinen Fall gibt es hier eine Verbindung und eine Übereinstimmung mit Karl Barth. Er hat ja leidenschaftlich und energisch diese Auffassungen bekämpft. Er hat das oft und an vielen Stellen getan. Als Beispiel sei an einen Vortrag erinnert, den er 1922 gehalten hat: „Das Wort Gottes als Aufgabe der Theologie". Darin heißt es:

„Der Mensch und sein Universum, sein noch so lebendig angeschautes und gefühltes Universum, ein Rätsel, eine Frage, nichts sonst. Ihm steht Gott gegenüber als das U n - m ö g l i c h e dem Möglichen, als der T o d dem Leben, als die E w i g k e i t der Zeit"[111].

Barth charakteristiert und verwirft drei Wege, von Gott zu reden: den dogmatischen, den kritischen und den dialektischen und mit diesem auch die Voraussetzung der Dialektik, daß ihrem Vertreter „auf Seiten seines Unterredners die Frage nach Gott schon e n t g e g e n k o m m t "[112].

„Wer etwa gerade darin Schleiermachers besonderen Vorzug sehen sollte, daß er den sogenannten Dualismus, in dem etwa Luther steckengeblieben sei, überwunden und gerade mit dem Begriff der Religion die erwünschte und mit Ehren zu begehende Brücke zwischen Himmel und Erde geschlagen habe, der wird nun freilich, wenn er es nicht schon getan hat, von dem, was hier vertreten wird, endgültig abrücken müssen. Ich kann es ihm nicht wehren, nur den Wunsch aussprechen, er möchte sich dann jedenfalls nicht etwa gleichzeitig auf Schleiermacher u n d die Reformation, auf Schleiermacher u n d das Neue Testament, auf Schleiermacher u n d die alttestamentlichen Propheten berufen, sondern von Schleiermacher aufwärts eine neue Ahnenreihe sich suchen, als deren nächstes Glied etwa M e l a n c h t h o n in Betracht kommen dürfte. Denn was mit dem Namen Kierkegaard, Luther und Calvin, Paulus und Jeremia bezeichnet ist, das ist unzweideutige, gänzlich unschleiermacherische Klarheit darüber, daß Menschendienst G o t t e s dienst sein muß und nicht umgekehrt"[113].

Nun, das ist eine Musterung der Ahnen und eine Benennung derer, denen Barth sich zugehörig fühlt, und ein Ausschluß all derjenigen, die es anders glauben und meinen. Auf der einen Seite also Jeremia, Paulus, Luther, Calvin und Kierkegaard, auf der anderen, der abgelehnten, Melanchthon und Schleiermacher.

Theologische Probleme werden gewiß nicht quantitativ entschieden und nicht durch die Aufzählung der Autoritäten, die die eine oder andere Position vertreten, aber um der Wahrheit und der historischen Redlichkeit willen ist es doch nötig, mit Nachdruck zu betonen, daß die Reihe derer, auf die sich Barth nicht berufen kann, zahlenmäßig nicht schwächer und vor allen Dingen nicht weniger gewichtig ist als die, die er für seine Meinung anführt.

Daß die alttestamentlichen Propheten und Paulus sich so eindeutig und ausschließlich für das eine Lager vereinnahmen lassen, wie Barth gern möchte, wird man schon a priori bezweifeln müssen, weil es bei dieser Sachlage vermutlich nie zur Ausbildung gegensätzlicher Standpunkte gekommen wäre. Die Propheten waren Offenbarungsempfänger, sie haben das Reden Gottes in Visionen und Auditionen vernommen und sind kein überzeugender Beweis für die These *Finitum non est capax infiniti*[114]. Der Apostel Paulus hat zwar eine Berufung auf ekstatische Erlebnisse und auf seine Fähigkeit des Zungenredens zum Zweck des Selbstruhms als Torheit abgelehnt, aber es ist doch bezeichnend, daß er diese Erfahrungen gemacht hat und diese religiösen Symptome aus ureigenstem Erleben kannte. Auch bei Luther bleibt zu bedenken, daß seine erste Publikation eine mystische Schrift war. Ernst Benz hat die beachtenswerte Meinung vertreten, Luthers mit höchsten Affekten geladenen Ressentiments gegen die mystische Theologie seien nicht das Resultat einer normalen intellektuellen Reflexion, sondern die Äußerungen „eines schwer

Enttäuschten. Er selbst hatte versucht, die mystische Leiter emporzusteigen und war dabei abgestürzt"[115].

Wenn man nach Ahnen und Kronzeugen für die Gegenposition zu Barth sucht, dann muß man schon in der Alten Kirche mit Justin beginnen, der im „Dialog mit dem Juden Tryphon" (Kapitel 61) von der Aussaat des Logos schon vor Christus spricht. Jeder Mensch hat Anteil daran, aber am deutlichsten hat sich der vorchristliche Logos in zwei Personengruppen manifestiert, bei den griechischen Philosophen und den alttestamentlichen Propheten. Das ist die Annexion der heidnischen Philosophie und des Alten Testamentes durch das Christentum! Alle Menschen, die der Vernunft gemäß gelebt haben, sind nach Justin Christen gewesen, z.B. Sokrates und Heraklit bei den Griechen (Apologie I, 46). Gott hat den Völkern auch schon vor Christus Teile seiner Wahrheit zukommen lassen.

Nach Justin ist vor allem Origenes zu nennen, der in seinem religionsphilosophischen Werk „Über die Grundlehren" die Einheit des Göttlichen mit dem Menschlichen behauptet hat, womit er mystisches Gedankengut aufgreift.

Die hier begonnene Reihe ließe sich fortsetzen mit Augustin, Eckhart, Böhme und Schelling. Aber Vollständigkeit ist an dieser Stelle nicht angestrebt. – Wer sind denn in dieser Hinsicht zeitgenössische Antipoden Barths? Dazu gehören der schon früher erwähnte Rudolf Otto, James Wobbermin[116] und Rudolf Bultmann, der, obwohl er anfangs durchaus der Dialektischen Theologie zuzurechnen ist, immer daran festgehalten hat, daß man von Gott nicht reden könne, ohne vom Menschen zu reden[117].

Am stärksten von allen theologischen Universitätslehrern hat Paul Tillich das vertreten, was Henn zum Thema Gott und Mensch in seinen Predigten gesagt hat. Da ist zunächst darauf hinzuweisen, daß Tillich in einem positiven Sinn von *Religion* redet[118] und sie für unverzichtbar erklärt. Er sieht sie nicht wie Barth als einen Versuch der sündhaften Selbsterlösung des Menschen, sondern als die subjektive Annahme der Offenbarung. Offensichtlich in Anknüpfung an die bedeutende Rolle, die Schleiermacher dem Gefühl bzw. dem Gemüt beimißt, spricht Tillich vom *religiösen Erleben*[119] und der *Intuition,* die auch für den Erkenntnisvorgang unentbehrlich ist. So sehr Tillich ebenso Philosoph wie Theologe ist, so hält er doch eine Religion innerhalb der Grenzen der Vernünftigkeit für eine verstümmelte Religion[120]. Tillich verwendet auch den Ausdruck *Tiefe*[121] für Gott als einen der Versuche, in unserer Zeit den Namen Gottes vor Mißbrauch zu schützen – man denke an Henns Synodalpredigt nach dem Ausbruch des ersten Weltkrieges! – und neu zu sagen, was mit Gott gemeint ist: das „Sein-Selbst", die „Macht des Seins", der „Grund und Sinn des Seins", das „Absolute" und „Unbedingte", das, „was uns unbedingt angeht"[122]. Von Gott darf man nicht sprechen wie von einem Gegenstand, er ist ein Symbol mit Wirklichkeitsgehalt, das in allem wahrhaft Wirklichen erscheint[123]. Bei Tillich findet sich auch die Definition der Sünde als *Entfremdung* des Menschen von Gott, von sich selbst und den andern[124]. Tillich wertet *Mythen und Symbole* als unersetzbare Formen religiöser Aussagen. Sie enthalten ähnlich wie die Philosophie existentielle Anfragen, genauer:

sie gehören zu dem reichen Kulturgut, das der Theologe heranziehen muß, um die existentiellen Fragen zu vernehmen und zu formulieren, aber diese Texte haben auch eine Transparenz für das Unbedingte in der Gegenwart. Bei Tillich ist auch sehr stark das ausgeprägt, was bei Henn an einer Stelle mit dem Begriff *Wechselwirkung* in den Blick kam, nämlich eine *Korrelation* zwischen Gott und Mensch, und zwar im Sinne einer gegenseitigen Beeinflussung, so daß nicht nur der Mensch auf Gottes Handeln reagiert, sondern auch Gott wieder reagiert auf das Tun des Menschen[125].

Bleibt noch zu erwähnen, daß auch bei Tillich trotz seiner universalen Weite Christus die zentrale Stelle einnimmt, man kann auch hier von einem christologischen Universalismus sprechen, unser Autor ist von der Leidenschaft erfüllt, Christus der ganzen Welt als das neue Sein zu verkündigen.

Muß und kann man, wenn es um theologische Positionen geht, sagen: „Hier Schwert des Herrn und Gideon" (Richter 7,20) — hier sind die wahren Streiter Gottes, die andern gehören ins feindliche Lager und bereiten sich selbst das Verderben? Dazu gibt es kein Recht, denn jede Theologie, auch die großartigste, ist wie alle menschliche Leistung Stückwerk, sie enthält wichtige Einsichten, ohne daß dadurch andere Theologien völlig ins Unrecht gesetzt würden.

Heinz Zahrnt hat einmal in genialer Vereinfachung auf das hingewiesen, was jeden einzelnen von drei hervorragenden theologischen Lehrern unseres Jahrhunderts auszeichnet.

„An ihren Präpositionen sollt ihr sie erkennen! Stärke und Schwäche eines jeden werden an der jeweils herrschenden Präposition offenbar. Bei Karl Barth regiert das 'Über': Gott ist über der Welt. Barths Stärke ist, daß er die Gottheit Gottes wiederentdeckt hat und daß er sie als Liebe entdeckt hat, die Kehrseite seiner Stärke, daß er zu hoch im Himmel ansetzt und darüber die konkrete Geschichte aus den Augen verliert. Bei Rudolf Bultmann herrscht das 'Gegenüber': Der Mensch steht Gott gegenüber, in der Entscheidung. Bultmanns Stärke ist, daß er das christliche Kerygma als Ruf zur existentiellen Entscheidung faßt und es damit in die Gegenwart bringt, die Kehrseite seiner Stärke, daß das Evangelium dabei seinen Bezug zur Wirklichkeit einbüßt und aus einer Gabe zu einer Forderung wird. Bei Tillich schließlich herrscht das 'In': Die Wirklichkeit Gottes begegnet in der Wirklichkeit der Welt, als ihre letzte, wahre Wirklichkeit. Tillichs Stärke ist, daß bei ihm Gott dem Menschen wirklich in der Welt begegnet, in allem Seienden, nicht als fremdes Gesetz, das ihm von außen oder oben aufgezwungen werden soll, sondern als etwas, das ihn unmittelbar und unbedingt angeht und das mitten unter uns geschieht; die Kehrseite seiner Stärke ist, daß Gott und Welt so ineinanderfließen, daß der Mensch vor lauter Gott nicht mehr die Welt und vor lauter Welt nicht mehr Gott erkennt. Aber wo immer die Gegenwart Gottes in der Welt so ernstgenommen wird wie bei Tillich, dort wird es nie ohne einen Anflug von Pantheismus oder Mystik abgehen"[126].

Hier wird nicht verschwiegen, daß jede Stärke naturgemäß ihre Kehrseite hat. Auch die Art der Verkündigung Henns birgt neben den großen Vorzügen der Anschaulichkeit, Einfachheit, Innigkeit und der Bezeugung der Wirklichkeit Gottes *in* unserer Welt und unserem Leben Gefahren in sich.

Deutlich sind sie zu erkennen in einer Predigt über Lukas 14,7-11, in der *Buße tun* gleichgesetzt wird mit der Rückkehr zu schlichtem Bauernsinn (S. 192). „Ist die Wesensart des Landvolkes nicht wertvoller als die in der Stadt? [...] Herausgelöst aus dem Vielzuvielen, frei von den Einflüssen der Mode und Masse nur wird der Mensch Mensch" (S. 193). Das sind Übertrei-

bungen und in einer Predigt unzulässige Wertungen, weil sie zu der Schluß-
folgerung verleiten, als hätten Lebensräume an sich eine religiöse Qualität und
schafften von selbst eine größere Nähe oder Ferne zu Gott. Wenn Henn 1926
meint, der Bauer sei „heute die letzte Hoffnung für den Aufstieg unseres
Volkes" (S. 194), dann ist das eine Idealisierung des Bauernstandes, der in
Wirklichkeit zwar seine Vorzüge hat, aber auch seine negativen Eigenschaften
wie jede andere soziologische oder ökonomische Gruppierung.

Die gute Absicht entschuldigt hier allerdings viel. Henn will einem Trend ent-
gegenwirken, durch den die Stadt zum absoluten Wertmaßstab und Orientie-
rungspunkt wird, so daß die Landbevölkerung sich minderwertig fühlt und
bereit ist, ihre Eigenart aufzugeben und die andere Lebensform zu übernehmen,
was sicher nicht richtig und gut ist. – Wir haben heute ein vergleichbares
Problem in viel größerem Maßstab: die Amerikanisierung Europas, der es auch
zu widerstehen gilt. Es ist nicht gut, wenn wir unsere eigene Kultur und die
Kultur überhaupt amerikanisch bewerten, d.h. nach dem, was damit verdient
werden kann. Das darf auch in Predigten gesagt werden, zumal die Bibel dem
Kommerziellen, dem Mammon, gegenüber eine äußerst kritische Einstellung
hat und den Tanz ums Goldene Kalb als Götzendienst verwirft.

Aber vor theologischen Unschärfen muß man sich hüten, sonst verschwindet
Gott vor lauter Welt. Bei Henn gibt es Ansätze dazu, so wenn er zum Beispiel
das Folgende alles auf eine Ebene bringt: den glimmenden Docht, den Gott
nicht verlöschen läßt, und das in den Uhrkasten verkrochene Geißlein aus dem
Märchen „Der Wolf und die sieben jungen Geißlein", die „Stimme des Blutes"
und „den göttlichen Funken in der Seele" oder „eine letzte Scham" (S. 200),
etwas, das sich gegen die Vernichtung wehrt.

Eine problematische Predigt ist auch die vor Soldaten an Weihnachten 1939
in Werdorf gehaltene. Sie versucht, recht Disparates zusammenzubringen:
das Evangelium und die Gralsage, das Himmelsheer und die Gralsritterschaft,
das Eiserne Kreuz, das Kreuz der deutschen Ordensritter und das Kreuztragen
des Christen, Soldatsein und Gott Dienen, Diesseits und Jenseits, Reichsschwert
und Christi Sieg, deutsche Soldaten und Mannen Jesu Christi. Da wird auch ein
Nicht-Barthianer den Eindruck haben, daß hier sehr großzügig und reichlich
von dem Wörtchen u n d Gebrauch gemacht wird.

Aber man muß auch hier berücksichtigen, was gesagt werden konnte und
sollte. Henn hatte Soldaten vor sich, für die es nicht die Wahl gab, nicht Soldaten, sondern Pazifisten zu sein. Von ihrem Soldatsein konnte er bei seiner
Predigt nicht absehen. Wie ließ sich also das Soldatsein mit der zu verkündigen-
den Wahrheit in Zusammenhang bringen? Henn bemüht eine bestimmte Tradition, um dann das Fazit zu ziehen: „Im deutschen Soldaten-Gedanken liegt
etwas Übermilitärisches", (S. 223). Das heißt doch: das Soldatsein weist
über sich hinaus, es kann und soll Symbol für etwas anderes werden, das
Soldatsein bietet einen Anknüpfungspunkt für die Weihnachtsbotschaft. In
seiner Verkündigung dieser Botschaft widerspricht Henn mutig der nationalsozialistischen Ideologie, die das Soldatische als das Heldische und Germanische
für unvereinbar hält mit dem Christlichen, und die möchte, daß die Soldaten

ihr Christsein aufgäben. Dagegen sagt Henn: „Den Christenglauben dem deutschen Soldaten aus dem Herzen reißen wollen, heißt darum nichts anderes, als den Ast absägen, der ihn trägt" (S. 213).

Auch eine standesspezifische Mahnung spricht der Prediger aus. Wenn auch der Krieg dazu führt, daß sich Sitte und Ordnung lockern und Ausnahmesituationen eintreten, so gibt das dem einzelnen auch als Soldat kein Recht, sich über die Gebote hinwegzusetzen, im Gegenteil: gerade der Soldat muß sich durch besondere Selbstdisziplin auszeichnen und damit dem Teufel widerstehen. Nur die Bindung an Gott bewahrt den Krieger davor, ein Unmensch zu werden.

„Die Losung über dem streitbaren Heer des Himmels, über den Ordensrittern und über den preußischen Fahnen mahnt, daß es dem Soldaten vor allem anderen not ist, Gott zu dienen und immer wieder zu ihm zurückzukehren. Das bedeutet für ihn Läuterung und Reinigung, das bewahrt ihn vor dem Versinken ins Untermenschentum, davor, daß im Machtkampf der Teufel Gewalt über ihn kriegt. Im Krieg wie im Frieden ist seines Handelns Richtschnur, was die Engel auf Bethlehems Feldern ihm mahnend zurufen: Ehre sei Gott in der Höhe. – " (S. 222).

Märchen als Illustrationsmittel

Von Henns theologischen Voraussetzungen aus ist es verständlich, daß er sich gern erklärender Illustrationen bediente. Als solche verwendet er Sagen (z.B. die von der unspielbaren Harfe S. 185), Mythen (z.b. Antaeus, Sohn der Erde, S. 194), Dichtungen (Parzival, S. 221), Gemälde (Fidus[126a], S. 175; Hans Thoma[126b] S. 218) und mit besonderer Vorliebe Märchen. *Dornröschen* (S. 178), *Rumpelstilzchen* (S. 188), *Hans im Glück* (S. 192), *Die Sterntaler* (S. 195), *Der Wolf und die sieben jungen Geißlein* (S. 198), *Die zwölf Brüder* (S. 202), *Rotkäppchen* (S. 209), *Frau Holle* (S. 212), *Der Froschkönig oder der eiserne Heinrich* (S. 215) werden ausführlich besprochen, *Brüderchen und Schwesterchen* und *Der Bärenhäuter* (S. 202) kommen vor[127].

Damit hat Henn einen Trend von heutzutage vorweggenommen, daß Märchen eine vielfältige Aufmerksamkeit genießen. Im Kreuz-Verlag erscheint eine Reihe „Weisheit im Märchen"[128] mit vorwiegend tiefenpsychologischen Interpretationen – Märchen als Hilfen zur Selbsterkenntnis und Muster für die eigene Lebensgestaltung. Außer diesen Interpretationen einzelner Märchen gibt es auch mit ähnlicher Intention Arbeiten zu bestimmten vielen Märchen gemeinsamen Zügen[129] und natürlich Überlegungen, wie Märchen auf Kinder wirken und warum sie pädagogisch wertvoll sind[130].

Man hat auch Versuche unternommen, Märchen christlich zu deuten[130], eine Absicht, die sich mit entsprechender Symbolinterpretation berührt[131].

Märchen gaben schließlich auch Anlaß zu mancherlei Umgestaltungen, sie sind ein beliebter Stoff für Satiriker und Humoristen[132]. Auch die Märchenforschung wurde parodiert. Hans Traxler tut das, indem er sich als Archäologe gebärdet[133]. Der Politologe Iring Fetscher konbimiert gleich drei Methoden:

die philologisch kritische, die psychoanalytische und eine philosophische oder ideologische, die er selbst „historischer Materialismus, Prinzip Hoffnung" nennt[134]. Auch als erotische Literatur sind Märchen neuerdings präpariert worden[135].

Die ernsthafte Märchenforschung[136] hat auch ihre Geschichte, in der beträchtliche Wandlungen vor sich gegangen sind. Im Gefolge der Gebrüder Grimm, die zweifellos mehr von deutscher Mythologie als von christlich-kirchlichen Traditionen verstanden und in den Märchen einen Urmythus voraussetzten, wollten viele Märchendeuter an vielen Stellen einen Vegetationsmythus entdecken, unter anderem auch in *Die Sterntaler.*

Henn trägt die zu seiner Zeit übliche Naturdeutung vor, entdeckt aber selbst eine andere wesentlichere Seite in diesem Märchen.

„Wir haben ja wieder erlebt, wie reichlich die Erde, die durch das Kind im Märchen symbolisiert wird, mit vollen Händen ohne Bedenken, ohne Vorbehalt sich arm und ärmer schenkt [...]. Weit über diese Grundbedeutung hinaus wird uns dies Märchen heute hier wertvoll, weil es uns so recht anschaulich machen kann, wie die geheime Tür zu der verborgenen, anderen Welt sich öffnet,wo der Weg zum Himmelreich geht, und was es ist um Gottes Gnade" (S. 195).

Im Besitz von Otto Henn befand sich ein Buch über Märchen, dem er zweifellos eine Reihe von Anregungen entnommen hat. Mit einem Titel „Weissagung und Erfüllung im deutschen Volksmärchen" greift es eine theologische Deutungskategorie auf, mit der man das Verhältnis von Altem und Neuem Testament zu bestimmen versucht hat. Der Verfasser Georg Schott macht aus den Märchen nun gleichsam Weissagungen über das Schicksal des deutschen Volkes und damit Lebenshilfen für die Zeit nach dem Ersten Weltkrieg[137]. Die Art der Benutzung dieses Gedankengutes durch Henn im einzelnen darzustellen, würde hier zu weit führen, es sei aber an einem Beispiel, dem Märchen vom Froschkönig, gezeigt, daß Henn seine Selbständigkeit und Originalität in der Benutzung dieses seltsamen Märchenkommentars wahrte.

Die ungezwungenste Deutung dieses Märchens ist wohl die entwicklungspsychologische, die hier Bilder für die Reifung eines jungen Mädchens findet, das eben noch als ein nicht beunruhigtes Kind gespielt hat, aber dann mit dem Begehren eines fremden Wesens konfrontiert wird, das seine Zeit mit ihm verbringen und in seinem Bett schlafen will. Als die Berührungsangst einmal in einem beherzten Augenblick überwunden ist, verwandelt sich der Frosch in einen Prinzen und der Abscheu in Liebe.

Georg Schott aber bezieht die im Märchen erzählte Geschichte auf das deutsche Volk. Er deutet national. Das Märchen ist gewissermaßen Schotts Text für eine „Predigt", ein Schlüssel zum Verständnis der Gegenwart.

„Unendliche Wehmut möchte einen überkommen, wenn man die Welt von heute mit dieser Märchenwelt vergleicht. Wohin sind wir geraten? Man kann sich kaum einen größeren Gegensatz denken als das Schreckbild der Welt von heute und jenes Urbild aus den Tagen der ersten Schönheit"[138].

Henn folgt ihm hierin bis zu einem gewissen Grad, redet aber viel klarer und ersetzt das unbestimmte und verschwommene „Urbild aus den Tagen der ersten Schönheit" durch die bekannte und anschauliche biblische Paradiesgeschichte.

„Mit Wehmut nur sehen wir die Welt von heute im Spiegel der Märchenwelt, die sich da enthüllt. Kann es einen größeren Gegensatz geben als unser Leben und das jenes Königstöchterleins, das am Brunnen im Waldesschatten spielt, die goldne Kugel hochwirft und sie wieder fängt? Das ist wie ferne Kunde aus der Heimat der Seele[139], ähnlich der biblischen Erzählung vom Paradies, wo alles Leben beschlossen ist in die heilige göttliche Harmonie, wo alles Geschehen ein unbefangenes Spiel, wo der Mensch in ungetrübter Einfalt lebt und das Gold ihm der schimmernde Tand ist, an dessen Glanz er sich in Unschuld freut" (S. 216).

Für beide handelt es sich bei dem Spiel der Königstochter mit der goldnen Kugel um ein Spiel der Seele, was übrigens auch die spätere Märchenforschung annimmt[139]. Auch Schott verwendet den Ausdruck „Heimat der Seele", aber er löst ihn aus seiner gnostischen Vorgeschichte heraus, nimmt ihm das Religiöse und rekrutiert ihn für das Politisch-Rassische. Wer das Anfangsbild des Märchens mit dem spielenden Kind auf sich wirken lasse, „hat in die Heimat der Seele unseres Volkstums zurückgefunden, und das ist viel"[140].

Von der Seele ist bei Schott aber auch im individuellen Sinn die Rede, und zwar im Zusammenhang mit der Deutung der goldnen Kugel als „Lebensgesetz". „'Ich trage meine Seele allzeit in meinen Händen', sagt die Bibel. Das ist der Mensch der Ruhe, der das Gesetz im eigenen Busen und das Gesetz der sittlichen Weltordnung in Übereinstimmung fühlt"[141].

Ein Märchen ist nach Schotts Meinung, der man in diesem Punkt nur zustimmen kann, keine Morallehre, und es will keine Vorbilder aufstellen, aber speziell dieses Märchen vom Froschkönig streift doch ein moralisches Problem, indem es die rohe Behandlung des Frosches durch die Prinzessin erzählt. Wer ist dieser Frosch? Für wen steht er als Symbol? Schott antwortet:

„Er stellt wohl überhaupt kein bestimmtes Einzelwesen dar, sondern eine allgemeine Idee die doch auch in dieser vielfachen Deutbarkeit erhaben ist. Die Froschgeschichte will etwa folgendes besagen: eine Wahrheit kann in der Form, wie sie ursprünglich an den Menschen herankommt, sehr wenig anziehendes haben. Sie kann sogar abstoßend auf ihn wirken. Es kommt nur darauf an, daß der Mensch sich überhaupt mit ihr befaßt, wenn auch anfangs vielleicht widerstrebend. Ja es kann so weit gehen, daß er sich mit dieser Wahrheit tatsächlich 'herumschlägt', wie die Königstochter in unsrer Geschichte mit dem Frosch. Eines Tages erschließt sich ihre Innenseite. Die äußere Hülle fällt ab. Die Verwandlung tritt ein. Die Idee offenbart sich in ihrer strahlenden Schönheit"[142].

Der Autor hat aber noch eine andere Bedeutung parat. Der Frosch steht nicht nur für eine Wahrheit oder eine Idee, sondern für eine Frage.

„Eines Tages steht sie da vor der Tür des Mädchens, das bis dahin Kind war und nie an dergleichen gedacht hat: die Frage nach Geschlecht und Neigung, und heischt gebieterisch Antwort. Und unser Märchen zeigt: die Lösung m u ß nicht darin liegen, daß sie unter allen Umständen ja sagt zu dem, was das Leben vielleicht nur als Probe meint. Sie kann in einem Gewaltstreich bestehen, in dem der gesunde Instinkt über flache Moral triumphiert"[143].

So weit, so gut. Aber Schott ist selber an einer andern Frage viel stärker interessiert, und darum muß er sie auch im Zusammenhang mit diesem Märchen anbringen.

„Eines Tages ist sie wach, die Frage nach Rasse und Blut, und verlangt vom Menschen, der ihr lange ausweichen zu können meinte, die Entscheidung. Und wohl dem, der aus unverfälschtem Gefühl entscheidet, kraftvoll genug, alle Theorien über den Haufen zu werfen und der Wahrheit die Ehre zu geben, zu der ihn die innere Stimme verpflichtet"[144].

Dieser Verpflichtung kommt man nicht nach, wenn man den Standpunkt des Königs einnimmt, der für Schott der korrekte Mensch ist und in einem gewissen Sinn zweifellos recht habe.

„Und doch, wer möchte leugnen, wenn anders in ihm noch frisches Leben pulsiert, daß er aufs lebhafteste mit der Königstochter fühlt, die dem n o c h h ö h e r e n G e - b o t e Folge leistet. Wer empfindet nicht das Befreiende, wie sie den Molch packt und an die Wand wirft. Wer wäre nicht so ehrlich zuzugeben, daß ein Allerinnerstes in ihm die Tat g u t h e i ß t , und wäre sie auch vom sittlichen Standpunkt des Durchschnittsmenschen aus fraglich.

[...] Der Standpunkt der Moral, das 'fiat justitia!' ist einwandfrei, solange er dazu dient, 'der Menschen Seelen zu retten und nicht sie zu verderben', wie Christus sagt. Er wird verhängnisvoll, wenn er zu einem 'pereat mundus' führt, wenn die gesunden Forderungen des Lebens darüber zum Tode verurteilt und Menschen nicht nur körperlich, sondern seelisch in schwerste Gefahr gebracht werden. Und das gilt vom Vater, der sein Kind um eines gegebenen Wortes willen dem Ekel und Entsetzen auszuliefern bereit ist, genau so wie von dem Staatsmann, der, hilflos und unfähig, das Gebot der Stunde zu erkennen, sich auf den Standpunkt der Philistermoral stellt, den er ererbt von seinen Vätern hat und sich davon kein Jota rauben läßt. Es gibt Schicksalsfragen, die allein nach morali- schen Gesichtspunkten und noch dazu nach den Grundsätzen einer Spießermoral zur Entscheidung zu bringen Un=sinn, wenn nicht schwere Schuld ist. Wer es fassen kann, der fasse es!" [145]

Die Nutzanwendung sieht dann so aus:

„Das Falsche, Angezauberte muß mit aller Entschiedenheit bekämpft, an die Wand gedrückt werden. Das bedeutet im ganzen nicht nur keine Vergewaltigung, es bewirkt im Gegenteil die Entfesselung des wahren inneren Seins, wenn ein solches vorhanden war oder noch vorhanden ist. Man vergegenwärtige sich, wie es der echte Erzieher und wahre Freund des Volkes machen würde und machen w i r d , wenn seine Stunde gekommen ist. 'An die Wand' mit dem, was unser Volk vergewaltigt, 'verwünscht' hat, damit die königliche Würde und Schönheit dessen hervorkommt, was bleibt, wenn Schein und Schande gefallen ist" [146] .

Es kann nicht zweifelhaft sein, wen Schott mit dem Erzieher und wahren Freund des Volkes meint. Schließlich hat Schott „Das Volksbuch vom Hitler", geschrieben für das der Verlag auf nachgestellten Reklameseiten wirbt durch Angabe der Kapitelüberschriften und mit der folgenden Besprechung im „Volkserzieher":

„Neben 'Lagarde, Deutsche Schriften' und 'Rembrandt als Erzieher' [Langbehn] muß 'Schott's Volksbuch vom Hitler' der unbedingt sichere Platz eingeräumt werden. Es gehört auf den geweihten Platz des deutschen Hauses."

Wir haben erlebt, wie sich das auswirkt, wenn ein angeblicher Volksfreund an die Macht kommt, der einem „höheren" Gebot gehorchen will als dem für den Durchschnittsmenschen gültigen. Da wurden dann bedenkenlos die Durch- schnittsmenschen und alle, die ihm unter rassischem oder politischem Gesichts- punkt nicht genehm waren, an die Wand gestellt oder auf noch grausamere Weise vernichtet. Daß eine solche Ideologie auch in einem ziemlich harmlosen Märchen gefunden und auf seinem Rücken ins Volk transportiert werden konn- te, scheint im Rückblick heute fast so unheimlich wie die bekannten Untaten selbst.

Bei Henn findet sich von solch abstrusen und gefährlichen Ideen nichts. Er interpretiert den Frosch anders und sieht eine Übereinstimmung zwischen bestimmten Worten Jesu und der Lehre des Märchens (S. 216f.).

Der Frosch ist für Henn „das Geschöpf der Tiefe", und er fragt:

Erkennen wir uns nicht wieder in dem Bild, wir gefallenen, erdverhafteten, den Geistern der Tiefe ausgelieferten Menschen unserer Tage, die zum Verzweifeln drückend belastet sind mit all den schlimmen Folgen des Leichtsinns, der Bündnisse mit dem Unterirdischen? [...] In dunkle Tiefe gestürzt, dem Nachtgeist Unterwelt verhaftet – verhaftet von Rechts wegen nach unentrinnbarem Gesetz der Schuld – gehn Menschen dahin und vermögen sich nicht zu befreien" (S. 216).

Jesus ruft zur Wachsamkeit, und das Märchen sagt:

„Die Königstochter gewöhnt sich nicht an den Frosch. Ein ständiger Kampf beginnt zwischen den beiden. Der Frosch kennt sein Recht und seine Macht und nimmt jede Gelegenheit wahr, sich bei der Königstochter einzunisten. Immer mehr aber verstärkt sich deren Widerstand, ihr Abscheu, ihr Ekel. Schließlich kommt ihre Verzweiflung auf den Höhepunkt: Sie packt den Frosch und wirft ihn an die Wand.

Gewiß, sie hat damit den Vertrag gebrochen, der sie an den Frosch bindet. Aber sie brach ihn in höchster Not um ihrer Seele willen, so wie Luther sein Klostergelübde brach. Unser innerstes Gewissen gibt der Tat Recht: Man muß Gott mehr gehorchen als den Menschen" (S. 217).

Der Unterschied zwischen Schott und Henn ist eklatant: dort Volkstum und Rasse als höchster Wert, hier an seiner Stelle die Seele des einzelnen, seine Beziehung zu Gott.

Die Sprache

Immer redet Henn anschaulich, immer verständlich und einfach, aber nie gewöhnlich. Luthers Auskunft über die Methode des Übersetzens, man müsse dem Volk aufs Maul schauen[147], ist ja von manchen Predigern so mißverstanden worden, als gelte es, die Sprache des Volkes auf der Kanzel zu imitieren und vulgär zu werden.

Henn verleugnet nie seine humanistische Bildung und seine Liebe zur Dichtung – und beides ist ja keineswegs ein Gegensatz zum Prinzip der Einfachheit. Wird der Herr besungen als „Schönster Herr Jesu"[148], dann soll auch die Sprache, die ihn verkündigt, das Merkmal der Schönheit haben. Henn hat seiner Rede immer etwas Nichtalltägliches, Feierliches und Festliches zu geben gewußt und dabei viel von Luther und der Sprache seiner Bibelübersetzung gelernt und übernommen, stilistische Eigentümlichkeiten, die in neueren Revisionen bedauerlicherweise um einer kurzlebigen Modernität willen preisgegeben wurden. Ich nenne zwei Besonderheiten, um die Aufmerksamkeit auf die rhetorische Seite dieser Predigten zu lenken.

Die eine ist die Verwendung des Stabreims. Da steht z.B. als unauffällige Verzierung in dem Gebäude der Rede ein Satz mit einer dreifachen Alliteration: „Und mancher hat wohl mit mir im Herzen des alten Gebotes warnend Wort widerhallen hören" (S. 168). Eine andere durchgehend zu beobachtende Stileigentümlichkeit läßt sich auch an dem gerade zitierten Satz aufzeigen:

ein vom Subjekt abhängiger Genitiv tritt vor diesen: „des alten Gebotes warnend Wort" statt: das warnende Wort des alten Gebotes. Nicht nur die ungewöhnliche Wortstellung, auch das endungslose Partizip als Attribut anstelle eines deklinierten Adjektivs bewirken den Eindruck eines feierlichen Stils. Zur Voranstellung des Genitivs seien noch einige Beispiele angeführt: „in des Unglücks Nacht" (S. 173). „Und nannte 'Gott' was doch nur seiner [eigenen] Vorstellung Gebilde, seiner Weisheit Schöpfung war" (S. 168). Wir sind so klug, „daß wir gar nicht merken, wie unserer Erkenntnis Schärfe, ohne zu treffen, durch Gott hingeht" (S. 179); „seines Handelns Richtschnur" (S. 222).

Zum Lutherdeutsch, dessen Einfluß auf die deutsche Sprachkultur nicht hoch genug eingeschätzt werden kann, gehört auch die Inversion, d.h. die Gewohnheit, das Verb nicht an den Schluß des Satzes, sondern, wie es im Altdeutschen üblich war, in die Mitte zu stellen. Luther hat besonders bei der Übersetzung des Alten Testamentes von dieser Möglichkeit Gebrauch gemacht. Es sei dafür an Ps. 23,4a erinnert: „Und ob ich schon wanderte im finstern Tal". Nur unverantwortliche schulmeisterliche Besserwisserei in einer der letzten Bibelrevisionen konnte diese Wortstellung korrigieren wollen, was zu einer Verarmung der Sprache beiträgt. Henn orientierte sich für seinen eigenen Stil an Luther und stellte gelegentlich das Prädikat – mit dem neutralisierten Satzglied 'es' – vor das Subjekt, dem dann noch ein Genitivattribut vorausgeht: „Sieh, *es fällt* deiner Wünsche Erfüllung nicht jählings vom Himmel herab" (S. 176).

Henn legte Wert darauf, durch Wortwahl und Stil in seinen Predigten seiner Gemeinde allemal zum Bewußtsein zu bringen, daß sie sich in der Kirche und nicht in der Kneipe oder im Stall befand. Bezeichnenderweise spricht er in zwei einschlägigen Predigten von Kirchweih. Er vermeidet die im Dorf übliche Bezeichnung Kirmes. Das ist ein allzu weltliches Wort und enthält viele Intentionen, die nicht als christlich gelten können.

Charakteristisch ist die in diesen Predigten stets verwendete Anrede „Liebe Freunde". Nicht der Amtsinhaber spricht von oben herab, sondern einer, der etwas vernommen hat von der anderen Welt, wendet sich deutend an Gleichgesinnte. Er hat eine verhaltene Art zu reden. Marktschreier und Demagogen suchen die Masse, das Evangelium ruft aus ihr heraus. Wieder besteht eine Ähnlichkeit zwischen dem Evangelium und den Märchen: „es sind nur einzelne, Begnadete, denen es [das geahnte und gesuchte Land] sich erschließt, die irgendwo im einsamen stillen Grund die blaue Blume finden, die das Zauberwort kennen, das Einlaß schafft" (S. 182). – Man fühlt sich an den Kepos erinnert, jene Philosophengemeinschaft Epikurs, die ihren Namen von dem Gartengrundstück (kepos), auf dem sie lebte, hatte. Es war ein Freundschaftsbund von gleichsam charismatischem und fast religiösem Charakter.

Henn war aber bei aller Vorliebe für das Poetische und bei aller Nähe zur Romantik doch Pfarrer, und das heißt hier: er hatte ein Herz für seine Gemeinde, er kannte die Dorfbewohner, mit denen er lebte, er wußte, wen er im Gottesdienst vor sich hatte: den Mann mit den vielen Kindern und dem kargen Verdienst, die ganz auf sich gestellte alte Frau und die Kranken mit ihren langjährigen Leiden.

Aus einer solchen indirekten Schilderung der eigenen Gemeinde (S. 183) spricht viel seelsorgerliche Erfahrung und Liebe.

Zeitanalyse und Zeitkritik

Predigten haben nicht primär die Aufgabe, die eigene Zeit zu charakterisieren oder zu bewerten, aber es müßte nicht mit rechten Dingen zugehen, wenn man nicht Spuren ihrer Zeit in ihnen fände. Der größte Teil der hier vorgelegten Auswahl stammt aus den Zwanziger Jahren unseres Jahrhunderts. Sie sind in den verschiedensten Zusammenhängen geschildert worden. Einen guten Eindruck von dem damaligen wildbewegten Leben in den Großstädten gibt die Autobiographie von Klaus Mann[149]. Henn strebt an, daß das Dorf einen klaren Gegenpol zu der Hektik und Oberflächlichkeit des Großstadtlebens bilden sollte, was auch natürlich der Fall war.

Dennoch bekommt man in den zeitanalytischen Abschnitten dieser Predigten einen unmittelbaren und schmerzlichen Eindruck davon, wie die Deutschen auch in einem abgelegenen Winkel des Landes gelitten haben unter einem Zustand, den wir heute Identitätskrise nennen. Sie waren tief traurig darüber, nicht mehr auf sich stolz sein zu können und hielten Ausschau nach einer Wendung und Rettung, nur daß keine Übereinstimmung darüber bestand, wo man sie finden könnte.

Das ganze Volk litt nach Henn an einer seelischen Verstimmung. Wie in der Sage von der Harfe, die niemand mehr zu spielen vermochte, so schwingt auch „die Zeit und ihre Seele", nicht mehr.

„Wer von allen, die in sie hineinlauschen, hört noch reine Harmonien? Schrille Dissonanzen, die einem herzzerreißend in die Ohren gellen! Keiner ist, der sie zu spielen versteht, keiner, der den Schaden aufdecken oder gar heilen könnte. Alle Versuche der Menschen, sie zu stimmen, laufen auf neue Mißhandlungen hinaus. Wenn wir doch den Meister kennten, dessen Hand sie entstammt!" (S. 185)

Es wurden verschiedene Versuche unternommen, zu Gott zurückzufinden, aber bei allen wurde er verdinglicht und verweltlicht.

„Ob wir wie die Anthroposophen in Dornach[150] eine komplizierte Methode ausklügeln, uns hinaufzuschaffen in den Himmel, oder ob wir wie die hessischen Siedler[151] versuchen, in mühseligem Bau das Reich Gottes auf dem Boden dieser Erde zu errichten, oder ob wir gar wie die sog. Ernsten Bibelforscher[152] seine Gedanken nachdenken und seine Zukunftspläne ausklügeln wollen — wir bleiben immer in unserer eigenen Spähre, immer in dieser Welt" (S. 187).

Die Menschen nach dem Ersten Weltkrieg hatten das Gefühl, in einer Sackgasse zu stecken und am Ende zu sein. Ihre Chance besteht nach Henn darin, daß sie nach dem tragenden Grund fragen und den Bußruf Jesu hören.

„Wir haben alle das unabweisbare Gefühl, daß wir an einem Ende stehen. Ein müde gewordenes Zeitalter geht zur Ruhe, eine abgesungene Melodie klingt aus. Alle Lichter erlöschen. Dichter und dichter webt um uns undurchdringliches Dunkel seine Schatten. Alle Daseinsmöglichkeiten sehen wir erschöpft. Auf allen Lebensgebieten sind wir in eine Sackgasse verrannt. Gedrückt, mutlos, sich selber fremd stehen die Menschen in der Zeit. Das Bewährte enttäuscht, das Erprobte läßt im Stich, das Gewohnte zerbricht...

Ganz von selbst werden wir aus den Vordergründen der Welt heraus in den tragenden Grund gedrängt, je mehr das Äußere versagt, an das Innere gewiesen" (S. 219).

„Wenn uns die Augen dafür aufgehen, daß wir mit unserer Kultur auf allen Gebieten, sei's Wissenschaft, sei's Kunst, sei's Wirtschaft, sei's Politik uns in eine Sackgasse verrannt haben, daß wir in lauter Widersprüchen uns selbst widerlegen, daß alle gefundenen Werte sich wieder auflösen — der Heiland ruft uns zurück und stellt uns wieder an einen Anfang" (S. 191f.).

Was Deutschland durchgemacht hat, schildert Henn anhand des Märchens vom Wolf und den sieben Geißlein.

„Seht, da kam erst der Krieg mit seiner schweren Not, die mit dämonischer Macht menschliche und göttliche Gebote zerbrach. Und die Zwangswirtschaft kam, und der Wolf schlich umher im Gewande der Fürsorge, und es wurde Betrügen daraus. Dann kam die Revolution. Der Wolf klopfte an und nannte sich 'Freiheit' und es wurde schauerliche Frechheit. Dann kam die Inflation und der Wolf sprach von Aufwertung und Abfindung. Als er fertig war, war Diebstahl daraus geworden. Ein Riegel nach dem andern fiel von dem Heiligtum der deutschen Volksseele. Nun ist der Wolf drin, nun würgt er da, nun wird das Oberste zuunterst gekehrt, Recht zu Unrecht, Unrecht zu Recht. Nun soll schwarz weiß sein und weiß schwarz. Alle Zucht und Sitte, alle Größe und Autorität, alle Reinheit und Wahrhaftigkeit, Glaube und Liebe, alles wird vernichtet, zerrissen, zerfetzt und getötet. Und Mut und Ehre, Schlichtheit und Einfachheit, Treue und Zuverlässigkeit und was alles die Urseele eines Volkes seit Jahrhunderten gehegt und gepflegt, liegt im Staube" (S. 199).

Ähnlich heißt es in einer andern Predigt.

„Der verlorene Krieg, die verwirrende Umwälzung unseres Staates hat alles Unterste zuoberst gekehrt. Wie ein hitziges Fieber rast es durch die Adern unseres Volkes, wie der Sturmwind die Wogen der See aufpeitscht, so jagen die erregten Leidenschaften es auf und nieder. Die alten festen Dämme sind zerbrochen, die alten oft bewährten Schutzdämme überflutet, Väterbrauch und Sitte gelten für abgetan, Zucht und Ehrbarkeit sind verachtet. Auf was kann man noch bauen? Auf wen kann man sich bei uns noch verlassen? Wo sind die Treuen, die Standhaften, die Starken? Wo ist das Volk Gottes?" (S. 202)

Zur Zeitströmung gehörte schon während des Ersten Weltkrieges — und davor — ein sich ausbreitender Atheismus. Henn referiert in einer Kirchweihpredigt 1916 Sätze und Argumente, in denen sich die Gottlosigkeit äußert.

„'Wir wissen nichts von dem Segen des Gotteshauses', so rufen viele. 'Wir verstehen nicht, was das überhaupt soll. Uns ist es ein ganz unnützes Gebäude, ein verschwendeter Raum. Macht eine Scheune daraus, dann ist es wenigstens zu etwas gut.' 'Ihr sagt: wir wollen Jesus darin finden. Was hilft das denn? Den Heiland nennt ihr ihn? Ja, hat er denn unsere Lage gebessert? Er hätte doch jetzt genug Gelegenheit zu helfen, uns aus der schweren Not des Krieges zu befreien. Spürt ihr etwas davon, daß er unter die Völker den Frieden bringt? Ihr singt von ihm: Wenn Du ein Wort sprichst, werden sie bald Freunde. Wir haben noch nichts gemerkt von dieser seiner Macht. Wenn er wirklich der Heiland ist, der Retter, dann muß er das jetzt zeigen, sonst können wir ihm nicht glauben' " (S. 172).

Mutet uns solche Argumentation ganz modern und aktuell an, so finden wir andere Züge in diesen Predigten, die den Eindruck erwecken, als liege die Zeit, aus der sie stammen, viel weiter zurück, als es tatsächlich der Fall ist. Ein Beispiel für dieses ganz andere Lebensgefühl ist die Einleitung zu einer Adventspredigt 1928:

„Weihnachtszeit ist's wieder geworden. Unmerklich umspinnt uns der Weihnachtszauber mit seinen goldenen Fäden. Allen Wundern stehen die Seelen offen. Ein heimlich Raunen von unsagbarer Herrlichkeit wispert durch die Häuser. Um den warmen Ofen rücken die ganz Alten und die ganz Jungen eng zusammen und tauschen mancherlei geheime Kunde von versunkenen Königreichen: Es war einmal ..." (S. 211).

Wer beim Lesen solcher Sätze von heutigen Erfahrungen ausgeht und dann vielleicht schnell das Urteil „sentimental und schwülstig" fällen möchte, täte dem Prediger unrecht und würde sich das Verständnis des Gewesenen verbauen. Man muß sie als Nachricht über ein Faktum nehmen, das jüngeren Zeitgenossen aus eigener Anschauung und Gefühlslage nicht mehr bekannt ist. Weihnachten war einmal – und das ist noch gar nicht so lange her – eine Zeit, die in einzigartiger Weise das Gemüt anrührte, und ein Erlebnis, das außer mit der biblischen Botschaft und ihrer reichen musikalischen Gestaltung auch etwas mit Familie und Heimat zu tun hatte. Daß um den warmen Ofen die ganz Jungen und die ganz Alten zusammenrücken – das ist kein Dichtertraum, das war Wirklichkeit. An Weihnachten zu verreisen, es sei denn allenfalls zu Verwandten, wäre in jenen Jahren, aus denen Henns Predigten stammen, undenkbar gewesen, Frevel an etwas Heiligem. Gefühlsroheit, überhaupt ganz ausgeschlossen. Fast ebenso undenkbar war es damals noch – selbst für die während des ganzen Jahres Unkirchlichen – an Weihnachten nicht in die Kirche zu gehen.

Gemeinden mit streng reformierter Tradition lehnten aber auch an Weihnachten Zugeständnisse an das Gefühl in den Gottesdiensten ab und duldeten darum keinen Weihnachtsbaum in der Kirche (S. 91).

Es ließen sich viele Überlegungen darüber anstellen, was den raschen Wandel bewirkt hat. Wir müssen uns hier mit der alten Weisheit begnügen: *Tempora mutantur et nos mutamur in illis.*

C. Zu den Erzählungen Otto Henns

Von der Burg Greifenstein[153] schreibt Henn, daß sie „heute mit leeren Fensterhöhlen wie mit erloschenen Augen schaurig und traurig hinabstarrt ins Tal" (S. 247), von dem Ort, daß er mit dem Buchtitel „Abseits von der Landstraße" (S. 174) richtig charakterisiert ist, und daß „seine Geltung im Lande gesunken [...] und von anderen Orten weit überholt" (S. 218) worden sei. Der Greifensteiner Pfarrer hätte sich nicht träumen lassen, daß wenige Jahrzehnte später eine Tageszeitung schreiben würde „Greifenstein ist heute ein Ziel für Touristen aus aller Welt"[154].

Die Burg Greifenstein, von der Henns Erzählungen handeln, ist nicht durch Eroberungen und Kampfhandlungen zerstört worden, sie vernochte nur, nachdem ihre Herrn die Residenz nach Braunfels verlegten, der ständigen Abnutzung durch die Witterung nicht zu trotzen. Vor zirka 15 Jahren war die Ruine der etwa tausend Jahre alten Burg so baufällig, daß sie einzustürzen drohte. Da die Burg eine Gefahr für die Kirchgänger darstellte, plante der Eigentümer, einen Teil der Burganlage sprengen zu lassen. Da schlossen sich Greifensteiner, deren ferne Vorfahren die Burg einst in Fronarbeit hatten bauen helfen müssen, zu einem Verein zusammen, der sich die fast unerfüllbare Aufgabe stellte, die zerfallene Burg wieder aufzubauen.

L

Der Fürst schenkte dem Verein, der heute 860 Mitglieder hat, die Burg nebst 25 Hektar Land unter der Bedingung, sie instandzusetzen und zu pflegen. Unzählige Arbeitsstunden wurden von den Initiatoren der Burgerhaltung bei der Trümmer- und Schuttbeseitigung investiert, die Bundeswehr und die Evangelische Jugend halfen, reiche Geldgeber fanden sich, und die öffentliche Hand leistete ihren Beitrag: drei Millionen wurden inzwischen für die Restaurierung ausgegeben. Die Burg gewann dadurch erneut ein stattliches Aussehen. Die beiden Türme kann man wieder besteigen, im Nassauer Turm wurde die Wächterstube rekonstruiert, im Bruderturm befindet sich ein Glockenstuhl — von der Burgglocke ist in Henns „Zehnuhrläuten" die Rede. Die Roßmühle beherbergt ein Glockenmuseum mit 40 Glocken einheimischer Gießereien, das älteste Exemplar ist 900 Jahre alt.

Die Instandsetzungsarbeiten gehen weiter. Man bessert die alte Stadtmauer aus und denkt daran, die gotische Katharinenkapelle unter der Barockkirche mit schon rokokohafter Malerei und Stuckmustern im Innern wieder herzustellen. Otto Henn hat sie 1927 in einer Predigt zur Kirchweihe (Nr. 12, S. 204ff.) mit dem Bau unter ihr verglichen und dargelegt, welch andersartiges Lebensgefühl und unterschiedliches Gottes- und Kirchenverständnis in den beiden Gotteshäusern zum Ausdruck kommt.

Jährlich reisen jetzt Zehntausende nach Greifenstein, lassen sich im ehemaligen Marstall vom Kellermeister bei Kerzenschein mit deftiger Kost bewirten oder sind erpicht darauf, in der Burgschänke zu feiern. Da sollten auch die Greifensteinsagen, wie sie der Greifensteiner Pfarrer Henn erzählt hat, wieder in Erinnerung gerufen werden. Durch den Wiederaufbau der Burg erhalten sie eine neue Aktualität.

Vier der fünf Erzählungen, alle, die sich mit der Burg befassen, sind ätiologische Sagen, deren Absicht es ist, Auffälligkeiten von Orten, Bauten oder Bräuchen in der Gegenwart des Erzählers durch Ereignisse und Vorgänge in der Vergangenheit zu erklären. Wie kommt es, daß die Burg Greifenstein zwei Bergfriede hat? Warum wird in Greifenstein morgens um zehn, statt wie auf den umliegenden Dörfern um elf Uhr geläutet? Wie entstand die Redensart „Greifenstein, du edles Haus, nüchtern hinein, trunken hinaus"? Und was hat es für eine Bewandtnis mit dem Balken, der in Henns Tagen noch aus dem „neuen Bau" herausragte? (Heute ist das auffällige Holz verschwunden.) Die Erzählungen von Otto Henn beantworten diese Fragen, wie es ätiologische Sagen tun — mit dem Hinweis auf etwas, was sich vor langen Zeiten zugetragen hat.

Sagen bringen ähnlich wie die Volkslieder das Typische zum Ausdruck, und sie sind notwendig für ein gesundes Geschichtsbewußtsein, das ja nicht nur von gut erhaltenen Mauerwerken abhängt oder nicht bloß den Ergebnissen wissenschaftlicher Forschung zu verdanken ist, sondern es wird dadurch gestärkt, daß Menschen, die heute auf einem von vergangenen Ereignissen getränkten Boden leben, sich zwischen alten Mauern und durch tradierte Sitten ihre Vorfahren als lebendige Menschen vorzustellen vermögen und sich ihnen verbunden fühlen aufgrund der in allen Veränderungen der Umstände gleichbleibenden menschlichen Freuden und Leiden, Hoffnungen und Enttäuschungen.

Die Erklärungen, die Ursprungssagen geben, sind für die Phantasie des Volkes einleuchtend und notwendig für ein prinzipielles geschichtliches Interesse. Im Gasthaus Simon in Greifenstein wird die Erinnerung an den sagenhaften Trunk Turenns wachgehalten durch ein großes Wandbild im Stil der Historienmalerei.

Sagen sind nie ohne einen historischen Kern, aber Sagen und nüchterne historische Tatsachen sind doch auch wieder zweierlei, so daß hier noch kurz etwas dazu bemerkt werden soll, in welcher Zeit man sich die erzählten Ereignisse denken muß, und ob sie sich in den gegebenen historischen Umständen nach abgespielt haben können oder nicht.

1. Die beiden Bergfriede

Die erste Erzählung hat es mit dem auffälligsten Merkmal der Burg Greifenstein in baulicher Hinsicht zu tun, ihren beiden Türmen. Sie sind das Ergebnis und Dokument eines Bundes zwischen dem Grafen Johann von Solms-Burgsolms und dem Grafen Ruprecht von Nassau-Sonnenberg um das Jahr 1382. Noch heute sind die Bezeichnungen *Nassauer Turm* und *Bruderturm* geläufig.

Dieser Name für den Turm mit der Kuppel im Unterschied zu dem Nassauer mit seinem steilen Dach, das an eine Speerspitze erinnert, legt ja schon nahe, daß für das Zustandekommen der durch einen Wehrgang verbundenen Türme nicht nur dynastische Bündnispolitik ausschlaggebend war, obwohl die einfachste Erklärung des Namens natürlich die von Henn auch angeführte ist, daß ein Turm dem andern wie ein Zwillingsbruder dem andern gleicht. In der Sage wird aus der Brüderlichkeit *Liebe,* was natürlich wieder ein vieldeutiger Begriff ist, der auch, je nachdem, wer den Sagenstoff erzählt, anders akzentuiert wird. Bei Kurt Hinze, der auch die Entstehung des Gegenübers zum Nassauer Turm berichtet, handelt es sich um die Liebe der Bevölkerung zu einer Tochter des angestammten Grafengeschlechts. „Liebe war am Werk gewesen. Verehrung für das Fräulein, dem man helfen und das man mit Liebe erlösen wollte"[155]. Henn geht einen Schritt weiter. Ihm wird die Sage, die an einem lokalen geschichtlichen Ereignis haftet, zum Symbol einer tieferen allgemeinen Wahrheit, einer poetischen, die aber auch ganz verhalten ein Leitmotiv für menschliches Handeln enthält, nämlich daß jede Herrschaft fester und dauernder durch Liebe gesichert wird als durch Beweise von Macht.

Man könnte eine Verbindungslinie herstellen zu Justinus Kerners Gedicht „Der reichste Fürst. " Das ist nach dem einhelligen Urteil der zu Worms versammelten deutschen Landesherrn nicht der mit den größten Besitztümern, sondern jener Eberhard im Barte von Württemberg, der das Vertrauen seiner Untertanen so uneingeschränkt besaß, daß er jedem einzelnen von ihnen im tiefsten Wald seinen Kopf in den Schoß hätte legen können.

Sucht man nach Vorbildern oder Parallelen zu einzelnen Zügen der Erzählung, so wird man bei dem Fräulein, das täglich einen Korb voll Speisen in die Hütten der Armen trug, an die Heilige Elisabeth denken müssen, deren gut bezeugte Mildtätigkeit und Hilfsbereitschaft auf einen Zusammenhang mit franziskanischem Geist hindeuten[156]. und die in zahlreichen Legenden geschildert werden[157].

2. Das Zehnuhrläuten

Zur Beantwortung der Frage, in welcher Zeit man sich das geschilderte Ereignis zu denken hat, bekommt man einen Anhaltspunkt durch die Erwähnung des messelesenden Kaplans in einer Kapelle, zu der auch die Bauern Zutritt haben. Es kann sich dabei nur um die im 15. Jahrhundert als freistehender Bau mit Verteidigungsmöglichkeiten errichtete Katharinenkapelle handeln, die heute unter der Barockkirche liegt. Unsere Geschichte spielt also im 15. Jahrhundert, im nächsten Säkulum wird das Grafenhaus evangelisch[158].

Greifenstein gehörte kirchlich zur Pfarrei Ulm, wohin die Greifensteiner aber nicht gern zum Gottesdienst gehen wollten. Sie baten im Jahre 1568, der Pfarrer von Ulm möchte zu ihnen kommen und Gottesdienst halten, 1599 wurden einige Greifensteiner wegen Gottesdienstversäumnis bestraft[159]. In unserer Erzählung gehen die Greifensteiner wie ganz selbstverständlich in die Burgkapelle zum Gottesdienst.

Nach dem stilgerechten Schluß dieser ätiologischen Sage hängt „seit der Zeit" eine Glocke auf dem höchsten Turm der Burg, das würde bedeuten, schon vor der Reformation. Die drei Glocken, die Graf Wilhelm im Jahre 1655 hatte gießen lassen, waren nicht von Anfang an für den Bruderturm bestimmt, wo sie später hingen, sondern hatten wohl ihren Platz nach der Fertigstellung der von Wilhelm Moritz erbauten Schloßkirche in dem zu ihr gehörigen Kirchturm, der 1806 vom Blitz beschädigt worden war und bei der Renovierung der Kirche 1829 und 1830 abgerissen wurde. Die Glocken waren schon vorher in den noch erhaltenen Bruderturm gekommen. Eine zersprang im 19. Jahrhundert und wurde bei der Anschaffung der neuen Orgel 1869 verkauft.

3. Greifenstein, du edles Haus, nüchtern hinein, trunken hinaus

Die Sage, wonach der Brugherr von Greifenstein die Feste dem Marschall Turenne übergeben wollte, wenn es diesem gelänge, an jedem Tor einen Becher Wein zu leeren — es sollen über zwanzig Tore gewesen sein —, findet sich nach Himmelreich in einem alten Geschichtsbuch, woraus er sie auch zitiert; leider bezeichnet er seine Quelle nicht näher, vertritt aber die Meinung, die Begebenheit könne sich nicht während des Dreißigjährigen Krieges, sondern nur 1673 abgespielt haben, falls es sich nicht überhaupt um eine Erfindung handle[160].

Der französische Feldherr Turenne ist zweimal mit Truppen im Kreis Wetzlar gewesen, das erste Mal im Sommer 1646, um von da aus zusammen mit dem schwedischen General Wrangel nach Süddeutschland zu ziehen. Die Vereinigung erfolgte am 28. Juli bei Heuchelheim, ihr ging eine lange Warte- und Vorbereitungszeit zum Schaden der einheimischen Bevölkerung voraus[161]. Seit 1635 waren das katholische Frankreich und das evangelische Schweden Verbündete.

Der zweite Anlaß, der Turenne in den Kreis Wetzlar führte, war der Zweite Raubkrieg (1672-1679) Ludwigs XIV., auch der holländische Krieg genannt, weil Frankreich im Bund mit England und zwei deutschen Reichsfürsten, dem Erzbischof von Köln und dem Bischof von Münster, in die Niederlande einfiel. Dem bedrängten Erbstattahalter Wilhelm III. von Oranien leistete Kurfürst Friedrich Wilhelm von Brandenburg Hilfe. Der Solms-Braunfelser Graf Heinrich Trajektin kämpfte bald auch auf der Seite des Oraniers. Im Jahre 1673 aber erhielt er von Turenne, der jenen als bedeutenden Mann schätzte — le comte est une personne de grande qualité — einen Schutzbrief für das ganze Braunfelser Land. Turenne hatte sein Lager bei Wetzlar aufgeschlagen, eine Schutzwache unter dem Rittmeister Lafontaine bezog ihr Quartier in Leun. Trotz der offensichtlich freundlichen Gesinnung des Feldherrn, der Plünderungen zu verhindern suchte und die Soldaten bestrafte, die die Mühle bei Bonbaden überfallen. und den Müller getötet hatten, mußte die Bevölkerung durch den Aufenthalt der Franzosen viel erdulden, kaum weniger freilich beim Durchzug der französischen Gegner: kurbrandenburgischer und kaiserlicher Truppen[162].

In Solms-Greifenstein regierte damals Wilhelm II., (1635-1676), der sich mit dem katholisch gewordenen Grafen Johann Heinrich Christian zu Solms-Hohensolms am 6. November 1668 duellierte und seinen Herausforderer tödlich verwundete[163]. Am 19. Juli 1676 ist Wilhelm II. in der Apotheke zu Wetzlar an der Roten Ruhr gestorben, die im ganzen Land viele Todesopfer forderte[164].

Die Sage von dem Trunk an allen Greifensteiner Toren, mag die Begebenheit nun historisch sein oder nicht, will erklären, wie die bekannte Redensart zustandegekommen ist, sie will ferner darauf aufmerksam machen, daß die innere Wehranlage Greifensteins außergewöhnlich viele Tore aufwies, und sie hebt vor allem hervor, daß die Burg Greifenstein von den Franzosen, obwohl sie als gefürchtete Feinde ganz in der Nähe lagerten, nicht erobert wurde.

Der Reiz der erzählerischen Ausgestaltung bei Henn liegt in den psychologischen Momenten. Der Burgherr läßt sich bei seinen gewagten Angebot leiten von der zeitgenössischen Courtoisie, der ritterlichhöfischen Artigkeit, der Kavaliersmanier, zugleich handelt er in der Weise eines absolutistischen Herrschers, der seine Burg aufs Spiel setzt, um mit ihrer Stärke zu prunken nach „der freien Herrensitte jener Tage" (S. 237), und doch ist er bei alledem auch der fürsorgliche Landesvater, der eine Entscheidung „ohne Einsatz von Gut und Blut" (S. 237) anstrebte. Bei seinem Gegenüber sind die Motive zu diesem seltsamen Handel auch verständlich: ein gesunder Durst, der Stolz auf die eigene erprobte Trinkfestigkeit und vor allem das Selbstbewußtsein eines sieggewohnten Feldherrn, der „nichts anderes meinte, als daß der deutsche Graf von der Überlegenheit der Armee des Königs von Frankreich überzeugt, nur einen schicklichen Ausweg suche, um die Burg ohne die Demütigung einer Niederlage übergeben zu können" (S. 238).

4. Der Balken im Neuen Bau

Bei dem sogenannten Neuen Bau handelt es sich um den zwischen 1687 und 1693 von Graf Wilhelm Moritz (1676-1724) errichteten barocken Saalbau für Hoffestlichkeiten. Dieser Graf, der sich in seiner Aufmachung wohl den Sonnenkönig als Vorbild hatte dienen lassen[165], erbaute auch auf der Katharinenkapelle die Kirche mit der reichen Stuckornamentik. Er residierte aber nicht lange in Greifenstein. 1678 hatte er nach dem Aussterben der Linie Solms-Hungen das dabei anfallende Erbe mit Heinrich Trajektin in Braunfels geteilt. Als dieser am 24. Juli 1693 an den Folgen einer in der Schlacht bei Neerwinden erlittenen Verwundung kinderlos starb, wurde Wilhelm Moritz auch dessen Erbe und er übersiedelte nach Braunfels, wohin er, wie es heißt, seine Gemahlin Magdalene Sophie — Magdalenenhausen wurde ihr Sommersitz — regelrecht entführen mußte, weil sie an Greifenstein hing. Wilhelm Moritz nahm 1689 zu Daubhausen und Greifenthal 190 Hugenotten auf und förderte die industrielle Entwicklung im Lande[166].

In der Erzählung redet der junge Jost Adam von Freiheiten, die den Greifensteinern vom alten Grafen erteilt worden seien. Graf Wilhelm II. stellte seinen Greifensteiner Landeskindern 1643 einen Freiheitsbrief aus, der auch seine Erben und Nachkommen verpflichtete[167]. Jost Adam hat auch damit recht, daß dem Neuen Bau keine Bedeutung für die Verteidigung der Burg zukam.

Der erwähnte Balken oder jedenfalls einer, auf den sich die Erzählung so nachdrücklich beziehen konnte, war in den zwanziger Jahren unseres Jahrhunderts noch deutlich zu sehen, er stürzte später ab und ist jetzt beim Wiederaufbau nicht erneuert worden.

Im Zusammenhang mit dem Einarm und seinen abergläubischen Vorstellungen erwähnt Pfarrer Henn auch die großen Hexenprozesse der Jahre „43 bis 45" (S. 243). Nachdem in den Jahren 1629-1632 in Dillenburg, Herborn und Driedorf 155 Personen wegen Zauberei hingerichtet worden waren, begann man 1643 auch in der Grafschaft Solms-Greifenstein, Geständnisse der Hexerei auf der Folter zu erpressen. In Holzhausen wurde wegen dieses „Verbrechens" Nikolaus Rumpf hingerichtet. Christoph Hahn aus Greifenstein kam diesem Schicksal zuvor, indem er im Gefängnis Selbstmord beging. Mit ihm war auch seine Frau der Hexerei beschuldigt worden, wie vorher schon jeweils die Frau der Schulmeister von Biskirchen und von Ulm. Die Greifensteinerin Ottilie Kessler gab auf der Folter auch die dortige Pfarrfrau Anna Emelius, verwitwete Mohr, als Mitschuldige an. Graf Wilhelm II. schickte die Gerichtsakten an die juristische Fakultät in Mainz, um einen Freispruch zu erwirken. Vergeblich, die Pfarrfrau wurde zur Hexe erklärt. Der Graf vermochte nur noch, die Art der Hinrichtung zu ändern. Er bewahrte sie davor, mit glühenden Zangen gezwickt und mit Feuer verbrannt zu werden und „begnadigte" sie zur Enthauptung[168].

Gegen so viel Aberglauben, der ja nie ein für allemal überwunden ist, ruft Henn in seiner Erzählung die Auslegung des ersten Gebotes in Erinnerung, wie sie in den Fragen 94 und 95 des Heidelberger Katechismus enthalten ist. — Auch in der Erzählung vom Zehnuhrläuten hatte der Verfasser dezent einen Predigtgedanken untergebracht, nämlich, daß die Rettung nicht kommt, wenn man statt des Gottesdienstes vermeintlich Wichtigeres zu tun hat, sondern da, wo man gerade auch in der Not Gott die Ehre gibt.

5. Der Wilde Jäger

In der Sage vom Wilden Jäger ist möglicherweise altes mythologisches Gut aus germanischer Zeit enthalten[169]. Dadurch, daß die Erzählung aber eine wahre Begebenheit aus neuerer Zeit berichten will, kann sie leicht in den Verdacht geraten, jenen Aberglauben zu fördern, den ab absurdum zu führen eine Tendenz der Geschichte vom Balken im neuen Bau war. So hat es zumindest die Gattin des Erzählers Otto Henn empfunden und dafür gesorgt, daß das von ihm beschriebene Ende des Schusterheinrich aus Greifenstein nicht unter seinem Namen und in der Reihe der anderen Geschichten um den Greifenstein publiziert wurde. Diese sagenhafte Begebenheit erschien zuerst in der Wetzlarer Zeitung mit den Verfasserinitialen L.v.S., wohinter sich Frau Luise v. Schwerin verbirgt, die dafür sorgte, daß auch diese Erzählung ihres Schwagers gedruckt wurde.

Abgesehen davon, daß sie volkskundlich aufschlußreich ist für das Fortlebens des Glaubens an den Wilden Jäger, der hier (wie die weiße Frau bei den Hohenzollern) zum Todesboten wird, liegt der Wert dieser Erzählung auch in einer großartigen Naturschilderung. Die Unheimlichkeit des winterlichen Waldes für einen darin Verirrten, das plötzlich Drohende einer sonst vertrauten und friedlichen Natur — in der in einer früheren Zeit spielenden Geschichte vom Zehnuhrläuten wirkt der Wald noch urtümlicher und schrecklicher — kann nur jemand so authentisch darstellen, der bei jedem Wetter und zu jeder Jahreszeit unterwegs war. Daß man in unseren Wäldern den Weg nicht mehr finden soll, ist Menschen, die auf einem Waldparkplatz mit großer Wanderwegtafel für einen Rundweg eben kurz aussteigen, schwer vorstellbar, entspricht aber — zumindest noch zu Henns Zeit — der Wirklichkeit. Es ist nicht unwichtig zu wissen: das Lebens- und Naturgefühl unserer nächsten Vorfahren war anders. Sie meinten nicht Naherholungsgebiet und Trimmpfad, wenn sie „Wald" sagten, und nicht Mireille Mathieus unwirklichen und leicht kitschige „weißen Winterwald", sondern eine Sphäre des Ehrfurchtgebietenden und Schauerlichen, das den Menschen schnell seine Begrenztheit ahnen läßt.

II. Umfang und Erhaltungszustand des Nachlasses und Gesichtspunkte der Auswahl

Der Umfang des erhaltenen schriftlichen Nachlasses von Otto Henn ist größer als die hier vorgelegte Auswahl, die begründet ist durch den schon oben erläuterten Zweck der Veröffentlichung. Beiseite gelassen wurden die Vorträge, die aber in einem größeren Zusammenhang noch einmal herangezogen und teilweise oder ganz veröffentlicht zu werden verdienten. Zwei der hier in Frage kommenden wurden gedruckt in den „Verhandlungen der Kreissynode Braunfels", wo Henn jeweils die Vorlage des Konsistoriums kommentiert hat: 1924 zum Thema „Die Bekämpfung des Alkoholismus und die Evangelische Kirche"[170] und 1930 „Wie begegnen wir den Säkularisationsbestrebungen der Gegenwart?"[171]

Die Synodalprotokolle erwähnen noch andere Vorträge Henns. Im Mai 1930 sprach er auf der Pfarrkonferenz über „Der religiöse Gehalt der deutschen Märchen"[172], am 16. Februar 1932 abends um 8 Uhr in der volksmissionarischen Evangelisationswoche zu Nauborn über „Eltern und Kind"[173].

Im Manuskript vorhanden ist noch Henns Vortrag, den er am 24. Oktober 1923 in der Dianaburggrunde hielt. Sein Thema war: „Über die Grundlagen evangelischer Frömmigkeit". – Diese Teile des Nachlasses müßten einmal behandelt werden unter dem übergreifenden Gesichtspunkt, welche Probleme die Rheinische Kirche zur Zeit der Weimarer Republik beschäftigte. Die Proponenda wären in dieser Hinsicht ein lohnender Forschungsgegenstand.

Nun zu den hier veröffentlichten Teilen des Nachlasses!

1. Die Autobiographie Otto Henns

liegt in seiner eigenen Handschrift vor, und zwar in folgender Form:
1. ein Büchlein von 82 Seiten in der Größe eines Poesiealbums (12,8 mal 16,7 cm)
2. 329 Seiten in Kodexform geschichteter Blätter im Format 16,2 mal 20,7 cm
3. von „Digitus Dei" ab noch 40 Seiten in der Größe 14,9 mal 20,7 cm.

Von der Handschrift Otto Henns soll die Reproduktion der ersten Seite und derjenigen, auf der das Kapitel über die Greifensteiner beginnt, einen Eindruck geben. Letzteres mußte für die Wiedergabe verkleinert werden. Das Original hat die Größe eines Kanzleibogens. Die Schrift Otto Henns ist nicht gerade leicht lesbar. Die Transscribierung ist seinem Sohn Ulrich Henn zu danken.

Die Veröffentlichung der Lebensgeschichte Henns erfolgte vollständig und ohne Kürzungen – mit einer Ausnahme. Das Kapitel „Die Karwoche 1945" wurde weggelassen. Es ist in Henns Anordnung das drittletzte und schildert seine Erlebnisse des Kriegsendes in Werdorf. Erst im nächsten Kapitel „Digitus Dei" erfährt man, wie es zu dem Stellenwechsel gekommen ist. Für die Eleminierung dieses Kapitels, das bei der Übertragung in Maschinenschrift knapp 24 Seiten umfaßt, waren folgende Gründe maßgebend.

1. Es ist nicht organisch in die Lebensgeschichte Henns eingeordnet, die sonst nur eine Darstllung der Ereignisse gibt, die den Autor nach Greifenstein geführt haben, und sein Wirken dort berücksichtigt. Alles, was danach kommt, bleibt unerörtert. Von dem Stellenwechsel, der Henn nach Werdorf führte, berichtet er in dem Kapitel „Digitus Dei" nur soweit, wie es nötig ist, um das Fazit ziehen zu können, daß auch hier wieder wie an den andern entscheidenden Wendepunkten seines Lebens die Hand Gottes erkennbar war. Aber es wird keine Charakterisierung der Werdorfer geboten und kein Bericht über das pfarramtliche Wirken in diesem Dorf. Die Gründe dafür wurden oben schon erörtert und ergeben sich aus der Zielsetzung dieser Autobiographie. Wegen des unorganischen Einschubs in einen anders orientierten Bericht tauchen in dem Werdorfkapitel jetzt unvermittelt viele Namen auf, die dem Leser nichts sagen.

2. Das Kapitel über das Kriegsende ist nicht in autobiographischer Form geschrieben, sondern hat die Gestalt einer Vorarbeit dazu, es enthält Aufzeichnungen, wie sie in Tagebüchern oder Chroniken üblich sind. Seine Gliederung ist ganz chronologisch, als Überschriften stehen die einzelnen Tage vom Montag, dem 26. März, bis zum zweiten Ostertag, dem 2. April 1945. Über jeden einzelnen Tag gibt es eine Niederschrift. Das ist autobiographisches Rohmaterial.

Was fehlt, ist der leitende Gesichtspunkt, die Deutung des Geschehens, jener Gesamtnenner, den Henn für sein übriges Leben gefunden hat: digitus Dei — der Finger Gottes, der die Richtung weist. — Wenn man sich plötzlich mit anderen, die das Dorf vor dem Einmarsch der Amerikaner verlassen haben, um im Wald Schutz zu suchen, im Einschlagsgebiet von Granaten befindet, dann paßt natürlich auch der Stil nicht mehr, in dem das bisher eigentlich recht idyllische Leben beschrieben wurde. Welche Darstellungsart paßt überhaupt für den Krieg? Man merkt bei dem Autor Henn eine gewisse Ratlosigkeit. Sie äußert sich in Wiederholungen, in einer bestimmten Umständlichkeit, die sonst gar nicht seine Art ist.

Er versucht allerdings auch, mit seiner bisher bewährten Methode seiner Betroffenheit Herr zu werden. Der Humor z. B. verläßt den Autor Henn auch bei dieser Berichterstattung nicht völlig. Und manche Züge sind schon so gefeilt, daß sie sich in eine Darstellung aus viel größerer Distanz einfügen würden, die dann auch belegen könnte, daß der Erzähler seine Identität durch den Krieg nicht eingebüßt hat, sondern seinen eigenen Charakter im Krieg und Zusammenbruch bewahrte. Henn mit zwei übereinandergezogenen Mänteln und viel Gepäck auf der Flucht, er als wieder zu Hause anlangende „Leiche" — man hatte ihn bereits totgesagt — , wie er den Versuch unternimmt, mit den Amerikanern französisch oder lateinisch zu reden, ferner die Szene der sich im Pfarrhaus waschenden Soldaten, und wie einer dort einen Revolver findet, dauernd damit herumspielt und sich mächtig fürchtet, als er begreift, daß das Ding geladen ist — all das sind Bilder, Momente, Formulierungen, die sich in eine einheitliche und gefaßtere Behandlung dieses Stoffes hätten übernehmen lassen. Einer gewissen Komik entbehrt auch nicht die Szene, wie Henns Frau, die früher Englisch gelehrt hatte, der Besatzung resolut die Beschwerde der Bevölkerung vorträgt, daß die Soldaten aus einem andern Kontinent, darunter auch Schwarze, die deutschen Mädchen so seltsam ansähen, und von einem Offizier den vernünftigen Ratschlag erhält, die Mädchen sollten einen möglichst weiten Bogen um die fremden Soldaten machen.

Auch das andere Wesensmerkmal Henns, die Befolgung des „Ama nesciri" und des Grundsatzes „late biosas" findet sich in diesen Papieren mit Kriegserlebnissen in der Heimat wieder. Die epikurischen Wahlsprüche bedeuten ja, wie wir gesehen haben, eine energische Enthaltsamkeit gegenüber der Politik. Dieser Einstellung versucht Henn, auch beim Kriegsende treu zu bleiben. Er schildert, wie er mit einem Besucher zu einer Stunde, wo alles in heller Aufregung ist, in seinem Hause Tee trinkt, und wie ein Desserteur dort in seiner Übermüdung und Erschöpfung seelenruhig schläft.

Kann man schließlich die Berechtigung von Epikurs Warnung vor der Politik besser demonstrieren als durch die Farce, daß die Vertreter des Herrn-, Helden- und Übermenschentums in einem Augenblick, wo auch der Blinde sieht, daß alles verloren ist, noch die Propagandaphrasen vom Sieg wiederholen und sich von einer Pfarrfrau sagen lassen müssen, was sie doch für erbärmliche Feiglinge sind?

Schließlich erweist sich Henn darin als einer, der Epikurs Warnung vor der Politik gründlich verstanden hat und gewissenhaft befolgt, daß er auch in einer Stunde, die bis zum Bersten geladen war mit politischer Bedeutung, sich nicht einmal ansatzweise zu einer politischen Bemerkung verleiten läßt. Was hätte man in dieser Stunde sinnvollerweise schon sagen können? Wer vermochte zu übersehen, was dieses Ende für die Deutschen bedeuten würde? Auch die Kirche stand vor Trümmern, in der Stadt noch viel augenscheinlicher als auf dem Land[174].

Die Frage ist, ob ein solches Kriegserleben, dessen Schrecklichkeit in den Aufzeichnungen Henns nachzittert, auch die Empörung über die von ehemaligen Kriegsgefangenen vorgenommenen Plünderungen, für einen Mann mit der politisch abstinenten Einstellung Henns von einschneidender Bedeutung sein konnte, zumal wenn mit dem Jahr 1945 für ihn kein Orts- und Berufswechsel mehr verbunden ist. Es wird eine offene Frage bleiben, denn Henn hat eine wirklich autobiographische Formgebung dieses Kapitels nicht mehr vorgenommen, weswegen wir es hier auslassen.

3. Dazu bestimmt uns auch die Tatsache, daß die Nazigrößen von damals, charakterisiert durch ihre unsinnigen propagandistischen Sprüche, mit vollem Namen genannt werden. Ihre Nachkommen leben noch in dem Ort, wo jeder jeden kennt. So ist es besser, daß noch eine Generation vergeht, ehe diese Erinnerungen publiziert werden.

Die Überschriften der Autobiographie stammen vom Verfasser selbst. Nur bei den ersten vier Kapiteln fehlten sie und wurden im Stil der übrigen vom Herausgeber hinzugefügt.

2. Die Predigten Otto Henns

Henn hat seine Predigten gründlich vorbereitet und schriftlich formuliert — in Wachstuchheften vom drei- bis vierfachen Umfang eines normalen Schreibheftes. Nicht alle Kladden sind noch vorhanden, die Nummern 1 und 2 fehlen, aber in den Heften 3-23 sind insgesamt 359 Predigten erhalten. Es hätten natürlich statt der hier ausgesuchten auch leicht andere vorgelegt werden können, ohne daß im Grunde das Gesamtbild ein anderes geworden wäre. Henns Grundtendenzen, die in der Einleitung aufgezeigt wurden, bleiben in seiner ganzen Amtszeit gleich. Bei der jetzt getroffenen Auswahl sind vornehmlich die Predigten berücksichtigt worden, die Beziehungen von biblischen Texten zu Märchen herstellen, weil Henn — wie sein erwähnter Vortrag auf der Pfarrkonferenz zeigt — selbst viel an einer solchen Beziehung lag, und weil man heute wieder über solche Zusammenhänge nachzudenken beginnt und sie positiv wertet.

Der Zweite Weltkrieg stellte für Henn das, was er vom Evangelium her zu sagen hatte, nicht in Frage. Er beginnt eine Predigt im Advent 1939 mit den recht unzeitgemäßen Versen: „Nun geht ein Freuen durch die Welt / nicht laut — nein köstlich still". Ist das Weltfremdheit? Henn hat den Krieg nicht vergessen, er ignoriert ihn auch nicht. Der Krieg ist ihm „ein Alarmsignal", ein intensiver Ruf zu dem, worauf der Prediger immer hingewiesen hatte, der Krieg ist ihm Anlaß und Mahnung, nun erst recht das andere wichtig zu nehmen: die Seele, den Glauben, Gott und die Ewigkeit — das ganz Andere, mit Rudolf Otto und Karl Barth zu reden.

3. Die Erzählungen Otto Henns

sind bereits einmal veröffentlicht worden, vier davon in „Kirche und Heimat, Beilage zum Kasseler Sonntagsblatt für den Kreis Wetzlar". Der Verleger Rolf Schwarz des Thiele & Schwarz Verlagshauses GmbH hat freundlicherweise eine Nachdrucksgenehmigung erteilt, wofür ihm an dieser Stelle herzlich gedankt sei.

Das Erscheinen in Fortsetzungen zog sich über einen verhältnismäßig langen Zeitraum hin. Die Serie der unter den Obertitel „Rings um den Greifenstein" gestellten Geschichten begann auf der zweiten Seite der jeweils vierseitigen Beilage am Sonntag, dem 10. Hornung (Februar) 1929. Die Forsetzung erfolgte am 17. und 24. Hornung, am 3. Lenzmond (März), am 5., 19. und 26. Wonnemond (Mai) und am 2. und 9. Brachmond (Juni).

Die fünfte Erzählung erschien — von Frau Henns Zensur unter dem Namen ihres Mannes nicht geduldet — mit den Initialen L.v.S. seiner Schwägerin Luise von Schwerin am 23. Dezember 1935 im „Wetzlarer Anzeiger", der 1946 von einem Blatt mit dem Titel „Wetzlarer Neue Zeitung" abgelöst wurde[175].

Für Henns Erzählungen ist die Fassung des ersten Druckes maßgebend. Nur offensichtliche Druckfehler wurden stillschweigend verbessert. Der auffälligste ist der, daß in der Nummer 6 (Sonntag, den 10 Hornung 1929) in der der Abdruck beginnt, der Name des Autors mit Pfarrer Heun statt Henn angegeben ist.

Die der ersten Erzählung „Die beiden Bergfriede" vorangestellte längere Einleitung ist hier weggelassen worden. Sie befaßt sich mit den drei in der Kopfleiste von „Kirche und Heimat" prangenden Wahrzeichen des Kreises Wetzlar: Wetzlar, Braunfels und Gleiberg. Henn erkennt an, daß die Zeitung mit sicherem Griff die bezeichnendsten Punkte des Gebietes herausgestellt hat. Aber auch die Burg Greifenstein gibt der Landschaft das Gepräge. Mancherlei Geschichten ranken sich um die Burg mit dem Türmepaar.

„Und die Leute, die drum herum wohnen, erzählen davon, daß da zwei Unentwegte aus der Zahl der alten Ritter, die Seite an Seite stets treulich im riesigen Kampfe als Wächter des Waldes ausgehalten, in Helm und Harnisch zu Stein geworden seien, ein Denkmal, das den Folgezeiten das treue Zusammenstehen im Kampfe um die Heimat predigen soll."

4. Die Gedichte Otto Henns

stehen ursprünglich in einem Bändchen von 36 Seiten und wurden von dem Poeten selbst mit Schreibmaschine übertragen auf 72 Seiten in der Größe eines halbierten Din A 4 -Bogens.

Die meisten von Henns Gedichten sind natürlich privater Natur und würden in ihrer Gesamtheit nur in ein reines Gedächtnis- und Erinnerungsbuch passen, aber nicht in eine Präsentation kulturgeschichtlichen Quellenmaterials. Darum werden hier nur wenige Kostproben geboten, die einen Eindruck vermitteln von der charmanten, humorvollen und liebenswerten Art des Verfassers, der so grundsätzlich einsiedlerisch und für gesellschaftliches Leben ungeeignet offenbar nicht war, wie es nach seiner Autobiographie den Anschein hat, und die auch gleichzeitig noch ein schönes Licht auf sein pfarramtliches Wirken werfen.

III. Bearbeitungsgrundsätze

darzulegen, erübrigt sich im Grunde bei einer Quellenedition von Texten des 20. Jahrhunderts, die nur in einer Fassung vorliegen, da die in den Handschriften befolgte Orthographie weitgehend die heute gebräuchliche ist. In ganz wenigen Fällen wurde statt der vorgefundenen Schreibweise eine modernere verwandt: Koblenz und Kassel erscheinen jetzt mit K statt wie im Manuskript mit C.

Eine Eigenart der Henn'schen Predigtkonzepte ist beibehalten worden, obwohl sie im Druck nicht schön aussieht. Henn rückte bei allen Absätzen, wie üblich, einige Buchstaben ein, ließ den ersten Abschnitt aber grundsätzlich ohne Einrücken beginnen. Das ist eine psychologisch bedeutsame Eigenart, die dem Leser auch je neu vor Augen geführt werden soll. Sie weist Henn nicht nur als sparsamen Hausvater aus — es geht dabei nicht um einen nachweisbaren und aufzeigbaren Nutzen, sondern um eine Grundeinstellung, die meines Erachtens aus dem Empfinden resultiert, daß man eine Arbeit nicht mit einer Pause beginnen kann, und daß der Inhalt Vorrang hat vor der schönen Form.

Wunsch an den Leser

Den Inhalt seines Lebens und Wirkens oder besser: das, was er als das große Glück seines Lebens empfangen durfte, konnte Henn mit einem Wort bezeichnen, das heute eine gewaltige Sehnsucht und Hoffnung der Menschheit zum Ausdruck bringt, aber auch große Ängste erweckt und Resignation nach sich zieht, mit dem Wort Frieden. Der Friede, der seinem Ideal entsprach, war für ihn verbunden mit einem ganz bestimmten Ort in der Welt, mit Greifenstein.

Aber bei seinem symbolischen Denken hätte er gewiß nichts dagegen, wenn ein anderer sein Greifenstein anderswo lokalisiert, und wenn wir das *droben,* das für den genannten Ort im topographischen Sinne gilt, auch im übertragenen Sinn verstehen, nämlich nach dem Wort des Apostels Paulus in Phil. 3,20 vom *Himmel,* in dem unser Wandel ist. Möge dem Leser neben manchem anderen Gewinn, den er aus dieser Veröffentlichung haben kann, auch dies beschieden sein, daß er in einem symbolischen Verständnis seiner Worte mit Henn sagen kann:

„Vor dem Weh der Welt ist geborgen,
Wer da droben daheim."

Anmerkungen

1) Christhard Mahrenholz, Das Evangelische Kirchengesangbuch, Rückblick und Ausblick; in: Walter Blankenburg, Friedrich Hofmann und Erich Hübner (Hrsg.), Kirchenmusik im Spannungsfeld der Gegenwart, Kassel, Basel, Paris, London, New York 1968, S. 90-111. Hier S. 92. — Vgl. in demselben Band Gerhard Röding, Das Wesen des Gottesdienstes im Blick auf die Kirchenmusik, S. 39-50. S. 47: „Die Musik hat immer eine zeitliche Erstreckung und ist deswegen stets wiederholbar."
2) Winfried Zeller, Lutherische Lebenszeugen; in: Ernst Benz und L. A. Zander, Evangelisches und orthodoxes Christentum in Begegnung und Auseinandersetzung, Hamburg 1952, S. 180-202 und 242-255. Hier S. 193f.

3) Adolf Köberle, Ursache und Heilung ekklesiogener Neurosen; in: Ders., Universalismus der christlichen Botschaft, Gesammelte Aufsätze und Vorträge, Darmstadt 1978, S. 128-133. − Liesel-Lotte Herkenrath, Pfarrers Kinder / Müllers Vieh − geraten selten / oder nie; in: Wege zum Menschen, Monatsschrift für Arzt und Seelsorger, Psychologen und soziale Berufe 30. Jg. 1978, S. 324-341. − Ruth Rehmann, Der Mann auf der Kanzel, Fragen an einen Vater, München Wien 1979. − Richard Ries, Haus in der Zeit. Das evangelische Pfarrhaus heute, München 1979 − Günter E. Th. Bezzenberger, Günther S. Wegener, Im Pfarrhaus brennt noch Licht, Kassel 1982. (Darin auch: Ruth Rehmann, Pfarrerskinder, S. 97ff.) − Martin Greiffenhagen (Hrsg.), Pfarrerskinder, Stuttgart 1982. − Ders. (Hrsg.), Das evangelische Pfarrhaus, Eine Kultur- und Sozialgeschichte, Stuttgart 1984.

4) Faust; in: Goethe, Faust I, 684.

5) Heinrich Müller, Diersford, Abicht und der Kreis Wetzlar; in: Monatshefte für Evangelische Kirchengeschichte des Rheinlandes 1952, S. 57-59. Hier S. 57f.

6) Bernd Jaspert, Frömmigkeit und Kirchengeschichte, St. Ottilien 1986.

7) Gustav Adolf Benrath, Autobiographie, christliche, in: Theologische Realenzyklopädie Bd. 4, Berlin New York 1979, S. 772-789.

8) Aurelius Augustinus, Confessiones (ca. 400 verfaßt) / Bekenntnisse, Lateinisch − deutsch. Eingeleitet, übersetzt, erläutert von Joseph Bernhard, 4. Aufl. Stuttgart 1980.

9) Anfang und Fortgang der Bekehrung A. H. Francke's; in: Klaiber (Hrsg.), Evangelische Volksbibliothek, 3. Bd., Stuttgart 1868, S. 566-579. − Werner Mahrholz (Hrsg.), Der Deutsche Pietismus, Eine Auswahl von Zeugnissen, Urkunden und Bekenntnissen aus dem 17., 18. und 19. Jahrhundert, Berlin 1921, S. 107-118. − Francke, August Hermann, Werke in Auswahl. Hrsg. v. Erhard Peschke, Witten 1969, S. 5-29: A. H. Franckes Lebenslauf (1690/91).

10) Erich Beyreuther, A.H. Francke, Marburg 1956, S. 43-6o. − Erhard Peschke, Studien zur Theologie August Hermann Franckes I, Berlin 1964. − Ders., Dass. II, Berlin 1966. − Ders., Bekehrung und Reform, Ansatz und Wurzeln der Theologie August Hermann Franckes, Bielefeld 1977. Arbeiten zur Geschichte des Pietismus Bd. 15.

11) Gelegentlich haben Herausgeber − entsprechend dem, was Goethe selbst in Gesprächen und Briefen, aber nicht in Drucken getan hatte − die beiden Komponenten des Titels umgestellt und „Wahrheit und Dichtung" daraus gemacht. Damit wird der Anschein erweckt, als sei die nachweisbare Richtigkeit das Entscheidende, und als könne das ganze Werk als eine Fundgrube für biographische oder geistesgeschichtliche Einzelheiten benutzt werden, was der Intention des Dichters entgegen war. − Richard Müller-Freienfels hat in einer einfühlsamen Einleitung zu einer Volksausgabe von Goethes autobiographischer Jugendgeschichte „Dichtung und Wahrheit" für den Volksverband deutscher Bücherfreunde (Berlin o.J.) überzeugend dargelegt, daß die beiden Begriffe nicht einen Widerspruch enthalten, sondern im Sinne eines Zusammenhangs zwischen Fakten und dichterischer Schau verstanden werden wollen. Es handelt sich bei Goethe „um die zur Dichtung durchglühte Wahrheit" (a.a.O., S. XXI).

12) Kurt Robert Eissler hat in einer m.e. überzeugenden Weise, die vieles, was bisher rätselhaft schien, geklärt, herausgefunden und dargestellt, wie sich hinter der Werthergeschichte, so weit sie eine Liebesgeschichte ist, ganz andere Personen verbergen als die, auf die Goethe selbst die Aufmerksamkeit gelenkt hat: der Dichter, Charlotte Buff und ihr Verlobter Johann Christian Kestner. In Wirklichkeit gehe es in der Werthergeschichte um Goethes Verhältnis zu seiner Schwester Cornelia und ihre Heirat mit Georg Schlosser. − K.R. Eissler, Goethe, eine psychoanalytische Studie 1775-1786. Aus dem Amerik. übers. von Peter Fischer. In Verbindung mit Wolfram

Mauser u. Johannes Cremerius hrsg. von Rüdiger Scholz, Basel u. Frankfurt am Main Bd. 1 1983; Bd. 2 (1775-1786 Aus dem Amerikanischen übersetzt von Rüdiger Scholz) 1985. – Titel der Originalausgabe: Goethe. A psychoanalytic Study, Detroit 1963.

13) August Winnig, Frührot. Ein Buch von Heimat und Jugend, Hamburg 43. bis 50. Tausend 1959.

14) Ludwig Fertig, Pfarrer in spe: Der evangelische Theologe als Hauslehrer; in: Martin Greiffenhagen (Hrsg.), Das evangelische Pfarrhaus (wie Anm. 3), S. 195-208. – Christian Graf von Krockow, Gutshaus und Pfarrhaus; ebd., S. 223-230.

15) Peter Härtling, Hölderlin, Ein Roman, Darmstadt und Neuwied, 1976, 2. Aufl. Sept. 1976, 3. Teil: Hofmeister und Philosoph, S. 271ff.

16) Chronik des 20. Jahrhunderts, Copright Güterloh o.J.(1983 ?); zahlreiche Lizenzausgaben). – Die Jahre 1920-1929 sind bearbeitet von Irmtraut Ripper-Manß. – Golo Mann, Deutsche Geschichte des 19. und 20. Jahrhunderts, Frankfurt am Main 1958. – Georg Jaeckel, Der Rheinische Separatismus im Spiegel der zeitgenössischen Publizistik; in: Monatshefte für Evangelische Kirchengeschichte des Rheinlandes 34. Jg. 1985, S. 133-158.

17) S. das Nachwort und die Anmerkungen von Erich Trunz zu Titel und Vorwort zu „Dichtung und Wahrheit" in: Johann Wolfgang von Goethe, Werke, Kommentare und Register, Hamburger Ausgabe in 14 Bänden, Band 9: Autobiographische Schriften I, 10. Aufl. München 1982, von S. 601 an, besonders S. 640f. – Müller-Freienfels hat in seiner Ausgabe von „Dichtung und Wahrheit" (s. o. Anm. 11) „Aus meinem Leben" als Untertitel in Klammern gesetzt.

18) Dietrich Bonhoeffer, Wer bin ich? In: Ders., Widerstand und Ergebung, Briefe und Aufzeichnungen aus der Haft, hrsg. von Eberhard Bethge, Gütersloh, 12. Aufl. des Taschenbuches (160.-184. Tsd.) 1983, S. 179.

19) Henry Miller, Sexus. Deutsch von Kurt Wagenseil, Copright 1970 by Rowohlt Verlag GmbH Reinbeck bei Hamburg. In der Lizenzausgabe des Deutschen Bücherbundes Stuttgart, Hamburg, München o.J., S. 246: „Als ich durch die Straßen rannte, wiederholte ich mir wieder und wieder den Satz: 'Was ist das wahre Ich' ". Ebd., S. 477: „Tatsächlich ist mir das Elend der Welt völlig gleichgültig. Ich nehme es als gegeben hin. Ich will wissen, was in mir ist." – Die Originalausgabe erschien 1947 unter dem Titel „Sexus" bei The Obelisk Press, Paris. Das Buch ist der erste Band der autobiographischen Trilogie „The Rosy Crucifixion". Der zweite Band trägt den Titel „Plexus". Von dem dritten Band ist nur ein erster Teil erschienen unter dem Titel „Nexus".

20) Epiktet, geboren um 50 n. Chr., erwähnt die Tempelinschrift in seinen „Unterredungen". Epiktet, Handbüchlein der Moral und Unterredungen. Hrsg. v. Heinrich Schmidt, Stuttgart 1966, S. 52: „Ist etwa auch das Gebot am Tempel zu Delphi: Erkenne dich selbst! überflüssig?" – Epiktet übernimmt die apollinische Weisung auch in seine eigene Philosophie. „Denke nach, schau um dich, geh in dich, damit du erkennst, wer du bist." (Ebd. S. 84, Nr. 28; III, 14). „Geh sorgfältig mit dir zu Rate; suche dich selbst kennen zu lernen" (Ebd., S. 96, Nr. 32; III, 22).

Plutarch, ein Zeitgenosse Epiktets, bekam um das Jahr 95 das Priesteramt am Orakel in Delphi, das nicht weit von seinem Heimatort Chaironaia entfernt war. Auch er erwähnt an verschiedenen Stellen seines Werkes diese und andere Inschriften am Tempel in Delphi. – Plutarch, Moralia, verdeutscht und hrsg. v. Wilhelm Ax, mit einer Einführung von Max Polenz, Leipzig o. J. (1942). Sammlung Dietrich Bd. 47. Ebd., S. 20: „Selbsterkenntnis tut not, wie sie die Inschrift in Delphi fordert" (Von der Heiterkeit der Seele). – Ebd., S. 99: „Denk nur an die Inschriften an dem Eingang: 'Erkenne dich selbst!' und 'Nichts im Übermaß!' " (Die Inschrift EI am Apollontempel in Delphi). – Ebd., S. 108: „Der Gott empfängt ja jeden, der sich ihm hier naht, mit dem grüßenden Wort: 'Erkenne dich selbst!' – ein Gruß, der wahrhaftig nicht schlechter ist als das gewöhnliche Chaire (Freue dich). Wir aber antworten ihm mit dem Wörtchen 'EI' (du bist)". – (Die Inschrift EI). – Ebd., S. 113: „Übrigens scheint zwischen den beiden Sprüchen 'Du bist' und 'Erkenne dich selbst!' in einer seltsamen Weise gleichzeitig ein Gegensatz wie eine Übereinstimmung zu herrschen. Das eine ist ein aus Ehrfurcht und Staunen geborener Anruf an den Gott, dessen Sein von Ewigkeit zu Ewigkeit reicht, das andere eine Erinnerung für die sterblichen Menschen an die Hinfälligkeit und Schwäche ihrer Natur."

21) Cicero, Tuscul. I, 22, 52.

21a) Otto Schneider, Pfarrer i.R. Otto Henn; in: Nachrichtenblatt für die Mitglieder der Wilinaburgia (Verein ehemaliger Angehöriger des Gymnasiums in Weilburg e.V.), 31. Jg. Nr. 82 Juni 1956, S. 2f.

22) Vgl. Ernst Wiechert, Das einfache Leben, München 1945 (Erstveröffentlichung 1939).

23) Henns Frau, Maria Köhler (1890-1976) war seine Cousine zweiten Grades, Ludwig Köhler ein Stiefbruder ihres Vaters Heinrich Köhler (1856-1918). Dessen Vater, der ebenfalls Heinrich hieß (1824-1884), war dreimal verheiratet. Aus der ersten Ehe stammten drei Söhne, die zweite blieb kinderlos, aus der dritten ging Ludwig Köhler hervor, geboren am 14.4.1880 zu Neuwied, gestorben am 12.11. 1956 in Zürich. Seine bekanntesten Werke sind: Lexicon in Veteris Testamenti libros. Wörterbuch zum hebräischen Alten Testament in deutscher und englischer Sprache. Leiten 1948-50. – Theologie des Alten Testaments (1935), 3. Aufl. Tübingen 1953. – Der hebräische Mensch, Tübingen 1953. Wahres Leben. Witten 1953, 3. Aufl. Witten 1960.

24) Ludwig Köhler, Ein Schweizer wird Schweizer. Jugenderinnerungen, 3. Aufl. Schaffhausen o.J., S. 35. – Das Buch ist, nach der Einleitung zu urteilen, nach 1945 erschienen und hatte spätestens 1948 die dritte Auflage erreicht, was sich aus einem Eintrag in dem von mir benutzten Exemplar ergibt.

25) Thomas von Kempen (1379 oder 1380-1471) wurde meist das weltberühmte Erbauungsbuch „De imitatione Christi" zugeschrieben, in dem auch Henn offensichtlich seine beiden ihm liebgewordenen Grundsätze wiedergefunden hat. Besonders aufgrund der handschriftlichen Überlieferung ist die Verfasserschaft des Thomas bezweifelt und bestritten worden und läßt sich m.E. auch kaum aufrecht erhalten. Die Verfasserfrage zu diskutieren, ist hier nicht der Ort. Es sei aber wichtige Literatur zu diesem Fragenkomplex genannt. Paul Hagen, Zwei Urschriften der 'Imitatio Christi' in mittelniederdeutschen Übersetzungen aus Lübecker Handschriften hrsg. v. P.H. Deutsche Texte des Mittelalters hrsg. v. d. Pr. Ak. d. Wiss. 34 Berlin 1930. – Ders., Untersuchungen über Buch II und III der 'Imitatio Christi'. Verhandelingen van de k. Ak. v. Wet. Afd. Letterk. nieuwe reeks, dell 34. Amsterdam 1935. – Jacques Huijben (Prieur D'Egmond) et Pierre Debognie C. SS.R., L' auteur ou les autres de L'imitation (Bibliotheque de la revue d'histoire ecclésiastique Fascicule 30), Louvain 1957. – Fritz und Lieselotte Kern, Die Thomas – a – Kempis – Frage, Theologische Literaturzeitung 5. Jg. 1949, S. 169-186. – Lieselotte Kern, Bemerkungen zur Textgeschichte der 'Imitatio Christi', Zeitschrift für schweizerische Kirchengeschichte 1947/48. – Dies., Zur Verfasserfrage der Imitatio Christi, Ons Geestelijk Erf, 28, 1954, S. 27-44 und 151-171. – Bernhard Spaapen, S.J., Der heutige Stand der Forschung über den Verfasser der „Nachfolge Christi"; in: Geist und Leben 31, 1958, S. 303-308. – Ders., Kanttekeningen bij de Diplomatieke Uitgave van Hs Brussel 5855-61; Ons Geestelijk Erf 32, 1958, 73-128. – Die meisten der genannten Autoren gehören zur Gruppe der Praekempisten. Von den Kempisten sei noch genannt: Karl Hirsche, Prolegomena zu einer neuen

Ausgabe der Imitatio Christi nach dem Autograph des Thomas von Kempen. Zugleich eine Einführung in sämmtliche Schriften des Thomas, sowie ein Versuch zur endgültigen Feststellung der Thatsache, dass Thomas und kein Anderer der Verfasser der Imitatio ist. Berlin 1873. 1883. 1884. —

Nicht weniger als fünfunddreißig Autoren sind in dem Gelehrtenstreit um die Verfasserschaft der „Imitatio" genannt worden, dabei spielte nationaler Ehrgeiz oft eine größere Rolle als wissenschaftliche Verantwortung. Es scheint, daß sich die Verfasserfrage nicht mehr mit letzter Sicherheit entscheiden läßt. Das wäre ganz im Sinne des Buches selbst, wo es heißt: „Non quaeras, quis hoc dixerit; sed quid dicatur, attende": Frage nicht, wer das gesagt hat, sondern achte darauf, was gesagt wird.

26) De imitatione Christi Libri Quatuor, Editio octava, Ratisbonae. Imprimatur die 11. Junii 1957. — Eine zweisprachige Ausgabe der „Nachfolge Christi" mit vier anderen Schriften des Thomas von Kempen wurde herausgegeben, eingeleitet und übersetzt von Friedrich Eichler, München 1966. — Es gibt zahlreiche deutsche Ausgaben, z.B.: Vier Bücher von der Nachfolge Christi. Aus der lateinischen Urschrift des Thomas von Kempen übersetzt von einem Geistlichen der Erzdiözese Köln. Mit einem Vorwort von Dr. W. Smets. Nebst einem Anhang von Morgen-, Abend-, Meß-, Beicht- und Kommuniongebeten, sowie Kreuzwegbetrachtungen. 13. Aufl. Reutlingen 1864. — Thomas von Kempen, Nachfolge Christi. Übersetzt von Hermann Endrös. Mit einem Vorwort von Edzard Schaper, Frankfurt a.M. 1957. Fischer-Bücherei 186. — Diese Ausgabe ist insofern eine Kuriosität, als das Titelblatt eindeutig Thomas von Kempen als Verfasser nennt, das Vorwort von Schaper das Werk aber Gerrit Grote zuschreibt. — Thomas von Kempen, Die Nachfolge Christi. Neu übersetzt und mit einer Nachlese und Anwendung zu jedem Kapitel versehen von Johannes Goßner. Neu illustrierte Ausgabe mit 63 Zeichnungen von Joseph Ritter von Führich, Konstanz, o.J. (1839). (Joh. Goßner trat 1825 zur Evangelischen Kirche über).

Für die große Nachwirkung der „Imitatio" im Protestantismus zeugen die Ausgaben von zwei Prominenten der protestantischen Erbauungsliteratur: Des gottseligen Thomas von Kempis (geb. 1379, gest. 1471) vier Bücher von der Nachfolge Christi. Im Jahre 1617 aus dem Lateinischen von Johann Arnd. Neue Stereotyp-Ausgabe, Stuttgart o.J. — Vier Bücher von der Nachfolge Christi. Von Thomas a Kempis. Nach der Übersetzung ins Deutsche von Johann Arndt. Nebst einem Anhang von Gebeten. Neu durchgesehen und berichtigt nach dem lateinischen Original von Pf. Steudel. 10. Aufl. Reutlingen (1906). — Der kleine Kempis, oder kurze Sprüche und Gebetlein, aus den meistens unbekannten Werklein des Thomas von Kempen, zusammengetragen zur Erbauung der Kleinen von G . T e r s t e e - g e n . Dreizehnte Original-Auflage, Essen 1852. Ders. (G. T.), Thomä von Kempis Bücher von der Nachfolge Jesu Christi; Aufs neue, nach einer der allerältesten Handschriften, treulich übersetzet, Und an statt des Vierten Buchs vermehret mit den Göttlichen Herzens-Gesprächen des Gottseligen Gerlachs, insgemein genant der andere Thomas v. Kempis: mit Neuen Vorreden / wie auch beyder Autoren Lebens-Lauff versehen. Dritte verbesserte Edition. Solingen 1767.

27) Über weitere antike Zitate s. Martin Reiß, Die Zitate antiker Autoren in der Imitatio des Thomas von Kempen; in: Thomas von Kempen, Beiträge zum 500. Todesjahr 1471-1971, hrsg. von der Stadt Kempen 1971, S. 63-77.

28) Gerhard Tersteegens Geistliches Blumengärtlein mit der Frommen Lotterie und einem kurzen Lebenslauf des Verfassers. Neue Ausgabe, Stuttgart o.J., z.B. Nr. 6, 23, 36, 87, 97, 100, 146 und 181.

181. Jesus zu der Seele:

Mein Kind, schließ Tür und Fenster zu
Und kehre wieder ein zur Ruh;
Im Grunde deiner Seelen,
Laß nichts, was stören kann, hinein!
Wirst du so innig mir gemein*
Will ich mich dir vermählen. (S. 75)

----
* bräutlich vertraulich

29) Epikur, Philosophie der Freude. Eine Auswahl aus seinen Schriften übersetzt, erläutert und eingeleitet von Johannes Mewaldt, Stuttgart 1973, S. 30 und S. 74 (Nr. 38 der Fragmente). Kröners Taschenausgabe Bd. 198. – Die andern z.Zt. noch im Buchhandel erhältlichen Epikurausgaben sind: Epikur, Briefe, Sprüche, Werkfragmente Griechisch/Deutsch, übersetzt und hrsg. v. Hans-Wolfgang Krautz, Stuttgart 1985. Universal-Bibliothek (Reclam) Nr. 994 (2). – Epikur, Von der Überwindung der Furcht. Katechismus, Lehrbriefe, Spruchsammlung, Fragmente. Eingeleitet und übertragen von Olaf Gigon. Unveränderter Nachdruck der im Artemis Verlag, Zürich, 1983 in der ,,Bibliothek der Alten Welt" erschienenen Ausgabe, 3. Aufl. 1983; dtv Klassik, 2. Aufl. München 1985.

30) Epikur, Brief an Menoikeus; Kröner-Ausgabe (wie Anm. 29), S. 41.

31) Epikur, Aphorismen; Kröner-Ausgabe (wie Anm. 29), S. 71, Nr. 21.

32) Gesammelte Schriften Michel de Montaignes, Historisch-kritische Ausgabe mit Einleitungen und Anmerkungen unter Zugrundelegung der Übertragung von Johann Joachim Bode, hrsg. v. Otto Flake und Wilhelm Weigand, Essays, II. Buch 13.-17. Kapitel. 4. Bd. München 1915, Sechzehntes Kapitel: Über Lob, Preis und Ruhm, S. 110-134. Hier S. 112f. – Mit den letzten, vom Trachten nach Ruhm seiner Meinung nach nicht freien Worten meinte der Verfasser Epikurs Brief an Hermachus. Der Wortlaut findet sich in der Kröner-Ausgabe (wie Anm. 29) S. 22, hier allerdings als Brief an Idomeneus. Diese vom Sterbebett aus diktierten letzten Zeilen Epikurs gingen gleichlautend an die beiden Freunde.

Montaignes Essay ist in seiner Muttersprache überschrieben ,,De la gloire". Die entscheidende Formel von Epikur ist dort wiedergegeben mit ,,Cache ta vie". – Michel de Montaigne, Oevres Complètes, Les Essais IV, Texte du manuscrit de Bordeaus, Étude, commentaires et notes par Le D^r A,Armaingaud, Paris 1926, S. 154-185. Hier 157.

33) Wörtlich lautet die Stelle:
        ,,me pinguem et nitidum bene curata cute vises,
        cum ridere voles, Epicuri de grege porcum." –
,,Willst du mal herzhaft lachen, so komm zu mir zu Besuch: mich findest du rund und behäbig, in wohlgepflegter Leiblichkeit, ein richtiges 'Schweinchen aus Epikuros' Herde!" – Q. Horatius Flaccus, Carmina, Oden und Epoden (Horaz, Sämtliche Werke, Lateinisch und Deutsch). Nach Kayser, Nordenflycht und Burger, hrsg. von Hans Färber, München o.J., S. 148f. – Vgl. Luther, De servo arbitrio [Von unfreien Willen] WA 18,605,28.

34) Goethe, Hamburger Ausgabe (wie Anm. 17), Band 12 (10. Aufl. München 1982), S. 546, 1373. Textkritisch durchgesehen und kommentiert von Herbert von Einen und Hans Joachim Schrimpf.

35) Ich folge hier der Interpretation von Erich Trunz; in: Goethe, Hamburger Ausgabe (wie Anm. 17), Band I (13. Aufl. München 1982), S. 544f. – Der Text beider Fassungen ebd., S. 128-130.

36) Euripides, Iphigenie in Aulis. Tragödie. Nach der Übersetzung von J.J. Donner, Stuttgart 1984, S. 4. Universal-Bibliothek (Reclam) Nr. 7099.

37) H.A. Forster, Die Literatur des klassischen Altertums. Ein Führer durch das Schrifttum der Griechen und Römer, München o.J., S. 94. Goldmanns Gelbe Taschenbücher Bd. 1423. Die Originalausgabe ist im Orell Füssli Verlag, Zürich erschienen.

38) Die Ziffern und Zahlen, mit denen man Platon zu zitieren pflegt, beziehen sich auf die dreibändige Platonausgabe von Henricus Stephanus, Paris 1578. — Ich bemutze hier: Platon, Werke in acht Bänden, Griechisch und deutsch, Zweiter Band, hrsg. v. Günther Eigler, bearbeitet von Hein Hofmann. Die deutsche Übersetzung stammt von Friedrich Schleiermacher. Darmstadt o.J.

39) Petrarca, Brief an die Nachwelt; in: Petrarca, Dichtungen, Briefe, Schriften ausgewählt und eingeleitet von H.W. Eppelsheimer, Frankfurt am Main 1956 (Fischer Bücherei Nr. 141), S. 25-34. Hier S. 30.

40) Kurt Fassmann (Hrsg.), Die Großen, Leben und Leistung der sechshundert bedeutendsten Persönlichkeiten in unserer Welt, Biographische Register H-Z, Bd. XX/2, Zürich 1979, S. 688f. (Petrarca).

41) Kurt Reichenberger, Francesco Petrarca; in: Die Großen (wie Anm. 40) Band III/2 (12.-14. Jh.), S. 883-898. Hier S. 892.

42) Petrarca, Brief an die Nachwelt (wie Anm. 39), S. 26. — Zu dem dort genannten Apicius s. Der Kleine Pauly, Lexikon der Antike, bearbeitet und hrsg. von Konrad Ziegler und Walter Sontheimer. 1. Bd. 1964, S. 994, Caelius Nr. 8.

43) Petrarca, Brief an die Nachwelt (wie Anm. 39), S. 25.

44) Hermann Hefele, Francesco Petrarca, Berlin-Schöneberg 1913, S. 13. Die Religion der Klassiker, hrsg. von Gustav Pfannmüller, Bd. 3.

45) Petrarca, Brief an die Nachwelt (wie Anm. 39), S. 28.

46) Martin Burgdorf, Der Einfluß der Erfurter Humanisten auf Luthers Entwicklung bis 1510, Leipzig o.J. (nach 1925), S. 103.

47) Einen sehr guten Eindruck von dem Leben, Wirken und der Bedeutung des Desiderius Erasmus gibt eine Ausstellung zum 450. Todestag des Erasmus — er starb in der Nacht vom 11. zum 12. Juli 1536 in Basel —, die das Historische Museum in Basel in der Barfüßerkirche vom 26. April bis zum 7. September 1986 veranstaltet hat, und der Katalog, der in diesem Zusammenhang erschien: Erasmus von Rotterdam, Katalog des Historischen Museums Basel 1986. Katalogredaktion: Hans-Georg Oeri, Therese Wollmann und Heidi Neuenschwande. — Cornelis Augustijn, Erasmus von Rotterdam — Leben, Werk, Wirkung, München 1986.

48) Erasmus von Rotterdam, Ausgewählte Schriften, Ausgabe in acht Bänden Lateinisch und Deutsch, hrsg. von Werner Welzig, 6. Bd.: Colloquia familiaria, Vertraute Gespräche; übersetzt, eingeleitet und mit Anmerkungen versehen von Werner Welzig, Darmstadt 1967, S. 528. Der Herausgeber verweist ebd. auf S. 529 für das „lebe unbemerkt" auf die „Moralia" von Plutarch. Wir haben gesehen, daß das Wort älter ist und von Epikur stammt.

49) Erasmus (wie Anm. 48), S. 528f.

50) Winfried Zeller, Valentin Weigel und die Augsburger Konfession; in: Ders., Theologie und Frömmigkeit, Gesammelte Aufsätze, hrsg. v. Bernd Jaspert, Marburg 1971, S. 39-50. Hier S. 45. Marburger Theologische Studien 8.

51) „Habt ihr nicht von jenem tollen Menschen gehört, der am hellen Vormittage eine Laterne anzündete, auf den Markt lief und unaufhörlich schrie: 'Ich suche Gott'!—" Friedrich Nietzsche, Die fröhliche Wissenschaft, III, 125, Frankfurt a.M. 1982, S. 137f. Insel-Taschenbuch Nr. 635.

52) „Als Diogenes gefangen war, sehnte er sich nicht nach Athen zurück, nach seinen dortigen Verwandten und Freunden, sondern schloß sich sogar an die Seeräuber an und suchte sie zu bessern. Später, als er verkauft wurde, lebte er in Korinth ebenso

wie früher in Athen, und wäre er zu den Perräben gekommen, so hätte er sich genau so darein gefunden. Das nannt man Freiheit!" Eptiktet (wie Anm. 20), S. 116, Nr. 35 (III,24).

53) „Als Diogenes verkauft werden sollte, blieb er auf dem Boden liegen und machte sich über den Ausrufer noch lustig. Er weigerte sich aufzustehen und stellte die höhnische Frage: 'Wenn du nun einen Fisch verkaufen wolltest?' ". Plutarch (wie Anm. 21), S. 6.

54) Daniel Defoe (eigentlich Foe, geb. 1660 in London und dort gestorben 1731), The Life and Strange Surprizing Adventures of Robinson Crusoe, 1719; deutsch 1720 unter dem Titel: Das Leben und die ganz ungemeinen Begebenheiten des berühmten Engländers, Mr. Robinson Crusoe. — Spätere Ausgaben verwenden als Titel nur den Namen. Das Buch war ein Bestseller allererster Ordnung. Es gab auch „bearbeitete" Schulausgaben. Eine solche von G.A. Gräbner „Bevorwortet von Dr. C. Kühner, weil. Direktor der Musterschule in Frankfurt a.M., Prof. Dr. Ziller, weil. Direktor des pädagogischen Seminars, und Prof. Dr. K. Biedermann in Leipzig", in Leipzig 1864 zum ersten Mal erschienen, erlebte 1909 die 33. Auflage.

Albert Rosenkranz vermutet in dem Namen Crusoe die englische Aussprache der Herkunftsangabe „Kreuznaer" und sieht in dem Vater des Helden einen nach England gelangten Glaubensflüchtling, der dort eine Frau aus einer Familie Robinson nahm. — Albert Rosenkranz, Geschichte der evangelischen Gemeinde Kreuznach, Kreuznach 1951 (im Selbstverlag der Gemeinde), S. 37f.

55) Ingeborg Bachmann, Gedichte, Erzählungen, Hörspiel, Essays, München 1964, S. 111-131.

56) V(iktor) J(oseph) von Scheffels [1826-1886], Gesammelte Werke in sechs Bänden, Mit einer biographischen Einleitung von Johannes Proelß, Fünfter Band, Stuttgart o.J. [1907], S. 235-259.

57) Die Ausdrucksweise erinnert an die Atmosphäre in einem Roman von Anna von Blomberg, Waldstille und Weltleid, Konstanz, 121.-130. Tausend 1949. — Vgl. aber auch J.V.v. Scheffel, Waldeinsamkeit (wieAnm. 56) S. 209-234.

58) Ludwig Ganghofer, Das Schweigen im Walde, Berlin 1899.

59) Die Literatur zu diesem Thema ist inzwischen zu einer Flut angeschwollen. Ich nenne als Beispiel für das Gemeinte lediglich *eine* Veröffentlichung, die zu den wirklich Aufsehen erregenden gehörte: A.M. Klaus Müller, Die präparierte Zeit, Der Mensch in der Krise seiner eigenen Zielsetzungen, Stuttgart 1972, 2. unveränderte Aufl. Stuttgart 1973.

60) Einen kurzen Abriß seines Lebens und Wirkens, den Versuch einer Bibliographie und eine Zusammenstellung von Veröffentlichungen über von Horn bietet das hektographierte „Festprogramm für die W. O. von Horn-Gedächtnisfeier im Schloß zu Simmern am Sonntag, 15. Oktober 1967". Vorhanden im Archiv der Ev. Kirche im Rheinland zu Düsseldorf.

61) Die Flucht der Hugenotten wurde verursacht durch die Aufhebung des Ediktes von Nantes im Jahre 1685. — In der Kirche zu Daubhausen hängt noch heute eine große Tafel, auf der die Erinnerung festgehalten ist: „1685 wanderten unsere um ihres Glaubens willen verfolgten Vorfahren aus Frankreich hier ein." Dann folgt eine Liste mit Namen derer, die 1705 in Daubhausen und in Greifenthal ihre neue Heimat hatten. Unter den Namen steht der Bibelspruch Ps. 22,5: „Unsere Väter hofften auf Dich, und da sie hofften, halfst Du ihnen aus".

Der beteiligte Landesherr war Graf Wilhelm Moritz, dem auch die Erbauung der oberen Schloßkirche zu danken ist. Daran erinnert eine Inschrift an der Kirche: „ W M G Z S 1683", was bedeutet: Wilhelm Moritz, Graf zu Solms erbaute die Kirche 1683. Die Greifensteiner pflegen allerdings die Abkürzung anders aufzulösen, nämlich: Wir morgen gehen zu Simon (eine Gaststätte in Greifenstein).

62) 1. Mose 50,20. Dort ist der erste Teil des Satzes als Anrede an die Brüder in der 2. Person Pluralis formuliert: Ihr gedachtet es böse zu machen.

63) Rudolf Mohr, Egidius Günther Hellmunds gescheiterter Versuch, in der Reichsstadt Wetzlar den Pietismus einzuführen; in: Dietrich Meyer (Hrsg.), Pietismus – Herrnhutertum – Erweckungsbewegung, Festschrift für Erich Beyreuther, Köln 1982, S. 146-203. Hier S. 154. Schriftenreihe des Vereins für Rheinische Kirchengeschichte Nr. 70.

64) Die Vorstellung von den Geschöpfen, speziell dem Menschen als einer „Marionette göttlichen Ursprungs" ist sehr alt und findet sich schon in Platons „Gesetzen" (Buch I 644 de). – Zu dieser und anderen Schauspielmetaphern s. Ernst Robert Curtius, Europäische Literatur und lateinisches Mittelalter, 4. Aufl. Bern und München 1963, S. 148-154. (1. Aufl. 1948).

64a) Zur allgemeinen schnellen Orientierung sei verwiesen auf die „Chronik des 20. Jahrhunderts" (wie Anm. 16). Für die größeren Zusammenhänge z.b. Golo Mann, Deutsche Geschichte des 19. und 20. Jahrhunderts, Frankfurt a.M. 1958.
        Neuwied bekam im Dezember 1918 eine amerikanische Besatzung, die im Sommer 1919 erheblich vermindert wurde, im April 1922 zog ein französisches Wachkommando in die Stadt, und die Franzosen erhielten im Januar 1923 den Oberbefehl. Damit begannen jene Zustände, die auch für das Ruhrgebiet typisch waren und im ganzen Reich zu heftigen Reaktionen führten: Besetzungen von Ämtern, Ausweisungen, Beschlagnahmungen, vor allem der Eisenbahn, drastische Maßnahmen gegen oppositionelles Verhalten, hohe Arbeitslosigkeit und Massendemonstrationen Arbeitsloser, deren Elend die Separatistenbewegung für sich nutzen wollte. Sie fand am 15. November 1923 durch die „Schlacht am Siebengebirge" ihr Ende. – 300 Jahre Neuwied (1653-1953) Ein Stadt- und Heimatbuch, Zur 300. Wiederkehr der Stadtgründung hrsg. von der Stadtverwaltung Neuwied, Neuwied 1953 (Redaktion und graphische Gestaltung Stadtarchiv Albert Meinhardt, Neuwied), S. 250-257.

65) Erwin Stengel, Prüfungsangst und Prüfungsneurose; in: Heinrich Meng (Hrsg.), Psychoanalyse und Alltag, Darstellungen namhafter Wissenschaftler, München 1963, S. 89-106. Goldmanns Gelbe Taschenbücher 1682.

66) Z.B. Johannes Adler (Hrsg.), Von Mensch zu Mensch, Erheiterndes aus Kirche und Gemeinde, Berlin o.J. – Stefan Andres, Das Pfäfflein Domenico, München 1975 (Das Werk erschien erstmals Leipzig 1956 unter dem Titel: Vom heiligen Pfäfflein Domenico). – Jörg Buchna, Heitere Geschichten um Talar und Altar, Kanzelschwalben fliegen nicht nur sonntags, Mit Zeichnungen von Jupp Wolter, Gütersloh 1980. – Hans von Campenhausen, Theologenspieß und -spaß, Hamburg 1973. – Hans Feltkamp, Glückliche Jahre, Vergnügtes und Nachdenkliches von Studenten, Pastoren, Frauen, Kindern, Politikern, Kirchenbehörden und anderen werten Zeitgenossen, Göttingen 1973. – Klaus Franken (Hrsg.), Die Kirche lacht, Schwarze Cartoons, München 1964. – Nicolai Fudum, Der Knopf im Klingelbeutel, Heiteres aus kirchlichen Kreisen, Gütersloh 1981. – Euthymius Haas, Der vergnügte Theologe, Eine Sammlung von Anekdoten aus Kirchengeschichte und kirchlicher Gegenwart. Zweite Sammlung, Gießen 1930. – Ders., Dass. Dritte Sammlung, Berlin 1937. – Gerd Heinz-Mohr, ... lacht am besten, Christlicher Humor quer durch Deutschland, Witten und Berlin 1966. – Ders., Lachen durchs Kirchenjahr, Geschichten, Berichte und allerlei fröhliches Beiwerk, Hamburg 1968. – Ders., Sermon, ob der Christ etwas zu lachen habe, Stuttgart 1972. – Wilhelm Ilgenstein, Fröhliche Herzen im schwarzen Habit, Gütersloh 1961. – Werner Kistenmacher, Himmlische Bilderbögen über Gottes Bodenpersonal, Eingeleitet von Pfr. Adolf Sommerauer, 4. Aufl. München 1982. – D.C.A. K(ortüm), Die Jobsiade, Ein komisches Heldengedicht in drei Theilen, Neue verbesserte und wohlfeile

Ausgabe, Leipzig o.J. – Alois Maria Kosler (Hrsg.), Der Pfarrherr von Gieraltowitz, Vergnügliche Geschichten aus Schlesien, Reinbeck bei Hamburg 1978. – Johannes Kuhn u.a., Von Sonntags- und Werktagschristen, Geschichten zum Schmunzeln, Stuttgart 6. Aufl. 1978 (1. Aufl. 1972). – Georg Lohmeier (Hrsg.), Geistliches Donnerwetter, Bayerische Barockpredigten, München 1967. – Oskar Loy, ... bitte recht freundlich, Herr Amtsbruder, München 1956. – Heinrich Lützeler / Josef Steinberg, Heitere Christen am Rhein, Schon widder e Wunder, Freiburg i.Br. 1979. – Wilhelm Matull, Von Grafen, Pastoren und Marjellchen, Ostpreußen und seine Originale in Anekdoten und Histörchen, Reinbeck bei Hamburg 1976 – Werner May, Ein Bischof reist inkognito, Erzählung, Heilbronn 1965. – Dietrich Mendt, Die Leviten gelesen, Satiren, Humoresken, Parodien, Mit Zeichnungen von Henry Büttner, Berlin 1967. – Karl Rauch, Heilige Heiterkeit, Anekdoten und Geschichten aus dem Leben der Geistlichkeit beider Bekenntnisse, Eßlingen 1961. – Wolfgang Schwabe, Kuriosa der Kirchengeschichte, Nachdenkliches und Heiteres, Illustrationen und Einbandzeichnungen Kurt Eichler, Berlin 1970. – Adalbert Seipolt, Die Ente Seiner Eminenz, Neun Geschichten von heiligmäßigen und mäßig heiligen Leuten, illustriert von Polykarp Uehlein, Würzburg, 12. Aufl. 1959. – Kurt Steinel, Und Gott schreibt auch auf krummen Linien grade, 12. Aufl. Gelnhausen 1959. – Werner Thiede, Das verheißene Lachen, Humor in theologischer Perspektive, Göttingen 1986. – Helmut Thielicke, Das Lachen der Heiligen und Narren, Freiburg i.Br. 1974. – Siegfried von Vegesack, Der Pastoratshase, Altlivländische Idyllen, Heilbronn 1963. – Wolf-Dieter Zimmermann, Anekdoten um Bischof Dibelius, Geist und Witz eines großen Kirchenmannes, München und Esslingen 1967.

67)   *Luther*   schreibt im Rückblick auf seine eigene Schulzeit: „Und ist unsere Schule jetzt nicht mehr die Hölle und das Fegfeuer, da wir innen gemartert sind über den Casualibus und Temporalibus, da wir doch nichts denn eitel nichts gelernt haben durch so viel Stäupen, Zittern, Angst und Jammer." (An die Ratsherrn aller Städte deutschen Landes, daß sie christliche Schulen aufrichten und halten sollen, WA 15,46, 6ff.) Es ist dem Reformator in bitterer Erinnerung geblieben, wie er an einem Vormittag fünfzehnmal Schläge bekommen hat, weil er etwas nicht aufsagen konnte, was ihn niemand gelehrt hatte (Tischreden 5, Nr. 5571; T 3, Nr. 3566).
       Erasmus   denkt mit Widerwillen an das Collège Montaigu in Paris und seinen von asketischer Leidenschaft erfüllten Provisor zurück, den harten physischen Bedingungen dort war Erasmus von seiner körperlichen Konstitution her nicht gewachsen. J. Huizinga, Erasmus, Deutsch von Werner Kaegi, Basel 1951, S. 27ff. Eine Abrechnung mit diesem Schulsystem findet sich in dem Colloqium   ἰχθοφαγία : Das Fischessen. Ein Fischhändler sagt sort von dem „essiggrauen Kolleg" in Paris, in dem er vor dreißig Jahren wohnte: „Dennoch habe ich von dort nichts mitgebracht als einen von bösen Säften vergifteten Leib und eine sehr reichliche Menge Läuse [...] In diesem Kolleg hatte damals Johannes Standoneus die Leitung, ein Mann, dem man nicht Mangel an gutem Willen vorwerfen konnte, der aber jede Einsicht vermissen ließ. Daß er nämlich, eingedenk der Jugend, die er selbst in größter Armut verbracht hatte, sich der Armen annahm, ist vollauf zu billigen [...] Aber daß er an die Sache mit einer so harten Liegestatt heranging, mit so rauher und magerer Kost, mit so schweren Nachtwachen und Arbeiten, daß er beim ersten Versuch innerhalb eines Jahres viele junge Leute mit glücklicher Begabung, die sehr viel versprachen, teils in den Tod trieb, teils in die Blindheit, teils in den Wahnsinn – etliche erkrankten auch am Aussatz, einige davon habe ich selbst gekannt, unter allen gab es jedenfalls keinen einzigen, der nicht gefährdet war, – wer würde nicht einsehen, daß das Grausamkeit gegenüber dem Nächsten war!" –

„Und diese grausame Strenge hat nicht nur schwache Leute zugrunde gerichtet. Sie hat nicht wenige Söhne reicher Eltern ins Jenseits befördert und edle Naturen zugrunde gerichtet [...] Ich kenne viele, die sich dort eine Krankheit zugezogen haben und sie bis heute nicht losbekommen können. Einige Schlafstätten befanden sich auf feuchtem Boden, an schimmliger Wand und in ungesunder Nähe der Aborte. Jeden, der damals dort gewohnt hat, hat entweder der Tod oder eine tödliche Krankheit ereilt. Von der seltsamen Pein der Geißelungen, auch Unschuldiger, will ich jetzt nicht reden." (Erasmus von Rotterdam — wie Anm. 48 — 6. Band S. 435. 437. 439. Erasmus hat allerdings auch Verständnis für die Gegenseite, das erbärmliche Leben der Schulmeister, denen nur die Torheit ihr Los erträglich macht. Erasmus, Μωρίας ἐγκῶμιον sive laus stultitiae — wie Anm. 44, Bd. 2, S. 117ff.).

Rabelais im *Gargantua* (I,37) gibt folgendes Urteil über das Kollegium Montaigu ab: „Denn die gefangenen Sklaven bei den Mauren und Tartaren, die Mörder im Zuchthaus, ja auch die Hunde in Ihrem Hause sind um vieles besser gehalten als die Tölpel in genannter 'Hochschule'. Und wenn ich König von Paris wäre, so sollte mich der Teufel holen, wenn ich nicht Feuer an die Bude legte und den Rektor und die Lehrer verbrennte, die es zulassen, daß solche Unmenschlichkeiten unter ihren Augen verübt werden."

68) Otto Wenig (Hrsg.), 150 Jahre Rheinische Friedrich-Wilhelm-Universität zu Bonn 1818-1968, Verzeichnis der Professoren und Dozenten, Bonn 1968, S. 28.

69) Winfried Zeller, Heinrich Horche in Kirchhain; in: Ders., Frömmigkeit in Hessen, Beiträge zur hessischen Kirchengeschichte, hrsg. von Bernd Jaspert, Marburg 1970, S. 141-150. Hier S. 142. — Norbert Fehringer, Philadelphia und Babel. Der hessische Pietist Heinrich Horche und das Ideal des wahren Christentums. Theol. Dissertation, Marburg, 1971, S. 164-174. — Zu dieser Arbeit siehe meine Besprechung in: Pietismus und Neuzeit, Ein Jahrbuch zur Geschichte des neueren Protestantismus, hrsg. von Andreas Lindt und Klaus Deppermann, Bielefeld 1976, S. 150-153.

70) Rudolf Mohr, Ein zu Unrecht vergessener Pietist: Johann Henrich Reitz (1655-1720) Leben und Werk, Korrekturen und Ergänzungen der Biographie; in: Monatshefte für Evangelische Kirchengeschichte des Rheinlandes 22. Jg. 1973, S. 46-109. Über Klopfer ebd. S. 79-85.

71) Vgl. Otto Dibelius, Ein Christ ist immer im Dienst, Stuttgart 1961.

72) Wolfgang Schmidbauer, Die hilflosen Helfer, Über die seelische Problematik der helfenden Berufe, Reinbeck bei Hamburg 1977, 2. Aufl. (112-121.Ts.) 1985.

73) Robert Steiner, Paul Humburg und das nationale Bewußtsein; in: Monatshefte für Evangelische Kirchengeschichte des Rheinlandes 24. Jg. 1975, S. 65-110.

74) Niedergirmes gehört heute als ein Stadtteil zu Wetzlar, es ist 1903 eingemeindet worden, hat aber ursprünglich nichts mit der Reichsstadt zu tun, sondern war ein Gebiet der Grafschaft Solms-Braunfels, was noch darin zum Ausdruck kommt, daß die Gemeinde Wetzlar-Niedergirmes nicht zum Kirchenkreis Wetzlar gehört, sondern dem Kirchenkreis Braunfels zugeordnet ist.

75) Rudolf Mohr, Fünfzig Jahre Kirchenchor Wetzlar-Niedergirmes; in: Festschrift: 50 Jahre Evangelischer Kirchenchor Niedergirmes 1924-1974 (im Selbstverlag der Gemeinde 1974), S. 23.

76) Hans-Jürgen Baden, Wort im Widerstand — die protestantische Dichtung im Dritten Reich; in: Ders., Poesie und Theologie, Hamburg 1971, S. 177-203. Vom „geheimen Orden" spricht der Autor auf S. 191.

77) Robert Steiner, Die Anfänge des Kirchenkampfes in der Synode Braunfels, Aufzeichnungen aus dem Jahr 1936, Köln 1979. Schriftenreihe des Vereins für Rheinische Kirchengeschichte 57.

78) Meine Rezension des in Anm. 77 genannten Buches in: Monatshefte für Evangelische Kirchengeschichte des Rheinlandes 33. Jg. 1984, S, 532-535.

79) Alvin Toffler, Der Zukunftsschock, Vollständige Taschenbuchausgabe München/Zürich 1974, S. 15.

80) Auch Spielsachen sind für volkskundliche und kulturgeschichtliche Forschungen interessant. In Zürich (Basteiplatz) gibt es das Puppenmuseum Sasha Morgenthaler, hierzulande das Spielzeugmuseum in Nürnberg (Karlstr. 13) und gelegentlich Puppenküchenausstellungen. Elfriede Göllner, Puppenküchen — Spiegel ihrer Zeit; in: neuform Kurier 12/83, S. 4f. — Eine Puppe „Mein Liebling'' von Kämmer & Reinhardt ist 1983 in Zürich für 12000 Franken (fast 15000 DM) verkauft worden, für eine 1879 hergestellte Puppe des Pariser Herstellers A. Thullier wurden 64 500 Mark gezahlt. (Siegfried Krause, Traumhafte Preise für Kinderträume von gestern, Markt für alte Puppen; in: Rheinische Post 14.12.1983.)

81) August Winnig, Frührot (wie Anm. 13), S. 42, 60, 166, 205, 240 u.ö. — Winnig half die Phantasie über vieles hinweg. Er schreibt (ebd. S. 44): „Kam mir die Not einmal körperlich nahe, so litt ich doch nicht sehr darunter, denn es war mir nun schon zur Gewohnheit geworden, zu fabulieren und eine eingebildete glänzende Welt um mich zu bauen, in der ich mehr lebte als in der wirklichen.'' Auch Wilhelm Heinrich Riehl erinnert sich, wie er auf dem langen Weg von der Schule in Wiesbaden nach Bibrich seinen Kameraden selbsterfundene Geschichten erzählt hat. W.H. Riehl, Die schönsten Geschichten und Novellen, Stuttgart und Berlin 1928, S. 1-32. Abendfrieden. Eine Novelle als Vorrede. — Riehl hat — wie Henn — später das Gymnasium in Weilburg besucht und Theologie studiert. Er war 1843 der einzige Examenskandidat. Da man mit ihm allein keinen Kursus im Predigerseminar beginnen wollte, schickte man ihn mit einem Stipendium zum weiteren Studium an die Universität Bonn, wo er zu seiner Lebensaufgabe außerhalb der Theologie fand.

82) Eine Sphärenmusik kommt in Johannes Keplers Welterklärung vor, in der modern-naturwissenschaftliche Beobachtungen mit Spekulationen zu einem kreativen und intuitiven Ganzen verwoben sind. Seinem Studium nach war Kepler lutherischer Theologe, übte aber nie ein kirchliches Amt aus und lehnte der kosmischen Konsequenzen wegen die Ubiquität des Leibes Christi in der Abendmahlslehre ab; Kepler wollte streng die Transzendenz Gottes gewahrt wissen, der sich als der Schöpfer außerhalb der Welt befindet. Keplers „astronomische Erkenntnisse, aus denen auch die berühmten Planetengesetze herfließen, setzen einen endlichen Raum und einen räumlichen Himmel voraus, dessen Sphären in kosmischer Harmonie ihre räumlich abgegrenzten Bahnen laufen.'' (Winfried Zeller (Hrsg.), Der Protestantismus des 17. Jahrhunderts, Bremen 1962, S.XXXVIII. (Klassiker des Protestantismus Bd. V.).

Bei seiner kosmischen Harmonielehre griff Kepler die Entdeckung auf, daß die Tonhöhe von der Länge einer schwingenden Seite abhängt. Wie die Pythagoreer der Zahl eine mystische Qualität zuerkannten, so wurden für Kepler geometrische Figuren und ihre astronomische Funktion zu Bausteinen der Welt, dem Inbegriff kosmischer Schönheit und ein Zeichen für die Harmonie schaffende Kraft des Schöpfers.

„Die Exzentrizitäten der einzelnen Planeten durchlaufen ihm bestimmte Intervalle der musikalischen Tonleiter, wobei Saturn mit g, Jupiter mit h, Mars mit fis usw. beginnt. Ferner ergeben sich Verwandtschaften der Planeten zu den Tongeschlechtern, z.B. des Saturn zu Dur, des Jupiter zu Moll usw. Auch singen ihm Saturn und Jupiter als Bässe, Mars als Tenor, Venus als Alt, Merkur als Diskant die Harmonie des Himmels — wobei die Bewegungen der Planeten Gesangsharmonien in Dur und Moll zustandebringen. Die höchst reizvollen, breit ausgerollten Ausführungen (*Harmonices Mundi* Buch V) gehen über den Bereich unserer astrologischen Betrachtungen hinaus." Heinz Artur Strauß und Sigrid Srrauß-Kloebe, Die Astrologie des Johannes Kepler, Eine Auswahl aus seinen Schriften, München und Berlin 1926, S. 14f.

83) Erwähnt werden muß dabei wenigstens, daß Ähnliches auch als Topos religiöser Erfahrung vorkommt. Beim Tod der Hl. Elisabeth z.B. haben sowohl die Sterbende selbst als auch die bei ihr Anwesenden einen überaus lieblichen Vogelgesang vernommen. — Walter Nigg, Die heilige Elisabeth, Düsseldorf 1963, S. 106f. — Heilige der ungeteilten Christenheit, Dargestellt von den Zeugen ihres Lebens, hrsg. von Walter Nigg und Wilhelm Schamoni. — Die einschlägigen Stellen auf den beiden angegebenen Seiten stammen aus dem Büchlein über die Aussagen der vier Dienerinnen. — Der „Libellus de dictis quatuor ancillarum S. Elisabeth confectus" wurde zum erstenmal vollständig mit kritischer Einleitung und Erläuterungen herausgegeben von Albert Huyskens, München 1911.

Hemme Hayen, ein Frommer aus der Frühzeit des Pietismus, schreibt bei der Schilderung seiner persönlichen religiösen Erlebnisse: „Das Angesicht war sehr hell, und das Gehör so lieblich, daß der Klang, welchen ich hörte, alle weltlichen Melodien und Spiele unvergleichlich übertraf und genugsam bewies, daß er himmlisch war." — Der Text bei Werner Mahrholz, Der deutsche Pietismus (wie Anm. 9), S. 49. — Der Text auch bei Martin Buber (Hrsg.), Exstatische Konfessionen, Leipzig 1923, S. 172f.

84) Diese Tageseinteilung entspricht in etwa der Berliner Hofordnung, wie sie sich schon im 16. Jahrhundert herausgebildet hatte. Der Tag begann im Marstall im Sommer um vier, im Winter um 6 Uhr. Das adelige Gefolge des Fürsten trat um sieben bzw. um acht Uhr an. Nach der vorausgegangenen Morgen- oder Frühsuppe wurde die Hauptmahlzeit um zehn Uhr eingenommen, die Abendmahlzeit war auf vier oder fünf Uhr nachmittags festgelegt, und nach einem Vespertrunk gegen acht Uhr abends erloschen die Lichter eine Stunde später. — Walter Friedensburg, Fürstenhöfe, Bürger, Bauern; in: Julius Pflugk-Hartung (Hrsg.), Im Morgenrot der Reformation, 2. Aufl. Hersfeld 1915, S. 163-206. Hier S. 182f.

Eine ganz andere Zeiteinteilung herrschte am Hofe Ludwig XIV., wie wir aus den Briefen der Liselotte von der Pfalz, seiner Schwägerin, wissen. Sie schreibt am 22. Mai 1675 aus Paris: „Dabei stehet man hier erstlich um halb elf auf, gegen zwölf geht man in die meß, nach der meß schwätzt man mit denen, so sich bei der meß einfunden, gegen zwei geht man zur tafel. Nach der tafel kommen damens; dieses währet bis um halb sechs, hernach kommen alle mannsleute von qualität, so hier sein; dann spielet Monsieur [ihr Gemahl] à la bassette und ich muß an einer andern tafel auch spielen ... oder ich muß die übrigen in die opéra führen, welche bis neun währt. Wann ich von der opéra komme, dann muß ich wieder spielen bis um zehn oder halb elf, dann zu bett." Liselotte von der Pfalz, Briefe, (bearbeitet) von Margarethe Westphal, Ebenhausen bei München 17.-20. Tausend Frühjahr 1979, S. 21.

85) Zu Henns Kapitel „Reise nach Hannover 1887", auf der er erlebte, wie eine Lokomotive entgleiste, vgl. Peter Rosegger, Als ich das erstemal auf dem Dampfwagen saß; in: Ders., Waldheimat, Erzählungen aus der Jugendzeit (1877), in der Lizenzausgabe des Deutschen Bücherbundes Stuttgart München o.J., S. 112-118.

86) Th. Netz, Führer durch Wetzlar und Umgebung, Wetzlar 1921, S. 8f., s, auch den Stadtplan dort (S. 50f.).

87) August Schoenwerk, Geschichte von Stadt und Kreis Wetzlar, 2. überarbeitete und erweiterte Auflage von Herbert Flender, Wetzlar 1975, S. 312.

88) Pfarrer [Florens Ernst Christian Franz] Stuhl, Ulm, Originale Pfarrer und Aeltesten (sic!) der Synode; in: 350 Jahre Solmser Synode 7. September 1582 — 7. September 1921, S. 39-50.

89) WA 2,467, 12f.
90) Neu hrsg. von Hermann Schmidt, Zürich 1985. Gesamtausgabe II.
91) Karl Barth, Der Römerbrief, 2. Fassung, 13. Aufl. Zürich 1984.
92) Karl Barth, Das Wort Gottes als Aufgabe der Theologie (1922); in: Ders., Das Wort Gottes und die Theologie, Gesammelte Vorträge, 1. Bd., München 1924, S. 156-178. Hier S. 164. Ders., Die Theologie Schleiermachers, Vorlesung Göttingen WS 1923/24, hrsg. von Dietrich Rischl, Zürich 1938. GA Bd. I. — Ders., Schleiermacher; in: Ders., Die protestantische Theologie im 19. Jahrhundert, Ihre Vorgeschichte und ihre Geschichte, 2. Aufl. Zollikon/Zürich 1952., S. 379-424.
93) Karl Barth, Die Menschlichkeit Gottes, Zollikon-Zürich 1956, S. 4. Theologische Studien 48.
94) Ebd., S. 5.
95) Eberhard Busch, Karl Barths Lebenslauf, München 1978.
96) Pascal, Auswahl und Einleitung: Reinhold Schneider, Frankfurt a.M. und Hamburg 1954, S. 122. Fischer-Bücherei 70.
97) Hans-Rudolf Müller-Schwefe, Die 10 Gebote ausgelegt für unsere Zeit, Hamburg 1973, S. 7.
98) Karl Barth, Die Menschlinkeit Gottes (wie Anm. 93), S. 6.
99) Rudolf Otto, Das Heilige, 4. Aufl. Breslau 1920 (die erste Aufl. erschien 1917), s. hauptsächlich das Kapitel 5. — Ders., Aufsätze das Numinose betreffend, Gotha 1923, besonders der 3.-5. Aufsatz handeln vom „Ganz Anderen", S. 16-41. — Vgl. auch Karl Barth, Die Menschlichkeit Gottes (wie Anm. 93), S. 3 in Gott [...] — das überwältigend Hohe und Ferne, ja ganz Andere, mit dem es der Mensch zu tun bekommt".
100) Friedrich Nietzsche (wie Anm. 51), S. 138: „Der tolle Mensch sprang mitten unter sie und durchbohrte sie mit seinen Blicken. 'Wohin ist Gott?' rief er, 'ich will es euch sagen! *Wir haben ihn getötet* — ihr und ich! Wir ale sind seine Mörder! [...] Riechen wir noch nichts von der göttlichen Verwesung? — auch Götter verwesen! Gott ist tot! Gott bleibt tot! Und wir haben ihn getötet! Wie trösten wir uns, die Mörder aller Mörder?"
101) Paul van Buren, The Secular Meaning of the Gospel. Based on an Analyse of its Language, New York 1961; dt. Übers.: Reden von Gott in der Sprache der Welt, Zürich 1965. — William Hamilton, The New Essence of Christianity, New York: Association Press: 1961. Die Gott-ist-tot-Theologie, Düsseldorf 1968. — Manfred Linz, Ende der Religion? In: Radius 1964, S. 29-37. — Thomas Altizer, The Gospel of Christian Atheism, Philadelphia. The Westminster Press 1966; dt.: ... daß Gott tot sei. Versuch eines christlichen Atheismus, Zürich 1968. — Thomas Altizer / William Hamilton (Hrsg.), Radical Theology and the Death of God, Indianapolis, New York, Kansas City: The Bobbs-Merill Company, Inc. 1966. — Frontline Theology = Dean Peerman, Theologie im Umbruch, Der Beitrag Amerikas zur gegenwärtigen Theologie, München 1968. — William Hamilton, „Death-of-God-Theologie" in den Vereinigten Staaten; in: Pastoraltheologie 1967, S. 35 ff. — Hans-Martin Barth, Mit Jesus ohne Gott? Bemerkungen zur amerikanischen Tod-Gottes-Theologie; in: Deutsches Pfarrerblatt 68. Jg. 1968, S. 885-887. — Frederick Herzog, Die Gottesfrage in der heutigen amerikanischen Theologie; in: Evangelische Theologie 1968, S. 129-153. — Heinrich Fries / Rudolf Stählin, Gott ist tot; Eine Herausforderung. Zwei Theologen antworten. München 1968. (Hrsg.: Kurt Seeberger). — Sigurd Daecke, Welcher Gott ist tot? Zum Wiederaufleben des Gespräches über Gott; in: Evangelische Kommentare, 1969, S. 127-192. — Eberhard Jüngel, Das dunkle Wort vom Tode Gottes; in: Ev. Kommentare 1969, S. 133-138, 198-202. — Walter Hartmann, Was kommt nach dem „Tode Gottes"? Dialektische Unterhaltung mit einem Trend theologischen Denkens. Mit einem dokumentarischen

Anhang, zusammengestellt und kommentiert von Klaus Reblin, Stuttgart Berlin 1969. – Heinrich Ott, Zur „Theologie nach dem Tode Gottes"; in: Radius 1968, S. 21-24.

Vitzeslav Gardavski, Gott ist nicht ganz tot. Betrachtungen eines Marxisten über die Bibel, Religion und Atheismus, München 1968. 1969. 1970. 1971. – Milan Machovec, Jesus für Atheisten. Mit einem Geleitwort von Helnut Gollwitzer, Berlin 1972. – Carl Heinz Ratschow, Atheismus im Christentum, Eine Auseinandersetzung mit Ernst Bloch, Gütersloh 1970.

102) Hier zitiert aus: Karl Aner, Das Vaterunser in der Geschichte der evangelischen Frömmigkeit, Tübingen 1924, S. 38f. Sammlung gemeinverständlicher Vorträge und Schriften aus dem Gebiet der Theologie und Religionsgeschichte 109.

103) Karl Aner (wie Anm. 102), S. 39.

Fichte bezeichnet mit Begriffen Ich und Nicht-Ich die bekannten Gegensätze von Geist und Natur bzw. Materie. Das Pathos seiner Lehre, daß die dingliche Welt das Produkt unserer eigenen Setzung oder Vorstellung ist, besteht in der Behauptung der Freiheit des Menschen, der nicht durch die Dinge bestimmt ist, sondern sie bestimmt.

104) Die Literatur zu diesem Thema hat einen gewaltigen Umfang angenommen, wovon nur wenige Werke genannt werden können, die aber alle wieder viel Literatur anführen. – Eine umfassende Bibliographie und auch viele Rezensionen bringt das *Jahrbuch des Archivs der deutschen Jugendbewegung*. Der gerade erschienene Band 15 umfaßt die Jahre 1984 und 1985. Herausgeber und Verlag: Stiftung Jugendburg Ludwigstein und Archiv der deutschen Jugendbewegung Burg Ludwigstein 3430 Witzenhausen I. Redaktion: Winfried Mogge. – Die folgenden Titel werden in chronologischer Reihenfolge aufgeführt: Felix Raabe, Die Bündische Jugend, Ein Beitrag zur Geschichte der Weimarer Republik, hrsg. vom Studienbüro für Jugendfragen e.V. Bonn, Stuttgart 1961. – Hans-Christian Brandenburg, Die Geschichte der HJ, Wege und Irrwege einer Generation, Köln 1968. – Hans-Christian Brandenburg / Rudolf Daaur, Die Brücke zu Köngen – Fünfzig Jahre Bund der Köngener 1919-1969, Stuttgart o.J. – Walter Laqueur, Die deutsche Jugendbewegung, Eine historische Studie, 2. unveränderte Aufl. Köln 1983. Titel der Originalausgabe: Young Germany. Deutsch von Barbara Bortfeldt. – Rolf Peter Stieferle, Fortschrittsfeinde? Opposition gegen Technik und Industrie von der Romantik bis zur Gegenwart, München 1984. – Thomas Koebner, Rolf-Peter Janz und Frank Trommler, „Mit uns zieht die neue Zeit", Der Mythos Jugend, Frankfurt am Main 1985. edition suhrkamp 1229. Neue Folge Band 229. – Winfried Mogge, Bilder aus dem Wandervogelleben, Wuppertal-Barmen 1985.

105) Die Philister sind im Alten Testament die Feinde der Israeliten, des erwählten Volkes, selber also Nicht-Erwählte, Ausgeschlossene von dem, was die Erwählten auszeichnet. Diese reden auch verächtlich von jenen. – Dieser Gegensatz ist dann übertragen worden auf Angehörige der Universität und Nicht-Akademiker, also Bürger. In Helmstedt sollen die Häuser, die in Beziehung zur Universität standen, Tafeln mit einem Simson, dem Philisterfeind, erhalten haben, der einem Löwen den Rachen aufreißt (Richter 14,5f.). Dies vom Kaiser Maximilian verliehene Siegel habe dann dazu geführt, daß alle, die nicht unter diesem Zeichen standen, als Philister bezeichnet wurden. (Georg Büchmann, Geflügelte Worte und Zitatenschatz, Verbesserte Neuausgabe, Konstanz und Stuttgart o.J. – Copright 1950 by Werner Classen Verlag Zürich – S. 15f.).

Beim jungen Goethe ist der Philister ein Mensch, der den Überschwang der Gefühle nicht erlebt hat, und ihm verständnislos gegenübersteht. Große Gefühle will er kanalisieren und zähmen. Er setzt die Prioritäten so, daß erst das Nützliche und Vernünftige kommt. Mit dem wahren „Gefühl von Natur" schreibt Goethe im

„Werther" sei es „wie mit der Liebe". – „Ein junges Herz hängt ganz an einem Mädchen, bringt alle Stunden seines Tages bei ihr zu, verschwendet alle seine Kräfte, all sein Vermögen, um ihr jeden Augenblick auszudrücken, daß er sich ganz ihr hingibt. Und da käme ein Philister, ein Mann, der in einem öffentlichen Amte steht, und sagte zu ihm: 'Feiner junger Herr! Lieben ist menschlich, nur müßt Ihr menschlich lieben! Teilet Eure Stunden ein, die einen zur Arbeit, und die Erholungsstunden widmet Eurem Mädchen. Berechnet Euer Vermögen, und was Euch von Eurer Notdurft übrig bleibt, davon verwehr' ich Euch nicht, ihr ein Geschenk, nur nicht zu oft, zu machen, etwas zu ihrem Geburts- und Namenstage' etc. – Folgt der Mensch, so gibt's einen brauchbaren jungen Menschen, und ich will selbst jedem Fürsten raten, ihn in ein Kollegium zu setzen; nur mit seiner Liebe ist's am Ende und, wenn er ein Künstler ist, mit seiner Kunst." Johann Wolfgang von Goethe, Hamburger Ausgabe (wie Anm. 17), Bd. 6, S. 15f.

Auch im Alterswerk Goethes steht der Philister noch für den unkünstlerischen Menschen, wie die folgenden Verse zeigen.

> Gedichte sind gemalte Fensterscheiben!
> Sieht man vom Markt in die Kirche hinein,
> Da ist alles dunkel und düster;
> Und so sieht's auch der Herr Philister:
> Der mag denn wohl verdrießlich sein
> Und lebenslang verdrießlich bleiben.
>
> Kommt aber nur einmal herein!
> Begrüßt die heilige Kapelle;
> Da wird's auf einmal farbig helle,
> Geschicht' und Zierrat glänzt in Schnelle,
> Bedeutend wirkt ein edler Schein;
> Dies wird euch Kindern Gottes taugen,
> Erbaut euch und ergetzt die Augen!

Goethe, Hamburger Ausgabe (wie Anm. 17), Bd. 1, S. 326, 132.

Philisterei ist demnach alles, was man selbst ablehnt als dem eigentlichen Menschsein schädlich, und meistens ist das Abgelehnte mit irgendeinem Zug des Bürgerlichen und des Bürgertums identisch. Die Vokabel 'Philisterei' bringt einen antibürgerlichen Affekt zum Ausdruck.

106) Aus: „Der Mond ist aufgegangen". Evangelisches Kirchengesangbuch (EKG) 368,4. (Das Gedicht hat seine große Bekanntheit und Beliebtheit erlangt durch die Aufnahme in die Gesangbücher. Es hat allerdings kaum einen Wert, Liednummern des Gesangbuchs anzugeben, da die jetzt Fünfzigjährigen in der Rheinischen Kirche bereits das dritte Gesangbuch innerhalb ihres relativ kurzen Lebens benutzen und bereits wieder ein neues angedroht bekommen.) Matthias Claudius, Werke, ASMUS OMNIA SUA SECUM PORTANS oder Sämtliche Werke des Wandsbecker Boten, Stuttgart 1954, S. 264f (Abendlied).

107) EKG 202,2. – WA 35, 455ff.

108) EKG 9,4. –

109) *Die blaue Blume*, das Symbol der Romantiker, stammt aus dem Romanfragment „Heinrich von Ofterdingen" von Novalis (Friedrich von Hardenberg), der diesen Gegenstand seiner Phantasie, Sehnsucht und Träume auch an einer Stelle *Wunderblume* nennt, und zwar bei der ersten Reise Heinrichs von Eisenach nach Augsburg. „Die Wunderblume stand vor ihm, und er sah nach Thüringen ...". (Novalis, Gesammelte Werke, Mit einem Lebensbericht von Karl Seelig, Bd. 1, Herrliberg-Zürich 1945, S. 142). *Die blaue Blume* (ebd., S. 127, 130, 137, 245) wird gleichgesetzt mit einem Mädchen (329), der Morgenländerin, Edda (326) und Mathilde

(351), aber damit hat sie nur Anteil an den vielfältigen Metamorphosen, die sich nach des Dichters handschriftlichen Entwürfen in der Fortsetzung seines Romans vollziehen sollten. Die Grenzen zwischen Realität und Traum, Tatsächlichem und Märchenhaftem, sind bei Novalis ständig im Fluß. Alle Gegebenheiten der Welt und des Lebens werden in Poesie verwandelt. Die Dichter erscheinen, besonders in der Erzählung der Kaufleute (S. 150-154), die Heinrichs und seiner Mutter Reisebegleiter sind, wie Zauberer, weil sie mit dem Wesen der Dinge vertraut sind und darum Macht über sie haben.

Nach Ludwig Tiecks Mitteilungen aus persönlicher Kenntnis und Aufzeichnungen von Novalis beabsichtigte dieser, das eigentliche Wesen der Poesie anzusprechen und ihre innerste Absicht zu erklären (ebd., S. 341). Es läßt sich also von Novalis eigenem Roman sagen, was Heinrich von dem Einsiedler über das Buch erfährt, das in einer fremden Sprache geschrieben war und auf dessen Bilder sich der junge Betrachter Heinrich selbst entdeckte: „So viel ich weiß, ist es ein Roman von den wunderbaren Schicksalen eines Dichters, worin die Dichtkunst in ihren mannigfaltigen Verhältnissen dargestellt und gepriesen wird" (S. 228). Von dieser Tendenz her könnte man sagen, *die blaue Blume* sei das Symbol der Poesie, gleichsam die sichtbar gewordene Seele, das Wesen aller Dinge und Vorgänge und das Zeichen für die geheimnisvolle Möglichkeit eines Zugangs zu ihnen. Zum Symbol der blauen Blume in der Jugendbewegung s. Werner Helwig, Die blaue Blume des Wandervogels, Gütersloh 1960. – Wolf Kuhnke, Blaue Blume und Spinnrocken, Die Geschichte des Bundes Deutscher Pfadfinderinnen 1912-1933. Hrsg. vom Bund der Pfadfinderinnen und Pfadfinder e.V. Gießen (Selbstverlag) 1984.

110) Der Inbegriff des reinen Toren ist Wolfram von Eschenbachs Parzival, und das nicht nur, weil seine Mutter ihn in Narrenkleider steckt, als er sich auf die Fahrt in die Welt begibt, sondern weil er seinem Wesen nach *tumb* ist. Wolfram von Eschenbach. Parzival. Text (nach der 5. Aufl. der Lachmannschen Ausgabe von 1891), Nacherzählung, Worterklärungen (von Werner Hoffmann). Hrsg. von Gottfried Weber, 4. durchg. und ergänzte Aufl. 1981. – Wolfgang von Eschenbach, Parzival. Übertragen von Wilhelm Hertz, Essen, 1. Aufl. 1982, 2. Aufl. 1985 (Ungekürzte Edition der Ausgabe Stuttgart 1912.). – A.F.C. Vilmar, Geschichte der deutschen National-Literatur, 14. vermehrte Aufl. Marburg und Leipzig 1871, S. 135-146, hier S. 139f. – Über das Verhältnis von Eschenbachs Epos und Richard Wagners „Bühnenweihefestspiel" s. H.F. Müller, Parzival und Parsifal. Vortrag, im Ev. Verein zu Hannover am 25. Oktober 1882 gehalten, Heidelberg 1883. Sammlung von Vorträgen. Hrsg. von W. Frommel und Friedr. Pfaff X/9/10.

111) Karl Barth (wie Anm. 92). S. 165.

112) Ebd., S. 173.

113) Ebd., S. 164f. – Es sei an dieser Stelle auch noch darauf hingewiesen, daß Karl Barth energisch die Vorstellung ablehnt, Gott sei die Erfüllung menschlicher Sehnsucht, Karl Barth, Dogmatik im Grundriß, 2. Aufl. Zollikon 1947, § 5: S. 39ff.

114) Emil Brunner, Philosophie und Offenbarung, Tübingen 1925, S. 19. Brunner wird hier als *ein* Vertreter der Dialektischen Theologie angeführt, die mit diesem Satz ihre Überzeugung von dem unendlichen Abstand zwischen Gott und Mensch zum Ausdruck brachte.

115) Ernst Benz, Die östliche Orthodoxie und das kirchliche Selbstbewußtsein der Reformatoren; in: Ernst Benz und L.A. Zander (Hrsg.), Evangelisches und orthodoxes Christentum in Begegnung und Auseinandersetzung, Hamburg 1952, S. 101-160. Hier S. 122. – Zu dem diffizilem Thema *Luther und die Mystik* s. auch Walter Nigg, Heimliche Weisheit, Mystisches Leben in der evangelischen Christenheit, Zürich und Stuttgart 1959, S. 17-37. – Winfried Zeller, Luthertum und Mystik; in: Ders., Theologie und Frömmigkeit, Gesammelte Aufsätze Bd. 2 hrsg. von Bernd Jaspert, Marburg 1978, S. 35-54. Marburger Theologische Studien 15.

116) James Wobbermin, Die religiöse Erfahrung in ihrer Mannigfaltigkeit, Materialien und Studien zur einer Psychologie und Pathologie des religiösen Lebens, Leipzig 1907.

117) Rudolf Bultmann, Glauben und Verstehen I, 8. Aufl. Tübingen 1980, S. 28ff. — Martin Evang, Rudolf Bultmanns Berufung auf Friedrich Schleiermacher vor und um 1920; in: Bernd Jaspert (Hrsg.), Rudolf Bultmanns Werk und Wirkung, Darmstadt 1984, S. 3-24.

118) Paul Tillich, Gesammelte Werke, 11 Bände, Stuttgart 1959 ff., I, Vorwort; V, S. 37ff.; 92f.; VII, S. 133f.; VII, S. 14f. — Religöse Reden Bd. II. Das neue Sein, 1959, S. 149f.

119) Paul Tillich, Gesammelte Werke V, S. 138ff.; VII, S. 56f. — Ders., Systematische Theologie, 3 Bände, Stuttgart 1955-1966: I, S. 45, 135; II, S. 107ff.

120) Paul Tillich, Religiöse Reden II: Das neue Sein, S. 53.

121) Paul Tillich, Religiöse Reden I: In der Tiefe ist Wahrheit, 1952, S. 64f.

122) Über die Bedeutsamkeit für die Religion äußert sich Tillich u.a. in: Ges. Werke VI, S. 72f.; VIII, S. 19f.

123) Ders., Gesammelte Werke VII, S. 66.

124) Ders., Ges. Werke V, S. 167f.; V, S. 228ff., 233ff.; VII, S. 198ff.; Syst. Theologie II, S. 52-68; Religiöse Reden I, S. 171ff., 176f.

125) Ders., Ges. Werke V, S. 154; Syst. Theologie I, S. 75.

126) Heinz Zahrnt, Die Sache mit Gott, Die protestantische Theologie im 20. Jahrhundert, München 1966, S. 436f.

126a) Der Fidus genannte Künstler hieß mit bürgelichem Namen Hugo Höppner — Janos Frecot / Johann Friedrich Geist / Diethart Kerbs, Fidus 1868-1948 — Zur ästhetischen Praxis bürgerlicher Fluchtbewegungen, München 1972. — Janos Frecot, Die Fidus-Tochter Hilde Altmann-Reich (1896-1983); in Jahrbuch des Archivs der Deutschen Jugendbewegung 15/ 1984-85, S. 379-383. — Rolf-Peter Janz, Die Faszination der Jugend durch Rituale und sakrale Symbole, Mit Anmerkungen zu Fidus, Hesse, Hofmannsthal und George; in: Thomas Koener u.a. (Hrsg.), „Mit uns zieht die neue Zeit" (wie Anm. 104), S. 310-337.

126b) Im Sommer 1917 erschien in einer Auflage von 72000 Exemplaren im Langewiesche Verlag / Königstein i.T. und Leipzig ein Band „Vom Deutschen Herzen, Werke neuerer deutscher Maler" mit folgender Widmung „Ihrer Exzellenz Frau Gertrud von Hindenburg in Verehrung und Ehrfurcht zugeeignet". Darin wird Thoma folgendermaßen charakterisiert:

„Hans T h o m a , geboren 1838 im Schwarzwald, lebt in Karlsruhe. 28-36. 46. 47. 64. 74. [Die Seitenzahlen mit Bildern von ihm in dem genannten Band.]

In den letzten Jahrzehnten ist Thoma wohl der volkstümlichste deutsche Künstler geworden. Er ist zugleich hervorrgend als Maler und als Erzähler. In ihm setzt sich fort, was Ludwig Richter und Schwind begonnen haben. In alles Sichtbare legt er Bedeutung und sucht sie darin. Ausgehend von der reinen Malerei, im Sinne der alten Holländer und Courbets, der Frankfurter und des Leiblkreises, hat er sich in reiferem Alter der stilisierenden Form Böcklins und Marées genähert. Man hat ihn den 'Bauernböcklin' genannt. Seine Romantik berührt sich auch mit der natiolen Romantik Richard Wagners, doch neigt sie mehr dem Volksliedmäßigen, dem Einfachen zu. Seine Kunst ist bejahend mit einem träumerischen Zug. Kein anderer versteht es so gut, den Maler und den Dichter gleicherweise Anteil nehmen zu lassen am Erlebnis der Welt, keiner ist als Maler so sehr Dichter und als Dichter ein so guter Maler."

127) Kinder- und Hausmärchen der Gebrüder Grimm, Vollständige Ausgabe in der Urfassung, hrsg. von Friedrich Panzer, Wiesbaden o.J. — Die Erstausgabe der Grimm'schen Märchen erschien 1812. — Niederschriften durch die beiden Brüder

veröffentlichte Joseph Lefftz unter dem Titel „Märchen der Brüder Grimm, Urfassung nach der Originalhandschrift der Abtei Ölenberg im Elsaß, Heidelberg 1927. Schriften der Elsaß-Lothringischen wissenschaftlichen Gesellschaft. — Die Ergebnisse der stoffvergleichenden Forschung liegen vor in: Joh. Bolte und G. Polívka, Anmerkungen zu den Kinder- und Hausmärchen der Brüder Grimm, neu bearb. 3 Bde. Leipzig 1913-1918.

128) Zwischen 1983 und 1985 erschienen in Stuttgart: Theodor Seifert, Schneewittchen, Das fast verlorene Leben. — Angela Weiblinger, Rumpelstilzchen, Gold statt Liebe. — Ingrid Riedel, Hans mein Igel, Wie ein abgelehntes Kind sein Glück findet. — Helmut Remmler, Der Königssohn, der sich vor nichts fürchtet, Mit Vierzig fängt das Leben an. — Verena Kast, Der Teufel mit den drei goldenen Haaren, Vom Vertrauen in das eigene Schicksal. — Hildegunde Wöller, Aschenputtel, Energie der Liebe. — Hans Jellouschek, Der Froschkönig, Ich liebe dich, weil ich dich brauche. — Lutz Müller, Das tapfere Schneiderlein, List als Lebenskunst. — Franz Kaufmann, Der gestiefelte Kater, Was einer aus sich machen kann. — Rosemarie Bog, Das Wasser des Lebens, Eine sanfte Erlösung. — Wilhelm Laiblin (Hrsg.), Märchenforschung und Tiefenpsychologie, 2. Aufl. Wiesbaden 1975. Wege der Forschung Bd. 102.

Weitere Arbeiten aus dem psychologischen bzw. psychoanalytischen Bereich sind: Hans Dieckmann, Gelebte Märchen, Hildesheim 1978. — Eugen Drewermann / Ingrid Neuhaus, Frau Holle, 4. Aufl. Freiburg 1985 (Grimms Märchen tiefenpsychologisch gedeutet). — Eugen Drevermann / Ingrid Neuhaus, Der goldene Vogel, 4. Aufl. Freiburg 1984 (Grimms Märchen tiefenpsychologisch gedeutet). — Marie Luise Franz, Individuation im Märchen, München 1985. — Verena Kast, Wege aus Angst und Symbiose im Märchen, Olten 1981. — Dies., Der Familienkonflikt im Märchen, Freiburg 1984. — Regine Lückerl, Gestaltungstherapeutische und integrative Arbeit mit Märchen. Integrative Therapie, Beiheft 1, Paderborn 1979. — Marzella Schäfer, Märchen lösen Lebenskrisen, Tiefenpsychologische Zugänge zur Märchenwelt für Eltern und Erzieher, Freiburg i.B. 1985.

129) Sibylle Birkhäuser-Oeri, Die Mutter im Märchen, Stuttgart 1976. — Marie Louise Franz, Das Weibliche im Märchen, Stuttgart 1977. — Europäische Märchengesellschaft (Hrsg.), Gott im Märchen, Kassel-Nordhausen Göttingen 1982. — Hildegund Fischle-Carl (Hrsg.), Das Böse im Märchen, Fellbach 1978. Mit Beiträgen von Marie Jacoby, Verena Kast, Ingrid Riedel. — Sergius Golwin, Die Magie der verbotenen Märchen, Vastorf 1974. — Verena Kast, Mann und Frau im Märchen. Eine tiefenpsychologische Deutung, Freiburg 1985. — Ingrid Riedel, Tabu im Märchen, Freiburg 1985. — Ortrud Stumpfe, Die Symbolsprache der Märchen, 5. Aufl. Münster 1982. — Chin-Gill Chang, Der Held im europäischen und koreanischen Märchen. Ein literaturwissenschaftlicher Vergleich unter besonderer Berücksichtigung der Handlung, Bonn 1981.

130) Bruno Bettelheim, Kinder brauchen Märchen, Stuttgart 1977. Aus dem Englischen von Liselotte Mickel und Brigitte Weitbrecht. Titel der Originalausgabe: Children of the Dream. — Jakob Streit, Warum Kinder Märchen brauchen, Stuttgart 1985.

130a) Christina Koch, Märchen christlich verstehen, Ein neuer Zugang zum Glauben, Würzburg 1983.

131) Z.B. Uwe Steffen, Jona und der Fisch, Der Mythus von Tod und Wiedergeburt, Stuttgart Berlin 1982. — Ders., Drachenkampf, ebd. 1984.

132) Lutz Röhrich, Gebärde, Metapher, Parodie. Düsseldorf 1967, (S. 130-152: Zwölfmal Rotkäppchen). — Hans Ritz, Die Geschichte vom Rotkäppchen, Ursprünge, Analysen, Parodien eines Märchens, 9. Aufl. Göttingen 1985.

133) Hans Traxler, Die Wahrheit über Hänsel und Gretel. Die Dokumentation des Märchens der Brüder Grimm, Frankfurt 1963. — Der Bärmeier und Nikel Verlag hatte

das Buch beim Erscheinen – zum 100. Todestag von Jacob Grimm – mit der marktschreierischen Banderole versehen „Bestseller in den USA – in sechs Wochen 180 000 Exemplare verkauft". Es wurde dann weiter der Eindruck erweckt, als sei das geschehen aufgrund begeisterter Besprechungen aus dem „Boston Mirror" und des „New York Telegram". Da diese Zeitungen nicht existieren, waren auch die daraus angeführten Zitate lediglich Werbung und ein gelungener Gag.

134) Iring Fetscher, Wer hat Dornröschen wachgeküßt? Das Märchen-Verwirrbuch, Hamburg und Düsseldorf 1972.

135) Siegfried Hofer, Runzelstielchen und andere erotische Märchen, München 1981.

136) Helmut de Boor, Märchenforschung; in: Felix Karlinger, Wege der Märchenforschung, Darmstadt 1973, S. 129-154. Wege der Forschung Bd. 255. – Enzyklopädie des Märchens, Handwörterbuch zur historischen und vergleichenden Erzählforschung, hrsg. von Kurt Ranke, zusammen mit Hermann Bausinger, Wolfgang Brückner, Max Lüthi, Lutz Röhrich, Rudolf Schenda, Berlin New York 1975ff.

137) Georg Schott, Weissagung und Erfüllung im Deutschen Volksmärchen, München 1925.

138) Ebd., S. 113.

138a) Der Begriff erinnert an das damals sehr beliebte Lied „Wo findet die Seele die Heimat, die Ruh?" (Evangelisches Gesangbuch für Rheinland und Westfalen, Dortmund 1905, Anhang Nr. 43). Das Gesangbuch nennt nur die Jahreszahl der Entstehung: 1827, nicht den Dichter. Er hieß Franz Ludwig Jörgens. Wilhelm Nelle schreibt über ihn, daß man seinen Namen im 19. Jahrhundert sich zu nennen wagte. Er hatte – als Erweckungsprediger! – wegen Unterschlagung und Unsittlichkeit mehrere Jahre im Zuchthaus gesessen. Als man ihn nach kurzer Zeit in der Freiheit wegen ähnlicher Vergehen wieder verhaftete und mit Federn beklebt durch die Straßen von Hermann in Missouri geführt hatte, erhängte er sich. Über ihn s. Wilhelm Nelle, Schlüssel zum ev. Gesangbuch für Rheinland und Westfalen, Gütersloh 1920, S. 362ff. Zu dem Leib-Seele-Dualismus s. Rudolf Mohr, Philosophische Einflüsse auf die Theologie in den Leichenpredigten; in: Rudolf Lenz (Hrsg.), Leichenpredigten als Quelle historischer Wissenschaften Band 2, Marburg 1979. S. 158-200.

139) Karl Justus Obenauer in seinem Buch „Das Märchen, Dichtung und Deutung", Frankfurt am Main 1959, S. 85 führt aus, die Goldne Kugel sei zwar buchstäblich genommen nichts als ein Spielzeug, aber zugleich auch etwas Schönes, Leuchtendes und Wertvolles, „wie ein Sinnbild ihrer [der Königstochter] Seele, die noch in sich geschlossen in paradiesisch-fleckenlosem Zustand ist. Aus diesem Kinderparadies tritt sie in dem Augenblick heraus, als sie die Kugel verliert; nun beginnt die Angst und das Schuldigwerden vor dem Helfer."

140) Schott (wie Anm. 137), S. 112.

141) Schott (wie Anm. 137). S. 123. – Das zitierte Bibelwort steht in Ps. 119,109. Vgl. Epiktet: „Wie du beim Gehen acht gibst, daß du nicht in einen Nagel trittst oder dir den Fuß verstauchst, so gib auch acht, daß du an deiner Seele keinen Schaden nimmst. Wenn du dies bei jedem Tritt beachtest, wirst du ohne Gefahr dabei bleiben." Handbüchlein der Moral und Unterredungen (wie Anm. 20), S. 40, Nr. 38.

142) Schott (wie Anm. 137), S. 116.

143) Ebd., S. 118.

144) Ebd., S. 117f.

145) Ebd., S. 120f. – Zu dem ethischen Problem der Ausnahme, das hier angeschnitten wird, s. Helmut Thielicke, Theologische Ethik II/1: Mensch und Welt, 3. unveränderte Aufl. Tübingen 1959, §§ 1009-1056.

146) Schott (wie Anm. 137), S. 122.

147) Martin Luther, Ein Sendbrief vom Dolmetschen und Fürbitte der Heiligen, 8. September 1530; WA 30 II, 632-643. Hier S. 637.

148) EKG 495; vgl. Ps. 45,3.

149) Klaus Mann, Der Wendepunkt, Ein Lebensbericht, Deutscher Bücherbund Stuttgart o.J. Auf dem Titelblatt heißt es: „Diese Autobiographie erschien zuerst, 1942, in englischer Sprache unter dem Titel 'The Turning Point' im Verlag L.B. Fischer Inc., New York. Das vorliegende Buch ist eine erweiterte Fassung, die der Autor selbst in deutscher Sprache schrieb."

150) Helmer Ringgren, Anthroposophie; in: Theologische Realenzyklopädie (TRE) Bd. 3 (Berlin 1978), S. 8-20.

151) Gemeint ist der von Eberhard Arnold 1920 in Sannerz/Rhön gegründete Bruderhof, eine konfessionsverschiedene und soziale Schranken überwindende umfassende christliche Lebensgemeinschaft, die seit 1927 die Bezeichnung Rhön-Bruderschaft führte und 1937 von der Gestapo aufgelöst wurde. Die deutschen Bruderhöfer wanderten aus und wirkten in anderen Ländern weiter. – H. Zümpel, Bruderhof; in: Religion in Geschichte und Gegenwart, Handwörterbuch für Theologie und Religionswissenschaft, 3. Aufl. Bd. I (Tübingen 1957), Sp. 1425f. – Gerhard Hege / Joachim Graf Finckenstein / Gerhard Krause, Bruderschaften (Schwesternschaften / Kommunitäten; in: TRE (vgl. Anm. 150; Berlin New York 1981) 207-212, hier 209,39-50. – Bernd G. Länglin, Die Hutterer, Gefangene der Vergangenheit, Pilger der Gegenwart, Propheten der Zukunft, Hamburg; Zürich 1986.

152) Bibelforscher = Zeugen Jehovas. Kurt Hutten, Seher, Grübler, Enthusiasten, Das Buch der Sekten, Stuttgart 9. Aufl. 1964, S. 74-132.

153) Otto Renkhoff, Greifenstein; in: Georg Wilhelm Sante (Hrsg.), Handbuch der historischen Stätten Deutschlands, 4. Bd. Hessen, Stuttgart 1960, S. 171f. – August Schoenwerk (wie Anm. 87) über Greifenstein (s. Register). – F[riedrich] H[einrich] Himmelreich, Greifensteiner Chronik, Ein Beitrag zur Geschichte des Solmser Landes, 2. Aufl. Wetzlar, 1903.

154) Rainer Strang, Mutige Bürger retteten eine Burg; in: Rheinische Post, Zeitung für Politik und christliche Kultur, Nr. 260. – Samstag, 9. November 1985 (An Rhein und Ruhr).

155) Kurt Hinze, Der Bruderturm; in: Heimatkalender des Kreises Wetzlar, 10. Jg., Wetzlar 1960, S. 75-79. Hier S. 78.

156) Winfried Zeller, Die heilige Elisabeth und ihre Frömmigkeit; in: Ders., Frömmigkeit in Hessen (wie Anm. 69), S. 15-28. – Sankt Elisabeth, Fürstin, Dienerin, Heilige: Aufsätze, Dokumentation, Katalog; Ausstellung zum 750. Todestag der hl. Elisabeth, Marburg, Landgrafenschloß und Elisabethkirche, 19. November 1981 – 6. Januar 1982 / hrsg. von der Philipps-Univ. Marburg in Verbindung mit dem Hess. Landesamt für geschichtl. Landeskunde, Sigmaringen 1981.

157) Peter Assion, Die heilige Elisabeth in der Legende; in: Sonderheft Sankt Elisabeth Hessische Heimat 31. Jg. 1981, Heft 4/5, Sommer 1982, S. 87-93.

158) Der erste evangelische Regent des Hauses war Graf Philipp zu Solms-Braunfels (1494-1581), unter dessen Vater Bernhard III. aber schon lutherisch im Lande gepredigt wurde. Graf Philipp schloß sich bei Antritt seiner Regierung im Jahr 1547 dem Schmalkaldischen Bund an, weswegen er nach dem Sieg Karls V. der Reichsacht verfiel. Sein katholischer Vetter Graf Reinhard von Solms-Lich erreichte die Begnadigung, aber der evangelische Graf mußte das Interim in seinem Lande dulden, das 1552 durch den Passauer Vertrag ein Ende fand. Unter Philipps Sohn Konrad wurde die Grafschaft reformiert. – J.C. Schaum, Das Grafen- und Fürstenhaus Solms, Frankfurt am Main 1828, – [Friedrich Heinrich] Himmelreich, Graf Konrad zu Solms-Braunfels; in: 350 Jahre Solmser Synode (1932), S. 9-11.

159) F. H. Himmelreich, Greifensteiner Chronik (wie Anm. 153), S. 113f. – H. Läufer (Bearb.), Gemeindebuch der Kreissynoden Braunfels und Wetzlar, Wetzlar 1953, S. 39.
160) F. H. Himmelreich, Greifensteiner Chronik (wie Anm. 153), S. 48f.
161) Ders., Leuner Chronik, Politische und Kulturgeschichte, Wetzlar 1910, S. 38.
162) F. H. Himmelreich, Leuner Chronik (wie Anm. 161), S. 46ff.
163) F. H. Himmelreich, Greifensteiner Chronik (wie Anm. 153), S. 52.
164) F. H. Himmelreich, Leuner Chronik (Wie Anm. 161), S. 49.
165) Eine gute Farbphotographie eines Gemäldes in: Hermann Scheidt, Werdorf, Die Geschichte eines Dorfes und seiner Leute, Band I, hrsg. von der Gemeindeverwaltung Werdorf, (Wetzlar) 1972, S. 37.
166) F. H. Himmelreich, Greifensteiner Chronik (wie Anm. 153), S. 54f.
167) Der Freiheitsbrief vom 8. März 1613 ist abgedruckt bei Himmelreich, Greifensteiner Chronik (wie Anm. 153), S. 50-52.
168) Albert Rosenkranz, Eine Pfarrfrau als Hexe; in: Monatshefte für Rheinische Kirchengeschichte 1952, S. 88-91.
169) „Eine letzte Spur des kontinentalen Wodan findet sich vielleicht im weitverbreiteten Volksglauben um den 'Wilden Jäger' oder den Anführer des 'Wilden Heeres', des Geisterheeres der Verstorbenen, das in der Julnacht, mitunter auch zu anderen Zeiten des Jahres in der Welt umherzieht. Im Norden werden wir Odin als Herrn eines Totenheeres antreffen, freilich ohne daß er sich in dieser Eigenschaft unter den Menschen gezeigt hätte. Der 'weiße Reiter' oder 'Schimmelreiter', den man auch oft mit dem uralten heidnischen Glauben und mit Wodan in Verbindung bringt, wird wohl aus dem Buch der Offenbarung stammen, das sich im späteren Mittelalter eines so großen Interesses erfreute." R.L.M. Deroletz, Götter und Mythen der Germanen, Wiesbaden o.J., S. 92. Copright 1963 by Benzinger Verlag Einsiedeln Zürich Köln. Berechtigte Übertragung aus dem Holländischen von Julie von Wattenwyl. Die Originalausgabe erschien 1959. – Über Wotan als Todesboten s. Eckart Petrich, Götter und Helden der Germanen, München 1963, S. 29; dtv 119. – Über den Helljäger und seinen Hund s. Paulus Cassel, Weihnachten, Ursprünge, Bräuche und Aberglauben, Ein Beitrag zur Geschichte der christlichen Kirche und des deutschen Volkes. Unveränderter Nachdruck der Ausgabe 1882, Wiesbaden o.J., S. 277ff. Der „Helljäger" ist ein wegen seiner Jagdleidenschaft zum ewigen Jagen in der Christnacht verurteilter unglücklicher Mensch.
170) Verhandlungen der Kreissynode Braunfels 1924, S. 8-26.
171) Verhandlungen der Kreissynode Braunfels in ihrer Versammlung zu Wetzlar-Niedergirmes am 29. und 30. Juni 1930, S. 50-72.
172) Synodalprotokoll 1930 (wie Anm. 171), S. 24.
173) Synodalprotokoll Braunfels 1934, S. 44. – Die Pfarrerschaft dieses Kirchenkreises war zur Zeit Henns noch beneidenswert familiär wie sich aus dem Superintendentenbericht ergibt. Lic. Heep sagte auf der Tagung der Synode 1932: „Zwei Brüder (Braches und Henn) vollendeten im Berichtsjahr ihr 50. Lebensjahr und empfingen von ihren Gemeinden Beweise rührender Anhänglichkeit" (S. 23).
174) Rudolf Mohr, Kontinuität, Restauration und neue Aufgaben, Die evangelische Gemeinde in Düsseldorf 1946; in: 1946 Neuanfang: Leben in Düsseldorf, hrsg. vom Stadtmuseum Düsseldorf und der „Rheinischen Post" zum 40jährigen Bestehen der Landeshauptstadt Düsseldorf, des Landes Nordrhein-Westfalen und der „Rheinischen Post", Düsseldorf 1986, S. 323-329.
175) Zur Wetzlarer Zeitungsgeschichte erschien im Juni 1967 eine interessante Sondernummer der Wetzlarer Neuen Zeitung: „1767-1967 Zweihundert Jahre Zeitung in Wetzlar".

Verzeichnis der fremdsprachlichen Zitate und Worte mit der deutschen Bedeutung, Auflösung von Abkürzungen

lat.	= lateinisch	fr.	= französisch
gr.	= griechisch	it.	= italienisch

Acc. c. Inf. = A. c. I. = Accusativus cum infinitivo (lat.) = Akkusativ (4. oder Wenfall) mit Infinitiv (Grundform): berühmte lat. Satzkonstruktion. Vgl. im Deutschen: Ich sehe den Baum blühen. S. 39.

acquirieren (lat.): erwerben. S. 81

ad fontes (lat.): zu den Quellen. S. 225

ad infinitum (lat.): ins Unendliche. S. 55

alma mater (lat.: nährende Mutter) Universität. S. 67; 74.

Ama nesciri (lat.): Liebe es, nicht gekannt zu werden (= unbekannt zu sein). S. IX; X; XIV; XVII; 164.

amor minimi (lat.): die Liebe zum Kleinsten (Geringsten). S. 110.

A P U = Altpreußische Union (seit 1922). Der Name betont die Tatsache, daß die 1866 an Preußen gekommenen Gebiete (Schleswig-Holstein, Hannover, Kurhessen) in ihrem Bekenntnisstand unangetastet bleiben sollten. Die preußische Unionskirche (seit 1817) erhielt die Bezeichnung: Ev. Landeskirche der älteren preußischen Provinzen. S. 157.

A. T. = Altes Testament. S. 91.

a tempo (it.): sofort. S. 24.

A. T. V. = Akademischer Turnverein. S. 77.

Beatus, qui ibidem bene vixerit, et feliciter consummaverit (lat.): S. X (Übersetzung s. dort).

Bene vixerit, qui bene latuit (lat.): Gut gelebt hat, wer gut verborgen geblieben ist. S. X; XVII; 53; 164.

buen retiro (it.): guter Zufluchtsort. S. IX.

Caesar in castra venisset, vidit (lat.): Als Cäsar ins Lager kam (gekommen war), sah er. S. 39.

camera clara, sive veterinaria (lat.): helle Kammer oder Viehdoktorraum. S. 82.

camera obscura, sive theologica (lat.): dunkler (versteckter) oder theologischer Raum. S. 82.

cand. theol. = candidatus theologiae (lat.) = Kandidat der Theologie. S. 84; 88; 146.

chapeau claque (fr.): zusammenklappbarer Zylinderhut. S. 124.

Cognosce te ipsum (Lat.): Erkenne dich selbst! S. VIII.

comme il faut (fr.): wie sich's gehört. S. 268.

conditio sine qua non (lat.): Bedingung, ohne die nicht = unerläßliche Voraussetzung. S. 145.

corona (lat.): Schar. S. 69.

corpus delicti (lat. corpus: Körper; delictum: Vergehen): Beweisgegenstand einer strafbaren Handlung. S. 69.

courtousie (fr.): Höflichkeit, Ritterlichkeit. S. 237.

Christus vincit, Christus regnat, Christus imperat (lat.): Christus siegt, Christus regiert, Christus herrscht. S. 222.

Cuéismus = nach dem Franzosen Cué benanntes Heilverfahren durch Autosuggestion. S. 89.

De imitatione Christi (lat.): Von der (über die) Nachfolge Christi. S. X.

De monastica vita (lat.): Von dem mönchischen Leben (Über das mönchische Leben). S. X.

digitus Dei (lat.): der Finger Gottes. S. 160.

d. R. = der Reserve. S. 84.

enfant terrible (fr.): schreckliches Kind. S. 8.

E O K = Evangelischer Oberkirchenrat : oberste Kirchenbehörde in der Evangelischen Kirche der altpreußischen Union. S. 157.

Epicuri grege porcus (lat.): ein Schwein aus der Herde Epikurs (Horaz, epistulae I,4, 10). S. XII; 164.

excelsior (lat.): höher. S. 175.

famulus (lat.: Diener) Gehilfe eines Gelehrten. S. 76.

Fax (von lat. facere ? machen) Diener und Hausmeister einer studentischen Verbindung. S. 55.

fiat iustitia, pereat mundus (lat.): es geschehe Gerechtigkeit, auch wenn die Welt darüber zugrunde geht. — Angeblich Ausspruch des Kaisers Ferdinand I. (1556-64). S. XLV.

filiae hospitales (lat.): Wirtstöchter. S. 57.

G. A. = Gustav-Adolf-Verein. S. 138.

Generalsup. = Generalsuperintendent. S. 138.

γνῶθι σεαυτόν: gnoti seauton (gr.): Erkenne dich selbst. S. VIII.

gratis (lat.): umsonst. S. 72.

gusto (it.): Geschmack. S. 102.

Gymnasium Philippinum illustre (lat.). das berühmte (vornehme Phillipps-Gymnasium. S. 39. — gymnasii Phillippini: des Philipps-Gamnasiums. S. 160.

Hiämi *ἵημι* (gr.): ich sende. Konjugationsbeispiel der griechischen Grammatik. S. 47.

homo litteratus (lat.): ein in der Literatur bewanderter Mensch, ein Gebildeter. S. XVI.

honoris causa (lat.): ehrenhalber. S. 138.

humanum (lat.): das Menschliche. S. 226.

Inkulpat (lat. zu culpa: Schuld):Angeschuldigter. S. 69.

I.M. = Innere Mission. S. 136; 137; 138; 139.

in maiorem gloriam sui ipsius (lat.): zum größeren Selbstruhm. S. 114.

Intransigenz (fr.): Unversöhnlichkeit. S. 123.

Kaftan (türk.-pers.) mantelartiger Überrock, Tracht der Ostjuden. S. 58.

Kolonnade (fr.) Säulengang. S. 60.

Kontrasagen (lat. contra: gegen) hier: einen Anlaß bieten für ein Duell bzw. eine Mensur. S. 64.

memento mori (lat.): denk an den Tod! S. 225.

miraculum stupendum (lat.): erstaunliches Wunder. S. 156.

Melius est latere (lat.): es ist besser, verborgen zu sein (zu bleiben). S. XI.

monos hc sophos plusios kai eleutheros basileus *μόνος ὁ σοφός* *πλούσιος καὶ ἐλεύθερος βασιλεύς* (gr.): allein der Weise ist reich und der Freie König. S. 49; 295.

Naturam si sequimur ducem, numquam aberrabimus (lat.): Wenn wir der Natur als Führer(in) folgen, werden wir niemals abirren. S. 163.

O. K. = E O K (s. dort!) S. 136.

Paläomarchia (gr. *πάλαιός* palaios: alt und althochdeutsch mar(h)a, mittelhochdeutsch marka: Grenze der Feldflur): Altmärker. S. 61; 62.

per aspera ad astra (lat.): durch das Rauhe (rauhe Pfade) zu den Sternen. (Übersetzung einer griechischen Wendung bei Hesiod, Werke und Tage 289). S. 221.

persona grata (lat.): willkommene (angenehme, liebe) Person. S. 83.

Pfr. = Pfarrer. S. 94.

Philippika = leidenschaftlich angreifende Rede, nach den Reden des Demosthenes gegen Philipp II. von Makedonien. S. 90; 101.

pons (Lat.: Brücke). Bezeichnung einer von Schülern illegitim benutzten Übersetzung im Format einer Streichholzschachtel. S. 47.

Postillon d'amour (fr.): Liebesbote. S. 38.

p. Epiph. = post Epiphanias (= Sonntag nach dem Fest der Erscheinung: 6. Januar).

post tenebras lux (lat.): nach der Dunkelheit das Licht. S. 211.

p. Trin. = post Trinitatis: Sonntag nach dem Fest der Dreieinigkeit. S. 174.

praecipuum membrum (lat.): ein vorzügliches (ausgezeichnetes, führendes) Mitglied. S. 38.

Prätention (lat. praetendere: beanspruchen): Anspruch, Anmaßung. S. 112.

primus omnium (lat.): der erste von allen. S. 164.

Privatissimum (lat., zu ergänzen: collegium): ganz private Vorlesung – im Gegensatz zur öffentlichen, für einen größeren Hörerkreis bestimmten. S. 90.

profanum vulgus (lat.): das gemeine Volk. Nach Horaz, Oden III,1, 1: Odi profanum vulgus et arceo: ich hasse das gewöhnliche Volk und halte es fern. S. 147.

quanto costa? (it.): Wieviel kostet? S. 22.

Realis und Irrealis (lat. realis,e: wirklich, tatsächlich). In der griechischen Grammatik gibt es den Begriff Irrealis zur Bezeichnung der Nichtwirklichkeit. Hier: es wurde alles Mögliche und Unmögliche erwogen. S. 87.

Regiebahn hieß die Eisenbahn, als 1932 Frankreich und Belgien die deutsche Eisenbahnverwaltung durch eigene Regie ersetzt hatten. S. 107.

Revennons à la nature! (fr.): Laßt uns zur Natur zurückkehren! (Forderung Rousseaus). S. 162.

rite (lat.): ordnungsgemäß. S. 44.

R K = Rotes Kreuz. S. 148.

RM = Rentenmark: Übergangswährung in Deutschland 1922/24; später: Reichsmark. S. 123; 157.

S.S. = Sommersemester. S. 74; 155.

S.D. = Seine Durchlaucht. S. 96.

Si vis utiliter aliquid scire et discere, ama nesciri et pro nihilo reputari (lat.): S. X. (Übersetzung ebd. u. S. XI).

Sup. = Superintendent. S. 93; 94; 97; 106; 107; 126.

Te Deum laudamus (lat.: Dich, Gott, loben wir). Altkirchlicher Hymnus, deutsch von Martin Luther 1529: Herr Gott, dich loben wir. S. 173.

tempora mutantur et nos mutamur in illis (lat.): Die Zeiten ändern sich, und wir ändern uns in ihnen. – Der Ausspruch wird Kaiser Lothar zugeschrieben. S. L.

Tristien (lat.): Trauergesänge, Klagelieder. S. X.

Troglodyt (gr.): Höhlenbewohner. S. 109; 166.

tutti quanti (it.): alle miteinander, samt und sonders. S. 45.

VDSt = Verein deutscher Studenten. S. 62; 63; 64.

Verbum divinum manet in aeternum (lat.): das göttliche Wort (Wort Gottes) bleibt in Ewigkeit. S. 71.

W. S. = Wintersemester. S. 71.

LXXXVIII

A. Otto Henn: Aus meinem Leben

1. Erinnerungen an den Großvater

Meine älteste Kindheitserinnerung ist die an einen großen Schrecken, der sich der jungen Seele tief eingeprägt hat.

Wir waren — Vater, Mutter und ich — im Haus des Großvaters Henn, der in dem Weitzschen Hause unweit der neuen Schule in Braunfels wohnte, vermutlich an einem Sonntag nachmittag zu Besuch. Während die Erwachsenen im Wohnzimmer sich unterhielten, ging ich auf Entdeckungsreisen, tappte die Bodentreppe hinauf und gelangte auf den Speicher, der mit vielen Dingen, die da standen, mein lebhaftes Interesse erweckte. Unter anderem hatte die Großmutter (Franziska, geb. Stuhl) dort über zwei Böcke ein Kuchenbrett gelegt, auf das sie eine Anzahl Eier, einen Butterweck und auch wohl die Reste des Mittagsmahls, eine Terrine mit Suppe, eine recht fette Sauce und dergleichen gestellt hatte. Da ich gerne auch diese Kostbarkeiten mit eigenen Augen geschaut hätte, aber noch zu klein war, um über das Brett hinauszuschauen, versuchte ich mich an dem einen überstehenden Ende hinaufzuziehen. Dabei kippte die ganze Geschichte, und eine Flut von fettigen Wässern und ein Hagel von rohen Eiern ergoß sich über mich, so daß ich nichts anderes meinte, als meine letzte Stunde sei gekommen. Auf das Gepolter und mein Jammergeschrei sind dann die Großen gelaufen gekommen und haben mich errettet. Ich erinnere mich noch, wie meine Mutter mir mit einem Tuch die ganz verklebten Augen abgewischt hat, aus denen ich vermeinte, nie mehr etwas sehen zu können.

Auch sonst sind meine ältesten Erinnerungen mit der Wohnung des Großvaters verknüpft. Ich sehe noch deutlich vor mir das Zimmer: Links neben der Tür der Gewehrschrank, der nicht ganz die Wand füllte, so daß eine Nische überblieb, mir der interessanteste Punkt im Zimmer. In dieser standen des Großvaters Putzstöcke, lange, glatte am Ende mit Werg bewickelte Holzstäbe, die mir willkommene Steckenpferdchen abgaben. Auch hing dort das lange Quecksilberbarometer, dem ich eine ungeheure Hochachtung zuteilte, weil ich seinen geheimnisvollen Zweck nicht verstand. An der rechtwinklig anschließenden Frontwand waren zwei Fenster, zwischen denen der Nachttisch meiner Großmutter Niedermeier, ein ziemlich großes Tischchen, auf vier Beinen stand. Am zweiten Fenster saß in dem großen Lehnstuhl, der heute in Löhnberg bei Bruder Theo steht, der Großvater, ein schwarzes Käppchen auf dem wohl kahlen Haupte, und trank aus einem gelb-roten Glase, das er aus Karlsbad mitgebracht haben soll und das einen springenden Hirsch zeigt, sehr langsam und bedächtig roten Wein, während die Sonne breit durch die Fenster schien. Gut weiß ich noch um die große Leistung, daß ich aus der bewußten Schrankecke ihm die Weinflasche holen und ans Fenster bringen sollte. Ich mußte sogar meinen Gaul fallen lassen, und mit beiden Händen das Ungetüm, das wohl mehr als halb so groß wie ich selber war, durch die Stube schleppen. Das Lob für die Tat, das der Großvater spendete, schien mir wohl verdient.

Noch weiß ich aus dieser Zeit, daß ich eines Tages mit Weitzens Lina, der Tochter des Hausbesitzers, die 12 Jahre als sein mochte, und einer wenig älteren Magd Wasser holen ging, wobei die beiden Mädchen mich an beiden Armen hielten und je und dann hoch in die Luft schleuderten. Dabei kugelten sie mir das Schultergelenk eines Armes aus, was mir furchtbar weh tat. Ein Glück war, daß der Unfall sich gerade im „Pfeiffergäßchen", in der Nähe des „Wunderbaches" des berühmten Bademeisters Pfeiffer abspielte, der, ein tüchtiger Heilgehilfe, den Schaden gleich wieder gutmachen konnte.

Da mein Großvater im Mai 1884 starb, haben sich diese drei Momentbilder vor dem vollendeten zweiten Lebensjahr schon dem kleinen Gehirn eingeprägt.

2. Quarantäne für Vater und Sohn

Es muß wenig später gewesen sein, als ich an Scharlach erkrankte und auch meinen ca. 40-jährigen Vater ansteckte. Auch aus dieser Zeit weiß ich noch gut, wie ich, als ich schon wieder besser war, meinen immer noch schwerkranken Vater, den man in den Salon unserer Mutter gebettet hatte, besuchen durfte, während die anderen das Zimmer ängstlich meiden mußten. Ich entsinne mich noch, daß die Zimmereinrichtung mir arg zerstört vorkam und eine große Badewanne vor dem großen Spiegel stand. Man erzählt, daß ich, die Hände auf dem Rücken, alle Gegenstände genau gemustert habe und vor dem schön polierten Vertiko nachdenklich geäußert: „Was da wohl da in is?"

Eingeprägt hat sich mir auch, daß der Bäcker das Brot und der Metzger das Fleisch nicht mehr in die Wohnung brachten, sondern an die Haustür stellten, so daß es immer erst heraufgeholt werden mußte.

Als die Zeit der Quarantäne vorüber war, durften als erstes die Kinder des Hauswirts Stelz mich wieder besuchen. Stelzens Lina kam mit ihrer Kusine Anna Hasenstrauch, die beide wohl zwei Jahre älter als ich waren, und mir ein erstaunlich schönes Bilderbuch mitbrachten, in dem ein Elefant aus dem Rüssel Wasser über eine Anzahl Negerbuden spritzte. Ich konnte, in einem großen Kinderwagen liegend, mir gar nicht genug tun an der Betrachtung dieses Bildes.

3. Muths Luischen und Postillion Bender / Pferde

Für die nächsten Jahre, bis ich zur Schule kam, spielt in meinen Erinnerungen eine große Rolle unser Dienstmädchen, Muths Luischen, ein junges, munteres Ding, das später nach Amerika gegangen ist. Ich sehe sie noch vor mir, wie sie einen Holzzuber auf dem Kopf und in jeder Hand einen Eimer zum Ferborn schritt, um das Wasser zu holen. Auf diesem interessanten Gang habe ich sie möglichst oft begleitet. Denn das Punpen war zu interessant. Auch konnte man Steine in den Weiher werfen, oder zuschauen, wenn ein Wasserfaß an der großen Pumpe gefüllt wurde, die oberhalb des Brunnens stand. Muths Luischen wohnte im Hintertal, wohin sie mich mitunter mitnahm. Man konnte dann aus ihrer hochgelegenen Wohnung weithin ins Land sehen. Auch Einkäufe in der Stadt habe ich treulich mit ihr erledigt. Sie lehrte mich auf den Wegen manche nicht immer ganz stubenreine Verschen, die sie mit ihren Kameradinnen zu singen pflegte. Mutter verbot sie mir aber sehr streng, weshalb ich meinen Liederschatz mehr und mehr für mich behielt. Sobald ich lesen konnte, besorgte mir das gute Luischen Kolportageromane, von denen sie ungeheure Massen in Einzelnummern zu 0,10 DM das Stück bezog. Da auch diese Lektüre die Ablehnung meiner Mutter fand, richtete ich mir nach dem Verbleib der darin gefeierten Helden eine Höhle ein hinter dem schräg gestellten Sofa in Mutters Salon, der nicht oft benutzt wurde, und las da stundenlang im Halbdunkeln die aufgestöberten Hefte, während meine Eltern mich irgendwo beim Spiel im Freien wähnten.

Einen anderen guten Freund hatte ich noch, das war der alte Postillion Bender, dem ich auf der Straße nachlief, wo immer ich ihn erblickte, damit er mich mit in den Stall zu seinen Postpferden nehme. Denn Pferde waren meine ganze Leidenschaft. Ich kannte sämtliche Braunsfelder Pferde mit Namen und ihren Eigenschaften, ob sie ausschlugen oder bissig waren, oder schreckhaft und leicht durchgingen. Stundenlang lungerte ich am fürstlichen Marstall unterhalb des Schlosses herum, bis ein Kutscher mich mit in den Stall nahm, wo ich dann zwischen den Pferden unbesorgt umherging, ihnen Hafer brachte und Heu und — größte Wonne — auch wohl auf ihnen reiten durfte. Als ich schon älter war, stellte ich mich dazu morgens in der Reitbahn ein, wo die Pferde bewegt wurden, und fast immer ließen die Kutscher uns Jungen ein paar Runden reiten.

4.   Von Brüdern, Hebammen und Spielsachen

Aber ich muß der Reihe nach erzählen! Ich war fast 2 1/2 Jahr alt, da wurde mein Bruder Walther geboren. Des Brüderchens weiß ich aus der Zeit mich aber gar nicht zu erinnern. Offenbar war es zu winzig für mich. Desto besser aber der Hebamme, die damals das sehr interessante Geschäft des Badens bei dem kleinen Wesen besorgte. Es war die „Philippine". Wie sie sonst hieß, habe ich nicht in Erfahrung gebracht. Ich sehe sie aber noch in ihrem grauen Umschlagtuch morgens erscheinen. 10 Jahre später bei der Geburt des Bruders Theo trat sie auch noch in Funktion. Bruder Walther und ich haben sie damals in ihrem Haus „Auf der Schütt" alamiert. — Wenn sie also jetzt das Brüderchen gebadet hatte, durfte ich, was mir ein wichtiges Geschäft dünkte, den Schwamm ausdrücken, was ich mit großer Gewissenhaftigkeit ausführte und auch beibehielt, als später die Großmutter Kollenrott die Kinderpflege übernahm.

Diese Großmutter muß damals einige Zeit in Braunfels gewesen sein. Mitunter geht die Erinnerung an sie in die an die Hebamme über. Beide waren von derselben Statur und beide für mich mit denselben Funktionen behaftet. Doch hatte die Großmutter einen Vorzug, der einzig war, sie besaß ein Glasauge, das sie herausnehmen konnte, und das ich nicht wenig bestaunte. Trotz aller Mühe wollte mir das bei meinen Augen nie gelingen. Die Großmutter hat sich dadurch mir sehr eingeprägt. In meiner Erinnerung freilich könnte es auch die Philippine gewesen sein, die dieses Wunders kundig war.

Auch von dem heranwachsenen Brüderchen Walther weiß ich wenig. Der Altersunterschied von 2 Jahren ist für die ersten Kinderjahre wohl ein beträchtlicher. Jedenfalls erinnere ich mich an ihn nicht beim Andenken an meine Besuche in den Pferdeställen von Braunfels. Er hatte wohl andere Passionen. — Dunkel steht vor mir noch die Gestalt eines großen schwarzen Mannes, der eines Tages im Hause sich die Finger wusch und mich auf eine Art, die gar nicht zu ihm passen wollte, anlächelte. Nach allem kann das nur der Pfarrer Marx von Kröffelbach gewesen sein, der das Kind taufte und auch sein Pate war.

Wegen meiner Pferdepassion besaß ich auch einen ganzen Marstall voller Holzpferde, vom grobgeschnitzten Holzgaul für 0,20 DM bis zu einem fein aufgezäumten Schimmel mit Haarschwanz und Mähne und Sattel und Steigbügeln. Mit diesen etwa handgroßen Pferdchen konnte ich stundenlang spielen und sie auf ihren kleinen Holzrädern durchs Zimmer rollen lassen. Wenn Jahrmarkt war, und ich die Buden bewundern sollte, interessierten mich von allen ausgestellten Herrlichkeiten nur die Pferdchen, die ich fachmännisch kritisierte.

5. Reise nach Hannover 1887

Im Mai 1887, also kurz vor Vollendung meines 5. Lebensjahres, machte unsere Mutter mit ihren zwei Söhnen eine Reise nach Hannover, um in Herrenhausen ihre Mutter und ihre Schwester Marie zu besuchen. Die Reise wurde in Gemeinschaft mit der Frau des Schloßkastellans Stege, die auch aus Hannover stammt, gemacht. Auf der Hinreise erinnere ich mich noch, daß wir zwei Kinder in Kassel, wo wir umsteigen mußten, mit einem großen Schließkorb auf den Bahnsteig gesetzt und verwarnt wurden, ruhig zu warten, bis die Erwachsenen uns wieder abholten. Für Bruder Walthers Ungeduld war das eine allzulang dauernde Probe, und ich weiß noch, welche Mühe es mich kostete, ihn bei dem Korb zu halten, um den ich auch in großer Sorge war, daß er ohne uns gestohlen werden konnte. Als ich endlich die beiden Frauen im Getümmel der Reisenden wieder auftauchen sah, war ich wie erlöst. In der Eisenbahn habe ich hauptsächlich darüber nachgedacht, wie es kam, daß die Telegrafendrähte am Fenster dauernd in die Höhe stiegen und durch die Pfosten wieder heruntergerissen wurden.

Aus der Stadt Hannover ist mir vor allem die Pferdebahn noch in Erinnerung. Das war die größte Freude, hinter dem geduldig trabenden Pferdchen her auf den Gleisen dahinzurollen. Da war wieder der vertraute Geruch des Pferdestalles, da waren Zügel und Peitsche, die ich schon immer am liebsten gehabt hatte. Natürlich mußte ich stets neben dem Kutscher stehen und war überglücklich, wenn ich je und dann die Zugleine halten durfte. Bei einem Gang in die Stadt strebte ich stets den Haltestellen der Pferdewagen zu und wollte, wenn gerade zwei Wagen kreuzten, mit dem fahren, der das schönste Pferdchen hatte. Daß ich einmal nichts anderes als Pferdewagenkutscher werden würde, stand für mich fest.

An das Haus, in dem die Großmutter wohnte, habe ich noch eine vage Erinnerung. Es war ein roter Backsteinbau mit einem kleinen Hofraum. Es kam mir ziemlich groß vor. Das Nachbarhaus, das ein kleines Vorgärtchen mit Rosenstöcken hatte, war jedenfalls niedriger. Eine Treppe tiefer als die Großmutter wohnte eine Familie, bei der wir einmal zu einer Familienfeier eingeladen waren. Die Feier hatte für mich ein Ende, als ich hörte, daß unter den anwesenden Gästen auch ein Lehrer sei. Diese Sorte Menschen schien mir außerordentlich gefährlich, weil sie die Kinder in die schrecklich öden Schulstuben einsperrten, in die ich mitunter heimlich einen Blick voll Grauen geworfen hatte, und die mir gleich hinter dem Gefängnis, das nicht weit von unserer Wohnung in Braunfels lag, kamen. Als dieses letztere einmal neu eingerichtet war und mein Vater mich mitnehmen wollte, es zu besuchen, bin ich weit fort in die Gärten gelaufen und habe mich den ganzen Nachmittag nicht mehr herausgewagt.

An meine Mutter, die Großmutter und Tante Marie habe ich aus der Zeit nur schattenhafte Erinnerungen. Ein Bild aus dem Hause steht mir noch lebhaft vor Augen, als uns der junge Albert Ehlers an meinem Geburtstag 04.06.87 besuchte und mir einen aufziehbaren Radfahrer mitbrachte. Pfingsten war in Herrenhausen großes Schützenfest. Ich erinnere mich, daß der ein paar Jahre älter Vetter Karl Biester, der spätere Welfische Landtagsabgeordnete, mich abholte in ein großes Zelt mit einer Musikkapelle. Plötzlich brach die Musik ab, die Zeltleinwand zerriß und mit wildem Geschrei entstand eine allgemeine Schlägerei, durch die mich der ortskundige Vetter nach Hause lotste. Noch bis an die Haustür verfolgte uns die sich prügelnde Menge und vom Fenster herunter sah ich, wie in dem hübschen Nachbarsgärtchen die Rosenstöcke ausgerissen und die Beete zertrampelt wurden und ein paar Schutzleute schließlich schrecklich blutende Menschen in zerrissenen Kleidern abführten.

Dann sehe ich noch vor mir die große Herrenhäuser Allee, an deren Eingang ein „Erz"engel einem eine Sammelbüchse präsentierte, in die man ein paar eingewickelte Groschen werfen mußte, um seinen Namen dann im Stadtanzeiger gedruckt zu sehen. Dann die große Fontäne im Herrenhäuser Garten, zu der ein Mann einen Kahn hinfuhr und im Krater verschwand.

Von Menschen hat sich mir allein der Onkel Biester in Langenhagen eingeprägt, ein sehr langsamer schwerer Mann mit einem Schifferbart, der irgendwie an meinen Freund Postillion in Braunfels erinnerte, wohl deshalb, weil er auch Pferde hatte und sogar aufzog, weshalb er besonders in meiner Hochachtung stieg. Flüchtig weiß ich auch noch von einem Besuch bei dem Bildhauer Gundelach in seinem Atelier, wo der Mann einen Rock von Samt anhatte.

Einzelne Momentbilder aus der Stadt stehen mir deutlich vor Augen. Zunächst: Eine belebte lange Geschäftsstraße, darin ein langer niedriger Laden, in dem ein Gang bis in den dämmernden Hintergrund führt, und mancherlei Leute, auch meine Mutter und Tante Marie, in dem Laden. Da drängte sich Bruder Waltherchen sacht an den Leuten vorbei und zur Tür hinaus und fängt auf dem Trottoir zu laufen an, als müßte er einen Preis für einen Zweijährigen hereinholen. Ich laufe aus Solidarität, um nicht zu verlieren, hinterher, und auf einmal ist hinter uns eine wilde Jagd: Mutter und ein paar Ladenmädchen und Kunden aus dem Geschäft und Straßenpassanten. Alles schreit und rennt. Mir ist es heute noch verwunderlich, daß man uns nicht früher eingefangen hat. Sodann: Bei Tante Franziska eine kühle Stube mit abgeblendeten Fenstern. Die Tante ganz in schwarz. Immer etwas Zuckerplätzchen, aber dafür auch ein großes Wohlverhalten und sehr gesittetes stilles Benehmen. Geheimnisvoll im Hintergrund ein Alkoven, wie er eigentlich nur noch bei Onkel Barth mir später entgegentrat. Weiter: Bei Taatjen [ihren Verwandten wohl] ein mir endlos erscheinender Flur, auf dem es schrecklich nach Leder roch, aber zwei herrliche, vor einen Leiterwagen geschirrte Pferdchen mit richtigem Fell und richtigem Ledergeschirr, eine Freude für mich, bei der mir das Herz aufging, so daß noch später von meinem Freudenausbruch in unverfälschtem Braunfelser Dialekt über „die Gäul" die Rede war. Endlich erinnere ich mich noch an einen Besuch in Linden bei der Familie Gundelach. Deren Wohnung muß ganz dicht an einer Eisenbahnwerkstätte gelegen haben, so daß man vom Flurfenster aus in deren Hof sehen konnte, in dem einzelne Lokomotiven fuhren und Wagen verschoben wurden. Ich habe während des ganzen Besuchs regungslos an diesem Fenster gesessen und immer gehofft, daß mir, wie in den Marstall in Braunfels, auch der Eintritt in das Wunderland irgendwie ermöglicht würde. Das wäre etwas, was sich mir von der großen Reise eingeprägt hat. Nun aber noch ein sehr lebhaftes mir vor Augen stehendes Bild von der Rückfahrt.

Im Zug viele Leute mit Gewehren, grünen Hüten mit Fasanenfedern, großen Flaschen mit „Zielwasser" und frohen Gesängen, Schützenbrüder, die zu einem Bundesschießen nach Göttingen wollten. Kurz vor dem Ziel, aber gerade hinter einem Tunnel fährt der Zug sehr langsam, tut einen Ruck und steht. Infolge der Hitze hatten sich die Schienen verbogen, und die Lokomotive war entgleist. Ein Glück, daß der Lokführer den Schaden gemerkt und die schon im Tunnel herabgeminderte Geschwindigkeit noch mehr verlangsamt hatte. So waren die Leute nur wenig durcheinander gerüttelt worden und ohne Schaden davongekommen. Sonst wäre der ganze Zug wohl die hohe Böschung, auf der er hielt, hinuntergegangen. Trotz des Glücks war eine ziemliche Aufregung im ganzen Zug. Man schrie und weinte und lachte durcheinander. Viele sprangen heraus. Ich sehe noch einen Schaffner eilig den Zug entlang laufen, wobei er eine rote Fahne abzuwickeln versuchte. Kurz hinter uns war nämlich wieder ein Zug fällig. Er mußte noch vor dem Tunnel aufgehalten werden. Aus all dem Durcheinander konnte ich mir kein Bild machen, woher denn eigentlich die Gefahr drohe, und daß meine Mutter mich beschwichtigen wollte, es sei ja gar nichts passiert, regte mich erst recht auf. Ich fing fürchterlich an zu brüllen. Da nahm mich ein freundlicher Schützenbruder an die Hand und führte mich durch alle Wagen bis zur Lokomotive. Augenblicklich war ich still und sehr gespannt, was ich zu sehen kriegen würde. Ein Haufen von Schützen stand um den Lokomotivführer, der von seinem lahmen zischenden Ungeheuer abgestiegen war und vergnügt lächelte, versammelt und brachte ihm Ovationen dar. Auch eine Sammlung für den Mann wurde von Wagen zu Wagen veranstaltet und reichlich von den Passagieren bedacht. Plötzlich ein Rufen und Winken: Alles wieder einsteigen! Die Leute nahmen auch wirklich ihre Plätze wieder ein, obwohl ich mir nicht denken konnte, wie man mit der schief zwischen den Schienen hängenden Lokomotive fahren wollte. Es war dann auch nur eine Kriegslist. Auf dem zweiten Gleis kam in entgegengesetzter Richtung ein Zug vorbei, aus dessen Fenster die Leute winkten, weil sie wohl schon Kunde von unserem Unfall hatten. Danach sind wir wieder ausgestiegen und haben mit Mutter und der Frau Stege am Bahndamm Erdbeeren gesucht, bis wir nach Stunden von einer Hilfslokomotive rückwärts herausgezogen und auf dem zweiten Gleis an unserer immer noch wie ein Häufchen Unglück schief an dem Damm hängenden Maschine vorbei gelotst wurden. Von der Weiterfahrt weiß ich nur noch, daß wir in Göttingen stürmisch begrüßt und beglückwünscht wurden. Schlafend bin ich dann schließlich wieder in Braunfels gelandet.

6. Ehe ich 1888 zur Schule kam

Kurz nach dieser zweiten Hannoverreise muß es gewesen sein, daß ich bei dem neu nach Braunfels versetzten Lehrer Gaby Lesen und Schreiben lernte. Lesen konnte ich schon ziemlich. Das hatte ich mir selber beigebracht, von den schon zur Schule gehenden Kindern im Haus angeleitet. Aber das Schreiben war eine technisch sehr schwierige Sache und ist es bis heute geblieben. Ich komme mit meinen Fingern einfach den Gedanken nicht nach. Ich war in der Schule immer der, der zuletzt seine Arbeit abgab, obwohl ich mit heißer Anstrengung und glühender Feder meine Buchstaben malte. Es war mitunter für mich sehr schwer zu entziffern, was meine Hieroglyphen nachher heißen sollten. Wir wohnten damals in der Borngasse bei einem Dachdecker Stelz, gerade dem heutigen Hotel Cornelius gegenüber. Die Wohnung bis in die kleinsten Kleinigkeiten in Keller, Stall und Speicher hat sich mir unauslöschlich eingeprägt. Ich könnte im Dunkeln den Stein noch finden, der sich aus der Mauer im Holzstall herausnehmen ließ, und hinter dem ich meine Schätze verbarg. Ich würde mit verbundenen Augen noch sicher die Keller- und Hoftreppe gehen können und weiß genau, wo jedes Möbelstück stand. Am Wintermorgen weckte mich gewöhnlich der Schlag der Dreschflegel in der Scheune auf dem Hof, dessen Dreitakt etwas ungemein Gemütliches für mich hatte, so daß ich ihm stundenlang im warmen Bett zuhören konnte.

Manchmal aber erspähte ich doch das rote Licht der Laternen, bei dem die Leute in der Scheune ihr Werk verrichteten. Öfter, so weiß ich noch gut, standen auch wir im Dunkeln auf, wenn der Vater zur Jagd ging. Das war besonders interessant, wenn er lange Gamaschen anzog, sich mit Pelz und Jagdmuff wappnete, Flinte und Patronen rüstete und schließlich in die Winternacht hinausging, während ich noch im Bett oder in der inzwischen hübsch warm gewordenen Stube bleiben konnte. Sobald es hell wurde, studierte ich den Vorhang im Schlafzimmer, auf dem eine Alpenlandschaft mit Sennerhütte, Geißen und Hirtenbuben aufgedruckt war.

Von meinen Spielen, die gewöhnlich den Hof hinter dem Wohnhaus zum Schauplatz hatten, weiß ich vor allem das eine noch, daß sie zumeist unter Ausschluß der Öffentlichkeit mit mir als einzig handelnder Person vor sich gingen. Je und dann kam Bruder Walther mit seinen „Kanuten" für Minuten angebraust. Weil sie mir aber immer mehr zerstörten als gut machten, war ich jedesmal froh, wenn sie wieder weiter getollt waren. Es waren nämlich kunstvolle Lehmkuchen, die ich zumeist mit Hilfe kleiner Formen herstellte und von der Sonne auf dem aufgeschichteten Holz trocknen ließ. Oder es waren Ställe für meine Pferde, die ich aus diesen Holzstücken erbaute. Zu gleichaltrigen Spielgefährten, die meinem Bruder in Massen zuliefen, hatte ich kein Verhältnis. Ja, es bedrückte mich jedesmal, wenn sich mir einer bei meinem Besuch im Marstall oder bei dem Postillion anschließen wollte. Sah ich auf dem Weg zum Einkauf welche vor mir, ging ich sofort in Deckung und harrte da oft 1/4 Stunde aus, bis sie sich verzogen hatten. Eine einzige Freundin hatte ich, die ich je und dann aufsuchte, die zwei Jahre ältere Tochter des Kutschers Hasenstrauch, weil sie mir den Zutritt zum Marstall vermittelte. Bei meinen Spielen kam mir eine richtige große Lederschürze sehr zustatten, die ich liebend gerne anzog, weil ich dann nicht auf meine Kleider zu achten brauchte und weil sie eine Tasche hatte, in der man manch nützliches Gerät bergen konnte. In dieser Lederschürze sehe ich mich noch in dem sonnenbeschienenen Hof meinen Kuchen backen. Dabei sprach ich unverfälschten Braunfelser Dialekt. Das erste Wort, was ich sagen konnte, war „Misseburt", was mir viel Prügel eintrug und meine Mutter jedesmal gegen mich aufbrachte. Dabei hatte ich ein gutes Auge für Auffallendes im Wesen der Leute und machte auch meine Mutter zu ihrem größten Entsetzen in Anwesenheit der Betroffenen darauf aufmerksam. Kam da täglich der buckelige Gemeinderechner Piscator die Borngasse herunter nach Seybs zum Mittagessen. Nachdem ich mir den Mann ein paarmal vorn und hinten eingehend betrachtet hatte, rufe ich eines Tages meine am Fenster stehende Mutter: „Mama, jo" (soll „so" heißen) und wandelte, den Kopf angezogen, mit krummen Rücken vor dem Mann her. Oder es war ein Schneider mehrere Tage im Haus, der hinkte. Dem hatte ich bald das Hinken abgesehen und hinkte eines Tages vor ihr her durch die Stube: „Mama, jo"!. Einmal war eine Frau Dr. Zinser bei uns zu Besuch, die sich durch großen Redefluß auszeichnete, so daß ich kopfstützend zu meiner Mutter bemerkte: „Mama, deb, deb, deb", so daß, als der erste Schreck über dieses infant terrible überwunden war, die arme Frau den Namen „Deb-deb" in unserer Familie behielt. Überhaupt stand ich mit den in Braunfels sehr genau geprägten Regeln höflicher Konvention von klein auf auf Kriegsfuß. Kam da eines Tages ein neu dahin versetzter

Gerichtsassessor die Straße herauf, feierlich im schwarzen Rock und Zylinderhut, um seinen Antrittsbesuch zu machen. Meine Mutter, die allein zu Hause und auf einen Empfang nicht vorbereitet war, wollte sich und ihm die Mühe ersparen und schloß schnell die Tür ab, um damit zu markieren, daß niemand daheim sei. Der Herr Assessor klopfte bescheiden und höflich links an und in der Mitte und ging dann schon erleichtert nach rechts, worauf auf einmal ein Stimmchen erscholl: „Wir haben zuelossen". Meine Mutter riß mich schnell auf den Arm, stürzte mit mir ins Nebenzimmer und erklärte mir in bedrängter Eile die Bilder des Vorhangs: „Sieh mal da und da ...". Sie erreichte aber nur, daß ich auf ein erneutes Klopfen, das ich gespannt erwartet hatte, mit umso kräftigerem Stimmaufwand erneut verkündete: wir haben doch „zuelossen"! Der Assessor, der daraus richtig schloß, daß der Zweck seines Kommens umsonst sei, stapfte befriedigt die Treppe wieder hinab.

In Aufregung habe ich die Familie zweimal versetzt, als ich auf eigene Faust Entdeckungsfahrten unternahm und verlorenging. Das erste Mal hatte man mich, während meine Mutter bei Onkel Barth im Herrengarten zu Besuch war, in der Lindenallee spielen lassen. Ich aber war in dunkeln Erinnerungen an einen herrlichen Weg durch alte Tore aus der Allee auf den Marktplatz entronnen, durchs Schloßtor und unter dem Glockenturm hindurch gelungert und sah mich auf einmal vor dem großen Haus (der Rentkammer), in dem ich meinen Vater wußte. Kurz entschlossen drängte ich mich durch die nur angelehnte große Haustür, die Treppe hinauf und wurde dann von einem, der mich da aufgabelte, zu meinem Vater gebracht, der sehr überrascht mich dabehielt, bis er selber nach Hause ging. Derweil war aber mein Verschwinden in der Allee gemerkt worden und die ganze Garde alamiert. Die Arbeiter sind mit Stangen gelaufen und haben das Springbrunnenbassin abgesucht, auf dem ein Stück Kuchen schwamm, wie ich gerade eins zum Frühstück bekommen hatte.

Das andere Mal hatte mich Tante Franziska aus dem Fenster ihrer Wohnung bei Habichts erspäht, angerufen und eine Weile dabehalten, während meine Mutter mich schon wieder bei Barth und auf der Rentkammer gesucht hatte. Im Winter spielte ich je und dann, zumal wenn auch meine Mutter ausging, und mich für eine Weile verwahrt wissen wollte, in der Wohnung unseres Hauswirts Stelz, bei dem zuweilen auch jene Anna Hasenstrauch aus dem Marstall zu Besuch war. Nun erinnere ich mich noch gut folgender Begebenheit: Wir drei Kinder hatten Stühle in eine Reihe gestellt, die eine Eisenbahn darstellen sollten. Zu meinem Leidwesen mußte ich Passagier sein, weil ich der kleinste war, während die Mädchen das Zugpersonal darstellten. Als der Zug hielt, erklärte Anna, sie müsse als Schaffner mich kleinen Jungen aus dem Abteil heben. Dabei hatte sie ihre Kraft überschätzt, fiel mit mir um, und meine Stirn landete auf der scharfen Kante einer Nähmaschine, die im Zimmer stand, so daß ich eine klaffende Wunde davon trug und das Bewußtsein verlor. Zu mir kam ich wieder, als mir einer eine Hand voll Schnee ins Gesicht drückte, ein in dem Augenblick ganz schreckliches Gefühl. Da hatte mich der Vater Stelz auf dem Schoß und meine Mutter und viele Frauen umgaben mich jammernd. Man holte meinen Vater von der Rentkammer, der aber die Verwundung für nicht des

Aufhebens wert erklärte und dadurch Beruhigung schuf. Das Loch ist dann auch schnell wieder zugeheilt. Ich habe aber heute die Narbe noch auf der Stirn. Übrigens ist auffallend, wieviel Löcher ich als Junge im Kopf hatte. Jedesmal, wenn beim Spiel ein Stein flog, oder wenn ein Gefecht geliefert wurde, ging ich sicher als der einzige blutend verwundet aus demselben hervor. — An diesen Dachdecker Stelz habe ich übrigens aus jenen Jahren noch eine bezeichnende Erinnerung. Da er ein sehr vermögender Mann war und viel Geld verdiente, ging er so alle Vierteljahr einmal nach Wetzlar auf die Bank, seine Gelder anzulegen. Auf seine Wiederkehr warteten dann die beiden Mädchen und auch ich mit Sehnsucht. Denn er brachte immer einige „Süße Weck" (Milchbrötchen mit Zucker) mit, was uns damals die herrlichste Nascherei der Welt dünkte. Ich habe mich in den Tagen dann immer eng zu den Mädchen gehalten, damit ich von der Herrlichkeit etwas abbekam, und wochenlang vorher wurde schon angekündigt: Nächstens geht auch mein Vater (bzw. mein Onkel) wieder nach Wetzlar. Die Geschichte zeigt, wie sehr wenig verwöhnt wir bezüglich Leckereien waren. Schokolade, wie sie heute die Kinder fast täglich kriegen, habe ich nicht gekannt. Beim Krämer kriegte man mal einen Zuckerstein geschenkt. In der Apotheke gab es durch die besondere Gunst des Apothekers Picard, wenn ich das Glück hatte, ihn selbst zu treffen, ein paar Lakritzen oder eine Stange „Jungfernleder". Die letztere — eine süße Wurzel — ist mir im Leben nie wieder begegnet. Unser Vater, der auch wohl mal nach Wetzlar ging, brachte wohl Pulver und Schrot, aber niemals Süßigkeiten mit. Dagegen pflegte unsere Mutter, wenn sie uns mitnahm, einen Mohrenkopf oder ein Cremschnittchen zu kaufen. Übrigens: diese Reisen nach Wetzlar! Da stand man zunächst am Bahnhof in Braunfels mit mancherlei Reisenden zusammen und wartete auf den Zug, der endlich in der Ferne auftauchte und direkt auf den Bahnhof zusteuerte, als wollte er Menschen und Gebäude in Trümmer legen. Erst gerade vor dem Bahnsteig glitt er in eine Kurve und unschädlich an den Reisenden vorüber. Dann gab es eine schwierige Kletterpartie in die Wagen, denn die müssen damals recht hoch gewesen sein. War aber nach geraumer Zeit alles verstaut, ging eine Kette von Ereignissen los, die ich gespannt verfolgte, bis der Zug sich in Bewegung setzte. Zuerst gab der Mann mit der roten Mütze die Abfahrtserlaubnis, die er mit einem deutlichen Winken der Arme begleitete. Darauf trat ein Bahnmensch an eine große Glocke, die auf jedem Bahnhof hing, und fing ein durchdringendes Geläute an, ganz ähnlich wie die an- oder ablegenden Schiffe auf dem Rhein bimmeln. Dann zog der Zugführer eine Trillerpfeife hervor, der er mehrere melodische Triller entlockte. Dann tat die Lokomotive einen erschreckenden Pfiff — und dann erst konnte mit energischem Ruck der Zug sich in Bewegung setzen.

Aus Wetzlar sind mir aus der Zeit vier Dinge in der Erinnerung geblieben. Als erstes eine Lohgerberei am Hausertor. Da, wo heute das Werk von Leitz ist. Die hat mich immer geängstigt durch ihren Geruch nach Gerbsäure, in dem ich zu ersticken wähnte. Ich habe mir das in Verbindung mit dem Tor als eine Art Gasverteidigungsanlage der Stadt vorgestellt, eine toddrohende Zone, die man leider auch im Frieden durcheilen müsse. Ich habe den Atem angehalten, bis ich eilenden Fußes vorüber war. Das zweite ist die damals wohl einzige Konditorei Koch in Wetzlar, ein mäßig großer Laden, in dem drei kleine runde Marmortischchen mit ein paar Stühlen standen. Da konnte man seine Cremschnittchen oder seinen Mohrenkopf essen. Das war der Höhepunkt des Tages. Als drittes erinnere ich mich an das Bankhaus Herz, bei dem der Onkel Barth sein Geld hatte. Rechts war ein Manufakturladen, in dem die Töchter des Banquers (Bankiers) bedienten, links eine aufs primitivste eingerichtete Wechselstube, in der der Vater, ein sehr höflicher Jude, mit Papieren und Schriftstücken hantierte, die er in einer eisernen Kiste mit großen Vorhängeschlössern liegen hatte. Zuletzt ist mir das Haus mit dem goldenen Roß in Erinnerung geblieben. Ich habe jedesmal gebeten, daß wir an dem doch vorbeigehen möchten. – Heimwärts beförderte uns dann vom Braunfelser Bahnhof die Personenpost, eine sehr romantische Angelegenheit, bei der ich einigermaßen festen Boden unter den Füßen fühlte, weil mein Freund Bender auf dem Bock saß. Weil es aber meist Abend war und kalt und dunkel, mußte ich mit in das Innere kriechen, das für acht Personen Platz bot. Das war dann auch eine besondere Sache. Schwankend rote Polstersitze, der eigentümliche Pferdegeruch und ein trüb flackerndes Öllämpchen, das die einzige Lichtquelle war. Der Kasten saß auch meist gedrängt voll. Die Leute, die sich ja alle kannten, halfen sich mit Lachen und Witzen über die Enge der Lage hinweg. Vater fuhr manchmal von Burgsolms ab, wohl um das Fahrgeld zu sparen. Dann hatte ich des abends das schaurige Werk dort zu passieren, mit seiner roten Glut, bei dem ich immer die Menschen bewunderte, die dort hantierten, und mir vornahm, doch auch hinter das Geheimnis dieses Betriebes zu kommen, damit er nicht mehr schaurig wirken könne.

Ich muß noch berichten, daß nächst den Pferden noch eine Tiergattung mein Herz erobert hatte. Das waren die Schafe. Unmittelbar an den Stelzschen Hof grenzte der des Bauern Arnold. Der hatte im Winter 20 bis 30 Schafe im Stall. War mildes Wetter, durfte ich die Tiere mit austreiben und faßte bald eine Liebe zu den geduldigen Tieren, eine Liebe, die anhielt, wenn sie im Sommer bei der Herde waren. Täglich kam die Herde in die Stadt zurück, begleitet immer von großem Geschrei: ,,Die Schaf komme!". Das war für mich das Signal, der Herde entgegenzulaufen und mich unter sie zu mischen. Die Tiere waren so groß, daß ich nur mit Mühe darüber hinweg sehen konnte. Mitunter war das Gedränge zwischen den wolligen Leibern so stark, daß mir angst und bange wurde. Umso fröhlicher war ich, wenn ich wieder herausfand. Bald kannte ich die einzelnen Tiere und wußte, in welchen Stall sie gehören. Zur Herde gehörte ein großer Hammel, mit dem ich eine besondere Geschichte erlebte. Eines Abends kamen wir zu viert, mein Vater, Albert Ehlers, der Wiegmeister und ich von Altenkirchen, wo wir Hasen auf dem Ansitz geschossen hatten. Auf der ,,Schwahn" bei Braunfels war der Pferch, und neben dem Pferch sahen wir vier Schafe in einem Kleeacker gehen. Wahrscheinlich hatte sie der Schäfer absichtlich draußengelassen, damit sie sich einmal satt fressen könnten. Nun meinten die Jägersleut: Wenn die Schafe die Nacht in dem Klee bleiben, verplatzen sie morgen. Man müßte sie in den Pferch zu den anderen werfen. Gesagt — getan.

Die beiden jungen Leute springen über den Graben in den Kleeacker, fassen eines der Schafe, einer vorne, einer hinten und werfen es mit kühnem Schwung über die Hürde zu den anderen. Ebenso gings mit dem zweiten. Das dritte aber ist mein großer Hammel. Er läßt den eifrigen Wiegmeier gelassen herankommen und schaut kaum von seinem Klee auf, macht aber dann mit gesenktem Kopf einen so gewichtigen urplötzlichen Sprung gegen seinen Leib, daß er sich überschlagend in den Klee fliegt und unter dem unstillbaren Gelächter der Zuschauer sich zerschlagen wieder aufrappeln muß. Da wendet er sich mit einem Fluch an das undankbare Tier: ,,Ich habe dich retten wollen, und du begegnest mir so? Nun kannst du die Nacht verplatzen, ich rühre kein Glied für dich mehr!''

Dem Hammel war die nächtliche Weide aber sehr gut bekommen, nur hatte er sich den Mann, der ihn da hatte stören wollen, gut eingeprägt. Manchmal kam um die Mittagszeit die Herde die Burggasse herauf und Wiegmeier die Burggasse herunter zum Mittagstisch im Hotel Seybs hin. Dann sehe ich noch vor mir, wie an einen Gartenzaun sich rückwärts deckend der Mann den Hammel mit dem Stock abwehren mußte, der ihn mitten aus der Herde heraus witterte und angreift, während er uns Kindern gegenüber ein harmloser Geselle war.

Mit jenem jungen Wiegmeier verknüpft sich noch ein Geschehen aus jenen Tagen. In Braunfels war das erste Telefon in Betrieb genommen worden, und zwar zwischen dem Schloß und dem Marstall. Es wurde davon geredet, daß der Fürst vom Bett aus den Wagen zur Abfahrt bestellen könne. Nun war an einem trüben Novembermorgen auf 8.00 oder 9.00 Uhr die Abfahrt zur Jagd festgesetzt. Ich begleitete den Vater zum Marstall. Schließlich war alles versammelt, nur der Fürst fehlte. Es hieß, sein ,,Büchsenspanner'', wie er ihn nannte, der Albert Ehlers, sei bei ihm. Plötzlich klingelte das Telefon im Stall. Der Kutscher der Stallwache meldete sich. Eine Stimme fragte nach Wiegmeier. Eiligst rannte der an den Apparat. Die Stimme fragte: ,,Ist er da, Wiegmeier?'' ,,Jawohl, Euer Durchlaucht, was steht zu Befehl?'' Worauf unmißverständlich aus dem Hörer erklang: ,,Er kann mich am Arsch lecken!'', so daß der arme Wiegmeier, wie vom Schlag gelähmt, den Hörer fallen ließ. Freund Albert, der allein im Zimmer des Fürsten war, hatte ihm einen Schabernack gespielt.

Übrigens nutzte der Albert seine Beziehungen zum Fürsten auch so aus, daß er Wagen bestellte, wenn er sie gerade brauchte. Ich erinnere mich noch an zwei Schlittenfahrten. Eine mit ihm und dem Vater bei herrlichem sonnenhellen Frostwetter nach Kraftsolms, bei der ich dick vermummt hinter den Pferden im Schlitten saß. Der Kutscher fuhr von einem Bock hinter dem Schlitten aus. Einmal ging's nach Weilburg in größerer Gesellschaft. Es saß auch der Rentmeister Blum im Schlitten. Beim nächtlichen Nachhauseweg kam der Kutscher von der Chaussee hinter der Pappel oberhalb St. Georgen ab, geriet mit einem Schlittenkufen in eine Ackerfurche und kippte den ganzen Schlitte, den gesamten Inhalt entladend, sanft in den hohen Schnee. Es gab ein großes Durcheinander, bis der Schlitten wieder in Ordnung war und die Fahrt weitergehen konnte. So sind damals noch oft morgens kürzere Schlittenfahrten gemacht worden.

Zu dem Nachbarshof bei dem Bauern Arnold, der eine große typische Bauerngestalt war und immer ein schwarzes Käppchen trug, muß ich noch nachtragen, daß er neben dem Hause ein großes, auf zwei Karrenrädern montiertes Wasserfaß stehen hatte, mit einem Kran, das täglich nach dem Ferborn gefahren und neu gefüllt wurde. Aus diesem Faß wurde das Wasser zum Tränken des Viehs entnommen. Dabei lief gewöhnlich ein Teil über. Den schöpfte ich eilig in meine Förmchen, um meinen Lehm zum Kneten meiner Figuren anfeuchten zu können. Unser Vater hatte die Gewohnheit, des Nachts einen Krug Wasser auszutrinken. War nun abends das Faß beim Nachbarn neu gefüllt worden, ging er dahin, seinen Krug füllen zu lassen. Sonst sehe ich noch das Bild vor mir, wie er, die lange Pfeife im Mund, am heißen Sommerabend sehr gemächlich mit seinem grau-blau gemusterten Tonkrug zum Ferborn wandelt, um sich frisches Wasser an der Quelle zu holen. Im Haus des Nachbars Arnold wohnte der junge Lehrer Gaby mit seiner Mutter, einer freundlichen Bauersfrau, zu dem ich öfter lief, um Lesen und Schreiben zu lernen. Das Lesen lernte ich bald, so daß ich, ehe ich zur Schule kam, an die Lektüre von spannenden Indianergeschichten gehen konnte, die mit bunten Bildern auf dem Umschlag beim Buchbinder Mehl ausgestellt waren und 15 Pfennig kosteten. Die Kunde von meiner Lesefertigkeit war durch ganz Braunfels verbreitet, so daß ich eines Tages zu der gestrengen Witwe des Kammerrats Stuhl bestellt wurde, um ihr etwas vorzulesen. Die Frau saß, mit einem Krückstock bewaffnet, in einem hohen Lehnstuhl. Sie hatte eine schwarze Haube auf und eine große Brille vor den Augen. Sie sah sehr streng darin aus, daß ich recht ängstlich wurde. Sie winkte mich heran, schlug ein neben ihr liegendes Buch auf und zeigte mit dem Finger, was ich lesen sollte. Wie ich stockend und zagend die ersten Wörter herausgebracht hatte, nahm mich der Stoff so gefangen, daß ich die Frau und das Examen und alles vergaß und mit wachsendem Eifer immer fließender weiterlas. Das war eine spannende Geschichte. Letztes Dämmerlicht des Abends. Auf einer einsamen, von einer hohen Mauer mit engen Eingangstürchen wohl verwahrten Farm in der Steppe ruft der Farmer seinen Knecht, der einen merkwürdigen biblischen Namen trägt und befiehlt ihm, schnell den Wagen anzuschirren, durch das enge Pförtchen hinauszufahren, bis an die weit entfernte Quelle. Er soll die Wagenlichter anzünden und hell leuchten lassen, offenbar um ein Zeichen zu geben. Denn dort sind alte liebe Freunde irgendwie in Not. – Ich hätte brennend gern die ganze Geschichte gelesen, wie sich das Drama an der Quelle nun entwickelte, aber der dirigierende Finger übersprang das größte Stück und nur ganz am Schluß durfte ich erfahren, wie der Kampf mit viel Geschrei und Zurufen schon auf der Höhe war, daß es um ein Kleinod ging, das wohl geraubt werden sollte, und daß der Kutscher noch zurecht gekommen war, um fest in alter Treue in den Kampf eingreifen zu können. Sicher hat er ihn dann zum Sieg entschieden. Doch das Buch wurde zugeklappt. Ich erhielt ein hohes Lob über meine erstaunliche Lesekunst und wurde mit ein paar Zuckerplätzchen wieder entlassen. Ich hätte sie aber gern gegeben und noch mehr dabei, wenn ich diese Geschichte, noch dazu in ihrer bestrickend klangschönen Sprache, hätte noch einmal für mich lesen dürfen. Ich habe manchmal, wenn ich vor dem Haus der alten Frau Stuhl stand, gedacht, ob ich nicht wenigstens nach dem Titel der Geschichte einmal fragen sollte. Aber vor dem strengen Gesicht der alten Frau entfiel mir der Mut. Ich habe auch gehofft, der Geschichte in meinen Jugendjahren einmal wieder zu begegnen. Aber es war vergebens. So kam sie allmählich in Vergessenheit. Erst viel später, ich glaube, ich hatte schon Abitur gemacht, fiel es mir auf einmal wie Schuppen von den Augen: Meine schöne Indianergeschichte, nach der ich so lange gesucht hatte, war nichts anderes als das Lied des Gesangbuches: „Fahre fort, fahre fort, Zion, fahre fort im Licht!" Davon hatte ich die erste und letzte Strophe lesen müssen und in meiner durch Indianerlektüre genährten Phantasie die Ausmalung des Räuberkampfes dazugemacht.

Nachtragen muß ich, daß, ehe ich schon lesen konnte, die Tante Marie mir den ganzen Robinson in der Campischen-Ausgabe auf den Bänken der Lindenallee vorgelesen hatte. Die Stunden dort in dem grünen Garten in der sommerlichen Blütenumgebung zählen zu meinen liebsten Kindheitserinnerungen.

Weniger Erfolg als mit dem Lesen hatte ich mit der Erfassung des Geheimnisses des Schreibens. Das ging mir viel zu langsam und hielt entsetzlich auf. Ich sehe mich noch an einem schönen, heißen Sonntagnachmittag nach dem Essen, während mein Vater schlief und die Mutter den Kaffeetisch deckte, und ich mich im Wohnzimmer mit einer Schreibtafel quälte, auf der ich in jeder Reihe den Satz wiederholen sollte: Wir kaufen eine Schaufel. Draußen lockte die Sonne. Ich hörte die Vögel rufen. Kinder liefen fröhlich über die Straße und ich sollte die Tafel mit den widerspenstigen Schriftzeichen füllen. Ich habe mich geeilt, so gut ich konnte, und als ich meinen inzwischen herzugekommenen Eltern endlich stolz die volle Tafel ablieferte, liefen meinem Vater bei der Lektüre die Tränen über die Wangen. Da stand: Wir kaufen eine Schaufel, wir kufen eine Schufel. Wir kafen eine Schafel. Wir kuf eine Schafel und so fort in allen Variationen, die bei dem Diphthong „au" möglich sind.

7. Onkel Barth

Nun wird es höchste Zeit, daß ich von Onkel Barth erzähle! Onkel Barth war einer der zahlreichen Söhne eines Notars Barth in Hannover. Dieser letztere soll ein sehr angesehener Mann gewesen und oft zur Königlichen Tafel zugezogen worden sein. Seinen Beziehungen zum Hof verdankte er es auch, daß dieser sein Sohn, der Gärtner werden wollte, bei dem Direktor der Königlichen Gärten in Herrenhausen ausgebildet werden durfte und in dem berühmten Palmenhaus dort lernte. Er verkehrte dabei in dem Haus der Kollenrotts und heiratete deren Tochter Dorothea, die Patin meiner Mutter. Durch die Beziehungen des Prinzen Bernhard zu Solms, der nachher bei Altenberg stürzte, kam er vom Hannoverschen Königshaus nach Braunfels gerade im Revolutionsjahr 1848 und wurde vom Fürsten als fürstlicher Gartendirektor angestellt. Er bewohnte das wohl für ihn erbaute Haus im Herrengarten, der Wirtschaft Himmelreich gegenüber. Das Ehepaar war kinderlos und hat die verwaisten Nichten des Bruders nach Braunfels kommen lassen. Dort im Haus des Onkels Barth habe ich die Hälfte meiner Kinderzeit bis zu seinem Tod im Jahre 1886 verbracht.

Meine älteste Erinnerung geht auf den sonnigen Garten, den ich an seiner Hand, begleitet von dem Windspiel Zephir, durchwandelte. Eines Tages, als wir heimgekommen waren und wie immer um 11.00 Uhr zu Mittag aßen, hatte der Onkel Sorge, ob bei dem plötzlich hervorgekommenen heißen Sonnenschein die Gärtner auch die Schattendecken, große Geflechte aus Schilfrohr, auf die Gewächshausfenster gelegt hätten. Da erbot ich mich, hinzugehen und nachzusehen. Obgleich alle Bedenken hatten, ob ich das könnte, ließ der Onkel mich ziehen. Ich hatte jedoch Herzklopfen, als ich vom Gärtnerhaus den Weg zu den Gewächshäusern finden sollte und rief mir an jeder Biegung und vor jedem Gebüsch, das ich passieren mußte, in die Erinnerung, daß ich da schon mit dem Onkel gegangen sei. So kam ich dann auch gut hin, während die Gärtner gerade Mittagspause hatten, merkte mir genau, wo die Schattendecken lagen und berichtete das dann so klar, daß der Onkel über die Leistung des Lobes voll war. — Große Freude hatte ich, wenn der Onkel mich in die Gewächshäuser, zumal das große mit den Palmen, das dem Herrenhäuser nachgebildet war, mitnahm. Dort pflegte er mit einer großen Spritze die hohen Palmen mit warmem Wasser zu bespritzen. Ich hatte mir von dem Sohn des Nachbarn Arnold, der eine Reihe von Jahren älter als ich war, auch eine solche aus Weidenrinde machen lassen und durfte mitspritzen. Gut weiß ich auch noch, wie wir im Sommer Erdbeeren ernteten und im Winter Mispeln an einem Strauch in der Anlage. Der Windhund fraß übrigens oft die Erbbeeren uns vor der Nase weg. Im großen Gewächshaus war ein Springbrunnen unter einer Palmengruppe, von Ruhebänken umgeben. Dorthin habe ich mitunter mich still geflüchtet, während der Onkel sonst beschäftigt war, und von Robinson geträumt. Ebenso liebte ich es, für mich allein zu spielen, wenn der Onkel in dem im Gebüsch versteckten „Samenhaus" arbeitete, das mir wegen der Heimlichkeit seiner Lage imponierte. Unheimlich war mir im Garten die Wasserleitung mit mancherlei rauschenden Röhren. Ich träumte mitunter nachts davon und hatte das Gefühl: Dreht man den verkehrten Kran, gibt es eine vernichtende Sintflut. — Einmal hatte ich ein entsprechendes Erlebnis. Die Tante Barth hatte hinter dem Haus ein großes Wasserfaß, in dem das Regenwasser für die Wäsche eingesammelt wurde. Mir war verboten, an den Kran zu rühren. Als ich aber dann doch daran drehte, ergoß sich eine solche Flut von Wasser, daß ich vor Schrecken hinfiel und vollkommen durchnäßt wurde. Ich dachte nichts anderes, als daß ich ertrinken müsse und schrie aus Leibeskräften bis die Tante erschien. Immer hatte ich vor dem Faß das böse Gewissen, daß ich durch meine Unzulänglichkeit einen nicht wieder gutzumachenden Schaden angerichtet hätte.

Wenn ich so des Vormittags mit Onkel Barth im Garten war, blieb ich auch zum Mittagessen im Haus an der Herrengartenmauer. Das war wieder ein besonderes Ereignis. Onkel Barth aß pünktlich 11.00 Uhr, wie er überhaupt einen geregelten Lebenswandel führte. Um 4.00 Uhr morgens stand er auf, ging gleich in den Garten, frühstückte um 7.00 Uhr, aß um 11.00 Uhr und ging Punkt 9.00 Uhr zu Bett. Ein Kaufmann Wolf in Neuwied hat mir 1908 erzählt, daß er als Junge in Braunfels gelebt habe, gerade als die Telegraphenlinie in Betrieb genommen wurde. Mittags fand eine große Feier mit einigen Größen der Telegraphie statt. Dann wartete alles auf das erste Privattelegramm. Eine Rotte Jungen — er mitten darin — belagerte das Postamt. Die Geduld wurde auf eine ziemliche Probe gestellt. Endlich, es war 9.00 Uhr abends, große Bewegung: Das erste Telegramm! Der Postmeister wird mit Fragen bestürmt. Es ist aus Hannover und an den Gartendirektor Barth. Ein Postbote, feierlich zum ersten Mal mit der roten Tasche angetan, eilt vom Postamt über den Markt der Herrengartenmauer herunter, zu der Wohnung, gefolgt von dem neugierigen Rudel der Jungen. Aber das Haus lag still und dunkel. Der Onkel war zu Bett. Im Bewußtsein seiner Wichtigkeit bollerte der Postbote an die Tür, bis der Onkel oben im Nachthemd erschien und fragte, was es Besonderes gebe. Militärisch salutierend meldete der Stephansjünger von unten: „Ein Telegramm, Herr Direktor!" Worauf die entrüstete Gegenfrage folgte: „Um solch dummen Zeugs willen wecken Sie einen aus dem Schlaf! Hat das nicht Zeit bis morgen früh?" Bums: Das Fenster schloß sich wieder, und verdutzt zog die Menge hinter dem Postboten mit seinem Telegramm her wieder ab.

Mit dem Onkel Barth durfte ich gewöhnlich um 11.00 Uhr zu Mittag essen. Dazu bekam ich nicht etwa einen Teller, sondern, was mir besonders wichtig erschien, ein viereckiges Schüsselchen, auf dem ich dann mit Löffel und Gabel hantierte. Onkel trank zum Essen jedesmal eine Flasche Wein, und ich kriegte ein Böwlchen davon ab, das heißt es wurde ein Tropfen Wein mit Wasser und Zucker gemischt und womöglich ein paar Erdbeeren hineingetan. Nach dem Essen durfte ich mein Schüsselchen selber in die Küche tragen. Dabei bin ich einmal über die ziemlich hohe Küchenschwelle gefallen und habe mein Schüsselchen zerbrochen. Die Küche war das Reich der Tante Barth, die ich noch als große, hagere Frau mit einer schwarzen Haube auf dem Kopf in Erinnerung habe. Auch die Küche mit einer kleinen Speisekammer dahinter kann ich noch malen. Die Tante war von großer Ordnung und Vorsorge. So hatte sie immer eine Reihe von Butterwecken und sogenannten „Satten" mit dicker Milch in Regalen in Vorrat, auch eine Anzahl von Zuckerhüten, weil der Zucker einmal knapp werden könnte. Weil sie die Butter immer so lange verwahrte und den ältesten Butterweck zuerst in Gebrauch nahm, schmeckten ihre Butterbrote meist ranzig. Diese Butterbrote waren aber ihr Trost- und Allheilmittel bei jedem Schaden. Je und dann kam auch wohl Bruder Walther mit der Rotte seiner Genossen in den Hof gebraust, bollerte lärmend an die Tür und bat um Einlaß. Darauf machte die Tante gleich ein Brot zurecht, tat mit ihm bewaffnet die Tür auf, wobei Bruder Walther, der von draußen dagegen gedrückt hatte, buchstäblich mit ihr ins Haus gefallen kam und auf die Tantenfrage: „Was willst du denn?" unter Geheul nur hervorbrüllen konnte (die Tante war schwerhörig, also mußte er sich anstrengen), „Butterbrot". Worauf dann die Tante ihm das Brot, das sie bis dahin auf dem Rücken gehalten hatte, überreichte und so den Frieden wieder herstellte. Getröstet zog er dann mit dem Brot sogleich wieder ab. — Zwischen der Küche und dem kleinen Eßzimmer lag das „große Zimmer", das ich nur sonnendurchglänzt in Erinnerung habe, in dem das

Klavier stand, an dem Tante Marie öfter sang, und das an der Querwand einen „Alkoven" hatte, in dem ein Bett stand, in dem der Besuch übernachtete. Ich erinnere mich nebelhaft an eine Tante Kollenrott aus Hannover, die später den Gärtner Markgraf heiratete, mit der ich photographiert bin. Bei dieser photographischen Aktion soll ich, als der Photograph mich aufforderte, „Junge mach den Mund zu!" erwidert haben: „Das kann ich danicht!" Sonst weiß ich noch, daß aus dem Alkoven mitunter Körbe mit Stachelbeeren oder Himbeeren herausgezaubert wurden.

Das Wichtigste an dem Haus war aber im oberen Stockwerk das Zimmer des Onkels. Hier pflegte er nach dem Essen, in einem großen Lehnstuhl sitzend, eine Stunde zu ruhen. Dabei durfte ich bei ihm sitzen und geräuschlos auf dem Tisch am Fenster aus einem „Anker-Steinbau-Kasten" ein Gebäude errichten, das nachher der Onkel vom ganzen Haus bewundern ließ. War es eine besondere Leistung, mußte es stehen bleiben und wurde auch von meinem Vater besichtigt, der aber weniger Begeisterung für die Baukünste seines Ältesten zeigte. Das heißt, diese Bauübungen nach Vorlagen waren wohl Leistungen späterer Jahre. Zuerst bekam ich einen gebundenen „Gartenlaube"-Jahrgang, um die Bilder darin zu besehen. Bald kannte ich sie alle auswendig, hatte auch die Unterschriften dazu erforscht und las sie dem Onkel, wenn er vom Schlummer erwacht war, vor. „Merkwürdig, merkwürdig!" (Der Onkel hatte die Gewohnheit, alles zwei- bis dreimal zu sagen). „Der Junge kann lesen, ohne es gelernt zu haben. der wird noch mal ein Bismarck, ein Bismarck!" Die Bilder, besonders die Schlachtenbilder aus dem Jahrgang 70/71 konnte ich stundenlang beschauen. Sie haben sich mir so eingeprägt, daß ich sie noch aus dem Gedächtnis nachzeichnen könnte. Und noch ein Merkwürdiges aus diesen Stunden. Wenn es ganz still im Zimmer war, daß man des Onkels Taschenuhr ticken und die Fliegen summen hörte und ich bewegungslos vor meinem Buch oder Baukasten saß, dann kam nach einer Weile ein Zustand über mich, der mir immer neu verwunderlich war, und den ich auch heute noch nicht recht erklären kann. Zunächst hörte ich ein Sausen in den Ohren, etwa, wie wenn einer ohnmächtig werden will. Dann ging dieses Sausen in hell tönende, aber unendlich zarte Melodien über, als wenn eine ferne Orgel mit ganz leisen Registern immer und deutlich spielte, und dann sah ich auch wohl nebelhaft ziehende Gestalten in einem leuchtenden Licht, wie etwa bei einem hellstrahlenden Sonnenuntergang. Nie, daß ich dabei auch nur für Sekunden das Bewußtsein verloren hätte. Ich hörte daneben das Ticken der Uhr noch so scharf und sah durch das Fenster draußen Leute gehen und Vögel fliegen. Aber das alles empfand ich sehr unpersönlich, als ob ich durch eine undurchdringliche gläserne Wand von meiner Umgebung getrennt sei. Es muß so eine Art Wachtraum gewesen sein. Je und dann befiel mich der Gedanke, daß es nun wohl Zeit sei, den Onkel zu wecken. Er hatte mir immer auf der Uhr die Zahl bezeichnet, bis zu der der Zeiger sich gedreht haben mußte, bis er aufzuwecken sei. Aber ich entriß mich nur ungern diesem Zustand und wartete das nächste Mal so neugierig, ob er wohl wieder käme und ob ich die schönen Melodien und hellen Bilder wohl wieder und weiter sehen und hören würde. — Einen ähnlichen, wenn auch andersartigen Vorgang will ich aus der späteren Kindheit gleich berichten. Ich mag acht bis zehn Jahre alt gewesen sein, da ging ich besonders gern an heißen Sommertagen in den Hexberg, einen zumeist mit Kiefern bestandenen, felsigen Hang über dem „Mühlengrund", durch den sich eine Fahrstraße zog, die Braunfels mit dem Banhof verband. Wie ich dann nun nach meiner Gewohnheit, ohne Geräusche zu machen, langsam durch die Kiefern hinschlendere und den in der heißen Sonne besonders intensiven Kiefernduft einatme, höre ich auf einmal in der Ferne kleine Glöckchen klingen, ganz so wie Schlittengeläut. Immer ein paar aufeinander abgestimmte Töne in endloser Wiederholung. Ich meinte nichts anderes als ein „Dippemann", wie sie manchmal „irden Geschirr" in Braunfels verkauften, und, um die Leute anzulocken, kleine Glöckchen am Pferdegeschirr befestigt hatten, käme die Landstraße gefahren. Ich setzte mich also auf einen hohen Felsvorsprung, von dem aus ich ein Stück Tal übersehen konnte, um das Gefährt zu erspähen. Aber der Mühlengrund lag still und ausgestorben in der Mittagshitze, und kein Wagen wollte kommen. Das Geläut klang aber immerfort, bald schien es sich zu nähern, bald zu entfernen. Ich kletterte schließlich ins Tal hinunter, ging es ein Stück entlang, bis ich es weit übersehen konnte, aber es war bestimmt kein Wagen da. Enttäuscht und nachdenklich wanderte ich heim, nachdem auch das Geläut verklungen war. Nach ein paar Tagen aber ging 's an derselben Stelle wieder los, womöglich noch deutlicher, noch näher, so daß ich gleich ins Tal eilte, aber wieder nur, um kein lebendes Wesen auf der Straße zu entdecken. Und so habe ich das noch öfter gehört, immer genau, kleine Glöckchen vom Pferdegeschirr, ohne daß ein Gefährt in der Nähe gewesen wäre. Schließlich setzte ich mich schon auf den Felsen in der Erwartung, nun geht es gleich los. Und wahrhaftig, es ließ auch nicht lange auf sich warten.

Ich bin später, als ich größer war, noch manchmal an die Stelle gegangen, auch an Tagen, wo es wieder so heiß war und die Kiefern so stark dufteten, aber ich habe die Töne nie mehr gehört. Ich las dann mal eine Abhandlung, daß Mückenschwärme, die in großen Höhe spielen, eine solche „Sphärenmusik" hervorbringen können. Ob es dergleichen gewesen ist? —

Onkel Barths Wohnhaus lag, wie gesagt, im Herrengarten. Über einen kleinen gepflasterten Hof kam man direkt in die Lindenallee. Die war für mich der Inbegriff alles Vornehmen, Ehrwürdigen, schon daß sie immer gekehrt wurde wie ein Zimmer und für uns Buben verboten war, daß die Bäume darin in schnurgeraden Reihen standen, daß besonders geformte altertümliche Sitzbänke standen und moosige Steine, daß eine große Treppe von ihr hinunterführte zu einem von hohen dunklen Taxusbäumen umstandenen Springbrunnen, daß eine große Mauer den angrenzenden „Blumengarten" gegen die profane Straße abschloß, gaben ihr ein Ansehen. Nun gar die Lindenbäume! Wie hoch und dick waren sie! Ihre Äste reichten fast bis auf den Boden. Man konnte um ihre Stämme Verstecken spielen und wurde in den Nischen und Ecken, die Wurzeln und Äste bildeten, nicht gefunden. Es war mir immer feierlich zumute, wenn ich in die Allee eintrat, und noch heute kann diese Stimmung über mich kommen, obwohl sie ja schrecklich modernisiert ist. Nur dürfen keine Menschen drin sein. Denn die heutigen benehmen sich direkt acht- und ehrfurchtslos. Die damaligen schienen mir mit großer Würde darin zu spazieren. Besonders, wenn sonntags nach dem Gottesdienst großer Bummel von allem, was in Braunfels Namen und Ansehen hatte, darin stattfand. Auch da hat sich mir ein Bild besonders eingeprägt: Ein klarer, sonniger Wintertag. In der Allee liegt eine ganz reine, frisch gefallene Schneedecke. Alle Äste von Bäumen und Sträuchern glitzerten tief verschneit im Sonnenlicht. Da kommt durch das obere Tor das damals sehr in Flor stehende Pensionat Pfannekuchen. Die Mädels, zwei und zwei, tief in Pelzen vermummt. Nun weiß ich nicht mehr, ob ich den Anfang gemacht habe oder sie, jedenfalls war auf einmal eine immer lebhafter werdende Schneeballschlacht im Gange. Ein Teil der Mädels kam mir kleinem Kerl zur Hilfe, und so flogen die ersten Bälle lässig herüber und hinüber. Ein kleiner Fox, den die Mädchen mitgebracht hatten, versuchte hinter den Bällen herzuspringen und sie zu apportieren und bellte entrüstet, wenn sie auseinander fielen. Ich habe noch manche Schneeballschlacht später erlebt. Aber so fröhlich, so harmlos, so anmutig, ganz in den Charakter des verschneiten Herrengartens passend, ist mir nie mehr eine erschienen.

Einmal erinnere ich mich noch, daß ich noch spät abends im Herbst mit der Tante und meiner Mutter und vielen anderen Leuten durch die Allee zum Blumengarten wanderte, um die an der Herrengartenmauer aufgestellte Petroleumlaterne, ein Stück der ersten Straßenbeleuchtung von Braunfels, in ihrem Schein zu bewundern. Ich höre noch immer die Ausrufe des Erstaunens der Leute über das helle Licht und die magische Wirkung, die von diesem doch jedenfalls sehr dürftigen Laternchen ausging. So bescheiden war man damals.

Unterhalb des Schloßgartens, am Ende des gepflasterten Hofraumes, stand ein Viehstall, in dem Tante Barth eine Kuh und anderes Viehzeug gehabt haben soll. Ich erinnere mich aber nicht, je da so etwas gesehen zu haben. Nur ein paar schwarze Hühner stolzierten in einem Zwinger herum. An den Stall schloß sich „der Bau" an, der im unteren Stockwerk alle möglichen Gartenge- räte und Vorräte barg, im oberen aber eine regelrecht eingerichtete Schreiner- werkstatt. Hier hantierte der „Gartenknecht" Ambrosius, ein gelernter Tisch- ler, der aber aus irgendwelchen Gründen zum Garten gekommen war. Er war klein und untersetzt wie der Onkel Barth. Auch er hatte einen ebensolchen Bart wie dieser. Für uns Jungen war er eine gewaltige Respektsperson, weil er, als Aufseher mit einem dicken Stock bewaffnet, die Kinder von den Rasen- flächen und von den Obstbäumen verscheuchte.

Ich erinnere mich, wie er eines Tages die Schulkinder, die den Heimweg nach St. Georgen durch den Garten nahmen, in wilder Flucht an Onkels Wohnung vorbei zum Tor hinaus trieb und drei Sünder, die er ergriffen hatte, dem Onkel vorführte. Mir war er besonders furchtbar, weil er im Nebenamt mir die Haare schnitt, ein Beginnen, dem ich immer mit großem Mißtrauen entgegensah, weil man nie wissen konnte, was die große Schere in der Hand des so gewalttätigen Mannes für Unglück anrichten konnte, wenn man ihm wehrlos preisgegeben war. Übrigens war der Ambrosius, wenn auch bärbeißig, wohl ein gutmütiger Mensch. Er hat mir manch glattes Stückchen Holz zum Spielen gehobelt und auch einmal einen Schlitten gemacht, der ganz aus Eichenholz gefertigt, zwar ungeschickt und furchtbar schwer war, aber unter den Jungen von Braunfels eine Berühmtheit wurde, weil er im Ruf der Unzerbrechlichkeit stand und vier, unter Umständen fünf Kindern Raum bot. Bei der letzteren Besatzung mußte der in der Mitte stehen. Da der Schlitten knallrot angestrichen war, hieß er bei der Schuljugend: „der rote Bock".

Der andere „Gartenknecht", der täglich ins Haus kam, hieß Schweitzer. Er war ein großer, hagerer [... rüstiger?] Mann, das typische Bauerngesicht, mit sehr langsamen, umständlichen Bewegungen. Er war der Vertraute von Tante Barth und brachte ihr jeden Morgen das Gemüse aus dem Garten. Für sie war er nur der „Peter".

Sonst erinnere ich mich aus dem Garten noch des Obergärtners Wagner, eines großen schwarzen Mannes mit Bartkoteletten und eines freundlichen blonden Buseck, der später in Braunfels eine eigene Gärtnerei anfing, sowie eines jungen Burschen Heß, der heute noch in Braunfels lebt. Die übrigen sind meinem Gedächtnis entfallen.

Mit dem Onkel Barth verknüpft ist eine Erinnerung an Weihnachten. In der Dämmerung war ich an einem frostklaren Wintertag mit Tante Marie unterwegs aus dem Garten in mein Elternhaus. Ich trug eine rot gestrickte Mütze mit einer Bommel oben darauf. Die Kälte war so empfindlich, daß ich ernstlich Sorge hatte, ob wir den Weg lebend überstehen würden. Später trafen Onkel und Tante Barth ein, mit denen wir Kinder im Zimmer warteten, während die Eltern und Tante Marie die Bescherung rüsteten. Der helle Baum ist mir nur noch schwach in Erinnerung, besser noch, daß man später alles Mögliche von ihm abessen konnte. Deutlich sehe ich noch nach der Bescherung Onkel und Tante im Sofa sitzen und einen Hasen mit verspeisen, den Vater vorher geschossen hatte.

Auf diesen Kreis meines Elternhauses und des Herrengartens beschränken sich meine Erinnerungen an Braunfels aus der Zeit. Allenfalls hätte ich noch den Weg von einem zum andern finden können. Kam ich aber einmal mit der Mutter oder mit Tante Marie in einen anderen Teil der Stadt, so war es mir, als ob ich auf den Mond versetzt wäre. Höchstens konnte ich noch durch die Gärten (das „Käutchen"), also um die Stadt herum, ins Konsum im Hintertal und von da weiter in die Reitbahn am Marstall finden.

Im Gegensatz zu meinem Bruder Walther, der von klein auf mit allen Altersgenossen gut Freund war und die unmöglichsten Kinder kannte, bin ich jeder Berührung mit den Menschen, zumal mit anderen Kindern, geflissentlich aus dem Wege gegangen. Mir war eine Begegnung mit ihnen immer nur ein störender Einbruch in meine Welt, die mich bedrückte und verlegen machte, weil ich, wenn ich schweigend die Meinungen und Vorschläge der anderen angehört hatte, nur immer den Kopf dazu schütteln konnte. Ich war stets froh, wenn ich wieder allein meinen Spielen nachgehen konnte.

8.   Braunfelser Gestalten um meine Vorschulzeit

So wenig zusammenhängend ich aus jenen Jahren die Örtlichkeiten sehe, an denen mein Leben sich abspielte, so wenig weiß ich auch bezüglich der Menschen meiner Umgebung von anderem als von einzelnen blitzartig sich darstellenden Momenten meiner Erinnerung an sie zu berichten. Meine älteste Erinnerung ist wohl an den sonst sehr wortkargen und verschlossenen Medizinalrat Dr. Stephan, einen Duzfreund meines Vaters, der mir auf dem Weg zum Onkel Barth begegnet, und wider alles Erwarten die Hand auf den Kopf legt und lächelnd „Schimmelche" sagt, wegen meines absonderlich hellen, fast weißen Haares. Um dieser Freundlichkeit willen bin ich dann auch mutig einst zu ihm gelaufen in seine Wohnung, dem Solmser Hof gegenüber und habe unter Überreichung des entsprechenden Telegramms gefragt, ob er mit nach Heisterberg führe. Sie hätten da ein „Saufest", worunter ich wohl so eine Art Metzelsuppe verstand, während eine Sau fest war, die zu jagen die Braunfelser Jägerei telegraphisch alamiert worden war.

Ähnlich sehe ich seinen Bruder, den Kammerrat Stephan, der beim Vater nur „der August" hieß, nur in so einem Momentbild vor mir, und zwar, wie er an einem Sonntagmorgen ganz früh — ich war sehr stolz, daß ich so früh mit aufstehen und mit hinausgehen durfte — in Begleitung von meinem Vater und mir „Holz reißen" ging. Die beiden Freunde hatten nämlich gemeinsam Brennholz gekauft — es muß wohl im Park am „Geheimen Loch" gewesen sein — und zogen mit Keilen und Äxten bewaffnet aus, es zu zerkleinern. Da sie aber beide von beträchtlicher Ungeschicklichkeit waren, hatten sie bis gegen Mittag nur sämtliche Äxte und Keile in die Stämme getrieben, ohne irgend einen Erfolg buchen zu können, und traten nun fluchend und schwitzend, denn der Tag war heiß geworden, unter Zurücklassung ihrer unbrauchbar gewordenen Waffen den Rückzug an. Glücklicherweise führte der an der Obermühle vorbei, wo ein tröstender Frühschoppen nach all der vergeblichen Anstrengung winkte. Und das ist das Bild, das ich behalten habe. Die beiden in Hemdsärmeln in der Wirtsstube, die klein und niedrig war und einige roh gezimmerte Tische und Stühle aufwies. Auf der Theke ein Faß Bier im Anstich, aus der der alte Philipp Wahl das schäumende Bier zapfte. Dieser Philipp ist mir als kleiner Mann in Erinnerung, der stotterte. Darum hörte ich ihm besonders interessiert zu.

Von meinem Spielplatz im Hof bei Onkel Barth konnte ich über ein kleines, ersteigbares Mäuerchen hinweg in den Garten des Kammerrats Stephan sehen. Dort waren seine Buben beim Graben, und ich sehe noch den ältesten, der als Kadett nach Oranienstein gekommen war, den jetzigen Oberstleutnant, wie er im Drillichanzug mit dem Spaten Gewehrgriffe vormachte. Auch erinnere ich mich, daß einer der Jungen, als wir eines Abends durch den Herrengarten wollten und das Tor an der Brücke geschlossen fanden, sich beim Überspringen desselben verletzte dadurch, daß er mit dem Fuß in eine der eisernen Spitzen trat.

Vom Philipp Wahl abgesehen, erinnere ich mich noch zweier origineller Braunfelser jener Zeit. Der erste ist der damalige Fürstliche Rentmeister Otto

Blum, ein Patenkind von Onkel Barth. Der hatte den Namen Otto nach Braunfels gebracht und seinem Patenkind vererbt, diesem Otto Blum, dem späteren Gießener Kaufmann Otto Rathschlag und mir. Von Otto Blum weiß ich noch, daß er eines Abends bei Philipp Wahl von einer Reise erzählte, die er eben mit dem Fürsten nach Italien gemacht hatte, weiß auch noch, wie er unter viel Gelächter verschiedentlich „quanto costa?" fragte. Vor allem aber hat sich mir eingeprägt, daß er, wohl in vorgerückter Stunde, einzig schön mit viel Schmalz sang: „Es war einmal ein Gardehusar". –

Sonntags traf ich diesen Rentmeister Blum oft „Auf der Schmelz", von der seine Frau stammte. Dort pflegte allsonntäglich auch der Onkel Barth zu sitzen, der mir immer, wenn auch wir Penns uns dazufanden, ein Schinkenbrot spendierte, was mir der unüberbietbarste Luxus deuchte. Die „Schmelz" war mir interessant wegen des Solmbaches, den man überschreiten mußte, und wegen der kleinen Kippwägelchen, mit denen man auf richtigen Schienen dort fahren konnte. Wir pflegten in einer gezimmerten Gartenlaube auf dem jetzigen Fabrikgelände zu sitzen. Auf der Treppe stand dabei jedesmal der Wirt, Herr Hollmann, ein schwarzes Käppchen auf dem Kopf.

Der andere Gast bei Philipp Wahl, der mir im Gedächtnis geblieben ist, war der Rentmeister Adam von Ulm (wie der Kammersekretär Metz meinte: „Aus dem Land der schwarzen Berge"). Der Mensch sprach so undeutlich, daß ich meiner Mutter auf ihre Frage, wer alles auf der Obermühle gewesen sei, erzählte, „Ein Ausländer", eine Bemerkung, die als Witz die Runde durch Braunfels machte. Dieser Adam war eingehend mit Essen beschäftigt, wobei er nur je und dann die Bemerkung „kosber, kosber!" hören ließ, was „köstlich" heißen sollte. Die anderen bedrängten ihn, daß er von einer Reise zu einer Ausstellung in Düsseldorf erzählen sollte, und was er da gesehen habe. Er erklärte schließlich, daß da Gemälde gewesen seien. Eines habe er behalten, nämlich den gemalten Spruch: „Hopfen und Malz, Gott erhalt's!".

Eindrucksvoll steht auch noch vor mir ein Heimweg von der Obermühle auf dem sich uns (meinem Vater und mir) der „Ochsenmetzger" anschloß. Er hieß Dietz, schlachtete nur Ochsen und verachtete die „papierenen Keuflaschbeamte". Seine Überlegenheit zu demonstrieren, schlug er sich auf den Schenkel und rief dazu „heilaurer Ochseflaasch!". Damals erzählte er mit lauter Stimme, daß er seinen Neffen (er selber hatte keine Kinder und wendete sein vieles Geld diesem Neffen zu), der in München studiere, besucht habe. Der habe viel Geld nötig, denn dort — wenn er es nicht selbst gesehen hätte, würde er's nicht glauben — tränke man das Bier nicht wie hier aus Gläsern, sondern aus irdenen Töpfen, von denen jeder ein Liter fasse. An jedem Satz pflegte er die Frage „Was?" anzuknüpfen, so daß ich immer verlegen um eine Antwort war. Später hatte ich bei diesem biervertilgenden Neffen, der sich zum Oberlehrer Eitel auswuchs, in Weilburg Unterricht.

Die Frau Ochsenmetzger war eine beleibte Dame mit abgemessenen, feierlichen Bewegungen. Ich sehe sie noch bei der Tante Barth in der Allee auf einer Bank sitzen. Dabei doziert sie auf das Lob der Tante, wie intelligent ich wäre: „Wie kann der annersch sei? Hat su en gescheute Vatter und su e gescheut Mutter, wie kann der annersch sei?"

Neben der Obermühle, in der der Vater seinen Stammtisch hatte, ist mir auch sein Frühschoppenlokal, der Solmser Hof, aus jener Zeit in Erinnerung. Dort hauste der August Debus als Wirt, ein junger Mann, den keiner ernst nahm und der als Antisemit einen Namen hatte. Darum betrat kein Jude das Lokal. Verirrte sich aber einmal ein fremder doch dahin, dann fing auf einen Wink des Wirts das ganze Lokal an zu pfeifen „Judebub, Judebub", bis der Hebräer die Flucht ergriff. Dort war der Medizinalrat Stephan Stammgast, der, gewöhnlich die gespreizten Finger vor dem Gesicht, stumm vor seinem Schoppen saß. Merkwürdig war mir, daß, weit geschäftiger als der sehr lässige Wirt, ein Lehrer in dem Lokal bediente, der geschäftstüchtige Johannes Möglich, der irgendwie mit dem Wirt verwandt war. Den Nimbus, der die Lehrer bis dahin für mich umgab, hat er damit gründlich zerstört.

Von besonderer Wichtigkeit für mich waren die mancherlei Besorgungen, die ich für die Eltern machen mußte, an denen sich meine Ortskenntnis von Braunfels allmählich bildete. Zwar habe ich einmal von Barths aus den Laden von Kleineibst vergeblich gesucht. Heimgekommen bin ich mit der Nachricht, Kleineibst wohnten nicht mehr da, was eine ziemliche Bestürzung bei meiner Mutter auslöste, weil sie sonst von meiner Intelligenz überzeugt war.

Drei Wege bin ich regelmäßig gegangen: Zum Eierkauf bei dem Pastor em. Wetz, zur Abholung der Zeitung sonntags bei dem Kammersekretär Metz, zur Abholung der „Gartenlaube" bei dem Posthalter Almenröder. Der Weg zu dem Pfarrer Wetz war nicht weit. Wenn ich in sein Haus eintrat, fühlte ich mich in das Märchen vom Rotkäppchen versetzt. Da waren vor allem ein paar hohe dunkle Tannen, die das Haus überschatteten und ihm etwas Fremdartiges gaben. Sodann war am Haus ein Klingelzug, der umständlich in Bewegung gesetzt werden mußte, damit die Tür sich öffnete. Und dann waren da drei große Bernhardinerhunde, die wohl den Wolf im Märchen markierten, während die alte Frau Pfarrer Wetz, eine hochgewachsene Frau mit weißem Scheitel, die Großmutter darstellte. Ich selbst mit einem Eierkörbchen war das Rotkäppchen. Noch etwas Furchtbares ist mir dabei in Erinnerung, der Geruch, der dem Haus entströmte und der, wie ich später feststellte, von den für die Hunde getrockneten Fleischabfällen herrührte. Ich mochte von den dort gekauften Eiern nie eines essen. Von der Frau Wetz weiß ich noch, daß sie in dem dunklen Hausflur sich tief bückte, wenn sie mich begrüßte, von ihrem Ehegemahl, daß er oft mit seinen großen Hunden und einem dito Regenschirm würdigen Schrittes spazieren ging, kenntlich an einem langen gestrickten grauen Schal, den er malerisch um den Hals geschlungen hatte, und den man in Braunfels „Palentin" nannte.

Weiter und schwieriger zu finden war der Weg zu dem Kammersekretär Metz, der unweit des Medizinalrates Stephan wohnte. Ich mußte sehr aufpassen, wenn ich das Haus nicht verfehlen wollte. Der Weg sonntags nach dem Mittagessen führte durch das feiertäglich stille Braunfels und stimmte auch mich feierlich. Im Haus des Kammersekretärs empfing mich gewöhnlich die Frau, die mitunter ein Plätzchen für mich hatte. Der Hausherr studierte in Hemdsärmeln auf dem Sofa liegend die Zeitung. Sein Gesicht sehe ich noch vor mir. Eine große Habichtnase, mit einem goldenen Zwicker bewaffnet, von dem eine schwarze Seidenschnur herabbaumelte. Der Mann schenkte mir je und dann ein Stück gelben oder grünen Bleistift. Es war ein sehr umständlicher, pedantischer Mann von großer Korrektheit des Ausdruckes. Er dichtete auch. Nur trank er zuweilen über den Durst. In seinem Zimmer auf der Rentkammer hatte er unter Glas und Rahmen einen Zeitungsbericht hängen, daß er bei dem Einfall der Badenser in den Kreis Wetzlar 1866 ,,Am Gründchesbrunnen" wegen Spionage standrechtlich erschossen worden sei. Er hatte da ein Biwak der Badenser besucht, da er außerodentlich neugierig war, und sich von einem Soldaten auch das Gewehr zeigen lassen. Ein Spaßvogel hatte dann einen Unteroffizier darauf aufmerksam gemacht, daß er offenbar spioniere. Gleich darauf nahm ihn eine Patrouille fest. Nachdem er sich legitimiert hatte und man ihm seine Harmlosigkeit angesehen, wurde er wieder entlassen und begab sich voll Schrecken sogleich nach Hause. Am nächsten Tag aber erschien die Nachricht von seiner Erschießung in der Zeitung.

Von seinen Bräuchen in der Trunkenheit erzählte man sich zwei Stückchen. Einmal soll er spät in der Nacht heimgekommen sein, damit seine Frau nichts merkte, die Schuhe ausgezogen haben und ins Fremdenzimmer getappt sein, darin zu übernachten. Unglücklicherweise hatte die Frau gerade Zwetschenkuchen gebacken und die in jenem Zimmer auf dem Fußboden ausgebreitet, so daß er im Dunkeln über die Kuchen weg ins Bett tappte. Ein andermal hörte er in der Wirtschaft Himmelreich, wo er gerade wieder des Guten zuviel getan hatte, den Gesangverein üben, bat den Dirigenten, ob er nicht zuhören dürfe. Da ihm die Gesangskünste über alles gingen, stand er dann auf und machte mit seinem Spazierstock zum Gaudium der Gesangsbrüder Dirigierübungen mit, um plötzlich dem kleinen Schmiedemeister Ketzer, der gerade auf den Zehen stehend, mit aller Kraft das hohe C herausschmetterte, so auf den Kopf zu hauen, daß er a tempo sich mit dem Notenblatt auf den Fußboden setzte, wobei er seelenruhig bemerkte: ,,So falsche Töne kann ich nun einmal nicht leiden!". Das Schönste aber, was er geleistet hat, war seine Hochzeitsreise. Damals war die Eisenbahn wohl gerade in Betrieb genommen. Also fuhr er, frisch verheiratet, mit ihr nach Koblenz. Dort ließ er sich von einer Droschke am Abend in ein Hotel am Rhein bringen und benutzte die Zeit, in der seine Frau Toilette zur Abendtafel machte, in einem Zigarrenladen an der nächsten Ecke Zigarren zu kaufen. Der Verkäufer, der ihm den Fremdling sofort ansah, empfahl ihm, doch eben noch einen Gang durch die neugeschaffenen Rheinanlagen zu machen, die sich eben jetzt im Lichterschein besonders imponierend ausnähmen. Der neugierige Metz ging dann auch gleich das Ufer herunter und von dem Neuen angelockt immer weiter, bis ihm seine Frau wieder einfiel und er eilends umkehrte, aber beim besten Willen sich nicht wieder zu dem Hotel hinfinden konnte, dessen Name er sich nicht gemerkt hatte. Nachdem er lange umhergeirrt war, kroch er schließlich in einem bescheidenen Gasthof unter, dessen Besitzer ihm auf einen Feldstecher noch ein paar Mark pumpte, daß er am nächsten Tag wieder heimreisen könne. Nach zwei Tagen kam dann auch die Frau in Braunfels wieder an, nachdem sie in idealer Konkurrenz mit der

Polizei den entschwundenen Gatten vergeblich gesucht und nicht anders gemeint hatte, als daß er im Rhein ertrunken sei.

Mein dritter regelmäßiger Weg war der in das Haus des Posthalters Allmenröder. Er selber war in der Zeit wohl schon tot. Die „Gartenlaube" übergaben mir seine Töchter Elisabeth, Emmi und Klara. Letztere war gelähmt und verwachsen und saß stets auf demselben Platz am Fenster, zu beobachten, was sich draußen ereignet. Das Haus des Posthalters war für meine Begriffe ungemein groß, mit einem geräumigen Flur mit alten Schränken und einer Kastenuhr. Im Hintergrund sah ich dann und wann meinen Freund, den Postillion, den ich aber dort nicht anzureden wagte, weil die Erhabenheit des Ortes es verbot. Merkwürdig ist, daß ich an meine nächste Umgebung, die mit uns im Haus wohnende Familie Stelz, die Nachbarn rechts und links fast gar keine Erinnerungen habe, wie ich auch nur wenig von meinem Bruder und ähnlich auch meinen Eltern weiß. Das nahm ich als eine Selbstverständlichkeit hin, daß es sich mir gar nicht eingeprägt hat.

Ostern 1888 kam ich zur Schule und wurde wegen meiner „Vorbildung" gleich in den zweiten Jahrgang aufgenommen.

9. Schulzeit in Braunfels

Die Erlebnisse meiner Schulzeit in Braunfels, von 1888 bis 1895, in der ich die Volksschule bis zum Abschluß durchmachte, stehen mir aus der Anfangszeit nur in einzelnen Bildern noch vor Augen. Ich sitze in einem mir unendlich groß dünkenden Schulsaal in der ersten Bank vor dem oft verlegten Lehrer Gaby, der mir meine Griffel und Bleistifte spitzte, hinter mir eine mich fremd und unheimlich anmutende Masse von Kindern. Mit dem Lehrer unterhielt ich mich gern und bin auch wohl aufmerksam seinem Unterricht gefolgt. Ich wunderte mich aber, wie die anderen so vieles besser wußten und schneller Antwort fanden und hielt mich für sehr dumm. Auch der Schulbetrieb, das gemeinsame Aufstehen und Hinsetzen, das Aufschlagen der Bücher in einer bestimmten Zeit, das Hervorholen der Tafel nach Zählen, an das ich mich noch lebhaft erinnere, schreckten mich. In der Stunde war ich nur zu gebrauchen, wenn der Stoff mich so erfüllte, daß ich Ort und Umgebung vergaß. Wenn ich aber nach Kommando die Schreibtafel hingelegt und das Buch aufgeschlagen hatte, konnte ich nicht mehr schreiben und lesen. Eine klägliche Rolle habe ich wohl auch in den Pausen gespielt, in denen ich im Schulhof entweder, die Hände auf dem Rücken, auf- und abwandelte oder in einer Ecke stand und mit kopfschüttelnder Verwunderung dem oft sehr wilden Spiel der anderen zusah. Dem der Größeren auch mit unverholener Bewunderung und dem Wunsch, doch auch so groß und stark zu sein und so springen und ringen zu können wie sie. Mein scheues Verhalten fiel derart auf, daß der Lehrer sich an meine Eltern wandte, ob ich wohl krank sei, was zur Folge hatte, daß ich nun mit vielen guten Ermunterungen geplagt wurde, mich dem Spiel der anderen Kinder anzuschließen. Da wurde ich ganz kopfscheu. Ich taute erst auf, ja ich wurde ein ganz anderer Mensch, wenn die Schule aus war und ich zum Onkel Barth stürmte. Da holte ich das Laufen und Springen reichlich nach. Zwar war mir streng eingeschärft, die Rasenflächen im Garten nicht zu betreten, aber in der Allee gab es viele dicke Linden, die man auf einem Steckenpferd umreiten konnte, und in der Laube im Hof hatte ich einen ganzen Marstall von teils längeren, teils kürzeren Stöcken, auf denen ich meinen Reitübungen fleißig oblag. Den Onkel Barth begleitete ich täglich und freute mich, wenn ich im „Heinberg" die Wege wiederfand, die man zu dieser oder jener Baumgruppe oder zu dieser Bank oder jenem Strauch einschlagen mußte. Dabei hatte ich einen ausgesprochenen Hang zur Romantik und konnte stundenlang mit innerer Freude an einer Grotte oberhalb der Kastanienallee sitzen, in der ein kleiner Teich, von Trauerweiden umstanden, plätscherte, und dem eintönigen Fallen der Tropfen lauschen, die aus der Wölbung in das Becken fielen. Beim Hause gesellte sich auch zuweilen ein Junge aus der gegenüberliegenden Wirtschaft Himmelreich zu mir. Da ich den aber nicht mit in den Garten nehmen durfte, vollführten wir unsere Streifzüge auf deren Gelände. Und da war eines mir am interessantesten, wenn ich in den halbdunklen verwickelten Anlagen einer alten Brauerei herumsteigen und die Kessel untersuchen konnte.

An zwei Ereignisse aus der ersten Schulzeit erinnere ich mich deutlich. Das eine war der Marsch der Schule zu der Einweihung des Kaiser-Friedrich-Denk-mals im Herrengarten, den ich nur mit großer Angst mitmachte, weil ich die Vorstellung hatte, es müsse sich bei der Feier ein Unglück ereignen (bei der Aufstellung des Denkmals war ein großer Stein vom Flaschenzug gefallen und hätte beinahe die Arbeiter erschlagen), und die außerordentlich unvorsichtigen Menschen könnten aus der großen Menge, die sich da vor dem Denkmal dräng-te, nicht mehr herausfinden. Als dann gar ein paar martialische Kürassiere mit Brustharnisch und gezogenem Pallasch vor dem Denkmal Aufstellung nahmen, verließ ich die Reihe der Schulkinder und drückte mich ins Gebüsch, weil mir nicht klar war, was da werden sollte. Als der Braunfelser Hauptlehrer, wohl um besser sehen zu können, zu mir trat, war ich überzeugt, daß der weise Mann gleich mir das unheildrohende Verhängnis durchschaute. Ich war von einer Zentnerlast befreit, als die Einweihung schließlich doch glücklich hinter mir lag.

Das andere Erlebnis knüpft an eine Schulvisitation an, ein Vorgang, der in meinem Schülerdasein immer besondere Bedeutung gehabt hat. Ein Schulrat Andersen aus Koblenz, ein kleiner untersetzter Mann mit einer funkelnden Brille, war offenbar mit dem leicht verschüchterten Lehrer Gaby nicht zu-frieden und machte ihm so erregte Vorhaltungen, daß der Ärmste an zu weinen fing. Darüber ergrimmte mein Zorn auf diesen kleinen Besserwisser mit der Brille, und als gleich darauf die Geschichte von dem Betrug des Jakob geprüft wurde, erbot ich mich entschlossen, sie zu erzählen, um den Lehrer herauszu-pauken. Dabei habe ich dann wohl zuerst von einem Schäfchen und dann von einem Böckchen erzählt, das zu dem Betrug geschlachtet wurde. Als der Schulrat den Lehrer dann anfuhr: „Was ist das wieder für eine Unklarheit? (erst war es ein Schäfchen, jetzt ist es ein Böckchen — eines kann es doch nur gewesen sein!"), habe ich zum Erstaunen des Lehrers, zum Erstaunen der ganzen Klasse und vornehmlich zum Erstaunen des gestrengen Herrn Rates, der gar nichts mehr zu sagen wußte, eine energische Verteidigungsrede gehalten: Ein Böckchen sei auch ein Schäfchen, die gingen in der Braunfelser Herde miteinander, und nur ein Kenner könne sie unterscheiden. Ich wüßte das genau, denn ich holte die Herde täglich ab, — daß der Schulrat mit einem kopfschüttelnden „hm, hm" die Debatte und die ganze Prüfung abbrach. Durch diese Tat wurde ich an der ganzen Schule berühmt. Die Lehrer erkundigten sich danach, und je und dann kam ein Mitschüler, um bei mir sich Rat in schwierigen Aufgaben zu holen.

Auch an die großen Geschichtsereignisse des Jahres 1888 habe ich noch Erinnerungen. Am 14. Mai kam der gerade Kaiser gewordene Friedrich III. nach Braunfels. Ich zog mit meinen Eltern in den „Bachweg" ihm entgegen, um die Auffahrt aufs Schloß mit anzusehen. Dabei habe ich den Kaiser, der in schlichtem Zivil in irgendeinem Wagen saß, gar nicht beachtet, aber genau festzustellen versucht, welche Kutscher fuhren, und welche von meinen bekannten Pferdchen aus dem Marstall vorgespannt waren. Als ich dann gefragt wurde: „Siehst Du da den Kaiser?", habe ich den Leibjäger, der mit wallendem Federbusch auf dem Bock saß, für denselben gehalten.

Als dann am 15. Juni mein stattlich schöner Kaiser gestorben war und ebenso wie im März schon die Glocken ein Trauergeläut anstimmten, habe ich mich still in eine Schrankecke zurückgezogen und auf einer Fußbank sitzend vor mich hingeweint, wobei ich von einer der Stelzentöchter aufgefunden wurde, die dies rührende Ereignis dem ganzen Haus verkündete.

Wenig später kam die Kaiserin Friedrich, das erste ihrem verstorbenen Mann gesetzte Denkmal in Braunfels anzusehen. Ich sah mit Onkel Barth in einem Busch verborgen dem Besuch zu. Die Kaiserin, ganz in Schwarz, wurde von dem Fürst Georg an das Denkmal geleitet. Hinterher ging der mir auch bekannte Hofmarschall Bingel. Die übrigen Leute kannte ich nicht. Die Tore waren von Feuerwehrleuten in blanken Helmen bewacht. Die Szene ist mir im Gedächtnis geblieben, weil ich vergebens darüber nachsann, warum man wohl mit dieser schwarzen Frau so viel Wesens mache.

Noch eines Prominenten gedenke ich, den ich dank meiner Beziehungen in dem für das gewöhnliche Publikum gesperrten Schloßgarten sehen konnte, des Sultans von Johore, der den Fürsten besuchte. Ich erinnere mich an einen beturbanten, dunkelhäutigen Exoten, der im offenen Wagen zum Schloß fuhr. Er soll sich dadurch ausgezeichnet haben, daß er jedermann freigiebig einen Orden verlieh, den aber der Preußische Staat den Inhabern nicht zu tragen gestattete.

Mein Herrengartenparadies nahm ein jähes Ende, als am 19. 10. 89 der Onkel Barth starb. Meine letzte Erinnerung an ihn ist, daß er einige Tage vor seinem Tode am Fenster stand, an die Scheibe klopfte und lächelnd mit dem Finger zu mir herüber drohte, der ich gegenüber im „Blumengarten" meinen Reitkünsten auf den Steckenpferden oblag.

Da sich infolge der Krankheit des Onkels die Zucht gelockert hatte, hatte ich dem Verbot entgegen drei Jungen aus der Nachbarschaft eingeschmuggelt und unterwies sie in der Reitkunst. Darum verstand ich die Gebärde des Onkels falsch, lag im Nu mit der ganzen Schwadron flach auf der Erde, hinter der efeuumrankten Mauer seinen Blicken entzogen. Ich meinte nichts anderes, als er werde nun sogleich aus dem Hause kommen und uns verjagen. Hätte ich geahnt, daß diese Begegnung die letzte sein sollte, wäre sie wohl anders ausgegangen.

Erst später ist mir aufgegangen, welch eine originelle, scharf geprägte Persönlichkeit der Onkel verkörperte, wie sie in den Rahmen der späteren Zeit nicht mehr gepaßt hätte. Er war vor allem Naturforscher, der erste Darwinianer in Braunfels, und hatte eine ganze Reihe Bände dieses seines Meisters in seinen Bücherregalen stehen. Deswegen führte er Krieg mit sämtlichen Hofpredigern in Braunfels, Rebensburg und Bingel, ging nie zur Kirche, galt aber als ein großer Wohltäter der Armen, der auch große Summen für die Ausbildung seiner Patenkinder opferte. Er besaß – was mir besonders imponierte – ein Mikroskop, unter dem ich manchmal Pflanzenteile betrachten konnte, viele Bücher über Reisen in fremde Erdteile, über Tiefseeforschung und dergleichen fremdartigen Dinge. Er war liberal und demokratisch, ein alter „48er", aber dennoch dem Fürsten ergeben und bis ins Kleinste treu. Als heimattreuer Welfe war er zugleich ein großer Verehrer Bismarcks, kurz einer, der in keine Schablone paßte und jeden Rahmen sprengte. So lebte er denn auch ganz für sich und seinen Garten. Außer etwa im Haus meiner Eltern oder sonntags „auf der Schmelz" kann ich mir ihn außerhalb seines Gartens nicht vorstellen. Ich habe auch keine Erinnerung daran, daß jemand von Braunfels in seinem Haus verkehrt hätte. Einzig ein Gärtner Wolf aus Diez ist mir dort begegnet. Auch die Tante Barth lebte sehr zurückgezogen, ganz auf ihr Haus beschränkt. Daß sie schwerhörig war, verstärkte wohl bei ihr die Zurückgezogenheit.

Ich weiß mich nur einer einzigen Gelegenheit zu erinnern, wo Tante Barth und auch wohl der Onkel in einer anderen Familie Gast waren. Das war bei der Konfirmation der Dora Himmelreich in der Wirtschaft, dem Herrengarten gegenüber. Diese Dora war wohl das Patenkind der Tante. Deshalb trug sie ihren für Braunfels ungewöhnlichen Vornamen. Während des Festtages saß ich den ganzen Nachmittag und las eine mich gewaltig fesselnde Geschichte im Zimmer mit den Konfirmationsgeschenken. Mir ist später klar geworden, daß es eine Lebensgeschichte Huttens in Versen war, die mir nie wieder zu Gesicht gekommen ist (C. F. Meyer war es nicht!). Erst als ich nach Anbruch der Dämmerung überall gesucht wurde, fand man mich in meiner Kammer, die ich nur sehr ungern im Stich ließ, weil ich mein Buch nicht fertiggelesen hatte. Ich wurde schrecklich gescholten und als asoziales Wundertier einem als Gast anwesenden Pfarrer vorgeführt (ich glaube es war mein späterer Lehrer Bangel, damals noch Kandidat), der aber nur ein Lachen für meine Verschrobenheit hatte.

Nun war der gute Onkel Barth also gestorben und unsere Familie, die während seiner letzten Krankheitswoche ganz in den Herrengarten übergesiedelt war, kehrte in die Wohnung bei Stelz in die Borngasse zurück. Hier war es, wo Bruder Walther, der während des Aufenthaltes im Herrengarten ganz verwildert war, das Entsetzen der guten Frau Stelz erregte, weil er, einer absonderlichen Laune folgend, auf alle an ihn gerichteten Fragen nur immer die Antwort gab: „fitewa!''. Als durch kein gutes Zureden und keine noch so eingehenden Erkundigungen nach seinem Ergehen eine andere Äußerung aus ihm herauszubringen war, meinte die Frau ernstlich, der Geist des Kindes habe durch den Tod des Onkels einen Schaden erlitten.

Für den Onkel Barth kam als Nachfolger ein Obergärtner Deutsch in das Haus im Herrengarten. Die Tante Barth freilich blieb zunächst im oberen Stockwerk wohnen. Dieser Deutsch war ein kleiner Choleriker, der sehr leicht in Zorn geriet und mit den beiden Tanten (Tante Marie war bei Tante Barth geblieben) fortgesetzt Differenzen hatte. Er verstand wohl auch nicht viel vom Handwerk, entfernte manche von Onkel Barth geschaffenen Anlagen und seltenen Bäume und beschnitt z. B. — worüber mein Vater stets von neuem ergrimmte — eine an der Brücke am Schloßhotel stehende schöne Blutbirke so, daß sie nur noch einen Ast mit roten Blättern behielt, der in der Folge aber auch noch von dem grünen Laub überwachsen wurde.

Übrigens: „Schloßhotel!'' Das muß in dieser Zeit, also etwa 1890, erbaut worden sein. Ich weiß, daß es mit Erinnerungen an Onkel Barth nicht mehr verknüpft ist. Den sehe ich noch in dem „Langhäuser Garten'', der früher an der Stelle des Schloßhotels war, Himbeeren pflücken. Aber dem Nachfolger Deutsch wurde das Schloßhotel zum Verderben. Häufig trank er da, weil es so nett war und damals das Neuste in Braunfels, über den Durst und wurde dann erst recht streitsüchtig. Die Herrlichkeit hat denn auch nicht lange gedauert. Er ist bald wieder aus Braunfels verschwunden. Die Tante Barth hat dieses Verschwinden nicht abgewartet. Sie ist schon früher aus dem Herrengarten fort und zu Usners in die Borngasse gezogen, um der ewigen Ankrakeelerei aus dem Wege zu gehen.

10. Reise nach Ulm im Sommer 1888

In das erste Schuljahr fällt noch ein absonderliches Ereignis, das sich mir besonders eingeprägt hat, eine Reise nach Ulm zu dem Pfarrer Stuhl, dem Vetter meines Vaters. Schon die Vorbereitungen waren für mich von besonderer Wichtigkeit, da ich mich von der Schule mußte beurlauben lassen. Der Oberpfarrer Bingel, der Lokalschulinspektor, war verreist. Infolgedessen mußte sein Vertreter, der Kandidat Bangel, der die zweite Pfarrstelle verwaltete, die Beurlaubung vornehmen. Ich trat unter dem Geleit von „Stelzens Lina'' klopfenden Herzens den Gang zu ihm an und stieg erwartungsvoll die vielen Treppen bis zu seiner Wohnung im obersten Stock des alten Schulhauses empor. Ich war ganz erstaunt, daß der Mann uns so freundlich empfing und ohne Widerstand auf einen Zettel schrieb, daß ich drei Tage beurlaubt sei. Diesen

Zettel brauchte ich nur bei meinem Lehrer Gaby abzugeben und konnte dann ins Land fahren. Ja fahren! Denn uns wurde zu der Reise ein Wagen aus dem Fürstlichen Marstall zur Verfügung gestellt, der unsere Mutter, Bruder Walther und mich zunächst bis Heisterberg brachte. Von Heisterberg aus sind wir in Begleitung der Frau Oberförster Becker nach Ulm durch den Wald zu Fuß gegangen. Am Tor auf dem Ulmer Weg hat diese bunte Eier versteckt, so geschickt, daß ich wirklich glaubte, ein anderer hätte die Eier dort verloren. In Ulm wurden wir von Tante Binchen mit einem Berg Waffeln in der Gartenlaube empfangen. Wobei ich mich, als ich die Menge des Gebäckes bewundern sollte, vermaß, die alle allein zu essen. Das ist mir noch Jahre hindurch vorgehalten worden. Von den Vettern war nur der jüngste, Max, zu Hause, die anderen waren wohl auf den Schulen fort. Während wir noch in der Gartenlaube saßen, vergnügte der sich mit Brüderchen Walther im Austragen eines Wettkampfes an der Pumpe im Hof, wer von ihnen beiden wohl am meisten Wasser trinken könne, was zur Folge hatte, daß der kleine Bruder fürchterliches Erbrechen kriegte und ins Bett gepackt werden mußte. Wir schliefen mit Max zusammen in dem Frendenzimmer, das nach dem Friedhof hinaus ging. Mir ist noch immer das Geläut der unermeßlich vielen Mücken im Ohr, das die stille warme Sommernacht erfüllte. Am anderen Morgen begleitete ich mit dem Vetter Max die Mutter auf dem Weg nach Greifenstein, wo sie Himmelreichs besuchen wollte, bis zum Stock. Dabei hat er mir die Geschichte erzählt von dem Stein, der sich umdreht, wenn er die Mitternachtsstunde schlagen hört.

Tags darauf fand die Rückwanderung statt. Wir gingen zu Fuß wieder nach Heisterberg. Dorthin war uns unser Vater mit einem Fürstlichen Wagen entgegengekommen. Wahrscheinlich hatte aber unsere Wanderung mehr Zeit als vorgesehen in Anspruch geonmmen, denn — oh Schreck! — als wir in Heisterberg ankamen, war der Wagen, des langen Wartens müde, uns nach Ulm entgegengefahren, auf dem einen großen Bogen beschreibenden Fahrweg, während wir dem kurzen Fußweg durch die „Lungersbach" gefolgt waren. Und da sehe ich noch, wie der Albert Ehlers, der damals als Eleve in Heisterberg war, mit riesigen Sätzen davonstürmt, um mit lautem Geschrei und schrillen Pfiffen den Wagen anzuhalten. Stolz kommt er auf dem Bock mit dem eingeholten Fuhrwerk nach einer Weile auf dem Hof an, von dem bewundernden Beifall aller Zuschauer begrüßt.

11. Die Borngasse

Vom Winter 1889/90 an verlief mein Leben in der Borngasse in dem Rahmen, der sich da vorfand. War ich seither meist allein in dem großen Fürstlichen Garten auf mich selbst angewiesen, so drängte sich jetzt des Volkes viel auf engem Plan, und ich war oft verlegen um den Raum, der mir die nötige Weite für meine Spiele geben konnte. Darum gewöhnte ich mich daran, die weit hinaus in die Wälder vor der Stadt zu verlegen.

An Spielgefährten habe ich mich eigentlich nie gewöhnt, wenigstens nicht so, wie ich die anderen sich zusammenschließen sah. So gerne ich an Einzelne mich anschloß, und so groß angelegte Spiele ich mit denen auch durchführen konnte – sobald ein geschlossener Kreis mit bestimmter Prägung mir entgegentrat, war alles in mir Kritik und Widerspruch. Und selbst, wenn ich mich vorübergehend mithineinziehen ließ, hatte ich immer eine ängstliche Scheu, doch ja nicht dem darin ausgeprägten Geist zu verfallen.

Naturgemäß kam ich zuerst mit den Töchtern des Hausmeisters Stelz zusammen, die mit mir in derselben Klasse saßen. Ich sehe mich noch mit den beiden Mädchen auf der Treppe sitzen und auf der Schiefertafel rechnen, oder auch im Holzstall Gedichte memorieren. Nie aber bin ich den beiden gefolgt, wenn sie mich mit zu ihren Freundinnen nehmen wollten. Mit ihnen Ball zu fangen oder im Kreis zu spielen, hielt ich für unter meiner Würde. Mit ihnen allein habe ich mich aber gern in diesen Künsten unterrichten lassen. Und konnte sogar eine zeitlang mit Leidenschaft im Anfertigen von Strickarbeiten mit ihnen wetteifern.

Ein zweiter Kreis von Altersgenossen gruppierte sich um die uns gegenüberliegende Gastwirtschaft Seyb. In der meist stillen und wenig besuchten Wirtschaft gab es einen großen Hof und Garten, weitläufige Lauben, eine Kegelbahn und einen großen Saalbau, in dem man auch bei Regenwetter spielen konnte. Der Besitzer all dieser Herrlichkeiten, der Gastwirt Seyb, war ein kleiner kribbeliger, jähzorniger Mensch, bei dem, wie die Leute sagten, stets „Feuer im Dach" war. Sobald er auf der Bildfläche erschien, zerstob der Schwarm der spielenden Kinder meist in wilder Flucht. Mitunter rannte er durch das halbe Städtchen hinter einem besonderen Sünder her, um ihn mit einem spanischen Rohr jämmerlich zu verhauen. Er hatte zwei Jungen. Der ältere war von seinem Vater vollkommen eingeschüchtert, saß meist hinter den Scheiben, lernte viel aus langweiligen Lehrbüchern, trug eine Brille und sollte Lehrer werden. Der jüngere wurde von der Mutter verwöhnt, entzog sich seinem Vater meist mit List und war der Busenfreund von Walther. Da ich mich den plötzlichen Zornausbrüchen des Vaters Seyb nicht aussetzen wollte, kam ich den täglichen Einladungen der Jungen zum Spielen nur selten nach. Sobald es beim Spielen hieß: „Wir gehen bei Seybs!", verließ ich den Haufen, um mich daheim hinter die Bücher zu flüchten.

Zu einer Zeit im Jahr war der Besuch des Hofraumes in der Gastwirtschaft frei. Dann, wenn im Herbst Kirmes gefeiert wurde und das Karussell dort aufgestellt war. Dann stand das große Hoftor offen, und der gefürchtete Seyb hatte seine Macht an die Karusselleute abgetreten. Die hatten auch eine Menge Kinder, und denen half ich dann, Bretter und Stangen schleppen oder die kleinen Pferdchen weiden, die das Karussell ziehen mußten. Das höchste war, wenn man hinter den das Karussell verhängenden Vorhang kriechen durfte und sehen, wie im Innern die bunten Lappen und Lampen, Glasglocken und Sterne aufgehängt wurden. Wenn das Ding fertig war und vor der großen Menge am Sonntagnachmittag sich drehte, war es nicht mehr halb so interessant.

Noch einen dritten Mittelpunkt unserer Spiele gab es in der Borngasse, die Hundezwinger vom „Hundsmüller", etwas unterhalb unserer Wohnung. Weil er als Hundewärter der berühmten Hundezucht des Prinzen Albrecht auf die Wolfsmühle nach Braunfels gekommen war und auch jetzt noch, wo diese Firma längst eingegangen war, sich mit der Pflege und Dressur von Hunden beschäftigte, wurde er im Unterschied zu seinen Namensvettern „Hundsmüller" genannt. Der Mann war ein Original, das nicht in den Rahmen von Braunfels paßte. Ganz aufgeklärter Großstädter, echter Berliner, Demokrat, Rationalist, Materialist, war er selbst und alles um ihn realistisch, nüchtern, praktisch, zweckvoll, klar durchsichtig, geheimnislos, ohne eine Spur von Romantik. Deshalb war mir der Mann immer fremd, nicht unsympathisch wie der kleine Seyb, aber fremd. Ich habe ihn immer mehr als Sache, denn als Person angesehen. Als er nach Braunfels kam, brachte er einen fünfjährigen Sohn mit, der nicht getauft war. Das war natürlich in Braunfels ein nie dagewesenes Ärgernis, und der Oberprediger Rebensburg (später in Köln) machte sich nach der Wolfsmühle auf, dem Vater ins Gewissen zu reden. Der Hundsmüller sieht dann auch wohl ein, daß es praktischer für den Jungen sei, wenn er getauft zur Schule käme, und gibt seine Zustimmung mit den Worten: „Da looft er ja. Toofen S' en!" —

In Braunfels ging in jenen Tagen noch eine merkwürdige Erscheinung, der Gegenpol zum Hundsmüller, herum, ein wegen seines schon nicht mehr menschenmöglichen Spiritismus emeritierter Pfr. Feller. Der hatte sich ausgerechnet den Hundsmüller als Bekehrungsobjekt ausersehen und war oft in seinem Haus zu finden. Da er eine tüchtige Bildung auf allen Gebieten hatte und man viel von ihm lernen konnte, unterhielt sich der Müller gern mit ihm. Eines Tages kam die Rede auf das Gedankenlesen, und Feller behauptete, daß das auch durch „Geister" vermittelt würde. Sie setzten ihn je und dann instand, zu erkennen, was der andere denke. „Ich weiß z. B., was Sie, Herr Müller, im Augenblick denken". „Da wär ik aber neujierig." „Sie denken: der Feller ist verrückt!". „Janz jenau jeraten! Na so wat hab ik in meinem Leben noch nich jehört. Da möcht ik ooch wohl an Jeister glooben!"

Dieser Hundsmüller hatte besonderes Wohlgefallen an meinem Bruder Walther, den der den „Schrecken der Bornjasse" nannte und ihn oft schmunzelnd bei seinen wilden Spielen beobachtete. Ich war ihm zu still und zu scheu, doch prüfte er mitunter meine Schulkenntnisse in dem und jenem Fach, die er dann mit denen seiner vielen Kinder verglich, und gab mir auch mitunter Bücher zu lesen, die ich beim besten Willen nicht verstand, z. B. von Virchow, den er sehr verehrte. Ich entsinne mich noch eines dickleibigen Romans über Peter den Großen, den ich mit Eifer verschlang. Was mich zu seinem Hause hinzog, war die außerordentliche Anhänglichkeit, die mir sein Sohn Robert bewies. Überall, wo wir zusammentrafen, wollte er mein getreuer Knappe sein. Spielte ich irgendwo mit anderen Kindern, war er dabei. Verließ ich das Spiel, ging er selbstverständlich auch mit fort. Bekam ich Streit, nahm er ohne Frage meine Partei. Bekam ich Prügel, mischte er sich sofort ein, daß auch er seinen Teil empfing. Er konnte stundenlang vor dem Hause warten, wenn ich Schularbeiten

32

für die Lateinschule machte, bis ich mitzuspielen herunterkam. Mit diesem Robert Müller zog ich täglich in die Wälder, wo wir Robinson und Freitag oder Lederstrumpf spielten. Besonders im Hexberg, einem felsigen Hang über dem Mühlengrund, hatten wir unsere Jagdgründe. Bogen und Pfeile, Schwerter und Messer aus Holz waren da versteckt, Hütten und Burgen wurden da erbaut, an möglichst versteckten unzugänglichen Orten, daß sie keiner fände. Nahmen wir mehrere von unseren Altersgenossen mit, dann war der Mittelpunkt unserer Spiele ein Heuschober für die Wildfütterung bei der Marieneiche in der Wintersburg, den wir von außen zu erklettern und in dessen Heubergen wir uns häuslich einzurichten wußten. Zuweilen wurde auch den Mädchen der Zutritt zu diesem Heiligtum gestattet. Wir pflegten da von gesammelten Waldbeeren und von auf den Feldern gestohlenen Kohlrüben Gastmähler zu veranstalten. Für gewöhnlich aber waren Robinson und Freitag ganz allein in ihrem Jagdrevier, oder auch nur Robinson, weil die anderen Jungen ihre Spielplätze in der Stadt hatten und vor dem Wald eine gewisse Furcht empfanden, die ich nicht kannte. So unheimlich den meisten eine große Dickung erschien, so heimlich und geborgen fühlte ich mich darin. Die stillsten und gemiedensten Plätze wirkten am anziehendsten auf mich. Je und dann aber wurden auch gemeinsame Spiele veranstaltet, und ich setzte dann immer durch, daß eine „Jagd" veranstaltet wurde. Eine Anzahl Jungen, die größeren meist, rannte als Wild davon, ich als der Jäger mit meinen Hunden, den kleineren Jungen, hinterdrein. Solche Jagd endete entweder auf dem Braunfelser Bahnhof 4,5 km vor der Stadt, oder beim Homberger Hof, auch nicht viel näher. Von da aus zogen wir dann müde gelaufen erst in der Dämmerung wieder heim. War im Herbst, wenn es früher dunkelte, noch Zeit übrig, dann standen wir voll im Lichtkreis der Petroleum-Straßenlaternen vor Stelzens Garten, und ich mußte Räuber- und Gespenstergeschichten erzählen, in denen ich groß war, daß es alle gruselte. Eines Abends hatte sich ungesehen der Hundsmüller zu unserem Kreis gesellt, der der Erzählung lebhaften Beifall zollte und nun die Aufgabe stellte: Wer jetzt noch um die abseitsstehende Scheune herumgeht, kriegt einen Groschen. Obwohl wir um der mannigfachen Bedürfnisse unseres Burgenbaus willen den Groschen alle gern erworben hätten, traute sich keiner nach der grausigen Gespenstergeschichte ins Dunkel hinein. So mußte ich dann selber die Wirkung meiner Erzählung zerstören und die Fahrt ins Dunkel antreten, was mir das Lob vom Hundsmüller, daß ich der einzig Vernünftige sei, und den Groschen einbrachte.

12. Die Lateinschule

Hinter all diesem, alles Interessante der Seele absorbierenden Geschehen spielte sich nun das viel Eintönigere der Schule ab, das für mich allen Reiz verlor. Drei Jahre (1888 – 1890) durfte ich bei meinem Lehrer Gaby bleiben. Mit Eifer und Interesse habe ich biblische Geschichte gelernt und mir soviel davon eingeprägt, daß ich auch auf dem Gymnasium noch davon zehren konnte. 91

übernahm uns der Lehrer Möglich. Eigentlich hätte er „Unmöglich" heißen müssen. Daß so etwas von Lehrer im Staate möglich war, kommt mir heute noch wie ein Rätsel vor. Um viele Dinge hat der Mann sich bekümmert, besonders ums Geldverdienen, Börsenkurse, Spekulationsgeschäfte — nur nicht um seine Schule. Wenn er morgens mit großer Verspätung im Schulsaal erschien, benutzte er die erste Stunde zur Morgengymnastik, indem er über die langen Bänke, in denen wohl zehn Kinder saßen, steigend seine Schüler mit einem langen Rohrstock verprügelte, einerlei, ob sie ihre Aufgaben erledigt hatten oder nicht, weil es ihm zu lästig war, das erst festzustellen. „Mitgegangen, mitgefangen!" tröstete er die, die das als Unrecht empfanden und dagegen protestierten. Die Folge war, daß wir alle keine Aufgaben mehr machten und die Morgenprügel als unabwendbares Schicksal hinnahmen. Nach der ersten Stunde klopfte es an die Tür, worauf der Lehrer mit dem stereotypen Rufe „Der Pfeiffer ist da", sich entfernte und sich rasieren ließ. Um 10 erst erschien er kurz wieder, uns in die Pause zu entlassen, die er gewöhnlich, im Schulhof auf- und niederschreitend, mitfeierte. Gegen 11 Uhr brachte der Postbote die Zeitung, und dann saß er hinter der verschanzt auf seinem Pult, die Beine vor sich auf dem Tisch und sah und hörte nichts mehr von den Kindern, denen er eine Schreibarbeit gegeben hatte, und die natürlich alles andere als diese Aufgaben machten. Nur ein gelegentliches „Nicht pischpeln!" hinter der Zeitung hervor deutete an, daß bei dieser Menge Unterhaltungsspiele treibender Kinder auch ein Lehrer vorhanden war. Höchstens, wenn der Börsenbericht ihn nicht befriedigte, verlangte er, daß einer vorlesen sollte, was er nicht geschrieben hatte. Das gab ihm Gelegenheit, den Unterricht mit derselben Rohrstockprozedur zu beschließen, mit der er auch begonnen hatte. Wir nahmen auch diese letzten Schläge gern hin, denn sie waren das Zeichen, daß die schrecklich öde Zeit des Unterhaltungsspiels in den Bänken überwunden war und nun das Bewegungsspiel draußen beginnen konnte. Über den absonderlichen Unterricht bei diesem Meisterpädagogen ließen sich Bände schreiben, wie er selber ohne eine Ahnung von Weltgeschichte den Kindern völlig falsche Tatsachen beibrachte, wie er seinen ganzen Unterricht abstellte auf die jährliche öffentliche Prüfung, für die nur zwei Lesestücke geübt wurden so lange, bis sie jeder einwandfrei konnte und demzufolge glatt, auch ohne Buch, herunterzu„lesen" vermochte. Rechenunterricht erteilten einige dieser Kunst mächtige Mädchen in seiner Abwesenheit. Wer es nicht erlernte, ließ es einfach bleiben. Im Gesangunterricht wurden nur zwei Lieder geübt: „König Wilhelm saß ganz heiter" und „Das Wasser ist so hell und klar". Das waren des Lehrers Leiblieder. In den zwei Jahren, die ich bei ihm unterrichtet wurde, habe ich nur eine einzige Turnstunde erlebt, in der wir durch die Stadt nach einem vom Herrn Lehrer neu erworbenen Acker marschierten und unter viel Ermunterung mit dem Rohrstock die Steine von demselben zusammenlesen mußten. Kein Wunder, daß niemand von uns begriff, was der Schulunterricht sollte, und wir alle möglichst schnell diese unangenehme Zwangshaft jeden Morgen hinter uns zu bringen trachteten.

Sie wurde uns aber bitter bedeutsam gemacht, als ich Ostern 92 in die Latein-schule in Braunfels aufgenommen wurde. Tat der Lehrer der Elementarschule zu wenig in den Schulstunden, der Lehrer in der Lateinschule tat zu unserem noch größeren Leidwesen zu viel darin, leider, denn die Haupttätigkeit bestand auch da in der Handhabung des Stockes. Bei der großen Menge der Schüler dort bestand immer noch die Möglichkeit, daß man an einem Tage ungeprügelt durchschlüpfte. Bei den wenigen Leutchen hier aber — in den besten Zeiten war es etwa ein Dutzend — verging kein Tag, daß man nicht, womöglich in meh-reren Stunden hintereinander, nach allen Regeln der Kunst verprügelt worden wäre, so daß meine Mutter, wenn sie mich samstags in die Badewanne steckte, ganz entsetzt die blauen und grünen handgroßen Flecken auf Rücken und Beinen ihres Lateinschülers entdecken konnte. War uns seither die Schule nur als lästiges Hindernis eines fröhlichen Daseins erschienen, so waren jetzt die Freistunden nur noch spärliche Lichtpunkte in einem ganz von der schreck-lichen Marter der Schule verdüstertem Leben. Denn auch die über alles Maß gesteigerten Schulaufgaben nahmen den größten Teil des Tages in Anspruch. Ja, oft schrieb ich noch eifrig, wenn um 11 oder 12 Uhr mein Vater von der Obermühle heimkehrte.

Leiter der Lateinschule war damals der mit keinem Funken pädagogischen Instinktes begabte, aber stimmgewaltige dicke Pfarrer Bangel, der vorzugsweise im Essen und noch mehr im Trinken seine Lebensaufgabe sah. Seine Methodik bestand im Prügeln, wenn man die seitenlangen Abschnitte der Lehrbücher nicht auswendig aufsagen konnte. Nun stelle sich einer vor, daß zehnjährige Kinder alle größeren Städte, z. B. Amerikas, mit ihren Einwohnerzahlen am Schnürchen hersagen! Oder ebenso die Regierungsjahre der deutschen Kaiser beherrschen! Ganz abgesehen von den Wörterreihen im Lateinischen, die Tag für Tag gelernt werden mußten. Dagegen waren die Schulstunden bei dem un-möglichen Möglich die reine Erholung, zumal der oft aus Bequemlichkeit bei seiner Morgensportprügelei die Lateiner überging, weil er meinte, die kriegten ihre notwendigen Prügel sicher noch übergenug. Der Unterricht war nämlich so vertreilt, daß wir von 7 bis 9 Uhr zuerst in der Elementarschule Religion und Rechnen, danach von 9 bis 12 Uhr in der Lateinschule die übrigen Fächer hatten, wozu dann noch von 2 bis 4 Uhr des Nachmittags Singen und Turnen, Naturkunde und dergleichen kommen sollten, aber meist nicht kamen, weil Herr Möglich anderweitig beschäftigt war und nur um 2 Uhr eilig einmal in die Klasse hineinsah. Des Mittwochnachmittags, wo eigentlich frei sein sollte, saßen wir meistens Arrest ab, das heißt, wir wurden in der Lateinschule einge-schlossen, bis der Herr Pfarrer vom Spaziergang zurück war, etwa um 5 oder 6 Uhr.

Die barbarische Behandlung der Schüler vertrieb diese mehr und mehr aus der Schule, so daß ich schließlich in meiner Klasse allein war. Hermann Hollmann, die Brüder Finger, Franz Krimmel, Karl Weil, Karl Stelz und wie sie sonst hießen, waren früher oder später fortgeblieben, so daß der dicke Bangel sich rühmen konnte: „Die Schafsköpp hab ich alle hinausgehauen!" Aus der oberen Klasse erinnere ich mich an Louis Aßler, Wilhelm Homann, Otto Stockmar,

Heinrich Himmelreich. Auch waren drei Mädels Stephan in der Lateinschule, Else und Anna in der oberen Klasse, Töchter des Medizinalrates und des Kammerrates Stephan, und Eugenia in meiner Klasse. Daß ich allein in meinem Jahrgang übriggeblieben war, hatte zur Folge, daß ich wieder mit den neu Hinzukommenden vorn anfangen mußte, schließlich mit dem damals nach Braunfels verzogenen Karl Broll eine Sonderklasse bildete und, weil der Lehrer Bangel länger erkrankte, zweimal für Monate beurlaubt wurde, – einmal zur Erholung und einmal, um durchs Rektorexamen in Koblenz zu fallen, während welcher Zeit der Vater Broll seinen Sohn und mich im Latein weiterunterrichtete, – verlor ich an der Lateinschule ein ganzes Jahr. Das war sicher schade, soweit ich nun diese furchtbare Zeit drei Jahre hindurch ertragen mußte, andererseits aber auch ein großer Vorteil, weil ich einmal so den wirklich guten Unterricht des Braunfelser Hauptlehrers Beckert zwei Jahre haben konnte und sodann auch ein Jahr länger die schönen Jugendtage in den Wäldern von Braunfels erleben konnte.

Ostern 1894 wurde ich in die letzte Stufe der Elementarschule zu dem Hauptlehrer Beckert versetzt. Das war nun endlich einmal ein Unterricht, an dem man Freude haben konnte, bei dem man auch etwas lernte. Pythagoräischer Lehrsatz, Physik, Körperberechnung, daneben sehr verständige Bibellektüre, Katechismusfragen, Kirchen- und weltliche Lieder sind mir für alle Zeiten da mitgegeben worden und haben mir später manchmal geholfen. Zu dem Unterricht seiner Kollegen Möglich und Bangel, nach dem er sich manchmal erkundigte, konnte der Lehrer Beckert nur den Kopf schütteln. Er versuchte, ein gerechter Lehrer zu sein, der auf die Interessen der Schüler einging, sie anregte und förderte, aber auch mitunter Auswüchse der Flegeljahre bekämpfen mußte. Der schlimmste von den Schülern, der heimlich ihm immer wieder allen Schabernack antat, obwohl er sich als ein treust Ergebener gerierte, war Otto Gutjahr in meiner Klasse, den ich eben deshalb nicht leiden mochte.

1893 wohl schon war der Steuerinspektor Broll nach Braunfels verzogen, und sein gleichaltriger Sohn war mir zur Einführung in die Schulverhältnisse attachiert. Ich habe mir alle Mühe gegeben, ihm dies und das zu zeigen, aber gleich empfunden, daß er zu unserem Lederstrumpfleben nicht paßte, weil er zu städtisch erzogen war, auch viel kindlichere Interessen hatte, so daß ich wie erlöst war, als er sich in der Freizeit an meinen Bruder Walther und seinen Kreis anschloß.

Viel mehr wert war für mich, daß etwa um dieselbe Zeit der Oberförster Homann von Magdalenenhausen nach dem Homburger Hof versetzt wurde, damit sein Sohn, ein Jahr älter als ich, in Braunfels die Schule besuchen konnte. Dieser Wilhelm Homann ist allezeit ein treuer Freund und verläßlicher Kamerad gewesen und hat in jener Zeit für mich eine neue Wendung in meiner Entwicklung heraufgeführt. Er hatte wohl wenig nur von der schweifenden Phantasie, die all mein Dasein umgab. Er las keine Bücher, nicht einmal Indianerbücher, mit denen er uns schrecklich verspotten konnte, wollte von Robinson und Lederstrumpf nichts wissen und lachte über unsere Holzgewehre und

Holzschwerter. Dagegen war er ein großer Naturforscher, kannte „Brehms Tier-
leben", sein einziges Buch, das er stundenlang studierte, schier auswendig,
kannte jeden Vogel, jeden Käfer, jeden Schmetterling, schweifte den ganzen
Tag im Park bei Braunfels, der damals noch Rotwild beherbergte, mit der
Flinte umher, war ein sehr guter Schütze und führte das Lederstrumpfleben als
Jäger und Fallensteller praktisch, wie wir es uns nur in der Phantasie zurecht-
gedichtet hatten. Je und dann brachte er einen von ihm erlegten Habicht oder
Sperber, einmal auch eine große Gabelweihe mit zur Schule, um uns Ungebilde-
ten den Unterschied der Raubvögel klarzumachen. Vom Winter 92 an — es
wurde gerade Bruder Theo geboren — aß er mittags bei uns in Braunfels, damit
er auch den Nachmittagsunterricht noch besuchen konnte, und zog dann, wenn
es schon anfing zu dämmern, in seine Jagdgründe auf den Homburger Hof
hinauf. Da habe ich ihm manchmal das Geleit gegeben und mich unterwegs
unterrichten lassen, wie das Hochwild sich rudelt, wann der Hirsch abwirft und
ein neues Geweih kriegt, welche Hunde am besten Schweiß arbeiten, wie man
Füchse fängt, wie weit man bei einem flüchtigen Hasen mit der Flinte vorhalten
muß und dergleichen mehr. Von da an vermoderten meine Holzschwerter im
Hexberg immer mehr und meine Robinsonburgen verfielen. Dagegen war ich
oft auf dem Homburger Hof, schoß mit Wilhelm Homann Tauben, die wir dann
selbst brieten, grub mit ihm Dächse, saß auf Hasen an und fühlte mich als Herr
aller Obstbäume, die auf dem Hoffeld wuchsen. Wir wußten genau, wo die
besten Rainetten zu holen waren, und lebten oft den Tag über von geräubertem
Obst und geschossenem Wild. Auch Eichelhäher verstand er fein zuzubereiten
und am Spieß über einem offenen Feuer zu braten. Manch wundervoller
Sommer- oder Herbsttag steht noch vor meinen Augen, wenn die Sonne heiß
auf das Hoffeld schien, und wir im Grase hinter irgendeiner Brombeerhecke
lagen, Beeren pflückten und auf etwas Jagdbares paßten. Ich bin später noch
manchmal auf dem Homburger Hof zu Gast gewesen. Aber so schön, so wirklich ganz an die prächtige Natur hingegeben wie in diesen letzten Jahren in
Braunfels, ist es nie mehr geworden. Merkwürdigerweise mochte ich nie auf
solchen Ferienstreifzügen mit noch anderen zusammensein. Schon wenn
Homanns Vetter, Diehl (später Förster in Heisterberg), uns einmal begleitete,
empfand ich das als arge Störung, und nie ging ich mit, wenn in der Schule sich
eine größere Schar verabredete, den immer freundlich einladenden Wilhelm
Homann zu besuchen. Ein solch undisziplinierter Haufen im Park konnte da
nur Unheil anrichten, und manchmal hörte man dann auch hinterher, daß ein
Stoß Reisigholz angezündet, ein Hochsitz demoliert worden war und dergleichen mehr, was mich dann immer traurig stimmte, als wenn man mir einen
Verlust zugefügt hätte.

Ostern 94 gingen die meisten meiner Freunde von der Schule ab, weil sie alle
ein Jahr älter waren als ich. Wilhelm Seyb kam in eine Präparandenanstalt,
Hermann Wüstenhöfer wurde Lehrjunge bei seinem Vater, Robert Müller kam
zu einem Maler nach Wetzlar in die Lehre. Auch Wilhelm Homann machte seine
Aufnahmeprüfung in Weilburg und trug nun eine grüne Gymnasiastenmütze.
Das hinderte ihn aber nicht, das Jägerleben in den Ferien in noch verstärkterem

Maße fortzuführen. Für einen war ich besonders froh, daß er der Braunfelser Schule entronnen war, das war Otto Stockmar. Denn er hat von uns allen dort die meisten Prügel, oft wohl ein halbes dutzendmal am Tag, gekriegt, obwohl er ein gutmütiger Junge war, nur etwas dumm und dreist. Ein Glück, daß er körperlich stark und in der Entwicklung uns anderen voraus war. Er ist auf eine Schule in Gießen gekommen. Sobald er zu Hause war, suchte er mich auf und erzählte, wie es da viel menschlicher zuginge. Zwischen ihm und der Eugenia Stephan, die nun die Schule auch nicht mehr besuchte, bestand ein regelrechtes Liebesverhältnis. Ich mußte helfen, ihre abendlichen Zusammenkünfte in dem dunklen Herrengarten zu vermitteln. Ebenso war ich Postillon d'amour zwischen Hermann Wüstenhöfer und Anna Schmitt, der ich manches Briefchen in ihre Wohnung im Pfeiffergäßchen gebracht habe.

Ich hatte in diesem letzten Jahr in der Schule in Braunfels die Geheimnisse des Lateinischen begriffen, auch die Eigenheiten meiner Lehrer allmählich durchschaut, so daß es mir im Unterricht besser ging. Statt meiner kriegten die Neuankömmlinge die Prügel, und ich wußte mich schon mal vor unangenehmen Aufgaben und Strafen mit Erfolg zu drücken. Je und dann brachte mein Vater sogar vom Abendschoppen von der Obermühle irgendeine Anerkennung meiner Fortschritte vom Hauptlehrer Beckert oder dem Pfarrer Bangel mit heim, und als eines Tages der damals zur Kur in Braunfels weilende Prof. Müller aus Weilburg die Lateinschule besuchte, wurde ich ihm als deren praecipuum membrum und Anwärter auf die Quarta des Weilburger Gymnasiums vorgeführt.

Im Hexberg war ich ganz allein zurückgeblieben. Nach den mancherlei Hütten und Burgen dort mit ihren geheimen Verstecken und Wasserleitungen und dergleichen sah ich kaum noch. Die Waffen versuchte ich, so gut es ging, meinem Bruder Walther und dessen Schar zu vermachen. Es wurde noch einmal als verzweifelter Versuch, das Vergangene zu konservieren, eine große „Schanz" aus Steinen erbaut, wozu aber, weil das über unsere Kräfte ging, ein größerer Kreis auch der nun schon aus der Schule Entlassenen aufgeboten wurde. Die rissen gleich das Kommando an sich und wollten alles nach ihren Plänen gestalten, weshalb ich mich zurückzog. Beim Schlittschuhlauf im Winter 94/95, weiß ich noch, ist das Unternehmen dann liquidiert worden, indem das letzte Päckchen Zigaretten, das dort versteckt lagerte, an die Genossenschaft verteilt wurde, wobei ich ausdrücklich auf meinen Anteil verzichtete. Die schön gebaute Burg war schon durch irgendeine Horde zerstört und die mühsam aufgeschichteten schweren Steine den Abhang hinuntergerollt worden.

Ostern 95 war es dann soweit, daß ich feierlich aus der Lateinschule entlassen wurde. In der Elementarschule blieb ich allein zurück, da ich noch ein Jahr schulpflichtig war. Der Hauptlehrer Beckert hatte mir einen Stuhl an einem besonderen Tischchen hingestellt, damit ich als „Unterlehrer" ihm bei der Aufnahme der Neuversetzten behilflich sein könne. Dieser Zustand dauerte aber nur drei Tage. Dann gab es Ferien, und nach den Ferien war ich schon Quartaner in Weilburg. Vorher, am Palmsonntag 95, war Wilhelm Homann konfirmiert worden. Bei der Feier auf dem Homburger Hof hat er mich über die bevorstehende schwere Aufnahmeprüfung getröstet. In derselben Pension, in der er wohnte, war für mich ein Zimmer gemietet worden. Ich war kurz vorher mit meinen Eltern schon in Weilburg gewesen und hatte den Budenvorgänger Bier, der jetzt Abitur gemacht hatte, einen schon bejahrten Herren mit schwarzem Schnurrbart, kennengelernt. Die Ostertage waren mit Warten und Vorbereiten ausgefüllt.

Und nach den Ferien, einen Tag vor Schulbeginn, reiste ich dann mit meiner Mutter zur Aufnahmeprüfung nach Weilburg.

13. Quartaner in Weilburg

Ich erinnere mich, daß meine Mutter und ich schon am Tag vor der Prüfung nach Weilburg kamen und bei dem Spengler Lehr in der Schwanengasse, wo ich in Pension kommen sollte, die Nacht verbracht haben. Morgens um 7 Uhr trat ich im Gymnasium, mit Papier und Federhalter bewaffnet, an. Die Prüfung war sehr umständlich und dauerte bis gegen 1 Uhr. Mutter hatte derweil einer von Braunfels nach Weilburg verzogenen Frau Zöllner — der Mann war Markscheider bei der Kruppschen Grubenverwaltung, — einen Besuch gemacht und dort fortgesetzt geweint. Ich wurde mit zwei Leidensgefährten, die auch in die Quarta wollten, zusammen geprüft, Theo Anacker aus dem Taunus und Eberhard Lade, Forstmeisterssohn aus Kronberg, die noch hilfloser als ich sich gerierten, aber dann doch in Gnaden mit aufgenommen wurden. Ein vierter ging gleich nach der ersten Arbeit zu den für die Quinta zu Prüfenden über. Ich weiß noch heute, daß diese Arbeit — sie wurde deutsch diktiert, wir mußten sie lateinisch niederschreiben — anfing:
„Caesar cum in castra venisset, vidit" und dann kam ein langer Acc. c. Inf., den ich allein richtig bis zum Ende durchgeführt hatte. — Dann war ich Schüler des Gymnasiums Philippinum illustre. Sofort kriegte ich eine grüne Mütze gekauft. Meine Mutter fuhr am Abend nach Braunfels zurück.

In den Schulbetrieb gewöhnte ich mich bald ein, das heißt, es kam mir alles viel leichter und viel schöner vor als in Braunfels. Zwar mußte man sich in viel Neues hineinfinden, was die äußere Form des Schulbetriebes anlangte, und ich beging da viele Verstöße, aber daß ich dem Unterricht gewachsen war, ja im Grunde viel weiter war als die übrige Klasse, merkte ich bald. Fehler, um die ich schon vor einem Jahr mit schrecklichen Prügeln bestraft worden wäre, kamen hier alle Tage vor, ohne daß sie denen, die sie machten, viel geschadet hätten. Ich hielt mich sehr zurück und gab nur Antwort, wenn ich gefragt wurde, weil ich merkte, daß Lehrer wie Mitschüler die Überlegenheit eines „Neuen" nicht gelten lassen wollten. Von allem Ehrgeiz bin ich zeitlebens frei gewesen. Es tat mir fast leid, daß ich den Besten dieser guten Klasse, auf die ihr Klassenlehrer Prof. Dr. Gundlach besonders stolz war, ohne daß ich wollte, Konkurrenz machen sollte. Ich habe darum auch nie verstehen können, wie manche von meinen Mitschülern es mir nie verzeihen konnten, daß ich nun ihre Rangplätze, um die sie zäh kämpften, verschlechterte dadurch, daß ich einen höheren erhielt. Beim ersten Zeugnis im Herbst erhielt ich den vierten, beim zweiten Zeugnis zu Weihnachten den zweiten Platz. Ich habe aber nie diese Plätze wirklich eingenommen, weil ich, meine Mitschüler zu versöhnen, in der vordersten Reihe sitzenblieb auf dem Platz, den kein anderer haben wollte.

Eine Unterrichtsstunde aber machte mir Pein. Der war ich nicht gewachsen. Und gerade darin leisteten die anderen viel, das war das Turnen, was mir bis zu meinem Abgang von der Schule die störendste Stunde war. Ich konnte nur laufen, springen und klettern. Das hatte ich im Hexberg gelernt. Ein Reck und einen Barren sah ich in der Weilburger Turnhalle zum ersten Mal. Turnen aber war bei uns Geräteturnen. Meine billigen Künste wurden als Wild-West-Kunststücke verachtet und für Spiel erklärt.

Das Leben in Weilburg war ganz anders als daheim, aber auch leichter, weil geordneter. Ich kam mir wie gefangen und in einen Käfig gesetzt vor. Nur daß die Haft in diesem Käfig nicht drückend war. – Bei der Frau Lehr waren wir gut aufgehoben. Für viele Schülergenerationen war sie schon die Pflegemutter gewesen und hatte viel wilde Burschen in Quartier gehabt, so daß ich bei meiner Scheuheit als besonders lenkbar und umgänglich galt. Mit Freund Hobach vertrug ich mich gut, obwohl er allmählich in andere Gesellschaft geriet und sich zu einem wilden Rauhbein auswuchs. In den zwei ersten Jahren aber machte sich das noch nicht geltend. Da einte uns noch die gemeinsame Vergangenheit in den Ferien. In der Pension Lehr wohnte weiter ein älterer Landwirtschaftsschüler, Emil Müller, der später einen Laden in Vallendar am Rhein hatte, ein sehr ruhiger Mensch, der mir zuerst die Bücher von Karl May zu lesen gab, nachdem ich daheim nur vom „Lederstrumpf" und dem „Letzten der Mohikaner" gehört hatte. Diese Geschichten haben mich wochenlang Tag und Nacht beschäftigt. Mit den Klassenkameraden habe ich zuerst versucht, Spiele im Wald bei Weilburg zu organisieren. Die hatten aber einen anderen Stil, wollten auf meine Ratschläge nicht hören, waren auch durch größere Ortskenntnis mir überlegen, so daß ich mich von ihnen zurückzog. Nur ein später sitzengebliebener Sohn des Apothekers Hesse in Weilburg, Carl, machte häufig mit mir größere Ausflüge über das Weichbild von Weilburg hinaus, bei dem er auf das Entdecken und Sammeln seltener Pflanzen aus war.

Samstags pflegten wir heimzureisen. Mein Vater, der noch seine Wanderungen vom Wetzlarer Gymnasium nachhause in Erinnerung hatte, hatte mir den Fußweg von Weilburg über Hirschhausen genau beschrieben. Dort in Hirschhausen sollte ich mich an den Lehrer Müller wenden, der mir den kürzesten Weg zeigen würde. Ich habe mich dann auch entsprechend aufgemacht, mußte aber den Weg doch selber suchen, da ich den Herrn Lehrer beim Mittagsschlaf antraf und der Umstand ihm nur erlaubte, den Weg mir in der Theorie zu beschreiben. Ich hätte aber Braunfels auch durch Nacht und Wildnis erreicht. Das letzte Stück legte ich häufig im Laufschritt zurück. Meine Mutter mischte mir gewöhnlich zum Empfang einen Trank aus Wasser, Essig und Zucker, der mir bei meinem Durst besonders gut schmeckte. Von unterwegs brachte ich ihr dicke Veilchensträuße mit. Gelegentlich ließ ich mich überreden, mit Wilhelm Homann und

Karl Stelz mit der Eisenbahn nach Braunfels zu fahren. Doch war mir der Weg peinlich, weil wir dann in Braunfels-Bahnhof mit den Schülern von Wetzlar, besonders den Söhnen der Lehrer Beckert und Möglich zusammentrafen, die sich sehr viel auf ihr Wissen einbildeten und uns jüngeren gegenüber furchtbar überlegen taten. Diese Überlegenheit vertrug ich nicht. Häufig erregte ich auch ihren Neid, weil mich ein Leutnant Bingel, der Sohn des Hofmarschalls Bingel in Braunfels, der samstags mit demselben Zug von Diez in Urlaub fuhr, in dem Wagen, der ihn abholte, mit nach Braunfels nahm. Auf das Zureden meiner Mutter habe ich verschiedentlich versucht, mit meinen Braunfelser Klassenkameraden, die nun alle in einer Lehre standen, zusammenzukommen. Deren Hauptbeschäftigung aber waren die Mädchen, und für mich hatten sie nur Spott, weil ich eine grüne Mütze trug, was in ihren Augen das Zurschautragen einer Verpflichtung zur Ordnung und Anstand war. Die Versuche wurden denn auch bald eingestellt. Sonntagabends pflegten die Eltern mich an den Bahnhof zu bringen, wohin dann auch Wilhelm Homann mit seinem Vater und seiner Schwester kamen. Da wurde dann noch ein Abschiedstrunk eingenommen, wobei ich die Wochenschau der Zeitung las. Ich war immer sehr gespannt auf diese Aufsätze, die Rudolf Presber schrieb und die immer sehr geistvoll humoristisch waren. Noch später habe ich, wo ich konnte, Jagd auf sie gemacht.

Um jene Zeit, wohl im Herbst 95, sind wir aus der Borngasse nach dem Marktplatz gezogen, in das Haus des Küfers Schweitzer, links von den Tortürmen, in dem jetzt eine Weinstube ist. Am Haus befand sich ein Anbau mit einem hübschen Giebelzimmer. Der wurde mir als Spielzimmer eingeräumt, und da habe ich, was ich im einzelnen schon in der Borngasse begonnen hatte, im größeren Maßstab fortführen können. Über den ganzen Fußboden habe ich die Schnittbogenmuster meiner Mutter ausgebreitet, die schachbrettartig aufgeteilt, mit Bergen aus Zigarrenkisten und Wäldern aus Moos und Heidekraut und Dörfern aus Streichholzschachteln und Postkarten bebaut und dann ganze Armeen von Bleisoldaten darauf marschieren lassen. Ich stellte dieselben selbst her, indem ich sie in Lehmformen, die ich erfunden hatte, goß. Half mir Bruder Walther beim Spiel, dann wurde gewürfelt, um die Anzahl der Schritte, die die Soldaten tun konnten, festzustellen. In bestimmten Lagen konnte die Artillerie, die Kanonen mit Gänsekielen hatte (die Butterfrau aus Bonbaden mußte die liefern), mit Kunststofftöpseln schießen. Das Problem, aus leeren Patronenhülsen richtig feuernde Geschütze herzustellen, habe ich nie lösen können. Einmal habe ich einen Klassenkameraden Zugehör mit nach Braunfels genommen, ihm das Schlachtfeld vorzuführen. Er war so voller Staunen, daß er ein großes Geschrei davon in Weilburg machte und ich oft nach dem Wunderwerk gefragt wurde. — Von Weilburg her pflegte ich nunmehr einen anderen Weg einzuschlagen, der mich die Chaussee vom Weiherstieg herunter gleich an den Weinberg und über die Kastanienallee schneller nach Hause brachte. In den Ferien pflegte ich jeden Morgen mit dem zweijährigen Bruder Theo im Weinberg zu sitzen, so daß die Vorübergehenden ihm zu seinem Kindermädchen gratulierten. Es war ein wundervoller Sommer 1896. Zu seinem Beginn, Palmarum, war ich konfirmiert worden, und zwar, weil der Braunfelser Oberlehrer

Bingel krank war, von dem Pfarrer Fuchs aus Burgsolms. Die Pfarrstelle in Braunfels verwaltete damals ein Kandidat Roffhack, bei dem ich mich anmeldete und der auch am Nachmittag zur Feier kam. Außerdem war die Familie Homann erschienen und vor allem Albert Ehlers, der alles unterhielt. — Durch ihn wurde auch die gute Absicht des Kandidaten, auch die übrigen Konfirmanden zu besuchen, zu Schanden. Er saß noch um Mitternacht und feierte fidel weiter. Ich kam mir sehr würdig vor mit langen Hosen und Glacéhandschuhen und trug mit Stolz meine nagelneue Untertertianermütze.

Mit diesem Albert Ehlers habe ich in jener Zeit häufig Jagdausflüge gemacht, um abends Hasen oder Rehböcke zu schießen. Zu ihm möchte ich zwei Geschichten aus den Jahren 1890/91 nachtragen. Der Fürst Georg, den er wie alle Braunfelser Beamten, vor allem auch mein Vater, nicht leiden konnte, hatte ihn zu seinem „Leibbüchsenspanner" gemacht, der ihm das Wild erlegen mußte, das dann auf des Fürsten Schußliste als dessen Beute figurierte. Als er einmal, eitel wie er war, sich neue große Visitenkarten drucken ließ, hatte man auf der Rentkammer den Probekarten heimlich diesen Titel hinzugefügt und sie in die Druckerei zurückgegeben, was zur Folge hatte, daß die 300 darauf abgelieferten sauber gedruckten Karten alle sofort in den Ofen wanderten. — Dieser „Leibbüchsenspanner" Seiner Durchlaucht hatte es sich 1890 schön ausgedacht, in die Wetterau zu fahren, um die großen Hühnerjagden abzuhalten, die der schon kranke Fürst nicht abhalten konnte. Er schrieb dieserhalb an den Fürsten und erhielt aus Frankfurt die Antwort „Du fährst nicht eher nach Hungen, bis Du den Rehbock, den ich zuletzt in der Wintersburg angeschossen habe, gefunden hast." Für einen anderen wäre guter Rat teuer gewesen, denn es stand einwandfrei fest, daß S. D. den Rehbock weit gefehlt hatte. Für den Albert war aber die Sache so sicher, daß er sofort für den anderen Tag die Wagen nach Hungen bestellte. Da ich gerade Ferien hatte, sollte ich mit. Am Nachmittag des Tages fuhr Albert mit meinem Vater und mir nach Heisterberg, wo der Oberförster Becker einen kapitalen Rehbock das ganze Jahr für den Fürsten gehütet hatte, und erklärte, daß der Fürst eben diesen Bock sofort geliefert haben wolle. Dem Oberförster half all sein Streuben nichts. Albert fuhr selbst zu der Wiese, auf der der Bock allabendlich heraustrat, setzte meinen Vater oben und sich selbst unten an. Programmgemäß kam der Bock meinem Vater vor die Flinte. Der beobachtete ihn eine Weile durch das Glas und erlegte ihn dann durch einen Blattschuß, so daß er gleich im Feuer liegen blieb. Fast gleichzeitig knallte es aber auch am anderen Ende der Wiese. Als Albert gegangen kam und Vater ihm zurief, „Haben sie ihn?", ertönte es auf dessen begeisterte Antwort „Ja" „Ich aber auch!". Tatsächlich bestand die Strecke aus zwei guten Rehböcken, so guten, daß der Albert meinte: „Die Gehörne sind für den Fürsten viel zu gut. Ich habe vor zwei Tagen einen geringeren Bock geschossen, der tuts auch." Er hat dann dieses Bockes Gehörn fein präpariert nach Frankfurt geschickt, darauf ein Lob für die schnelle Erledigung gekriegt und die Versicherung: „Ich habe das Gehörn von meinem Bock gleich wieder erkannt".

Die andere Geschichte, die auch aus jener Zeit stammt, hat sich bei einer Treibjagd im Doberg zugetragen. Es war tags zuvor irgendeine Festivität in Braunfels gewesen, und die meisten der Jäger hatten bis in den Morgen hinein scharf gezecht. Besonders der Busenfreund von Albert, Wiegmeyer aus Bremen, schleppte sich mit einem so schweren Kater zur Jagd, daß er seinen Stand während eines Treibens verließ und den Freund aufsuchte, der auf einer steilen Schneise ein Feuer angezündet hatte und dem Fürsten für das Frühstück den Tee bereitete. Wiegmeyer, von Durst geplagt, trinkt ihm die Kanne halb leer. Schon ist das Treiben zu Ende und der Fürst ruft von oben „Albert, meinen Tee!" Prompt erfolgt die Antwort: „Sogleich, Durchlaucht!". Albert tritt mit dem Stiefel das Eis einer Pfütze im Wege ein und wirft die Stücke — Wasser war keines mehr da — in den Kessel, um sie noch einmal aufkochen zu lassen. Auf nochmalige Aufforderung eilt er dann mit dem Getränk zum Fürsten und entschuldigt sich auf dessen Vorhaltung, daß der Tee absonderlich aussehe: „Ich habe wegen der Eile die Milch gleich hineingetan".

Diesen Albert Ehlers habe ich nach vielen Jahren 1911 in Greifenstein wiedergesehen und manche schöne Stunde da noch mit ihm verbracht.

In den Herbst 1896 fielen gleich zwei bedeutsame Ereignisse: Am 19. August wurde meine Schwester Gertrude im Haus am Marktplatz geboren, und zum 1. Oktober wurde mein Vater nach dem Hof Heisterberg auf der anderen Lahnseite, also schon im Westerwald, versetzt. Ich weiß noch, wie von allen Seiten Leute, um zu beidem zu gratulieren, bei uns Besuch machen. Das Schwesterlein fuhr ich im Kinderwagen auf unseren sonntäglichen Spaziergängen in den Tiergarten. Vom Umzug nach Heisterberg weiß ich nur, daß mir in dem noch leeren großen Haus eine im Flur aufgehängte Scheibe, die eine Wildsau darstellte, mit vielen Kugellöchern gewaltig imponierte. Ich war sehr zufrieden, daß nun alle Brücken zu Braunfels abgebrochen wurden, wo ich in kein rechtes Verhältnis zu meinen früheren Kameraden kommen konnte. Fortan fuhr ich samstags mit der Bahn nach Stockhausen und ging von da eine Stunde durch den Wald bis zum Hof. Der erste Winter dort hatte etwas sehr Romantisches, wenngleich meine Mutter sich nie in die Einsamkeit auf dem Hof finden wollte. Es wohnten dort nur die Familie des Försters Esch (Peter), bei dem noch eine Tochter war, und der Leibjäger des Jagdpächters, eines Marquis de Monteforte, der frühere Fürstliche Förster Freitag. Dieser und die Tochter Esch haben später geheiratet. — Während dieses Winters 96/97 war Bruder Walther im Pfarrhaus in Ulm, wo er von seinem Vetter Ernst Stuhl, der sich dort auf seine zweite Prüfung vorbereitete, für die Quarta des Gymnasiums vorbereitet wurde. Samstagsabends pflegte auch er heimzukommen, einmal im Dauerlauf mit allen Zeichen des Entsetzens, weil ihm unterwegs der verschneite Wegweiser am alten Ulmer Pflanzengarten, bei dem gerade noch ein Feuer glimmte, das Holzfäller dort zurückgelassen hatten, wie ein riesiger Mann erschienen war, der ihn mit ausgebreiteten Armen erwartete. Ostern 97 bestand dann auch er die Aufnahmeprüfung in die Quarta in Weilburg, während ich in die Obertertia versetzt wurde. Von da an wohnten wir zusammen bei dem Spengler Lehr.

14. Das Gymnasium Philippinum illustre

An das Gymnasium denke ich nicht gern zurück. Der Schulbetrieb lag wie ein erstickender Bann über mir. Das ewige Einerlei der sehr vielen Unterrichtsstunden — wir gingen außer Mittwoch und Samstag, wo die Nachmittage frei waren, von 7.00 bis 12.00 und 2.00 bis 4.00 Uhr tagtäglich zur Schule, hatten sehr viel Schularbeit daheim zu bewältigen, mußten im Sommer um 8.00, im Winter um 6.00 Uhr daheim sein — wir waren also in ein furchtbares Gleichmaß der Tage eingesperrt und wurden mit aller Gewalt durch die Schulgesetze an ihm festgehalten. Jeder irgendwie selbständig sich beschäftigende Schüler kam früher oder später mit diesen in Konflikt, oder er mußte mit List und Lüge sich irgendeinen Ausweg aus ihnen suchen. Ich habe, obwohl die Versuchung dazu sehr groß war, das nicht probiert, weil ich das Bestreben hatte, möglichst glatt aus der Zwangslage herauszukommen, um dann, wie in der Kindheit, ein um so besser fundiertes Eigenleben aufbauen zu können. Auch schienen mir die von meinen Freunden oft mit gewaltigem Aufwand an Zeit und Kraft und Geld erkämpften Freiheiten das Risiko und den Einsatz nicht wert. Einen Ausgleich verschaffte mir immer der sehnlichst erwartete Samstag, an dem ich nach Heisterberg fuhr, in ein anderes Dasein hinein. Die ganze Woche wartete ich vom Montag an auf den Samstag hin. So lebte ich von einem Tertial zum. anderen auch in der Erwartung der Ferien, die das beendeten. Vielleicht ist es darauf zurückzuführen, daß ich später meine Jahre eigentlich nur nach den Reisen zählte, die ich in ihnen gemacht hatte. Die schienen mir allein der Mühe des Jahres und des Behaltens wert.

Mein Haupteindruck vom Unterricht war der, daß in demselben viel kostbare Zeit mit Nichtigkeiten vertrödelt wurde und daß man gut die Hälfte der Jahre hätte einsparen können. Wenn ich, wie das im Frühjahr fast regelmäßig vorkam, einmal zwei bis drei Wochen in der Schule fehlte, waren bei meiner Wiederkehr die anderen noch an demselben Pensum. Wenn wirklich etwas Neues durchgenommen war, konnte man das in drei Tagen gut sich aneignen. Es kam nur darauf an, daß man rite die einzelnen Klassen absaß, durch keinen gröberen Verstoß gegen die Schulordnung auffiel, die Wünsche der Lehrer bezüglich ihrer zumeist formalistischen Wissensvermittlung einigermaßen befriedigte — dann wurde man durch die verläßlich funktionierende Maschine zum Abitur gebracht. Am besten war's noch in den Sprachfächern. Da konnte man gelegentlich etwas Eigenes leisten, mit eigenen Ansichten und Erkenntnissen. Mechanischer war es schon in den mathematischen Fächern, wo sich schließlich alles auf die Gedächtnis-Kenntnis einer Reihe von komplizierten Formeln zuspitzte, die nach der Schule sogleich mit Fleiß wieder zu vergessen mir eine süße Rache war. Am schlimmsten war der Unterricht in Geschichte, bei dem nur nackte Zahlen eine Rolle spielten, und in dem vollständig aller Poesie entkleideten Horaz, bei dem nur Versmaße und die Nummern der Oden usw. geübt wurden, genau so, wie die Lektüre des Johannesevangeliums dazu dienen mußte, griechische Formen und Grammatik einzuprägen.

Die Lehrer litten zumeist selbst unter dem Mißverhältnis zwischen dem geistigen Stoff und der mechanischen, geisttötenden Zerarbeitung desselben. Die besten von ihnen versuchten „das Schulische" herabzumindern oder als Nebensache abzutun. Es gelang das aber nur sehr unvollkommen und nur für den Augenblick. Man kam in ein Gefühl der Unsicherheit, daß man in jeder freieren Unterrichtsmethode einen Hinterhalt witterte, einen durch die äußere Zwangsjacke der Anstalt dann um so sicherer zu erdrücken. Die Sehnsucht trieb: Läge diese öde, den Menschen zur Maschine machende Ochsentour doch erst einmal hinter einem! Natürlich lernte man mit wachsender Routine auch über diese Hemmnisse hinwegkommen. Das Pathos des Herrn Direktors, das man ja nun lange genug kannte, erschien einem nur noch lächerlich. Die mehr oder weniger gutgemeinten Reden der Lehrer ließ man als notwendiges Übel höflich, aber kalt über sich ergehen. In der Kammeradschaft mit denen, die in gleicher Verdammnis waren, suchte man das öde, reizlose Dasein einigermaßen erträglich zu machen.

Wir waren eine besonders eng verschworene Gemeinschaft in der „Schwanegaß". Da lagen unmittelbar nebeneinander die Häuser Lehr und Cramer, die beide an Schüler Zimmer vermieteten, gegenüber die sehr geschätzte Pension der beiden Fräuleins Haibach, ein paar Häuser weiter die Glaserei Petermann, wo auch immer einige Schüler zuhause waren. Bei Lehrs wohnten mit mir zusammen außer dem schon erwähnten Emil Müller, Wilhelm Homann, Ernst Idelberger und mein Bruder Walther. Zeitweilig aß mittags mit uns der Landwirtschaftsschüler Wilhelm Deißmann aus Löhnberg, von uns nur der „Schorsch" genannt, der nachmals das väterliche Wirtshaus „Zur Krone" in Löhnberg übernommen hat. Im Hause Cramer wohnten zuerst der Oberlehrer Eitel und ein bald wieder verschwundener Schüler namens Appel, später Moritz Pfeiffer und Peter Josef Schiefferens aus der Eifel. Im Hause Haibach waren zu meiner Zeit vor allem Heinrich Ewald, Hermann Bücher und andere jüngere untergebracht. Bei Petermann wohnten Julius Becker und Richard Bohnekamp. Ständiger Gast in der „Schwanegaß" war bei mir Adolf Görtz, an großen Tagen, das heißt, wenn es einen Aufsatz zu schreiben oder eine schwierige Arbeit abzuliefern galt, auch wohl tutti quanti die Klassen, so daß in der „Schwanegaß" ein Brennpunkt des Pennälerlebens in jenen Jahren lag. Da saßen sie dann alle meist auf Wilhelm Homanns Bude, die die geräumigste war, er selbst, Baumgartner und Bücher mit langen Pfeifen, Karl Lautz mit einer kurzen, Ewald und Idelberger Zigarren rauchend, und hörten der Ableitung irgendeiner mathematischen Formel zu, oder der Entwicklung von Aufsatzthemen, oder eines Versmaßes bei Horaz, oder auch Homer wurde übersetzt oder Cicero oder Tacitus. Am Schluß mußte gesungen werden, alte Lieder, die die einzelnen von den Kirmessen im Land sich angeeignet hatten. Bald war diese Sängergemeinschaft bei Lehrs unter dem Namen „Gesangverein Keuchhusten" in ganz Weilburg bekannt. Noch als Studenten haben wir, wo Mitglieder dieses Vereins sich trafen, die damals geübten Hymnen gesungen: „Geh mer nit üwer mei Äckerche" oder „Unterm Dach juchhe!". von dem „Schwanegäßchen" haben sich im späteren Leben Ewald, Bücher, Idelberger,

Schiefferens, Pfeiffer besonders anhänglich erwiesen. – Mit den Jahren gewöhnte man sich an den Betrieb in der Anstalt und die Eigentümlichkeiten ihrer Lehrer. So gestalteten sich dann die abschließenden Primanerjahre ganz gemütlich. Man beherrschte allmählich die gestellte Aufgabe.

Von den Lehrern am Gymnasium muß ich noch einiges berichten. Da war zunächst unser Ordinarius, der die Klasse von Sexta bis Oberprima geführt hatte und nicht wenig stolz darauf war, daß sie als Musterklasse der Anstalt galt, Prof. Dr. Gundlach, ein intelligenter und vielfach begabter Mann, eigentlich Neuphilologe, der aber auch Latein unterrichtete und vor allem ein großer Musiker war. Den Unterricht an der Anstalt „schmiß" er aus dem Handgelenk. Darum kam er nie vorbereitet zur Stunde, wußte oft nicht, was behandelt wurde, legte keinen Wert auf schriftliche Arbeiten, die bei den anderen Lehrern etwas Heiliges waren, und war auch sehr großzügig in der Beurteilung der mancherlei Streiche, die die Schüler verübten. Er verspottete sie weidlich, wenn sie es so dumm angestellt hatten, daß sie erwischt wurden. Nur Musik nahm er ernst, reiste zu manchen Aufführungen, kannte eine Menge Musikgrößen und führte jedes Jahr mit seinem Gesangverein „Paulus", der aus Schülern der oberen Klassen bestand, ein Oratorium in der Kirche in Weilburg auf. Ich habe da in verschiedenen Jahren die „Schöpfung", „Paulus", „Jephta und seine Tochter" und anderes mehr mitgesungen, obwohl ich kaum zwei Töne voneinander unterscheiden konnte. Daneben begeisterte er sich für Ferienkurse, die er an der Universität Marburg hielt, wo er als eingefleischter Corpsstudent dann eine feuchtfröhliche Rolle spielte, und gab klassische Schriftsteller für den Schulgebrauch mit anderen heraus, wodurch es kam, daß wir im Französischen z. B. alle paar Monate einen neuen Schriftsteller lasen, ein Luxus, den ich bei meinen sehr bescheidenen Mitteln nicht mitmachen konnte, so daß ich oft kein Buch für die Lektüre hatte, was er mit einem Kopfschütteln überging. Die Hauptsache war, daß man etwas wußte, wenn es galt, bei einer Revision z. B., oder wenn der sehr gestrenge Herr Direktor hospitierte, was häufiger vorkam, weil unser Ordinarius gar zu oft in peinliche Affären mit schönen Mädchen in Weilburg verwickelt war. Darin machte er seinen Primanern häufig Konkurrenz. Wenn man nicht gerade auf dem Gebiet mit ihm zusammenstieß, war bei seiner Großzügigkeit gut mit ihm auskommen. Um seiner Burschikosität und seiner ewigen Liebschaften willen hat er es aber trotz seiner Begabung nie weiter als zum Oberlehrer in Weilburg gebracht.

Sein Gegenstück, der richtige Schulmeister, korrekt, gewissenhaft, fast pedantisch, dabei aber oft zerstreut, ungewandt, weltfremd, war Prof. Endemann, der nachher Direktor in Dillenburg wurde. Er konnte Kleinigkeiten furchtbar tragisch nehmen, vertrödelte viel Zeit mit Untersuchungen irgendeines Deliktes, weil er niemandem Unrecht tun wollte, und hat uns einmal, als wir aus der Schwanegaß in langem Zuge um Mitternacht auf der schmalen Eisenbahnbrücke am Bahnhof ihm begegneten, mit wochenlangen Untersuchungen das Leben schwer gemacht, bis die Tanten Haibach auf dem Umweg über seine Frau die Sache beilegten.

Der wohl beste Lehrer an der Anstalt, bei dem ich am leichtesten gelernt habe, war Prof. Müller, allgemein der „sanfte Heinrich" geheißen. Nur schade, daß er von sehr zarter Gesundheit war und nicht viele Stunden erteilen konnte. Er gab aber seinen Unterricht mit hohem Ernst und tiefem Verständnis nicht nur für seine griechischen und lateinischen Schriftsteller, sondern auch für die Schüler, deren Fortkommen ihm Herzenssache war.

Unser Mathematiklehrer, Prof. Weiß, war dagegen gar nicht ernstzunehmen. Er gab für einen neuen Witz seine ganze Stunde mit allen Formeln her, war außerordentlich neugierig und immer am Schwätzen und am Lachen, so daß wir im Nu aus einer die halbe Tafel bedeckenden mathematischen Deduktion bei dem nächsten Stadtklatsch waren, der mit viel anzüglichen Witzen und großer Geheimnistuerei dann noch bis in die Pausen hinein behandelt wurde. Hätten wir nicht einen Klassenkammeraden Lehr gehabt, der die Formeln besser als der Lehrer beherrschte und erklären konnte, der meist still und unangefochten durch all das Gewitzel und Gerede die Sache zu Ende rechnete, wir hätten nie die Ableitung einer Formel wirklich bis zu Ende geführt.

Mit all diesen Lehrern und wer sonst noch an der Anstalt wirkte, ließ sich aber ohne Schwierigkeit auskommen. Ich habe diesen Unterricht nie als Last empfunden. Bei zweien aber war die Lage oft kritisch und ich oft in der Versuchung, gegen ihre Methoden zu rebellieren. Der erste war der ungemein dicke Oberlehrer Eitel, ein geborener Weilburger, der darum um jeden Preis volkstümlich und zugleich originell sein wollte. Seine Unterrichtssprache war möglichst platter Weilburger Dialekt mit verrückten Wortzusammensetzungen, z. B. „Was vernimmt mein antikes Ohr?" oder „Gelinder Blödsinn!" oder „Aich haache der a rechts un haache der a links" oder was solcher Redensarten mehr waren. Die plattesten Antworten waren ihm die liebsten, und eine lange Rede konnte er darüber halten, daß man nicht „törichte Landleute" (wie in dem pons stand) sagen dürfe, sondern es „dumme Bauern" heißen müsse. Dabei schielte er fortwährend in die Klasse, ob etwa einer seine Ausführungen nicht ernst nähme, und wehe dann dem! Am verrücktesten kam seine Art zutage, wenn er den Unterricht mit einem Gebet eröffnen sollte. Das hatte dann etwa folgenden Wortlaut: „Lieber Gott, da liege die Aufsätz! Mehr als die Hälft sind nit genügend! Was mächt mer da um Deiner Barmherzigkeit willen mit dene Dummköpp? Kannst Du en denn net emal beibringe, daß se wenigstens das Deutsche beherrsche? Sie nenne das ihr Muttersprach und lästere sie damit." — Oder ein anderes fing an: „Lieber Gott, Du siehst die Rasselbande! Kannst Du denn net gewe, daß se sich bessern? Wie ich gestern abend vom Dämmerschoppe komme, wer sitzt hiner Helwigs große Fässer? De bös Küchmann. Was dude? Er raacht! „Hiämi" kann e aach net! Was mächt mer mit sonem Bursch?". Da mußte ich mitunter, von der Komik der Situation gezwungen, laut herausplatzen und zog mir dadurch seinen Zorn im höchsten Maße zu, denn nichts fürchtete er so sehr, als wenn man sich über ihn lustig machte. Nur die möglichst derben nassauischen Schlagetots wie der Karl Lautz fanden Gnade vor seinen Augen, die auch in seinem Dialekt antworten konnten. Die anderen waren „Zierbengels" und „Muttersöhnchen" für ihn. Gott sei Dank, daß wir bei ihm nur wenige Stunden und nur kurze Zeit lang hatten!

Der andere Lehrer, der einem das Leben schwer machte, war der „Königliche Herr Direktor", wie er sich selbst nur nannte, der hohe Chef, Herr Dr. Paulus, selbst. Der war nun ganz preußischer Unteroffizier und seine Pädagogik die des Kasernenhofes. Wie oft bin ich von ihm angefahren worden, weil ich zu langsam aufstand, nicht laut genug antwortete, nicht gerade stand oder dergleichen. Auch hat er mir oft zitiert: „Der Mann, der das Wenn und das Aber erdacht ...", weil er nicht leiden konnte, wenn man ihm zwei Möglichkeiten zur gefälligen Auswahl präsentierte. Sein Unterricht bestand im Einpauken von Geschichtszahlen oder der Versmaße des Horaz. Wer ein gutes Gedächtnis hatte, konnte bei ihm Lorbeeren ernten. Die Masse des zu behandelnden Stoffes war aber so groß, daß es auch dem besten Gedächtnisakrobaten nicht gelang. Den Geschichtsunterricht empfand ich als schrecklich langweilig, die Behandlung der horazschen Oden versetzte mich geradezu in Wut. Und nur weil ich mir erlaubte, von seinem Übersetzungsschema öfter abzuweichen, setzte er mir im Latein, wie er das nannte, „das Nötchen herunter", indem er extra im Zeugnis vermerkte, daß Horaz schlechter als die allgemeine Lateinnote zu bewerten sei. Schließlich aber hat er stillschweigend kapituliert, als bei einer Revision der Anstalt durch einen Beauftragten des Unterrichtsministeriums ich der einzige war, der über die Weltanschauung des Horaz einiges zu sagen wußte, eine Materie, die in dem auswendig gelernten Schema des Herrn Direktors keinen Platz hatte.

So habe ich denn mit großer Geduld in dieser Anstalt meine Zeit abgesessen, bis ich Ostern 1902 das Abitur machen konnte. Ein Wichtiges hatte ich in der Zeit gelernt, daß ich all den großen Redensarten, mit denen dies oder jenes angekündigt wurde, nicht mehr traute, so daß ich zum Entsetzen des aufsichtsführenden Lehrers, Prof. Gropius, der wohl ein gutmütiger, aber entsetzlich steifer Mann war, den Beginn des schriftlichen Examens beinahe verschlafen hätte und im allerletzten Moment erst angehetzt kam, so daß er eine lange Erwägung anstellte, ob er das wohl in dem Protokoll vermerken müsse. Mir wär's egal gewesen. Man muß dazu wissen, daß die Schüler schon um 4.00 Uhr früh vor der verschlossenen Tür zur Aula standen und mit dem Pedell, der das Feuer anmachte, in den Saal stürzten, nur um Plätze weit hinten zu erhalten. Die schriftlichen Arbeiten liefen dann auch sehr regulär ab. Dramatisch wurde die Handlung erst am Tag der mündlichen Prüfung. Wir waren im Musiksaal versammelt und warteten auf die Entschlüsse der Kommission, die in der Aula saß. Eifrig versuchten die einzelnen ihr Wissen noch zu mehren. Da wurde zunächst eine Anzahl in die Aula gerufen. Wir wußten nicht zu welchem Zweck. Wir vermuteten, daß das die von der mündlichen Prüfung Befreiten seien und machten uns nun auf ein rigoroses Examen gefaßt. Dann wurde Freund Keller aus Ahausen allein gerufen. Das Rätselraten war noch größer, zumal als der nach kurzer Weile wieder erschien, wortlos seinen Stürmer vom Haken nahm und verschwand. Dann erst wurde auch ich mit fünf anderen vor die Kommission geführt. Der Chef kommandierte die Aufstellung und las die Namen vor. Dann erhob sich der Herr Geheimrat Lohmeier aus Kassel und gratulierte uns zum Bestehen des Examens, weil die Kommission auf Grund unserer schriftlichen Arbeiten von der mündlichen Prüfung abzusehen beschlossen hätte. Ehe wir uns versahen, waren wir wieder auf der Straße. Die zuerst Gerufenen waren die, die man wegen ihrer schlechten Arbeiten gar nicht erst zum Examen zugelassen hatte. Vor dem Gymnasium hatte sich die ganze weibliche Jugend von Weilburg eingefunden und uns im Nu von oben bis unten mit Blumen besteckt. Die Tanten Haibach holten uns ins Haus, wo alles schon zu einer großen Feier zubereitet war. Ich bin an dem Nachmittage noch mit Ernst Idelberger, der schon vorher vom Examen zurückgetreten war, nach Hirschhausen gewandert. Am nächsten Tag wurde die Prüfung zu Ende geführt und am Abend mit einem großen Kommers abgeschlossen, zu dem Lehr und ich den Geheimrat einladen mußten und zu dem auch von selber mein Vater aus Heisterberg erschienen war.

Hernach war dann noch eine Entlassungsfeier in der Aula, wo uns der Chef ans Herz legte: „monos ho sophos plousios kai eleutheros basileus" und der Chor uns sang: „Nun zu guterletzt geben wir dir jetzt auf der Wanderung das Geleite".

Dann lag — ich stellte das mit Aufatmen fest — das Gymnasium endgültig hinter mir.

15. Die erste Reise an den Rhein 1901

Ein bedeutsames Ereignis aus meiner Gymnasiastenzeit, das ich berichten muß, war eine Reise an den Rhein, die ich in den Herbstferien 1901 als Unterprimaner mit Freund Idelberger unternahm.

In den 90er Jahren war das niedrige Zweirad aufgekommen, das das Hochrad, bei dem man halsbrecherische Turnkunststücke unternehmen mußte, um in den Sattel zu kommen, ablöste. Als Junge habe ich diese Ungeheuer noch manchmal in Braunfels gesehen. Ich erinnere mich, daß ein Hasenstrauch, ein älterer Bruder der Anna Hasenstrauch, der Gerichtsaktuar war, damit fuhr. Nun waren aber die Räder mit der Kettenübertragung erfunden, die das Rad niedriger sein ließen. Das Radfahren war leichter geworden und breitete sich mehr und mehr aus. Es war selbstverständlich, daß als einer der ersten Albert Ehlers die Kunst erlernte und stolz auf dem Zweirad die Kastanienallee unsicher machte und zur Verbreitung der nützlichen Einrichtung die Vertretung der Firma Stuckenbrock in Einbek übernahm. Er bot gleich unserem Vater seine Vermittlung für den Ankauf eines Rades an. Aber den hinderte der immer noch, auch ohne Vertreterspesen, sehr hohe Preis. Endlich, so um 1899, kam die Tante Marie unerwartet in den Besitz von 500 RM, die sie einem Zahnarzt in Hannover geliehen und schon aufgegeben hatte. Da gab sie auf das Drängen vor allem ihres Neffen Walther 250 RM zum Ankauf her. Da Walther das Radfahren schnell gelernt hatte, gab auch ich mich dran und konnte nach einigen Abenteuern und Unfällen einigermaßen mich im Sattel halten. Auch in unserer Klasse war das Radfahren Sportsache geworden. Die wohlhabenden Schüler fuhren alle Rad, auch Ernst Idelberger hatte eins erworben, um den Schulweg von Kirschhofen nach Weilburg zurücklegen zu können. Inzwischen aber war sein Vater nach Quirnbach auf den Westerwald versetzt worden, und das Rad stand müßig bei Lehrs.

In den Herbstferien 1901 wollte er mit ihm heimfahren und beredete mich, ihn auf der Fahrt zu begleiten. Nun war ich im Leben noch nicht verreist gewesen, außer jener Fahrt, die ich als Vierjähriger nach Hannover unternommen hatte. Unser Vater hatte zwar jedes Jahr davon geredet, daß er mit uns eine Fahrt nach Eisenach machen wolle, um uns die Stätten seines Studentenlebens zu zeigen. Aber immer wieder entzog er sich auf jede Weise der Ausführung des Planes, weil er behauptete, in einem fremden Bett nicht schlafen zu können. Auch uns redete er immer wieder Reisepläne aus, weil er meinte, daheim wär's immer noch am besten. So war ein anderes Stück Welt als das zwischen Weilburg und Braunfels bzw. Heisterberg nie in meinen Gesichtskreis getreten. Die Möglichkeit, nun an den Rhein zu kommen (denn dahin mich zu bringen, hatte Idelberger versprochen), erweckte so sehr meine Neugier, daß ich das Einverständnis meines Vaters erbat und erhielt und schließlich auch losfuhr. Nach Schulschluß kam zunächst Freund Ernst mit nach Heisterberg, damit er sachkundig das Rad prüfe und die Vorbereitungen leite. Am Nachmittag veranstalteten wir noch eine Hühnerjagd auf dem Heisterberger Hof, wobei der gute Idel nichts schoß, weil er seine Flinte zu entsichern vergessen hatte. Am anderen Morgen fuhren wir los. Die Reise ging über Weilburg und Merenberg zunächst bis Rennerod. Da war ich bereits am Ende meiner Kraft. In dem bergigen Gelände hatte das Befahren von Steigungen meine ungeübten Beine sehr angestrengt. Beim Abwärtsfahren pflegten wir die Beine auf die Lenkstange zu legen, so daß mangels einer Bremse das Rad auf immer tollere Touren kam. Ich denke noch an den Schrecken, als wir unter fortwährendem Klingeln bergab in ein Dorf gerast kamen, wo gerade die Kirche aus war und die Kirchgänger mit ihren Gesangbüchern schimpfend auseinanderstoben. Auch alle Dorfhunde, Gänse und Hühner vollführten einen Höllenlärm. Wäre jenseits des Dorfes nicht eine Steigung gewesen, ich hätte das Rad nicht wieder in die Gewalt gekriegt. In Rennerod aber konnte ich nicht weiter. Mir war sterbenselend zumute. So suchten wir ein Wirtshaus auf, wo wir mit Kognak und Kaffee uns restaurierten. Zufällig saßen da gerade der damals dort als Assessor tätige nachmalige Braunfelser Amtsrichter Clößner und sein ihn besuchender Freund, der Arzt Dr. Möglich, beim Frühschoppen. Als halbe Leiche habe ich sie noch begrüßt, das Zusammensein aber möglichst abgekürzt, damit nicht etwa durch sie daheim etwas von meinem Abbauen verlautete. Von Rennerod aus war der Weg weniger steil, und wir kamen um 2.00 Uhr nachmittags in Hachenburg an, wo unser Freund Görz, der da zuhause war, uns erwartete. Der hat uns den Nachmittag durch alle Lokale in Hachenburg geschleppt. Als wir in der Dämmerung abfuhren, wußte ich kaum noch, wie ich nun nach Quirnbach kommen sollte.

Am anderen Tage brachen wir nach einer sehr erquicklichen Nachtruhe auf, um bergab durch das viel gewundene Saytal an den Rhein zu gelangen. Es war ein wundervoller Herbsttag. Das Tal war von einer überraschenden Schönheit, so daß sich mir der Mut wieder hob und die Erwartung des Neuen mich vorantrieb. Als wir an den Rhein in das weniger schöne Neuwieder Becken bei Engers kamen, war ich zwar etwas enttäuscht, doch verbreiteten die vielen Kartoffelfeuer einen anheimelnden Geruch über der Gegend und die Sonne verklärte sie mit aller leuchtenden Schönheit eines Herbsttages. Gegen 3.00 Uhr kamen wir nach Neuwied und schlugen uns zum „Wilden Mann" durch, wohin uns der gute Adolf Görz, der aus Hachenburg mit der Bahn nachkommen wollte, bestellt hatte. Angesichts des Rheins saßen wir also auf der Terrasse und empfingen ihn kurz darauf bei einer guten Flasche Wein. Er führte uns durch Neuwied, das meinen romantischen Vorstellungen von einer Rheinstadt nicht ganz entsprechen wollte, machte selbst einen Besuch in seiner früheren Pension dem Landgericht gegenüber und brachte uns schließlich über die Feldkircher Straße in den Schloßgarten, damit ich auch meine Verwandten begrüßen könnte. Ich muß übrigens nachtragen, daß ich in Sayn, während Idelberger in einer Brauerei Rast machte, die Tante Elise Niedermeier besuchte, aber bei der Kürze der Zeit die anderen Verwandten dort nicht sehen konnte. Im Schloßgarten waren nur die Kinder daheim, die vor dem Hause lebhaft spielten, bei unserem Erscheinen aber panikartig die Flucht ergriffen und uns allein ins Haus treten ließen. Nur die Cousine Gustel ermannte sich, kam uns nach und klärte uns höflich darüber auf, daß leider die Eltern nicht daheim seien, wir aber später wiederkommen könnten. Wir zogen also mit unseren Rädern wieder an den Rhein und stellten sie schließlich im „Franziskaner" unter, wo wir einen weiteren Schoppen tranken, wurden dann aber, als es dämmerte, von dem Vater Köhler aufgestöbert, der uns dort ein Logis vermittelte und dann zum Abendessen mit nach Hause schleppte. Den Abend haben wir brav bei Köhlers verbracht und alle Vettern und Basen kennengelernt. Die Kinder, die schon in den Betten lagen, wurden wieder herausgeholt, und das kleine Mariechen sagte, auf einer Fußbank stehend, ein Gedicht auf. Dann brachte uns Vater Köhler zum „Franziskaner" zurück und spielte mit uns Skat. Am nächsten Morgen ging die Reise weiter, nachdem wir den Hachenburger wieder zur Bahn geleitet hatten. Wir fuhren auf der linken Rheinseite, machten in Stolzenfels halt, ritten auf kleinen Pferdchen zum Schloß hinauf, fuhren dann weiter nach Brey und stärkten uns dort wieder mit einem Glase Wein, den uns ein junges Mädchen hold errötend in einer Gartenlaube kredenzte. Zu dritt haben wir Rheinlieder gesungen und den Vers an meine in Hannover weilende Mutter verbrochen, der auf der Ansichtskarte vom Stolzenfels noch vorhanden ist. Ein Stückchen vor Boppard wollten wir auf der sonst leeren Landstraße einen langsam daherfahrenden Pulverwagen, kenntlich an einer schwarzen Fahne mit dem Totenkopf, überholen. Ich bin bei meinen schwachen Radfahrkünsten dabei verkehrt eingebogen und dem guten Idel ins Rad gefahren, so daß wir beide zu Fall kamen. Mein Rad war so verbogen, daß man es nicht mehr benutzen konnte. Wir haben es nach Boppard hineingetragen und in einer Fahrradwerkstatt zur Reparatur gegeben. Wir selbst sind mit der Bahn weiter bis in einen Ort vor Bingen, in dem Idelbergers älterer Bruder Bahnmeister gewesen war, gefahren, haben dort übernachtet, sind am anderen Morgen übergesetzt nach Rüdesheim, haben das Niederwalddenkmal besucht und sind von da wieder nach Boppard, unser Rad abzuholen, zurückgekehrt.

Leider hatte sich unser Geldbestand so verringert, daß wir es nicht bezahlen konnten. Mit klopfendem Herzen traten wir bei Herrn Fondel ein. Er zeigte sich aber sehr entgegenkommend, stundete uns, als wir uns mit unserer Radfahrkarte legitimiert hatten, nicht nur die 10 RM Reparaturkosten, sondern lud uns zum Kaffee ein und borgte uns, als wir unsere bedrängte Lage schilderten, noch bare 10 RM dazu. So neu equipiert traten wir den Rückweg an, gaben aber leichtsinnig den größten Teil unseres Schatzes in Koblenz bei einem Abschiedstrunk aus. Den gesamten Rest nahm Idel mit, der ja nun wieder die Westerwald-Straße aufwärts fahren mußte. Es war ein ziemlich trister Abschied, als wir uns in Engers trennten. Ich fühlte mich mit meinem immer noch etwas widerspenstigen Rad ziemlich verlassen und mit meinem leeren Portemonnaie hilflos dem grauen Rheinnebel ausgeliefert, durch den ich Neuwied zusteuerte.

Ich habe die Stadt richtig gefunden, und die herzliche Aufnahme bei meinen Verwandten hat mich den grauen Herbst vergessen lassen. Vetter Paul wußte allerhand Projekte zu machen, die vollauf zu tun gaben. Gleich am nächsten Morgen sollte eine Fahrt an den Laacher See stattfinden, den ich nur dem Namen nach kannte. Wir sind dann auch nach Mittag mit unseren Rädern in den Nebel hineingefahren. Aber schon hinter Weißenthurm kamen wir in einen immer heftiger werdenden Dauerregen, daß uns das Wasser auf der Haut herunterlief. Vor Mayen gab auch Vetter Paul das Rennen auf und schlug vor: „Wir kehren um!". Ich war froh, daß ich ohne einen neuen Sturz wieder in Neuwied anlangte. Meine Kleider wanderten in den Backofen. In einem Anzug von Paul habe ich an dem Abend eine Sitzung seiner Pennälerverbindung in einem Hinterzimmer der Gastwirtschaft „Storch" in Heddesdorf mitgemacht. Nachtragen muß ich, daß ich gleich des Morgens heimtelegraphiert habe, um telegraphisch Geld anweisen zu lassen. Bei unserer wenig zeitgemäßen Post in Heisterberg dauerte es aber bis zum dritten Tage, bis ich telegraphisch 10 RM erhielt. So bin ich länger als beabsichtigt in Neuwied geblieben und am Montag mit der Eisenbahn heimgefahren, da ich meinen Radkünsten zu sehr mißtraute. Daheim war die Sorge um mich groß gewesen. Vater war wiederholt mit Theo nach Biskirchen zur Post gewandert, hatte aber außer einer Ansichtskarte kein Lebenszeichen von mir erhalten. Ich wurde sehr ungnädig empfangen. Und noch lange habe ich den Vorwurf hören müssen, daß ich nicht wieder heimfinden könnte, wenn ich mal fortreiste.

16. Zum Studium nach Tübingen

Noch ehe ich mit dem Gymnasium fertig war, stand fest, daß ich Theologie studieren würde. Zwar hätte mein Vater gern gehabt, daß ich der Tradition folgend ins Forstfach gegangen wäre. Ich machte mir aber keine Illusionen darüber, daß das meiner schlechten Augen wegen nicht möglich sei, und daß auch der verzweifelte Versuch vom alten Homann, das durch den Reichskanzler Hohenlohe zu erreichen, keinen Erfolg haben würde. Ich hatte auch — im Gegensatz zum Freund Homann — gar kein Jägerblut in den Adern. So lieb ich den Wald hatte und so gern ich den betreut hätte, ein Tier drin totzuschießen, tat mir leid. Ich habe auf dem Ansitz oft die Hasen laufenlassen. Als einzigen Wesenszug von dem Forstmannsein meiner Vorfahren habe ich wohl einen stärkeren Hang zur Natur und zur Einsamkeit in ihr mitgekriegt. In lärmender Gesellschaft den Wald zu durchstreifen, erschien mir wie ein Verbrechen. Vor den damals beliebten „Wald- und Landpartien", bei denen Männlein und Fräulein in möglichst lauter Unterhaltung die schönsten Gegenden unsicher machten, hatte ich geradezu einen Abscheu. Weit mehr bestaunte ich Vaters Vetter August, den alten Pfr. Stuhl in Ulm, von dem die Rede ging, daß er, um ungestört zu sein, nachts in seiner Studierstube arbeite und des Tages schlafe. Weiter fühlte ich mich zu dem Urgroßvater Niedermaier hingezogen, der ursprünglich hatte Mönch werden sollen, aber aus dem Kloster in Fulda entflohen war und ganz auf eigene Faust ein abenteuerliches Dasein geführt hatte, bis er schließlich Pfarrer in Aßlar geworden war. Es mögen auch die Erzählungen des Bürgermeisters Schreiber von Ulm auf mich gewirkt haben, der auch Forstreferendar gewesen war und dann, weil ihm das Geld ausging, nach einem unruhigen Wanderleben in Ulm gelandet war, sich glücklich pries, daß er doch wenigstens nicht als Herdenmensch in der Stadt zu leben brauche, und durch eifriges Studium sich fleißig in Naturwissenschaft weiterbildete. So schwebte mir ein stilles Dasein auf einem entlegenen Dorfe als Ziel vor, in dem ich, endlich frei von der gräßlichen Schulbank, in der ich 7 Jahre auf dem Gymnasium gesteckt hatte, nach eigener Überzeugung leben könnte, möglichst unangefochten von der großen Welt. Denn nichts war mir so zuwider, als repräsentieren, etwas darstellen, eine Rolle spielen müssen, wie es die meisten Menschen so gerne taten. Je mehr der Königliche Herr Direktor sich in all seiner Würde und Autorität aufgebläht hatte, um so mehr war er mir als ein Hanswurst vorgekommen, der vor lauter äußerem Pathos keine Spur von Inhalt ahnen ließ. Molktes „Mehr sein wollen als scheinen" schien mir der rechte Grundsatz, und als ich in den ersten Semestern den Grundsatz des Heiligen Bernhard kennenlernte: „Bene vixit, qui bene latuit", habe ich dem von ganzem Herzen zugestimmt. Nirgends war das Leben so schön und der Mensch so frei, der Zwang und die Schablone der Welt so weit, wie in Heisterberg. So in ländlicher Einsamkeit, unabhängig von der Meinung der Menschen, wollte ich ganz still und unbeachtet mein Eigenleben leben können. Das glaubte ich am besten erreichen und vertiefen zu können, wenn ich abseits von der Heeresstraße eine Pfarrstelle auf dem Land hätte. Als die Macht, die den Menschen am meisten verblendet und untüchtig macht, erschien mir der Ehrgeiz. Vor dem habe ich mich gehütet wie vor dem höllischen Feuer.

So habe ich denn für alle Fälle von der Obersekunda ab gleich Hebräisch gelernt, zusammen mit Adolf Görz, Wilhelm Keller und dem roten Schneider, der uns aber bald wieder verließ, weil er lieber neue Sprachen studieren wollte.

Weil auch Keller vom Examen zurücktrat, bin ich mit Adolf Görz allein im Herbst geprüft worden, eine Prüfung, die nicht allzu schwer war, weil wir ein Lexikon, in dem alle Schwierigkeiten aufgeführt waren, benutzen durften. Trotzdem hat der gute Görz einen reichlichen Unsinn geschrieben. Wir beschlossen, nach Tübingen zu gehen.

Ein kleines Zwischenspiel, das der gute Forstrat Pfannekuchen verursachte, konnte mich in dem Entschluß nicht mehr wankend machen. Der erschien nämlich, als wir im Januar 1902 Abitur gemacht hatten, in Heisterberg, um zu gratulieren und mich für den Beruf als Forstmann doch noch zu retten. Er stellte dem Vater und mir vor, wie ich ja, wenn ich im Staatsdienst nicht angenommen werden sollte, im Privatdienst, zumal im Osten, wunderschöne Stellen kriegen könnte, und erbot sich, mich in die Geheimnisse der Forstwissenschaft gleich praktisch selber einzuführen. Um ihn nicht ganz zu kränken, gestattete mein Vater, daß er mich in seinem Wägelchen gleich mit nach Braunfels entführte. So wurde ich, ehe ich nach Tübingen gehen konnte, bis zum 1. Mai Forsteleve. Das war nun wirklich eine schöne Zeit und ein verlockendes Amt, das mir da eröffnet wurde. Der Forstrat nahm mich im Wagen mit zu allen Fahrten, die er im Fürstlichen Revier machte, zeigte mir Vermessungsarbeiten an der Reviergrenze, ließ mich Dreiecke ausrechnen, nur konnte ich mit meinen auf der Schule erworbenen Kenntnissen keine Ehre einlegen, da mein nicht so gebildeter Kollege in der Lehre, der Willi Diehl, das Resultat immer schneller hatte, weil er es einfach aus einer dazu vorhandenen Tabelle ablas.

Ich wohnte in der Wohnung von Tante Marie, aß mit Willi Diehl zusammen auf der Obermühle, sah mit Staunen sein Verhältnis zu der schönen Wirtin, dem „Minchen", und begleitete ihn abends zum Homburger Hof, um irgendein jagdliches Ereignis mitzuerleben. Der gute Willi hatte sich damals der Waldhornmusik ergeben, begleitete jeden Schuß mit dem dazugehörenden Signal, durchtönte den stillen Park mit erbarmenswürdigen Tönen und übte sich abends am Parkgitter bei der Neumühle, indem er der damals gerade von ihm verehrten Müllerstochter schmachtende Liebeslieder vorzublasen versuchte. Es war diese Liebesart zwar ein bißchen kalt, aber sonst romantisch. Gar nicht selten ging ich auch nach beendeten Bürostunden nach Heisterberg, weil meinem Tatendrang so ein Weg gerade gelegen kam, und am nächsten Morgen um 5.00 Uhr wieder zurück, damit ich zu Beginn der Bürostunden wieder auf der Rentkammer wäre. Einmal habe ich dabei frühmorgens in der Wintersburg die Zigarrentasche eines Soldaten aus Leun gefunden, die voller Liebesbriefe und Photographien schöner Mädchen steckte und das Interesse der ganzen Rentkammer weckte, die über die Langeweile ihrer Bürostunden damit hinwegkam. Abends wurde sie von mir in Leun dem Vorsteher abgeliefert.

Zu dem Kapitel „Rentkammer" in dieser Zeit muß ich bemerken, daß sie im wesentlichen noch bestimmt wurde durch den Geist von Albert Ehlers, während schon in dem späteren Kammerrat Jockel ihm eine Konkurrenz erwuchs. Noch aber war der Neuling überrascht, wenn bei irgendwelchen feierlichen Ereignissen — und es konnte jedes Ereignis ein feierliches werden, wenn zufällig die hohen Beamten nicht auf den Ämtern waren — der Albert mit feierlicher

Grandezza einen schweren stählernen Kassenschrank aufschloß und aus dessen Tiefen ein vollständiges Service, Gläser, Kühler, Aschenbecher, auch Teller, Messer und Gabeln entnahm, ein Tischtuch über einen seiner Akten entledigten Tisch breitete und zu einem aus dem gegenüber liegenden Depot der Casinowirtschaft schnell beschafften Trunke einlud, den ein kleines vom Metzger Eckert geliefertes Gabelfrühstück verstärkte. Die Kosten wurden dann aufgeteilt. Die Anschaffungskosten für Glas und Porzellan usw. waren auf Porto oder Schreibmaterial verrechnet worden. Wie alles nahm aber auch diese Lehre, an die ich nur frohe Erinnerungen bewahrt habe, ein Ende. Am 1. Mai 1902 fuhr ich, an einem sehr kalten Morgen von der ganzen verfügbaren Familie zur Bahn begleitet, von Stockhausen ab, um zunächst in Frankfurt mit Adolf Görz zusammenzutreffen, der dahin schon vorgefahren war und bei Verwandten zu Besuch weilte.

In Frankfurt hatte ich einigen Aufenthalt. Freund Görz holte mich am Bahnhof ab, eine Cousine von ihm, Fräulein Huth, führte uns durch die Straßen, dann setzten wir uns zu Mittag in einen Schnellzug und fuhren über Bruchsal nach Tübingen. Auf dem spärlich beleuchteten Bahnsteig fielen wie gewappnete Stegreifritter, gute Beute zu machen, die Verbindungen mit ihren Keilbeauftragten uns an: „Äh, verzeihen, Müller Germaniae, sicher studienhalber hergekommen! Darf ich Ihnen behilflich sein? Empfehle Wohnung auf unserem Hause. Der Fax wird das Gepäck besorgen. Äh, bitte nein, verpflichtet zu nichts! Sehen Sie sich Betrieb mal an. Da kommt der Fax, Entschuldigung, habe noch zu tun". – Fort zu der nächsten Gruppe von Ankömmlingen. Dagegen von der anderen Seite: „Gestatten: Schulze Teutoniae, was, wohl noch fremd hier? Darf ich Sie begleiten? Gewiß Kommilitone aus Norddeutschland? Kann Ihnen den „Roten Ochsen" empfehlen. Haben da prächtiges Kneipzimmer. Werde Sie hinbegleiten. Gepäck wird besorgt." – „Pardon: Lehmann Borussiae. Sind gewiß Norddeutscher? Wird uns Ehre sein, Sie bei uns begrüßen zu können. Treffen da viele Landsleute!" – usw. ad infinitum: auf dem Bahnsteig, im Gebäude, hinter dem Bahnhof, so daß wir fluchtartig ins Dunkel stürzten, und ich allen beleuchteten Gasthöfen auswich, weil da schon wieder die bunten Mützen schimmerten und oft von weitem schon Kneiplieder klangen. Wir kamen uns wie unter die Räuber gefallen vor. So wie man früher Matrosen gepreßt hat, so sollten wir gepreßt werden für irgendeine unbekannte Organisation. Sollte ich dafür mit dem Abitur nun endlich meine Freiheit erkauft haben? – Endlich ein ruhiges Hotel, friedlich im Schatten alter Bäume. „Ein Zimmer?" „Gewiß!". Da waren wir dann so fürs erste sicher verstaut und konnten ausruhen. Am anderen Morgen frühstückten wir ziemlich spät zusammen mit einem Herren, der uns sehr freundlich ansprach und sich nachher als der a. o. Kirchenhistoriker Prof. Holl erwies, stellten fest, daß unser Hotel „Traube" hieß und nicht weit von der Universität lag, die wir dann aufsuchten. Wir kauften uns Vorlesungsverzeichnisse, Universitätskalender usw. und sahen uns am Nachmittag die Stadt an. So ging das sorgenlos die Woche über, bis wir am Wochenende neben unserem Frühstück eine Rechnung fanden. Oh Schreck! Daß man so teuer leben konnte, war mir

nie in den Sinn gekommen. Also schleunigst den Lebenswandel ändern! Wir
hatten ja schon wiederholt nach einer Bude ausgeschaut. Aber an dem Schwäbisch der Vermieterinnen, das uns wie Chinesisch anmutete, und weil wir ja
gut aufgehoben waren, war die Sache gescheitert. Nun mieteten wir aber
schnell in einer leerstehenden Etage in der Neckarhalde zwei Schlafzimmer und
ein gemeinsames Wohnzimmer und siedelten noch selbigen Tages mit unseren
Habseligkeiten dorthin über. Einen Mittagstisch für 80 Pfennig fanden wir in
der „Sonne" unterhalb des Marktes, und nun ging das Rechnen los. 300 RM
hatte Vater mir mitgegeben. Ich hatte zuversichtlich gehofft, damit das Semester bestreiten und noch einiges wieder mit heimbringen zu können. Nun
schwand der Mammon zusehends unter meinen Händen. So 120 RM hatte die
Universität verschlungen, 60 RM hatte das Leben im Hotel gekostet, 20 RM
waren nebenbei draufgegangen, so daß ich, als das Semester richtig anfing,
nicht mehr den dritten Teil meiner Habe in Händen hatte. Und bei aller Sparsamkeit schwand auch der wie Butter an der Sonne. Der gute Adolf Görz
erfand Sparmaßnahmen, kaufte für 10 Pfennig Knochen „für seinen Hund" und
kochte uns beiden daraus eine Suppe, die das Mittagessen ersetzte. Daneben
erstanden wir Eier auf dem Markt, schleppten Brote heim und wollten uns so
verpflegen. In der „Sonne" aber erklärte man uns, daß selbstverständlich
gepumpt würde. Daneben verschlangen die Ausflüge, die wir reichlich machten,
viel Geld, zumal wenn in der „Sonne" schnell gefundene gute Freunde sich.
anschlossen. Dann gabs gewöhnlich einen schweren Abschiedstrunk im „Waldhörnle" oder in Rottenburg oder Wurmlingen oder Derendingen, in Rottenburg
hatte der schöne Adolf schnell wieder eine Angebetete aufgetrieben, das Wirtstöchterchen aus der dortigen „Sonne", die am Neckar lag und Kähne vermietete, so daß wir mindestens jeden Sonntag eine ausgedehnte Ruderpartie mit
der Holden machen mußten. Wohl um ihretwillen blieb Freund Adolf in
Tübingen, als die ganze Tafelrunde beschloß, zu Pfingsten eine Schwarzwaldtour zu unternehmen. Da mir der Schwarzwald wichtiger war als alle theologische Weisheit, ich aber meiner eigenen Reisegewandtheit nicht traute, schloß
ich mich gern an. Es regnete die ganzen Ferien aber in Strömen. Wir kamen
durchnäßt und ohne viel gesehen zu haben bis zum Ruhestein, wo der Regen
zum Wolkenbruch wurde. Das damals dort stehende einfache Haus hatte
ordentlich geheizt und der Wirt hatte eine Anzahl hübscher Töchter. So beschloß die ganze Gesellschaft (ich erinnere mich noch an einen Hamburger, der
wie der Liederdichter Paul Flemming hieß), dort zu bleiben. Da ich das Leben
im Hotel aber in schlechter Erinnerung hatte, fuhr ich am anderen Tag nach
Tübingen zurück, wohin die anderen am Ende der Fahrt nachkamen, jeder mit
einem in Freiburg erstandenen Regenschirm für 2,50 RM bewaffnet. Erst allmählich wurde das Wetter besser, aber unsere Finanzen so schlecht, daß wir auszukneifen beschlossen, weil wir Miete und Essen nicht mehr hätten bezahlen
können. Adolf hatte einen damals noch recht teuren Photographenapparat mitgebracht. Den trug er aufs Leihamt und kam mit strahlender Miene und blanken 20 RM wieder. Anderen Tages reisten wir mit dem ersten Zug ab. Vorher
hatten wir noch auf Borg im Sportausstattungshaus Bär je einen Rucksack,

Wanderstecken und breitkrempigen federleichten Stoffhut erworben und uns mit einer Legitimationskarte des „Straßburger akademischen Touristenklubs" ausgerüstet, der ersten Vereinigung für Studentenherbergen. Die Eisenbahnfahrt ging nicht weit. Ein gehöriger Fußmarsch schloß sich an. Am Abend, als Freund Adolf schon abhauen wollte, sahen wir den Bodensee vor uns liegen im Abendschein, ein überwältigender Anblick. Geradezu fassungslos aber waren wir, als wir nach 100 m plötzlich merkten, daß weiße Wolken dahinter gar keine Luftgebilde, sondern Berge waren, Schneeberge, die Alpen. Wir standen atemlos, während uns beiden Tränen über die Backen liefen. Das war der ergreifendste Anblick der Natur, den ich je gehabt habe. Auch der Hachenburger wurde wieder munter, und mit neuen Erwartungen eilten wir nach Überlingen hinunter, wobei mir der Gefährte das Versprechen abnahm, daß wir im ersten Wirtshaus einkehren würden. Das stand noch vor der Stadt, unmittelbar am Seeufer und hieß „Zu den Heidehöhlen". Dort hatten wir es gut getroffen, denn wir saßen gleich darauf in einem Saal mit großen Bogenfenstern, an dessen Außenmauern die Wellen schlugen, bei einem guten Glase Wein und schauten dem Sonnenuntergang zu. Selbstverständlich waren auch wieder zwei filiae hospitales da, die prachtvoll singen konnten und auch uns zu gesanglichen Darbietungen ermunterten. Selbstverständlich hatte Freund Adolf sich auch sofort verliebt, und zwar in die jüngere, die die höhere Mädchenschule in Überlingen besuchte. Er war froh, daß ich ihn ihr und seiner hochästhetischen Unterhaltung überließ und mir von der älteren den Schlüssel für die Höhlen aushändigen ließ, in denen nach dem „Eckehard" Karl der Dicke gehaust hat. Nach meiner Rückkehr haben wir zu viert eine hochromantische Kahnpartie gemacht, „Verstecken" im Garten am Ufer gespielt, bis wir um Mitternacht erst zur Ruhe kamen, und zwar, weil das Haus sonst keine Gäste beherbergte, sondern nur eine Restauration unterhielt, in dem Zimmer und in den Betten der Mädchen. Weiß der Himmel, wo die die Nacht zugebracht haben! Am anderen Morgen ging's bei guter Zeit weiter, zu einem herrlichen Bad im See. Als wir wieder an Land kamen, stand bei unseren Kleidern ein schwäbisches Bäuerchen, das uns nach dem Woher und Wohin fragte und sich erbot, uns in Überlingen die Zeppelinhalle im Wasser zu zeigen, in der das gerade vorher bei einer Probefahrt abgestürzte Luftschiff liege. Er selber sei ein guter Freund des närrischen Grafen, der absolut fliegen wolle, es aber nicht fertigbringe. Er habe auf seinen letzten Unfall ein Gedicht gemacht, das der Graf freundlich angenommen hätte. Er trug es auch uns vor. Wenn wir dort am Uferpfad weitergingen, könnten wir in dem ersten Hotelgarten den Grafen beim Frühstück sitzen sehen. Er hätte einen weißen Anzug an und eine weiße Mütze auf dem Kopf. Die Leute meinten, es stimme bei ihm im Kopf nicht. Tatsächlich haben wir dann auch den zeitunglesenden Grafen im Hotelgarten und seine Halle mit dem flügellahmen Luftschiff gesehen. In Überlingen haben wir dann noch ein Rendezvous mit dem kleinen Wirtstöchterchen gehabt, das mit ein paar Freundinnen gerade zur Schule wanderte, und die Mädchen mit prachtvollen Pfirsichen beschenkt. Dann sind wir über Konstanz in die Schweiz nach Schaffhausen und von da zum Vierwaldstätter See gefahren.

Es dämmerte schon, als wir den Rheindampfer in Schaffhausen verließen. Dennoch fanden wir bald den „Löwen", die Vertragswirtschaft des Touristenklubs. Dort wurden wir sehr freundlich aufgenommen. Der Wirt widmete uns lange Zeit. Es sei ihm eine Freude, studentische Wanderer betreuen zu können, wenn er auch nichts dabei verdiene. Es mache sich später bezahlt, denn die meisten kämen mit Frau und Kindern nochmal wieder. Erst jetzt wieder habe er eine fünfköpfige Familie im Haus, deren Chef schon als Student bei ihm gewohnt habe. Der Wirt wechselte uns sehr vorteilhaft unser Geld in Schweizer Fränkli um. Mit denen fuhren wir anderen Tages nach Goldau. Dort blieb mein Überzieher, mein „Kaftan", in der Bahn liegen und fuhr, wie der Stationsvorsteher versicherte, durch den St. Gotthard nach Italien. Ich füllte einen Laufzettel aus, der hinter ihm hersauste. In Tübingen habe ich ihn richtig wiedergekriegt. So brauchte ich ihn zunächst nicht zu schleppen. Wir stiegen nun den Rigi hinauf. In der Hälfte wollte der Dubch nicht mehr mit, weil er außer dem Frühstück in Schaffhausen noch nichts gegessen hatte. So mußte ich ihm alles Eßbare, das noch in den Rucksäcken war, überlassen. Ich selber behielt eine Tafel Schokolade und ein Ei, das ich zerdrückt von Tübingen her in der Tasche hatte. Damit habe ich an dem Tage meine Ernährung bestritten. Zudem mußte ich beide Rucksäcke tragen, einen auf der rechten, einen auf der linken Schulter, damit der Dubch nur mitkam. Das letzte Stück bis zum Gipfel mußte ich dennoch alleine klettern. Er blieb bei der Station Staffel der Zahnradbahn. sitzen. Es war ein wundervoller Sonnenuntergang. Mit dem völlig erschöpften Begleiter fuhr ich in der Zahnradbahn nach Vitznau hinunter und von da auf einem festlich beleuchteten Schiff nach Luzern. Ein Mitpassagier brachte uns dort zu einem „billigen" Hotel, von wo wir am anderen Morgen nach Zürich reisten. Da sah ich zum erstenmal Wagen auf Gummirädern und wunderte mich, daß man auf dem Asphalt wohl das Trappeln der Pferde, aber nicht das Rollen der Räder hörte. Wir gingen den Wirkungsstätten Zwinglis treulich nach und machten eine Rundfahrt auf dem See. Dann sind wir die Aare entlang zurückgefahren, haben jenseits der Grenze die Schwarzwaldwege wieder unter die Füße genommen und irgendwo in einem Wirtshaus am Weg übernachtet, nachdem der Dubch mit dem Wirt um ein Lager auf dem Heu verhandelt hatte, er auf einer Bank im Wirtszimmer, ich auf dem Billard. Dennoch verschlang dieses Nachtlager unsere letzten Groschen. Unser Schweizergeld hatten wir noch vor der Grenze bei einem Schützenfest ausgegeben. Nun wußten wir nicht, wie wir heimkommen sollten. Jedenfalls schlugen wir uns nach Hausach durch. Da stand wieder eine Studentenherberge in unserem Verzeichnis. Nach den guten Erfahrungen von Schaffhausen bauten wir darauf unseren Plan. Das Gasthaus war eine Weinwirtschaft „Zum Hirsch". Als wir eintraten, saß der Hausherr mit Familie, Magd und Knecht beim Abendessen. Wir grüßten sehr bescheiden, legitimierten uns mit unserem Ausweis und wurden gleich zum Mitessen eingeladen. Dann haben wir im Hinterstübchen bei einer Flasche Wein lange von unserer Reise erzählt, eine Beichte über unsere Mittellosigkeit abgelegt und mit dem zu allem fröhlich lachenden Wirt einen Bund dahin geschlossen, daß er uns im Haus behalten wolle, bis wir wieder zu Geld gekommen wären. Es blieb nichts übrig: Wir mußten heimschreiben, wenn unsere Väter uns noch einmal wiedersehen wollten, müßten sie uns in Hausach auslösen. Das taten wir auch am anderen Morgen. Dann haben wir sechs wundervolle Tage da verbracht, lernten einen jungen Lehrer kennen, der in dem Haus seinen Mittagstisch hatte, und machten mit dem täglich Ausflüge auf die Berge und badeten in der Gutach. Als dann endlich benebst vielen guten Ermahnungen das Geld angekommen war, bezahlten wir unseren Wirt und fuhren nach Tübingen, weil wir ein schlechtes Gewissen hatten, weniger wegen der versäumten Vorlesungen als wegen der auch dort hinterlassenen Schulden. Nun aber konnten wir unseren Wirt und den Sonnenwirt bezahlen, schauten mal wieder in die Universität, machten Wanderungen nach Lichtenstein und Stuttgart und so fort. Es wurmte uns, daß wir im Schwarzwald gewesen waren und den Feldberg nicht bestiegen hatten. Also beschlossen wir, auch das noch zu versuchen. Wir reisten auf Scheffels Spuren nach Säckingen und machten wie der Trompeter Werner im „Goldenen Knopf" einen Frühschoppen. Dann gings zum Bahnhof nach Schopfheim. Ich kaufte zwei Karten, gab eine dem Dubch, um selbst noch ein paar Ansichtskarten in den Postkasten zu stecken. Als ich dann zum Zug gelaufen kam, und auf und nieder spähte, war der Kamerad verschwunden, und mir blieb nichts übrig, als in den sich schon in Bewegung setzenden Zug noch eben einzusteigen. Der Dubch blieb verschwunden. Ich habe dem Schaffner eine Karte mitgegeben, falls mit dem nächsten Zug ein einsamer Wandersmann kommen sollte, und den nach Todtnau dirigiert. Aber als ich spät abends nach langer Wanderung dort eintraf, war der Dubch auch da nicht zu ermitteln. Ich saß an dem Abend im „Bär" mit einem badischen Forstmann, der mir den schönsten Weg zum Feldberg beschrieb und darauf aufmerksam machte, daß auf dessen Südhang noch hoch hinauf Pflanzen eines milden Klimas, Trauben, gedeihen. Es war am anderen Morgen dann auch bei strahlendem Wetter ein prächtiger Weg. Vom Feldberg und seiner Schönheit gewann ich einen tiefen Eindruck. Nur machte mir der verschwundene Dubch Gedanken. Große Sprünge konnte er nicht machen, weil ich die Reisekasse bei mir trug, während er all unsere Schwarzwaldkarten in der Tasche hatte. Vielleicht war er geradewegs nach Tübingen zurückgefahren. Als ich aber am Ende auf der anderen Seite vom Feldberg hinunterschritt und irgendwo in der Tiefe ein billiges Nachtlager suchte, kam mir auf einmal eine Erleuchtung: „Hausach"! Wo wird der anders hin sein, wenn er kein Geld mehr hat, als nach Hausach in den „Hirsch"! Also strebte ich anderen Tages zu Fuß und per Bahn Hausach zu. Meine Enttäuschung war aber groß, als man im „Hirsch" mich zwar sehr freudig aufnahm, aber vom guten Adolf auch nichts wußte. Man schüttelte nur lachend die Köpfe, weil wir schon wieder in solche Verlegenheit auf der Reise gekommen waren. Ich ging müde ins Bett und dachte ernstlich daran, anderen Tages zur Suche heimzukehren. Noch nicht lange hatte ich geschlafen, als ein lautes Lachen im Hausflur mich weckte. Gleich darauf klopfte es und herein stürzte der Dubch, überglücklich, daß ihn sein Ahnen nicht getrogen hatte. Er war mit dem letzten Zug angekommen. Wir feierten das Wiedersehen. Adolf war in Säckingen in den ersten Zug, den er auf dem

Bahnsteig sah, hineingesprungen und statt nach Westen nach Osten gefahren, nach Donaueschingen. Hier hatte er wieder eine Liebesaffäre, die ihn drei Tage und Nächte festgehalten hatte. Dann war er nach Hausach weitergefahren, weil er da mich oder doch Geld zu finden hoffte. Am anderen Morgen wanderten wir, von herzlichen Wünschen geleitet, nach Wolfach, um von da Rippoldsau zu besuchen. Auf dem Weg bin ich zum ersten Mal im Leben Auto gefahren. Das Wandern nach der nächtlichen Feier war uns um die Mittagszeit auf der schattenlosen Landstraße doch beschwerlich. So tranken wir in einer Gartenwirtschaft unter kühlenden Bäumen einen Schoppen Wein. Der Wirt erzählte von den schönen Wagen ohne Pferde, die jetzt zwischen Wolfach und Rippoldsau verkehrten. Die Fahrer kehrten manchmal bei ihm ein. Es dauerte nicht lange, da hielt solch ein Wagen vor der Tür. Wir luden den Fahrer gleich zu einem Schoppen ein und er uns zum Mitfahren bis v o r Rippoldsau. Es sei verboten, daß er blinde Passagiere befördere, und wir dürften im Wagen nicht gesehen werden. So sind wir zu der Autotour gekommen, die freilich nicht so bequem wie heutzutage war, weil der Wagen keine Gummiräder hatte und gewaltig auf der Straße stuckerte. In Rippoldsau erstand ich in den Kolonnaden ein Püppchen in Schwarzwaldtracht, das ich meinem Schwesterchen in Heisterberg mitbrachte. Wir stiegen zum Kniebis hinauf, wobei wir Auerwild sahen, nach Freudenstadt hinunter, besahen den prachtvollen Palmenwald, die Kirche und sonstige Sehenswürdigkeiten und saßen bis zum letzten Zug im Schwarzwaldhotel, wo alle Kellnerinnen in Tracht bedienten, um dann nach Tübingen zurückzufahren. Adolf hatte derweil den Entschluß gefaßt, auch das nächste Semester noch in Tübingen zu bleiben, um der vielen schönen Mädchen willen, die er liebgewonnen hatte. Weil er für sie sein Geld nötig habe, könne er keines mehr für Wanderungen ausgeben. Ich dagegen war entschlossen, meine Zelte abzubrechen, weil ich dahintergekommen war, wie weit und schön die Welt sein konnte, wenn man sie nur suchte. So teilte ich meine Pfennige genau ein – ein Groschen waren fünf Bahnkilometer – machte noch manche schöne Tour für mich allein und wanderte schließlich, als das Semester zu Ende ging, zu Fuß nachhause, weil ich an dem Wandern nun einmal Freude gefunden hatte und das Geld für die Bahnfahrt nicht mehr gereicht hätte. Meine Habseligkeiten brachte die Bahn nach Stockhausen, der Dubch bekam das Testierbuch, es abschließen zu lassen. Ich nahm Wanderstab und Hut und marschierte im Morgengrauen zum Tor hinaus über Herrenberg, Calw, Hirsau nach Pforzheim, am ersten Tag 65 Kilometer. Von Pforzheim gings nach Karlsruhe, von da nach Heidelberg, von da nach Darmstadt und von da heim, bis Frankfurt mit der Bahn und dann durch den Taunus zu Fuß. Der letzte Tag der Wanderung war furchtbar heiß, sodaß mir der Kneifer mitunter von der Nase rutschte, weil Schweißbäche ihn herunterschwemmten. Gegen Abend entlud sich über dem Taunus ein gewaltiges Gewitter, das aber immer vor mir herzog und die Straßen überschwemmte und die Luft abkühlte. Ich hatte seit zwei Tagen außer einem Stück Brot und einem Ende Wurst nichts gegessen, einen gewaltigen Hunger und einen noch größeren Durst. Aber die Aussicht, nun heimzukommen, ließ mich das alles vergessen. Ich weiß noch, daß ich in der Dunkelheit, während vor mir noch Blitze in der Ferne zuckten, Tropfen von den Blättern fielen, an den Chausseebäumen gegen den wieder hell gewordenen Himmel nach unreifen Äpfeln suchte, um durch den sauren Saft den Mund etwas anfeuchten zu können. Nachts um 3.00 Uhr war ich glücklich in Heisterberg und stürzte zuerst zum Laufbrunnen, um eingehend da meinen Durst zu stillen. Derweil waren die Hunde laut geworden, und auch der „Lord", der im Schlafzimmer von Vater lag, schlug an. Als ich ihm pfiff, wurde er rasend. Mein Vater fragte aus dem Fenster, wer da sei. Auf meine Antwort „der verlorene Sohn" wurde die Tür aufgetan und ich in der Nacht von allen begrüßt. Als ich ans Bett meiner Mutter trat, rief die erschrocken: „Allmächtiger, der ganze Junge ist ja nur noch eine Nase!". So war ich von meinem Wanderleben abgemagert. Tatsächlich war ich so verhungert, daß ich zu meinem eigenen Schrecken am anderen Morgen am Kaffeetisch ohnmächtig wurde, was zur Folge hatte, daß ich nun in eine besondere Mastkur meiner Mutter genommen wurde. Der Schaden war dann auch bald repariert.

17. Halle an der Saale

Adolf Görz habe ich nie wiedergesehen. Er ist in Tübingen geblieben, aktiv bei den Eberhardinern geworden, hat dort sein Jahr abgedient, ist dabei an Typhus erkrankt und dann in Marburg in einer Irrenanstalt, wohin er kam, weil er an religiösem Wahnsinn erkrankte, einem Herzschlag erlegen. Von Tübingen aus hat er mir mein Testierbuch übersandt und meine Abmeldungen dort glatt erledigt. — Die Ferien benutzte ich dazu, was ich an Wissenschaft gesammelt hatte, zu verarbeiten. Besonders interessierte mich Kirchengeschichte II, die ich bei Holl gehört hatte. Meine Kirchengeschichte ergänzte ich durch den „großen Kurtz", das erste theologische Buch, das ich aus einem Antiquariat mir anschaffte. Im Familienrat wurde beschlossen, daß ich nach Halle ginge. Daselbst könne man an einem Freitisch speisen. Damit ich mich über die Angelegenheit orientiere, wurde ich zum zweiten Pfarrer Almenröder nach Braunfels geschickt. Auch der „August in Ulm", der alte Pfarrer Stuhl, wollte mir allerhand Aufklärung über Halle geben. Mit meinem Bruder Walther machte ich mich auf den Weg zu ihm. Er empfing uns gegen Abend im Schlafrock mit der langen Pfeife und erklärte umständlich auf meine schüchtern vorgebrachte Frage „In Halle — da stinkts". Das war die einzige Auskunft die wir zurückbrachten. Er hat damit den eigentümlichen Geruch gemeint, den das Heizen mit Braunkohle in der Tat in Halle im Winter erzeugte. Schließlich wunderte er sich, daß auch Wilhelm Homann, der seine Militärzeit in Marburg absolviert hatte, nach Halle wollte, sein juristisches Studium wieder aufzunehmen. Nun also, dann würden wir zusammen fahren. In der Zeit war Carl Stuhl Arzt in Braunfels. Er bestärkte uns sehr in unserem Entschluß und keilte uns für seine Landsmannschaft Paläomarchia.

Der Hobach war den schönen Geschichten sehr zugänglich, während ich nach meinen Tübinger Erfahrungen mich sehr ablehnend verhielt. Ich weiß noch, daß kurz vor Semesterbeginn Herbst 1902 in Braunfels im Hotel Cornelius ein Festessen stattfand. Dabei hielt uns Carl Stuhl lange auf mit Vorträgen über die Vorzüge des Corporationswesens. Ich fürchtete, daß er uns schon in Halle avisiert hatte.

Denn als wir in Halle ankamen, erhielten wir sofort den Besuch der Paläomarchia. Ich bin auch einmal mit auf der Kneipe gewesen. Hobach ging öfter hin. Nach wenigen Tagen schon hatte er die Mütze auf. Von da ab ward er von mir kaum noch gesehen. Wir hatten beide eine Bude auf dem „Harz" gemietet, nie aber wurde er von mir auf seiner Bude angetroffen, es sei denn morgens, wo er gewöhnlich bis 11.00 Uhr schlief. Dafür tauchte aber ein anderer früherer Klassenkamerad aus Weilburg auf, Wilhelm Keller, der inzwischen glücklich das Abitur nachgeholt hatte und sein 1. Semester als Theologe in Halle verbringen wollte. Wahrscheinlich, weil die meisten seines Wohnhauses, der „Patzigburg", dem VDSt. angehörten, war auch Keller dort eingetreten. Und nun lag er mir in den Ohren, es ihm nachzutun, ich aber habe kategorisch abgelehnt. Die ersten zwei Monate habe ich ganz für mich allein gehaust. Gern hielt ich mich nicht auf meiner Bude auf, weil nebenan eine verwitwete Frau Oberlehrer wohnte und zwei Türen weiter eine Schauspielerin vom Stadttheater. Die beiden Damen hielten es für nötig, offenbar in Fortsetzung der Tradition meines Budenvorgängers, zu allen möglichen und unmöglichen Zeiten mich einzeln oder gemeinsam zu überfallen und halbe Tage auf meiner Bude zuzubringen, wobei sie mich mit allerlei möglichen Likören und anderen teuren Sachen auch wegen Ausflügen zu becircen versuchten. Da ich aber meinem Vater nicht soviel kosten wollte wie in Tübingen, wurde mir der Besuch zu teuer. So lebte ich beständig in „Budenangst", wie die beiden mein Benehmen nannten, wagte kein Feuer daheim zu unterhalten und kehrte erst spät am Abend zurück, in der Sorge, ob ich nicht schon von einer Dame erwartet würde. Oft fingen sie mich schon im Flur ab und schleppten mich in ihre geheizten Buden, wo ich eine Flasche Schnaps oder Südwein zu stiften hatte. Da nutzte mir die Ersparnis durch den Freitisch nichts. Denn den hatte ich nun wirklich erlangt. Weil ich niemand wußte, der mich darüber informieren konnte, ging ich kurz entschlossen in die Sprechstunde des Rektors, Prof. Erich Haupt, und der hat mich dann freundlich instruiert, daß ich mich bei dem Dekan der Fakultät zu einer Prüfung melden müßte. Als der, Prof. Loofs, hörte, daß ich in Kirchengeschichte II, die ich in Tübingen gehört hatte, geprüft sein wollte, hielt er gleich die Prüfung ab, und zwar über deutsche Bistumsgeschichte. Weil nach der ersten Frage Besuch eintrat und ihn ablenkte, konnte ich mir in Muße die Materie zurecht legen, hielt dann einen langen fließenden Vortrag über Fulda, Fritzlar usw. und kriegte, noch ehe ich damit zu Ende war, von Loofs das unterschriebene Zeugnis überreicht. Damit mußte ich zu zwei reformierten Pfarrern in Halle gehen und kriegte dann endlich die Ermächtigung, am reformierten Freitisch in Halle mich sattzuessen. Das war eine große Erleichterung für mich. Das Essen war vorzüglich. Getränke u. dgl. brauchte man nicht

dazu zu kaufen. So kam ich billig davon. Nach dem Mittagessen machte ich gewöhnlich einen Spaziergang zur Saale, war froh, wenn ich noch ein Kolleg am
Nachmittag hatte und wußte dann nicht wohin, zumal es kalt und kälter
wurde. Schließlich ging ich heim, setzte mich aber ins Hinterzimmer der
Kneipe, die im Hause war, bestellte mir eine Tasse Kaffee und arbeitete meine
Kollegs durch, war aber nie sicher, auch da von meinen Verfolgerinnen aufgestöbert zu werden. Abends kam der Wirt in das Hinterzimmer. Dann wurden
heftige Trinkgelage abgehalten, zu denen sich auch Freunde der beiden Weibsen
einstellten. Hätte ich wie später in Bonn schon gewußt, daß man auf der
Universitätsbibliothek auch abends arbeiten konnte, wäre ich schon in Halle
gut zurecht gekommen. So bin ich manchmal an dem großen Gebäude frierend
vorbeigestapft, weil es mir ein Buch mit 7 Siegeln war. Schließlich gab ich dem
Drängen Kellers und seiner Freunde nach, besuchte einige Male die Kneipen
des VDSt. und erklärte, um in ein Verhältnis zu dieser Korporation zu kommen, mich bereit, als „ständiger Gast" bei ihr geführt zu werden. Zum 1. 1. teil-
ten sie mir mit, es werde in der „Patzigburg" eine Bude frei, weil Hermann
Müller, der spätere Reichsbischof, eine Etage höher zöge. So kündigte ich am
15. 12. und fuhr in die Weihnachtsferien. Da ich aber die Miete nicht bezahlen
konnte, mußte ich für 20 RM mein Testierbuch versetzen und meinen Schließkorb, den der Wirt beschlagnahmt hatte, erst auslösen. Die Weihnachtsheim-
fahrt machten Homann, Keller und ich gemeinsam IV. Klasse mit einem großen
Haufen Auswanderer zusammen, auf deren Gepäckstücken im Waggon wir
schliefen. In Nordhausen hatten wir mitten in der Nacht zwei Stunden Aufenthalt und erwarben für das letzte Geld ein paar kleine Krüge „Nordhäuser" als
Weihnachtsgeschenke für die Familien. Auch die Rückreise ging gemeinsam
vor sich.

Meine Wohnung in der „Patzigburg" hieß offiziell „der Schlauch", weil die
beiden Zimmer — in Halle gehörte zu jeder Studentenbude noch ein extra
Schlafzimmer — sehr schmal waren. Der Vorteil war, daß sie sich gut heizen
ließen.

Neben mir auf dem gleichen Korridor wohnten die beiden VDSter Hartke
(später Pfr. an der holländischen Grenze) und Lüpke, beide ebenso wir Saran,
mein Leibbursch, Theologen. Eine Treppe höher wohnten ein etwas älteres
Semester, Kümmel, der jetzt Direktor des Zeughauses in Berlin ist, und der
schon erwähnte nachmalige Reichsbischof Müller. In Parterre hauste Keller,
weshalb seine Bude das „Empfangszimmer" hieß. Von Januar ab konnte ich
dann auch regelmäßig auf meiner Bude arbeiten, was mir größere Freude
machte als das meist planlose Herumlaufen mit den anderen. Abends ging ich
wohl auch mal zur Kneipe mit. Ich lernte im Verein manchen originellen Menschen kennen. Mit den anderen lernte ich Fechten bei dem „alten Fessel", der
gewöhnlich seine Stunden schloß: „Paukboden ex! Keenen Schimmer!" Zu
Mensuren wanderten wir manchmal nach Dimitz hinaus. Ich habe diese sonnigen Wintermorgen noch in Erinnerung. Jedesmal, wenn ich den Rauch der
Braunkohle rieche, fallen sie mir wieder ein. Vor dem Pauklokal standen in
Pelze gewickelte Posten, schrecklich anzusehen, die vor der Polizei warnen

sollten. Drinnen waren lange Kneiptafeln der fechtenden Verbände. In einem anderen Raum wurden die Mensuren ausgetragen. Meist fochten VDSter gegen Friederizaner, Leute einer Sängerschaft, die grüne Mützen trugen. Kontrasagen kamen auf alle Art zustande. Wiederholt so, daß man vor dem Sänger mit zwei Fingern wie mit einer Stimmgabel aufschlug, sie dann ans Ohr hielt und laut „a" summte. Einmal sollte der spätere Reichsbischof fechten. Auf dem Paukboden standen die frisch geschliffenen Schläger. Keller, der immer zu solchen allotriis aufgelegt war, ergriff einen, als wir abbandagierten, und drang damit auf mich ein, indem er Quarten und Terzen mir um die Ohren pfeifen ließ. Ich habe dann hemdsärmelig nochmals nach einem stumpfen Schläger gegriffen und eine Quart pariert. Er schlug aber eine Terz nach und mir einen breiten Schnitt in den Arm. Dann ergriff er schleunigst die Flucht. Ich konnte ihm das Rapier nur noch nachwerfen und mußte dann das Blut stillen, das reichlich floß. Mediziner legten mir einen kunstgerechten Verband an. Die Narbe von des Reichsbischofs Schläger habe ich noch heute am Arm.

In dem Winter habe ich auch eine Reihe großer Kommerse mitgemacht, z. B. am 18. 1. zur Reichsgründungsfeier, und einige Tanzkränzchen. Die Erinnerungen daran sind aber verblaßt. Ich weiß nur noch, daß wir an einem Morgen mit ein paar in Pelze gewickelten Mädchen frierend vor dem Zoo auf der Straße standen und auf die erste Elektrische warteten. Auch bin ich zweimal in Leipzig gewesen. Das erste Mal mit Keller zusammen zum Besuch von Bücher und Grimm aus Driedorf, die da studierten. Grimm war als fideler Burschenschafter nur am Abend für uns frei, wenn er die Mütze absetzen durfte. Bücher aber hat uns durch alle Sehenswürdigkeiten Leipzigs geschleppt. Das zweite Mal fuhr ich mit VDStern zum Kommers des VDSt. Leipzig. Wir haben die Nacht durchkommersiert, den nächsten Tag einen Frühschoppen und einen Bummel gemacht, dann wieder die Nacht gekneipt. Vom Frühschoppen am anderen Morgen bin ich meuchlings entwetzt, um nach Halle zurückzukehren. Aus einem moralischen Katergefühl heraus ging ich den Nachmittag ins Kolleg, konnte aber meine Augen nicht mehr aufhalten. Nach Schluß bin ich heim und ins Bett, wo mich die inzwischen heimgekehrten anderen Festteilnehmer am anderen Morgen nur mit Mühe wecken konnten. Das Kollegheft mit lauter unvollendeten Sätzen habe ich noch. — Daneben ging ich häufig ins Theater. Die bei mir wohnende Schauspielerin hatte mir verschiedentlich Freikarten geschenkt. Außer an eine Aufführung von „Martha", nach der ich im Theaterrestaurant noch mit den Mädels und ein paar Musikern zusammensaß, erinnere ich mich aber an keine Vorstellung mehr.

Von den Professoren hat mir besonders Reischle gefallen, bei dem ich eine Arbeit über: „Seins- und Werturteile" schrieb, um Glaubensausssagen in erkenntniskritischer Hinsicht zu präzisieren. Er war vorher in Gießen gewesen, kannte auch Braunfels und unterhielt sich gern darüber. Rief mich auch zu seiner Frau, einer Tochter des alten Bader in Tübingen, bei dem ich „Synoptiker" gehört hatte. Außerdem hörte ich natürlich Loofs: neuere Kirchengeschichte (IV), Haupt, Steuernagel in recht interessanten Ausführungen über den Pentateuch, hospitierte auch einige Male bei Kähler, der in dem Semester zum letzten Male las, und bei Kautzsch. Ich kam mit der Zeit in den studentischen Betrieb hinein, lernte mich in den Disziplinen der Fakultät zurechtzufinden und auch in den Lebensweisen der akademischen Jugend, deren Bräuche aber im allgemeinen gar nicht nach meinem Geschmack waren und die ich deshalb nur sehr mit Auswahl für mich gelten lassen konnte. Es war eben ein Winter, in dem ich viel profitierte und der viel zu schnell herum ging. Eines Tages sah ich, als ich mit Keller an der Saale spazieren ging, die ersten grünen Knospen aufgebrochen. Da kriegte ich eine solche Sehnsucht nach dem Wandern, daß ich Hals über Kopf meinen Koffer packte, auf alle Schluß- und sonstige Kneipen verzichtete und nach Heisterberg fuhr. Die anderen kamen ganz verdutzt und kopfschüttelnd viel später nach. Vorher hatte ich aber bei Reischle noch in aller Eile ein Dekanatsexamen für einen Freitisch im nächsten Semester gemacht, weil ich dieser noblen Einrichtung zuliebe in Halle zu bleiben gedachte.

Als ich wieder auf der Bildfläche erschien, waren die anderen um ihrer Korporation willen schon angekommen, so daß ich mir wieder gratulierte, diese Tyrannis glücklich vermieden zu haben. Keller hatte mir schon auf einer Karte mitgeteilt, daß ich meine Bude, die ich gekündigt hatte, um in den Ferien nicht bezahlen zu müssen, wieder beziehen könnte. Der VDSt. hatte neue Füchse gekriegt, vor allem zwei Brüder Holz, die sich sehr an mich attachierten. Da ich den Betrieb nun gut kannte, konnte ich sie in denselben einführen. Das akademische Leben, unter dem ich anfänglich bös gelitten hatte, so daß ich noch aus dem Wintersemester sehr pessimistische Briefe nach Hause schrieb, beherrschte ich allmählich. Auch in widrigen Situationen blieb ich überlegen. Das kam wohl daher, daß ich, je mehr Studiker ich kennen lernte, immer mehr auch erkannte, daß auch bei denen, zu denen ich mit Ehrfurcht emporsah, nur mit Wasser gekocht wurde. – Übrigens muß ich aus dem 1. Semester in Halle noch ein Erlebnis nachtragen, um den Betrieb in der „Patzigburg" zu charakterisieren. Es hatte kurz vorher ein englischer Minister Chamberlain abfällige Bemerkungen über die deutschen Soldaten gemacht, so daß überall Protestkundgebungen stattfanden und besonders auch der VDSt. sich in der Studentenschaft der Sache angenommen hatte. Nun war es in der „Patzigburg" üblich, einem zufällig Abwesenden einen „Budenkaspar" zu bauen, das heißt, man setzte ihm eine aus seinen Anzügen hergestellte und mit Betten der Frau Patzig ausgestopfte Puppe ins Zimmer, so daß er bei seiner Rückkehr einen Besucher vor sich zu haben glaubte. Eines Tages feierte ein im oberen Stockwerk Wohnender Geburtstag. Absichtlich oder auch aus Zufall war er an dem Tage verreist. Also faßten seine Nachbarn den Entschluß, ihn durch einen „Budenkaspar" zu bestrafen. Sie holten einen Anzug von ihm aus dem Schrank, stopften den mit den Bettkissen fein ordentlich aus, setzten dem Mann einen großen Hut auf und ihn selbst in eine Sofaecke und riefen dann die anderen Hausbewohner, ihr Kunstwerk zu zeigen. Als alle den Sachverhalt erfuhren, beschlossen sie, die Strafe für den Abwesenden noch zu erhöhen und auf seine Rechnung ein „Siphon" Bier zu trinken. Aus dem einen wurden mehrere. Gesänge stiegen. Der „Kaspar" wurde dauernd angeprostet und in die schwierigsten Unterhaltungen verwickelt. Nebenbei auch immer noch menschen-

ähnlicher gemacht. Schließlich kam man auf die Idee, ihn auch der Philister-
menge draußen zu zeigen. So kriegte er einen Strick um den Hals und wurde
aus dem Fenster gehängt. Vorher hatte ihm einer noch seine Lackschuhe angezogen und ein großes Plakat auf der Brust befestigt mit der Aufschrift: „Chamberlain". Darauf wurde das Fenster geschlossen und die Festivität nahm mit
dem nötigen Lärm ihren Fortgang. Auf der Neumarktstraße wurde der Aufgehängte aber alsbald bemerkt. Kinder schrien: „Der Chamberlain hat sich
aufgehängt! Da oben hängt er!" Eine Rotte von Zuschauern ballte sich zusammen, die alle heftig gestikulierten und schrien, so daß andere angelockt wurden,
die überhaupt nicht mehr sahen, um was es sich handelte. Schließlich staute
sich die Menge bis in die große Ulrichstraße hinein, so daß die Elektrischen
nicht mehr fahren konnten und sich mit dauerndem Gebimmel eine hinter der
anderen aufstauten. Da erschien die Polizei auf dem Plan. Ein ganzes Kommando mit einem Wachtmeister rückte an und drängte sich bis zur Richtstätte
durch. Der Wachtmeister trommelte gegen die verschlossene Haustür. Die
stocktaube Frau Patzig hörte nichts, die Studiker sangen um so lauter bei ihrer
Feier weiter. Da wurde aus einem in der Nähe gelegenen Anstreichergeschäft
eine lange Leiter requiriert und unter dem Gejohle der Menge aufgerichtet,
ein Wagemutiger kletterte hinauf, den Gehängten abzuhängen. Er tat das mit
viel Umstand, indem er den Strick durchsäbelte, so daß der Kaspar in die auf-
heulende Menge herunterstürzte, die ihn alsbald in Stücke riß. Nur kümmerliche
Reste des Anzuges landeten noch auf der Polizeiwache. Anderen Tages erschien
der Kommissar, um ein Protokoll aufzunehmen. Frau Patzig konnte ihre Unschuld glaubhaft machen. Die Studiker hatten sich nichts Böses gedacht und
von dem Vergnügen auf der Straße, in ihre Geburtstagsfeier vertieft, nichts
gemerkt. So war das Resultat eine Strafverfügung von 20 RM wegen groben
Unfugs an den Budeninhaber, also an den Allerunschuldigsten. Die Corona
zeigte aber soviel Menschlichkeit, die Kosten zu reparieren. Der Strafbefehl
kam unter Glas und Rahmen und ebenso ein Artikel aus der „Halleschen
Zeitung", der anderen Tages erschien: „Chamberlain auf der Polizeiwache". Als
ich in späteren Jahren die „Patzigburg" einmal wieder besuchte, hingen sie
da noch.

Das war so Ende des Wintersemesters mein erstes Erleben eines Studenten-
ulks. Das Sommersemester sollte davon noch mehr bringen. Damals habe ich
noch sehr verzagt die Dinge sich entwickeln sehen. Ich war in dem Kreis so
fremd, daß ich nicht einmal alle Beteiligten mit Namen kannte. Im neuen
Semester war ich selbstbewußter und beherrschte die Situation besser. Ich ließ
mich nicht mehr nur von den anderen „mitnehmen", sondern hatte meine
eigenen Pläne, und die anderen waren oft dankbar, wenn sie sich anschließen
konnten. — So machten wir anfangs des Semesters in großer corona einen
Bummel nach Neu-Rakotczi, oder wie das Nest sich schrieb, weil da ein neues
Bad aufgetan werden sollte und Kuranlagen zu besichtigen seien. Weil ich
immer auf Wanderungen drängte, mußte ich natürlich mit. In einem Restaura-
tionsgarten tranken wir eine große Maibowle, während drinnen im Tanzsaal die
Jugend des Dorfes schwofte. Unsere Leute beteiligten sich dabei, und mit

einem Male war eine solenne Schlägerei im Gang, zu der wir alle in den Saal geholt wurden. Mit Zaunlatten schlugen die Gegner aufeinander ein. Im Handumdrehen hatte ich die schönsten blauen Beulen an den Armen und Schultern. Dann war auf einmal das Schlachtfeld von der Gegenpartei leer. Ein paar von unseren starken Kommilitonen hatten die männliche Dorfjugend hinausgeprügelt. Nun holten sie von allen Ecken die Mädels wieder zum Tanz herein. Die Musik aber weigerte sich zu spielen, auch als man ihr Freibier in rauhen Mengen bot. Da schlug im Zorn der Fuchsmajor Rodatz dem Primgeiger die eigene Geige auf den Kopf, und sofort fingen die Musikanten wieder an. Ich habe mich mit einem Teil der Jüngeren nach Hause verdrückt, weil ich wahrhaftig genug Maibowle getrunken hatte. Am nächsten Morgen wurden die unseren in erheblicher Höhe für beschädigte Gartenzäune, demolierte Musikinstrumente usw. in Anspruch genommen.

Zu Rodatz ist aus dem Semester noch mancherlei zu bemerken. Ein riesengroßer Mensch mit dicken roten Backen, die allzeit zu einem fröhlichen Grinsen verzogen waren, auf dem Kopf strohblonde Haare und auf der Nase einen goldenen Kneifer. Er stammte aus der Altmark, einer offenbar nahrhaften Gegend, denn er erhielt fortgesetzt Futterkisten von daheim, voll der schönsten Würste. Er war so gut im Futter, daß er wie ein im Hafer stehender Gaul beständig hinten und vorn ausschlug. Zu Himmelfahrt machten wir unter seiner Führung eine Wanderung. In einer Ortschaft trafen wir eine Dorfschöne mit zwei Wassereimern, die vom Brunnen kam. Wir hatten einen Balten bei uns, der das Mädchen ansprach und ihr in gebrochenem Deutsch auseinandersetzte, daß Himmelfahrt mit dem russischen Ostern zusammenfiele und er als Russe verpflichtet sei, zu Ostern jeden ihm Begegnenden mit einem Kuß zu begrüßen. Das Mädchen hörte seinen Erklärungen lachend zu. Als er aber nicht fertig wurde, fragte sie uns, die wir drumherum standen: ,,Sind die Herren alles Russen?'' Worauf Rodatz antwortete: ,,Ich Freund von Ruß, aber auch Freund von Kuß!'' und schnell für die anderen seinen Kuß erntete. Mit Vorliebe organisierte Rodatz Umzüge mit seinen Füchsen durch das nächtliche Halle. Einmal trafen wir ihn zwischen 1.00 und 2.00 Uhr die Nacht, wie er mit weithin schallender Rede, auf der Freitreppe der Universität stehend, diese letztere ,,weihte'', wozu, war nicht zu ergründen, während die Füchse andächtig lauschend im Halbkreis um ihn standen. Zum Abschluß hat er den Eingang zur alma mater mit einem in der Nähe liegenden Haufen Pflastersteine zugesetzt. Ein andermal veranlaßte er uns, auf dem nächtlichen Marktplatz von Halle im Gänsemarsch schweigend um einen vor einer Anschlagsäule stehenden Schutzmann und um die Säule selbst in einer ,,Acht'' herumzumarschieren, bis uns — der Klügere gibt nach, und der Schutzmann rührte sich nicht — die Sache zu langweilig wurde. Wieder ein andermal wollte er nach Schluß der Kneipe einen Vorbeimarsch der Füchse auf dem Pferd des Kaisers Wilhelm I., der da ein Denkmal hat, reitend abnehmen. Er quälte unter Aufbietung aller turnerischen Künste seinen rundlichen corpus, bis er glücklich auf den Pferderücken gekommen war. Der aber war aus Erz und glatt und Rodatz nicht mehr im Vollbesitz des Gleichgewichts. So rutschte er ab, in ein von grünen Wasserlinsen überzogenes Becken. Schnaufend wie ein Seehund, mit Grün überzogen, triefend kam er endlich auf die Straße und wurde im Triumpf zur Kneipe zurückgebracht. — Mich hat er in diesem Semester dazu gebracht, daß ich mit ihm und einigen anderen in der Gemeinde seines Schwagers in Nienhagen sonntäglich Kindergottesdienst erteilte. Freitagabends fuhren wir zur Vorbereitung hin und wurden dann oft von dem gastfreien Pfarrer zum Bier eingeladen, und sonntags um 2.00 Uhr erschienen wir wieder auf der Bildfläche. Auch einen Kursus für freiwillige Krankenpflege habe ich in dem Sommer an den Hallenser Kliniken absolviert. An manchen Nachmittagen bin ich allein in die Heide gezogen und habe im Gras liegend Kolleghefte nachgeschrieben.

Pfingsten wollten einige ältere Semester eine Wanderung in den Harz unternehmen und forderten mich zur Teilnahme auf. Gemeinsam kamen wir über Quedlinburg nach Thale, wo in dem Hotel eines alten Herren ein Vergnügungsabend veranstaltet wurde. Am Schluß vertauschten wir sämtliche Schuhe vor den Zimmertüren des Hotels. Am nächsten Tag waren wir nur noch fünf, die wirklich zur Wanderung bereit waren. Weil aber ein Gewitter heraufzog, kehrten wir in ein Dorfwirtshaus ein, wo die anderen bald mit einem Gendarm einem Dauerskat sich hingaben, den sie nicht abbrachen, als das Gewitter längst vorüber war. Da bin ich allein weitergewandert, habe in Blankenberg übernachtet, bin auf den Brocken gestiegen und traf erst in Ruhland mit den anderen wieder zusammen, die mit der Eisenbahn gefahren waren. Weil wieder ein Gewitter sich ankündigte, flüchteten wir zu einer Schutzhütte vor der Hermannshöhle. Von der anderen Seite strebte ihr ebenso eilig ein Töchterpensionat zu mit Vorsteherin und Lehrerinnen. Alle Anknüpfungsversuche, die sogleich begannen, scheiterten daran, daß die jungen Damen nur englisch sprachen. Noch während des Gewitters wurden wir in einer Führung durch die Höhle geleitet. Gerade, als wir dabei waren, Mann für Mann eine Leiter hinaufzuklettern, erlosch das elektrische Licht. Der Führer beruhigte zwar: „Bleiben Sie ruhig stehen, es wird gleich wieder hell!" Aber die Finsternis hielt an. Wollte man die Leiter abwärts, trat man dem Hintermann auf die Finger. Wollte man vorwärts tasten und aufwärts, griff man ein paar Mädchenbeine. Da ging ein schreckliches Lamentieren los. Auf einmal konnten die Mädchen alle gut deutsch. Mir war die Pause egal. Ich hatte Zeit. Aber andere schrien, sie müßten zum Zug. Über 20 Minuten waren wir so in der Finsternis eingesperrt. Dann erst wurde wieder Licht. Als wir endlich aus der Berghaft entlassen wurden, gingen VDSt. und Pensionat Arm in Arm so fidel zusammen, als gehörten sie schon immer unter der Direktrice zusammen. Ich bin dann allein weitergewandert und in der Nacht um 1.00 Uhr in Illfeld angekommen, wo allein der Ratskeller noch Licht hatte, in dem ein paar Harfenmädchen noch konzertierten. Bis 2.00 Uhr habe ich mitgesungen, bin dann todmüde ins Bett gesunken, um andern Tages den Kyffhäuser zu besuchen, und habe dann in Wallhausen in der „Goldenen Aue", wo Heinrich I. schon Hochzeit gefeiert haben soll, auf einem Schützenfest mein letztes Geld vertanzt, um dann nach Halle zurückzukehren. Ich mußte zwar manchen Spott wegen meines „Handwerksburschentums" und meiner „Kilometerfresserei" über mich ergehen lassen, war aber doch sehr befriedigt von meiner Harzreise, die mir Lust zu neuen Unternehmungen geweckt hatte. Mit mir eine Wanderung in den Thüringer Wald zu machen, lehnten alle ab. Als ich in einer schönen Sommernacht auf der Kneipe ans Präsidium gesetzt wurde, erklärte ich sogleich kraft der mir übertragenen Omnipotenz: ,,Ich hebe die Kneiptafel hier auf und eröffne sie in drei Stunden auf dem Petersberg wieder." Der Petersberg war schon lange als Ausflugziel geplant, aber wegen der allgemeinen Gehfaulheit nie erreicht worden. Er war höchstens 15 Kilometer weit, und es war ein erquicklicher Weg durch die Sommernacht dahin. Als es hell wurde und die Leute Kaffee kochten, kamen wir oben an, konnten mit frühstücken und riefen telefonisch alle Aktiven und Inaktiven zum Frühschoppen dorthin. Am Nachmittag tanzten wir bei einer Ziehharmonika im Dorf bis spät in die Nacht, stiegen schließlich auf eine Windmühle und wanderten dann durch die Nacht heim, dem riesigen Lichterschein entgegen, den Halle am Horizont verbreitete. Der Tag hat allen sehr gefallen, doch schrieb sich jeder das Verdienst zu, ihn mit Kneipen und Tanzen gerettet zu haben. Daß er durch eine Wanderung von 15 km zustande kam, war nur die ausgefallene Idee eines Sonderlings.

Gern denke ich noch der Hallenser Heide und des Saaletales, durch die ich manchmal allein oder auch in Gesellschaft meist laut singender Kommilitonen streifte, wo wir sonntags in kleinen Lokalen der Tanzkunst huldigten. Auch Ruderpartien haben wir öfter gemacht.

Die Zeit ging im Fluge dahin. Bald war das Semesterende da. Ich wollte die Heimreise zum Kennenlernen des Landes ausnutzen. Freund Keller wollte mich begleiten. Am Tage der Abschiedskneipe hatten wir noch ein heiteres Erlebnis. Als wir zur mitternächtlichen Stunde vor der ,,Patzigburg" standen, nahte sich uns aus einer dunklen Gasse lauter Gesang. Bald kamen zwei Studiker, die an einem Stock eine hell brennende Laterne trugen, wie man sie nachts an Häuserbauten sieht, mit Liederschall um die Ecke. Gleichzeitig tauchte aus dem Schatten vor ihnen ein Polizist auf, auf dessen Anruf sie die Laterne auf das Trottoir stellten und eiligst das Weite suchten, ohne es recht zu finden. Sie liefen nämlich einem zweiten Polizeimann in die Arme, den ihr Singen und ein Signalpfiff seines Kollegen herbeigelockt hatten. In dessen Begleitung erschienen sie wieder bei dem corpus delicti, der friedlich am Straßenrand brennenden Laterne. Um diese erhob sich ein heftiger Disput, ob sie von einem Neubau entwendet, oder, wie die beiden Inhaftierten behaupteten, ihr gewöhnlicher Begleiter auf nächtlichen Wegen sei, da man sich in Halle selber heimleuchten müsse. Da allmählich die Kneipen zu Ende gingen, sammelte sich bald ein dichter Kreis von Zuhörern um die laut Debattierenden, die mit viel guten Vorschlägen den Fortgang der Verhandlungen zu fördern suchten. Schließlich schwoll den Schutzleuten der Haufen zu bedrohlich an. So geboten sie: ,,Nehmen Sie die Laterne auf und kommen Sie mit zur Wache!" Damit lösten sie lauten Protest ihrer Häftlinge aus. ,,Womöglich irren wir uns doch und es ist, wie Sie sagen, gar nicht unsere Laterne. Wie dürfen wir sie dann anrühren?" Um ein Ende zu machen, wandte sich ein Schutzmann an die corona: ,,Wer von Ihnen die Laterne trägt, kriegt eine Belohnung, die der Inkulpat bezahlt."

Nun ging das Hallo erst an. Einer überbot den anderen im Preis für das Laternentragen. Es war ein toller Lärm. Der VDSt. hatte damals einen „ständigen Gast", der auf den Namen „Karl der Große" hörte, ein verwachsener Zwerg mit einem riesigen Buckel, ein sehr intelligenter Mensch. Auch den zog der Lärm zu der Stätte. Plötzlich stand er in seiner putzigen Figur vor dem Hüter des Gesetzes: „Herr Wachtmeister, ich trage die Laterne umsonst!" Der Mann war froh, daß die Szene ein Ende kriegen sollte, übergab „Karl dem Großen" die brennende Laterne, die der an seinen Stock band, über dem Haupt schwenkte und mit dem Gesang: „So leben wir, so leben wir alle Tage" dem sich sofort formierenden Zug vorantrug. Zuerst kam er, dann ein Haufen seiner Freunde, schallend singend, dann die zwei Polizisten mit ihren immer noch protestierenden Häftlingen und dann viel Volks im Gänsemarsch. So gings um ein paar Ecken, bis das Schild „Polizeiwache" rot aufleuchtete. Plötzlich überschrie „Karl der Große" den Gesang: „Rette, sich wer kann!", zertrümmerte die Laterne mit einem jähen Schlag an einem Eckstein und war im Handumdrehen verschwunden, wie denn auch das andere Volk nach allen vier Winden auseinanderstob. Auch die Häftlinge sind in dem Wirrwarr entkommen.

Dieser Abend war der letzte Eindruck, mit dem ich von Halle Abschied nahm. Freund Keller und ich haben noch sehr darüber gelacht, als wir glücklich all unsere Bindungen dort gelöst hatten und früh um 5.00 Uhr im Zug saßen, der uns nach Jena und von da nach Weimar brachte. Wir wanderten hinaus zu Goethes Gartenhaus. Dann überschlugen wir einen Zug in Erfurt und gelangten am Abend nach Eisenach. Dorthin hatte ich Bruder Walther, der in Weilburg die Prima drückte, bestellt. Von Eisenach aus, das wir aus den Erzählungen unseres Vaters mit seiner Umgebung zur Genüge kannten, wollten wir durch den Thüringer Wald wandern. Noch am Abend sollte die Wartburg erklommen werden. Unser Aufstieg artete in einen Wettlauf mit einem Gewitter aus. Weil Keller müde geworden war, brachten wir ihn an die Bahn zu einem Nachtzug nach Frankfurt. Zum Abschied haben wir Lichtenheiner Bier getrunken zum Andenken an Halle, und um meinen Bruder in diesen für ihn neuen Genuß einzuweihen. Dann haben wir die Harmonie, das Stammlokal unseres Vaters, das aber zu einem Gasthaus 2. Ranges herabgesunken war, aufgesucht.

Am nächsten Morgen sind wir auf den Spuren unseres Vaters zur „Hohen Sonne" aufgestiegen und den Rennsteig entlang gewandert. Leider hatte sich nach dem Gewitter ein plötzlicher Nebel gebildet, der auf dem Inselsberg so dicht war, daß wir kaum das Hotel finden konnten. Dann stiegen wir abwärts nach Bad Liebenhein, wohin uns unser Vater gewiesen hatte. In den folgenden Dörfern wollte man uns, weil unser Wanderaussehen nicht auf Reichtümer schließen ließ, nicht aufnehmen. So sind wir mit einem letzten Züglein nach Meiningen gefahren, wo wir in der „Post" Nachtquartier fanden. Aus Dankbarkeit bin ich im Weltkrieg dort noch einmal eingekehrt.

Hatten wir bis dahin noch immer das Gefühl gehabt, mit einem Fuß in der Zivilisation zu stehen, wurde das anders, als wir uns am nächsten Morgen der rauhen Rhön zuwandten. Die Gegend wurde einsamer. Die Dörfer ärmlicher. An einem Baum am Wege stand ein Schild: „Hier taufte der hl. Kilian die ersten Christen." Das versetzte uns in romantische Vorzeit zurück und entsprach dem urtümlichen Land, durch das der Weg ging. Im Kloster auf dem Kreuzberg saßen in dem alten kleinen Braustüble ein paar Holzknechte. Sonst waren wir die einzigen Gäste. Der Klosterbruder, der uns die Maßkrüge brachte, belehrte uns grob, daß er dafür eine Bezahlung nicht nähme. Worauf die Holzer uns lachend anwiesen, das Geld unter den Teller zu legen, wie sie überhaupt den Kuttenträger als Original zu nehmen uns anwiesen. Wir schieden erst, als es dämmerte, um nach der Wasserkuppe weiterzuwandern. Auf der Karte hatte ich Abtsroda als Ziel festgestellt, von wo aus wir am nächsten Morgen zur Wasserkuppe aufsteigen konnten. Die Dunkelheit war aber so dicht, daß wir kaum den Weg fanden. Endlich tauchten Lichter auf. Gleich eines der ersten war ein Gasthaus. Wir waren in ein Bauernwirtshaus der alten Zeit geraten. Mit dem einzigen Gast, einem Orgelstimmer aus Fulda, aßen wir ausgiebig zu Abend, stiegen dann in zwei Betten, die Bruder Walther nur mit übereinandergestellten Stühlen behauptete erklimmen zu können, und schliefen den Schlaf müder Wanderer. Erst am nächsten Morgen, als wir die zahlreiche Kinderschar der Wirtsleute mit unserer Wanderschokolade fütterten, entdeckten wir am Haus das Schild „Weiler Sieblotz". Wir waren also gar nicht nach Abtsroda gekommen. So verzichteten wir auf die Wasserkuppe und wanderten dafür nach der Milseburg, die uns unsere Mutter als ihr von ihrem Badeaufenthalt in Salzschlirf bekannt, empfohlen hatte. Ich weiß noch, daß da oben zum Gaudium aller dem Brüderlein der Strohhut wegflog und in einer Eiche am Abhang hängenblieb. Durchs Biebertal sind wir nach Fulda gefahren, haben uns zwei Fahrkarten IV. Klasse nach Braunfels gekauft und unser übriges Geld in Kaffee und Kuchen anzulegen beschlossen. Den Dom und das Bonifatiusdenkmal mit seiner Inschrift „verbum divinum manet in aeternum", die uns schon von der Schule präsent waren, bewunderten wir gebührend. Schließlich erreichten wir noch gerade den letzten Zug der „häßlichen Ludwigsbahn" und fuhren, auf den Bänken ausgestreckt, rechtschaffen müde den heimischen Penaten entgegen.

18. Berlin (W. S. 03/04)

Schon in Halle hatte ich mit Keller vereinbart, daß wir zusammen nach Berlin gehen wollten, weil ich mir sagte, daß ich im späteren Leben kaum jemals Gelegenheit finden würde, die Reichshauptstadt kennenzulernen. Daß ich nicht viel theologische Weisheit dort profitieren würde, war mir klar. Ich hoffte aber dafür um so mehr, andere zu erwerben. Während der Fahrt gesellte sich zu dem Bunde als dritter Heinrich Ewald, der derweil auch Abitur gemacht hatte. Wie wir zusammengekommen sind, weiß ich nicht mehr. Ich sehe uns aber beide in den Straßen am Bahnhof Börse auf der Budensuche. Durch Erfahrung gewitzigt, hatte ich die Reise so eingerichtet, daß das teure Wohnen im Hotel wegfiel und gleich der erste Tag schon eine feste Bleibe brachte. Am Nachmittag blieben wir an zwei Buden in der Anklamer Straße hängen. Mir war der gute Heinrich mehr wert als ich ihm. Seiner westfälischen Klappe war auch das schnoddrigste Berliner Mundwerk nicht gewachsen. Keller hatte durch Beziehungen seines Vaters einen Platz im Domkandidatenstift erhalten, wo er zwar gratis wohnen konnte, aber einer besonderen Hausordnung mit viel Übungs- und Arbeitsstunden unterworfen war und infolgedessen für andere Unternehmungen ausfiel. Noch in einem zweiten Punkt gingen unsere Wege auseinander. Gleich nach dem großen Reichskommers am 18. Januar liquidierte ich meine Beziehungen zum VDSt., während Keller ihm glaubte die Treue halten zu müssen. In dem ganzen Semester bin ich meist morgens um 7.00 Uhr daheim fort und abends um 10.00 Uhr oder später wieder heimgekommen, denn es war unendlich „viel los". So wurde Berlin ein sehr unterhaltsames, aber auch mein teuerstes Semester.

Schon wenn man auf die Straße am frühen Morgen trat, fing das Geldausgeben an, mit dem „Sechser", den man dem Omnibus opferte, um bei den weiten Entfernungen weiterzukommen. Dann wurde eine Zeitung für die Pausen gekauft und danach eine Frühstücks„stulle". Dann kam die Karte für irgendeine Aufführung oder einen Vortrag in der Universität, dann das Mittagessen, dann die Besichtigung eines Museums oder einer Sammlung, was obendrein noch Garderobengeld kostete. Man war immer unterwegs nach dem Motto: „Mit dem Geldbeutel in der Hand kommt man durchs Studentenland.".

In der Universität war's ungemütlich wegen der Überfülle der Studierenden. Harnack hatte das größte Auditorium, und doch kriegte man, wenn man nicht vorzeitig erschien, nie einen Platz. Bei Bernhard Weiß wollte ich ins NT-Seminar. Der hat mich auf meine schüchterne Frage angesehen wie ein Meereswunder und gefragt, wie lange ich schon in seinem Proseminar gesessen hätte. Am besten bin ich mit dem alten Kaftan gefahren, der zwar sehr trocken las, aber mit einer logischen Akribie mehr zu sagen hatte, als es den Anschein gewann, und gute Anregungen zum selbständigen Arbeiten gab. Wir nahmen auch an abendlichen Versammlungen der politischen Parteien, besonders der Stöckerschen Christlich-Sozialen, teil, in denen manchmal mit Stühlen von der Galerie geworfen wurde und bei denen öfter die Polizei das ganze Lokal räumte. Auch bei der Heilsarmee waren wir manchmal zu Gast. Eine ihrer größeren Versammlungen im Cirkus Busch habe ich mitgemacht und war erstaunt, was ihre, wie mir schien, sehr billigen Mittel (Bußbank und Halleluja-Geschrei) für einen faszinierenden Eindruck auf die Menge machten. — Das Semester sollte bewußt mehr der allgemeinen als der Fachbildung dienen. So war ich oft in der Philharmonie, im Theater und in der Oper. In allen Museen war ich ständiger Gast, besonders bei Regenwetter. Auch, was man heute so „Kabarett" nennt, besuchte ich in größerer Gesellschaft. Im „Wintergarten" und im „Apollo" belegten wir gewöhnlich einen ganzen Tisch. Im letzteren erlebte ich das erste Kino, damals „Lebende Photographie" genannt. Da tanzten zwei Leutchen nach einer Grammophonplatte „Ringel, ringel, Rosenkranz". Der populärste Mann in Berlin war zu jener Zeit Paul Lincke, dessen Schlager überall gesungen wurden. — Aus den Weihnachtsferien kam ich mit einiger Verspätung zurück und fand auf meinem Tisch einen Zettel „Wir sind alle im Wintergarten". Kaum, daß ich den Reisestaub abgewaschen hatte, bin ich dorthin geeilt. — Deutliche Erinnerungen habe ich noch an die großen militärischen Schauspiele zu Kaisers Geburtstag, am 18. Januar, zur Frühjahrsparade usw. Am 27. 1. wurde der Kaiser zur Paroleausgabe im Zeughaus erwartet. Vorher sah man die Auffahrt der Gesandten in mittelalterlichen Kaleschen, immer zwei Bedienstete hinten drauf. Die waren in die Farben des jeweiligen Landes gekleidet, die Österreicher schwarz und gelb, die Franzosen blau, weiß und rot usw. Endlich wurde es still. Große Pause. Generäle mit wehenden Federbüschen gehen rudelweise ins Zeughaus. Dann ist auch das zu Ende und man wartet. Die Polizei schreitet auf dem abgesperrten Gelände hin und her. Dann fängt auf einmal von der dem Schloß abgewandten Seite der Linden ein lautes Rufen an. „Hoch" und „Hurra" schallt es immer näher. Alles macht lange Hälse. Dann kommt ein letzter verspäteter Leutnant in Schutztruppenuniform, der wohl Adjutantendienste tun sollte, in einer Droschke über den Asphalt geklappert und die ganze aufgespeicherte Begeisterung ergießt sich zur Unterbrechung der Langeweile über ihn. Alles winkt ihm zu und ruft und schreit. Sogar die Schutzleute lachen. Solche Ovationen sind dem armen Verspäteten wohl noch nie zuteilgeworden. Dann aber sehen wir den Kaiser auch, umgeben von der langen Reihe seiner stattlichen Söhne, gefolgt von den Bundesfürsten, aus deren Mitte der mir von früher bekannte Großherzog von Hessen um eines Hauptes Länge hervorragt. — Man sah dann noch die Fahnenkompagnie abrücken, die Generäle wieder verschwinden, die Fürsten ins Schloß zurückkehren — dann wurde die Absperrung aufgehoben. Mit den Soldaten, die mit klingendem Spiel zurückmarschierten, gingen wir wieder heim. — Die Sonntage in der Stadt waren trostlos. Morgens ging ich gewöhnlich zum Gottesdienst, meist im „Interimsdom", denn am richtigen wurde gebaut. Des Nachmittags drang ich darauf, daß wir in die sehr schöne Umgebung zogen, wie es alle Berliner auch machten. So haben wir eine Menge der Seen um Berlin, Potsdam, Spandau und den Grunewald, reichlich kennengelernt. Abends pflegten sich alle Weilburger bei Aschinger am Bahnhof Friedrichstraße zu treffen mitsamt der holden Weiblichkeit, die sie den Tag über begleitet hatten. Dann wurde solenn zu Abend gegessen. Sonst nämlich bestand das Essen nur aus einem Stück Wurst und trockenem Brot, was im meist kalten Zimmer stehend verschlungen wurde. Beschlossen wurde der Sonntag meist in dem gemütlichen Hinterzimmer irgendeines Berliner Lokals.

Das Semester ging im Fluge herum. Es war aber in jeder Minute ausgefüllt und so reich an den verschiedensten Eindrücken, daß es mir viel länger dünkte und ich mir bald wie ein Berliner vorkam. Anfangs glaubte ich, in der furchtbaren Luft nicht atmen zu können. Nach vier Wochen aber war ich so eingebürgert, als ob ich da aufgewachsen sei.

Heinrich Ewald, durch die Erzählungen von meinen Reisen neugierig gemacht, war bereit, zum Semesterschluß mit mir die Hafenstädte im Norden zu besichtigen. Ich weiß noch, daß wir nur mit Mühe loskamen, weil unsere Wirtin auf einmal noch dies und jenes glaubte aus uns herausschlagen zu können für Abnutzung der Möbel, für Heizung und Beleuchtung u. a. Sie hatte sogar einen

Mann bestellt, der uns unsere Verpflichtung klarmachen sollte. Mit dem ist aber der tüchtige Heinrich so umgesprungen, daß er trotz seiner Berliner Klappe zuletzt nicht mehr wußte, ob er nicht selber das alles zu bezahlen hätte. In einem mit Auswanderern überfüllten Wagen IV. Klasse sind wir des Nachmittags stehend nach Lübeck gefahren. Die prächtige alte Stadt hat uns die Beschwerden sofort wieder vergessen lassen. Im Schifferhaus haben wir zu Mittag gegessen und uns dann Kiel zugewandt. Dort war gerade ein Sohn des Prinzen Heinrich beim Spielen tödlich verunglückt. Abends sahen wir mit an, wie Matrosen mit Fackeln die Leiche überführten. Wir sind durch einen schadhaften Zaun auf das abgesperrte Gelände gekrochen. Heinrich behauptet, er hätte mit anderen zusammen einen Händedruck von dem Prinzen gekriegt. Anderen Morgens waren wir nach einer Hafenrundfahrt am Bahnhof Zeugen, wie der Kaiser von Berlin zur Beerdigung ankam. Dann ließen wir uns auf ein Kriegsschiff rudern, denn mit dem Kaiser war ein ganzes Geschwader großer Panzer angekommen. Während wir bis in den Torpedoraum krochen, in dessen eisernem Turm mein schöner Hut arg verbeult wurde, fing das Schiff an, in regelmäßigen Abständen Salut zu schießen. Nach einer Segelfahrt nach Laboe sind wir nach Hamburg gefahren. Kiel erschien mir recht ländlich dieser Großstadt gegenüber. Die Gotik der Kirchen hat uns sehr imponiert. Am Alsterbassin haben wir Möwen gefüttert, bei Hagenbeck die modernen Raubtierkäfige ohne Eisengitter besichtigt und auf dem Weg dahin dem Hamburger Bismarck „guten Tag" gesagt. Nur zur Sternwarte war es uns zu weit. Dafür waren wir im Hafen, wo wir den damals größten Passagierdampfer „Deutschland" mit seinen luxuriösen Gesellschaftsräumen bestaunten. Eine Rundfahrt durch den Hafen beschloß den Nachmittag und eine Rundfahrt durch St. Pauli den Abend. Den Rummel da kannten wir aber von Berlin noch zur Genüge. Dann sind wir noch bis Hannover zusammen gefahren, wo ich Kollenrotts in Herrenhausen und Biesters in Langenhagen besucht habe. Danach war auch das Berliner Semester zu einem guten Ende gebracht.

19. Bonn (S. S. 04, W. S. 04/05)

Die beiden letzten Semester in Bonn, um das gleich vorwegzunehmen, waren die schönsten von allen. Ich hatte nun gelernt, wie man das Studium einrichtet, ich verstand, die gebotenen Hilfsmittel zu gebrauchen, Geld und Zeit einzuteilen. Dazu war der Rhein eine Gegend, die Leben und Studium erleichterte, abgesehen davon, daß sie auch landschaftlich ungemein viel Schönes zu bieten hatte, weit über Halle und Berlin hinaus.

Allmählich mußte ich nun ernstlich auch an meine Theologie denken, die seither weniger aus bösem Willen als aus krasser Unerfahrenheit zu kurz gekommen war. Deshalb fuhr ich schon zeitig ins Semester, um den Beginn der Vorlesungen nicht zu versäumen. Aber siehe da, wenn ich glaubte, nun Zeit zu haben, die alma mater hatte noch viel mehr. Die Universität lag verödet.

Anschläge am „Schwarzen Brett" kündigten Vorlesungen erst in acht Tagen an. Mir lag besonders daran, in ein Seminar aufgenommen zu werden, woran ich in Berlin ja kläglich gescheitert war. Ich hatte mir einen Feldzugsplan ausgedacht, wie ich dem Professor (es war Grafe) das klarmachen wollte. Als ich mit meinem Testierbuch aber feierlich bei ihm antrat und mich für seine Vorlesungen anmeldete, warb er sofort selbst: „Wollen Sie nicht auch an meinem Seminar teilnehmen?" Höchst überrascht erklärte ich mich sofort bereit. Noch eine Überraschung erlebte ich in den ersten Tagen. Als ich abends über den Markt bummelte, ging vor mir her ein Mann, der mir bekannt vorkam. Als er vor einem Schaufenster stehen blieb, stellte ich mich neben ihn und fragte: „Na, Peter-Josef, woher des Wegs?" Es war der Peter-Josef Schiefferens, der in Weilburg im Nachbarhaus gewohnt hatte. Die unglaublichsten Gerüchte waren über ihn verbreitet worden. Er sollte aus dem Jesuitenkolleg in Feldkirch im Vorarlberg mit einer Kellnerin entflohen sein. Für uns alle galt er für verschollen. Ob er wollte oder nicht (und er schien nicht recht zu wollen), lotste ich ihn durch den Verkehr zur „Roten Kanne" hinüber, verstaute ihn hinter einem Bierkrug und ließ ihn erzählen. Es stimmte, daß er aus Feldkirch entwichen war (nur das schöne Mädchen war poetische Zutat), und weil er dort auf Kosten der Kirche untergebracht war, als Handwerksbursche nach Italien wanderte. Da hatte er als Müllerbursche, als Hauslehrer und als Hafenarbeiter in Neapel gearbeitet. Nun sprach er Italienisch wie Wasser. Dann war er nach Paris gegangen, durch Spanien gewandert, aber von der Polizei aufgegriffen und als Vagabund wieder nach Frankreich abgeschoben worden. Jetzt war er in Bonn angekommen, weil ein alter Jude in Manderscheid, mit dem sein Vater Viehhändel gemacht hatte, ihm etwas Geld für die Vollendung seines Studiums geborgt hätte. Es wurde ein langer und sehr instruktiver Abend.

Nach 14 Tagen traf auch Heinrich Ewald ein, und schließlich tauchte der Moritz Pfeiffer auf, der bei dem Buchdrucker Cramer in Weilburg gewohnt hatte. Da waren dann für den Sommer die Schwanegässer aus Weilburg zusammen, die ein vergnügtes, aber auch wissenschaftlich förderndes Semester am Rhein verbringen wollten. Wir waren alle vier richtig froh, daß wir keiner Verbindung angehörten, die mit ihren vielen Bindungen uns nicht hätte zu uns selber kommen lassen. Mittags aßen wir zusammen in der „Hölle" für 80 Pfennige und machten herrliche Ausflüge ins Siebengebirge und in den Kottenforst. Ich hatte mir gleich einen Arbeitsplatz in der Universitätsbibliothek besorgt. Da arbeitete ich lieber als im Seminar, denn da traf man zu viele Bekannte und es wurde schrecklich gefachsimpelt. Immerhin galt ich für den fleißigsten unter dem liederlichen vierblättrigen Kleeblatt. Wenn ich um 12.00 Uhr aus dem Kolleg kam, spielten Pfeiffer und Ewald in einer Kneipe gegenüber bei offenem Fenster Billard. Mir wurde aus ihrem Spielumsatz ein Schnaps oder ein Glas Wein durchs Fenster gereicht. Nach dem Essen war offizieller Bummel am Rhein, worauf ich in meine Bibliothek verschwand, während die anderen sich in ein Kaffee setzten. Ich selbst war so in der Zivilisation zurück, daß ich erst bei „Phinchen", einer Kellnerin im Café lernte, daß es verschiedene Marken Schokolade gibt, und daß die kleine Rheinländerin am liebsten „Gala-Peter" aß. „Phinchen" ging sonntags mit ihren Freundinnen in Kessenich tanzen. Unzählige Male haben wir sie da aufgesucht und mit nach Godesberg geschleppt, von wo wir mit einem Frühzug um 4.00 Uhr wieder in Bonn anlangten. Wundervoll waren unsere Ausflüge zum Drachenfels oder zum „Ännchen" in Godesberg. Wie schallten da unsere gemeinsamen Lieder durch die Nacht! Einmal gerieten wir in ein Stiftungsfest eines Gesangvereins aus Bonn, dessen Mitglieder uns sofort in ihren Kreis zogen und in den Reihen ihrer Damen unterbrachten. Die Nacht um 2.00 Uhr standen wir auf den Tischen und sangen die Lindenwirtin. Als wir anderen Mittags mit schweren Köpfen im Hofgarten saßen, kam plötzlich eine unserer Hofdamen, eine Frau Dr. X daher, der ich aus Zartgefühl, weil ihr die Erinnerung an die Nacht peinlich sein mochte, aus dem Wege gehen wollte. Sie hatte uns aber kaum erblickt, als sie auf uns zukam und schon von weitem lachend fragte, wie uns die Nacht bekommen sei. Der Vorgang war typisch für das Bonner Leben. Kein Sonntag verging ohne Musik, Fahne, Gesang und Tanzen. Frohsinn und unbeschwerte Heiterkeit in allen Ecken.

In solch beschwingter Stimmung wurde das Arbeiten leicht. Es war mir eine Freude, daß Grafe sein Semester sehr ernst nahm und uns wirklich systematisch arbeiten lehrte. Wir 15 Mann arbeiteten über „Taufe". Wichtig waren besonders die Formeln $\acute{\epsilon}\nu$ Χριστῷ und $\acute{\epsilon}\iota\varsigma$ Χριστόν . Beachtlich war und, wie man behauptete, für Grafe typisch, daß sieben Damen unter den 15 waren, die unter der Führung von Carola Barth, die später in Köln sich einen Namen als Vorkämpferin der „Christlichen Freiheit" gemacht hat, sich außerordentlich fleißig betätigten. Ich kam auch dadurch in den Geruch, fleißig zu sein, daß ich, weil ich vorher nie Gelegenheit fand, eine Stunde vor Beginn schon im Seminar ankam. Die dort schon in ihrer Arbeit vertieften Damen fielen über mich her: „Haben Sie dies, haben Sie das verstanden?". Ich übersetzte ihnen dann eine lateinische oder griechische Stelle aus den Kirchenvätern und durfte dafür alle Auszüge sehen, die sie gemacht hatten. Auch die holländischen usw. Werke hatten sie sich übersetzen lassen. So war ich, wenn Grafe erschien, gut orientiert und konnte, was ich erfahren hatte, besser an den Mann bringen als die Mädels selbst, die die Fülle ihrer Weisheit verwirrte. So war ich es denn auch, der die Stimmung wieder herstellen mußte, wenn Grafe sich über die Unkenntnis seiner männlichen Seminarmitglieder aufregte. Drei hat er hinauskomplimentiert, einen namens Schäfer, der im Godesberger Pädagogium unterrichtete, vor versammeltem Kriegsvolk mit großem Eklat. Daneben war ich im Katechetischen Seminar beim alten Sachse, bei dem ich so in Gunst kam, daß er mich zu seinem „famulus" ernannte und in jeder Sitzung das Protokoll schreiben ließ. Weil ich dabei öfter in sein Haus kam, behaupteten böse Zungen, er wolle mich mit seiner Tochter verheiraten, die Strümpfe stopfend zu Hause saß. Jedenfalls ist in dem Protokollbuch des katechetischen Seminars zum ewigen Angedenken meine schöne Handschrift festgehalten. — Besonders gut stand ich mit Otto Rietschl, dem kleinen Sohn seines großen Vaters, der wohl ein herzensguter Kerl, aber ein furchtbar ungewandter und hölzerner Gelehrter war. Auch er hat mich wiederholt eingeladen. Nur zu einer großen Festtafel konnte ich nicht bei ihm erscheinen, weil an dem Tage das Gordon-Bennet-Rennen im Taunus ausgetragen wurde, zu dem ich nach Weilburg fuhr. Ich vermutete, er war über meine Absage ziemlich eingeschnappt. Als das Semester zu Ende ging und er die letzte Vorlesung ankündigte, hatte der A. T. V. gerade Schlußkneipe. Wir beide, der Professor und ich, waren überrascht, als in der letzten Vorlesung wir uns ganz allein einander gegenüber befanden. Trotzdem fing Rietschl an zu lesen. Als die Stunde zu Ende ging, dankte er mir in wohlgesetzten Worten. — Auch zu Böhmer, der damals Ephorus des Theologischen Stiftes war, kam ich öfter, da er uns Quellen zu Vorlesungen zeigen wollte, und hatte immer Freude an seinen trockenen, sehr treffenden Witzen. Er hat recht interessante Einzelheiten aus der Spezialgeschichte unserer Heimat, z. B. der Hohen Schule in Herborn, des Prof. Piscator, des Sektierers Horch, der in Greifenstein inhaftiert war, usw. ausgegraben. Freude machte er uns als unpraktischer Hagestolz, der oft seinen Hut verkehrt herum auf dem Kopf hatte und auch sonst den Esel manchmal am Schwanz aufzäumte. — Auch bei Sieffert, der in Koblenz prüfte, habe ich in jenem Semester schon gehört. An einem schönen Sommerabend war es, daß wir nach Königswinter fuhren, bei Bellinghaus eine Bowle tranken und dann noch den Drachenfels erklimmen wollten. Schon in der Wirtschaft hatten wir ein paar Damen am Nebentisch angesungen. Am Fuß des Aufstiegs kamen uns ein paar Mädels entgegen mit Blumen im Haar. im Nu waren sie umringt unter dem Gesang „Sah ein Knab ein Röslein stehn" und konnten nicht durchbrechen. Schließlich verhandelten die älteren Semester um einen Kuß als Lösegeld. Derweil hatte ich eine Gruppe älterer Herren sich nähern sehen und mit Erschrecken Prof. Sieffert erkannt. Er schaltete sich dann als Vermittler ein und befreite seine eingeschlossenen Töchter, denn die waren es mit ihren Freundinnen gewesen. Als ich am Abend heimkam, fand ich eine Einladung zum Abendessen von Sieffert vor. Trotz meines bösen Gewissens sagte ich sogleich zu und ging hin. Eine seiner Töchter war meine Tischdame. Als wir uns alle um den Tisch plaziert hatten und erwartungsvoll schweigend hinter den Stühlen standen, fragte sie vernehmlich in die Stille hinein: „Sind Sie neulich abends noch bis zum Drachenfels gekommen?", um zu bekunden, daß sie mich wohl erkannt hätte, worauf der Papa das aufgriff: „Ja, das habe ich Sie auch fragen wollen." Ich habe dann sofort ein hohes Lied auf die Mondnacht auf dem Drachenfels angestimmt und bei der einsetzenden Unterhaltung schließlich mich allein an meine Tischdame wenden können. Die Gefahr einer näheren Auseinandersetzung über den Fall war gebannt. — Wenn ich vorhin von älteren Semestern sprach, die uns begleiteten, so waren das Juristen aus dem Seminar, das Heinrich Ewald, der Not gehorchend, belegt hatte, da mit ihm das Semester gerechnet würde. Als das Semester sich dem Ende näherte, geriet Ewald in Not, denn er sollte eine Arbeit abliefern. Auf mein Zureden entschloß er sich, sich wenigstens ein Thema geben zu lassen. Als er damit angezogen kam und ich die nötigen §§ in seinem BGB, das eine Menge Fußnoten hatte, nachgelesen hatte, erklärte ich ihm, daß ich die Arbeit machen würde. Freudestrahlend besorgte er mir eine Menge Kommentare, worauf ich sie mit Interesse bis zum Termin auch fertig schrieb. Ewald schrieb sie mit glühender Feder ab und steckte sie fünf Minuten vor Annahmeschluß dem Professor in den Briefkasten. Nach einiger Zeit kam er triumphierend wieder an, unter der Arbeit stand: „Gut! – Cossak". Den Rechtsfall weiß ich noch auswendig: Ein Kommerzienrat Friedrich hat in Bonn eine Villa mit herrlicher Aussicht auf das Siebengebirge. Ein Häusermakler hat das angrenzende Grundstück erworben und will auch diese Villa kaufen. Friedrich weigert sich zu verkaufen, weil er ein großer Naturfreund ist. Da droht der Makler, er werde ihm die Aussicht verbauen, und daraufhin ist Friedrich zum Verkauf bereit. Nach einigen Jahren, die Verjährung war eigentlich schon eingetreten, verkauft er beide Grundstücke an einen Dritten und nun klagt der Kommerzienrat auf Wiederherstellung des früheren Zustandes. Ich habe das Urteil zu seinen Gunsten gefällt, weil das Rechtsgeschäft durch eine Drohung zustandegekommen war. Die Verjährung beginne erst zu laufen nach dem Wegfall des Zwangszustandes, also nach dem neuen Verkauf der beiden Grundstücke. Nach diesem salomonischen Urteil kam die ganze Juristerei zu mir gelaufen und wollte Arbeiten gemacht haben, insbesondere hat mich bis Semesterschluß ein Ludwig aus Homburg v. d. H. mit höchsten Preisangeboten verfolgt. – Am Ende des Semesters kriegte ich ein akademisches Stipendium von etwa 170 RM ausgezahlt und konnte dann in die Ferien gehen. Weil meine Mutter gerade in Neuwied zu Besuch war, beschloß ich, per Rad den Rhein entlang sie dort abzuholen. In Brohl machten die Berge und der Umstand, daß der Weg nach dem Laacher See da abgeht, einen solchen Eindruck auf mich, daß ich ein ganzes Stück ins Brohltal hinauf fuhr, was mir ausnehmend gefiel, so daß ich lebhaft bedauerte, daß die Gegend da katholisch war. „Was für ein prächtiger Ort für eine evangelische Pfarre am Rhein!" dachte ich. Hätte ich geahnt, daß ich nur wenige Jahre später da wirklich die schönen Orte pastorieren sollte! – Die Mutter habe ich dann in Neuwied getroffen und bin mit ihr mit der Eisenbahn nach Hause gefahren.

Auch während der Ferien habe ich viel daheim gearbeitet. Wir haben einen Besuch in Greifenstein bei Ernst Stuhl gemacht, zusammen mit dem Hobach, der seiner alten Verbindung in Halle angehörte. Als wir gegen 2.00 Uhr uns verabschieden wollten, nahm er uns mit in den Keller, damit wir seine verschiedenen Weinsorten begutachteten. Erst um 4.00 Uhr hatten wir die beste Sorte festgestellt, von der wir dann noch eine Flasche extra tranken. Erst viel später gestand der freundliche Gastgeber, daß er überhaupt nur eine einzige Sorte Wein im Keller gehabt habe. So um 5.00 Uhr, als es eben hell wurde, stiegen wir wieder an die Erdoberfläche hinauf und traten den Heimweg an, als vorsichtige Leute auf der breiten Heerstraße, die durchs ganze Dorf führte. Nach altem Brauch wollten wir nach getaner Kneipe unseren Heimweg mit einem angemessenen Singsang begleiten, ließen durch das noch schlafende Greifenstein die schönsten Weisen erschallen und stellten gerade Betrachtungen darüber an, daß wir in Halle oder Bonn längst von der Polizei wären am Kanthaken gefaßt worden, während man in diesem Dörfchen unbehelligt singen könne, da trat aus einer kleinen Gasse neben der Wirtschaft Simon behelmt und säbelklirrend ein leibhaftiger Gendarm. Nach erprobter Sitte suchten wir ihn gleich mattzusetzen, indem wir ihn von drei Seiten mit Fragen überfielen: „Aber, aber, so früh schon im Dienst, Herr Wachtmeister?" „Haben Sie die Nacht im Wirtshaus verbracht?" „Was führt Sie denn so früh auf den Westerwald?". Worauf er nur die eine — damals alles erklärende — Antwort gab: „Ich warte auf den Bast!" Das war nämlich der Greifensteiner, der seinen Schwiegervater umgebracht hatte, deshalb in St. Thomas in Andernach interniert worden war und alle paar Jahre einmal ausbrach, um in Greifenstein wieder aufzutauchen. Wir haben uns dann erboten, in der Wirtschaft Simon, wo gerade die Tür geöffnet wurde, mit auf den Bast zu lauern, sind dann aber doch bald aufgebrochen, weil das Warten in der Wirtschaft aussichtslos schien. Um dieses Bast willen waren aber, sobald ruchbar wurde, daß er wieder gesucht wurde, in den Ortschaften Nachtwachen eingerichtet. Einzelne Gehöfte, wie die Dianaburg z. B., wurden besonders benachrichtigt und hatten Angstträume, daß er sie überfallen könnte.

Dann kam das 2. Bonner Semester im Winter 04/05. Das sollte endgültig ein rechtes Arbeitssemester werden. Die Freunde waren fort. Der Winter am Rhein erschien ihnen zu trübselig. Ich wohnte in der Nähe einer Husarenkaserne im Florentiusgraben, damit ich vom Stadtlärm ungestört blieb. Da waren nebeneinander zwei neue Häuser offenbar von demselben Architekten gebaut worden. In dem einen fand ich eine nicht zu teure Bude. Als plötzlich in der Universität am Mittag der Peter-Josef auftauchte, wurde das Wiedersehen erst einmal bis spät abends gefeiert. Dann begleitete er mich nach Hause in meinen Graben hinein, und weil sein Rückweg allzulang war, ich ihn wieder ein gutes Stück aus dem Graben heraus. Fröhlich mit dem Mond Zwiesprache haltend ging ich heim, suchte meinen Hausschlüssel, schloß auf und wieder zu und erstieg die Haustreppe. Mir fiel auf, daß während meiner Abwesenheit eine große Angel im Hausflur aufgehängt worden war. Vor meiner Zimmertür, zwei Treppen noch, machte ich halt, versuchte mit dem Zimmerschlüssel aufzusperren, was aber auf Schwierigkeiten stieß. Zugleich sah ich beim Schein eines Streichholzes, daß das große Schild nebenan an der Wohnung meiner Hausleute nicht mehr da hing. In meinem Zimmer bewegte sich etwas. Es wurde Licht gemacht und eine weibliche Stimme fragte: „Bist Du schon da?" Zugleich näherten sich von innen Schritte der Tür. Da hielt ich es für angezeigt, mich leise zurückzuziehen. Auf einmal überfiel mich der Gedanke: „Mein Himmel, das ist das verkehrte Haus!", und während droben die Tür sich auftat und Lichtschein auf die Treppe fiel, sprang ich mit zwei Sätzen zur Haustür, schloß wieder auf, hinter mir wieder zu, die Tür im Nebenhaus auf und hinter mir zu und wartete, was weiter werden würde. Es wurde aber nichts. Am anderen Morgen fragte ich meine Wirtin, wer denn nebenan zwei Treppen hoch in meinem Zimmer wohne? Antwort: „Ein neu verheirateter Schutzmann, der am 1. 11. gerade eingezogen ist." Dem hätte ich in die Finger laufen müssen! — Peter-Josef hatte eine Hauslehrerstelle in Bonn angenommen. Er sollte die Schularbeiten eines Tertianers überwachen, dessen Eltern auf der Insel Grafenwerth eine Gärtnerei betrieben. Am Bahnhof in Bonn hatten sie einen Blumenladen, in dem die schöne Adele waltete, immer bereit, im Hinterstübchen ihres

Ladens einen Kaffee für uns bereit zu halten, wenn wir des Nachmittags durchfroren uns da einstellten. In der Wohnung jenes Blumenhändlers gab es ein Hausmädchen, das mit einem Bonner Goldschmied verlobt war, trotzdem aber sich für die Freundlichkeiten von Peter-Josef sehr empfänglich zeigte. Die hat uns alle abgerissenen Knöpfe angenäht und alle Schäden an Anzügen und Mützen ausgebessert, auch mit Verständnis die Einkäufe für unser Abendessen besorgt. — So gestaltete sich auch das Wintersemester zu einem recht gemütlichen, nur daß sein Aktionsradius, schon durch die Jahreszeit bedingt, ein engerer und intimerer war als der weitere des ersten.

Im Seminar war ich bei Sieffert und Sachse. Dort wurde über die Offenbarungsautorität der hl. Schrift gearbeitet, hier in der alten Universitätskirche gepredigt. Auch da mußte ich wieder Sachses „Famulus" und Protokollführer sein. Meinen alten Arbeitsplatz in der Bibliothek behielt ich bei. So bekannt war ich geworden, daß ich auch zwischendurch Bücher ohne den gewöhnlichen Bestellgang bekommen konnte. Oft erwarteten mich, wenn die Bibliothek schloß, Peter-Josef oder Adele vor der Tür. So bestimmt war es, daß ich dann erscheinen würde. Wiederholt bin ich auch wieder eingeladen gewesen bei Sachse und Sieffert und dem Alttestamentler König.

Durch die Seminare hatte ich eine Reihe von Kollegen kennengelernt, die mich zwar mit großem Respekt, aber immer als Außenseiter behandelten. Am nächsten kam mir mein Co-Referent im systematischen Seminar Wick. Er ist später in Saarbrücken Pfarrer geworden. Auch der jetzige Pfarrer Burbach auf dem Hunsrück lud mich einige Male in den Ev. Theologischen Verein ein. Der witzige und schlagfertige Mensch war im Examen in Koblenz mein Nebenmann und hat, weil er mich fortgesetzt zum Lachen brachte, eine ernstliche Rüge des Generalsuperintendenten Umbeck an uns beide veranlaßt. Weiter spielte ein durch seine Frechheit hervorstechender Philologe Hammerschmidt in dem Sieffertschen Seminar eine Rolle, der dem Professor zum „Roten Adler-Orden" gratulierte als einer Bestätigung der Wahrheit, daß der Mensch immer dümmer und zum Staatsdienst geeigneter werde.

Sonntags sind wir hinausgezogen auf die Gronau, nach Godesberg oder Königswinter und haben mit der Adele da getanzt. Oder wir fuhren gar bis Linz, wo Peter-Josef noch von seiner Pennälerzeit her alte Lieben hatte. Als der Fasching los ging, waren wir einige Male zu Karnevalssitzungen in Köln. Dabei lebten wir sehr bescheiden. Ich hatte mir für jede Woche ein 20 RM-Stück hingelegt, mit dem ich auskommen mußte und auch auskam. Peter-Josef, der viel Geld im Skat, den er nächtelang spielte, gewann oder auch verlor, kam manchmal, wenn er abends nichts zu essen hatte, und aß mir mein letztes trockenes Brot weg. — Das Semester ging für mein Empfinden sehr schnell zu Ende. Ich empfand es schrecklich, daß ich damit Abschied vom Studentenleben nehmen sollte. Andererseits freute ich mich, auch endlich eine Tätigkeit ausüben zu können. Ende des Semesters kündigte sich Walther, der in Hannover studierte, zu Besuch an. Er brachte den Moritz Pfeiffer mit, den er in Göttingen aufgabelt hatte. Ich war am Karnevalsmontag früh zum Universitätssekretariat bestellt, wie ich vermutete, um wieder ein Stipendium, für das ich eine

Prüfung bestanden hatte, in Empfang zu nehmen. Die drei anderen warteten in der Vorhalle. Als ich wieder erschien, rief mir Peter-Hosef entgegen:,,Hast es?'' Und als ich darauf nickte, zur Straße hinaus ,,Droschke!''. Darauf sind wir in einer Droschke durchs Fastnachtsgewimmel in ein Weinrestaurant gefahren und haben ein Festmahl eingenommen. Am Nachmittag besuchten wir den Rosenmontagszug in Köln. Am nächsten Tag verabschiedete ich mich von meinen Hausleuten, schickte die letzten noch vorhandenen Gebrauchsgegenstände in einem Paket nach Hause und fuhr mit Walther und Peter-Josef wieder nach Köln. Dort drangen wir durch Walthers Frechheit, der sich einen Kölner zur Seite nahm und ihn für seinen Butler, sich aber für seine ,,Jong'' erklärte, in verschiedene Lokale ein, ohne die sehr hohen Eintrittsgelder bezahlen zu müssen. Am Morgen waren wir um 5.00 Uhr noch im Dom, um die Austeilung der Aschenkreuze zu bewundern. Dann fuhren wir über Betzdorf heim, nachdem wir den Peter-Josef nach Bonn zu ausgeladen hatten. Als wir in Ehringshausen ausstiegen und heimwärts wanderten, summten mir unausgesetzt noch die Weisen der Fastnacht im Ohr. Unsere Leute trafen wir mit dem Forstrat Pfannekuchen unterwegs in den Heisterberger Kiefern. Daheim haben wir dann den Rest des Tages völlig verschlafen.

20. Das I. Examen 1905

Die Bonner Studienzeit war fraglos die unbeschwerteste aller meiner Semester. Obwohl ich in ihr ein Strafmandat über 5 RM aequirierte, weil ich nach einem Weilburger Abend mit den übrigen Wilinaburgen singend durchs Städtchen zog und von einem Polizeibeamten in Zivil, mit dem Heinrich Ewald unbedingt Freundschaft schließen wollte, samt diesem geschnappt wurde. Erzählen hätte ich auch noch müssen, wie Ewald den ganzen Bonner Markt in Aufruhr brachte, als er eines Tages eine Schachtel voller Mäuse zwischen die Marktbuden laufen ließ. Es entstand ein allgemeines Flüchten und Rennen. Schließlich wußte keiner mehr, worum eigentlich das Schreien ging. Der, der am eifrigsten nach der Ursache forschte und die schnell erschienene Polizeistreife danach fragte, war Ewald.

Es mag noch mancher Streich vergessen worden sein.

Den Sommer über habe ich dann brav in Heisterberg gesessen, mir die Examensarbeiten geben lassen, in Gießen mit einer Empfehlung von Himmelreich von dem dortigen Bibliothekar mir die nötigen Bücher besorgt und dann intensiv gearbeitet. Um ganz ungestört sein zu können, hatte ich mir das Gartenzimmer im obersten Stock des Heisterberger Hauses à la Robinson eingerichtet. Da arbeitete ich bei verschlossener Tür. Nur je und dann kam jemand heraufgestiegen und schlug die Hände über dem Kopf zusammen. Der Anblick mag malerisch genug gewesen sein. In der Mitte stand eine große umgestülpte Kiste, die als Tisch diente. Dahinter ein ausrangierter dick gepolsterter Lehnstuhl, der schon Jahre eines beschaulichen Daseins in der Rumpelkammer hinter sich hatte. Von den zwei Betten, die im Zimmer waren, hatte ich das eine für mich mit duftendem Stroh eingerichtet und schlief vorzüglich darin. Das andere war hoch aufgetürmt und mit einem großen weißen Laken überdecket. Alles, Kiste, Stuhl, Bett und vor allem der Fußboden war mit Büchern, Heften, Zeitschriften und dergleichen über und über bedeckt, so daß ich selber kaum zutreten konnte. Da im April die Tage oft noch kalt waren, saß ich gewöhnlich in einen dicken Schlafrock von meinem Großvater gehüllt in dem Lehnstuhl hinter der Kiste und machte Auszüge aus den Büchern. Je und dann erschien Vater Henn, der dann fortlief, eine Schaufel voll Kohlen für den vorsintflutlichen Ofen zu besorgen, der im Zimmer als letztes Requisit stand. Für das ganze übrige Haus war ich so gut wie nicht vorhanden. Auch nicht für Bruder Walther, der gegenüber in der Ulmer Stube seine Doktorarbeit für Gießen anfertigte. Aus Rache heftete er eines Tages an meine Tür ein Schild: „camera obscura, sive theologica", worauf ich ihm ein gleiches widmete mit der Aufschrift: „camera clara, sive veterinaria". Schließlich ließ der Eifer seiner Söhne auch den Oberförster nicht ruhen, der mit seinen Nummernlisten und langen Pfeifen in die dritte Kammer, das Braunfelser Zimmer, zog und von da aus die Schaffenden emsig kontrollierte, auch Sorge trug, daß der Abend für einen Schoppen in Leun oder Stockhausen oder Ulm, oder wohin er gerade wollte, freigehalten wurde. Ich habe in der Einsamkeit an meiner Kiste wundervoll schaffen können und in meinem Strohbett so gut wie kaum sonst geschlafen, obwohl, als es warm wurde, die Stechmücken vom Weiher her mit ihrem intensiven „sss" und häufigen störenden Stichen mir grausam zusetzten.

Die Arbeiten, die mir große Freude gemacht hatten und die gut geraten waren, gab ich persönlich in Aßlar bei dem alten Sup. Wieber ab. Den Weg dahin über die hohe Straße legte ich bei schönem Wetter zu Fuß zurück. — Mitte Oktober fuhr ich sonst sehr ahnungslos — ich kannte nicht einmal die einzelnen Disziplinen, die geprüft wurden — nach Koblenz ins Examen, das mir wie eine recht kindliche Komödie vorkam und das ich, ehe ich's recht begriffen hatte, mit viel Lachen bestand. Sofort, nachdem mir das mitgeteilt worden war, telegrafierte ich das Ergebnis nach Hause und fuhr an die Mosel nach Traben-Trabach, um auf einer Eifelwanderung den Peter-Josef Schiefferens in Bettenfeld zu besuchen. Ich bin dort Mitte Oktober, während die Kartoffeln ausgegraben wurden, regelrecht eingeschneit, habe Peter, der wieder nach Bonn ins Semester wollte, mitgenommen nach Mayen, wo wir zwei Tage Lukasmarkt mitfeierten und bin dann über Neuwied endlich wieder in Heisterberg angekommen.

Vater war sehr befriedigt, daß ich nun Predigtamtskandidat geworden war, und beriet jeden Morgen mit mir, wie man die Zeit bis zum 2. Examen nützlich anlegen könnte. Ich bestellte mir den „Theologischen Vakanzanzeiger", eine Zusammenstellung aller angebotenen Stellen, der wöchentlich erschien. Wir kamen überein, daß ich mich als Hauslehrer betätigen sollte. Während ich nach Polen zu einem Förster wollte, der als besonderen Reiz schilderte, wie im Winter sein Forsthaus von Wölfen umheult wurde, und garantierte, daß ich auf einen zu Schuß kommen würde, war mein Vater mehr für einen Grafen XY in

Schleswig, von dem er sich für später förderliche Protektion versprach. Schließlich hatte ich auch auf eine Offerte von einem Gut bei Schwanebeck (Krs. Oschersleben) geschrieben, und als Vater und ich Ende November von der Beerdigung des Otto Blum aus Braunfels zurückkamen, rief uns der Postmeister Rübsamen in Leun von seines Hauses Freitreppe zu, daß wir ein Telegramm für mich gleich mitnehmen könnten. In dem stand nur, daß ich kommen sollte, sobald ich antreten könnte. Gleich noch in Leun habe ich geantwortet: „Übermorgen", meine Koffer gepackt und bin hingefahren. So wurde ich Hauslehrer auf dem Baum bei Schwanebeck.

21. Schwanebeck

Einen Blick in diese Welt zu werfen, die fast schon ostelbischen Charakter trug, war für mich sehr interessant. Die Familie des Rittmeisters Roloff, bei der ich eintrat, nahm mich mit offenen Armen auf und rechnete mich ganz zu sich. Frau Roloff, „Tante Bertchen", wie sie in Schwanebeck genannt wurde, setzte ihren Stolz darein, „ihren Kandidaten" überall zur persona grata zu machen. Überall wurde ich nicht nur in die Familien eingeführt, sondern auch in die Vereine, zu Festen, Tanzkränzchen u. dgl., auch in die „Pfarrflöte", einen Gesangverein aufgenommen, obwohl ich gar nicht singen konnte. Ich hatte eine kleine Familienschule zu betreuen, die aus nur zwei Jungen und zwei Mädchen bestand, und mich um die Schularbeiten von vier weiteren, zwei Gymnasiasten und zwei Töchterschülerinnen, zu kümmern, meine „Oberklasse" — so daß ich wenig Arbeit und viel freie Zeit hatte. Eigentlich hätte ich eine Lizenz der Regierung in Magdeburg für die Tätigkeit gebraucht. Weil aber der gestrenge Königliche Superintendent, der zugleich Kreisschulinspektor war, nichts zu der Lizenz sagte, ließ mich der Herr Ortsschulinspektor, der Oberpfarrer Postler in Schwanebeck gewähren. So unterrichtete ich frisch, fromm, fröhlich und frei darauf los und habe meine Schüler, die Ostern im Gymnasium in Halberstadt aufgenommen wurden, nicht schlecht gefördert. Wichtiger aber war mir von Anfang an, was ich in meiner schulfreien Zeit dazulernen konnte, denn dazu war ich ja ausgezogen.

Der Kreis der Menschen um mich setzte sich aus Gutsbesitzern des Magdeburger Landes zusammen, sehr soliden, fleißigen, wohlhabenden Leuten, die nach Landmanns Brauch auf sehr breiter Grundlage lebten und das Geld, das sie reichlich einnahmen, gern ebenso reichlich auch wieder ausgaben. Sie verschwendeten es nicht gerade, sondern waren bestrebt, es in entsprechenden Werten anzulegen. Was sie kauften, auch zum Essen und Trinken, mußte alles kostbar und teuer sein. Das schien ihnen Garantie für ein „besseres Dasein". Ihr Geschmack war derb, massiv, eckig. Die Kunst galt als Allotria, über das sie sich lustig machten. Immer nur kam es ihnen auf den Gehalt, nicht auf die Form an. Sie hatten meist ihren Bildungsgang mit dem Einjährigen abgeschlossen und dann ihre Jahre meist bei der Gardekavallerie abgedient. Die Militärzeit war für sie, was für mich etwa die Studentenzeit gewesen war. Avancierten sie gar zu Reserveoffizieren, nannten sie sich ihr Leben lang mit ihrem Dienstgrad. So war ich bei dem „Rittmeister" Roloff. Dazu kam ein biederer Landarzt, der mehr für gutes Essen als für die Gelehrsamkeit war, mit einer ästhetischen Frau, der einzigen in dem Kreise, dann der alte Oberpfarrer Postler mit einer schriftstellernden Tochter, weiter ein vielbeschäftigter Zuckerrübenfabrikdirektor mit einer bildhübschen Frau, ein pensionierter Bergwerksdirektor usw. — Alles Leute, die über meine auf der Universität erworbene Bildung staunten. So wurde ich mündlich und schriftlich um Auskunft in allen möglichen gelehrten Fragen angegangen, war Autorität in der Aussprache von Fremdwörtern, mußte beim Frühschoppen sonntags auch über Politik referieren, von der ich gar nichts verstand, und dergleichen mehr. Jede Woche war in den Familien reihum ein Skatabend, zu dem ich auch mitgenommen wurde, das Spiel selbst aber langweilig fand und lieber den Frauen Gedichte vorlas. Mit den verspielten Geldern wurde Ende des Winters eine Schlittenpartie nach Andreasberg im Harz gemacht, die in einem so großen Sektgelage endete, daß ich nur noch undeutliche Erinnerungen an sie habe.

Hier in Schwanebeck erhielt ich ganz unschuldig meinen ersten Korb, nicht einmal von einem Mädel, sondern von dem Vater desselben. Das kam so: Weil mein Vorgänger an der Familienschule sich eine Frau aus Schwanebeck mitgenommen hatte, war die stillschweigende Voraussetzung, daß ich das ebenso machen würde. Die Frage war nur, auf welche der Schönen meine Wahl fallen würde. Denn daß ich einfach geheiratet werden könnte, weil ich dem Gewicht der blanken Taler der Schwiegerväter nicht zu widerstehen vermochte, dem anfänglichen Mißverständnis hatte Tante Bertchen gleich die Spitze abgebrochen. Nun wurde ich ja zu vielen Töchterbesitzern eingeladen und hatte viel zu tanzen, aber die Bewerberinnen traten ehrfuchtvoll in auffallender Weise zurück, als ich mit einer Einladung zum „Hofball" ausgezeichnet wurde, was vorher noch keinem cand. theol. widerfahren war. Dieser Hofball war das Ereignis in jedem Winter, nur wer an ihm teilhaben konnte, galt in der Gesellschaft. Mit dem Ball verhielt es sich so: Im Kranze um das Städtchen Schwanebeck herum lagen eine Anzahl Güter, zu denen auch der Baumhof gehörte. Eines aber davon zeichnete sich durch Vornehmheit aus. Das war das ehemalige „Rittergut", d. h. das Stammgut, das noch von einem solchen übriggeblieben war. Es hatte ein prächtiges altes Herrenhaus und entsprechend alte Einrichtung in einem schönen alten Park. Eine lange Allee schöner alter Bäume führte von der auch außerhalb der Stadt liegenden „Oberpfarre" zu dem Rittergut hin. Zur Zeit gehörte es einem Rittmeister (natürlich auch d. R.) Köcher, der der Vorsitzende einer Aktiengesellschaft zur Zuckerrübenverwertung war. Dieser Mann, der einer höheren Gesellschaftsschicht als die übrigen Gutsbesitzer angehörte, war ihr Orakel und ihre unbedingte Autorität. In jedem Winter einmal lud er zu einem schlemmerhaften Abendessen ein. Und dann wurde getanzt. Das war der „Hofball". Die Sensation dieses Jahres bestand darin, daß der Kandidat vom Baumhof mit eingeladen wurde. Woher diese Einladung kam, wußte niemand. Ich führte sie auf die lebhafte Reklame meiner

Familie zurück. Die Leute auf dem „Rittergut" kannte ich gar nicht. Wie überall auf den Gütern, hatte ich nach einer Liste von Tante Bertchen auch dort einen Antrittsbesuch gemacht, war aber nicht empfangen worden. Folgende Begegnung aber hatte ich mit seinen Bewohnern: Eines schönen Winternachmittags ging ich mit einem meiner Schüler an der langen Parkmauer spazieren und freute mich über das weiße Schneekleid der Landschaft. Da traf mich von ungefähr ein Schneeball von der Mauer her, und als ich zur Abwehr auch in den Schnee griff, wurde oben eine lachende Mädchengestalt sichtbar, mit der der Junge und ich dann ein paar Schneebälle wechselten, ohne daß ein Wort gesprochen worden wäre. Nun war ich also zum „Hofball" eingeladen. Auf mich machte das den Eindruck gar nicht, den es auf das ganze Dorf machte. Roloff, der natürlich auch eingeladen war, examinierte mich gleich, ob ich Austern essen könnte, ob ich über einen Abendanzug verfügte u. dergl. mehr. Er war sehr dafür, daß ich mitging.

Der erste Teil des Abends bestand in einer sehr ausgedehnten Begrüßung der Gäste, wobei eine lange Defilierkour vor der Großmutter des Hauses stattfand, der alle die Hand küßten, während ich sie nur bierehrlich schüttelte, was allgemeines Erstaunen hervorrief. Roloff entschuldigte das schnell damit, daß ich aus dem Rheinland stamme, wo man diese schöne Sitte nicht pflege. Ich hörte, wie das Getuschel von einer Gruppe zur anderen ging.

Der zweite Teil war ein ausgiebiges Menü, bei dem ich ganz zu unterst an der Tafel saß und die jüngere, noch unverheiratete Tochter des Hauses zu Tisch führen durfte, meine Partnerin aus der Schneeballschlacht, die wir übrigens beide mit keinem Wort erwähnten, ich, weil ich meiner Sache doch nicht ganz sicher war. Wir haben uns aber beim Essen gut unterhalten, und ich habe zur Genugtuung meines Rittmeisters auch das Wasser, das nach dem Obstessen in Kristallschälchen herumgereicht wurde, nicht ausgetrunken, sondern mit Grazie und Nonchalance die Finger darin gewaschen, weil ich die Bedeutung genial erfaßt hatte.

Dann kam der dritte Teil, das Tanzen. Ich hatte ja auf dem Pennal die üblichen Tänze gelernt, je und dann in Halle, Berlin und Bonn geübt und tanzte jedenfalls ausdauernd. Nun tanzte ich zumeist mit meiner Tischdame und ließ mich von ihr instruieren, wen ich etwa sonst auffordern sollte. Und dabei geschah es, daß während des Walzers sämtliche anderen Paare mit dem Tanzen aufhörten und uns als einziges Paar weitertanzen ließen, was wir erst nicht merkten. Als dann die Musik aufhören wollte, schrie alles: „Weiter weiter!", sodaß die Musikanten neu einsetzten und ich meine Dame, die sich schon von mir gelöst hatte, neu einfing und trotz ihres Protestes bis zum Schluß Solorunden drehte. Als wir dann zu den übrigen zurückkehrten, empfing uns heftiges Händeklatschen, so daß wir uns dankend nach allen Seiten verneigen mußten. Dann ging der „Hofball" fröhlich und normal zu Ende.

Damit aber nicht genug, wurde das Ereignis dieses „Hofballs" noch überboten, als ich, und zwar diesmal allein, aus Schwanebeck zum zweiten Mal auf das Rittergut eingeladen wurde. Das brachte Tante Bertchen und ihren Gemahl in Aufregung. Sie fuhren mich nach Halberstadt, daß ich mir da einen Frack leihen sollte. Denn diesmal sei der Zauber noch zeremonieller, weil nur die Obersten der 10.000 Oberen eingeladen seien. Ich meinte aber, im Rheinland ging es auch im Überrock. Und es ging auch, wenngleich nur noch ein einziger Gast von den gut 20 Tänzern, ein Regierungsbaumeister aus Aschersleben, ebenso erschienen war. Bei Tisch saß die Änne zu meiner Linken und hatte als Tischherrn einen Halberstädter Kürassier in voller, blinkender Uniform, einen Baron von X mit einem Monokel, der sehr indigniert darüber war, daß seine Tischdame öfter das Wort auch an mich richtete. Er fragte über den Tisch hin „Äh, was ist der Herr eigentlich?" Worauf er die Antwort erhielt: „Hauslehrer". Worauf seine zweite Frage kam: „Hier im Hause?" Das schien Fräulein Änne so lustig, daß sie die Frage an mich weitergab. Worauf ich direkt antwortete: „Hier im Haus nur im Nebenamt, Herr Baron, zuweilen bei der Tanzstunde." Das machte der Änne solchen Spaß, daß sie laut heraus prustete und die Serviette vor den Mund halten mußte, während ihr Kürassier, der um die Tanzerei ja nicht wußte, ein entsprechend dummes Gesicht machte. – Beim Tanzen nachher ergab es sich von selbst, daß ich öfter mit Änne tanzte. Als sie mich aber bei der Damenwahl holte, war der Kürassier so wütend, daß der Baumeister aus Aschersleben mich warnte, ich solle ihm nicht in den Weg laufen. Auf der Diele war hinter Lorbeerbäumen ein Sektausschank eingerichtet, in dem der alte Diener Friedrich, mein Freund, bediente. Als ich zufällig mit Änne dort saß, flüsterte er uns zu: „Der Baron kommt!", worauf Änne durch ein offenstehendes Fenster von der Diele in ein leeres Zimmer sprang, aber auf dem blanken Parkett ausrutschte und zu Fall kam. Ich sprang nach und hob sie auf. Die auf der Diele herankommenden Gäste hatten das zwar nicht sehen können, wohl aber aus einem Nebenzimmer eine Anzahl älterer Damen, die von da dem Tanze zusahen. Ich klopfte meine Dame noch ab und half ihr, die Toilette wieder in Ordnung zu bringen. Da kam schon ein Diener und rief: „Das gnädige Fräulein zur gnädigen Frau!" Änne kam in Arrest neben die Frau Mama, und obwohl die wütend und sprachlos war, holte ich mir einen Stuhl an ihre Seite und begann harmlos eine lebhafte Unterhaltung, wie sie mir meine durch Sekt geweckte Redefreundlichkeit gerade eingab. Schließlich merkte ich selber, daß es Zeit war, abzubrechen und benutzte die Gelegenheit, als andere Damen kamen, sich zu verabschieden, auch meinerseits aufzubrechen. Es war immerhin nach 2.00 Uhr geworden. Mir wurde eine der Damen anvertraut, daß ich sie in ihr Quartier brächte. Dabei passierte es mir, daß sie, als ich ihr unterwegs vor einem Wasserleitungsgraben den Arm anbot, fragte: „Gehen Sie wirklich so unsicher?"

In meinem Zimmer daheim fand ich ein Telegramm vor, daß ich zu einem Kurs in dem Lehrerseminar in Wetzlar angenommen sei und umgehend meine Papiere einschicken sollte. Die lagen aber noch bei dem Oberpfarrer. Beim Frühstück am nächsten Morgen — meine Schule hatte Tante Bertchen in weiser Voraussicht für den Tag abgesagt —, als ich die Absicht äußerte, sie da abzuholen, brachte mich der Rittmeister auf die Idee: Machen Sie dem Oberpfarrer gleich einen Abschiedsbesuch. Sie werden ohnedies Mühe haben, damit zu Ende zu kommen. — Ich zog also wieder einen schwarzen Rock an, setzte einen

Zylinder auf und wanderte – noch etwas benommen vom Abend vorher – zum Oberpfarrer. Dorthin waren schon undeutliche Gerüchte gedrungen von einem Abenteuer mit der Änne. Ich wurde heftig ausgefragt, wußte aber nichts Besonderes zu berichten, sondern stellte alles auf die neue Situation ab, daß ich Schwanebeck verlassen müßte. Das war dann auch nicht minder wichtig und wurde nach allen Seiten in Realis und Irrealis besprochen, bis Fräulein Postler, die Dichterin, meinte: „Wir wollen Sie nicht länger aufhalten, Sie werden gewiß auch auf dem Rittergut drüben sich nach dem Befinden der Damen erkundigen wollen.“ Der alte Papa stimmte zu: „Ja, da können Sie dann auch gleich den Abschiedsbesuch machen“. Mir schien es gut, die Gelegenheit direkt beim Schopfe zu fassen. So wanderte ich die Allee hinunter, zum Rittergut.

Der alte Friedrich empfing mich und kratzte sich verschmitzt lächelnd den Kopf, als ich nach dem Herrn Rittmeister fragte. Er schickte mich in ein Zimmer und meinte: „Ich werde Sie auch gleich den Damen melden.“ Er verschwand und ich wartete. Wartete lange, besah mir alle Bilder, guckte aus dem Fenster, wanderte auf und ab – es kam niemand. Endlich flog die Tür auf und herein der Rittmeister. Er stürmte auf mich zu: „Herr Kandidat, Sie haben sich meinen Damen melden lassen. Ich muß Ihnen sagen: „Meine Damen bedauern, Sie nicht empfangen zu können.“ „Oh, das tut mir aber leid!“ „Ja, wir haben eben beschlossen, meine Tochter noch 1 Jahr in ein Pensionat zu geben. Ihre Erziehung ist doch noch nicht so weit gefördert, wie wir dachten. Sie reist schon in diesen Tagen ab. Da muß sie jetzt ihre Vorbereitungen treffen“. – „Was Sie sagen! Das kommt ja in der Tat überraschend! Ich hätte mich gerne erkundigt, wie den Damen der gestrige Abend bekommen ist. Darf ich fragen, wohin Fräulein Änne zu reisen gedenkt?“ „Hm – nach Bonn!“ – „Wie interessant, Herr Rittmeister, dann können wir nämlich zusammen fahren. Ich reise auch diese Tage ab. Ich bin plötzlich von hier weggerufen worden.“ – „Wie, Sie reisen von hier fort? So plötzlich?“ – „Ja, ich fand zu Hause ein Telegramm vor, das mich zu einem Kurs nach Wetzlar einberuft, und habe eben meine Papiere schon abgeholt. Es war ja nur ein befristeter Aufenthalt hier vorgesehen. Daß er so plötzlich zu Ende gehen würde, wußte ich nicht. Nun möchte ich Ihnen herzlich danken für die liebenswürdige Aufnahme, die ich in Ihrem Haus zu finden die Ehre hatte.“

Da blieb der Herr Rittmeister, der seither hin und her gerannt war, vor mir stehen: „Nun sagen Sie mal, Herr Kandidat, was eigentlich führt Sie denn nun heute im hohen Hute zu mir?“ – „Was ich schon sagte, Herr Rittmeister, ich wollte mich von Ihnen und den Damen verabschieden und Ihnen danken“. „Ja, lieber Herr Kandidat, dann können wir uns ja auch setzen“. „Gewiß, das hätten wir längst tun können“. Und dann ging die Unterhaltung noch 10 Minuten ganz normal weiter, und ich schied mit lebhaftem Händeschütteln von ihm und der Zusage, er werde meine Abschiedsgrüße gern den Damen übermitteln.

Als ich etwas befremdet von der Art dieses Empfanges nach Hause kam, ließ mich sogleich Tante Bertchen zu sich bitten und teilte mir mit, daß zwei ihrer Freundinnen soeben bei ihr gewesen seien und berichtet hätten, ich hätte mich gestern abend mit der Änne Köcher verlobt. Sie wolle mir doch als erste gratulieren. Nun war ich noch verwirrter. So fiel mir ein, daß bei meinem Abschied vom Rittergut der Sohn des Hauses eilig auf einem Gaul vom Feld her heimgeritten war, offenbar gerufen, und mich mit einem nicht eben freundlichen, ja schon vernichtendem Blick gestreift hatte. Auf einmal mußte ich entsetzlich lachen, so daß auch Tante Bertchen angesteckt wurde und immerzu rief: „Nun sagen Sie doch endlich, was geschehen ist!" „Ich habe soeben meinen ersten Korb gekriegt!" Die Sache war die nächsten drei Wochen das Tagesgespräch in Schwanebeck und auf allen Gütern der Umgegend. Tante Bertchen hatte Mühe, den Leuten zu versichern, es sei an dem ganzen Gerede nichts dran. Sie streckte aber schließlich die Waffen und erklärte sich für unvermögend, noch etwas für mich zu unternehmen, als die Sache noch ein Nachspiel hatte. Es war natürlich inzwischen der Schnee geschmolzen, die Sonne schien und die Veilchen blühten. Da dehnte ich meine gewohnten Spaziergänge eines schönen Nachmittags weit aus und traf meine ganze Familienschule im Felde, die Hände voller Veilchenbündel. Sie drückten mir von allen Seiten Sträuße in die Hand, so daß ich veilchenbeladen mich auf den Heimweg machte. Der führte über den Bahnhof, wo gerade ein Züglein der Kleinbahn zur Abfahrt bereitstand. Koffer und Kisten wurden verladen. Als ich gerade den Bahnhof passierte, fuhr eine elegante Kutsche vor, der die Familie Köcher entstieg, die ihre Tochter zur Reise nach Bonn verfrachten wollte. Die Damen begaben sich sogleich in ihr Abteil II. Klasse. Der Vater verhandelte derweil mit dem Stationsvorsteher, und der Bruder sah nach dem Gepäck. Da kam es über mich, und ich stieg mit einem plötzlichen Entschluß auch in den Wagen, aus dem man mit einem Taschentuch gewinkt hatte, und bat, den Damen zum Abschied meine Veilchen überreichen zu dürfen. Wohl oder übel mußten sie mit großem Dank meine Gegenwart bis zur Abfahrt des Zuges dulden. Und als sie dann noch eifrig winkten, bis das Züglein verschwunden war, habe ich das ganz selbstverständlich auch auf mich bezogen und eifrig wiedergewinkt. — Nun ging der letzte Sturm auf Tante Bertchen los: „Sehen Sie, Liebste, Beste, wir hatten doch recht!" Und als ich dann drei Tage später auch abreiste, auch ins Rheinland, — da war das arme Tantchen ganz geschlagen und wagte keinen Widerspruch mehr gegen die Feststellung, daß es mit dem Kandidaten und der Änne *Köcher* doch seine Richtigkeit habe.

22. Lehrvikar (1. 7. 06 — 30. 6. 07)

Ich bin sehr froh und frei nach Hause gefahren und habe sogleich mein sechswöchiges Seminar in Wetzlar angetreten. Noch zwei Kollegen hatten sich dazu eingefunden. Ein sehr selbstbewußt auftretender cand. theol. Vogt und sein richtiges Gegenstück, ein lang aufgeschossener, sehr bescheidener und oft verlegener Kandidat Schmalgemeier. Wir haben uns gut vertragen und während des Kurses, der mehr Formsache als von Wichtigkeit war, manchen frohen Ausflug in die schöne, frühlingsprangende Umgebung von Wetzlar gemacht. Im

Seminar fanden wir viel Stoff zum Lachen, lernten auch manchen tüchtigen Lehrer da kennen, den Direktor Vorbrock, einen großen zukunftsreichen Pädagogen. Dann den mir persönlich sympathischen Musiklehrer Theiß, der einen ganz vorzüglichen Rechenunterricht gab, weiter einen sehr gelehrten Naturforscher Imhäuser, einen Lehrer wie Padderatz, der interessant die Schlacht bei Wetzlar zu beschreiben wußte, Gern, der die Prinzeß Victoria Luise unterrichtet hatte, Reitz u. a. Ich wohnte in Heisterberg und fuhr jeden Morgen von Braunfels nach Wetzlar. Ich erinnere mich eines Ausflugs nach Greifenstein, von dem ich mit einem dicken Heckenrosenstrauß wiederkam, eines Bierabends mit den Lehrern auf der Obermühle in Braunfels, eines Trachtenfestes in Butzbach. In diese fröhlichen Sommertage hinein platzte eine Verfügung des Königlichen Konsistoriums, daß ich am 1. 7. in Viersen eine Lehrvikarstelle anzutreten hätte.

Am 1. 7. um 12.00 Uhr meldete ich mich also im Pfarrhaus in Viersen. Die Aufnahme war sehr formell, militärisch, diszipliniert, so daß sie mich an den Königlichen Herren Direktor in Weilburg erinnerte, nur daß mein Lehrherr in Viersen weitaus intelligenter war. Die Leute dort waren gut und meinten es auch gut. Aber es lag über der ganzen Gegend eine frostige, unpersönliche Atmosphäre, die einen nicht warm werden ließ. Ich bin das Jahr über korrekt mit den Menschen zurechtgekommen, habe aber nur mit Hilfe des Couéismus mich davor bewahren können, mal energisch auf den Tisch zu schlagen und mir Verschiedenes zu verbitten, indem ich mir täglich vorredete: Es ist ja nur für ein Jahr! Daß ich mit stoischem Gleichmut dieses Jahr abdiente, hat meinen Lehrherrn manchmal geärgert. Hätte ich mich aber wirklich mit innerem Interesse ihm hingegeben, wäre eine Explosion unausbleiblich gewesen. Übrigens teilte ich diese Aversion gegen den Niederrhein mit anderen Menschen. In Süchteln, dem Nachbarort von Viersen, war damals Pfarrer Volk, der behauptete, dieses Volk am Niederrhein dürfe nicht mehr zu den Rheinländern gezählt werden. Der Rhein ginge nur so weit, als an ihm Reben wüchsen. Und ein Vierteljahr nach mir kam ein evangelischer Vermessungsbeamter aus Hannover nach Viersen, der zu mir seine Zuflucht nahm, weil er sich mit seiner jungen Frau wie in „eine Menschenwüste" versetzt sah. „Die Leute hier sind nur ein Teil ihrer Maschinen", hat er mir hundertmal auseinandergesetzt. „Man fragt sich, ob sie etwas anderes können, als ihre gewohnten Umdrehungen im gewohnten Rhythmus zu machen". Ich habe oft überdacht, wie die Landschaft den Charakter von Menschen formt. Diese weite Ebene mit ihren geraden Buschstrecken und trägen Wasserläufen, ewigen Nebeln und wenig Sonne macht Menschen schwer, grüblerisch, eigensinnig. Da ist nichts, was das Gemüt erregte. Da bildet sich nur der Verstand zu einer rechnenden, messenden Maschine. Darum sind die Menschen ernst, stur, folgerichtig im Denken und Handeln. Das rechte Gebiet für den Calvinismus. Eine schwere Melancholie ist über dem Land ausgebreitet. Ich habe mir später erzählen lassen, am Niederrhein kämen die meisten Selbstmorde vor. Mein Lehrherr war aus dem Land, eine gewaltige Arbeitskraft, ein sehr gestrenger Redner, der interessant wirkte, auch wenn er Belanglosigkeiten sagte. Ein Mann auch, dem es ernst war mit seinem Amt und seinen Aufgaben, aber ein despotischer Charakter und von einem alles bestimmenden Ehrgeiz. Er herrschte im Haus über Frau und Kinder, ohne Widerrede zu dulden. Das häusliche Leben mußte ganz dem Amte dienen, und die Frau manchmal sich abhetzen, um pünktlich Repräsentationspflichten zu erfüllen. Von morgens bis abends war er „im Dienst". Zwar schwebte ihm vor, daß es auch etwas wie Erholung geben müsse, aber dann war diese Erholung auch schlicht. Wenn er eine Stunde Zeit hatte, mußten Frau und Kinder auf Kommando sich mit ihm freuen, singen oder Spiele machen, bei denen sie dann getadelt wurden, bis ihn die Uhr unerbittlich wieder an die Arbeit wies. Die einzige, die ihm zu widersprechen wagte, war seine alte Schwiegermutter, die auch im Hause lebte. Aber sie fügte sich dann jedesmal aus Respekt vor dem Amtsträger, den er wundervoll zu markieren wußte. An mir hatte er gleich zu tadeln (er zählte es richtig an den Fingern her): 1) Meine Kleidung. Ich ging wohl mal bloßköpfig über die Straße, was in der Stadt ungehörig sei. Ich müsse auch, wenigstens wenn ich als Vertreter der Kirche aufträte, in einem schwarzen Überrock kommen und sorgen, daß dessen Knöpfe alle geschlossen seien. Sonst könne die Gemeinde Anstoß nehmen. 2) Meine Sprechweise. Die sei zu nonchalant, oft mit hessischem Dialekt durchsetzt. Das ließe den nötigen Ernst vermissen. Außerdem wolle er nie wieder hören: „Herrjeh!" Da sei der Jesusname . entheiligend ausgesprochen, oder auch: „Gnädige Frau", das könnte den Leuten einen falschen Begriff von Gnade beibringen. – Ich habe dergleichen Eröffnungen mit unverhohlenem Staunen hingenommen und war neugierig, was noch alles kommen würde. Eine merkwürdige, bisher mir verschlossen gebliebene Welt. – Mich aus meiner Reserve herauszulocken, brachte er mich gelegentlich mit anderen Kandidaten zusammen, so mit dem späteren Saarbrücker Pfarrer Wehr, der auch aus jener Gegend war, mit dem er ein Gespräch über die Studentenzeit führte. Als er, da ich beharrlich mich nicht einmischte, direkt nach meinen Erfahrungen fragte, sagte ich achselzuckend: ich hätte keine, da ich immer abseits meine eigenen Wege gegangen sei. Darauf hielt er mir des Abends ein Privatissimum: wie er durch den Wingolf vor allen Versuchungen der Studentenzeit bewahrt geblieben und heute noch darob tief dankbar sei. Ich habe auch das nur mit korrektem Schweigen entgegengenommen. Ein andermal schickte er seinen früheren Vikar Humburg, den späteren Bekenntnispräses, zu mir aufs Zimmer, der mich fragen mußte, wie mir der geistliche Stand gefiele. Als ich u. a. antwortete: Das Predigen mache mir immer mehr Freude, hielt er mir eine große Philippika: Predigen dürfe man nur im heiligen Geist, und hinterher belehrte mich Vits, er stiege nur immer mit Zittern und Zagen auf die Kanzel. –

Es waren schon komische Menschen, unter die ich da geraten war. Aber gerade das war mir interessant. Dieselbe merkwürdige Art legten auch die Presbyter an den Tag. Als einer von ihnen in einer Bibelstunde zu dem Wort sprach: „Das Blut Jesu Christi macht uns rein von allen Sünden", drehte er sich zu mir um, tippte wiederholt mit dem Finger aufgeregt auf seine Bibel und rief: „Das Blut!" Ich war vollkommen ahnungslos, was das bedeuten sollte, und stimmte zu: „Ja, das steht auch in meiner Bibel, und ich will es auch nicht daraus entfernen." Als ich dann aber weiter äußerte, das wiese auf das Opfer der AT-Gemeinde hin und man müsse deren Opfertheorie kennen, ehe man das deuten wolle, hielt er sich die Ohren zu und rief: ,,Nein, das Blut! Wie es hier steht: ,,Das Blut!". Ich bin auch da achselzuckend wieder in mein staunendes Schweigen verfallen. — Dann wohnte ich einer Presbyteriumssitzung bei, in der der Pfarrer auseinandersetzte, nach seiner Meinung wäre es schön, wenn zu Weihnachten ein Christbaum in der Kirche aufgestellt würde. Da wiesen die Presbyter mit großer Erregung das zurück: ,,Unsere Kirche ist kein Theater! Die Augenlust ist nicht vom Vater! Die Kirche wird entweiht, wenn man solche weltlichen Dinge hineinbringt!" — Ich mag wohl eine absonderliche Rolle in dieser Umgebung gespielt haben. Vits hat später einmal, als er Pfarrer in Düsseldorf war, geäußert: Der Vikar Henn sei wohl recht intelligent gewesen, aber sehr verschlossen. Er habe sich nicht in die Karten gucken lassen wollen. — Ich empfand es immer als Befreiung, wenn ich auswärts predigen konnte und habe in dem Jahr viel vertreten, in Süchteln, auch in der neugebauten Irrenanstalt, in Dülken bei Dr. Reder, den ich am besten leiden mochte, in Anrath bei Lic. Echternach. Da konnte man Mensch unter Menschen sein. Besonders mit Frau Echternach habe ich mich gut vertragen. Der einzige gute Freund, den ich in Viersen fand, war der schöne Dobermann des Pfarrers, den er sich angeschafft hatte, als einmal ein Einbruch im Pfarrhaus versucht worden war. Das sehr scharfe Tier biß alle Leute, auch den Pfarrer selbst, nur mich ließ er in Frieden, obwohl ich mich ihm kaum widmen konnte, wenn er an der Kette lag. Aber wir haben miteinander manchen Spaziergang gemacht. Als ich eines Winterabends mit ihm auf die Süchtelner Höhen stieg und vom Bismarckdenkmal droben auf das vollmondbeschienene unendlich öde Land hinaussah, fing der Hund neben mir zu heulen an, daß es einen erbarmen konnte. Offenbar wollte er seinen Empfindungen über die Landschaft zutreffenden Ausdruck geben. Empfindungen, die ich mit ganzer Seele teilte.

Immerhin, ich habe allerhand im Lehrvikariat gelernt, und das war ja der Zweck der Übung. Ich lernte die neue Smendsche Agende kennen, die Vereinsarbeit durchführen, lernte auch Krankenbesuche machen und Andachten halten, wozu ich von mir selber viel zu schüchtern gewesen wäre. Ich habe das ganze Jahr hindurch mit Vits Hebräisch getrieben, ein paar Vorträge in den Vereinen halten, im letzten Vierteljahr auch meine Arbeiten zum 2. Examen anfertigen können, wenn auch Vits das als besondere, nur bei ihm mögliche und darum ihm besonders zu dankende Ausnahme hinstellte. Mitten aus dieser Arbeit heraus wollte das Konsistorium mich nach Lennep als Synodalvikar schicken und den Rest des Lehrvikariats mir erlassen. Ich habe sofort eine Eingabe gemacht, von mir abzusehen, weil in Lennep von drei Pfarrern einer beurlaubt, einer krank und auf den dritten nicht zu rechnen war. Ehe aber eine Antwort kam, war der Antrittstermin schon da. Ich fuhr also hin, stellte mich bei Sup. Natorp vor, bewanderte in seinem Auftrag drei Tage lang das Bergische Land mit seinen Waldschmieden und freute mich seiner Schönheit. Dann kam ein Reskript, daß ich in Viersen bleiben könne. Ich reiste dorthin zurück. Das Leben lag ja nun in einem rosigen Licht vor mir, weil sich das Jahr zu Ende neigte. So wie das Schlußjahr auf dem Gymnasium, machte auch das letzte Vierteljahr im Lehrvikariat mir Freude, weil ich nach Belieben meine Trümpfe anbringen konnte. Vorher hatte Vits durchblicken lassen, er werde um einen anderen Vikar bitten, mit Redensarten wie: Er nähme noch lange nicht jeden auf. Schließlich aber entließ er mich recht freundlich und meinte, ich hätte mich ja endlich in die Gemeinde und die Arbeit und das Pfarrhaus eingelebt.

Am 1. 7. 07 fuhr ich morgens nach Düsseldorf, wo meine Mutter und Tante Marie gelegentlich einer Blumenausstellung zu Besuch waren.

Dabei muß ich nachtragen, daß ich schon vorher von Viersen aus Düsseldorf besucht hatte. Einmal gelegentlich einer Predigertagung des Niederrheins, bei der Vits die Andacht und Adolf Schlatter das Referat über das „Vaterunser als Glaubensbekenntnis" hielten. Zum zweiten Mal im Auftrag von Forstmeister Pfannekuchen in Braunfels, der ohne Nachricht von seinem in Düsseldorf malenden Sohn war und mich gebeten hatte, nach ihm zu sehen. Ich fand ihn in einem hohen Geschäftshause, das nur Büros enthielt, unter dem Dach aber Maler und ihre Ateliers. Da saß mein Schützling, malte eine Löwenbändigerin, die ich schon in Berlin gesehen hatte, und züchtete im übrigen Fische, Fischchen und Fischelchen aller Art und stand in Andacht vor ihren Schwimmübungen. Schließlich zog er den Mantel an, gab den Zimmerschlüssel und seine löwenbändigende Freundin bei einer Malkollegin nebenan ab und ging mit mir in den Malkasten, wo er so etwas wie Direktor war und Kredit hatte. Von da haben wir bei einer Flasche Wein dem Vater in Braunfels eine Postkarte geschrieben, womit mein Auftrag erfüllt war. — Auch in Barmen bin ich gewesen, Ferienkinder abzuholen, in Krefeld und in Kaldenkirchen habe ich vertreten. In Brügge hat in einer ruinenhaften Kirche damals schon eine Organistin Harmonium gespielt. Der Clou meiner Reisen in dem Jahr war eine quer durch Holland, Belgien, Luxemburg und an der Mosel zurück. Holländische Ferienkarten gab es damals für 2,5 Gulden nach jeder holländischen Station. In Amsterdam besuchte ich eine Reihe von Museen, in Rotterdam den Hafen und setzte dann nach Bresgens in Belgien über die Schelde über. In einem schweren Gewitter trieb das Schiffchen weit in die See. Ich wollte von den das Deck fortwährend überschwemmenden Wellen weg in die Kajüte, doch ging mir der Anblick der schwer seekranken Leute, die da in allen unmöglichen Stellungen lagen, und die stickige Luft in dem kleinen Raum so auf die Nerven, daß ich schleunigst wieder in das Gewitter flüchtete. Nach der Ankunft legte ich mich in den Sand, um in der wieder durchbrechenden Sonne meine Kleider zu trocknen. Nach der Übernachtung in Ostende bin ich anderen Tages über Gent nach Brüssel gefahren, habe dort auf dem Markt „Faro" getrunken, ein Nationalgetränk ähnlich der Leipziger „Gose", und bin mit einem Nachtzug nach Luxemburg. Unterwegs hatte ich mir eine schöne französische Ansprache ans Volk zurechtgelegt, wurde aber in einer fast an das Nassauer Deutsch erinnernden Mundart aufgefordert: „Ach, spreche se nur ruhig deutsch, das verstoh mer all besser!" In der wunderschönen Stadt Luxemburg fühlte ich mich auf dem großen Markt vor den Schloßeingang in Weilburg versetzt. An der Mosel entlang bin ich über Koblenz nach Stockhausen und Heisterberg, um den Resturlaub dort zu verbringen. Bei dem Pfarrer Vits galt ich seitdem als Finanzgenie, weil ich es fertig gebracht hatte, mit dem Stipendium des Lehrvikariats, zu dem andere noch große Zuschüsse von daheim brauchten, noch diese ausgedehnte Reise zu unternehmen.

Am 1. 7. 07 habe ich dann also mein Lehrvikariat mit Erfolg zu Ende gebracht und bin nach einigen Tagen Aufenthalt in Düsseldorf den Rhein hinauf zum Niederwalddenkmal und über Wiesbaden nach Hause.

In Bingen übernachteten Mutter, Tante Marie, Schwester Gertrud und ich im „Deutschen Haus", dessen Wirtin eine Schwester von dem Pfarrer Bangel in Braunfels war. Er lebte dort als Invalide, weil ein Schlaganfall ihn gelähmt und der Sprache beraubt hatte. Er empfing mich hinter einem Tisch in einem großen Lehnstuhl sitzend, drückte mir immerzu die Hand, und die Tränen strömten ihm über die Backen. Bald danach ist er gestorben.

Von Wiesbaden fuhren wir nach Diez, wo wir bei den Töchtern des Gärtners Wolf, der ein Freund von Onkel Barth gewesen war, einen Besuch machten. Die wollten uns abends nicht weglassen und versteckten meinen Hut. Bei dem um denselben sich entwickelnden Ringkampf fing die kleine Trude plötzlich an zu weinen, weil sie meinte, in dem fremden Land seien wir unter die Mörder gefallen.

Wir kamen anderen Tages aber doch richtig nach Hause, und ich bereitete mich ein Vierteljahr lang in der Stille von Heisterberg aus Büchern groß und klein für mein Examen vor. Diesmal wußte ich wirklich allerlei und war zuversichtlich, daß ich es in Ehren bestehen würde, wurde aber so entsetzlich dumme und am Rande liegende Dinge gefragt, z. B. ob der Mensch einen freien Willen habe, was ich mit Augustin, Pelagius, Luther, Kant beantworten wollte, damit aber zurückgewiesen wurde, oder daß ich das 6-Tagewerk der Schöpfung aufzählen sollte, was ich durcheinander warf — also meine Zuversicht sank jämmerlich. Meine große Gelehrtheit konnte ich nicht loswerden und war froh, daß ich schließlich nicht durchfiel. — Diesmal habe ich keine Wanderung angeschlossen und bin unzufrieden über mich selbst heimgefahren. Auf die Frage des alten Generalsuperintendenten Umbeck ergab sich, daß ich von allen geprüften Kandidaten der einzige war, der noch keine Stelle ausgemacht hatte. Auf seine Frage nach einem besonderen Wunsch bat ich, möglichst nicht in eine Großstadt geschickt zu werden. Prompt bot er mir die Synodalvikarstelle in meiner Heimatsynode Braunfels an. Das war mir zum Gefallen getan. Am 1. 11. 07 meldete ich mich in Aßlar bei dem Sup. Wieber.

23. Synodalvikar in Wetzlar (1. 11. 07 — 31. 3. 08)

Sobald das große Reskript des Königlichen Konsistoriums mit meiner Ernennung eingetroffen war, begab ich mich zu Fuß nach Aßlar, mich bei dem Superintendenten vorzustellen. Dabei erfuhr ich folgendes: Sein langjähriger Vikar Hassel, der sich der Gunst der höchsten Herrschaften im Konsistorium erfreute, weil sein Vater der Busenfreund des Konsistorialrates Mettgenberg war, hatte mit ihm Krach bekommen und im Trotz eine andere Stelle verlangt. Er kriegte dann auch zum 1. 10. die besonders schöne in Andernach. Vier Wochen hatte der Superintendent sich ohne Vikar behelfen müssen. So schien es eine günstige Fügung, daß ich nun einspringen konnte. Vornehmlich sollte ich Niedergirmes, das eine eigene neue Kirche mit schöner elektrischer Orgel gebaut hatte und so groß wie Aßlar geworden war, pastorieren, während Wieber sich Aßlar noch zutraute bis auf die Gottesdienste, die ich alle halten sollte, sonntäglich abwechselnd vormittags und nachmittags in Girmes und Aßlar. Mit diesem Bescheid wanderte ich wieder heim und erschien am 1. 11. mit meiner Mutter, die für das Wohl ihres Sohnes besorgt, sich um eine Wohnung für ihn kümmern wollte. Wir zogen in Aßlar in ein paar Häuser, aber bald entsprach dies, bald das nicht meinen oder meiner Mutter Wünsche, so daß wir unverrichteter Sache schließlich wieder bei Wieber ankamen, worauf der meinte, ich könnte ja auch wie Hassel in Wetzlar wohnen und morgens mit der Bahn herüberfahren. Gesagt, getan. Wir fuhren nach Wetzlar und mieteten Bahnstraße 10, bei einer Witwe Simon, der netten Witwe des Polizeisergeanten von Niedergirmes, ein hübsches Zimmer, nicht weit von der Bahn und ruhig gelegen. Essen tat ich mittags bei Wahls Louis, der in der Langgasse eine Filiale der heimischen Brauerei aufgemacht hatte mit einem guten, billigen und vielbesuchten Mittagstisch. Der Betrieb konnte losgehen.

In Wetzlar saßen der alte Sup. Schöler, ein Pfr. Günther und Otto Lühl als Synodalvikar, der sich durch sieben Jahre Dienstzeit eine Pfarrstelle dort erdienen wollte. Der alte Schöler meinte, als ich bei ihm Besuch machte: „Da hat man Sie ohne Umstände einfach ins Wasser geworfen. Nun zeigen Sie, ob Sie schwimmen können." Ich konnte ja, aber auf meine Art. Der Not gehorchend, machte ich von der dann auch Gebrauch. Und das hat sich mir allezeit als das beste Rezept bewährt: Man darf nicht rechts und links sehen, wie es von dem und jenem gemacht wird, oder wie die Regeln es vorschreiben, sondern probiert einfach auf die eigene Art. Dann wird es besser, als es Kreti und Pleti machen. – So habe ich frisch drauf los meine Predigten gehalten in der schönen großen Kirche in Girmes, die mir schnell ans Herz wuchs, und nachmittags in der Kirche in Aßlar, in der schon mein Urgroßvater gepredigt hatte, oder auch in umgekehrter Reihenfolge. Ebenso habe ich aus eigenem Ermessen meinen Unterricht eingerichtet, so, daß nachher der Garbenheimer Wieber, der Sohn des Superintendenten, staunte, was die Kinder alles gelernt hätten. Die besten Schüler meines Lebens hatte ich in den Aßlarer Konfirmanden von 1908 bis 09, Kinder, die körperlich und geistig gesund, kräftig, nüchtern, ehrlich und aufrichtig waren, wenn auch nicht hochbegabt und schwer in Schwung zu bringen, doch fleißig und beharrlich und unverdrossen, so daß jede Unterrichtsstunde ein Genuß für Lehrer und Schüler wurde. Anders war es in Girmes, wo schon viele Industriearbeiter wohnten und die Kinder den Unterricht schwieriger gestalteten. In Wetzlar hatte ich ein sehr kritisches Publikum in den Lehrern, die von allen Seiten zu meinen Predigten kamen, warum, weiß ich nicht, und nachher durch Mittelsmänner wie den Rektor

Atzbach, der Organist in Girmes war, oder den Kandidaten Tröller, von dem ich gleich erzählen werde, ihre Kritik an mich gelangen ließen. In Aßlar war das Publikum ein ganz anderes. Da war der Hauptkritiker der alte Fabrikant Berkenhoff, der Sonntag für Sonntag auf seinem Platz in der Kirche saß und nach dem Gottesdienst an der Tür wartete, ein paar anerkennende oder korrigierende Worte zu sagen. Öfter gab er mir einen Taler „für die Mission" oder er lud mich zur Aussprache über das Predigtthema zum Abendessen ein. Die Wetzlarer habe ich entwaffnet durch die Totenfest-Predigt über den Jüngling von Nain, die ich noch besitze, von der sie zugeben mußten: sie sei durchdacht. Den alten Berkenhoff aber habe ich erst beschwichtigt durch die Weihnachtspredigten, die ihm das volle Evangelium zu entfalten schienen.

Girmes war zu jener Zeit noch ein inmitten seiner Felder liegendes abgeschlossenes Dorf, zu dem man von der Bahnstraße gut 20 Minuten zu gehen hatte. Der Bahnhof hatte noch das einfache Empfangsgebäude, an dem auf der einen Seite die Züge der Lahnbahn, auf der anderen die der Dillbahn vorbeiliefen. Beim Weg nach Girmes mußte man über die Schienen und durch mindestens drei Barrieren durch, so daß man jedesmal Aufenthalt kriegte. Die Bahnschranke in der Stadt war noch nicht ausgebaut. Nur ein Architekt hatte ein neues Haus sich hingestellt, das heute noch die Aufschrift trägt: „Wer an den Weg baut, hat viele Neider." Die Industrie war längst nicht so entwickelt wie heute. Man konnte abends noch einsame Mondscheinspaziergänge durch die alten Straßen machen und sich in Goethes Zeit zurückversetzen. So habe ich das mit Bruder Walther gemacht, der mich wiederholt besuchte. Von dem Kandidaten Tröller wußte ich allerlei Winkelkneipen, so eine sehr gemütliche auf der steinernen Brücke. Mit meiner Wirtin kam ich gut zurecht. Mit ihren beiden Söhnen — der ältere, ihr Stolz, der Banklehrling war — saß ich je und dann abends zusammen. Sonntagabends fuhr ich allemal nach Ehringshausen und wanderte über die Dianaburg nach Heisterberg.

Nun zu dem merkwürdigsten Menschen meiner Wetzlarer Zeit, dem Kandidaten Tröller. Der erschien eines Tages würdig und seriös angezogen im dunkeln Gehrock und wollte von mir wissen, was im 2. Examen in Koblenz denn eigentlich von uns verlangt worden sei, denn er habe sich jetzt auch gemeldet. Er wohnte in Schwalbach bei seinem Bruder, dem dortigen Gemeinderentmeister. Die Eltern waren tot. Wie ich nachher hörte, war er im Examen schon durchgefallen und wollte es nun auf Drängen seines Bruders wiederholen. In der ganzen Gegend war er bekannt, zumal in Wetzlar, wo er auf dem Pennal gewesen war. Mich bat er förmlich um die Erlaubnis, mir seine Arbeiten vorzuführen, die er zum Examen anfertigte. Er kam dann häufiger. Vorzugsweise zu Lehrerkreisen hatte er Beziehungen. Aus der Ferne schmachtete er die Otti von dem Hagen, die Tochter des Schwalbacher Bürgermeisters, an. Daß ich die schon vom Emil aus Ulm her kannte, erhöhte meinen Wert in seinen Augen. Seine Besuche wurden häufiger. In den verschwiegenen Kneipenstübchen in Wetzlar, denen er aus der Pennälerzeit treu geblieben war, hatte er einen recht guten Zug und taute von zehn Glas Bier an auf. Da er Geld brauchte, hat er mir einen Teil seiner Bücher, aus denen er sich vorbereitete, verkauft. Später hat er das

Examen wirklich bestanden und ist an meiner Stelle in Lennep Vikar geworden. Nach Andernach schrieb er mir noch einen Brief, ob wir unsere Stellen nicht tauschen wollten, was ich aber höflich bedauernd ablehnte. — Dieser Kandidat Tröller hat später noch einmal eine merkwürdige Rolle in meinem Dasein gespielt. Von Andernach aus hatte ich mich auf Betreiben meines Vaters, der fürchtete, es gehe mir am Rhein zu gut, nach Oberbiel gemeldet, das durch Pensionierung des alten Allmenröder (des „schwarzen Karlchens") frei wurde. Ich hörte von meiner Meldung aber nichts mehr. Gelegentlich eines Besuches in Braunfels schickte mein Vater mich zu seinem Freund August, dem Kammerrat Stephan, mich danach zu erkundigen. Der gute Stephan wußte aber selber nichts, weil er selber im Begriff stand, abgesägt zu werden. Zufällig begegnete ich vor seinem Zimmer dem damaligen Sekretär Jockel, der geheimnisvoll davon redete, daß ich bei dem Prinzen Friedrich, der das Patronat in Braunfels verwaltete, angeschwärzt sei. Er wisse über die Sache meiner Meldung auch weiter nichts, könne mir aber eine Audienz bei S. D. verschaffen. Ich erklärte: „Meinetwegen" und ging mit einem Gefühl der Erleichterung nach Hause, denn es gefiel mir wirklich am Rhein besser als in Oberbiel. Als ich aber von einem ausgedehnten Spaziergang daheim ankam, war schon ein Schloßsoldat dagewesen und hatte mich für den nächsten Morgen, 11.00 Uhr, aufs Schloß bestellt. Ich stellte mich pünktlich ein, wurde von einem Schloßsoldaten vor S. D. geführt, in einen Sessel plaziert und harrte der Anrede. „Sie haben sich nach Oberbiel gemeldet. Ich muß Ihnen eröffnen, daß Sie sich keine Aussichten auf eine Pfarrstelle machen können, so lange ich das Patronat hier verwalte. Ich habe nämlich gehört, Sie gehören der liberalen Richtung in der Kirche an, und ich bin überzeugt, daß die nicht zum Heil führt." Worauf ich antwortete: Ich wäre für die Erklärung dankbar, denn nach meiner Bewerbung mich zu erkundigen, sei ich hergekommen. Die Begründung der Ablehnung aber sei für mich überraschend und befremdlich. Woher er das denn wüßte? Er: „Es ist mir gesagt worden". Auf die Frage: „Von wem?" blieb er die Antwort schuldig. Ich habe dann gesagt, es wäre mir nur deshalb interessant, das zu erfahren, weil ich mir gar nicht denken könne, wer das zu beurteilen vermöchte. Ob er das Urteil etwa aus der Gemeinde Andernach habe, der ich nunmehr schon vier Jahre diente. Er meinte, er könne das nicht sagen, gäbe mir aber Recht darin, daß die Gemeinde wohl zuerst zu einem Urteil über meine Theologie berufen sei, fragte dann noch nach der Auffassung des Heidelberger Katechismus über den Weg zum Heil, was ich ihm mit der Frage 1 beantwortete, der er als Katholik wohl nicht ganz zustimmen werde. Er brach darauf ab, erkundigte sich nach dem Ergehen meines Vaters, woraus ich schloß, daß die Audienz beendet sei, und empfahl mich. Den ganzen Nachmittag wurde ich von neugierigen Menschen bestürmt, die wissen wollten, was ich mit S. D. verhandelt hätte. Als ich ihnen sagte, er hätte mir eröffnet, ich kriegte im Solmser Land keine Pfarrstelle, wollten sie es nicht glauben. Der alte Baurat Seiler bot sich an, bei S. D. zu vermitteln, was ich dankend ablehnte. Mein Vater verstummte tief gekränkt. Ich aber war ganz frohgemut. Nun brauchte ich nicht nach Oberbiel.

In Andernach angekommen, erzählte ich mein Erlebnis dem Pfarrer Hörnemann, der ja auch sich um eine Stelle für mich bekümmerte. Dem war es
besonders anstößig, daß der Patron auch noch Katholik war, und er erklärte:
„Das können wir uns nicht gefallen lassen. Den müssen wir in seine Schranken
weisen!" In der nächsten Presbytersitzung faßte das Presbyterium eine Resolu-
tion, daß ich der beste Kerl der Welt und der einwandfreie Theologe am
ganzen Rhein sei, und schickte sie dem Prinzen zu. Gleichzeitig wandte sich
Hörnemann selber an den Sup. Bingel, dessen Pflicht als Hofprediger es sei,
dem Prinzen den Star zu stechen. Am nächsten Sonntag nach dem Gottesdienst
in Burgbrohl lud mich der dortige Presbyter Dr. Andreae zu Tisch und erklärte
mit seiner Baß-Stimme: „Man sagt mir nach, ich wäre der gröbste Mensch im
Rheinland. Nun will ich meinem Ruf Ehre machen. Ich habe Ihrem Prinzen in
Braunfels einen Brief geschrieben, den er sich nicht hinter den Spiegel stecken
wird." – Mir war dieses stürmische Interesse der Andernacher fast beängstigend. Immerhin, das konnte mir egal sein, denn ich hatte meine Hoffnungen
auf Braunfels aufgegeben. Ich hörte auch von der Angelegenheit Wochen
hindurch nichts mehr. Aber die verschiedenen Briefe sollten in der Stille ihre
Wirkung tun. Nach etwa einem Vierteljahr war ich wiedermal in Braunfels und
wollte mich gerade zur Rückfahrt nach Andernach an den Bahnhof begeben,
als der Nachbar Betzenberger, der ein Fuhrgeschäft betrieb, mit einem großen
Landauer eben dorthin fuhr. Er lud mich zum Mitfahren ein. Stolz saß ich mit
meinem Köfferchen in der eleganten Kutsche, als im Mühlengrund der Prinz zu
eben demselben Zug in seinem Wagen vor uns herfuhr. Am Bahnhof wurde er
von einer Gruppe Herren, die vorausgefahren waren, erwartet. Er begrüßte sie
auf der Treppe. Sein Wagen fuhr fort, meiner fuhr vor. Ich mußte an der
Gruppe vorbei. Dabei sprach der Prinz mich an: „Ach, der Herr Kandidat
Henn! Haben Sie Ihre Eltern besucht? Da bin ich froh, Ihnen mitteilen zu
können, daß Ihre Sache sich völlig aufgeklärt hat. Leider ist die Stelle in Oberbiel nun besetzt, aber die nächste Pfarrstelle, die frei wird, ist für Sie. Das wird
Ihren Herrn Vater freuen. Grüßen Sie ihn von mir!" Dann wurde zum Einsteigen gerufen. Ich konnte mich nur eben noch bedanken, mußte dann schnell
eine Fahrkarte lösen und auch einsteigen. – So bin ich nach Greifenstein
gekommen, denn das war die nächste freie Stelle.

Das gehört nun eigentlich alles nicht hierher und ich wollte es auch später
schreiben. Nur, daß hinter den geheimnisvollen Vorgängen der Kandidat Tröller
stand, und von dem sprach ich doch eben. Dieser Tröller war nach seinem
Examen Synodalvikar in Lennep und später in Siegburg geworden, wo das
„schwarze Karlchen" eine Enkelin hatte, mit der er sich schleunigst verlobte,
um damit die Anwartschaft auf die Pfarrstelle in Oberbiel zu erhalten. Sein
Schwiegergroßvater hatte ihn als Nachfolger eines schönen Nachmittags im
Tiergarten in Braunfels schon vorgestellt. Um mich dabei kaltzustellen, hatten
die beiden Kollegen die Geschichte von der „Liberalität" erfunden, die, wie
der alte Fuchs wußte, den Prinzen in Harnisch bringen würde. Und so wurde
ich vor Oberbiel bewahrt. Der Tröller übrigens auch, denn die Verlobung
ging mit hörbarem Krach auseinander. – Mir aber ist zum zweiten Mal begeg-

net, daß der geheime Wunsch meines Herzens: „Greifenstein", wieder erwachte und ganz ohne mein Zutun in Erfüllung ging. Ganz ebenso, wie ich unversehens in Brohl als Vikar ankam, das mir vom ganzen Rhein als begehrenswertester Platz erschienen war.

Aber ich muß erst berichten, wie meine Vikarszeit in Wetzlar-Aßlar zu Ende ging. Ich war immerhin 25 Jahre alt und hatte noch keine Entscheidung über meine Militärverhältnisse. Ich überlegte: Wenn ich wirklich noch ein Jahr dienen müßte, sei es förderlich, das in einer Gegend zu tun, die ich als Student nicht zu Gesicht gekriegt hätte, die man aber auch kennen müßte. Darauf meldete ich mich bei den „Leibern" in München zum 1.6.08. Die dankten aber für mein freundliches Anerbieten. Sie hätten genug Freiwillige. Also versuchte ich es in Dresden beim Regiment 100. Da wurde ich angenommen und beim Bezirkskommando Wetzlar untersucht. Der Untersuchende war der Dr. Braun aus Leun. Ich glaubte sicher, daß ich nun nicht Soldat zu werden brauchte. Aber der gute Doktor erklärte, das ginge sehr gut, und als ich protestierte, sagte er, mit dem einen Jahr Militärdienst sparte ich zehn Jahre die Badereise. So ging ich sehr unzufrieden nach Hause, packte meine Koffer, ließ mir ein paar Militärstiefel bei Peter Becht, Schuhmachermeister in Braunfels, fertigen, nahm Abschied von dem Superintendent Wieber, der glaubte, mich halten zu können, wenn er mir 300 RM mehr verspräche, und mich zu einem Abschiedsessen einlud, und zog am 31. März wieder in die Welt hinein nach Dresden.

24. Militärsoldat 1. 4. 1908

Ich bin schon am 30. gefahren. Ich war früh in Dresden, konnte mich über die Stadt, die Kaserne usw. orientieren und auch in der Nähe ein Zimmer mieten, das gerade einer unserer Einjährigen vom Regiment 100 verließ. Von dem kriegte ich noch den Trost mit: „Die Hälfte Ihrer Dienstzeit warten Sie auf irgend etwas oder irgend jemand beim Militär. Der Feldwebel wartet auf den Hauptmann, der auf den Major usf., und der Soldat wartet immer mit." Ich kam ins Bild. Den Tag über sah ich mir Dresden an, trank Kaffee auf der Brühlschen Terrasse, bewunderte die Einteilung in A und N (Alt- und Neustadt), besah die Frauenkirche und den Zwinger und schlief die Nacht gut in meiner neuen Bude.

Anderen morgens um 7. 00 Uhr stand ich mit einer Menge anderer Freiwilliger in einer Turnhalle auf dem Kasernenhof, wurde durch Namensaufruf der 7. Kompanie zugeteilt, zusammen mit fünf anderen Einjährigen. Wir marschierten, von Unteroffizieren eskortiert, in die Kaserne, wurden auf der Schreibstube erst dem Feldwebel und dann dem Hauptmann, einem Grafen Münster, vorgestellt und dann durch die Räume geführt, um bald hier, bald da etwas zu „empfangen". Rock, Hose, Helm, Mütze, Stiefel usw. Dabei wurde einem jeden ein „Putzer" mitgegeben, der die Sachen sammelte und nachher in die Wohnung bringen sollte. Um 12 gab's eine Pause bis 2. Wir aßen in einem

Hotel in der Nähe zusammen zu Mittag. Als wir zurückkehrten, verwehrte der Posten am Tor uns den Eintritt. Als ich ihm vorstellte, wir würden erwartet, meinte er, dann würden wir wohl abgeholt werden. Wir kamen nicht weiter. Als es anfing, sacht zu regnen, bat ich, ob ich nicht im Schilderhaus warten könne, was mir auch gestattet wurde. Schließlich riet ein anderer Soldat dem Posten: „Laß die nur gehen, die sind wegen ihrer Verspätung schon aufgefallen." Also konnten wir in die Kaserne, wurden von einem tobenden Unteroffizier empfangen, dem ich Mühe hatte klarzumachen, daß ich festgenommen worden wäre, und dessen lautes Geschrei von dem Feldwebel unterbrochen wurde, der uns wieder in den verschiedenen Stockwerken etwas „zu empfangen" anwies. Es dämmerte schon, als wir alle in den Keller gerufen wurden, wo ein Militärarzt uns noch einmal untersuchte. Als er an mich kam, fragte er nur: „Wer hat Sie denn hierher geschickt?" Auf meine Antwort: „Dr. Braun in Wetzlar!" rief er einen Soldaten und beauftragte ihn, auf der 7. Kompanie zu bestellen, der Mann müsse sofort wieder entlassen werden. – Meine Hoffnung belebte sich. Aber ich hielt an mich. Nach einer Weile – die anderen wurden alle für gut befunden und zum Teil belobigt: „Ein schöner Grenadier" – kam der Hauptmann in den Keller und redete erneut auf den Arzt ein, er hätte soviel Abgänge in der Kompanie, ich sei für tauglich befunden und müsse jetzt bleiben. Die beiden verhandelten eine Weile in einer Ecke. Dann kam der Hauptmann zu mir: „Kommen Sie morgen um 11 Uhr wieder hierher, dann wird der Herr Generalarzt hier sein. Der wird entscheiden, ob Sie bleiben oder entlassen werden." Ich ging mit steigender Hoffnung heim. Im Erdgeschoß meines Hauses war eine Kneipe, die zumeist von Soldaten besucht wurde. Da kehrte ich nach den Erfolgen zunächst einmal ein und bestellte mir ein Abendessen. Noch war das nicht aufgetragen, erschienen drei von meinen „Kameraden", um sich auch zu stärken. Wir aßen zusammen in einem Hinterzimmer, von dem die Unteroffiziere ferngehalten wurden. Dort, wurde uns gesagt, könnten wir sitzen, solange wir wollten. Nach getaner Mahlzeit beschlossen die drei, den letzten Abend in Zivil zu einer Bierreise zu benutzen, was wir dann mit Hilfe einer Autodroschke so ausgiebig taten, daß wir erst gegen 5 heimkehrten. Ich bewunderte die armen Kerls, die schon um 7 in Uniform zum Dienst mußten, während ich bis 11 ausschlafen konnte. Aber o weh! Um 8 wurde ich geweckt von einem Soldaten, der mit Helm und Seitengewehr mich sofort zur Kaserne bringen sollte. Der Generalarzt sei bereits da. Ich wurde empfangen von einem sehr jovialen alten Herren mit schlohweißem Haar, der mich beklopfte und behorchte und dabei riet: „Mehr essen, mehr essen!" Dann fragte er gemütlich: „Legen Sie großen Wert aufs Dienen?" Das war mir eine so befremdliche Frage, daß ich vorsichtigerweise erst wissen wollte, wie er das meine. „Na", sagte er, „ich meine, ob Sie das Dienstjahr für Ihren Beruf nötig haben. Wir könnten Sie dann behalten." Ich erklärte, für meinen Beruf brauchte ich nicht Soldat zu sein. Als er dann auf seine Frage: „Was sind Sie denn?" die Antwort erhielt: „Pfarramtskandidat!", meinte er sofort voller Verständnis: „Ach, dann gehen Sie!" Er gab mir einen verschlossenen Zettel mit, den ich meinem Feldwebel übermittelte und der eine Wunderwirkung tat. Der Mann wurde nämlich die

Höflichkeit in Person. „Ich muß Sie zu meinem großen Bedauern leider wieder entlassen". erklärte er, geleitete mich die Treppe hinunter bis ans Tor, schüttelte mir die Hand und rief: „Nehmen Sie es sich nicht allzusehr zu Herzen!" Damit war ich der Freiheit und mir selbst zurückgegeben. Ich stand vor dem Kasernentor in einer immer stärker werdenden dankbaren Freude, als wenn ich einer großen Gefahr entgangen wäre, und beschloß, meine Reise und die Freiheit in der Stadt zu nutzen. Meinem Vater schickte ich ein Telegramm, setzte mich mit der Gemeinde der schweigenden Bewunderer vor die raffaelische Madonna, war im Grünen Gewölbe, bummelte wie ein Vergnügungsreisender vier oder fünf Tage umher. Wiederholt fragte ich auf dem Bataillonsgeschäftszimmer nach meinen Entlassungspapieren, erhielt aber den Bescheid, die könne ich erst in 14 Tagen kriegen. So lange müsse ich in Dresden bleiben. Das wollte ich keinesfalls. Ich faßte den Plan, eine Wanderung ins Elbsandsteingebirge zu machen und womöglich auch Prag zu besuchen. Also sagte ich meiner Wirtin, wenn einer nach mir frage, möchte sie hauptpostlagernd nach Prag telegraphieren und sagen, ich sei ausgegangen.

An einem schönen Aprilmorgen stieg ich an der Brühlschen Terrasse auf einen Elbdampfer und fuhr gemächlich zunächst bis Wehlen. Ein Mitreisender entpuppte sich als der Wirt zum „Amselschlößchen" bei Wehlen. Sein Töchterchen führte mich anderen Tages in den Amselgrund, zeigte mir die „Wolfsschlucht", die historische Stelle aus dem Freischütz, und kratzte meinen Namen mit einem Spazierstock in die Sandfelsen der Bastei. Am anderen Morgen wandte ich mich zum Königstein und nach Bad Schandau. Nach Übernachtung in Bodenbach fuhr ich am anderen Morgen nach Prag. Ich stieg in der „Goldenen Gans" ab. Die Bedienung und auch die Gäste waren alles Deutsche. Prag stand damals im Zeichen heftiger Nationalitätenkämpfe. Das „Deutsche Haus" in Prag, in dem ich zu Mittag aß, wurde kurz darauf von den Tschechen demoliert. Drei Tage lang bin ich in Prag herumgelaufen, auf den Hradschin, auf die Nepomukbrücke usw. In der Universität besah ich mir noch einige deutsche Aufschriften. Die Straßenschilder und die an den Geschäften waren alle tschechisch. Schließlich bin ich wieder nach Dresden zurückgefahren und habe, als dort gar nichts passiert war, mir die „Kameraden" beim Exerzieren angesehen, und bin dann nach Schwanebeck gereist, wo gerade der zweite Sohn von Roloffs konfirmiert werden sollte. Der Rittmeister nahm mich zum Frühschoppen nach der Konfirmation mit, um mit mir zu renommieren. Auf die neugierige Frage, warum ich denn schon wieder von den Soldaten entlassen sei, konnte ich zu seiner unbändigen Freude die Antwort geben: „Der Hauptmann hat mir erklärt: Was die anderen in einem Jahr lernen, haben Sie an einem Tag schon gelernt. Sie können also wieder gehen!"

Ende April war ich wieder zu Hause, seelenvergnügt, denn die Dinge hatten sich wider Erwarten gut gestaltet. Ich fühlte mich so frei wie der Vogel in der Luft, durch kein Dienstverhältnis gebunden, durch keine Examensaussicht mehr bedrückt. Nun konnte ich Lebenspläne machen. Mein Vater hatte ein wenig Sorge, daß ich nun nichts verdiente. Weil er aus früheren Zeiten wußte, daß manche Kandidaten der Theologie, z. B. Robert Allmenröder oder Ernst

Stuhl, jahrelang umhergegangen waren, ohne eine Stelle zu bekommen, drängte er, daß ich mich um eine solche bekümmern möchte. Ich wußte in meiner Verbindungslosigkeit zur theologischen und kirchlichen Welt keinen anderen Rat, als daß ich wieder nach Koblenz fuhr und den alten Generalsuperintendenten Umbeck um eine neue Stelle bat, weil ich vom Militär wieder entlassen sei. Umbeck, in Tabakdampfwolken gehüllt, meinte: „Schreiben Sie uns das in ein paar Worten auf, damit ich eine Unterlage für die Akten habe." Darauf begab ich mich ins Hotel Traube, wo ich während des 1. und 2. Examens gewohnt hatte, trank eine Flasche Wein und verfaßte einen Brief, den ich in den Briefkasten des Konsistoriums steckte. Dann fuhr ich nach Neuwied. Dort kam ich dem Vetter Paul sehr gelegen, weil er von seinem Amt früher heimgekommen war und Walpurgisnacht feiern wollte. Dazu nahm er mich mit in den „Wilden Mann".

Nach mehreren Flaschen Wein wurde auf der Terrasse ein Feuer angezündet und Jung und Alt sang im schallenden Chor: „Der Mai ist gekommen!" Nach einer Bierreise durch andere in dieser Nacht offene Lokale landeten wir nicht lange vor Tagesanbruch wieder im Schloßgarten. Da das Haus verschlossen war, suchten wir einen Schuppen im Garten, der Laub und Stroh in sich barg. Paul war nach kürzester Zeit eingeschlafen. Mir aber wollte keine Müdigkeit kommen. Es war eine milde Mainacht, zuweilen ging ein warmer, zarter Sprühregen nieder. Man hörte das Rauschen des Stromes durch die Stille, und im Garten schlugen Dutzende von Nachtigallen so laut, daß ich, der ich ein solches Konzert nicht gewöhnt war, mir wie in einer richtig verzauberten Welt vorkam. Ich ließ Paul und die Hütte hinter mir und ging zum Rhein, wo ich den Zauber in vollen Zügen genoß. Gegen 7 Uhr erhaschten wir den Moment, wo die Haustür aufgeschlossen wurde, kamen unbemerkt in Pauls Zimmer, um dann an der Kaffeetafel von Tante Thekla ein Lob über unser frühes Aufstehen und pünktliches Erscheinen zu erhalten.

Der solchergestalt würdig eingeleitete Mai hielt vollauf, was er versprach. Nach drei Wochen kam das Reskript des Konsistoriums — mein Vater hatte schon die schwärzesten Befürchtungen geäußert, daß ich arbeitslos bleiben würde — daß ich zum Vikar in — ausgerechnet — Andernach bestellt worden sei und mich am 1. Juni bei dem Pfarrer Hörnemann melden sollte. Ich weiß noch, was das für ein Erstaunen und einen Neid bei den Kundigen im Lande erregte. Mir hätte man ein solches „Ins-Licht-Gerücktwerden" nie zugetraut. Robert Allmenröder in Braunfels hatte mir schon gesagt, daß ich nach allgemeiner Voraussicht der „Kollegen" nach Allmersbach auf den Westerwald kommen würde, wo ein verschrobener, weltfremder Superintendent schon lange keinen Vikar kriegen könnte. Ernst Stuhl, den ich auf der Dianaburg traf, beglückwünschte mich zu der Stelle — gerade während eines Vortrages der Frau Rumpf aus Bissenberg, die die Zeichensprache, mit der er den Namen Hörnemann verdeutlichen wollte, mißverstand und auf sich bezog, den Vortrag unterbrach und eine donnernde Philippika gegen uns losließ, da wir sie in ihrem Dichtergeist verhöhnt hätten. Am 1. sollte ich in Andernach antreten und am 4. war Pfingsten, was mit meinem Geburtstag zusammenfiel. Ich rüstete mich also mit einer Pfingstpredigt aus, die ich noch unter den Buchen von Philippsennau memorierte, und fuhr wohlgemut am 1. 6. 08 nach Andernach. Da sollte ich die vier schönsten Jahre erleben, an die ich mich zu erinnern weiß.

25. Gemeindevikar in Andernach 1. 6. 08 — 15. 12. 11

Schon gleich der Anfang in der neuen Stellung war vielversprechend. Da ich von Viersen her noch eine besondere Erinnerung daran hatte, was ein „Vikar" vorstellt oder vielmehr nicht vorstellt, und wie man ihn behandelt, war ich mit Widerstand bis an die Zähne gewappnet und entschlossen, von vornherein eine Position nach meinem Gusto zu schaffen gegen Gemeinde, Presbyterium und Pfarrer, koste es, was es wolle. Aber schon der Empfang bei dem Pfarrer Hörnemann entwaffnete mich. Ich fand einen sehr jovialen, verständigen Mann, klein und etwas beleibt, der ebenfalls großen Wert auf seine Persönlichkeit legte und nicht gesonnen war, sie anderen zu opfern, der aber auch volles Verständnis dafür hatte, daß andere eben anders waren. Der Hauptgesichtspunkt seiner Arbeit war, daß die noch junge Gemeinde nicht hinter der größeren und eingesessenen katholischen zurückstehe, ja sie an Geltung und Ansehen noch übertreffe. Daher galt es ihm, daß man auf allen Gebieten sich helfen sollte, über alle Enge und Einseitigkeit hinaus. Das war nach meinem Geschmack. Es überraschte mich schon, daß er am 1. Juni, als ich zur hochnotpeinlichen Meldung nachmittags um 4 bei ihm antrat, gar nicht zu Hause, sondern zu Schiff weggefahren war. Der Pfarrer Vits hätte die Uhr in der Hand bis Mitternacht auf den Vikar gewartet. Ich wanderte also auf eigene Faust in Andernach herum, mietete mir bei einem Bäcker in der Hochstraße ein Zimmer, nachdem ich auf der Redaktion des Lokalblättchens mir ein Verzeichnis der als leer annoncierten möblierten Zimmer hatte geben lassen, und richtete mich gleich häuslich ein. Am Abend saß ich genußsüchtig am Rhein im Schänzchen. Anderen morgens um 11 wiederholte ich meinen Besuch im Pfarrhaus mit einem wohlgesetzten Bedauern, daß mir die Abwesenheit des Herrn Pfarrers unmöglich gemacht hätte, den Termin der Vorstellung entsprechend der Verfügung des Konsistoriums einzuhalten. Der ging aber mit einer Handbewegung über das ganze Konsistorium und alle Formalitäten hinweg und meinte nur, daß ich länger dort bleiben sollte, damit wir ordentlich arbeiten und die Gemeinde gegen die Katholischen hochbringen könnten. Dann gab er mir einen Stundenplan für die Arbeit der Woche und empfahl mir das Hotel Damen am Markt zum Mittagessen. Um 3 Uhr trat ich mit einer Monatskarte für die Rheinische Eisenbahn schon meinen Religionsunterricht in Brohl an. Das erkannte ich gleich wieder als den Ort, den ich mir als Arbeitsfeld ersehnt hatte auf meiner Radtour nach Bonn, durchstreifte ihn nach allen Richtungen und kam erst nach 8 Uhr heim. Am nächsten Tag erteilte ich Katechumenenunterricht in Andernach und reiste am anderen Morgen nach Linz, mich bei dem Superintendenten Deusen vorzustellen. Auch da gefiel es mir so gut, daß ich im „Nassauer

Hof'' blieb und auch erst abends heimging. Am nächsten Tag machte ich Besuch bei den Gemeindemitgliedern in Brohl, setzte mich, um meine Predigt zu lernen, am Samstag auf einen Rheindampfer, hielt dann meine Pfingstpredigt am ersten Tag (es war übrigens der 7. und nicht der 4. Juni) in Niederbreisig und am zweiten Tag in Andernach.

Das war bis dahin die reine Erholungsreise gewesen. Mein ganzer Widerstand war schon verflogen. Alles war wundervoll angepaßt, harmonisch, gemütlich, daß man gar nichts von einer Bürde des Amts spürte, sondern die Arbeit wie von selbst sich erledigte. Die Fahrten ins Land waren Fahrten in einen Wundergarten. Andernach und Linz und Brohl und Breisig waren wundervolle Fleckchen Erde am Rhein, eines schöner als das andere, und die Leute waren entgegenkommend, zutraulich, nett. Man saß noch nicht richtig auf dem Stuhl, da hatten sie schon eine Flasche Wein bei der Hand und *ein* Glas mußte man wenigstens trinken. Besuchte man zehn Familien an einem Nachmittag, hatte man es auf mehrere Flaschen gebracht. Nun aber sollte noch eine weitere angenehme Seite des Aufenthaltes sich zeigen. Am zweiten Pfingsttag entdeckte ich im Gottesdienst in der Andernacher Stadtkirche ein bekanntes Gesicht. Gleich nach dem Gottesdienst kam der Vater Köhler, mich zu begrüßen. Er hatte die Uhr schon in der Hand: „In 20 Minuten geht ein Salondampfer nach Neuwied. Du kommst natürlich mit. Daheim warten sie auf uns mit dem Mittagessen. Deine Feiertagsarbeit ist ja getan." Also fand ich mich eine Stunde später in Neuwied, wo gerade der Vorort Heddesdorf Kirmes feierte. Mit Vetter Paul und den Kusinen, die gern tanzen wollten, aber unter der väterlichen Aufsicht nicht dazu kamen, verabredete ich eine Fahrt nach Oberbieber und durchtanzte dort die Nacht. Erst am anderen Morgen um 9 Uhr war ich wieder in Andernach und bei dem Pfarrer, um mir den Arbeitsplan für die neue Woche zu holen.

In der Weise dieses stürmischen Auftaktes verliefen so ziemlich die vier Jahre meiner Andernacher Tätigkeit, und das für mich Merkwürdige war, daß die Leute das nicht nur selbstverständlich fanden, sondern zumeist noch mich als viel zu schüchtern und zu zurückhaltend zu größeren Taten ermunterten. Jedenfalls war ich in eine Gegend und eine Stellung gekommen, die mir ganz entsprach, und in denen ich meine Fähigkeiten auswirken konnte, und ich habe es mit Freude getan. Pfr. Hörnemann redete mir nie darein. Er hatte die Arbeitsfelder genau abgegrenzt. Andernach und das Land rheinauf behielt er für sich, besonders Weißenthurm. Das Land rheinab mit den beiden Gustav-Adolf-Kirchlein in Niederbreisig und Burgbrohl war mein unbestreitbarer Bezirk. Dazu wurde ich nach einigem Hin und Her (Pfr. Hörnemann hatte Streit mit dem Kuratorium, weil es seine Arbeit nicht hoch genug einschätzte) Anstaltsgeistlicher in St. Thomas, der Pflegeanstalt für Geisteskranke in Andernach. Dazu erteilte ich evangelischen Unterricht an den Volksschulen in Brohl, Niederbreisig und Kruft. Von jeder Gemeinde erhielt ich 300 RM im Jahr. Von St. Thomas ebenfalls. Das machte eine Zulage von 1200 RM zu 2.400 RM Gehalt. Ich war also finanziell ganz unabhängig gestellt, ja ein Krösus, denn so viel Geld konnte ich ja nicht ausgeben. Also gab ich mein primitives Logis bei dem katholischen Bäckermeister auf und zog in das Quartier, das mein Vorgänger innegehabt hatte, zu Frau Postmeister Mesenich, Ludwigstraße 1. Da hatte ich es wirklich gut getroffen. Die alte Frau Mesenich war eine lebenskluge, biedere, fromme Frau, stolz darauf, Vikare bemuttern zu können. Trotz ihres hohen Alters und ihrer Kurzsichtigkeit schaffte sie Tag und Nacht, nicht nur im Hause, sondern auch in der Gemeinde, wo sie kürzlich den Vorsitz in der Frauenhilfe niedergelegt hatte. In den vier Jahren haben wir niemals eine Differenz gehabt, aber oft herzlich miteinander gelacht. Bei ihr wohnten noch ein Jude, Archenhold aus Wittlich/Mosel, Schüler der Prima des Gymnasiums, und zeitweilig ein Amerikaner, Volontär in der Dörrgemüsefabrik Luithlein, die ich beide als würdigster Mieter zu betreuen hatte. Sie waren fleißig und lernten von mir, wie sie beim Abschied beide bezeugten, daß man seine Arbeit, auch wenn sie anstrengte, mit Fröhlichkeit tun könne. Ich kann jedenfalls sagen: So froh und unverdrossen wie dort am Rhein habe ich meine Arbeit noch nie getan und so leicht ist sie mir noch nie gefallen. – Sonntags hatte ich gewöhnlich zwei Gottesdienste, in St. Thomas und abwechselnd in Niederbreisig oder Burgbrohl. Jeden dritten Sonntag predigte ich in der Provinzialanstalt und in der Andernacher Stadtkirche. Dann ging der Pfarrer nach auswärts. Die Nachmittage hatte ich gewöhnlich frei und habe sie zu mancher schönen Rheinfahrt benutzt. Noch größer war aber meine Freude, wenn der Pfarrer, was jedes Jahr vier Wochen der Fall war, in Urlaub ging und ich die ganze Gemeinde verwaltete, jeden Sonntag vier Gottesdienste und alle Amtshandlungen alleine hielt. Ich habe dabei manches schöne Erlebnis gehabt. Der Umfang der Gemeinde war 63 qkm. Sie reichte von Niederbreisig bis Weißenthurm am Strom und ging in die Eifel hinein bis zum Laacher See. Freilich wohnten auf der großen Fläche nur vereinzelt evangelische Familien in ganz katholischer Umgebung. Bedeutsam für meine Arbeit im Außenbezirk war der „Ev. Verein" in Niederbreisig, der alle Evangelischen des Gebietes mit wenigen Ausnahmen umfaßte und alle vier Wochen im Hotel Richter am Fuß der Burg Rheineck tagte. Da bin ich zuweilen um 2 Uhr nachts zu Fuß nach Andernach heimgewandert, wenn der letzte Zug längst ohne mich abgefahren war. In Burgbrohl und Brohl saßen zwei sehr einflußreiche Presbyter, dort ein Dr. Andreae, Chemiker und Burgherr, Mitglied der „Alt-Preußischen Generalsynode", gewaltiger Sänger und alter Herr vom Leipziger „Paulus", hier ein Architekt und Leiter der Westdeutschen Steinbruchsgesellschaft, Banzhaf, ein biederer Schwabe, der viel Geld und keine Kinder hatte und aus Passion die evangelische Diasporagemeinde und ihren Vikar zu fördern sich bemühte. Er hat mir manche Kiste schönen Weines dediziert und wollte sogar mein und sein Bild auf einem Stein der Breisiger Kapelle aushauen lassen, so wie er am „Lydiaturm", der damals am Laacher See errichtet wurde, die Köpfe des Dr. Andreae und des damaligen Brohler Hauptlehrers hatte anbringen lassen. Es hat mich große Mühe gekostet, ihm den Plan auszureden. Einmal hat er mir ein silbernes Zigarettenetui geschenkt, das ich heute noch benutze. Bei diesen beiden Autoritäten im Außenbezirk habe ich viel verkehrt, in Niederbreisig noch im Haus eines Dr. Bischof, der eine prachtvolle Villa unmittelbar am Rhein besaß und ebenso wie jener Dr. Andreae eine heiratsfähige Tochter, um deretwillen ich, wie ich aber erst später merkte, wohl so oft eingeladen worden bin. Überhaupt: Diese heiratsfähigen Töchter! Wo nur eine auftauchte, wurden gleich alle Möglichkeiten einer ehelichen Verbindung von allen Menschen erwogen, die drumherum waren, nur von mir nicht, denn der Gedanke kam nicht in meinen Gesichtskreis. Es waren ganz nette Mädels, und ich unterhielt mich gut und gern mit ihnen, aber daß ich je daran gedacht hätte, eine zu meiner Frau zu machen?! Wenn ich mir vorstellte, wie die als Pfarrfrauen in einer entlegenen Landgemeinde wirken würden, im Hühner- oder Schweinestall etwa, oder auch nur in der Küche, mußte ich unwillkürlich lachen. Die saßen auf ihrer Väter Geldsäcke und konnten sich ein Daheim neben diesem Sitz gar nicht vorstellen. Zudem träumten sie von einer Zukunft in der Großstadt mit Konzerten und Theatern und Gesellschaften und Bällen, und die einflußreichen Beziehungen ihrer Verwandten würden auch ihren Männern die Pforten zu der Herrlichkeit erschließen. Nee, also ich dachte gar nicht dran! – Da war nur eine, die wäre evtl. diesen Idealen zu entwinden gewesen, weil sie ihr selbst nicht lagen, das war die Olga Andreae, die Tochter des Presbyters aus Burgbrohl. Sie war Lehrerin an dem Herrenhuter Institut in Neuwied und kam öfter nach Andernach, angeblich um dort den Zahnarzt zu konsultieren. Wir haben schöne Ausflüge zusammen gemacht und uns bei jenem Zahnarzt manchmal getroffen. Aber gerade, als beim letzten Zusammensein, bei einem Mondscheinspaziergang am Rhein, so etwas wie eine Verlobung zustande kommen sollte, stand mit einem Mal im Schatten eines der auf den Leinpfad in Niederbreisig mündenden schluchtartigen Ufergäßchen eine schwärzliche Gestalt, die mit einem unvermittelten: „Guten Abend, Herr Kollege!" unsere Einträchtigkeit jäh sprengte und uns bis zum Bahnhof und in den Zug eskortierte, trotz alles unverhohlenen, von beiden Seiten zur Schau getragenen Widerstrebens. Der Pfarrer Hörnemann hatte sich als Schutzgeist des ihm befohlenen Vikars aufgespielt, und dem erschien anderen Tages die gewonnene Bedenkzeit gar nicht so unangebracht.

Das ist aber wieder die Vorwegnahme eines Schlußberichtes aus der Andernacher Zeit. Einstweilen ging mit dem Einleben in die rheinischen Verhältnisse und täglich wachsender Befriedigung über sie unter unausgesetzter Arbeit am Schreibtisch und in der Gemeinde das Jahr 1908 zu Ende. Als donum superadditum hatte der Pfarrer mir die Anlegung eines Lagerbuches aufgetragen, das bis dahin noch kein Pfarrer oder Vikar in Andernach zustandegebracht hatte. So zog ich dann den Herbst hindurch mit einem Zollstock im Gewande nach allen Besitzungen der Kirchengemeinde und maß Bodenflächen und Gebäudegrundrisse aus und studierte beim Amtsgericht die Grundbuchakten, wobei mir einer der Presbyter, der Amtsrichter Holz, die besten Dienste leistete. Er bekam ein solches kameradschaftliches Gefühl für mich, weil ich stundenlang auf seinem Zimmer arbeitete, daß er mich oft in sein Haus einlud, auch zu seinen in Andernach in besonderem Rufe stehenden Abendgesellschaften, bei denen alle Räume seines unweit des Krahnen gelegenen Hauses ausschließlich mit Wachskerzen beleuchtet waren. Der Pfr. Hörnemann, der längst nicht so oft eingeladen wurde, war ganz neidisch auf die sich mir da erschließenden Herrlichkeiten. Auch bei einem der anderen Presbyter, dem Kirchmeister Luithlen, war ich viel zu Gast. Da ging es gemütlich her. Die Leute hatten ein Haus voller Kinder. Aber viel Geld hatten sie auch, und was das Haus bot, von der Bibliothek bis zu Marzipantorten, war alles erlesen. Um die Weihnachtszeit kriegte ich jedesmal eine große und viele kleine von diesen Torten ins Haus geschickt. Es will mich heute noch wunderlich bedünken, daß ich bei dieser ruhelosen Betätigung — denn es war kein Tag, an dem ich nicht mit der Bahn oder mit dem Schiff unterwegs gewesen wäre — noch die Zeit zum Arbeiten hatte. Ich habe aber dennoch neben meinen Arbeiten der Gemeindeverwaltung, meinen Predigt- und Unterrichtsvorbereitungen, manches Buch durchgearbeitet und eine Reihe von Vorträgen im Ev. Verein und im Volksverein in Neuwied gehalten, denn der Vater Köhler hatte mich sogleich dafür gepreßt. Bald darauf wurde durch Pensionierung des Sup. Deusen die Gemeinde in Linz vakant, und ich hatte die Ehre, auch da noch in der Passionszeit 09 zu vertreten, was manche Reise dahin notwendig machte.

Zunächst aber muß ich erzählen, wie dieser Sup. Deusen mich am 30. 8. 08 in Andernach ordinierte. Ohne mein Wissen hatte das Presbyterium beschlossen, die Ordination zu beantragen. Der Pfr. Hörnemann drängte darauf, daß sie noch im August stattfand, damit das Gehalt für den Monat September gezahlt würde, und in der Tat hat sich das später auch recht angenehm bemerkbar. gemacht. So kam sie dann am letzten Sonntag im August noch zustande. Zu dem großen Ereignis hatte sich Vater aufgemacht in seiner besten Uniform mit dem Paradehirschfänger. Er kam um 11 Uhr am Sonntag an. Ich holte ihn nach der Kirche von der Bahn ab. Um 2 Uhr begaben wir uns zu Hörnemann, wo sich schon der Superintendent mit seinem Vikar Schütz (nachher Pfarrer in Haigerloch bei Siegmaringen) und der alte Pfr. Fliedner aus Manubach (der einzige aus der Synode, der der Einladung gefolgt war) eingefunden hatten. Im Zuge gings zur Kirche, wo Deusen über die Treue der Haushalter Gottes predigte und ich die Ordinationspredigt hielt über das Amt 2. Kor. 3, 4 - 9. Dann lud uns Hörnemann alle zu einer Bowle ein. Anschließend gingen wir auf die Terrasse zu Hackenbruch. Dahin kam auch Walther, der damals in der Nähe von Köln einen Tierarzt vertrat, uns nach. Bis zur Dunkelheit haben wir den Rhein genossen. Vater blieb noch drei Tage und besuchte die Verwandten in Neuwied. Am 15. 9 kam Peter-Josef Schiefferens als Militärsoldat im Manöver nach Andernach ins Quartier. In Neuwied war in dem Herbst die Provinzialsynode, deren Betrieb ich kennenlernte unter dem sehr gewandten Präses Hackenberg.

Da ich soviel Geld verdiente und auch die Zeit aufbringen konnte, denn Pfr. Hörnemann vertrat mich gern einmal, beschloß ich, auch meiner Reiselust nachzukommen und ins Gebirge zu ziehen. 1909 fuhr ich nach Tirol, das seitdem das liebste Reiseziel geblieben ist. 1910 hatte ich mit Gustel eine Wanderung verabredet, deren Ausführung sich immer hinauszog, bis sie schließlich abgesagt wurde. Ich bin darauf solo, im späten Herbst noch, bei wundervollem Wetter durch den Spessart gewandert und habe die Hirsche schreien hören. 1911 habe ich die versäumte Reise nachgeholt, war Neujahr in Paris, im August in Middelkerke an der Nordsee und im Herbst noch einmal in der Eifel. Am 13. 12 schied ich aus Andernach, um am 17. in Greifenstein eingeführt zu werden.

26. Der Anfang in Greifenstein um Weihnachten 1911

Mit Wissen und Willen ging ich in Greifenstein in ein ganz Neues hinein. In Andernach, das spürte ich wohl, war ich die 3 1/2 Jahre recht verwöhnt worden und verweichlicht wie Hannibals Soldaten in Capua. Ich freute mich auf die herbere Luft des Westerwaldes, die ich schon immer im Urlaub als wohltuend empfunden hatte. In Andernach litt ich (das kann symbolisch dafür sein) in zunehmendem Maße an Blutungen des Zahnfleisches und des Rachens. Wenn ich aber nur 14 Tage daheim war, war das vollständig gebessert. Freilich war's auf den Bergen rauher, unbequemer, in vielem primitiver und unzivilisierter. Aber das war mir gerade recht. Ich wollte so richtig wie mein Kindheitsideal Robinson ganz auf mich selber gestellt, mir meine Existenz aufbauen. Nun hatte ja doch meine Mutter fürsorglich schon eine Bleibe im Pfarrhaus in Greifenstein vorbereitet. Ich kriegte mein altes Kastenbett, in dem ich schon immer geschlafen hatte, hinübergeschafft, dazu eine Schlafzimmer- und eine Herrenzimmereinrichtung, von Stückrath in Gießen auf Abzahlung beschafft. Mutter und Tante Marie richteten ein paar Tage vor dem 17. in Greifenstein ein. Am Samstag, 16. wanderte ich von Edingen aus des Nachmittags, als es schon dämmerte, hinauf. Der einzige Mensch, den ich sah und kannte, war der alte Obitz, der schon früher immer nach Heisterberg zum Dreschen gekommen war. Es war naßkaltes Schlackschneewetter, und der alte Obitz kehrte gerade die Straße vor seinem Haus am Tor in Greifenstein. Ich schlief dann zum ersten Mal im Pfarrhaus, das mich über 25 Jahre beherbergen sollte, im alten Bett. In der Frühe des 17. war unser früheres Mädchen Knetsch, „das Gretchen" aus Ulm, gekommen, das mit geborgten Holzvorräten ein mächtiges Feuer in den Zimmern entfachte. Bald darauf kam der Sup. Bingel aus Braunfels ganz durchfroren und auf den steilen Berg schimpfend von Edingen heraufgewandert und wurde in einen Krankenstuhl des Vereins „Landeswohlfahrt" neben den glühenden Ofen gesetzt, damit er auftaue. Als um 11 Uhr die Glocken zum Gottesdienst riefen, war er immer noch der einzige von den Pfarrern der Synode Braunfels, die alle eingeladen waren, geblieben. Nicht einmal der zur Übergabe der Kasse und Akten bestellte Vorgänger aus Ulm war erschienen. Der Superintendent war verstimmt. Die anderen beklagten das. Mir war es gerade recht. Es wanderte aber der Albert Ehlers im schönsten Galamantel mit aufgestecktem Hirschfänger goldblinkend und grünschimmernd majestätisch den Kirchweg herauf. Und es kamen Dr. Liebe und Frau in einem großen Landauer angefahren, der Einführung beizuwohnen. Der gute Bingel, der sich nicht vorbereitet hatte (für Greifenstein war das nicht nötig), redete ziemlich kläglich. Meine Einführungspredigt aber nannte Dr. Liebe einen „vielversprechenden Auftakt" für das neue Wesen in Greifenstein. Nach dem Gottesdienst zogen meine Mutter, der Superintendent, Albert und ich zu Simons zum Mittagessen. Das Dorf hatte eine große Tafel erwartet, und der alte Simon für den großen Tag ein Rind geschlachtet. Ich sah aber nicht ein, weshalb ich die Presbyter einladen sollte, während nach der Kirchenordnung die Gemeinde zur Verpflegung des Superintendenten und zur „Einholung" des neuen Geistlichen verpflichtet war. Mit aller Bauernschlauheit glaubten sie aber die Pflicht auf den Einzuführenden selbst abwälzen zu können, damit rechnend, daß es ihm peinlich sein müsse, wenn seine Einführung nicht gebührend gefeiert würde. Die Rechnung trog aber bei mir, und grollend fühlten die alten Schlauberger sich durchschaut und enttäuscht. Der Superintendent, dem es auch nicht gegangen war, wie er gedacht hatte, fröstelte und empfahl sich sogleich nach dem Essen, um heimzureisen. Der Albert aber blieb noch zu Kaffee und Kuchen und einer guten Flasche Mosel, die der Wirt Simon selber aus Hatzenport besorgt hatte. Dadurch kriegte der Tag noch einen ganz gemütlichen Abschluß. Ergänzen muß ich, daß Tante Marie, weil sie dummerweise nicht auf ein sonntäglich Gewand bedacht gewesen war, in der Frühe des bedeutsamen Tages zurückgereist war, was sie später sehr bereute, und daß „das Gretchen" die Aufwartung bei Tisch übernommen hatte. Im Dorf galt es für des Pfarrers Braut. Schließlich wanderte auch das, solange der Tag noch graute, nach Ulm zurück. Der Albert empfahl sich mit vielen Komplimenten. Mutter und ich wanderten in das nun leergewordene Pfarrhaus, wo wir in meinem Schlafzimmer, das das wärmste und stillste im Hause war, ein ordentliches Feuer entfachten. Mutter brach aber über die trostlose Öde und Einsamkeit, der ihr Sohn nun ausgeliefert sei, in Tränen aus, während ich auf die Robinsonade, mit deren Verlauf bisher ich sehr zufrieden war, mit Spannung und Neugier wartete. Zwei Tage darauf gingen wir, nachdem in der Nacht Schnee gefallen war, durch die Holzhauerei im Stemel zum Forsthaus „Langegrund", wo der Albert mit Kaffee und Kuchen tröstete, und nach weiteren zwei Tagen auch nach Ulm. Als ich aber am nächsten Abend, während draußen ein heftiger Schneesturm heulte, aus einer Wahlversammlung beim Gastwirt Simon (er wurde damals zum Preußischen Landtag gewählt und ein Herr vom Rath sprach) nach Hause kam, fand ich sie im innersten Winkel des Hauses im großen Krankenstuhl am Ofen sitzend, mit einer Decke über dem Kopf, damit sie nichts höre und sähe. In der Frühe des 24. fuhr sie nach Hause zur Christbescherung, während ich mit den Feiertagen und ihren Gottesdiensten vollauf zu tun hatte. Am 27. kam ich nach Braunfels nach und wurde zur Auffrischung nach der Einsamkeit im schneeverwehten Westerwald gleich zu einer Feier im Casino mitgeschleift, wo ich heftig tanzte, aber ohne eigentliches Interesse an der Sache. Zurück wanderte ich mit meinem Bruder Theo, der Weihnachtsferien hatte und sich die neue Welt in Greifenstein auch einmal ansehen wollte. Er hatte von dem Silvestertreiben der Patienten in Elgershausen gehört. Darum wanderten wir nach dem Silvestergottesdienst nach Elgershausen, das Feuerwerk usw. da anzusehen. Theo fand die Existenz in Greifenstein zwar auch sehr spartanisch und robinsonhaft, aber eben drum doch romantisch, und gedachte sie als Stützpunkt für weitere Unternehmungen auszubauen. Ich war froh, daß ich mich nicht um Komfort zu sorgen hatte. Von meinem Studentendasein her war ich gewöhnt, Tinte, Feder und Papier als einzigen Hausrat anzusehen und die unterzubringen, wo und wie immer die Gelegenheit sich bot, auf einem Schreibtisch oder einem Eßtisch, aber auch eine Kiste hätte genügt. Einer solchen hatte ich mich ja auch in Heisterberg bei meinen Arbeiten zum 1. Examen mit großer Befriedigung bedient. Hier besaß ich darüber hinaus Tische und Stühle, mein altes treues Schubladenbett, einen Waschtisch, einen Kleiderschrank. Ich wollte mit Leben und Amt in Greifenstein schon fertig werden. Dr. Liebe hat mich immer nur „den Troglodyten" genannt, wegen der Einfachheit meines Hausrates. Wer immer zu Besuch kam, hat voll Mitleid und Bedauern Verbesserungsvorschläge gemacht. Ich habe das alles mit Dank zur Kenntnis genommen und mich im stillen gefreut, daß ich mir solche Lasten auf den Buckel zu laden und mich in solche Abhängigkeit von den Dingen zu begeben, nicht nötig hatte. Insbesondere war es die Witwe des Amtsgerichtsrates Wallis in Braunfels, die mir ganz unverdientermaßen ihre Gunst zuwandte und mich hundertmal fragte, ob ich denn gar nicht Bequemlichkeit und Behaglichkeit in meiner „Hütte" vermisse. Die habe ich nur dadurch beruhigen können, daß ich versprach: „Gnädige Frau, jedesmal wenn ich mich danach sehnen sollte, komme ich zu Ihnen!"

War so mein äußeres Leben auf den rauhen Westerwald zugeschnitten, so mußte es auch die Adjustierung sein. Ich kam mit vier Paar Schuhen, wie ich sie während meiner Andernacher Zeit immer für 10 RM in Koblenz gekauft hatte, nach Greifenstein. Ende Januar 12 waren sie alle vier so defekt, daß ich nicht mehr ausgehen konnte. Schneewasser und Basaltsteine hatten ihnen den Rest gegeben. Daraufhin habe ich mir beim Meister Dornbusch zwei Paar derbe Nagelschuhe machen lassen, die er sehr fein ausführte und die lange gehalten haben. Eins hat 20, das andere 18 RM gekostet. Dazu erstand ich bei Schuster Becht in Braunfels ein Paar Ledergamaschen. Damit konnte ich dem nassen und harten Boden Trotz bieten, im Winter und im Sommer, und habe das nach Herzenslust getan. Jede Woche lief ich nach Braunfels, oft nach Ulm oder auf die Dianaburg. Mit den Stadtschuhen wurde auch die Stadtkleidung als ungeeignet verworfen. Ich trug nur noch hochgeschlossene „Joppen", im Winter eine dicke, im Sommer eine dünne, und hätte mir am liebsten eine Manchesterhose angeschafft, was aber meine Mutter nicht zuließ. Im Lande zuckte man natürlich die Achseln über mich und rümpfte die Nase. Der neue Pfarrer von Greifenstein war eine Enttäuschung. Aber es war mir eben recht so. Ich mochte die Luft der „Salons" in Braunfels und Umgebung nicht. Mit dem Albert Ehlers auf dem Forsthaus und dem Bürgermeister in Ulm hatte ich einen fröhlichen, ungezwungenen, aufrichtigen, oft vielleicht etwas trinkfrohen Verkehr, der uns oft auf der Dianaburg bis weit über die Mitternacht vereinte. Ich sehe noch, wie wir drei da in frostklarer Winternacht im tief verschneiten Land um den bullernden Ofen sitzen, der vom Albert mit riesigen Buchenscheiten gespeist wird, während der Emil (Ton auf dem i) die letzten 18 Flaschen Bier vom Forstwart Born sorglich in die Ofenecke gestellt hat und uns eine nach der anderen zureicht. Was haben wir da alles für Probleme erörtert!

Kam die Stimmung ganz auf die Höhe, mußte auf Vorschlag von Emil, der selbst total unmusikalisch war und nur jodeln konnte, aber den Gesang über alles liebte, gesungen werden: Jäger-, Studenten-, Wander- und Volkslieder. Besonders beim „Am Brunnen vor dem Tore" war der Emil ganz gerührt. Um 2 oder 3 Uhr in der Nacht wanderten wir dann in die verschiedensten Richtungen vom Kesselberg herunter: der Emil nach Ulm, der Albert auf sein Forsthaus und ich gewöhnlich nach Braunfels.

Ich darf, wenn ich von meiner „Adjustierung" in den ersten Greifensteiner Jahren rede, nicht meines grünen Jägerhütchens vergessen, um das der Albert mich immer beneidete, das den Anstoß 1918 bei der Revolution für das Revolutionskomitee der roten Genossen in Greifenstein bildete und das sie mir wegnehmen wollten und das schließlich bei meiner Heirat 1923 auf Grund der Fürsorge meiner Frau spurlos verschwand. Schade, es hätte dem Familienmuseum einverleibt werden müssen mitsamt den letzten Blumen und dem stets verwelkten (so meine treue Gattin) Eichenlaub, die es zierten. Manchmal ist mir so 1912 und 13 bei dem rauhen Leben zumeist im Wald und auf der Heide der Gedanke gekommen: Was hättest du nur in Greifenstein mit einer Frau angefangen, zumal einer so arg verwöhnten und anspruchsvollen, wenn du wirklich eine aus der Zivilisation in dieses Naturleben mitgebracht hättest? Es erinnerte ja auch etwas an Wild-West, wenn ich so im Winter abends heimkam, durchfroren und verschneit, erst Feuer anzünden mußte, dann, bis das Zimmer warm wurde, mich umzog, mein Abendbrot vorbereitete, das gewöhnlich in einem Haferbrei bestand, den ich mit der Milch, die Frau Schäfer morgens brachte, auf dem kleinen Öfchen im Schlafzimmer kochte. Dann habe ich in Hut und Mantel neben dem Ofen Platz genommen und gearbeitet, bis ich vor Müdigkeit einschlief, das Feuer ausgehen ließ, das Fenster aufriß und mich ins Bett rettete. Manchmal war morgens ein ganzer Schneehaufen ins Fenster geweht. Verschiedentlich habe ich auch die Nacht hindurch, wenn draußen der Wintersturm heulte, lesend am warmen Ofen gesessen und der Frau Schäfer, die in der Morgenfrühe kam, das Feuer anzumachen, vorgemacht, ich sei schon aufgestanden, bis sie es an der ausgebrannten Petroleumlampe merkte.

Diesen Hang zur Einsiedelei und zum primitiven Leben (der amor minimi) mag eine Eigentümlichkeit von mir gewesen sein, hervorgerufen vielleicht dadurch, daß ich im Schweigen des Waldes aufgewachsen war. Es war aber auch begünstigt, wenn nicht bedingt, durch die Umgebung, in die ich eingetreten war. Ganz gewiß hatte Greifenstein das schönstgelegene Pfarrhaus weit und breit, und das ungestörte Wohnen dort war herrlich. Die Greifensteiner aber — o weh, das war eine Bevölkerung, viel armseliger noch und primitiver, als ich sie mir in meinen schon recht heruntergeschraubten Erwartungen vorgestellt hatte. Da wäre jede normale Bürgerlichkeit unangebracht gewesen.

Ich habe schon erzählt, wie ich ihnen eine böse Enttäuschung bereitete, als ich nicht meine Einführung von mir aus zu einem Fest gestaltete, bei dem wenigstens die Spitzen nach Herzenslust auf meine Kosten essen und trinken konnten. Infolgedessen wollten dieselben nun auch dem Pfarrer keinerlei „Entgegenkommen" (das war ihr Lieblingswort, bei dem sie sich recht groß und gönnerhaft vorkamen) beweisen. In den ersten Tagen erschien der damalige Ortsvorsteher Piscator, ein einäugiger alter Fuchs von richtiger Bauernverschlagenheit, mitsamt dem Kirchmeister Kurz, einem verständigen und redlichen Mann, der aber ohne jeden Einfluß war, und hielt eine lange Rede, daß die Gemeinde leider zu arm sei, das recht herabgewirtschaftete Pfarrhaus, in dem mein Vorgänger 7 Jahre gewohnt hatte, ohne daß ein Handwerker es betreten hätte, auch nur in etwa in Stand zu setzen. Vielleicht kämen ja nochmal bessere Zeiten. Sie wollten aber als die Verantwortlichen ihren guten Willen zeigen und ihr Bestes tun. Darauf brachten sie einen Kleistertopf zum Vorschein und etliche Tapetenreste, die sie Gott weiß wo — vermutlich auf dem Speicher — aufgestöbert hatten und begannen mit viel Schimpfen auf den Vorgänger, der die Zimmer so verwohnt hätte, die Löcher in den Tapeten zu überkleben. Wo der Kleister nicht hielt, halfen sie mit Spucke nach. Über Löcher und tiefe Spalten in den Fußbodendielen trösteten sie mich mit dem Hinweis, in der Schule wären noch viel größere. Natürlich waren sie darauf gefaßt, daß ich nun einen großen Krach machen und einen Krieg mit ihnen anfangen würde, und deshalb enttäuscht, als ich mit dem begeistertsten Gesicht von der Welt erklärte: Tapeten hielte ich für einen ganz unnötigen Luxus. Die könnten sie ganz sparen, und die Dielenritze kämen mir eben recht, da würde ich eine Champignonzucht drin anfangen. Die Sache machte mir höllischen Spaß. Ganz verdutzt und kopfschüttelnd zogen sie wieder ab. — Mehr interessierte es mich schon, als nach ein paar Wochen die alte Haustür aus Tannenholz infolge Altersschwäche ihren Dienst einzustellen begann und auseinanderfiel. Sie war schon von meinem Vorgänger vielfältig geflickt und mit Zigarrenkistenbrettchen notdürftig zusammengenagelt worden. Den Winter hindurch habe ich mit viel Kunst und Geduld dieses Werk der Barmherzigkeit weiter geübt. Im Frühjahr aber war beim besten Willen nichts mehr zu kurieren. Nach einer Sturmnacht lag nur noch ein Trümmerhaufen da. Da ich nun fürchtete, meiner lieben Gemeinde gegenüber einmal in die Lage zu kommen, daß ich mein Haus als eine Burg ansehen müßte, stellte ich in aller Form den Antrag auf eine neue Haustür. Das gab ein Rumoren, als wenn ich mit einem Stock in einen Bienenkorb gestochen hätte. Das, meinten sie, sei die Kriegserklärung. Nun würden die Forderungen des Pfarrers losgehen. Schließlich aber drangen die Überschlauen durch, die meinten: ,,Macht' em e ordentlich Haustür, hernach sieht jedermann, daß mer userer bauliche Unterhaltungspflicht nachgekommen soi und er kann annere Forderunge nit mer stelle." Ich habe begründeten Verdacht, daß ihnen der Emil diese Meinung eingeblasen hat, um sie zur Bewilligung des Antrags willig zu machen. Mir wärs schließlich egal gewesen. Mein Vater hatte mir in Anbetracht des ungesicherten Hausfriedens seinen Revolver geschenkt. Mit dem im Nachttisch habe ich dann sechs Wochen tatsächlich ohne Haustür zugebracht und mich ganz wohl dabei befunden. — Immerhin kam mir meine dürftige Einrichtung noch immer wie königlicher Prunk in dieser Räuberhöhle vor und ich mir wie ein zu den Wilden verschlagener Europäer. Auch meine Arbeit habe ich immer mehr auf die Art eines Missionars in der Heidenwelt umgestellt, denn abgesehen von wenigen wirklich frommen Persönlichkeiten, wie z. B. der Kirchmeister Kurz, der alte frühere Vorsteher Lebershausen, der spätere Kirchmeister Bott und verschiedene Frauen, allen voran die alte Frau Lebershausen, war auch die Religion furchtbar primitiv und unterschied sich im Grunde nicht viel von der der alten Heiden, die einst die Gegend bevölkerten. Von ,,Erlösung" empfanden die Leute nicht viel. Nicht einmal die zehn Gebote waren ihnen in Fleisch und Blut übergegangen. Es war ihnen ganz selbstverständlich, daß man stehlen dürfe, wenn der andere so dumm war, daß er es nicht merkte. So hat mein guter Nachbar Bott, der Bruder des Kirchmeisters, sogar heimlich Steine aus meinem Garten fortgeschleppt, die er zum Neubau seiner abgebrannten Scheune brauchte. Abgesehen davon, daß der unter tausend Vorwänden im Hühnerstall, im Holzstall, im Garten am Spalier, ja auf dem Speicher des Pfarrhauses sich zu schaffen machte und je und dann da plötzlich in einer Ecke vor einem stand. Dann hatte er in meinem Hühnerstall eines seiner Hühner gesucht oder aus wissenschaftlichem Interesse feststellen wollen, ob die Spalierbirnen schon reif wären, oder ob man vom Speicher des Pfarrhauses nach Edingen schauen konnte. Darüber wäre noch so viel zu sagen, daß ich nun wohl ein eigenes Kapitel über die Greifensteiner beginnen muß.

27. Die Greifensteiner

Mein Vorgänger Himmelreich unterschied zwei Brüder Schweitzer in Greifenstein als ,,der grobe" und ,,der pfiffige" Schweitzer. Damit hat er nicht unrichtig eine Einteilung für die ganze Bevölkerung dort getroffen. Denn allen gemeinsam war eine merkwürdige, fast krankhafte Überschätzung ihrer Person, ihres Wertes, ihrer Wichtigkeit. (Ich habe das übrigens auch bei anderen, z. B. den Daubhäusern, gefunden. Ob das eine allgemeine bäuerliche Eigenschaft ist?) Ich habe es mir immer als ein Ressentiment gegen die lange und schwere Unterdrückung durch die Grafen und Herren dort vorgestellt. Die einen suchten ihr wichtiges Ich nun mit Grobheit, die anderen mit Pfiffigkeit durchzusetzen. Zwar hatten sie den Behörden gegenüber damit kein Glück. Zum Fürst von Braunfels gingen sie schon gar nicht mehr hin. Denn dessen Beamte behandelten sie sehr kurz. Die Eisenbahn hatte sie — viele im Archiv in Greifenstein liegende Eingaben, zum Teil von Himmelreich, auch des Pfarrer von Oven aus Fleisbach zeigen das — immer abfallen lassen. Der Bürgermeister gar griff zum Stock, wenn sie gar zu anmaßende Forderungen bei ihm stellten. Der Emil hat manchen von den ,,Groben", aber auch von den ,,Pfiffigen", z. B. Ließfeld aus Allendorf, verprügelt. Blieb als Objekt ihrer Prätention der Pfarrer, der ja dafür bezahlt wurde, daß er ihrer Bedeutung und Würde das nötige Relief mit feierlichem Gepränge verlieh. Besonders bei Taufen (denn wie wäre eine junge Mutter und ihr ganzes Haus nicht der Mittelpunkt der Welt!) und noch mehr bei Beerdigungen (denn den Schmerzbetroffenen nicht ganz und gar zu Willen sein, heißt alle Pietät und allen Christensinn verleugnen!) trat das zu Tage. Das waren Gelegenheiten, Besonderheit und Einzigartigkeit gerade der eigenen

Familie recht vor aller Welt herauszustellen. Einer suchte den anderen dabei zu übertreffen. Nicht nur in den äußeren Veranstaltungen und der Auswahl der Gäste (sie mußten von weither sein und den Nimbus einer einflußreichen Stellung mitbringen), sondern auch dadurch, daß der Pfarrer durch ganz besondere Mühe die Wichtigkeit gerade dieses Hauses bezeugte und sich um seine Gunst bewarb. Deshalb durfte die Taufe beileibe nicht in der Kirche stattfinden, wie es die Gemeindeordnung vorschrieb. „Aber, Herr Parre, si wern doch uus Sort Leut net zur Gema rechne", war immer die Antwort auf diese Einwendungen. Sie mußte im Hause sein, weil das vornehmer war, und möglichst zu einer außergewöhnlichen Stunde. Am liebsten an einem Feiertag, da sparte man das Extrakuchenbacken, und da hatten die einflußreichen Verwandten und Bekannten am besten Zeit. Also mußte der Pfarrer etwa einen Nachmittagsgottesdienst ausfallen lassen, oder er konnte ja die Abendmahlsfeier abkürzen, dann merkte jedermann, wie wichtig die Familie war, in die er zu taufen gerufen wurde. Oder „die Beerdigung muß übermorgen um 2 Uhr sein. Der Herr Präsident vom Eisenbahnverein will dann selber dabeisein." „Übermorgen um 2 bin ich nicht hier. Da hab ich Gottesdienst in Edingen." „Ei, die Kirche in Edingen kann in solch einem Fall doch ausfallen. Da ist ja noch mehr Gottesdienst." „Aber ich bin durch meine Dienstanweisung verpflichtet, den Gottesdienst zu halten, und die Edinger wollen sich den auch nicht nehmen lassen." „Su? soi mir Greipstainer denn kaa Minsche?" Wenn ich dann bat, doch daheim nochmal zu überlegen, ob die Beerdigung nicht auch um 4 oder an einem anderen Tag sein könnte, kam tags darauf ein Beauftragter, den ich erwartungsvoll fragte: „Nun, wie haben die Leute sich mit der Zeit der Beerdigung entschlossen?" Darauf prompt die Antwort: „Ich sollt an schiene Gruß su, un die Beerdigung wär am Sonntag um zwaa!" Wenn ich dann logisch weiterfragte: „Ach, welcher Geistliche vollzieht sie denn?", war des Geschreies viel im Lande: „Der Parre will den berihmte Mann net emol selwer beerdige!" Alle haufenweise vorhandene Sentimentalität und Tränenströme wurden entfesselt, und ich erhielt nach drei Tagen eine Anfrage des Superintendenten, wie ich die Gefühle berechtigter Pietät bei den Trauernden so gröblich hätte verletzen können.

Die eindruckvollste Probe solch sentimentaler Unverschämtheit erhielt ich bei einer Beerdigung Krieger in Edingen. Mit viel Mühe hatte ich, gerade auf vielfaches Drängen der Edinger, an dem Tag einen Missionssonntag in Greifenstein zustande gebracht. Ein Missionar aus Haiger war zu einem Bericht gewonnen worden. Ich selbst hatte die Festpredigt übernommen. Der Chor aus Edingen wollte singen. Der Bequemlichkeit halber war der Gottesdienst auf 2 Uhr nachmittags festgesetzt. Am Freitag abend kommt der alte Fischer kurz und erzählt eine schreckliche Geschichte, daß in Hildesheim ein Enkel von ihm nachts aus dem Fenster gestürzt sei und in Edingen beerdigt werden sollte. Die Eltern hätten das für Sonntag, 2 Uhr, festgesetzt. Ich habe entgegnet, daß das nicht ginge, denn da fände — wie er wisse — unser Missionsfest statt. Ich wollte aber sehen, daß ich mich um 4 oder 5 Uhr freimachen könnte, und dann die Beerdigung halten. Da geriet der Mann über diese „Unchristlichkeit" fast außer sich und jammerte immerfort über das tragische Schicksal des Kindes. In einem solchen Fall (sogar das Unglück mußte die Bedeutung seines Hauses steigern) müßten alle Missionsfeste zurücktreten. Als ich aber dabei blieb, daß ich um der Voreiligkeit der Eltern willen nicht die Menge Menschen enttäuschen könnte, die zum Fest kommen würden, wurde er grob und erklärte, dann nehme er einen anderen Pfarrer. Dazu wünschte ich ihm guten Erfolg. — Am nächsten Morgen (Samstag also) kam ein junger Mann aus Edingen, der mitteilte, seine Schwester wäre in einer Stadt am Niederrhein, wo sie im Dienst war, plötzlich gestorben, sollte nach Edingen überführt und nach Verabredung mit dem Beerdigungsinstitut am Sonntag um 2 beerdigt werden. Es gab dieselbe Verhandlung, denselben Krach, dasselbe Resultat. Am Mittag wurde ich von dem Pfarrer in Sinn angerufen, warum ich die beiden Leichen in meiner Gemeinde nicht beerdigen wollte. Auf meine Auskunft, daß ich natürlich dazu bereit wäre, aber erst nach unserem Missionsfest, meinte der, das sei ja selbstverständlich, dann lehne er die Beerdigung ab. Am Samstag abend kamen dann die beiden Vertreter aus Edingen vereint wieder und nahmen nun, als die Grobheit nicht genutzt hatte, zur Pfiffigkeit ihre Zuflucht, indem sie mir vorrechneten: Ich könnte ja um 2 die beiden Leichen — es müßte aber um der Reputation willen getrennt geschehen — beerdigen, um 3 fertig sein, dann ließen sie mich mit einem schon angemieteten Auto hinauffahren und dann könnte ich bis 4 meine Festpredigt immer noch halten. Da die Edinger aus Solidarität mit den in Trauer versetzten Familien ihre Beteiligung am Missionsfest schon aufgekündigt hatten, ließ ich mich auf den Handel ein. Und nun kommt das Unverschämteste all der Unverschämtheiten: Um 2 beerdige ich erst das Dienstmädchen vom Niederrhein, bin pünktlich um 1/2 3 fertig, eile, um zu dem zweiten Trauerhaus zu kommen. Da tritt mir der Großvater dort mit Seelenruhe entgegen und erklärt mit pfiffiger Freundlichkeit: „Ja, wir müssen uns noch etwas gedulden. Es wollten noch frühere Klassenkameraden des toten Jungen aus Dillenburg auf Fahrrädern kommen. Sie haben sich erst jetzt entschlossen und telegraphiert, wir sollten bis zu ihrem Eintreffen warten." Ich habe in brennender Ungeduld noch 10 Minuten verstreichen lassen, dann aber kategorisch erklärt: „Entweder gehen wir jetzt zum Friedhof, oder ich gehe heim!" — Die Wogen der Entrüstung, die da auflohterten, haben sich bis heute noch nicht gelegt. Ich habe dann in fliegender Eile die Beerdigung vollzogen, bin zu unserem verabredeten Platz gerannt, wo natürlich kein Auto war, und dann zu Fuß in 20 Minuten nach Greifenstein hinaufgelaufen, wo ich schweißgebadet mit keuchendem Atem meine Festpredigt noch halten konnte. — Der Gottesdienst aber war unwiederbringlich gestört. Es ist das letzte Missionsfest gewesen, das ich da versucht habe. Ich bin nie darüber hinweggekommen, daß die Ev. Gesellschaft in Edingen, die tagtäglich sich nicht genug tun konnte, ihr Interesse für die Mission laut zu verkünden, in diesem Fall die Mission und ihr Fest so schmählich verriet, weil die paar Dickköpfe in Edingen nun aus diesem miserablen bäuerlichen Prestigebedürfnis heraus ihre über alles wichtigen Toten (die beide nicht Gemeindemitglieder waren) gerade an dem Tag und zu der Stunde beerdigen mußten, wo sie am sichersten das längst festgelegte Fest der Gemeinde in majorem gloriam sui ipsius, sprengen konnten.

Zur „pfiffigen" Seite der Greifensteiner gehörte es, daß sie es geradezu als Sport betrieben, den Pfarrer möglichst um die ihm zustehenden und von ihnen garentierten Rechte zu bringen, zur „groben" Seite, daß sie es als größten Verdienst werteten, wenn man die möglichst mit Gewalt wegnahm. Das dem Pfarrer zugewiesene Haus und sein Gartenland wurden als „Gemeindeeigentum" für die ganze Dorfgemeinschaft in Anspruch genommen. Lautes Schimpfen begann (bei dem die Nachbarin Frau Groß sich hervortat), als der Pfarrer wagte, die Ernte seines am Tor stehenden großen Nußbaums für sich in Anspruch zu nehmen, anstatt sie der Dorfjugend zur Verfügung zu stellen, die, wenn der Pfarrer mit Lebensgefahr im höchsten Wipfel des Baumes die Äste schüttelte, darunter die Nüsse im Nu wegstibitzt hatten, so daß, wenn der Mann mühsam wieder heruntergeklettert war, die Nüsse samt den Kindern verschwunden waren. Auch das Beerenobst im Garten galt für Gemeingut. Die Leute warteten jedes Jahr und waren äußerst ungehalten, wenn sie nicht zur Ernte aufgefordert wurden. Das Bewußtsein von Mein und Dein war überhaupt bei den Leuten auf dem Wald da droben wenig entwickelt. Meinem Vorgänger hatten sie von ihm glücklich veredelte Kirschbäume aus dem Garten ausgegraben. Mir holten sie dauernd Eschen aus den Anlagen für „Schaufelstiele". Unser Nachbar Bott bestieg an einem Sonntagnachmittag, als wir zu einem Jugendfest in Albshausen waren, mit der ganzen Familie und seinen Kurgästen unseren Kirschbaum, den er fast rein ausplünderte, wobei er behauptete, das wäre so mit mir vereinbart worden. Das alles sollte die Überlegenheit über den „dummen" und „leichtgläubigen" Pfarrer beweisen. Ein typischer Vertreter des aufgeblasenen Greifensteiner Bauerntyps (d. h., er war nur aufgeblasen dem gegenüber, der sich das gefallen ließ, sonst konnte er furchtbar kriechen) war auch der langjährige Ortsvorsteher Schweitzer. Nicht nur, daß er, soviel das möglich war, seiner Familie und seinen Freunden alle Vorteile bei den „Gemeindearbeiten" zuwies, so daß die Greifensteiner ständig über die „Schweitzerei" klagten, er war auch bestrebt, durch Kraftproben seine Überlegenheit über den Pfarrer zu beweisen. „Wer ist der erste Mann im Dorf", pflegte er zu fragen. „Der Parre? Der Schulmaster? Nein, aich!" Beweis: „Wenn der Herr Wachtmeister (der Gendarm, die Hauptrespektperson für den Greifensteiner) ins Dorf kommt, bei wem meldet er sich? Bei mir!" So weigerte er sich eines Tages, die Heizung für den Konfirmandensaal zu bezahlen, weil der Pfarrer aus dem Gemeindewald ohnehin schon 10 m Holz erhielte. „Das ist Entgegenkommen genug". Daß das Holz einen Teil des Diensteinkommens des Pfarrers bildete und ihm jährlich mit dem vom Förster errechneten Durchschnittspreis vom Gehalt abgezogen wurde, spielte keine Rolle.

Als eines Tages die Kinder aus Edingen weinend sich beschwerten, der Vorsteher von Greifenstein wollte nicht, daß sie an der Weihnachtsfeier in der Kirchspielkirche teilnähmen, und ich das abgewehrt hatte mit der Bemerkung: „Laßt den geplagten armen Mann doch zufrieden!", kriegte ich einen Brief von ihm: wie ich dazu käme, ihn einen „armen Mann" zu nennen, er habe immer noch mehr als ich: ein Haus und Äcker und Brotkorn und Kühe usw. Mir schien der Vorsteher plötzlich irrsinnig geworden. Er war aber nur gekränkt in seinem Bauernstolz, daß er mehr als der Pfarrer sei. — Andere wieder befahlen mir, beim Landrat zu bewirken, daß sie eine Wohlfahrtsunterstützung erhielten. Der damalige Ortsdiener Kunz („Kaasers" sagten die Leute) war mir jahrelang böse und pflegte, wenn ich vorüber ging, statt zu grüßen, auszuspucken, weil ich, trotzdem ich eine halbe Nacht seine pekuniären Verhältnisse auf großem Fragebogen berechnet hatte, das doch nicht nach seinen Wünschen zustande gebracht hatte. Derselbe Kunz ermunterte (nach der Revolution 18) eine Reihe von Kindern, darunter seine Enkel, von der Burg aus Steine in den Pfarrgarten zu werfen, denn „der Pfarrer ist kein Vorgesetzter mehr!" Das alles hinderte ihn aber nicht (oder vielmehr: seine Anmaßung tritt da erst recht hervor), als er Goldene Hochzeit feierte, zum Pfarrer zu kommen und ihm bis ins Einzelne vorzuschreiben, was er von seinen Verdiensten in seiner Rede hervorheben müßte, um der hochmögenden Verwandtschaft willen, die zu der Feier zu erwarten sei.

28. Wie ich 1923 heiratete

Im Frühjahr 1922 hatte ich den Entschluß gefaßt zu heiraten, und war mit meiner getreuen Base Mariechen übereingekommen, daß die Hochzeit spätestens im nächsten Jahr stattfinden sollte. Die Verhältnisse nach Vaters Tod im Januar 1919 drängten zwangsläufig dazu. Weil Mutter, Tante Marie und Trude sich standhaft weigerten, zusammen oder auch einzeln zu mir nach Greifenstein zu kommen, hatte ich, um dort wenigstens verpflegt zu werden, im Herbst eine Haushälterin in Gestalt der verwitweten Frau Schipporeit ins Haus nehmen müssen, mit der sich aber schon nach zwei Jahren so unhaltbare Zustände ergaben, daß ich gern ihre Kündigung entgegennahm, sie aber auf keine Weise aus dem Hause fortbringen konnte. Auch da blieb ich ganz allein auf mich gestellt. Nun hatte um diese Zeit Bruder Theo Examen gemacht. Er wollte Anfang 1922 sich in Löhnberg niederlassen und dachte auch ans Heiraten. So konnte der hinfür, ohne selbst noch Zuschüsse zu brauchen, zum Unterhalt der Mutter mit beitragen. Die miserable Versorgung in Greifenstein hatte dazu geführt, daß ich öfter Ohnmachtsanfälle hatte, so daß alle Welt mich auf eine Heirat drängte. Sogar Mutter und Tante Marie waren für die Lösung, wenn sie nur in Braunfels wohnen bleiben konnten, wo sie auch für Trude große Zukunftsmöglichkeiten sahen. Also beschlossen wir die Heirat, obwohl die Zeiten immer schlechter und ein solcher Entschluß immer gewagter erschien. — Es waren aber vorher eine Menge Vorbereitungen zu treffen. Mariechen wollte noch bis zu den großen Ferien 23 Schule halten. Also wurde die Heirat auf den 4. August endlich festgelegt. Im Mai 23 war es mir gelungen, die Einreiseerlaubnis nach Neuwied zu kriegen, obwohl die Verhältnisse da auch schon gespannt genug waren. Die Bahnstrecke war gesperrt, so mußte ich über Au — Altenkirchen — Siershahn fahren. Am 3. Mai aber konnten wir aufs Standesamt gehen und stolz das Aufgebot bestellen. So stolz, daß meine eifrige Braut schon „Marie Henn" unterschrieb.

Die Zeit verging wie im Fluge. Bis die Möbel alle beisammen waren — ich hatte die ganze Zeit, damit Mutter ihre überflüssigen Möbel nicht anderweitig verkaufte, für ihren Unterhalt aufkommen müssen — Marie hatte auf ähnliche Weise in Neuwied allerhand Sachen erworben, bis all die Schwierigkeiten der Inflation überwunden waren — bei der Sparkasse in Wetzlar habe ich auf die Art 150.000 RM verloren — waren die Ferien in die Nähe gerückt. Also machte ich wieder eine Eingabe an die „Alliierte hohe Kommission" in Koblenz, daß ich nun zum Zweck der Eheschließung nach Neuwied reisen wolle und ganz ergebenst das zu gestatten bäte, erhielt aber keine Antwort. Der Verkehr herüber und hinüber war äußerst schwierig, weil die Regiebahn die Briefe nicht mitnahm. Ein Brief vom Rhein nach Greifenstein brauchte acht Tage. Die einzige Verbindung war das Telefon, an dem nun auch jeden Morgen die Liebste anrief, vom Fortschreiten der Hochzeitsvorbereitungen erzählte und fragte, ob ich die Einreiseerlaubnis denn immer noch nicht hätte. Also machte ich eine zweite Eingabe und erinnerte an meine Hochzeitsangelegenheit. Für den 4. August war die Trauung ja angesetzt, der Pfarrer benachrichtigt, die Kochfrau bestellt, ein Chor angesagt — mir wurde bang und bänger, wenn ich daran dachte, was meiner alles wartete, wenn die Erlaubnis nicht einträfe. Ich überlegte im Stillen, daß wir doch viel einfacher hier im unbesetzten Gebiet heiraten könnten. Na also, ein paar Tage vor dem Termin kam dann auch der Bescheid, daß die Einreise verweigert werde, weil zur Zeit nicht Zeit zum Heiraten sei. Nun wachte aber mein Dickkopf auf, und nun wurde es Ehrensache, nun gerade am 4. 8. in den Stand der heiligen Ehe einzutreten. Also schlug ich meiner Braut vor, daß sie doch hierher kommen möchte, weil wir ja hier heiraten könnten. Das dauerte bis zum letzten Juli. Da rief die Braut an: in Neuwied sei der Belagerungszustand verhängt, wer noch fort wolle, müsse das eiligst besorgen. Ich meinte, das sei doch eine klare Entscheidung. Also solle sie kommen. Am 1. 8. teilte sie dann mit, daß am nächsten Tage zum letzten Mal ein Schiff in Neuwied anlegen werde. Ob wir dann am 4. auch bei uns heiraten könnten? Antwort: „Selbstverständlich wird der Termin eingehalten! Bringe nur die nötigen Papiere mit!" „Gut, ich fahre morgen ab!" Das hatte der Himmel ja tadellos gefügt. Nun wurde die Sache spannend.

Sobald ich den Hörer eingehakt hatte, wanderte ich nach Edingen zu dem Standesbeamten, erzählte ihm die Sache und fragte, ob er am 4. zum Vollzug der Eheschließung bereit wäre. Er erklärte sich mit Vergnügen einverstanden. Gleichzeitig sprach ich mit dem Dirigenten des dortigen gemischten Chors, der schon vorher angefragt hatte, ob sie zum Einzug der jungen Frau im Greifensteiner Pfarrhaus nicht ein Lied singen dürften. Ob er unter sotanen Umständen nicht vielleicht in Ulm in der Kirche, wo wir voraussichtlich würden getraut werden, singen wolle. Er war mit Eifer dabei. — Am Nachmittag ging ich nach Ulm und verabredete mit dem Vetter Stuhl, daß er am Sonntag nachmittag um 6 Uhr — vorher konnte er nicht versprechen, weil er an dem Nachmittag eine Presbytersitzung halten wolle — unsere Trauung vollziehen würde. Schließlich ging ich den nächsten Tag noch auf die Dianaburg und erbat das Giebelzimmer für das junge Paar für den Sonntagabend. Wir würden um 6 in Ulm getraut und könnten um 8 dasein. Frau Schweitzer, die Wirtin, möchte uns doch ein Abendessen, wie sie es gerade beschaffen könnte, richten. Das wurde mir alles zugesagt. Guter Dinge und voller Erwartung sah ich der weiteren Entwicklung entgegen.

Die Schnellzüge vom Rhein nach Frankfurt und Süddeutschland wurden von Köln über Hagen — Siegen umgeleitet. Meine Braut kam also die Dillstrecke herunter gefahren. Die umgeleiteten Züge hielten aber nur in Dillenburg. Die Zeit war recht unbestimmt. Die Zugverbindung von uns nach Dillenburg auch spärlich. Also setzte ich mich schon zur Einholung um 10 Uhr am Freitag, 3. 8. in Marsch und war noch vor Mittag in Dillenburg. Um 3 Uhr kam der Zug, schrecklich überfüllt, so daß Mariechen mit Mühe sich durch die Menge der Fahrgäste zum Ausgang durchwinden konnte, zumal sie einen dicken Ruck-sack, aus dem gefahrdrohend ein Pfannenstiel herausragte, auf dem Rücken trug. Mit viel Hallo wurden ihr ihre Koffer durchs Fenster nachgereicht. Egal: das Allerwichtigste war geschafft, die Braut war zur Stelle! Sie hatte am Abend vorher tränenden Auges Neuwied verlassen, war um 6 mit dem letzten dort abgehenden Schiff nach Köln gefahren, treulich von Schwester Wissy geleitet, hatte dann die Nacht im Kölner Wartesaal verbracht, um mit dem Morgenzug über Elberfeld, Hagen, Siegen nach Dillenburg und in meine Arme zu gelangen. Das Schwesterchen, das keine Ausreiseerlaubnis hatte kriegen können, mußte von Köln wieder nach Neuwied zurück, ich war aber nun ganz froh und zuver-sichtlich, daß die Sache nun nach meiner Direktion gehen werde. An meinem guten Mut richtete sich der ob der arg fluchtartigen und planwidrigen Braut-fahrt etwas zerknitterte meiner nun doch vor dem Ziel stehenden kleinen Braut wieder auf. — Wir tranken in aller Gemütsruhe nach der anstrengenden Reise durch die glühende Augustsonne eine Tasse Kaffee, prüften die vom Standes-amt in Neuwied mitgebrachten Papiere und fanden sie vollzählig und in Ord-nung. Wir schlossen den Pakt, daß mir nun die Regie und das Kommando für den Endspurt überlassen bliebe und meine Braut sich blindlings meinem Führen zu den verschiedenen Stationen, die sie ja gar nicht kannte und auch nicht kennen wollte, die ich aber doch so fein, wenn auch sehr plötzlich, vorbereitet hatte, anvertrauen sollte. Wie das ja wohl auch so in der Ordnung war.

Um 6 Uhr des Abends gings weiter, zum ersten Hindernis mit dem Bummel-zug nach Edingen zum Standesbeamten. Das war der alte Wirt Becker, sehr bedächtig und ein wenig träge von Natur, der um der mancherlei Unterlassungs-sünden in seinem Amte willen schon vielerlei Ordnungsstrafen hatte bezahlen müssen. Es war aber kein besserer in Edingen zu finden. Wir zogen also mit Sack und Pack in seine Wirtschaft „Zum Dilltal", ließen uns höflich nieder und fragten nach dem Vater. Ja, er war da. Doch im Holzstall. Um die Verhand-lungen nicht unnötig in die Länge zu ziehen, suchte ich ihn da auf. Umständ-lich kam er hinter einem Reisighaufen hervorgekrochen, umständlich setzte er die Brille auf, umständlich las er meine Aufgebotsbescheinigung usw. von Neuwied durch, gab sie mir zurück und erklärte: „Nein, Herr Pfarrer, daraufhin kann ich die Eheschließung nicht vollziehen!" „Nanu?" Ich hatte die ganzen Tage das BGB studiert, daß ich es fast auswendig konnte, hatte Mariechens

Papiere für ihm ganz entsprechend und klar verständlich empfunden und sollte nun doch noch im Hafen Schiffbruch leiden? So leicht wollte ich die Waffen nicht strecken. Also bat ich: „Das müssen Sie mir näher erklären, Herr Becker!" „Ja, sehen Sie, die Daten und Angaben der Aufgebotsbescheinigung sind wohl in Ordnung, aber hier der letzte entscheidende Satz ist durchgestrichen: „Somit wird der Standesbeamte in ... ermächtigt, die Eheschließung vorzunehmen." Wenn mir aber die Ermächtigung so versagt wird, kann ich Ihnen doch nicht helfen." Das war mir dann doch zu dumm! „Lieber Herr Becker", gab ich nun auch sehr gemütlich zurück, „da kommen Sie am besten mal mit in Ihre Wirtsstube und trinken ein Glas Bier mit. Da wollen wir in Ruhe die Sache besprechen." Er steckte also seine Brille wieder ein, band seine blaue Schürze ab und folgte mir zu meiner Braut, der er sein Bedauern, sie nicht verheiraten zu können, mit Nachdruck wiederholte. Ich freute mich, daß sie das nicht noch mehr niederschlug. Sie schaute nur fragend auf mich, hatte also doch Vertrauen zu meiner Überlegenheit. Also fuhr ich dann nun mein juristisches Geschütz gegen die standesamtliche Weisheit auf: „Ich habe mit großer Sorgfalt alle gesetzlichen Vorbedingungen erfüllt. Die Bescheinigungen darüber sind hier und in Ordnung, wie Sie selber sehen. Ich verlange deshalb als deutscher Reichs- und preußischer Staatsbürger, daß die Eheschließung vollzogen wird. Wenn Sie das nicht wollen oder meinen nicht zu können, dann muß das Ihr Stellvertreter tun. Das Gesetz ist ausschlaggebend, und nach dem bin ich im Recht. Was Ihr Standesbeamten untereinander für Formulare habt, und ob Ihr Euch ermächtigt oder nicht, kann mir ganz gleichgültig sein." Darauf verlegte sich der einigermaßen in die Enge Getriebene aufs Verhandeln. „Können Sie denn nicht noch etwas warten," meinte er. „Schicken Sie das alte Formular nach Neuwied zurück und lassen Sie sich ein neues geben, in dem die Ermächtigung für mich ausgesprochen ist." „Schön", erwiderte ich, „ein Brief nach Neuwied läuft 8 Tage, zurück auch 8 Tage, macht wenigstens 14 Tage. Die Zeit über quartiere ich meine Braut ins Schloßhotel nach Braunfels, und die Kosten bezahlen Sie. Denn Sie sind haftbar für den Schaden, der durch Ihre unberechtigte Weigerung entsteht." Becker überlegte: „Ich täts ja gern, aber ich kriege die größten Unannehmlichkeiten." (Darin hatte er nämlich schon allerlei Erfahrungen.) „Wer macht Ihnen denn Unannehmlichkeiten?" „Ei, der Landrat in Wetzlar, der hat mich sowieso auf dem Strich." „Dann schlage ich vor, wir rufen den bösen Landrat sofort an. Sie haben ja das Telefon im Hause." (Becker war nämlich zu allen anderen Ämtern und Würden auch noch der Posthalter.) Das schien ihm dann einen Ausweg. „Sie müssen aber sprechen!" „Gut, daran solls nicht fehlen." Wir also selbzweit an den Apparat. Nach langer umständlicher Vermittlung meldete sich endlich das Kreishaus in Wetzlar. „Wenn Sie den Herrn Landrat sprechen wollen, müssen Sie das Landratsamt anrufen." Erneutes langweiliges Geklingel. Endlich eine Stimme: „Hier ist Dienstschluß. Den Herrn Landrat erreichen Sie heute nicht mehr." Becker war sichtlich erleichtert: „Sehen Sie, es macht sich ganz von selbst, daß Sie die Hochzeit aufschieben müssen!" Darauf ich: „Lieber Herr Becker, morgen wird geheiratet und wenn Sie samt dem Landrat sich auf den Kopf stellen. Und wenn ich das

Amtsgericht gegen Sie mobil machen muß. Wann ist der Telefonbetrieb wieder offen?" „Morgen um 8." „Schön, morgen um 8 bin ich wieder hier am Apparat." − Wir empfahlen uns. Mariechen sollte im Ulmer Pfarrhaus wohnen, also auf dahin. Der Koffer wurde auf den Stecken über die Schultern gehängt. Das andere trug Mariechen. In den sinkenden Abend hinein, wo es Gott sei dank etwas kühler wurde, ging es nach Ulm. Frau Eva Stuhl erwartete uns im Pfarrhaus: „Tja, der Pfarrer ist in Wetzlar zu einem L. C.-Abend, hat aber hinterlassen, daß es mit der Trauung am Sonntag doch wohl nicht ginge, weil er zuviel an dem Tag auf dem Programm hätte. Er empfiehlt, noch 8 Tage zu warten." − Ganz wie in Edingen, die Widerstandsfront verstärkte sich. Wenn ich ein einziges Mal im Leben heiraten will ... − „Ja, liebe Eva, da ist dann nichts zu machen, dann müssen wir umdisponieren. Dann laß Mariechen morgen mit ihrem Koffer wieder nach Edingen kommen. Dann fahren wir nach Braunfels und lassen uns Sonntag da von dem Kollegen Himmelreich trauen." Und so wurde es dann beschlossen. Das Nähere über den Zug wollte ich noch am Telefon mitteilen. − Ich stieg also wieder durch die Nacht meinen Berg an, packte, daheim angekommen, mir auch einen Koffer mit Frack, weißer Binde usw. und schleppte am anderen Morgen 7 1/2 Uhr alles nach Edingen, um Punkt 8 wieder bei Becker am Telefon zu sein. Diesmal gings wahrhaftig gleich zum ersten Mal. „Ja, der Herr Landrat ist selbstverständlich noch nicht da. Wen wollen Sie denn da sprechen?" „Den Mann, der über die Standesämter gesetzt ist." „Moment, ich verbinde Sie mit Herrn Oberinspektor X." Der Mann meldete sich. „Hier ist der Pfarrer Henn von Greifenstein. Ich bin in Edingen auf dem Standesamt. Ich will heiraten, und der Standesbeamte weigert sich, die Eheschließung vorzunehmen. Ich muß aber darauf bestehen, daß er dazu angehalten wird, denn ich habe alle gesetzlichen Vorbedingungen restlos erfüllt." „Ja, wann wollen Sie denn heiraten?" „Sofort!" „Warum verweigert denn der Standesbeamte die Eheschließung?" „Weil auf dem Formular der Überweisung aus Neuwied der Satz, daß ein anderer Standesbeamte ermächtigt werde, ausgestrichen ist. Das kann mir aber gleichgültig sein. Der Standesbeamte in Edingen ist für mich zuständig und ich verlange, daß er endlich seine Pflicht tut!" „Warum hat denn der Standesbeamte in Neuwied den Satz durchgestrichen?" „Na wohl, weil er ein Kamel ist, oder weil er dachte, im Kreis Wetzlar gäbe es keine." „Hm, hm, kann ich den Standesbeamten selber mal sprechen?" „Gewiß, der steht hinter mir." Nun ging das Hin und Her weiter. Mein Vorschlag mit dem Braunfelser Schloßhotel wurde erörtert und der Mann in Wetzlar gebeten, mir klarzumachen, daß der Standesbeamte die Kosten dafür nicht tragen wollte und könnte. Dann aber endete das Gespräch mit drei tiefen Verbeugungen auf unserer Seite vor dem Apparat: „Gewiß, Herr Oberinspektor, jawohl Herr Oberinspektor!" − Herr Becker hängt ein, schaut sich freundlich nach mir um und sagt verklärt: „Ich darf!" Das war ja nun der lange Rede kurzer Zweck gewesen. „So, dann gleich, Herr Becker, noch eine Vermittlung mit der Öffentlichen in Ulm! Sind sie heute Nachmittag um 4 Uhr nach der Beerdigung, die ich hier habe, zur Entgegennahme unserer Eheerklärung bereit?" „Jawohl, dann können Sie kommen!" „Gut, dann Bestellung nach Ulm: Bitte Fräulein Köhler im Pfarrhaus mitteilen: 1) Um 3 Uhr hat Pfarrer Henn eine Beerdigung, 2) Um 4 Uhr findet die Eheschließung auf dem Standesamt statt, 3) Um 5 Uhr fahren wir von hier nach Braunfels. Ich schicke ihr einen Mann zum Koffertragen entgegen." — Weitere schnelle Bestellung an den Chorleiter in Edingen: Das Programm ist geändert, die Trauung ist nicht in Ulm. Der Chor braucht sich nicht zu bemühen. — Heim, zu Mittag gegessen, wieder nach Edingen. Ein junger Mann, der gerade die Hände in den Hosentaschen da am Wege steht, kriegt 20.000 RM in die Hand gedrückt: Er soll den Weg nach Ulm gehen, bis er eine junge Dame mit einem schwarzen Koffer sieht, und ihr den Koffer hierher tragen. — Als ich kurz vor 4 Uhr von der Beerdigung vom Friedhof komme, winkt meine Braut strahlend in einem grünen Kleid mit einem goldenen Gürtel aus einem Fenster in Edingen mir zu: „Es hat sich alles geändert. Wir werden doch in Ulm getraut!" Schnell den Talar aus und wieder auf die Straße, um den Chorleiter, der auch vom Friedhof kommt, abzupassen: Der Chor kann morgen doch nach Ulm kommen zum Singen! Sind Sie aber so freundlich und kommen einzeln da an, nicht geschlossen, damit die Überraschung für meine Braut gewahrt bleibt. Sie selbst sind dann wohl so freundlich, die Traulieder auf der Orgel zu begleiten. — Mehr Chormitglieder finden sich ein, während wir miteinander verhandeln. Die neue Änderung des Planes wird schnell kolportiert. — Da kommt aber Fräulein Braut mit neuem Schrecken auf dem Gesicht: „Wir haben ja gar keine Trauzeugen!" Wahrhaftig, daran muß man auch denken. Das hatte ich versäumt. Aber: da hinten gehen noch zwei Edinger Presbyter vom Friedhof heim, mit schwarzen Röcken und hohem Zylinder, ganz zu der feierlichen Handlung schon angekleidet: „Würden Sie mir die Freundlichkeit erweisen und gerade schnell bei meiner Eheschließung hier bei dem Standesbeamten als Trauzeugen fungieren?" — Etwas Erstaunen, aber sofortige Bereitschaft. So rücken wir zu viert dem Standesbeamten auf die Bude. Herr Becker hat sie fein ordentlich gemacht. Auf dem Tisch prangt ein mächtiger Blumenstrauß, hinter diesem er selber auch in festlicher Kleidung. Er begrüßt uns sehr freundlich, erhebt sich und liest aus einem Buche eine Abhandlung über die Bedeutung der Ehe vor, verliest sich zwei- bis dreimal, kommt in eine falsche Zeile und bleibt dann erbarmungslos ganz stecken. Ich muß schon eingreifen: „Schönen Dank Herr Becker, für die freundlichen Erläuterungen. Aber das wissen wir schon alles. Die Zeugen hier — sehen Sie — und auch wir haben nicht viel Zeit. Würden Sie so freundlich sein und gleich zur Sache kommen?" „Na, wenn Sie das schon wissen, dann ist's ja gut. Dann will ich Sie gleich fragen ...", und dann ging die Eheschließung ganz ohne weitere Schwierigkeiten im Augenblick zu Ende. Die beiden Trauzeugen schlugen eine Einladung zu einer Flasche Wein aus. Sogar der Herr Standesbeamte und Wirt machte sich aus dem Staube. So konnte nur ich schnell ein Glas Bier trinken, eine Hand voll Glückwünsche der Wirtsfamilie in Empfang nehmen. Dann traten wir — nunmehr rechtlich verheiratet — den Weg nach Ulm wieder an. Unterwegs erzählte meine junge Frau, daß der Pastor von dort, als er heimgekommen sei, heftig geschimpft habe und erklärt, daß es bei der Verabredung: Sonntag 6 Uhr, bleibe. Darauf habe sie heute vormittag noch schnell ein früheres Mädchen meiner Eltern als Köchin gewonnen und in Ulm und Allendorf mit deren Hilfe ein Festmahl zusammengekauft. Eva Stuhl stellte ihre Küche zur Verfügung und deckte eine Tafel im großen Zimmer. Sie hätte auch Bruder Theo und seine junge Frau in Löhnberg angerufen. Die kämen mit ihren Rädern zur Trauung nach Ulm. Schwester Trude sei schon im Pfarrhaus. – Na, die Hochzeitsfeier würde ja in bescheidenem Rahmen bleiben, dachte ich mir. Darum nahm ich sie auch noch in Kauf. Man konnte ja dafür sorgen, daß nichts Offizielles aufkam. – Wir machten diesmal den Umweg über Elgershausen. Dort weilte gerade Hans Maisonnave zur Kur. Er war der erste aus der Verwandtschaft, der uns zur Heirat gratulierte. Ich habe dann Mariechen nur noch bis vor Holzhausen gebracht und sie allein gehen lassen. Es wurde schon dunkel, und ich mußte den Koffer aus Edingen noch holen. So war es spät, bis ich wieder daheim war. Die Nacht, in der es sich gar nicht abkühlte, schlief ich bei vier offenen Fenstern.

Am nächsten Morgen hatte ich ja Zeit. In Gemütsruhe machte ich mich fertig, schulterte meinen Koffer wieder und ging 10 1/4 Uhr, als die Leute alle in der Kirche waren, wo der alte Missionar Haustein predigte, seelenvergnügt durch den schon wieder heiß gewordenen Tag über die „Wiegg" ins Ulmtal hinunter. Am Waldrand vor Holzhausen stellte ich meinen Koffer erst einmal ab und setzte mich auf einen Grenzstein, um Kraft zu sammeln für den Marsch durch die Sonnenglut, die da vor mir flimmerte. Aber: Was halfs? Großes Ziel will. große Mühe. Ich mußte hindurch. Gegen 12.00 Uhr, gerade zur Mittagszeit, war ich in Ulm. Hatte ich aber gedacht, da nun mich von dem heißen Weg erholen zu können, ward ich schwer enttäuscht. Ich fand ein Haus, das wie ein aufgescheuchter Bienenschwarm rumorte. Das Fieber des großen Ereignisses hatte alle gepackt. Jeder rannte jeden um in dem Bestreben, nur ja auch etwas zur Hebung der Unruhe und Feierlichkeit beizutragen. Frau Eva, die Trude, das Gretchen, unser früheres Mädchen, das Dienstmädchen des Pfarrhauses, Boten, und Botinnen, Läufer, Trabanten, Volk. Auf meine Frage nach meiner Braut wurde mir eröffnet, die läge in einer Tränenflut im Bett, weil sie mit dem Pastor loci wegen des Programms der Feier einen argen Zusammenstoß gehabt hätte. Ich wurde an den letzteren verwiesen. Der bereitete, hinter verschlossener Tür sich von der Unruhe im Haus absperrend, seine Presbyteriumssitzung vor. Ja, erklärte er, das Mariechen habe ganz gegen alle Sitte aus der Trauung eine große Gemeindeangelegenheit machen wollen, mit Orgelspiel und Glockengeläut. Das Orgelspiel möchte noch angehen. Wenn aber um 6 Uhr die Glocken läuteten, käme unweigerlich die Feuerwehr und nicht die Gemeinde zur Kirche. Das möchte so Bräuche in der Stadt sein, in Ulm ginge das nicht an. – Ich beschwichtigte ihn und sagte, er brauche sich gar keine Sorge zu machen. Es ginge alles wie sonst auch. Natürlich ließen wir das Läuten, und für alles andere sei hinreichend gesorgt. Er hätte sich nur um seine Trauansprache zu kümmern. Ich schrieb ihm die Reihenfolge auf ein Programm. Er wurde dann auch ruhiger, versicherte aber, sobald ein Glockenschlag erklinge, beträte er nicht die Kirche. – Darauf zur Braut. Die lag bereits im Bett und hatte völlig verweinte Augen. Sie hätte sich solche Mühe gegeben, die Feier noch in letzter Minute zu retten, aber an der Ulmer Intransigenz scheiterten die löblichsten Absichten. Der Glöckner hätte erklärt, er dürfe seine Hand nicht zu solchem Frevel bieten, zu einer Trauung die heiligen Kirchenglocken zu läuten. Nur der Lehrer hätte sich für 100.000 RM bereitfinden lassen, bei der Trauung zu spielen. Aber auch dazu sehe man sauer. Ich tröstete sie, so gut es ging, sagte, ich würde das alles ordnen und wir wollten dem Lehrer doch keine Unannehmlichkeiten machen. Ich ginge gleich zu ihm hin. Nach einem neuen Tränenerguß und der Klage, daß sie doch mutterseelenalleine und ohne ihre Angehörigen Hochzeit feiern müßte und nun auch noch auf Orgel und Glocken verzichten solle, siegte auch da die Tugend und die Einsicht, daß sie ja doch den heiligen Ehestand und mich dabei gewönne. Also zum Lehrer. Mit dem Hinweis, daß ich schon einen Organisten hätte und ihn nicht zu einem Bruch des Herkommens verführen wolle, und daß er als Schmerzensgeld für das Durcheinander die 100.000 RM behalten solle, wurde auch der gewonnen. Als ich zurückkam, war meine Braut gerade wieder erstanden. Es hatte sie die Nachricht aus dem Bett geholt, daß die von ihr auch am Vortage telefonisch alarmierte und eingeladene Tante Marie mit dem Koffer von Theo und Irmgard in Stockhausen am Bahnhof säße und nicht wüßte, wie sie nach Ulm kommen sollte, da gar keine Verbindung bestehe. Was war zu machen? Als der einzig Abkömmliche mußte ich mich bereiterklären, mich noch einmal in die Glut der Augustsonne zu stürzen und die Tante abzuholen. Auf einen schüchternen Hinweis, daß ich den ganzen Tag noch nichts gegessen hätte, kriegte ich ein Stück Kuchen und eine Tasse Kaffee in die Hand gedrückt und die tröstliche Verheißung, das Festmahl fände nach der Trauung statt. Na, ich wußte ja, bei so Feiern kommt nie etwas Vernünftiges, immer nur Verdruß heraus, und trottete los. Tante Marie war etwas ungehalten, daß man sie so mit einem Koffer beladen in die Wüste geschickt hatte, zumal sie auch empfand, daß es hübsch warm war, ließ sich aber dann doch beruhigen und ging, ganz auf das Kommende gespannt, willig mit mir, dem kofferschleppenden Bräutigam, mit. Gegen 5 Uhr langten wir in Ulm an, etwa zu derselben Zeit, als auch Theo und Irmgard hoch zu Stahlroß ankamen. Irmgard war mit einem schnell improvisierten Blumenstrauß für die Braut bewaffnet. Wir wurden alle eiligst zum Anziehen in die Schlafzimmer des ersten Stockwerkes verfrachtet. Theo und ich zusammen und alle Weiblichkeit nebenan. Die ergötzten sich dort auch noch mit dem Schmücken der Braut. — Mir war es ein Hochgenuß, mir endlich einmal den bitteren Schweiß von des Tages Mühe abwaschen zu können, und ich kam im Wasserbade einigermaßen wieder zu mir. Theo, der das Wasser auf den Flur holen ging und mich begoß, kam wieder mit der Botschaft: „Wenn Du Deine Traurede schon hören willst, brauchst Du nur an die Tür des Pfarrers zu gehen. Der memoriert sie laut über den ganzen Flur vernehmlich hin." Ich ging also auf den Flur. Die Weibsen fanden sich auch ein. Wir hörten zusammen: „Lieber Freund, Nachbar, Vetter und Kollege — ja, so kann ich sagen — das ist richtig — also: Freund, Nachbar, Vetter und Kollege ... Und dann Du, liebe Braut, verlässest einen großen Freundeskreis — ja, so stimmts ..." Wir waren alle köstlich amüsiert, die Geburt der Rede, die uns nachher begleiten sollte, schon mitzuerleben. Zwischendurch mußte ich auch einmal in die Kirche und nach meinen Edingern sehen, da der Uhrzeiger der 6 immer näher rückte. Die Kirche war gefüllt, Kopf an Kopf, wie ich die Ulmer Kirche noch nie gesehen habe. Ja, vor der Tür drückten sich noch einige herum, und starke Gruppen waren noch im Anmarsch. Auch der Edinger Organist war schon da und machte sich mit der Orgel vertraut. Der Chor käme truppweise heran. Auch viele Gemeindeglieder aus Edingen seien mitgewandert. Wir verabredeten, daß er einen Jungen ins Pfarrhaus schicken sollte, wenn alles fertig wäre. Dann ging ich zurück, die letzte Hand an meinen Bräutigamsschmuck zu legen. Kurz nach 6 Uhr trat der Pfarrherr aus seinem Zimmer im Ornat und meinte, es sei nun Zeit. Ich versuchte auf allerleiweise den Aufbruch noch aufzuhalten. Zuletzt bat ich in der Haustür noch um einen Augenblick Pause, weil ich meine Handschuhe nicht zukriegte. Vetter Ernst sah mich mißbilligend an, machte aber doch noch einmal halt. Da sprang ein atemloser Junge in den Hof, mit dem für alle außer mir unverständlichen Rätselwort: ,,Se sei do!'' – Prompt ging mein Handschuh zu und der feierliche Zug schritt zum Tor hinaus, durch die in respektvoller Entfernung Spalier bildende Menge der Neugierigen. Voran der Pfarrer, dann das Brautpaar, dann Tante Marie und Eva, dann Theo und Gemahlin und zuletzt der Sohn Bernhard mit Trude. Ein imposantes, herzerhebendes Schauspiel. – Gerade als wir die Schwelle der Kirche überschritten hatten – man hatte uns doch Platz gelassen, daß wir zum Altar gehen konnten – und die ersten Akkorde der Orgel einsetzten, löste sich hinter dem Altar ein großes Stück des Verputzes der Decke und fiel mit Getöse und einer riesigen Staubwolke in den Kirchenraum. Durch die Menge ging, deutlich spürbar, ein jähes Erschrecken, das aber der Organist mit vollen Registern zu bannen wußte. Die Leute beruhigten sich. Es sollte aber noch besser kommen. Wir traten also an den Altar, sangen das Eingangslied, der Pfarrer hub an mit Grußwort und Gebet, der Chor von Edingen sang, alles, inklusive der Braut, war gerührt. Der Pfarrer begann seine Rede. Wir hörten die bekannten Worte vom Freund, Nachbarn und Vetter, auch die Anrede an die Braut, die den großen Freundeskreis verläßt, – das heißt, die letztere hörten wir zwei- bis dreimal, immer stockender. Dann hörten wir gar nichts mehr. Der Pfarrer trat einen Schritt zurück und stützte sich auf den Altar. Ich trat vor und fragte: ,,Ernst, ist Dir nicht gut?'', worauf er antwortete: ,,Schwindel, Schwindel!'' – Die Pause dauerte an. Die Spannung erreichte ihren Höhepunkt. Da schritt gravitätisch aus dem Hintergrund der Dr. med. Theo zu dem Erkrankten, fühlte den Puls, und führte ihn sanft gestützt langsam aus der Kirche hinaus. Also kam das Eingreifen wieder an mich. Zuerst führte ich meine wieder in Tränen ausbrechende Braut zu einer Kirchenbank und übergab sie dem Schutz von Irmgard. Hinter ihr entsetzte sich Tante Marie aufgeregt: ,,Es ist doch noch nicht gültig, es ist bestimmt nicht gültig!''. Dann trat ich, meinen chapeau claque noch unterm Arm, vor den Altar und rief in die ausbrechende Unruhe hinein: ,,Wir singen: ,,Befiehl du deine Wege'', Nr. 373!'', weil ich rechnete, daß während des Liedes mit seinen 12 Versen die Situation sich klären könnte. Und sie klärte sich auch. Als ich vor die Kirchentür trat, saß da der Pfarrer auf einem Stuhl, den man ihm geholt hatte, und labte sich an Kaffee. Ich bat ihn, ob er nicht vielleicht noch eben die

Einsegnung vollziehen könne, auf die Rede wollten wir verzichten. Ich würde ihm einen Stuhl vor den Altar stellen. Er sagte das auch zu, und als wir vier oder fünf Verse gesungen hatten, erschien er wieder, nahm auf dem Stuhl Platz, richtete die Traufragen an uns, erhob sich dann zur Einsegnung und verließ die Kirche wieder, von Onkel Theo geleitet, mir den Abschluß des Gottesdienstes überlassend. Ich verstaute also meine Braut wieder, bat den Edinger Chor, sein zweites Lied zu singen, sprach ein Schlußgebet und den Segen und sang mit allem Volk stehend mit Begeisterung: „So nimm denn meine Hände", alle drei Verse. Dann verließ der zusammengeschmolzene Hochzeitszug in guter Ordnung die Kirche und das Volk verlief sich, aufgeregt diskutierend, welcher großen Gefahr es eben entgangen sei. — Den Pfarrer hatte man zu Bett gebracht. Onkel Theo saß bei ihm und tröstete ihn. Er wollte schlafen, hatte aber nichts dagegen, daß der Chor im Hof ein Ständchen brächte von den „kleinen Waldvögelein", daß ich ihm eine große Dankansprache hielt und daß das Festmahl trotz allem nun doch noch serviert wurde — freilich ohne ihn. Ja, er schickte den Onkel Theo in den Keller, eine Anzahl Flaschen seines selbst gezogenen und selbst gekelterten Muskatellers zu holen, die wir dann fröhlich auf sein Wohl leerten. Zwei davon hatte Theo in meinen Rucksack gesteckt, daß ich während der nun beginnenden Hochzeitsreise nicht zu dursten brauche. Das Mahl war gut und reichlich und nach den Schrecken des Tages auch tröstlich und erquickend. Die Stimmung hob sich merklich. Nach 10 Uhr traten die Radler ihren Heimweg an. Tante Marie und Trude wollten in Ulm bleiben und anderen Tages die Spuren des Gefechtes beseitigen. Mariechen und ich machten wieder eine Metamorphose durch und verwandelten uns mit Hilfe der mitgebrachten Koffer in Wandersleute mit Nagelschuhen, Gamaschen und Rücksäcken. Nun erst fragte die junge Frau: „Wo gehts denn hin?". Sie war erstaunt, daß wir zu Fuß ans Ziel wollten. So um 11 Uhr zogen wir los, den mir vertrauten Pfad, nach der Dianaburg hinauf. Bis in den Wald ging alles gut. Im Wald aber schien mir in der stockpechrabenschwarzen Nacht nach hundert Schritten der Pfad unwiederfindbar verloren. Es focht uns nicht sehr an. Wenn wir nur immer den Berg hinauf gingen, mußten wir endlich den Gipfel und die Dianaburg finden. Wir fanden sie aber nicht und wanderten und wanderten schließlich auf breiten Fahrwegen, bis wir wieder umkehrten, weil ich das Gefühl hatte, wir kämen zu weit ab vom Ziel. Endlich schimmerte eine Lichtung durch das Laubdach über uns. Ich mußte sie lange betrachten, bis ich sie erkannte. „Wenn wir da sind, wo ich zu sein glaube, muß drüben der Fahrweg nach der Dianaburg gehen", sagte ich zu Mariechen. „Bleib mal hier, bis ich die Gegend untersucht habe". Richtig, am anderen Ende war der Weg! Ich rief also: „Bitte hierher, ich habe den Weg!" Mariechen antwortete auch, kam aber nicht. Also krabbelte ich zurück über Stock und Stein. „Ei, ich möchte ja kommen, aber ich sitze mitten in lauter Brombeerranken, die halten mich fest." So mußte ich erst meine funkelnagelneue Frau aus den Klauen der Brombeeren reißen. — Es war 1 Uhr, als wir auf der Dianaburg ankamen, die natürlich in tiefem Schlaf lag. Nur ein Hund schlug an. Mariechen wollte durchaus umkehren, weil sie es für unpassend fand, in so später Stunde in einem Wirtshaus einzukehren. Nur mein Einwand, daß es in Ulm jetzt geradeso sei und nur noch viel später würde, ließ sie bleiben. Endlich wurde der Förster Schweitzer wach. Als er hörte, daß wir armen jungen Eheleute endlich gekommen seien, schloß er auf und wollte uns sogar noch das inzwischen kalt gewordene Abendessen wärmen, war aber auch zufrieden, als wir uns die Arme mit Gertrudiswasserflaschen füllen ließen und in unser sehr schön hergerichtetes Giebelzimmer zur Ruhe einzogen.

Da war der wichtige und ereignisreiche Tag endlich abgeschlossen. —

Drei Tage blieben wir auf der Dianaburg, wie einst Luther auf der Wartburg, verschollen für alles Volk. Es drangen nur wirre Gerüchte von einer ganz absonderlichen Trauung in Ulm, wie sie noch nie dagewesen sei, an unser Ohr. An einem der Tage, als uns Frau Schweitzer gerade Waffeln zum Nachmittagskaffee gebacken hatte, kamen drei Braunfelser: der Sup. Bingel, der Amtsrichter Clößner und der Rentmeister Henrich, die wir an unserem Waffelessen beteiligten, und die staunten, daß wir das Paar mit den absonderlichen Erlebnissen seien. Nach drei Tagen schlichen wir uns auf geheimen Pfaden nach Ehringshausen, um mit dem Bähnchen über Herborn-Niederwalgern an die Edertalsperre zu fahren. Es war frühmorgens zum ersten Zuge und wir konnten hoffen, unentdeckt zu bleiben. Wie ich aber gerade am Schalter in Ehringshausen die Fahrkarten löse, legt sich mir eine Hand auf die Schulter und eine Reihe von Edingern, die mit dem Gegenzug gerade angekommen waren, steht da und sagt durcheinander mit Fragen und Kopfschütteln: „Na, Herr Parre, was hört mer vo Ihne für Sache! Sie hawwe sich ja selwer getraut!" — Das ist bis heute das Urteil über unsere Hochzeit geblieben.

Später hat der Lehrer Hans Saecker in Bissenberg, der ein großer Sänger, Musiker und Poet war, folgendes Gedicht gemacht, das in einer Reihe von Zeitschriften veröffentlicht wurde:

Der Pfarrherr von Greifenstein.

Vom schroffen Fels in die Wolken hinein
Ragt hoch die Ruine von Greifenstein
Als Zeuge und Künder alter Zeit
Vergängliches Zeichen der Ewigkeit.

Dort saß vor dreihundert Jahren und mehr
Ein geistlicher Herr, des Glaubens Wehr
Und Schutz der kleinen Christengemeind,
Bedroht und bedrängt vom bösen Feind.
Denn unter christlicher Predigt Saat
Auch Unkraut in Mengen gewuchert hat,
Und Aberglaub und Hexenwahn,
Dem Christenwerk viel Abbruch tat.
Der Pfarrherr jedoch mit eisernem Besen
Dem Teufel tat die Epistel lesen
Und trieb mit Gottesworts heiliger Zucht
Den Höllenfürsten zur Höllenflucht.

Er fuhr mit Stank und Feuerschein
In des Kesselbergs wilde Schluchten ein
Und schwur mit lästerlichem Gelache
Dem Pfarrherrn: Rache! Rache! Rache!
Still ist ein Jahr ins Land gegangen,
Die Erde steht in Blühn und Prangen,
Tief unten schlingt sein blaues Band
Das Flüßchen um die Felsenwand.
Zur Hochzeit rüstet die Natur,
Zur Hochzeit rüstet Wald und Flur,
Zur Hochzeit rüstet Greifenstein:
Der Pfarrherr holt die Braut heut ein!

Der Glocken feierlich Getön
Schwingt über Wälder, Täler, Höhn.
Der Greif am Turm in ewgem Flug
Geleitet stolz den Hochzeitszug,
Und Jung und Alt im Festtagskleid
Dem jungen Paar gibt das Geleit.

Der Pfarrherr führt die junge Braut,
Sein Blick vergangene Tage schaut:
Wo er geeint so manches Paar,
Führt er die Braut zum Traualtar,
Wo er geschafft in Schweiß und Mühn,
Soll ihm nun auch das Glück erblühn!

Bei feierlichen Orgelklängen,
Bei der Gemeinde Chorgesängen
Langt an der Zug am Kirchportal. –
Doch als mit würdgem Zeremonial
Man eben ins Gotteshaus treten will –
Da schweigen erschrocken die Glocken still,
Die Orgel verstummt, ein dumpfes Dröhnen,
Ein Zittern und Stöhnen
Geht durch Gebälk, und mit Gekrach
Stürzen die Balken und stürzt das Dach.
Und durch das Gepolter und Gekrache
Eine furchtbare Lache: Rache! Rache! –

Die Kirche ruht still wie ein Totenschrein,
Die Menschen stehen erstarrt zu Stein,
Furcht und Entsetzen lähmt alle Glieder,
Allmählich sinken die Staubwolken nieder –
Und unversehrt an Leben und Leib
Der Pfarrherr steht und sein junges Weib.
Da jubelt die Orgel, die Glocken klingen,

Und Menschenmund und Engel singen:
Sie leben, ihr Menschen, herein, herein!
Und feierlich schreitet das junge Paar
Über Schutt und Trümmer zum Altar.
Und segnend spricht der Gottesmann:
„Mit unsrer Macht ist nichts getan!"
„Wer nur den lieben Gott läßt walten,
Den wird er wunderbar erhalten!" —
Und nun mög Gott auch Segen geben
Und Fried und Freud und langes Leben.
Er selber setzte heut dich ein
Aufs neue zum Pfarrherrn vom Greifenstein!

Das Gedicht hat der Mann eingestandenermaßen auf unsere Hochzeit gemacht, von der ihm der Rentmeister Wallbruch in Ulm erzählt hatte. Er hat aber dem Karl Broll, der ihn darum befragte, zur Antwort gegeben, er hätte die Geschichte dreihundert Jahre zurückverlegt, um mir keinen Anlaß zur Klage zu geben.

Nach Jahren traf meine Frau einmal von ungefähr eine ganz fremde, die sie zu kennen behauptete. Die erzählte: Am 4. August 1923 hatte ich in Edingen einen Zug versäumt und saß in der Wirtschaft Becker mit einem großen Blumenstrauß, den ich mit nach Hause nehmen wollte. Da kam die Tochter des Wirtes und bat mich, ob ich ihr nicht den Strauß eine halbe Stunde leihen wollte. Es fände gerade die Eheschließung ihres Pfarrers statt, und da sollte die Zierde als Aufmerksamkeit auf den Tisch. Die Frau hat dann auch die Blumen hergeliehen und sich interessiert das Paar so genau betrachtet, daß sie Mariechen nach Jahren bei einer zufälligen Begegnung wiedererkannte. Die Geschichte von dem so glücklich improvisierten Eheschließungsblumenstrauß hat dann die Tochter des Wirtes Becker, Frau Conrad in Edingen, bestätigt.

29. Die Trauung um Mitternacht

Da wir bei absonderlichen Trauungen sind, will ich gleich von einer erzählen, die ich selber im 1. Weltkrieg vollzogen habe, und zwar genau zur Stunde der Mitternacht. Es war wohl im Sommer 17, da fiel mir auf meinen Wegen durchs Dorf ein außergewöhnlich hübsches Mädchen auf, dem ich öfter begegnete, das auch durch eine ungewohnt zierliche Art der Kleidung erkennen ließ, daß es nicht nach Greifenstein gehörte. Ich fragte also eines Tages die alte Frau Lebershausen, die lebenskluge und tief fromme Frau, bei der ich zu Mittag aß, wer das Mädchen aus der Fremde wohl sei. Sie war sofort im Bild und fragte: „Wissen Sie das denn nicht? Die ist dem Pistor seine Braut." „Dem Pistor?" Wir hatten davon zwei im Dorf, den Vater und den Sohn. Der Vater war für das junge Ding eigentlich etwas zu alt, wenngleich noch rüstig. Der Sohn aber schien mir gar nicht in Frage zu kommen, denn der war in allem das Widerspiel zu einem Heiratskandidaten, zwar bärenstark und gutmütig, aber klein, mit ausgeprägten O-Beinen, stocktaub und auf einem Auge blind, dazu blöden Geistes, daß die Kinder ihren Spott mit ihm trieben. – Ich mußte also nochmal im höchsten Erstaunen fragen, ob denn der Vater oder der Sohn dieses schöne Mädchen heiraten wolle, und wie das denn an die Pistors käme. Ich erfuhr einen Roman: Der junge Pistor sei, weil er zu keiner anderen Arbeit zu brauchen war, Fuhrmann bei einem Wetzlarer Geschäftshaus, das seine Kunden in den kleinen Krämerläden auf den Dörfern hatte. So fuhr er jeden Tag die Waren in einer anderen Richtung auf allen Straßen des Kreises zu diesen hin. Bei einem dieser Krämer in einer ganz entlegenen Ecke, Bermoll oder Mudersbach, war die Schönheit als Fürsorgezögling untergebracht gewesen, hatte den jede Woche vorbeikommenden Fuhrmann kennen und weil er für sie der Weg in die Freiheit bedeutete, auch lieben gelernt. Nun war sie ihm nach Greifenstein gefolgt, und die beiden wollten heiraten. (Von dem Kollegen Nocke, der das Mädchen untergebracht hatte, erfuhr ich, daß er es absichtlich in die entlegensten Winkel der Welt verstecken wollte, weil das in der Großstadt schon alle möglichen Delikte hinter sich hatte). „Aber", wagte ich kopfschüttelnd einzuwenden, „der junge Pistor", der „Jaob", wie er allgemein hieß, weil die Aussprache des k ihm unüberwindliche Schwierigkeiten bereitete, „hat doch nur ein Auge". „Ja", sagte die alte Frau, „das ist dieselbe Geschichte wie mit jenem Mädchen, das in Ermanglung anderer Angehöriger seiner alten Tante schrieb: Tante, ich habe einen Bräutigam gefunden, komme zur Hochzeit! Und das dann, nachdem die Tante den Bräutigam kennengelernt hatte, glückselig die Tante fragte: ‚Nun Tante, ist er nicht wirklich prima?' ‚Ja, aber', wandte die Tante ein, ‚der hat ja nur ein Auge.' ‚Was?' schrie die strahlende Braut, ‚nur ein Auge? Da muß ich aber gleich nachsehen und mich überzeugen!' Nach einer Weile kommt sie wieder und nickt: ‚Er hat wahrhaftig nur ein Auge. Aber das steht ihm so gut!' "– „Sehen Sie", sagte die Frau Lebershausen, „so macht die Liebe blind."

Ein paar Tage waren vergangen. Es war schöne Sommerzeit, und ich machte eines Sonntagsnachmittag mit den Neukonfirmierten einen Ausflug nach Weilburg. Der damals gleich mir noch unverheiratete Lehrer Stelz begleitete uns. Wir kamen mit dem letzten Zug um 10.00 Uhr wieder in Stockhausen an und mußten den Weg nach Greifenstein zu Fuß machen (die Balkanbahn gab's noch nicht), so daß wir gegen 12 Uhr daheim waren. Am Hoftor verabschiedete ich mich von dem Lehrer, schloß meine Haustür auf und wieder zu, zündete meine Petroleumlampe, die meine Besucher die „Jungfrau" getauft hatten, an, zog meinen Rock aus und gedachte, mich dem Bett und Morpheus Armen anzuvertrauen – da wurde heftig an der Haustür gerüttelt. In der Meinung, der Lehrer steht draußen und will noch etwas Vergessenes sagen oder fragen, ergreife ich meine „Jungfrau", gehe in Hemdsärmeln hinunter, schließe wieder auf und stehe – vor dem schönen Mädchen aus der Fremde, das freundlich lächelnd mit einem Knicks mich begrüßt und aus dem Dunkel seinen „Jaob" hervorzieht: „Entschuldigen Sie, Herr Pfarrer, die späte Stunde, aber wir wollten uns zur Trauung anmelden. Wir haben den ganzen Nachmittag auf Sie gewartet. Eben hören wir, daß Sie zurückgekommen sind."

Das war ja nun eine außergewöhnliche Situation, aber darum war sie etwas für mich. Der heftig grinsend nun auch noch auftauchende „Jaob" mußte natürlich am Montagfrüh wieder mit dem Fuhrwerk los, darum wollten sie den Sonntag nutzen. Also wanderte ich mit meiner „Jungfrau" voran, führte sie in mein Zimmer, schmückte mich wieder mit meinem Rock, obwohl die Braut heftig wehrte: bei dem heißen Wetter könne man die schwere Arbeit, ein Brautpaar einzutragen, auch ohne Rock leisten, und holte mein Proklamationsbuch herbei. „Na, Jaob", wandte ich mich an den Bräutigam, „Was wollen Sie de nun?", worauf der sein Gesicht zu einem breiten Grinsen verzog, mit dem Daumen über die Schulter auf seine Braut wies und meinte: „Es!" Sofort griff dieses Neutrum aber ein und sagte: „Ach, Herr Pfarrer, mein Bräutigam hört etwas schlecht. Ich werde Ihnen unsere Wünsche vortragen." Nun kam dann heraus, daß sie aus Barmen stammte, 20 Jahre alt sei usw. Worauf ich bemerkte: „Barmen kenne ich. Da bin ich auch schon gewesen", was mir ein: „Große Ehre, Herr Pfarrer!", von seiten der Braut eintrug. Wenn der „Jaob" mal zufällig ein Wort von der Unterhaltung verstand, nickte er beifällig und zeigte verstohlen immer wieder auf die Braut, mir zulächelnd. Noch etwas zu sagen, wagte er trotz seiner Erwartungen nicht. Ich setzte ihnen die Traufragen auseinander und wies auf das Gelübde hin, das sie ablegen sollten. Die Braut hörte mit großem Verständnis zu. Der „Jaob" grinste immer seliger. „Nun haben wir noch eine Bitte", meinte die Braut dann. „Die Trauung muß schon heute in 14 Tagen sein. Im nächsten Monat soll nämlich die Fleischration heruntergesetzt werden, und man will zur Hochzeit doch einen ausreichenden Festbraten haben." „Ja", sagte ich dann, „dann muß mein Vertreter Sie trauen, denn ich habe vor, für zwei Wochen zu verreisen. Haben Sie denn Ihre Papiere in Ordnung, damit die Eheschließung auf dem Standesamt erfolgen kann?" „Nein, darüber wollten wir Sie erst um Rat fragen." Ich setzte ihnen dann auseinander, wie ein Aufgebot bestellt wird, das zehn Tage aushängen müsse. Sie müßten sich also sehr eilen, wenn sie in 14 Tagen mit all den Vorbereitungen fertig sein wollten. Schließlich setzten wir dann den Trautermin in drei Wochen fest, weil man ja schließlich einen Braten ein paar Tage aufbewahren könne. — Ich tat also meine Reise und kam wie immer erst am letzten Tag, Samstag vor dem Trautag, zurück. Zufällig waren Mutter und Tante Marie gekommen, die die reifen Johannisbeeren im Garten pflückten. Bis spät in die Dunkelheit erzählte ich noch von meiner Reise. Dann gingen wir zur Ruhe. Ich hatte zwei bis drei Stunden geschlafen, da wurde ich durch lautes Klopfen an meiner Tür geweckt. Ängstlich rief Tante Marie: „Sieh mal nach, es muß jemand im Hause sein. Er hat an allen Türen gerüttelt und die verriegelte Kellertür aufgesprengt." Das schien mir ganz unwahrscheinlich, und ich wollte mir meinen sehr nötigen Schlaf nicht rauben lassen. Da aber erschien auch Mutter und bestätigte mir die Sache. Ich also aufgestanden und hinaus. Mond und Sterne schienen hell. Die Nacht war mild und still. Auf einmal kam ein brausender Ton durch die Luft und gerade auf das Haus zu. Die Fenster klirrten, die Türen schlugen, Gegenstände wackelten. Die Mutter rief: „Gerade so wie eben!" Ich war ans Fenster gelaufen, nach Norden hin, woher das Sausen gekommen war.

In den Häusern von Greifenstein sah ich Lichter aufglimmen. Man hörte Stimmen und Schritte, und dann kam's noch einmal ganz deutlich von Herborn her durch die Luft gerauscht, als wenn der wilde Jäger „jagte", und wieder klapperte alles im Haus und wieder lag danach alles still im hellen Sternenglanz. Ich orakelte: „Ich will Euch was sagen, in Sinn auf dem Hüttenwerk hat eine Explosion stattgefunden, und der Luftdruck läßt hier die Türen klappern, da ist nichts zu machen." Ich wollte mich wieder zurückziehen. — Aber da rief die Nachbarin, Frau Teckemeier: „Haben Sie das gehört? Ein feindlicher Flieger hat Bomben geworfen!" Ich aber hatte keinen gesehen, und in der hellen Nacht konnte er nicht verborgen bleiben. — Der Küster Simon kam mit brennender Laterne auf den Pfarrhof gelaufen: „Herr Pfarrer, hätten wir ein Maschinengewehr auf dem Turm, ich würde ihn abschießen." „Aber, Herr Simon, auf wen wollen Sie denn schießen? Sehen Sie denn einen Feind?" Das tat er allerdings nicht, ebenso wenig wie wir alle. Als Sachverständiger wurde der Lehrer Höchst, der gerade in Urlaub war, und noch pokulierender Weise beim Wirt Simon saß, geholt. Er erklärte der Menge, die sich allmählich ansammelte, ein Flieger könne das nicht sein. Der krachte anders. Aber irgend etwas sei explodiert. Wir würden ja hören. Also gingen wir wieder ins Bett. Anderen Morgens 1/2 10 Uhr erschien der Küster Simon, die Lieder für den Gottesdienst zu holen, und berichtete: Es sei in der Nacht eine Munitionsfabrik bei Niederdresselndorf in die Luft geflogen. Der Briefträger hätte die Kunde von Sinn mit heraufgebracht. Das erklärte die Wundererscheinungen der Nacht. Wir sprachen dann über das Tagesprogramm: „Denken Sie daran, daß wir um 2 Uhr eine Trauung haben." Worauf er zu lachen anfing und meinte, das sei noch nicht ausgemacht. Der „Jaob" sei gestern ausgezogen, die Aufgebotsbescheinigung aus Mudersbach zu holen, habe sie aber nicht bekommen, weil sie schon zur Post gegeben worden sei. Er sei erst eben zurückgekehrt, da er die Nacht im Wald von der Explosion überrascht worden sei, gegen die er verängstigt Schutz hinter einem Holzstoß gesucht habe. So erschöpft sei er, als wenn er „die ganz Nocht en wille Gaul geridde hätt", und nun von seiner Braut nach Holzhausen in Marsch gesetzt worden, vom Bäcker Brot für die Hochzeit zu holen.

Nun also, wir gingen zunächst zum Gottesdienst. Bei der Rückkehr aus der Kirche wartete meiner im Hausflur schon die Braut mit der Mitteilung, die Trauung würde sich wohl etwas hinauszögern, denn der Briefträger hätte die erforderlichen Papiere nicht mitgebracht. Das Postamt in Sinn würde anrufen, sobald sie angekommen seien, dann würde sie jemand dort abholen, und dann sollte in Edingen vor dem Standesbeamten die Eheschließung vollzogen werden. — Mir war der Aufschub nicht unangenehm, weil ich mich so erst ein wenig ausruhen konnte. Ich bat, mich zu benachrichtigen, wenn es soweit wäre und legte mich nach dem Mittagessen hin, meine Reisemüdigkeit endlich auszuschlafen. — Um 4 Uhr wurde ich geweckt: Der Bräutigam sei da. Ich dachte nichts anderes, als daß es nun in die Kirche ging. Aber nein, da stand der „Jaob" im Bratenrock und Zylinder. Grinste wie üblich übers ganze Gesicht und lud mich ein, einstweilen zum Kaffee zu kommen. Sie wollten schon mal feiern, weil doch alles vorbereitet wäre. Von den Papieren sei noch nichts verlautet. Ich versprach, später einmal hineinzuschauen, mahnte ihn aber ernstlich, sich um das Postamt doch nochmal zu bekümmern, was er dann auch versprach. So um 5 1/2 Uhr ging ich hin. Da war bereits eine ausgelassene Lustigkeit bei den Hochzeitsgästen eingekehrt, an das Heiraten dachte keiner mehr. Nur mit Mühe gelang es mir zu erreichen, daß einer zur Post geschickt wurde, in Sinn anzufragen. Dann ging ich heim. Nach einer Stunde erschien der Küster Simon mit einem Karton mit sechs Kerzen. Die habe ihm die Braut übergeben, damit er die Kirche damit erhellen könne, falls es über dem Warten dunkel werden solle. Er meinte, die sechs Kerzen würden zur Beleuchtung der Kirche niemals genügen, und im Dunkel sei auch noch nie eine Trauung in Greifenstein vollzogen worden. Ich meinte auch, er solle sich ruhig ins Bett legen, wenn es dunkel würde. Aus der Trauung schiene heute nichts mehr zu werden. Wieder verging eine Stunde. Es dämmerte bereits. Da kam der Lehrer Stelz ziemlich entrüstet. Er hatte den Urlaub seines Kollegen Höchst mit diesem im Gasthaus gefeiert. Da hatte man ihm einen Boten geschickt: er möge sich bereithalten, wenn die Brautleute aus Edingen zurückkämen, damit er sie gleich in der Kirche mit Orgelspiel empfangen könne. Es fiel ihm aber gar nicht ein, dem Ansinnen zu entsprechen. Nächtlicher Weile in der Kirche Orgel zu spielen, stünde nicht in seinem Dienstvertrag. Wenn die nicht zu rechtschaffender Tageszeit kommen könnten, müßten sie auf das Orgelspiel verzichten. Ich beruhigte ihn, der Tag ginge zur Neige, heute würde es mit der Trauung nichts mehr werden. Dann saßen wir noch bis 11 Uhr zusammen. Der Lehrer empfahl sich, um zu Bett zu gehen. Wir im Pfarrhaus suchten auch unsere Schlafzimmer auf. Als ich gerade meine „Jungfrau" ausgeblasen hatte, bollerte es heftig an der Tür. Ich hatte keine Lust wieder aufzustehen, da aber das Gepolter immer stärker wurde, öffnete ich doch das Flurfenster und fragte, was da los sei. Im Dunklen schimpfte vor der Haustür eine grobe Stimme: „Das ist eine schöne Gemeinde! Der Küster legt sich ins Bett, statt auf die Brautleute aufzupassen, und der Pfarrer schließt die Haustür zu. Jetzt, wo die Brautleute endlich da sind, will er sich nicht finden lassen!" „Ei", rief ich, „ich liege natürlich auch im Bett. Es ist ja bald Mitternacht!" „Wir tun Ihnen den Gefallen und kommen noch in der Dunkelheit zur Kirche, damit sie das Paar endlich trauen können, und nun wollen Sie sich drücken. Sie wissen doch, daß an der Verzögerung nur die Post schuld war. Also gut, legen Sie sich ins Bett. Wir werden uns aber über diese Unchristlichkeit beschweren, Pfui, was ein pflichtvergessener Pfarrer!" Derweil war im Dunkel hinter dem Schreier eine lebhafte Bewegung entstanden. Ein Volksgemurmel erhob sich, Streichhölzer wurden angezündet, bei deren Schein man aber nichts erkennen konnte. Ich steigerte meine Stimme und rief ins Dunkel zurück: „Beschweren Sie sich, soviel Sie wollen! Für mich ist der Tag zu Ende!" Damit machte ich mein Fenster zu. Der Lärm vor dem Fenster schwoll erst an, verlor sich dann aber in der Dunkelheit. Aus ihrem Zimmer kam meine Mutter ängstlich auf den Flur und bat: „Sieh doch zu, daß der wütende Mann nicht ins Haus kommt, er schlägt uns die Tür noch in Stücke!" „Ach", sagte ich, „das ist nur Pistor, der Vater. Der hat wiedermal zuviel getrunken." — Erneut wurde an die Haustür geklopft. Ich ging also zum

Fenster zurück. Draußen stand ein mir bekannter älterer Mann und bat: „Herr Pfarrer, kommen Sie doch zur Kirche, sonst werden Sie auch morgen diese wilden Menschen nicht los. Die halbe Gemeinde sitzt in der Kirche und der Herr Lehrer spielt schon eine ganze Weile in der dunklen Kirche die Orgel." – Na, das war ja wirklich eine besondere Gelegenheit, die Greifensteiner anzusprechen. Die Geisterstunde paßte zu der alten Burg und zu meiner Romantik. Also rief ich: „Ich komme!" Und begann mich anzukleiden. Als ich gerade den Talar anziehen wollte, erschienen Mutter und Tante Marie und beschworen mich, ja nicht in die dunkle Nacht hineinzugehen. „Gewiß steht der zornige Mensch von vorhin im Hinterhalt und überfällt Dich im Dunkeln!" Hm, ja, ... ich kehrte nochmal um, steckte meinen allzeit geladenen Revolver in die Talartasche und machte mich zur Kirche auf. Von weitem schon brausten mir Orgelklänge entgegen und in dem schwachen Schein der sechs Kerzen, von denen zwei auf dem Altar, zwei auf der Orgel brannten und die beiden anderen im Schiff der Kirche verteilt waren, sah ich, daß die Kirche zum Brechen voll war. Kopf an Kopf harrte die Menge des seltsamen Ereignisses dieser nächtlichen Trauung.

Nach einem Lied fing ich nach einer biblischen Ermahnung meine Ansprache an, wurde dabei von der absonderlichen Zeit, dem Dunkel, der Kriegsnot, der lauschenden Menge selbst gepackt, daß ich das Brautpaar ganz vergaß und von der treuen Hand Gottes, die im Dunkel unseres Lebens einem doch zum Ziel führt, mit Schwung und Ergriffenheit sprach. So still war es, daß man in der Kirche hätte eine Nadel fallen hören können. Endlich fiel mir dann wieder der Zweck unseres nächtlichen Gottesdienstes ein und ich schloß schnell mit ein paar Sätzen zu dem Brautpaar hin. Als ich dann im Schein der Kerzen die Hände zusammenlegte, hub gerade die alte Turmuhr an und verkündete mit 12 Schlägen: Mitternacht. Nach einem zweiten mit Begeisterung gesungenen Lied ging alles still und in größter Ordnung auseinander.

Wie ich später hörte, hatte auch dieses Paar wegen Unstimmigkeit in den so mühsam erlangten Papieren Schwierigkeiten auf dem Standesamt gehabt, die erst durch den zufällig von einer Wanderung zum letzten Zug nach Edingen kommenden Herrn Oberinspektor aus Wetzlar behoben worden waren. Dieses Glück war dann in Edingen mit heftiger Pokulation gefeiert worden, daher die Verspätung der Trauung.

Die Sache hatte übrigens ein Nachspiel: Man hatte wochenlang die merkwürdigsten Dinge über das Zusammenhausen der zwei Pistors mit der jungen Frau in Greifenstein gehört. Dann war zu meiner großen Erleichterung das Trio nach Weilburg verzogen. Als ich 1923 gerade geheiratet hatte, wurde ich eines Abends gerufen: Im Salon meiner Frau warte eine Dame aus der Stadt auf mich, die mich dringend sprechen wolle. Als ich herüber komme, eilt, mich herzlich begrüßend, in großer Aufmachung mit Hut und Schleier und einem geschmackvollen Kleid die junge Frau Pistor auf mich zu: „Sie kennen mich wohl nicht mehr, Herr Pfarrer, ich muß immer an Sie denken, wenn ich die rührende Weise höre: ‚Der uns getraut!‘ Vor sechs Jahren sind wir hier von Ihnen getraut worden, und jetzt komme ich in großer Bedrängnis mit der dringenden Bitte: Jetzt müssen Sie uns wieder scheiden!" Sie habe doch erkannt, daß man mit ihrem Mann nicht gut hausen könne, weil er nicht ganz zurechnungsfähig sei. – Sie war sehr betrübt, als ich erklärte, daß sie in meine Fähigkeiten ein allzu großes Vertrauen gesetzt habe, und ich ihre mit so großer Mühe zustande gebrachte Ehe wieder aufzulösen nicht imstande sei. Sie ist dann aber auch ohne meine gütige Mitwirkung doch geschieden worden.

30. Der Mann mit den vier Bräuten

Noch eine dritte kuriose Trauungsgeschichte aus meiner Kandidatenzeit. Während meiner Andernacher Hilfspredigerjahre rüstete ich mich gerade zu einer Reise nach Braunfels, wo ich 14 Tage zu bleiben gedachte, als ein Mann zu mir kam, ein Beamter einer Industriegesellschaft im Brohltal namens Wolf, der in Burgbrohl ein Wirtstöchterchen heiraten wollte. Wir verabredeten, daß nach meiner Rückkehr gleich die Trauung in der Kapelle in Burgbrohl stattfinden sollte. Einen Tag vor Ende meines Urlaubs kriegte ich ein Telegramm, ob ich auch noch an die Trauung am anderen Tage dächte. Die Leute mußten also die Feier gewissenhaft vorbereitet haben. Ich fuhr mit dem üblichen Zug los, der mich gegen 1/2 12 Uhr nach Andernach brachte. Dort hatte ich gerade noch Zeit, zu Mittag zu essen und mir erzählen zu lassen, daß Herr Wolf schon zwei Tage vorher nach mir gefragt habe, und fuhr so um 2 Uhr nach Burgbrohl. Schon 1 Stunde vor der Trauung war ich in der Kapelle. Wir hatten dort einen Küster Maurer, der zwar sehr eifrig war, aber das Pulver nicht eben erfunden hatte. Ich hatte schon verschiedentlich Schwierigkeiten mit ihm gehabt, weil er meine Lieder nicht anschlagen wollte, wenn sie nicht dem Teil des Gesangbuches entnommen waren, das in die kirchliche Jahreszeit paßte. Dieser Herr Maurer empfing mich also und berichtete von der Hochzeit, die das ganze Dorf auf die Beine gebracht hätte. Die Kapelle war festlich geschmückt, alles war vorbereitet. Nun kamen allmählich die Gäste. Ich verzog mich in die Sakristei und bat, mich zu rufen, sobald das Brautpaar einträfe. Die Kirche füllte sich. Herr Maurer eilte hin und her, verteilte die Sitzplätze und die Gesangbücher und erschien dann in der Sakristei: Das Brautpaar könnte jeden Augenblick kommen, er hätte aber keine Zeit, mir das mitzuteilen. Doch säße der Organist bereit, das Paar beim Eintreten in die Kirche mit einem brausenden Vorspiel zu empfangen. Das könnte ja dann für mich das Zeichen sein, zum Altar zu kommen. Mir war das recht. Ich wartete in Geduld. Als die ersten Akkorde erschallten, verließ ich meinen Hinterhalt und trat an den Altar. Vor dessen Stufen sah ich dann auch den Bräutigam stehen, aber merkwürdig, statt einer Braut, wie das sonst üblich war, flankierten ihn vier weißgekleidete Jungfrauen, zwei zur Rechten und zwei zur Linken. Na, dachte ich mir, eine davon wird die Braut ja wohl sein, und zur gegebener Zeit wird er mit der aus der Tiefe zum Altar heraufsteigen. Einstweilen tat er das aber nicht. Das Orgelspiel verklang. Ich gab ein Lied an, von dem wir ein paar Verse sangen. Der schwarze Bräutigam und die weißen Jungfrauen blieben aber in der Tiefe. Ich gab mir Mühe, ihn mit Winken heraufzuholen, erntete aber nur ein Kopfschütteln und ein Achselzucken, dachte, daß in Burgbrohl wohl eine andere Ordnung üblich sei, und begann mit Eingangsspruch und Gebet. Nach dem Amen schaute ich den Bräutigam wieder fragend an. Ich hätte doch allzugern gewußt, welche aus dem Quartett denn nun die Braut sei. Aber ich begegnete weiter nur Achselzucken. Da löste sich aus den Bankreihen eine schwarzgekleidete Gestalt, trat die Stufen des Altars herauf und flüsterte mir zu: „Herr Vikar, die Braut ist noch gar nicht da!" Nicht da? Es waren doch gleich vier zur Auswahl vorhanden. Ich sah die Mama begriffsstutzig an. „Ja, wo ist sie denn?" „Ich weiß es auch nicht. Sie ist gleich nach uns in einer Kutsche weggefahren. Es wird doch nichts passiert sein!" Aber nein, versuchte ich die Dame zu beruhigen, wie sollte das! Der Bräutigam ist ja da. Denn da stand doch der Herr Wolf, der bei mir gewesen war. „Ja, die ist in einem Wagen vor uns gefahren." Hm. Pause. Also Erklärung an die unruhig werdende Gemeinde: „Wir müssen noch warten. Die Braut ist noch nicht da. Wir singen derweil: „Befiehl du deine Wege". Die Orgel intoniert wieder und wir singen. Beim zweiten oder dritten Vers entsteht im Hintergrund eine lebhafte Bewegung. Die Kapellentür springt auf und herein stürzt in einem womöglich noch weißeren Gewand als die vier anderen und mit wehendem Schleier eine fünfte Jungfrau, gefolgt von vier schwarzen Herren, die ihren Geschwindschritt gar nicht durchhalten können, stößt wie ein Geier auf den Bräutigam, ergreift ihn an der Hand und reißt ihn die Altarstufen hinauf, vor mich hin. So war das Bild richtig. Braut und Bräutigam waren nun da. Das Orgelspiel bricht ab und ich beginne mit einem anderen Spruch und einem anderen Gebet noch einmal, und die Trauung nimmt ungestört ihren Gang.

Nach dem Segen, als ich der Braut meinen Glückwunsch aussprach, fragte ich: „Wo waren Sie denn? Beinahe hätte ich Ihren Herrn Gemahl mit einer anderen getraut." „Ja", sagt die noch ganz aufgeregte Braut, „ich war ja da, ich stand vor der Kirchentür. Ich habe Ihr Singen und Beten mitangehört, ich konnte aber nicht herein, denn die Tür war verschlossen und unser Rütteln hat niemand gehört." Nun kam's heraus. Der gute Maurer in seinem Eifer hatte, nachdem der Bräutigam die Kirche betreten hatte, um die vielen draußen herumlungernden Kinder abzuhalten, die Tür zugeschlossen und bei dem Rütteln nur auf die ungezogenen Kinder geschimpft, weil die so die Feier störten. Erst als er sie energisch zur Ruhe verweisen wollte, hatte er die Tür wieder geöffnet und so der Braut die Möglichkeit gegeben, an ihrer Trauung auch noch teilzunehmen. Sie hat nachher noch immer davon gesprochen, welche Qualen sie ausgestanden hätte, als sie mit anhören mußte, wie ihr Bräutigam getraut wurde ohne sie. Ihr umgekehrt habe ich meine Verlegenheit geschildert, einen Bräutigam mit vier Bräuten zu trauen. Dafür war nämlich gar kein Formular in der Agende. Später habe ich mich belehren lassen, daß nach Ortssitte erst der Bräutigam von vier Jungfrauen und dann die Braut von vier Jünglingen zur Kirche geleitet wird, wo sie sich dann erst finden, um Hand in Hand vor den Altar zu treten. In dieses Geheimnis waren aber weder der Organist noch ich eingeweiht.

31. Die Anstalt Elgershausen wird verkauft

Um die Jahreswende war der alte Hof Elgershausen, der nur aus der Kapelle mit Anbau und dem gegenüberliegenden Forsthaus (dem heutigen „Heiligen Hause" und dem „Haus im Berg") bestand, ausgebaut worden. Das „Albrechthaus" und das „Zeitenhaus" mit dem Uhrtürmchen waren dazugekommen. Später baute Dr. Liebe, der Gründer und Pächter der Heilanstalt, dann noch das „Sächsische Haus" und auf seine Kosten das „Eigenhaus" dazu. Im Weltkrieg wurde der Speisesaal errichtet, die Kirche und die Kapelle umgebaut und der leitende Arzt in eine besondere Villa vor die Anstalt verbannt. Das Pfarrhaus, die Wirtschaftsräume und das Haus für das Büro hat dann später die I. M. noch dazu erstellt. Im Januar 1924 war Dr. Liebe gestorben. Seine Tochter Hertha versuchte zunächst den Betrieb weiter zu leiten. Das führte aber zu aller möglichen Unordnung. Die Patienten demonstrierten fortgesetzt nach der Sitte der Zeit gegen sie. Die Provinzialbeamtenversicherung stellte die Bedingung, daß ein männlicher Arzt die Leitung übernehme. So kam zunächst ein sehr netter Mann, Dr. Lange, der aber nach wenigen Wochen von einer Fliege totgestochen wurde. Sein Nachfolger wurde Dr. Meiners. Fräulein Dr. Hertha Liebe stand sich mit beiden wie Katze und Hund. Ihr Plan, durch Heirat einen leitenden Arzt für das Haus zu erhalten, war fehlgeschlagen. So plante man denn, die Anstalt zu verkaufen. Es verlautete mal etwas davon, daß die Eisenbahn sie als Erholungsheim für ihre Beamten erstehen wolle. Der Plan soll aber daran gescheitert sein, daß die Oberbeamten nicht mit den Mittel- und Unterbeamten sich zusammen erholen konnten. Frau Liebe versicherte auch immer, es sei im Sinne ihres Mannes, daß die Anstalt der Familie bliebe. – Ich hatte kurz nach Dr. Liebes Tod nach einem noch von ihm begonnenen harten Kampf mit dem O. K. in Berlin mit der Anstalt einen Vertrag geschlossen, wonach ich gegen Zahlung von 250 RM alle 14 Tage den Gottesdienst hielt. Die Gottesdienste waren sehr gut besucht, besonders von einer Gruppe von Stahlhelmern aus der Gegend von Magdeburg, die das Christentum für den wichtigsten Faktor zum Wiederaufbau Deutschlands erklärten und alle Patienten mit in den Kirchensaal schleppten. Sie kamen auch nach Greifenstein zur Kirche und besuchten auch mich im Pfarrhaus.

Am 3. 9. 27 ging ich zum Gottesdienst nach Elgershausen. Meine Stahlhelmer hatten schon auf mich gewartet und empfingen mich mit der Frage, ob ich etwas davon wüßte, daß Elgershausen ein Kloster werden sollte. Ich war völlig ahnungslos. Nun kam's dann heraus, etwelche von ihnen waren am Vormittag in der Messe gewesen, die ein Kaplan aus Wetzlar im Kirchensaal las. Der Kaplan hatte bald herausgebracht, daß sie nicht von der Farbe waren und hatte nach Beendigung der Messe gesagt: Es wäre traurig, daß so wenige von den Gläubigen sich zur Messe hielten und vor den Ungläubigen sich damit blamierten. Das käme nur daher, daß sie gezwungen wären, mit den Ungläubigen in derselben Anstalt zu sein. Das würde aber nun anders. Es wäre Sorge getroffen, daß die Anstalt in katholische Hände überginge. Die Vinzentianerinnen würden dort eine Niederlassung errichten und dann könnten sich nur gläubige Katholiken dort noch erholen. Also, schlossen die Stahlhelmer, wird die Anstalt verkauft. Ich argwöhnte ja schon lange, daß so etwas im Werk sein könnte, erschrak aber doch, daß schon so bestimmte Pläne beredet wurden, und sagte: ich wisse zwar nichts davon, aber da käme ja Frau Dr. Liebe. Wir fragten sie. Sie wurde sehr erregt und sagte, sie wisse auch nichts. Wir sollten aber mit ihr gehen, den Verwalter Will zu fragen. Der geriet in sichtliche Verlegenheit, als wir nach dem Gottesdienst in geschlossenem Zuge vor seinem Büro erschienen. Ich habe ihm die Geschichte vorgetragen, und er gab schließlich zu, es hätten wohl Verhandlungen stattgefunden, die aber zu keinem Ergebnis gekommen seien, weil die Leute kein Geld hätten. Frau Liebe machte ihm Vorwürfe, daß sie nicht in Kenntnis gesetzt sei und alles in der Verwaltung so heimlich vor sich ginge. Er brauchte allerlei Ausflüchte, denen man aber anmerkte, daß er die Tatsache selbst nicht leugnen konnte. – Mir schien die Sache hinreichend verdächtig. Der nächste Tag war Sonntag. Da war ich dauernd beschäftigt. Am Montag sollte eine Pfarrkonferenz in Wetzlar sein. Als ich hinkam, war der Superintendent abwesend, da er zur Provinzialsynode nach Neuwied gereist war. Als ich meine Schmerzen klagte, riet man mir, doch auch nach Neuwied zu reisen. Da seien doch alle Koryphäen der Rheinischen Kirche versammelt. Am nächsten Tag schon war ich in Neuwied, traf zu meinem Glück den Kollegen von Kenne, der auch am Waldhof interessiert und eifriger Ev.-Bundesmann war. Den bat ich um seine Hilfe. Der Vertreter des Ev. Bundes ließ bedauern, er könne nichts in der Sache tun, denn der Bund hätte kein Geld. Darauf bat ich Dr. Schött, den Vertreter der Frauenhilfe, den ich kannte, um eine Unterredung, ob man den Waldhof nicht mit dem Krankenhaus in Ehringshausen, das der Frauenhilfe gehörte, vereinigen könne. Er war sehr freundlich und brachte mich mit dem kleinen Dr. Ohl, dem Vertreter der I. M., zusammen. Der wußte davon, daß der Centralausschuß der I. M. in Berlin eine Lungenheilanstalt suche und Verhandlungen im Schwarzwald eingeleitet habe, dort Gelände zu kaufen. Er wolle sich mal erkundigen. Ich bat ihn, sich zu beeilen, und schickte ein Telegramm an Frau Dr. Liebe: Bitte Verkaufsverhandlungen aussetzen, bis ich einen Käufer bringe. Am nächsten Tag verhandelte ich nochmal mit Ohl, der den Wert des Objektes wissen wollte. Ich habe ihn, so gut ich konnte, informiert und sehr zum Ankauf geraten. Mir lag vor allem daran, daß ich kein Kloster in die Gemeinde kriegte. – Anderen Tages reiste ich heim. Als ich in der Abenddämmerung von Holzhausen über den Waldhof heraufstieg, hielt mich Frau Dr. Liebe fest und überhäufte mich mit Vorwürfen, daß ich ihre Verkaufsverhandlungen störe und ihre Mutter aufhetze, die mit der ganzen Angelegenheit nichts zu tun habe, weil die Anstalt ein „Nacherbe" sei, über das die Kinder verfügten. Ich konnte nur antworten, daß sie mir doch dankbar sein könne, wenn ich noch einen Käufer brächte. Das könne dem Verkauf doch nur nutzen. Von den Eigentumsverhältnissen wisse ich nichts. – Am nächsten Tage verhandelte ich mit dem Chefarzt und Direktor Will. Da kam dann heraus, daß der Waldhof einer GmbH gehörte, die ein Dr. Ritter in Hamburg leitete. Die Hauptaktien seien in den Händen der Kinder Liebe. Ich machte beiden klar, daß es doch auch ihr Vorteil wäre, wenn die I. M. die Anstalt kaufte, denn in einem Kloster könnten sie doch nur bleiben, wenn sie katholisch würden. Sie versprachen dann auch zu warten, bis die I. M. sich geäußert hätte. Darauf schrieb ich dem Dr. Ritter einen Brief: Es wäre durchaus nicht im Sinne des verstorbenen Dr. Liebe noch in dem seiner Frau, wenn der Waldhof eine Einfallpforte des Katholizismus im Solmser Lande würde. Er möge sich von der Tochter nicht bestimmen lassen. — Schon am 24. 9. erschien Dr. Ritter in Elgershausen, ebenso Dr. Schulze, der Schwiegersohn von Frau Liebe, weil an dem Tag die Hilde Liebe den Herrn v. Salomon heiratete. Wir hatten eine einstündige Unterredung, in der Dr. Schulze zunächst seine Schwägerin verteidigte, beide mir dann aber versprachen, die Verkaufsverhandlungen auszusetzen. Sofort schrieb ich einen Eilbrief an D. Ohl: Er möge sich doch sofort in die Verhandlungen einschalten, wenn er auch noch nichts Positives über die Kaufmöglichkeiten wüßte. Dr. Meiners hatte mir verraten, daß der Kaufvertrag schon ausgefertigt sei und nur der Urlaub eines wichtigen Würdenträgers in Limburg die Vollziehung der Unterschrift bisher noch verhindert habe. Auch seien die Verhandlungen so geheim gewesen, daß man ihn verpflichtet hätte, sämtliche Schreiben mit eigener Hand abzufassen, damit nicht einmal die Schreibmaschinenmädels im Büro davon erführen. — Tags darauf, am 25. 9., fuhr ich zu einer G. A.-Tagung nach Graz. Dorthin wurde mir ein Brief von dem Kollegen Nell nachgesandt, der Ohl vertrat und schrieb, ich müsse mich gedulden, bis Ohl aus dem Urlaub zurückkomme. Er sei nicht orientiert. Darauf schickte ich ein energisches Kabeltelegramm zurück, daß alles darauf ankomme, daß nach den Richtlinien meines Eilbriefes gehandelt würde, und daß er verantwortlich sei, wenn die Sache scheitere. — Am 6. 10. kehrte ich nach Greifenstein zurück. Um 7 Uhr frühmorgens wurde ich angerufen, daß eine Kommission des Centralausschusses in Elgershausen sei und mich sprechen wolle. Um 11 Uhr kamen dann D. Ohl mit D. Cremer, Dr. Meiners, Will usw. Alle schon darüber einig, daß die I. M. den Waldhof kaufen würde. Mir fiel ein Mühlstein vom Herzen. — So ist der Verkauf dann auch zustande gekommen. Die Kaufsumme und die Bedingungen habe ich schon wieder vergessen. Der Generalsup. D. Stoltenhoff hat sich noch einmal bei mir persönlich bedankt, daß sie den Waldhof nur mir zu verdanken hätten, und D. Cremer schickte mir als Anerkennung für mein umsichtiges Handeln 500 RM. Honoris causa wurde ich von Ohl mit der Bildung eines Kuratoriums beauftragt, das auch zustande kam und wiederholt bis 1933 Sitzungen abgehalten hat. Dann war mit vielen anderen Dingen auch das erledigt. (Es gehörten dazu die Superintendenten von Wetzlar und Braunfels, der Kammerdirektor des Fürsten von Braunfels, Kollege Läufer als Pfarrer des I. M.-Krankenhauses in Ehringshausen, Kollege Bausch als Kreisdelegierter, Ohl selber usw.) Später habe ich so nach und nach noch herausgebracht, daß der Verkauf an die Vinzentianerinnen schon so gut wie sicher war. Die „Barmherzigen Brüder" in Limburg, die ein getarntes besseres Bankhaus seien, hätten das Geld geben wollen. Der Bischof von Limburg hätte sich selbst sehr für den Kauf interessiert. Ein mit jenen Brüdern in Geschäftsbeziehungen stehender Fruchthändler Gottschalk hatte schon die Mehllieferungen übertragen gekriegt und war wiederholt in Elgershausen zu Verhandlungen gewesen. Zudem hatten schon zweimal Kommissionen von Geistlichen und Nonnen die Anstalt besichtigt. Unglücklicherweise war ich bei einem meiner Besuche in der Anstalt gerade mitten in eine solche hineingeraten und hatte erstaunt gefragt, was denn die Nonnen mit den großen steifen Hauben in der Anstalt wollten. Es sei Besuch, war mir erwidert worden. – Die Tatsache, daß der zuständige Geistliche des Bistums verreist war, hatte genügt, die ganze Sache zunichte zu machen und die Anstalt der I. M. in die Hände zu spielen.

32. Heldentaten zum Kriegsbeginn 1914

Der Mobilmachungsbefehl 1914 überraschte mich in Elgershausen, wohin ich mit Schwester Trude, die mich gerade in Greifenstein besuchte, gegangen war, um zu veranlassen, daß Dr. Liebe zwei große Körbe mit Kirschen, die ich ihm gebrochen hatte, abholen lasse. Bis zum letzten Augenblick hatte ich geglaubt, daß der Kaiser in seiner sprichwörtlichen Friedensliebe den Krieg vermeiden würde. Liebe empfing mich mit der Mitteilung: Wenn das Telefon wieder klingelt, ist das die Mobilmachung. Ich wollte das aber auch da noch nicht glauben. Da rasselte der Apparat wirklich und Liebe rief: ,,Sehen Sie, mobil!'' Das erste Wort, was ich darauf sagte: ,,Dann muß ich noch eine andere Predigt machen.'' Die andere Predigt über Psalm 46 ,,Darum fürchten wir uns nicht!'' wurde anderen Tages gehalten. Um 2 Uhr war eine Trauung, um 1/2 3 Uhr rief Edingen an, die Gemeinde stände vor der Kirche, wollte einen Gottesdienst und das heilige Abendmahl für die Ausrückenden. Ich ging also nach Edingen und verabredete mit Trude, daß sie über Elgershausen zum Forsthaus vorausgehen und mich dort erwarten solle, weil wir nach Braunfels wollten. Ans Forsthaus brachte sie dann die Nachricht mit, daß Dr. Liebe gebeten habe, wir möchten über Heisterberg gehen und bei dem Förster Diehl fragen, wann die Pferde zur Musterung nach Wetzlar müßten. Also machten wir den Umweg über Heisterberg, telegrafierten als kriegswichtige Sache von Leun aus Liebe den Bescheid und kamen zum Entsetzen unserer Mutter nach Braunfels, als es ganz dunkel war. Wie schrecklich die Leute erregt waren, zeigt, daß Mutter nicht verstehen konnte, wie ich in so gefährlicher Zeit mit dem Kind im Dunkeln zu wandern wagte. Am 3. 8. fanden alle die rührenden Abschiedsfeiern der Einberufenen statt. Die Leute standen in Mengen an den Bahnhöfen und weinten, trösteten einander und sangen. Mir war diese ganze kopflose Erregung peinlich und widerlich. Ich machte mich vom Bahnhof fort und setzte mich auf die Obermühle, wo, wie ich mich erinnere, der Bauunternehmer Schneider zuversichtlich seinen Abschied feierte. Der 4. 8. begann trüb und regnerisch. Morgens um 8 Uhr ging die Dorfschelle durch die Straße. Jeder, der über eine Waffe verfügte, sollte sogleich zum Bürgermeisteramt kommen. Gleichzeitig wurde die Feuerwehr zusammengeblasen. Vater wurde von dem Kriegsfieber auch erfaßt, holte seine Büchse aus dem Schrank, steckte eine Handvoll Patronen ein und ging zum Bürgermeisteramt. Mutter informierte sich am offenen Fenster bei den Nachbarn, daß ein französisches Goldauto gefaßt werden müsse, das Gold nach Rußland bringen wolle. Vater müsse die Reifen des Autos kaputtschießen. Mir war bange, daß Unheil angerichtet werden könne, und ich ging Vater nach. Vor dem Schloßhotel war augenscheinlich das Hauptquartier der Autojäger. Da stand der Bürgermeister als Amtsperson. Der Kommandant der Feuerwehr in großer Uniform und vor allem – mir noch lebhaft vor Augen – der Ing. Rosenboom, geschäftig mit einem Regenschirm in der Luft gestikulierend und jedem Auto, das vorüber kam, Halt winkend. Die Leute in den Wagen waren ganz wild gemacht. Sie riefen unausgesetzt, sie müßten nach Wetzlar und ihre Wagen abliefern. Sie seien doch nun genug untersucht worden und die Braunfelser kennten sie doch, daß sie keine Franzosen seien und keine Goldsäcke hätten. Das half nichts. An jeder Ecke wurden sie neu angehalten. Und jeder, der schrie und die Verwirrung steigerte, glaubte, er erwürbe sich ein unsterbliches Verdienst ums Vaterland. Mir war körperlich elend von dieser Massensuggestion. Vater war, so erfuhr ich, als Außenposten nach der Weihermühle geschickt worden, kam aber bald zurück, da ihm der Unsinn der bürgermeisterlichen Autojagd aufgegangen war. Ich machte mich um 10 Uhr auf und wanderte wieder nach Greifenstein, nicht ohne im Nebel auf der Leuner Brücke auch mit einem Revolver bedroht und angehalten worden zu sein. – In Edingen hatte ich an dem Tag drei Kriegstrauungen (u. a. des späteren Presbyters Hedrich). Dann wurde ich nach Elgershausen gerufen, um den Dr. Liebe zu beruhigen. Dessen Patienten waren nämlich fluchtartig von Elgershausen entwichen, da sie sich alle stellen mußten. Nur weibliche Patienten waren übriggeblieben und eine Ärztin, Frau Dr. Hedwig Klammer. Der Wahnsinn des Goldautos hatte aber auch sie schon erfaßt. Liebe hatte eine Wache einrichten müssen. Im Hof hing eine Glocke, die im Falle der Gefahr alle Insassen zusammenläuten sollte. Die Nachtwache war dem Hausburschen Paul übertragen worden, der militäruntauglich war, weil nicht ganz dicht im Oberstübchen, aber stolz mit einem Jagdgewehr des Doktors und dem großen Kettenhund am Riemen einherstolzierte. Nachts um 1 Uhr schellte er an Liebes Wohnung, und als der erschreckt auffuhr und mit der Pistole ans Fenster eilte, rapportierte er in strammer Haltung: ,,Soeben in nördlicher Richtung verdächtiges Geräusch gehört!'' Der Hofhund wedelte dazu. Liebe war noch so vernünftig, ihm weiter gute Wacht zu wünschen und das Fenster wieder zuzuschließen, ward aber schon bedenklicher, als um 2 1/2 Uhr sich das Sturmgeläute wiederholte und der Wächter meldete: ,,Herr Doktor, in südwestlicher Richtung bellt ein Hund!'' Ganz um seinen Schlaf gebracht aber ward er, als um 4 Uhr der Mann wieder erschien, er hätte unverkennbar irgendwo im Wald Menschenstimmen gehört. Der Doktor beschloß, den Rest der Nacht selber wachend zu verbringen. – Ich mußte herzlich lachen und den Doktor zur Tapferkeit und Wachsamkeit seiner Umgebung beglückwünschen. Als er verzweifelt rief: ,,Ja, was soll ich denn machen?'', konnte ich nur raten: ,,Alles ins Bett schicken und selber auch schlafen! Das scheint mir jetzt im Krieg das Wichtigste!'' Mittwoch, 5. 8. war ein Bettag. Zum Gottesdienst um 10.00 Uhr erschien das Ehepaar Liebe. Der Doktor ließ den die Kirche mit der Fahne besuchenden Kriegerverein mit abgezogenem Hute an sich vorüber defilieren. Nach der Kirche kam Frau Liebe in die Sakristei: „Bitte kommen Sie doch heute nachmittag nach Elgershausen! Die Umgebung von lauter Frauen macht meinen Mann ganz nervös. Eben hat er geäußert: Diese Bierruhe von dem Pfarrer Henn tut einem ordentlich wohl." Ich versprach, nach meinem Gottesdienst in Edingen, gegen 5 Uhr, in Elgershausen zu sein. Frau Liebe holte mich, schon in neuer Aufregung, im Gersbach ab: „Wie gut, daß Sie kommen! Mein Mann ist nach Braunfels gerufen worden zu einer Versammlung des Roten Kreuzes bei der Fürstin. Ich bin ganz allein, und eben hat man von Holzhausen angerufen, das Goldauto sei bei der Dianaburg entdeckt worden. Die Insassen wären herausgesprungen und würden nun in den Wäldern gesucht. Wie schlimm, wenn die nun gerade auf Elgershausen stoßen!" Sie wollte sich nicht beruhigen lassen, als ich meinte, ein Auto bei der Dianaburg wäre doch sehr unwahrscheinlich. Was wollten die denn da oben mit dem Gold? Ja, meinte Frau Doktor, wenn sie doch nicht auf der Landstraße durchkommen, müssen sie Waldwege fahren. „Na, meinetwegen, kochen Sie nur mal nen guten Kaffee, wir werden die Franzosen schon gefangennehmen, wenn sie kommen!" So gingen wir ins Haus. Das Kaffeestündchen ließ sich auch ganz gemütlich an, bis nebenan das mir nun einmal verhaßte Telefon rasselte. Frau Liebe rief mich an den Apparat. Ich nahm den Hörer und vergewisserte mich erst, daß nicht etwa ein Spaßvogel, sondern die Postagentin, Frau Knetsch, am Apparat war. „Was gibts denn nun?" „Ei, die Franzosen vom Goldauto sind ins Ulmtal geflüchtet. Die Wache in Allendorf hat sie gesehen. Einer trägt Monteurkleidung, einer Lederjacke und Ledermütze, der andere Civilkleider und Handschuhe. Sie tragen das Geld in Rucksäcken mit sich. Ein dritter soll auf einem wahrscheinlich gestohlenen Pferd reiten. Der Bürgermeister von Ulm hat den ganzen Wald durchstreifen lassen. Die Holzhäuser treiben nun auf Elgershausen zu. Sie sollen dort an den Wegen aufpassen, wenn die Flüchtigen aus dem Wald kommen!" Das klang mir wie ein Märchen aus 1000 und einer Nacht. Ich fragte also nochmal: „Ist denn der Bürgermeister bei den Verfolgern?" „Ja, gewiß, der hat doch die ganze Jagd im Ulmtal organisiert." Na, wenn der Bürgermeister Schreiber, der doch die Nüchternheit selber war, den Rummel mitmachte, mußte irgend ein Fünkchen Wahrheit dran sein. Ich dankte also schön, rief Greifenstein an und bat, die Ortswache, die unter dem Birnbaum am Judenfriedhof Posto gefaßt hatte, zu verständigen, daß die von den Holzhäuser Gejagten evtl. dort herauskämen. Dann suchte ich Frau Liebe. Die war inzwischen fortgelaufen und hatte die Patientinnen alarmiert. Die Sturmglocke auf dem Hof wurde heftig gezogen, die Amazonen sammelten sich wahrhaftig in hellen Haufen. Fräulein Dr. Klammer führte das Kommando. „Wir besetzen die Wegkreuzungen über der Anstalt", rief sie durchs Fenster und marschierte im Eilschritt zum Hof hinaus, während sich vor demselben ein Geschrei erhob: „Da sind sie!" Frau Liebe rief verzweifelt: „Herr Pfarrer!", so daß ich nicht schnell genug auf die Straße kommen konnte, und dann erzählten mir wenigstens sechs aufgeregte Weibsen auf einmal: zwei Radfahrer seien vorbeigekommen, einer auf der Straße, einer im Wald. Vor ihrer gerade um die Ecke biegenden Streitmacht sei der eine vom Rad gesprungen und auf den Ruf seines Gefährten im Wald: hierher! auch in den Wald gelaufen und dort weitergefahren. Ein Teil der Kämpferinnen war schon auf dem Fahrweg weitergelaufen. Während ich die Sache zu klären und harmlos zu deuten versuchte, rufts auf einmal: „Da ist ja noch einer!", und als fünf oder sechs fragen: „Wo?", heißts: „Er hat sich hinter die Gartenmauer geduckt!". Aus dem Fenster im oberen Stockwerk sah die Großmutter: „Ja, Herr Pfarrer, da ist ein verdächtiger Mensch hinter die Gartenmauer gesprungen, ich konnte es von hier oben sehen." „Na also", sagte ich, „dann wollen wir mal nachsehen!" Frau Liebe fragte: „Haben Sie eine Waffe? Der Franzose schießt sofort!", und als ich verneine: „Ich hole Ihnen den Browning meines Mannes." Darauf kommt sie mit einer mächtigen Kanone, die angeblich geladen ist und waffnet mich damit. Mir ist in dem Aufzug nicht ganz wohl. Ich kann einen friedlichen Wanderer doch nicht, weil alle aufgeregt von Franzosen orakeln, mit der Pistole überfallen. Also klemme ich, so gut das gehen will, das schreckliche Ding in die Hosentasche. Es zieht mir an der rechten Seite fast die Hose vom Leibe. Dann gehe ich, von aller Augen verfolgt, zur Gartenmauer. Frau Liebe ruft den Patientinnen: „Gehen Sie von der Straße, da wird geschossen!", und mir: „Ich mache zur Hilfe den Hund los!" Förmlich in die Rolle eines Helden gedrängt, wandere ich dem unsichtbaren Feind an der Gartenmauer entgegen. Zurufe von den Fenstern in meinem Rücken leiten mich: „Da war eben wieder der Kopf! Ein richtiger schwarzer Franzose!" — Mir ist noch immer zweifelhaft, ob ich mich nun entsetzlich blamiere mit meiner Heldenhaftigkeit, oder ob ich mir das Eiserne Kreuz verdiene. Wer die Wahl hat, hat die Qual. — Dann bin ich am Ende der Gartenmauer, und wahrhaftig, um die Ecke lehnt an ihr ein fremder Mann. Oder eigentlich ein Männchen. Klein, krummbeinig, langer schwarzer Schnurrbart, krause schwarze Haare, dunkler Sonntagsanzug. Steifer schwarzer Hut und allerdings auffallend zu dem Kostüm ein schwerer Rucksack. Wenn die Franzosen, war mein erster Gedanke, nicht bessere Kräfte auszusenden haben, heimliche Schätze durch Deutschland zu schmuggeln, dann ist es schlecht mit ihnen bestellt. — Noch immer also hangend und bangend frage ich den gefährlichen Spion freundlich: „Wer sind Sie denn, und wo kommen Sie denn her?" Prompt stellt er sich vor: „Ich bin der Schuster Oskar Jäger aus Rewitsch und komme von Limburg und will nach Greifenstein", und damit langt er mit der rechten Hand in die Brusttasche seines Rockes. Da wurden mit einem Schlag alle verfänglichen Momente aus allen Kriminalromanen, die ich je gelesen hatte, vor meinen Augen lebendig: Nun zieht er die Waffe und ich bin in Sekunden ein toter Mann! Aber wofür war ich denn selber schwer bewaffnet? Hier kams nur darauf an, wer schneller war. Heraus meine Wehr! Ja, wenn die nur nicht so groß und breit für meine normale Hosentasche gewesen wäre! So hat sie sich ganz in die verfangen und streikt. Ich zerre und zerre, sie geht nicht heraus. Ein Schreckschuß muß helfen. Ich nehme also alle Stimmkraft zusammen und brülle den Mörder an: „Hand aus der Tasche!", daß der ob des plötzlichen Aufschreis rückwärts taumelt und auf die niedrige Gartenmauer zu sitzen kommt. „Verzeihung",

eine halbe Stunde gekürzt. Von Werdorf aus würde man ja auch leicht Greifenstein erreichen können, wenn's einen dahin zog, und da ich noch gut zu Fuß war, würde ich den räumlichen Abstand gar nicht empfinden, sondern mich immer noch in Greifenstein und seinen Wäldern zu Hause fühlen.

War denn nicht auch die ganze Sache mit der Werdorfer *Verlegenheit* und der sich mir im entscheidenden Moment so unverhofft bietenden *Gelegenheit* auch deutlich wieder der „digitus dei"? Wie verwunderlich, daß der gute arme Schneider ausgerechnet mit seiner beneidenswert reichen Frau in solche Misere geriet, daß der Lic. Heep gerade in dem Augenblick an seinen großen Zukunftsplänen scheitern mußte, daß kein anderer für die Verwaltung von Werdorf verfügbar war als ich aus dem entlegenen Greifenstein, daß die Werdorfer die vielen Bewerbungsschreiben gar nicht einmal prüften, sondern nur die Angst hatten, daß einer von den Fremden hier Pfarrer werden könnte, daß sie, weil Heller von Bonbaden nicht mehr fortwollte, sich so ausschließlich auf mich versteiften — war das nicht alles Schritt für Schritt wieder die wunderbare Führung und Fügung Gottes in meinem Leben? — Also war ich mehr und mehr entschlossen, eine Wahl in Werdorf anzunehmen, wenngleich meine Frau und auch Ulrich dringlich baten, nicht von Greifenstein wegzugehen. Immerhin zögerte ich eine bindende Entscheidung immer noch hinaus, weil ich dachte, die könnte ich nach vollzogener Wahl ja immer noch treffen. Da wurde auch sie wieder ohne mein Zutun herbeigeführt oder doch wesentlich erleichtert.

Eines Nachmittags nämlich, an einem rauhen, stürmischen Wintertag, als ich gerade aus der Kirche von einer Trauung zurückkam, saß am Kaffeetisch im Greifensteiner Pfarrhaus der Werdorfer Kirchmeister Georg in lebhafter Unterhaltung mit meiner Frau. Er begrüßte mich mit der Eröffnung: der Superintendent habe nun endlich den nächsten Sonntag als Wahltag festgesetzt, da man nicht mehr länger warten könne, und die Werdorfer Presbyter hätten ihn losgeschickt, mir zu sagen, daß sie mich einstimmig wählen würden, wenn ich mich verpflichtete, die Wahl auch anzunehmen. Denn sonst wäre ihre Stellung in der Gemeinde gefährdet. Nun hätte er noch einmal eindringlich mit meiner Frau gesprochen. Die wollte um der Zukunft der Kinder willen nicht mehr dagegen sein, wenn ich ihm gleich meine Zusage mitgäbe. Das habe ich, die Gelegenheit beim Schopfe fassend, auch getan, und bei einer Tasse Kaffee haben wir die Abmachung bekräftigt. Um der Wahrheit willen will ich nicht verschweigen, daß noch ein anderes Motiv für meinen Entschluß bestimmend war: In Werdorf hatte sich gegen die bekanntgewordene Absicht des Presbyteriums, mich zum Pfarrer zu wählen, eine immer stärker werdende Opposition unter Führung eines invaliden Fabrikmeisters der Aßlarer Hütte, Fries, eines Maurermeisters Kuhlmann und eines Landwirts Becker, eines notorischen Querulanten, gebildet. Sie richtete sich weniger gegen mich als gegen die Presbyter, denen man um der mangelhaften Finanzverwaltung willen die Fähigkeit absprach, einen Pfarrer auszuwählen. Das sollte vielmehr Sache der ganzen Gemeinde sein. Daraus, daß die Presbyter sich einmütig für mich entschieden hatten, argwöhnten sie, daß ich ebenso unzuverlässig in Verwaltungsdingen sei wie diese. Darum machten sie gegen meine Kandidatur eine immer lauter werdende Propaganda. Nun wollte ich einmal die Presbyter in ihrem tapferen

Kampf gegen diese Revolutionäre nicht im Stich lassen, zum anderen reizte es mich, den anderen zu beweisen, daß ich gar nichts nach ihnen zu fragen und sie in der Regelung der Pfarrstellenbesetzung gar nichts zu sagen hätten. Das war für mich ein Grund, nun gerade zu dem Anerbieten des Presbyteriums „ja" zu sagen. (Die Opponenten haben später auch gegen meine Wahl in allen Instanzen Einspruch erhoben, sind aber, weil sie gegen mich keine Gründe anführen konnten, überall abgewiesen worden. Später wurden die drei Oppositionsführer meine energischsten Parteigänger.)

So ist es gekommen, daß ich, ehe ich mich recht versah, zum Pfarrer von Werdorf gewählt war und meine Dienstanweisung usw. selber entwerfen konnte. – Noch als ich die Vakanzverwaltung dort, ja auch ganz ungefragt, übernahm, dachte ich nicht im entferntesten daran, daß die Sache einen solchen Ausgang nehmen würde. Meine Frau war bis zuletzt dagegen und riet noch am Abend vor unserem Umzug, daß ich ein Telegramm an die Kirchenleitung schicken und die Sache rückgängig machen sollte. – Ich war aber ganz gewiß, daß ein Höherer die Fäden in der Hand hielt, an denen die komplizierte Sache gelenkt wurde, und war entschlossen, dieser Führung zu folgen, die nichts anderes war als wieder der „digitus dei".

36. Diogenes

Es war wohl in der Obertertia gymnasii Philippini in Weilburg. Wir hatten als Aufsatzthema bekommen, das Leben des Mannes aus der Geschichte zu beschreiben, der uns am besten gefiele und darzulegen, warum er uns am besten gefiele. Ich war erst in die Quarta eingetreten und wurde in der Klasse immer noch so etwas wie ein Eindringling und Fremdling angesehen. Das lag vor allem auch daran, daß ich mich nur sehr schwer anschließen konnte und alle meine Freizeit für mich allein, höchstens mit zufällig in meiner Pension mitwohnenden viel älteren Schülern verbrachte. Als der Aufsatz zurückgegeben wurde, wurde bald lobend, bald tadelnd von den Lebensläufen der gewählten Helden gesprochen, es kamen Männer wie Hector, Aristides, Alexander der Große, auch der Große Kurfürst und Friedrich der Große aufs Tapet. Dann machte der Lehrer eine Pause und sagte danach: „Und nun wollen wir noch einen Aufsatz besprechen, der den merkwürdigsten Helden gewählt hat, nämlich den Diogenes. Von wem mag der wohl sein?" Darauf rief eine ganze Anzahl: „Henn!", und ein schallendes Gelächter folgte. Ich saß ganz unbeteiligt, als wenn es sich um einen ganz fremden Menschen handele, weil ich mir bewußt war, ganz nach der Aufforderung des Lehrers gehandelt und den Mann, der mir am meisten imponierte, mit innerer Anteilnahme behandelt und nichts Ungehöriges geschrieben zu haben. Freilich hätte ich auch nicht protestiert, wenn ich eine „5" gekriegt hätte, sondern nur gedacht: „Da verstehst Du, guter Professor, eben nix davon." Der Professor ließ den Sturm sich ruhig austoben und sagte dann nüchtern: „Ich werde den Aufsatz vorlesen". Die Klasse war still und wurde immer stiller. Ich wagte gar nicht mehr aufzusehen. Dann sagte der Lehrer: „Ihr werdet doch alle zustimmen, daß das der beste Aufsatz ist!" – Seitdem war meine Autotität in der Klasse unbestritten. Alle aber haben mich mit einem etwas mitleidigen Kopfschütteln betrachtet. Das konnte ich gut verstehen und tat mir selbst etwas leid, daß ich nicht so sein konnte und wollte wie die anderen, die beim Schauturnen immer gewaltige Anerkennung ernteten ob ihrer strammen Haltung, ihre Klassenmützen alle Vierteljahre neu montieren ließen, über die Farbe von Krawatten disputieren konnten, Mädels hatten, denen sie stundenlang nachliefen, während mir die Zeit immer knapp und wertvoll war. Also ich war und blieb einsam auf dem Pennal und war nicht einmal betrübt darüber. Ich gehörte wohl zur Klasse und stand gut mit jedem einzelnen darin, aber es verkehrte keiner mit mir, und bei ihren vielen kleinen und großen Heimlichkeiten war ich immer ein uneingeweihter Fremder. Auch machten sie gewöhnlich größere Schularbeiten gemeinsam, ich immer für mich allein. – Vielleicht hatten sie auch eine Scheu, mich als ihresgleichen anzuerkennen. Ich hatte von allen die bescheidenste Bude inne, gerade so breit, daß ein Bett ihre Wand ausfüllte. Neben dem Bett stand ein einfacher Nachttisch und daneben ein schmaler Waschtisch mit Becken und Kanne. An dem einzigen Fenster ein viereckiges Tischchen mit einer Platte von vielleicht 60 x 100 cm Grundfläche. Darüber ein zweifachiges Bücherbrett. Das war mein Heim. Nur für einen Stuhl war Platz darin. Ein etwaiger Besucher mußte auf dem Bett sitzen. Auch verfügte ich immer nur über einen einzigen Anzug, ganz anders als alle anderen. Ich hatte alle meine Sachen in Heisterberg, wo ich ja überhaupt zu Hause war, während ich in Weilburg mich immer nur so etwa wie ein Saisonarbeiter fühlte, der die Woche über irgendwo an seinem Arbeitsplatz eine Schlafstelle innehat. Bezeichnend für meine damalige Existenz dürfte auch sein, daß ich außer dem Fahrgeld zwischen Weilburg und Stockhausen nie einen Pfennig in der Tasche hatte, sondern die paar Groschen, die ich daheim erhielt, um mir mal eine Stahlfeder oder ein Heft kaufen zu können, von meinem Bruder Walther verwaltet wurden, der mir im äußersten Notfall mal zwei Pfennig herausrückte und sonst meinte, daß auch eine alte, abgelegte Feder oder ein vollgeschriebenes Heft nochmal verwendet werden könnten. Tatsächlich habe ich mich dann auch in meiner ganzen Pennälerzeit mit ein paar alten Stahlfedern und einem Bleistiftstummel in der Westentasche durchgeschlagen und in keinem Semester die eingeführten Lehrbücher gehabt, sondern oft im französischen Unterricht aus einem ähnlich eingebundenen griechischen Buch gelesen oder im Geschichtsunterricht in ein Lateinbuch geguckt. Sollte ich dann etwas vorlesen, mußte schnell der Nachbar sein Buch herleihen.

Diese Diogenes-Existenz hatte ihre Vorgeschichte. Wenigstens glaube ich heute, da einen Zusammenhang zu erkennen, und es wäre mir sehr interessant zu erfahren, ob auch andere meinen, daß man solche innere Haltung wirklich Kindern anerziehen kann. – In meinem 5. Lebensjahr, als ich selbst noch nicht hinter das Geheimnis der Buchstaben gekommen war, hatte mir Tante Marie in vielen Sitzungen in der Lindenallee des Braunfelser Herrengartens den Robinson vorgelesen. Das war das erste Literaturprodukt, mit dem ich in Berührung kam, und das Buch hat solchen Eindruck auf mein junges empfängliches Gemüt gemacht, daß ich ihn heute noch lebhaft spüre. Ich spielte von da an überall

Robinson, baute in einem dichten Busch mit ein paar Grottensteinen eine Burg, sammelte in die Äpfel und Nüsse und was sonst zum Lebensunterhalt dienen konnte, stellte mir Waffen, Lanzen, Bogen und Pfeile her, um meine Schätze gegen räuberische Tiere und Menschen zu schützen, hätte am liebsten auf selbstgefertigtem Moosbett geschlafen und aus einer halben Kokosnußschale, die mir Onkel Barth geschenkt hatte, gegessen. Ich verachtete immer mehr alle Kulturerrungenschaften, weil Robinson sie ja auch entbehrt hatte, und ward ein ganz konsequenter und kompromißloser Rousseauanhänger: Revenons à la nature!

Auch später in meinen Volksschuljahren hat die Robinsonidee alle Spiele, die ich im Kreise meiner Kameraden angab, bestimmt. Ich war in irgend einer Gestalt immer der Robinson und der um zwei Jahre ältere Robert Müller, der mir treu ergeben war, der Freitag, mein Waffenträger und Knappe.

Gefördert wurde dieser Hang zur Natur durch mein Leben bei Onkel Barth, bei dem ich durch Zusehen lernte Blumen pflanzen und pflegen, Samen ernten und aussäen, Früchte pflücken und genießen und dergl. Ich legte mir einen eigenen Naturpark an mit kleinen Buchenpflänzchen und Heidekraut, mit Wegen und Flüssen und Brücken. Der Onkel bewunderte das und ließ mich ruhig gewähren. Den Respekt, den er meinen Pflanzungen entgegenbrachte, verlangte er aber auch von mir seinen Blumenbeeten gegenüber. Ein Tulpen- oder Vergißmeinnichtbeet im Garten war für mich sakrosankt. In dieselbe Kerbe traf es, daß unser Vater, wenn er uns in den Wald mitnahm, uns ein-schärfte: im Wald muß man still sein wie in der Kirche, denn hier wie dort wohnt der liebe Gott. Auch viel Wild haben wir auf diese Weise anpirschen und beobachten gelernt. Daß später eine Fülle von Indianergeschichten, die ich verschlang, diese Romantik ergänzte, versteht sich von selbst. – Verstärkt wurde dieser Robinson-Diogenes-Komplex bei mir noch wesentlich durch das Beispiel meines Vaters, das ich zumal in Heisterberg immer vor Augen hatte. Der schwärmte nämlich von der Jagd in alten Zeiten, als sie noch Privileg der Jägerzunft war und noch nicht jeder reichgewordene „Kaffeebohnenzähler", „Heringsbändiger" und „Manschettenbauer" glaubte, sich auch als „Sonntags- jäger" und „Wildschießer" betätigen zu müssen. Er deklamierte uns manchmal ein Gedicht, das diesen Gegensatz zwischen einst und jetzt in der Jagd geißelte, von dem ich noch den Vers behalten habe:

„Der Waidsack oft geflickt:
Einst war er voll und schwer.
Seit man mit Gold ihn stickt,
Ist er gewöhnlich leer."

Darum trug er mit Vorliebe statt des modern gewordenen Rucksackes seine alte Jagdtasche, schoß am liebsten mit alten Vorderladern, mit denen er sich mehr zu treffen anheischig machte als die anderen mit ihren Repetiergewehren. Er hatte übrigens in der alten Jägerzunft noch manchen Gesinnungsgenossen. Wenn er mit vorsintflutlich hohen Ledergamaschen, einem alten vom Wind und Wetter gebleichtem Regenrock (seinem alten „Gottfried"), einem wohl ehe- mals grünen Wetterhut mit allerlei Wildfedern bestickt, und Flinte und Hund auszog, erschien er mir als Robinson. Die abgeschiedene Waldeinsamkeit von

Heisterberg, in der wir lebten, tat noch ein übriges zu der Vorstellung. — Schließlich entdeckte ich in den Jahren den Dichter V. v. Scheffel, von dem mein Vater eine Prachtausgabe besaß. Der schien mir mit seinen „Bergpsalmen" und Wanderliedern auch ein verkappter Genosse in diesem Geheimbund der Robinsonbrüder zu sein. Daß ich dazu dann auch als Gymnasiast den Diogenes rechnete und entsprechend verehrte, habe ich oben erwähnt. — Ein lateinischer Übungssatz, der sich mir darum besonders fest eingeprägte, schien mir die Devise dieser Leute zu sein: „Naturam si sequemur ducem, numquam aberrabimus". —

Praktisch äußerte sich diese Einstellung während meiner Pennälerzeit in der von den meisten gelobten, von einigen (besonders meinem Direktor) mir aber sehr verdachten Freiheit von jedem Ehrgeiz. Ich selbst habe diese Freiheit immer als große Erleichterung auf meinem Lebensweg empfunden. Ich habe nie nach guten Noten für meine Arbeiten gestrebt, und wenn ich sie erhielt, war mir das sehr gleichgültig. Ich habe meine Sache immer so gut gemacht, wie ich konnte. Wenn ich selber ein gutes Gewissen hatte, ließ mich die Meinung der anderen ziemlich kalt. So habe ich nie den mir nach der damaligen strengen Klassenordnung zustehenden ersten Platz auch wirklich eingenommen, sondern immer bescheiden den schlechtesten unmittelbar vor dem Pult des Lehrers innegehabt, den mir die Klasse als ganz selbstverständlich einräumte. Ich habe auch nie die Geistesprodukte meiner Hausarbeiten eifersüchtig für mich behalten, sondern sie jedem, der daraus Nutzen ziehen wollte, bereitwillig zur Verfügung gestellt. Sie wanderten manchmal durch die ganze Klasse, und ich hatte Mühe, sie zur Ablieferung wiederzubekommen. Daß die meisten schriftlichen Arbeiten der Klasse mit meiner Hilfe zustandekamen, war am ganzen Pennal, auch bei den Lehrern, bekannt. Eine schöne Geschichte will ich dazu erzählen:

Ein Forstmeister Martin war, ich glaube von Eberswalde, nach Weilburg versetzt worden. Sein Sohn Julius kam in unsere Klasse. Wir waren in unserem Pensum aber schon viel weiter als seine alte Schule, und er hatte allerlei nachzuholen, schrieb infolgedessen kaum eine genügende Arbeit. Nun war mir vom Augenarzt das Lesen und Schreiben für einige Zeit verboten worden, und ich saß als Inaktiver auf meinem Platz in der ersten Bank vor dem Katheder. Da sollte eine bedeutsame, für die Abschlußnote ausschlaggebende lateinische Klassenarbeit geschrieben werden. Unser Klassenlehrer fragte mich, ob ich derweil spazieren gehen oder in der Klasse bleiben wolle. Aus der Klasse wurde halblaut „hierbleiben!" verfügt, weil man doch noch etwas zu profitieren hoffte. Da meinte der Lehrer, der unserem „Neuen" helfen wollte: „Martin, dann setzen Sie sich in die leere Bank hier vorne neben den Henn!" Der gute Martin, der den Zweck der Übung falsch deutete, kam nur sehr zögernd und unwillig und ließ noch zwischen sich und mir einen Platz frei. Als dann das Diktieren losging (es wurde deutsch diktiert und mußte lateinisch niedergeschrieben werden), rückte ich auf diesen Platz, sah mit gelangweilter Miene ungeniert in Martins Heft hinein und diktierte ihm die ganze Arbeit, während der Lehrer verständnisvoll sich in den Hintergrund des Klassenzimmers begab.

Bei der Rückgabe sagte er: „Martin hat sich bei dieser Probearbeit glänzend herausgepaukt, obwohl er extra allein in der Bank saß. Es kann keiner sagen, daß er abgeschrieben hätte. Denn sein Nebenmann hat ja nicht mitgeschrieben." Die ganze Klasse stimmte mit fröhlichem Gelächter zu. − Infolge dieser meiner Haltung zu ihnen stand ich mit allen meinen Klassenkameraden sehr gut. Auch den Lehrern war meine Nachhilfe meist ganz recht. Nur der Herr Direktor, der auf eine gewisse dekorative äußere Repräsentation Wert legte, war gar nicht damit einverstanden. Wiederholt fuhr er mich an: „Warum setzen Sie sich nicht auf Ihren Platz?" „Ich bin kurzsichtig, Herr Direktor, und muß vor der Tafel sitzen." „Haben Sie auch einen Rückenfehler?" „Nein, Herr Direktor!" „Dann rate ich Ihnen in Ihrem eigenen Interesse, sich einer strammeren Haltung zu befleißigen. Ihr saloppes und überlegen unbeteiligtes Wesen macht bei einem Primaner meiner Anstalt einen gar zu üblen Eindruck." „Jawohl, Herr Direktor!" Ostentativ hat der Herr Direktor auch immer meine Noten herabzudrücken versucht, weil ihm die Leistungen des „primus omnium" nicht mit der nötigen propagandistischen Aufmachung vorgetragen schienen. Erst als ich ihm bei einer Visitation der Anstalt durch einen Geheimen Ministerialrat aus Berlin in einer ganz verfahrenen Muster-Horazstunde, die er hielt, aus der Patsche half, hatte ich Ruhe vor ihm und konnte mein bescheidenes Pennälerdasein, ohne besondere Bravour-Schaustückchen machen zu müssen, zu Ende leben.

Auf der Bonner Universitätsbibliothek habe ich später bei einem lateinischen Kirchenvater zwei Worte entdeckt, die mir für diese Haltung, die sich immer konsequenter bei mir entwickelte, Schlüssel zu sein schienen: „Ama nesciri!" und „Bene vixit, qui bene latuit!" Bei Thomas a Kempis habe ich sie nach langem Suchen wiedergefunden und viel später zu meiner Überraschung herausgefunden, daß sie von Epikur stammen. Ich habe sie dann während meiner Kandidatenzeit viel gebraucht und zuletzt auf Holz gebrannt verehrt gekriegt. Ganz unerwartet bin ich da auch nichts anderes geworden als ein Epicuri dé grege pórcus. −

Übrigens fand ich dann, daß auch der alte Herr Goethe zu dieser Zunft gehört mit seinem Vers:

Glücklich, wer sich vor der Welt
Ohne Haß verschließt,
Einen Freund am Busen hält
Und mit dem genießt,
Was dem Tage unbewußt,
Oder auch veracht',
Durch das Labyrinth der Brust
Wandelt bei der Nacht.

Der Vers hat mir in meinen jungen Jahren, abgesehen von der arg gekünstelten Ausdrucksweise seiner zweiten Hälfte, recht imponiert, weil er genau das audrückt, was auch ich empfand, ohne daß es mir irgend ein Lehrer überliefert hätte. Das Wesentliche daran war, daß ich das Schlichte, Einfach-Natürliche schätzte und eine instinktive Abneigung vor allem Künstlich-Gemachten hatte, daß mir in der Zivilisation der meuternde Menschenwille den Gotteswillen der Schöpfung zu verballhornen schien, daß ich mich nie mit der Eisenbahn, der elektrischen Fernleitung, den Autos, den Flugzeugen usw. in der Landschaft befreunden konnte und schon als Junge meinen Großvater glühend beneidete, der als freier Mensch mit seiner Büchse auf dem Rücken ungehindert „durch Berg und Tal gezogen kommen" konnte, dem „die Weite" gehörte, und der die wundervolle Aufgabe hatte, Heger und Pfleger des heimatlichen Waldes zu sein. Auch des Wildes. Denn das habe ich mir immer unter einem Jäger vorgestellt, daß er zu dem Bekenntnis des Kurhessischen Oberjägermeisters von Wildungen stand, das mein Vater mich früh an einem im Waldesdickicht verborgenen Gedenkstein bei Braunfels lesen lehrte:

Um Tigern gleich zu morden in Wäldern weit und breit,
Hab ich Dianas Orden mich wahrlich nicht geweiht.
Nein, einem edlern Triebe dank ich mein grün Gewand:
Nur Dir, Natur, zuliebe, wählt' ich den Jägerstand!

So konnte ich mich auch nie mit der Jagd, zumal der Treibjagd, befreunden. So gern ich um des Naturerlebens willen mit hinauszog, ich habe es nie übers Herz gebracht, auf einen unschuldig spielenden Hasen oder ein harmlos-graziöses Reh zu schießen, mochte ich darum auch sehr geringschätzig von den anderen angesehen werden. Die Lehre Albert Schweitzers von der „Ehrfurcht vor dem Leben" habe ich schon damals also, noch ehe sie verkündet war, ganz bewußt gelebt. — Ich bestaunte auch wohl das große Schloß in Braunfels mit seinen gewaltigen Mauern und Türmen und Hallen und Sälen und war stolz darauf wie alle Braunfelser. Aber ich schauderte bei dem Gedanken, daß mir zugemutet werden könnte, darin zu wohnen. Meine selbstgebaute Mooshütte im Wald schien mir viel schöner und wohnlicher und bequemer. — Auch hätte ich um keinen Preis „Fürst" sein mögen. Das war ein Mensch, der mit vier Pferden durchs Land fuhr, vor dem die Leute stehenblieben und tief ihren Hut zogen, weil sie ihm wer weiß was alles zutrauten und wer weiß was alles von ihm erhofften. Ich hätte vor Scham darüber nachts nicht schlafen können, daß die mancherlei Ehrungen alle unverdient seien, weil ich die Erwartungen ja doch nicht erfüllen könnte. (Übrigens: Als dann einmal ein Schloßherr kam, der sich daranmachte, den Leuten wirklich zu helfen, und gewissenhaft ihre Erwartungen, soweit er konnte, erfüllen wollte, da sank der Respekt vor dem Mann. Jetzt war er ja nicht mehr als unsereiner auch, und er wurde vielfach verlacht. Der sehr kalt und hochmütig über ihrer Gemeinschaft stand, imponierte den Leuten viel mehr!) Alles in allem: Ich war wohl für eine ganz konservative Gesinnung prädestiniert, die sich mit dem Fortschritt nur schwer befreunden konnte, wenngleich sie sich ihm ja nicht zu entziehen vermochte, zumal, wo es nötig war, um Nöte zu beheben. Das „Echte" aber sah sie doch nur in dem Gottgeschaffenen und -gewollten, im Menschenwerk nur Künstelei. Deshalb auch wohl war ich nur für ein einfaches Leben auf dem Land geschaffen. Hätte ich mich dauernd an die Stadt gebunden gewußt, wäre ich vor Heimweh innerlich verkommen. Vorübergehend habe ich mich ja der Wissenschaft halber auch in der Stadt ganz tapfer gehalten, und ich war getröstet, als ich erkannte, daß da auch nur mit Wasser gekocht wird und die vielgerühmte Überlegenheit der Städter nur auf einer größeren Gewandtheit und oberflächlicheren Leichtigkeit beruht. Mein Wunschtraum blieb eine Pfarrstelle in primitiver Umgebung auf dem Lande, und ich war froh und von Herzen dankbar, daß sie mir dann auch so in den Schoß gefallen ist.

Eine Frage, die je und dann an mich herantrat, blieb dabei ein Problem, das mir manchmal Unbehagen verursachte: Konnte und durfte ich in die Diogenestonne, die mir da vorschwebte, eine Frau mitnehmen? Grundsätzlich war mir klar, sei die Frage mit „Nein" zu beantworten. Denn Robinson und Diogenes hatten ja wohl auch keine gehabt und hätten auch dort nichts mit ihr anfangen können. Die Mädels, die mich heiraten wollten, sahen immer ganz andere Zukunftsbilder, und die erklärten, ihnen mache auch das Land nichts aus, sahen das nur als Ausgangsposition zu einem glorreichen Aufstieg zu Macht und Ehre. Meist waren sie von daheim so verwöhnt, daß sie sich eine Existenz, wie sie mir vorschwebte, gar nicht vorstellen konnten. Andere versprachen, mich dank ihrer guten Beziehungen bald aus der Tonne in einen Palast zu bringen. Daß ich davor gerade Angst hatte, wollte keiner begreifen. Ich glaube, es war eine große allgemeine Enttäuschung, als ich schließlich doch ohne Frau meine Diogenestonne in Greifenstein bezog. Eine kam dahin nachgereist und erklärte, sie hätte eingesehen, daß sie sich wohl mit dem Diogenesdasein hier oben abfinden könnte. Ich aber war überzeugt, sie hätte ihre physische und psychische Kraft über- und den rauhen Westerwald und den Wind, der so kalt über seine Höhen pfeift, unterschätzt. Eine andere kam mit einem saffiangebundenen Notizbüchlein und einem silbernen Rechenstift und erklärte, damit das Exempel ganz leicht lösen zu können. Soundsoviel 1.000 RM hineingesteckt, wird das alte Pfarrhaus eine ganz komfortable Behausung mit allem Komfort der Neuzeit, daß Wind und Wetter das behagliche Dasein in ihrem Inneren nicht schmälern können. (Um des Spaßes willen muß auch das registriert sein.) Erst als ich so für 1/2 Dutzend Jungfern treu den Diogenes gespielt hatte, gaben die Einsichtigen, wenn auch mit Achselzucken, zu: Nun ja, man könne auch so leben. Der Dr. Liebe von Elgershausen nannte mich „den Troglodyten" und führte mich prominenten Gästen als Sehenswürdigkeit vor. Andere wollten in mir den „Rübezahl" sehen, weil ich dachte, ein moderner Diogenes müsse einen Bart tragen, denn der klassische hätte sicher das Rasieren auch gespart, wenn er auf die Idee gekommen wäre, daß es auch ohne das ginge. —

Ich habe das alles ganz gut und zufrieden überstanden, besser, als wenn ich in den kümmerlichen Jahren 14 bis 18, nein bis 23 (Inflation!) noch für eine Familie hätte zu sorgen gehabt. Dann erst ging diese Phase des Diogenes-Daseins zu Ende. Das heißt: es zerbrach seine erste Form, die ohnedies nicht fest gefügt und arg brüchig geworden war, und eine zweite begann. —

B. Predigten von Otto Henn

1. Predigt im Synodalgottesdienst der Synode Braunfels 1915 über Matthäus 6,9

Leopold von Ranke hat einmal gesagt: In aller Geschichte wohnt, lebt, ist Gott zu erkennen. Jede Tat zeugt von ihm, jeder Augenblick predigt seinen Namen, am meisten aber der Zusammenhang der großen Geschichte. Der steht da wie *eine* hl. Hieroglyphe. Wohlan: daß wir an unserem Teil diese hl. Hieroglyphe entziffern!

Haben wir nicht alle, die wir hier versammelt sind, in dem Jahr, auf das wir heute zurückschauen, ganz besonders nach diesem Worte getan? Haben wir uns nicht, jeder an seinem Teil, mit allen Kräften um die Entzifferung der Riesenhieroglyphe bemüht, mit der Gott neu seinen Namen in die Weltgeschichte schreibt?

Welch ein gewaltiges Geschehen liegt zwischen der heutigen und der letzten Tagung der Synode, wie es sich damals keiner hätte träumen lassen! Wieviel teils tief erschütternde, teils erhebende Erlebnisse haben unsere Seelen verarbeiten, welch ungeheure Spannungen ausgleichen müssen! — Ihr ganzes Klagen und Fürchten und Hoffen und Wünschen und Sorgen um unser Vaterland und unsere Kirche und unsere Gemeinden und jedes einzelne ihrer Glieder daheim und im Felde wird wieder wach, wo wir es heute hier austauschen können.

Und dabei weilen wir noch immer mit all unserem Sinnen und Denken bei dem „Zusammenhang der großen Geschichte" und harren täglich der Nachricht von seiner Gestaltung entgegen und lauschen auf jede Silbe der Predigt, die Gott uns damit hält — daß alles andere dagegen zur Zeit klein und belanglos erscheint.

Wir finden kaum den Mut, heute wie alle Jahre hier nüchtern geschäftsmäßig eine Tagesordnung zu erledigen. Ja, merkwürdig will es uns fast berühren, daß wir überhaupt hier zusammenkommen als Synode, friedlich wie sonst auch, wo rings die Welt aus den Fugen zu geraten droht, wo alles Leben ringsum so völlig andere Formen angenommen hat.

Da empfinden wir alle hier wohl tief, wie Gott nach seiner Barmherzigkeit in unserer lieben Heimat uns wunderbar geschützt, und stimmen, wo wir jetzt vor ihn getreten sind, von Herzen mit ein: „Mein erst Gefühl sei Preis und Dank, erheb ihn, meine Seele!"

So unmittelbar haben wir wohl ja noch nie empfunden, wie wir abhängig sind von ihm, wie sein Werk in aller Geschichte und in jedes einzelnen Geschick wohnt, lebt und zu erkennen ist.

Groß und gewaltig ist er uns aufgegangen, der allmächtige Vater im Himmel, in dieser wunderbaren Zeit. Voll Demut und doch auch voll guter Zuversicht stehen wir ihm gegenüber. — „Großes Erleben macht ehrfürchtig und im Herzen fest", wie unser Kaiser sagt.

Das ist doch der Sinn dieser Feier hier im Gotteshause, daß, ehe wir an unser Tagewerk gehen, wir noch einmal still werden wollen vor des Höchsten Angesicht, von seiner Ewigkeitsluft uns umwehen und weisen lassen zu unserem Beginnen, unsere Sache ihm befehlen und seinen Segen erbitten zu Rat und Tat.

Wohlan, so falten wir vor ihm die Hände. Und der Wunsch, unter den ich die diesjährige Synode stellen möchte, sei des Herrengebetes erste Bitte: Geheiligt werde Dein Name! Geheiligt in unserem Erleben, geheiligt in unserem Tun.

Es erübrigt sich wohl, lb. Freunde, lange davon zu reden, was das bedeutet: der Name Gottes. Wir kennen ihn, wir gehen von Amts wegen alle damit um, die Pfarrer, die ihn predigen, die Ältesten, die in ihm der Gemeinde Geschäfte führen. Aber nicht wahr, wir fühlen gerade jetzt besonders, daß er viel zu erhaben ist, als daß man ihn fassen könnte in *einem* Wort. Folgen wir darum dem feinen Zug in des Herrn Mustergebet und versuchen gar nicht erst, den Begriff fest zu umschreiben. Er ist so mannigfaltig, er umschließt jede Weise der Offenbarung Gottes — haben wir aber nicht die eben jetzt mit tiefem Staunen unsagbar groß und geheimnisvoll sich entfalten sehen? Ist uns der Name Gottes nicht neu in Flammenzeichen geschrieben, daß wir geblendet stehen von seinen Strahlen hell in die Welt hinein?

Ja, vor dem Krieg — da taten wir oft so, als hätten wir ihn ganz durchschaut, als sei unserem scharfen Denken nichts mehr an ihm verborgen. Da wurde mit Leidenschaft gestritten herüber und hinüber: so ist Gott, nein, so! Auf die Art ist sein Name zu verstehen, nein: auf jene! Und jeder hatte sein besonderes System, in das er den Allmächtigen bannen zu können meinte, und sprach anderen rechte Erkenntnis ab. Und nannte „Gott", was doch nur seiner Vorstellung Gebilde, seiner Weisheit Schöpfung war.

Ich muß gestehen: mir ist oft bange geworden, wenn ich sah, wie man sich so gar nicht verstehen *wollte*. Und mancher hat wohl mit mir im Herzen des alten Gebotes warnend Wort widerhallen hören: Du sollst nicht falsch Zeugnis reden ...! Hand aufs Herz! Das stolze Pochen auf die Maßgeblichkeit unserer menschlichen Erkenntnis, das schroffe Aburteilen jeder Frömmigkeit, die nicht im Rahmen des eigenen Glaubensschemas lag, das war im Grunde mangelnder Respekt vor der Heiligkeit und Unantastbarkeit des erhabenen Namens Gottes.

So haben einst die Pharisäer in bester Meinung um Gott geeifert und in seinem Namen seinen Sohn ans Kreuz geschlagen.

Nein, nimmermehr kanns zu was Gutem führen, wenn wir kleinen Menschen ihm die Weise seiner Offenbarung zumessen wollen! Ob nicht auch wir auf dem besten Wege waren, im Streit um seinen Namen Gott selber zu verlieren?

Da griff er mit starkem Arm gewaltig ein. Der Krieg kam. Wie Seifenblasen platzen all die kunstvollen Systeme, die Gott einfangen wollten. Wir sehen einmal wieder, daß er größer ist als unsere Gedanken. Im Schlachtendonnerwetter rief er uns zu: Seid stille und erkennet, daß ich Gott bin! — Da war mit einem Schlage der Streit um die Behauptung unserer Standpunkte verstummt.

Daran, wie wir in seiner Schule umlernen mußten, können wir die früheren Fehler erkennen. Und an all den Fragen und Zweifeln, auf die wir in unseren

Gemeinden eingehen mußten, sehen wir ihre praktischen Schäden. Waren auch die nicht immer wieder herausgeboren aus dem anmaßenden Vorurteil: Gott *muß* das oder das tun — diese Not von mir abwenden, diese Sorge von mir nehmen, wenn ich gewiß an ihn glauben soll?

Ob wir jetzt ein für allemal gelernt haben: wir müssen auf unsere eigenwilligen Vorstellungen von dem, was Gottes würdig und uns notwendig sei, verzichten, wenn wir ihn finden wollen.

Respekt vor der Weise, in der er sich offenbart! In noch viel höherem Maße als von einem Kaiserwort gilt von Gottes Wort, daß man an ihm nicht drehen und deuteln darf. Auf uns trifft zu, was der alte Matthias Claudius bekennt: „Wir stolzen Menschenkinder sind eitel arme Kinder / und wissen gar nicht viel.".

Wir sollen Gott nicht vorschreiben, wie wir ihn zu finden gedenken, vielmehr uns von ihm finden lassen, wie und wo es ihm gefällt.

Der Vater Jesu Christi kann nicht ergrübelt werden. Er will erlebt, will erfahren sein — wenn ich so sagen darf — im praktischen Erfassen der von ihm gestellten Aufgaben. Die Kriegsnot lehrt uns die biblische Wahrheit, daß uns vor ihm nur übrigbleibt ein demütiges: Rede Herr, dein Knecht hört. Und er redet zu uns durch Glück und Unglück, Freude und Leid, Gewähren und Versagen, Sieg und Niederlage. Unseres Altreichskanzlers (Bismarck) Andenken, das das Jahr ja auch erneut hat, hat solches Hören als Wirkung Gottes lehren können.

Darum, wenn wir heute zurückzuschauen versuchen auf all das, was uns Gott in dem verflossenen Synodaljahr hat erleben und erleiden lassen, und unsere Stellung dazu bestimmen, dann sollen wir nicht durch aufgeregtes Fordern und dünkelhafte Rechthaberei dem Höchsten vorlaut dreinreden wollen. Noch kein Jahr hat er uns so spüren lassen, daß seine Sache in der Welt nicht auf Menschenkraft steht, sondern auf seinem hl. Namen. Er gebe, daß wir uns heute nicht verlassen auf unser Meinen und Raten und Beschließen, sondern auf ihn — daß er sei alles in allem.

Nun aber höre ich von allen Seiten die Einwände: Das ist ein resignierender Fatalismus, der alles gehen läßt, wie's geht, oder ein platter Opportunismus, der den Mantel nach jedem Wind hängt, was Du predigst! Verstehen wir wirklich den Namen Gottes so schlecht? Ihn heiligen, heißt nicht nur, sorgsam auf seine Offenbarung lauschen, sondern auch tun nach den Verpflichtungen, die sie auferlegt. Nach Martin Luther wird der Name Gottes geheiligt, wo das Wort Gottes lauter und rein gepredigt wird und wir auch heilig als die Kinder Gottes danach leben.

Es ist freilich bequem, das Beharren bei dem Gewordenen fromm zu nennen, zu sagen: Gott hat das doch so gewollt. *Ich* sage denen: Gott will jetzt, daß wir unsere Gegenwart erfüllen und in dieser Zeit Wirbelsturm die neuen Aufgaben sehen, die er stellt. Das will Gott nicht, daß Du alle sich ergebenden Schwierigkeiten und Rätsel träge und feige von Dir schiebst. Er will, daß Du sie mit Ernst und Fleiß durchdenkst und alle Kraft einsetzt, sie zu lösen. Geheiligt werde sein Name, der uns stets vorwärts ruft einem großen Ziel entgegen.

Und natürlich nicht zu einem unsteten Schwanken heute nach der und morgen nach jener Seite. Das Ziel, das uns sein Name weist, steht unverrückbar fest. Das nur ist unser Teil, daß wir als Bausteine gewissermaßen alles, was er uns erleben läßt, zusammenfügen zu einem Bau zu seiner Ehre.

Da wird sein Name uns Richtschnur unseres Tuns. Wo er drüber steht, sind wir gewiß, auf dem rechten Weg zu sein und fragen nicht nach der Menschen Meinung und dem Beifall der Welt.

Eines freilich gilt es zu beachten: daß unser Tun geschehe wirklich zu Gottes und nicht zu der eigenen Ehre. Gar leicht verwischen sich da die Grenzen, zumal da, wo man gewohnt ist, alles Tun auf Gottes Namen zu gründen. Laßt uns streng wachen, daß er nicht schließlich herabgewürdigt werde zum Deckmantel für die Sucht nach eigener Ehre. Wie häßlich ein Pfarrer, der im Namen Gottes sein Amt mißbraucht, die Gemeinde zu bevormunden, statt in und an ihr zu dienen! Wie kläglich ein Presbyterium, das zwar eifersüchtig über die ihm zukommenden Vorrechte und Ehrungen wacht, aber sich seiner Pflichten kaum bewußt ist! Welch Zerrbild jeder Christ, der laut ,,Gott, Recht und Wahrheit" ruft und doch nur eigene Interessen meint!

Daß Gott uns doch auch vor dem Schein solchen heuchlerischen Tuns schützen wollte! Daß er uns doch bitten ließe: Nicht uns, Herr, sondern Deinem Namen gib Ehre!

Dann wollen wir getrost herantreten an die großen Aufgaben, die unsere Zeit. uns stellt, ihre hl. Hieroglyphen zu lösen suchen: mit Gott. Es ist nicht frevlerische Anmaßung, wenn wir ihn nennen, es ist gut evangelische Frömmigkeit. Es ist der Geist eines Luther, der uns lehrt: Mit unserer Macht ist nichts getan ..., der Geist eines Calvin, dessen Leben und Werk eine einzige flammende Mahnung ist: Alles zu Gottes Ehre!

In Gottes Namen eröffnen wir jetzt unsere Versammlung. Daß das nur ja keine Formel nur und leeres Geschwätz sei! Daß wir uns heute wirklich als ,,Synode" erweisen, als eine Gemeinschaft bei aller Verschiedenheit, eins in der Losung: Geheiligt werde Dein Name!

Daß aus unserem Erleben und Tun in diesem furchtbaren Krieg während unserer heutigen Tagung hervordringe eine volle Harmonie, die ihren Widerhall in aller Welt finde, und zusammenklinge mit dem ewigen Lobgesang der Engel vor dem Thron Gottes: Heilig, heilig, heilig ist der Herr Zebaoth, alle Lande sind seiner Ehre voll!

Amen.

2. Predigt zur Kirchweihe in Greifenstein 1916 über Johannes 10,22 - 26

Lb. Gemeinde, mit dem zweiten Augustsonntag ist heute der Tag wiedergekehrt, der sonst auch uns die Feier der Kirchweihe brachte. Ich glaube, man muß heute schon daran erinnern, so weit liegt das schon zurück. Uns war er sonst ein Tag der Fröhlichkeit, der groß und klein zu Scherz und Spiel vereinigte, den keiner vergaß — ob jung, ob alt —, dem man entgegenharrte, wochenlang. Mit Wehmut gedenken alle wohl der Jahre, wo sie ihn noch ohne Sorge froh und frei begehen konnten, mancher gedenkt vielleicht auch mit Beschämung der vielen unwürdigen Nichtigkeiten und noch häßlicherer Dinge, mit denen er ihn hinbrachte. Wohlan, wir wollen, wenn Gott uns einmal wieder Frieden und Freude schenkt, das alte Wesen abgetan sein lassen, durch Leid geläutert, als Christen und als deutsche Männer und Frauen uns benehmen. Das schwere Erleben der langen Kriegszeit hat uns ja den Sinn geöffnet für das, was wahrhaft förderlich und heilbringend ist. Wir wollen nie wieder hinabsteigen in die Dumpfheit und Niedrigkeit und auch von anderen uns nicht hinabziehen lassen.

Jetzt hat das Schicksal uns an seine Hand genommen und still gemacht an dem freudigen Tage, viele aus unserer Mitte von der Heimat fortgeführt und manche schon zur letzten Ruhe gebracht in fremder Erde. Wir wissen darum mit blutenden Herzen. — Aber dennoch wollen wir heute Kirchweih feiern.

Uns fehlt der verwirrende Lärm, um so andächtiger werden wir's können, und: geht dem Tag das äußere Getriebe ab, um so gesammelter mag unsere Stimmung sein.

Von einem ernsten Kirchweihfest erzählt auch unser Text. Er soll die Richtung zeigen für unsere Feier. Dort versammelt der Tag die Gemeinde im Tempel — wohlan, wir sind auch im Hause des Herrn. Dort heißt es: Jesus wandelte durch die Hallen. Ja, daß das doch auch gesagt werden könnte bei uns! Jesus in unserer Mitte, in unseren Gedanken und Sinnen: es kann nicht anders sein, als daß wir Segen davontragen von dem Kirchweihtage — mitten im Krieg.

Was will der Tag denn eigentlich? Man hat sich so daran gewöhnt mit Freude oder Schrecken, in ihm einen Tag der ausgelassenen Volksbelustigung zu sehen, daß man seiner ursprünglichen Bedeutung, die der Name ausdrückt, nicht mehr gedenkt. Es stand bisher das Wirtshaus in seinem Mittelpunkt, und da sollte die Kirche doch stehen. An ihre Weihe zu segensvoller Bestimmung hat er erinnern wollen — und mußte soviel unheiliges, zügelloses Tun sehen und oft Unsegen stiften. Sollte es nicht förderlich sein und aufbauend, seiner eigentlichen Bedeutung nachzugehen? — Es ist ja gut zu verstehen, wie der Tag ein Volksfest wird in des Wortes vollstem Sinn: Er gilt ja der *Kirche*, dem Sinnbild der Dorfgemeinde, dem Heim, das ihnen allen gehört, den Großen und den Kleinen, den Armen und Reichen, den Vornehmen und den Geringen. Der Stätte, die jedem vertraut ist von Jugend auf. Sie hat die Höhepunkte seines Lebens gesehen. Sie hat ihn empfangen in den entscheidungsvollsten Stunden. Am Taufstein und beim Konfirmationsgelübde, am Traualtar und beim Mahl des Herrn. Sie bot Zuflucht und Trost bei jedem schweren Geschick, sie goß Freude ins Herz in guten Stunden. Sie erquickte immer wieder die müden, verwundeten Seelen und gab neue Kraft zu Reinheit und Güte. Sie stand und steht als der Mittel- und Stützpunkt unserer sittlichen Gemeinschaft in der Familie, in der Nachbarschaft und im Freundeskreis. Ob nicht doch manches Gedenken auch aus dem Felde in Mühsal und Not zu ihr hingeht am heutigen

Tage? Sie hat ja auch den Kriegern draußen das Beste mitgegeben, was immer die Heimat ihnen bieten konnte, ein Herz gefestigt in hl. Glauben, einen guten Mut, eine gewisse Hoffnung in aller Not, auch dem Tode gegenüber. Darum wollen wir heute dankbar bekennen: es ist mancher Segen aus ihr geflossen er quillt noch immer neu in Christus, dem Lebensborn. Das macht, daß auch von ihr gilt, was unser Text erzählt: *Jesus wandelt durch sie hin.* Er, unseres Lebens Herr, unserer Gemeinschaft Meister, der allzeit unseres Lebens Mange füllt mit dem, was ewig währt.

Liebe Freunde, wenn wir bewußt Kirchweih feiern wollen, dann müssen wir erkennen: Es ist letztlich nicht die schöne Kirche, ihrer Gebilde Zier, ihre Farben Pracht, was uns hilft, es ist nicht die Kunst der Orgelweisen oder das Gefällige der Predigt, sondern nur der, dem all das zu dienen berufen ist sondern Jesus, der Heiland, von dem wir bekennen: ,,Alle die Schönheit Himmels und der Erde ist verfaßt in Dir allein. Nichts soll mir werden lieber auf Erden als Du, der schönste Jesus mein!" − Und damit sind wir an dem Punkte angelangt, wo sich die Geister der Menschen offenbar scheiden.

Sie sind wohl nicht hier, bei denen meine Ausführungen auch schon längst den Widerspruch dieses oder jenes gefunden hätten. ,,Wir wissen nichts von al dem Segen des Gotteshauses", so rufen viele. ,,Wir verstehen nicht, was es überhaupt soll. Uns ist es ein ganz unnützes Gebäude, ein verschwendeter Raum. Macht eine Scheune daraus, dann ist es wenigstens zu etwas gut." ,,Ihr sagt: wir wollen Jesus darin finden. Was hilft das denn? Den Heiland nennt ihr ihn? Ja, hat er denn unsere Lage gebessert? Er hätte jetzt doch genug Gelegen heit zu helfen, uns aus der schweren Not des Krieges zu befreien. Spürt ihr etwas davon, daß er unter die Völker den Frieden bringt? Ihr singt von ihm Wenn Du ein Wort sprichst, werden sie bald Freunde. Wir haben noch nichts gemerkt von dieser seiner Macht. Wenn er wirklich der Heiland ist, der Retter dann muß er das jetzt zeigen, sonst können wir ihm nicht glauben."

Sind das nicht dieselben Vorwürfe, die die Juden in unserem Text auch erheben? Wie sprechen sie? ,,Wie lange hälst Du uns noch hin? Bist Du der Christus, dann sage es frei heraus!"

Jesus entgegnet ihnen: ,,Ich habe es euch gesagt, und ihr glaubet nicht. Die Werke, die ich tue in meines Vaters Namen, die zeugen von mir. Aber ihr glaubet nicht; denn ihr seid von meinen Schafen nicht, wie ich euch gesagt habe."

Ich weiß auch nicht, was wir jenen anderes entgegnen sollen. Wer Jesus kennt, der sieht seine Werke, sieht, wie sie zeugen für ihn, daß er voll Danke anbetend niedersinkt. Fragt nur die Seinen! Den Mut, Leben im Einssein mit Gott: das danken sie ihm. So oft hat er aufgerichtet und gestärkt, getröstet und den Weg gewiesen. Hat er nicht geholfen in der Not des Krieges? Fragt in den Schützengräben, ob sie da nicht seine Wunder geschaut haben!

Freilich: nur die Augen des Glaubens sehen sie. Der Ungläubige steht wie ein Blinder vor einer verschlossenen Wunderwelt. Er sieht und hört nichts von der Herrlichkeit, die für uns der Kirche ihren Glanz gibt, er spürt nichts von der Hilfe, die Jesus den Gläubigen zuteil werden läßt. Er steht noch immer und

fragt: „Bist Du, der da kommen soll, oder sollen wir eines anderen warten?" —
So lange der Mensch mit seinen natürlichen Erkenntnismöglichkeiten urteilt, ist
es ihm unmöglich, in Jesus den zu sehen, der ihm das Heil bringt. Erst wenn
ihm aufgegangen ist, worauf es im Leben ankommt, nicht auf Vermögen und
Einkommen, nicht auf Ansehen und Macht, nicht auf Vergnügen und Genuß,
sondern auf Vertrauen und Treue, auf Liebe und Güte, kann er Jesu Taten
würdigen und hat er ihn verstanden. „Das Reich Gottes ist nicht Essen und
Trinken, sondern Gerechtigkeit und Friede und Freude im hl. Geist." (Röm.
14,17) — Unsere Väter haben das gewußt. Darum haben sie diese Kirche gefügt
mit Mühe und großen Kosten. Und es ist etwas an ihr, was davon zeugt, daß sie
ihres Heils in Christo froh und gewiß gewesen sind, daß sie die Wohltaten
Gottes dankbar entgegennahmen, die aus dem Gotteshause flossen. Daher die
jubelnden Engel, daher die Bibelworte an der Decke. Wie ein großes Te Deum:
„Lobe den Herren, der alles so herrlich regieret!" Und im Mittelpunkt als ihr
zusammenfassendes Bekenntnis: „Also hat Gott die Welt geliebt ..." (Joh.
3,16), „das schönste und herrlichste Evangelium", wie Luther sagt.

Es soll keiner sagen: Ja, die haben's auch besser gehabt, die haben so schwere
Zeiten, wie wir sie erleben, nicht gekannt. Wer nur etwas unsere Heimatge-
schichte kennt, der weiß, daß es oft noch viel notvoller war. Es reden die Mauern und Türme und Schießscharten unserer alten Burg eine beredte Sprache.

Nein, die Zeiten waren nicht besser, aber der Glaube war fester. Sie wußten,
was sie an dem Heiland hatten, daß sie auch in des Unglücks Nacht mit ihm
nicht verloren wären, sondern das ewige Leben hätten. Diese Erfahrung sollen
auch wir machen in harter Zeit. Er rettet die Seinen noch immer. Gerade in
den Kriegsstürmen erheben seine Werke ihre Stimme zu einem Zeugnis für ihn.
Gewiß: er macht den Krieg nicht aufhören, wenn Du es wünschst, er macht
auch den gefallenen Sohn nicht wieder lebendig, er schickt nicht vom Himmel
her Speise für die hungernden Kinder. Aber schenkt den Mut, doch durch-
zuhalten, er schenkt Festigkeit selbst dem Tod gegenüber, er schenkt die Tat-
kraft, am Werk des Guten zu bleiben — und ob „die Welt voll Teufel wär."
Er ist unser Friede (Eph. 2,14) mitten im Krieg, der gute Hirte — und ob wir
schon wanderten im finstern Tale (Ps. 23).

Deshalb bauen wir unsere Kirchen. Deshalb wollen wir uns immer wieder an
einem Tag im Jahr an ihre Bedeutung erinnern lassen. Klar leuchtet in ihnen
die Herrlichkeit des Herrn. Haben wir heute eine Möglichkeit entdeckt, sie neu
zu schauen, dann ist der Tag nicht vergeblich gewesen. Ja, möchten unser aller
Herzen so lebendig geworden sein, daß es mit Recht heißen könnte: Es war
aber Kirchweih in Greifenstein und Jesus wandelte im Gotteshause!

Amen.

3. Predigt im Gottesdienst der Deutschen Jugendgemeinschaft in Greifenstein an einem Sonntag p. Tr. 1924 über Lukas 5,1 - 11

Ein unserer Gegend entstammender bekannter Pädagoge (Münch) hat ein Bändchen Erzählungen, die das Land um den Greifenstein zum Mittelpunkt haben, veröffentlicht unter dem Titel: „Abseits von der Landstraße". Abseits von den Schlagadern des Verkehrs, da, wo nicht jedermann hinkommt, reckt der Greifenstein seinen alten Doppelturm in die Luft. Wenig bekannt und wenig genannt ist er darum im Kranz der Erinnerungsstätten an die deutsche Vergangenheit. Das aufgeregte Leben des Tages flutet achtlos an ihm vorüber. Sogar von denen, die ihn kennen, ziehen es die meisten vor, ihm aus dem Tal einen Gruß zuzuwinken, statt den steilen Pfad zu ihm hochzuklimmen. Er weiß um die Zurücksetzung, die in dem kleinen Wörtchen beschlossen liegt: „abseits".

Und doch, liebe Freunde, habt ihr ihn euch als Heimstätte erwählt, habt die mancherlei Mühe nicht gescheut, gerade hier zusammenzukommen. Warum anders, darf ich wohl fragen, als darum, weil ihr wißt, daß in diesem Abseits auch ein besonderes Gutes liegen kann. –

Abseits: da wandert es sich noch einmal so frei und frisch und froh. Abseits: da kommt man einmal auch zu sich selber. Abseits: da entdeckt man erst recht den Wert einer Gegend, da erschließen sich einem ihre Schätze. Da kommt man in unmittelbare Berührung mit ihrem geheimnisvollen Eigenleben, dem Hauch, den sie atmet, der Kraft, die sie durchströmt, mit dem Gott, von dem sie Zeugnis ablegt. Zu solchem „Abseits" hat ein deutscher Wanderer gerufen, als er sang: „Einsam wandle deine Bahnen, stilles Herz, und unverzagt. Viel erkennen, vieles ahnen wirst Du, was dir keiner sagt!"

Wir alle hier sind wohl Wanderer, die ihren eigenen Weg suchen, nicht nur sich mitnehmen lassen wollen in der Masse auf der Landstraße in den alltäglichen, gebahnten Gleisen. –

Wohlan, dann will auch ich an diesem Morgen zu Beginn eurer Tagung euch abseits führen von der großen Heerstraße weg, abseits zu einem, der andere, nein: besondere Pfade wußte und wies für die Menschheit zu ihrem letzten Ziel, zu ihrer höchsten Bestimmung. Da steht er vor uns in dem verlesenen Text, auch in heiliger Morgenfrühe, ehe die Menschen ihr Tagewerk noch recht begonnen haben, abseits der Landstraße an den kühlen Wassern des Sees Genezareth. Vor der Zudringlichkeit der Allzuvielen hat er sich dorthin geflüchtet. Aber auch hier lassen sie ihm keine Ruhe. Das Volk drängt sich zu ihm, und er muß vom Schiff aus zur Menge reden. Wir wissen: das waren andere Worte, das war eine andere außerordentliche Weise, gewaltiger als die gewöhnliche der Schriftgelehrte. Er beschrieb nicht Gott, er zog ihn nicht herunter in die Erdensphäre. Er lehrte ihn nicht in Formeln und Zeremonien finden und fassen. Er rief auf, im Vertrauen sich ihm hinzugeben von Herzensgrund, voll Ehrfurcht fromm die Seele zu erheben, ihn im Geist und in der Wahrheit anzubeten.

Sogar die müden, von langer erfolgloser Nachtarbeit unmutigen und verdrossenen Fischer horchen auf.

Und dann — als wollte er sein kühnes Wort mit einer kühnen Tat krönen — fordert er auf: Fahrt auf die Höhe und werfet eure Netze aus!

Ja, wie denn? — Das war nun doch an jenem seltsamen Morgen von allem Absonderlichen das Absonderlichste: Sie, die erfahrenen Fischer, hatten nach allen Regeln der Kunst in der Nacht vergeblich sich gemüht, und er, der Laie, weist sie jetzt bei der steigenden Sonne hinaus auf die hohe See. Das ist doch gegen allen je geübten Brauch. Das schlägt jeder Regel ins Gesicht.

Verwundert schüttelt der des Handwerkes kundige Petrus den Kopf: „Meister, wir haben die ganze Nacht gearbeitet und nichts gefangen." Allein, der eigenartige Mann da vor ihm hat es ihm angetan. Das große, einer anderen Welt Feuer sprühende Flammenauge läßt ihn nicht los. Ehe er es selbst recht weiß und will, ist die Hand am Ruder: Ja doch, weil Du es sagst, auf Dein Wort will ich es noch einmal versuchen!

Meine lieben jungen Freunde, wie jene Menschen unten am See, so stehen wir auf unserer einsamen Bergeshöhe um ihn geschart in stiller Morgenfrühe. Rat und Ermutigung und Führung begehren wir von ihm. Sein Gottvertrauen, sein Wagemut schlagen auch uns in Bann. Und mir ist, als recke sich seine majestätische Gestalt auch über uns empor, mit ausgestreckter Hand in die Ferne weisend: Fahrt auf die Höhe!

Sein Morgengruß zu eurer Tagung, sein Segenswunsch für ihren Verlauf: darin liegt die Legitimation eures Zusammenkommens. Von jenen ersten Wandervögeln an, die seitab von der großen Heerstraße eigene Pfade für ihre Lebenswanderung suchten, bis hin zu dem heute so gewaltig angeschwollenen Strom der Deutschen Jugendgemeinschaft: dieser Ruf ist triebkräftig und richtunggebend gewesen.

Weg weist er von den ausgefahrenen Gleisen der platten Alltäglichkeit, weg von den festen Ufern des Bekannten, des Greifbaren, des Sichtbaren, heraus aus der konventionellen Philisterei mit ihrer Mittelmäßigkeit, hin zu dem fernen Hochziel des Glaubens, hinauf auf den steilen Gipfel der Vollkommenheit.

Zu kühnem Wagnis ruft er auf, zur frischen Betätigung der Kraft auf selbst gefundenem Pfad abseits im Unwegsamen, nicht gegängelt und gefangen in der Marschkolonne der großen Menge.

Eine Warnung ist der Ruf vor dem Sich-Verlieren in Sattheit und Behaglichkeit oder auch in Verbitterung und Verdrossenheit, eine stete Warnung vor dem Sich-Zufriedengeben mit dem Erreichten. So wie auf jenem Bild von Fidus der Lichtanbeter auf dem Gipfel des Gebirges sich emporreckend die Hände der Sonne entgegenstreckt, so gilt es unentwegt, über sich selbst hinaus zum Höchsten strebend den Mut nicht aus dem Herzen und das Ziel nicht aus den Augen zu verlieren. Mag es gehen, wie es will, mag der Tag Gutes oder Böses bringen — unser Leitspruch muß bleiben: Excelsior: Bergan zur Höhe!

Wer freilich den Weg je unter die Füße nahm, der weiß, wie steil und steinig er ist, wie er hindurchführt durch Bitterkeit und Enttäuschung und Kampf. Viel Abwege und Irrwege auch warten auf einen, und über Sümpfe und durch dürre Wüsten muß er ziehen.

Mancher steht am Wegrand müde und resigniert wie Petrus dort am See: Meister, wir haben die ganze Nacht gearbeitet und nichts gefangen. Sieh, es fällt deiner Wünsche Erfüllung nicht jählings vom Himmel herab. Gar manchmal wirst du das Netz leer wieder einziehen müssen. — Es ist schon gut, daß wir die Gewißheit haben, daß wir dennoch keinem Phantom nachjagen, daß trotz des spröden Materials, das diese Erde bietet, sich unser Leben zu einem Gebild von ewigem Wert gestalten läßt. Woher wissen wir das? Nun, weil einer vor uns steht mitten in der häßlichen Wirklichkeit, dem das Licht einer anderen schöneren aus den Augen leuchtet, weil wir im Leben Jesu Christi die Möglichkeit des Ewigen verwirklicht sehen in unserer Welt. Er ist ein Eigener freilich und eigen sind die Wege, die er zu dem Ziel führt: „Wer mir will nachfolgen, der verleugne sich selbst und nehme sein Kreuz auf sich und folge mir nach!" (Matth. 16,24) ruft er uns zu. Er steht vor uns im schwankenden Kahn an dem blauen Wasser des Sees Genezareth, das die eben aufgegangene Morgensonne golden bestrahlt, und weist mit ausgereckter Hand fort abseits von dem sicheren Ufer, hinaus aus seinen kühlen Buchten auf den flimmernden Spiegel des Sees: *Fahrt auf die Höhe und werft eure Netze aus!* „Das Glück läßt sich nicht jagen von jedem Jägerlein, mit Wagen und Entsagen will es errungen sein!" Nur durch einen Bruch, durch jenes „Stirb und Werde" des Kreuzes geht's zu ihm hin hindurch. Es gilt, die Fesseln alle abzustreifen „von der Gewalt, die alle Menschen bindet", von dem „erbärmlichen Beharren in Sattheit und Sünde". Es gilt die Welt des Sichtbaren, des Festen, des Berechenbaren zu lassen und sich in kühnem Wickingerwagen der Flut des Unendlichen, des Ewigen anzuvertrauen. Mit keiner anderen Sicherheit im Boot als der zitternden Kompaßnadel der „gewissen Zuversicht des, das man hoffet und nicht zweifelt an dem, das man nicht sieht" (Hebr. 11,1) und mit keiner anderen Legitimation als der des Kommandos aus des Herrn Mund: *Fahrt auf die Höhe!*

Dann mag es geschehen, daß auch du das Wunder schaust. Wie das Netz des Petrus gar nicht die Fülle der Fische zu fassen vermag, so dein Erleben die Fülle des Segens, der deiner da harrt. Dem Aufrichtigen läßt Gott es gelingen. Da weichen die Nebel des Tales. Da bricht durch die verhüllende Wolkenwand des Himmels Licht.

In strahlender Schöne stand an jenem Morgen die Sonne am Firmament. Und Petrus lag zu des Herrn Füßen: *Herr, gehe von mir hinaus* ... Ein Entsetzen war sie alle angekommen. Ein Hauch des Ewigen hatte sie berührt. — Das ist wohl, liebe Freunde, das sicherste Zeichen, daß wir Gott begegneten, wenn wir bescheiden, demütig, ehrfurchtsvoll werden. Lassen wir uns von der Hand hinaufführen auf die Höhe, dann wird das Herz weit und der Blick frei, dann stehen wir auf einmal mit innerem Beben vor dem Unbedingten, dann stehen wir vor dem majestätischen Gott, nicht vor dem lieben Alten unserer Kinderphantasie, nicht vor der leeren Abstraktion unserer Schuljahre, sondern vor einer wirkenden, fest zupackenden Kraft, vor der mit jähem Schreck spürbaren lebendigen Wirklichkeit. Sie kehrt das unterste zu oberst in unserem Wesen. Sie schleudert uns mit Wucht heraus aus unserer selbstgewissen Bahn. Uns bleibt nichts anderes, als uns ihr auf Gnade und Ungnade auszuliefern: Herr, *ich bin nicht wert* (Lk. 15,21), ich verdiene nicht, dieselbe Luft mit dir zu atmen — doch wo soll ich hingehen vor deinem Geist (Ps. 139,7), der du zermalmst und neu schaffst, tötest und wieder lebendig machst, in die Hölle führst und wieder heraus und ich dir nicht entrinnen kann: „So nimm denn meine Hände und führe mich bis an mein selig Ende und ewiglich!" — Ich denke mir, dann hörst auch du sein tröstendes, aufrichtendes Wort — wie der überwältigte Petrus —: *Fürchte dich nicht, von nun an wirst du Menschen fangen!* Von nun an wirst du mit zu den Boten, den Wegbereitern des Gottesreiches gehören, von nun an haben, was du wünschst und brauchst: die Gemeinschaft mit dem Heiligen, letztlich die Bestimmung aller Menschen. —

Meine lieben jungen Freunde! Es war ein bedeutsamer Morgen, den Menschen dort in der Stille des gelobten Landes abseits der Landstraße mit Jesus von Nazareth erlebten, der bedeutsamste wohl im Leben jenes Fischers, den sie nachher den „Felsenmann" nannten. Ich möchte, daß von seinem Wunderglanze etwas hineinleuchte auch in den heutigen Morgen, an dem wir um den Heiland versammelt sind.

Auch ihr habt euch aufgemacht, das Beste zu suchen, das es im Leben gibt. Daß ihr euch hier zusammenfandet „abseits der Landstraße" auf unserer einsamen Bergeshöhe, ist wohl ein Bekenntnis: *wir haben die ganze Nacht gearbeitet und nichts gefangen,* wir haben da drunten in den Tälern nach allen Regeln der Kunst uns abgemüht und es nicht gefunden. Wohlan, dann hört des Heilands Weisung in dieser Stunde: *Fahrt auf die Höhe!* „Aus der Enge in die Weite, aus der Tiefe in die Höh führt der Heiland seine Leute. Darum, Zaudrer, folge, geh!" —

Eure Wimpel wehen, eure Fahne ist entfaltet — denkt daran, daß das Zeichen, das sie trägt, Symbol des euch voran leuchtenden Sonnenrades ist. Der Sonne entgegen, glaubensgewiß, überwindungsfreudig, hoffnungsstark in eine Zukunft auf einem eigenen Weg, fern vom gewohnten Trott der Masse. Das Letzte, Höchste: Gott gilts auf ihm zu finden. Als seinen Sturmtrupp treibt's uns dem Heiland nach:

Hinüber retten wir in neue Zeit
Und neue Form den Hort der Frömmigkeit.
Wir ziehn, die Trommel schlägt, die Fahne weht,
Nicht weiß ich, welchen Weg die Heerfahrt geht.
Genug, daß ihn der Herr des Krieges weiß.
Sein Plan und Losung
Unser Kampf und Schweiß.

Amen.

4. Predigt in Greifenstein an einem Sonntag p. Tr. 1924 über Lukas 10,21

Aus früher Jugend Tagen geht uns die Kunde nach von dem alten, schönen, so tiefen deutschen Märchen vom Dornröschen, jenem Königskinde, das in einen Zauberschlaf versenkt, 600 Jahre im Innern der waldversteckten väterlichen Burg lag und träumte, während das Leben im großen Schloß stillstand und ringsum Dornen wuchsen und wucherten, bis man von Wall und Tor und Turm keine Spur mehr sah und keiner mehr Weisung und Weg fand zu dem schlafenden Kinde. Vielmehr jeder, der es zu schauen unternahm, in den Dornen sich verirrte und hängenblieb und erstickte.

Dies Märchen mit seinem sprechenden Bild kommt mir in den Sinn, wenn ich die mannigfachen Reden über die Religion höre in unseren Tagen. Mir scheint es dann, als erzähle man auch da von dem Dornröschen, das vor langer, langer Zeit einmal schlafen gegangen und von Dornen dicht und dichter umwachsen sei, sodaß nicht einmal mehr ein Sonnenstrahl das bergende Geranke zu durchbrechen vermag.

Denn was ist's, das wir Kinder des 20. Jahrhunderts von ihr noch wissen? — Ach, wir reden und schreiben viel davon. Wir haben über sie dicke Bücher. Wir lernen die Kunde über sie aus unserem Katechismus, wir singen die Lieder von ihr in unserem Gesangbuch, wir schauen mit ehrfürchtigem Staunen die alte hl. Schrift, die sie einst geschaffen — aber klingt es bei all dem mit leiser tiefer Wehmut nicht immer mit durch: Es war einmal ...

Es war einmal, daß sie mächtig und prächtig herrschte im Volke, die Religion, jugendfrisch und lebensvoll die Herzen bezwang und die Hände regierte und die Menschen reich machte und froh und mit Glauben erfüllte und Liebe und Lebensmut und Wagelust und Schaffenskraft. Es war einmal, daß ihr Segen über dem Land stand, daß man um Friede und Gerechtigkeit, Treue und Hingebung wußte.

Aber das ist wohl schon lange, gar zu lange her. Längst ist die Prinzessin, verwunschen, schlafen gegangen. Kaum, daß man noch weiß, wo das Königsschloß stand. Es habens die Dornen des Alltagslebens, die Dornen des Kämpfens und Mühens, des Hastens und Jagens, des Suchen und Strebens unserer Zeit allzu dicht überwuchert.

Wer kümmert sich noch um so alte Geschichten? Wer hat noch Sinn für das geheimnisvolle Märchendunkel? Ja, wer hat in unseren Tage überhaupt Muße dazu?

Heute gilt das helle, grelle Tageslicht. Heute gelten die Dinge, die sichtbar, greifbar hart sich im Raum stoßen. Heute gilt der nüchterne Verstand, der den gesetzmäßigen Zusammenhang, die ursächliche Verfassung des Seins aufhellt. Heute gilt der Nutzen, den verstandesmäßige Erfahrungen und experimentelle Tests liefern.

Religion: nun ja, wir haben auch sie durchforscht und in Systeme gebracht. Gott: wir haben sein Wesen in scharf geschliffenen Begriffen analysiert. Wir haben gewissenhaft alle Methoden des wissenschaftlichen Arbeitens angewandt auch auf dies alles. Wir sind eifrig in ihre geheimnisvolle Tiefe gedrungen. Nun ist es erledigt und registriert. Wir sind ja so klug.

Ja, das sind wir. So klug, daß wir gar nicht sehen, wie unserer Erkenntnis Schärfe, ohne zu treffen, durch Gott hingeht wie ein Schwertstreich durch die leere Luft. Wir versuchen, mit dem System unserer Begriffe die Religion zu fassen gleich wie jene Toren einst den Sonnenschein in einem Sack.

Eine staunenswerte Gottesordnung enthüllt sich da — auch der Heiland steht in unserem Text mit Verwunderung vor ihr —: Den Weisen und Klugen gerade ist das Geheimnis Gottes verborgen.

Wir glauben, mit unserem Verstande in mühseliger Arbeit die Dornen um das Märchenschloß durchdrungen zu haben, und verkünden der Welt enttäuscht: Es ist nichts dahinter! Wir merken nicht, wie wir immer nur in ihnen hängen geblieben und in die Irre gegangen sind, bis sacht, wie die leisen Atemzüge des schlafenden Königskindes, zu uns die Regungen eines Lebens dringen aus einer anderen, gar nicht berührten, unsichtbaren Welt.

Was wir mit den Augen sehen und mit den Ohren hören, reicht nicht an sie heran. Sie können wir nicht fassen in das Netz der Prinzipien der Kausalität, des Gesetzes, des Systems, mit dem wir die Natur als Objekt des Physikers einfangen. Sie offenbart sich nur dem, der die blaue Wunderblume fand, die alle Türen öffnet, alles Verborgene sichtbar macht, sie erschließt sich dem Auge, das gelernt hat, hinter die Dinge zu schauen, dem Ohr, das die Sprache der anderen Welt versteht; sie öffnet sich nicht dem Verstand in seiner Klugheit, sondern dem Herzen in seiner Reinheit, dem gläubigen Gemüt, der sich verwundernden Seele, dem „reinen Toren", dem Unmündigen, dem Kind.

Verstehen wir das? — Ich sehe den alten Schriftgelehrten Nikodemus, einen Meister in Israel, in fassungslosem Staunen das Haupt schütteln, daß er, um Gott zu finden, von seiner rabbinischen Weisheit umkehren soll und von neuem geboren werden muß. Ich sehe die Jünger in ihrem Ehrgeiz verwundert und beschämt stehen, daß größer als sie, die alles verlassen haben und Jesus nachgefolgt sind, größer als sie im Himmelreich ein Kind sein soll. Und ich höre den Heiland mit Blick auf die sich den Unmündigen so überlegen dünkenden Weisen und Klugen sagen:„Wenn Ihr nicht umkehrt und werdet wie die Kinder, so könnt Ihr nicht in das Himmelreich kommen!" (Lk. 1817)

Es ist ja damit doch gerade so wie mit der Stellung zum Märchen, von dem ich eingangs sprach. Den Großen, Klugen, den mit dem Verstand Erkennenden ist es nichts, ein Traum, ein Phantom, müßige Phantasie. Den Kindern ist es alles, die höchste Wirklichkeit, wirksamstes Symbol.

Sie leben darin und erleben das ganze Märchengeschehen mit. Ihnen klingen die Glocken der versunkenen Stadt, zu ihnen sprechen die Tiere, ihnen winken die Blumen, ihnen begegnet der Zauberer, die Fee. Vor ihnen weichen die Dornenhecken von selber zurück. Sie können das schlafende Dornröschen sehen.

Was den Weisen und Klugen verborgen ist, den Unmündigen wird es offenbar. „Selig sind, die reines Herzens sind, denn sie werden Gott schauen!" (Mt. 5,8) Für sie springen die Riegel von selbst von der verschlossenen Pforte. An die

Stelle des grübelnden Verstandes tritt für sie die Intuition, das Sichhineinversetzen und Hineinleben in die andere Welt, das Gottesreich, nach dem sie streben. Da beginnt sie zu strömen, jene Urkraft im Inneren des Menschen, die wir Religion nennen. Da wird die Verbundenheit mit Gott wirksam und bewußt. Da wacht das schlafende Dornröschen auf und mit ihm das ganze Königsschloß.

Ein völlig anderes Leben fängt an sich zu regen, ein Leben in der Welt des Geistes. Die alten Interessen werden unwirksam. Die Erdenfreuden verlieren ihren Reiz. Es ist ein Hinausschreiten über das, was wir sonst Leben nennen, es ist ein Sicherheben über die äußere Welt der Sinne. Es ist ein Schöpfen aus dem Unmittelbaren, den lebendigen Quellen des Daseins. Es ist ein Schauen des letzten Grundes, des Ewigen, der Wahrheit. – Heißt es nicht: wer die Wahrheit schaut, der stirbt? (2. Mose 33,20) Nun wohl, so *ist* es ein Sterben auch, ein Sich-selbst-Verleugnen, ein Vergehen. Aber ein Vergehen, das zu einem neuen, weit herrlicheren Entstehen führt, ein erlösendes Sterben, dem eine Wiedergeburt folgt, ein Nacherleben des Mysteriums von Karfreitag und Ostern am eigenen Leibe. Es stirbt das materielle Wesen und wird geboren das eigentliche Leben, das kein Tod mehr tötet.

In das große heilige Schicksal des Gottessohnes auf Golgatha werden wir hineingezogen.

Nun leben wir vom Banne der Menschenweisheit und Klugheit frei, frei von dem Zwange des alles mechanisierenden Intellektualismus, von der starren Gewohnheit des begrifflichen Abstrahierens, die nur durch und für die empirische Welt gebildet sind.

Wie anders die Welt, in der man erkennt durch Miterleben, in der man weise wird im Schauen, in der man nicht nur studiert, sondern selber drinsteht in einem steten Werden und Wachsen und Sich-Wandeln, wo man gewinnt durch Hingabe, wo man herrscht durch Dienen, wo man sich findet, nachdem man sich verlor. Da hat man die eigentliche Wahrheit, die Wirklichkeit, unmittelbar, nicht gefesselt, vergewaltigt, zerstückelt und wieder zusammengesetzt, geordnet, analysiert, seziert, erstickt durch unseres wissenschaftlichen Denkens Gesetze. Das ist die Welt der Religion, die Welt Gottes. Sie kann man nicht erlernen. Sie muß man haben – oder man bleibt ihr ewig fremd.

Liebe Freunde: Es ist ein Grundirrtum unserer Zeit, daß wir, materialistisch befangen, alles nach den Gesetzen der Naturwissenschaft betrachten, verstandesmäßig erklärt, experimentell bewiesen haben wollen. Gar zu hochmütig sind wir, zu stolz auf unsere Weisheit und Klugheit.

Freilich haben wir dadurch große Fortschritte gemacht, geistvolle Wahrheiten entdeckt, ausgeklügelte Kulturwerke aufgebaut. Die Weisen und Klugen beherrschen *diese* Erde und machen sie sich untertan (1. Mose 1,28). Aber sie haben damit auch ihren Lohn dahin. Geben sie ihre Seele dahinein, dann leben sie als tote Larven in einter toten, mechanisierten Welt.

Eine eigene Gerechtigkeit Gottes sieht der Herr Jesus darin, daß Gott den *Unmündigen* als Ausgleich die Herrlichkeit jener anderen Welt offenbart, die eben den Weisen und Klugen verborgen bleibt. Mit freudigem Staunen

bricht er ob diesem Wunderbaren des Vaters im Himmel in jubelnden Lob-
preis aus.

Das eigentliche, wesentliche Leben voll ursprünglicher Frische, voll schöpferi-
scher Kraft leben doch sie, die unreflektiert Gott erleben, die nicht Lehren über
ihn haben, Begriffe von ihm, sondern die ihn selber haben. Die wissen, daß
alles, was wir sehen können mit den Augen und hören mit den Ohren, immer
nur ein Teil des Lebens, nur seine Außenhaut ist, die darum ehrfürchtig das
Geheimnis wahren. Bescheiden bleiben sie sich der Grenzen bewußt, die
unserem klugen Erkennen gezogen sind: „Wir stolzen Menschenkinder sind
eitel arme Kinder / und wissen gar nicht viel".

Ja, liebe Freunde: Mit unserer Weisheit und Klugheit verirren wir uns in den
Dornenhecken um das Königsschloß. Der Weg zu dem schlafenden Königskind
ist ihr verschlossen. Ins Innere des Lebens dringt kein erschaffener Geist. Zum
Leben kommt nur der, dem es von Gott gegeben wird zu schauen, was man
nicht beschreiben kann, zu erleben, was im Wort nicht faßbar ist. Der Unmün-
dige, der Einfältige, der „reine Tor", das Kind. Daß wir doch diese Kunst der
Einfalt lernten!

Ich schließe mit der Bitte des alten Matth. Claudius um Erkenntnis:

Gott, laß Dein Heil uns schauen,
Auf nichts Vergänglich's bauen,
Nicht Eitelkeit uns freun!
Laß uns einfältig werden
Und vor Dir hier auf Erden
wie Kinder fromm und fröhlich sein!
    Amen.

5. Predigt in Greifenstein an einem Sonntag p. Tr. 1924 über Lukas 4,16 - 30

Aus alten Märchen winkt es
hervor mit zarter Hand,
da singt es und da klingt es
von einem Zauberland.
Ach, könnt ich dorthin kommen
und da mein Herz erfreun,
und, aller Qual entnommen,
da frei und ledig sein!

Nicht wahr, liebe Freunde, auch wir kennen die Sehnsüchte dieser Verse, die
Sehnsucht nach dem Zauberland des Märchens, dem Land, da Fried' und
Freude lacht, da wir erlöst sind von des Lebens Not und Qual. Aus frühsten
Kindertagen geht uns die Kunde von ihm nach. Seit uns die Mutter zuerst
erzählte von den versunkenen Zeiten des „Es war einmal ...", da der liebe Gott
noch auf der Erde wandelte, da Tiere und Menschen einander verstanden, gute

Feen und Elfen Hilfe und Glück brachten, hat unserer Seelen Suchen Richtung und Ziel bekommen.

Wo bist Du, holdes Land — geahnt, gesucht, doch nie gekannt? Wir wissen aus unseren Märchen: es sind nur einzelne, Begnadete, denen es sich erschließt, die irgendwo im einsamen stillen Grund die blaue Blume finden, die das Zauberwort kennen, das Einlaß schafft.

Sonntagskinder sind es zumeist, denen das Glück widerfährt. Die den Blick haben für die geheimnisvolle Herrlichkeit des Märchenreiches, das feine Ohr für seine leise lockenden Stimmen. Sonntagskinder, denen man darum im Leben ein gutes Geschick voraussagt.

Möchten wir nicht alle Sonntagskinder sein?

Wir können es, ja wir sollen es nach Gottes Willen. Das ist die frohe Botschaft, die der Herr Jesus in seiner ersten Predigt in seiner Heimatstadt Nazareth bringt. Was der Prophet Jesaja gesagt hat von dem Kommen jenes angenehmen Jahres des Herrn, wo die Menschheit aller Qual frei und ledig werden, das ist in ihm erfüllt vor aller Ohren.

Das Evangelium erklingt von dem Vatergott, der sich in seinem Sohn zur Erde neigt zu lösen und zu retten, zu helfen und zu heilen, aus allen Menschen Gotteskinder zu machen, so viele an ihn glauben.

Ein Gotteskind aber ist ein Sonntagskind — das ist der Schluß, den wir aus unserem Text ziehen.

Zunächst ist das allerdings nur eine Behauptung, die erst erwiesen sein will. Denn so auf den ersten Blick sieht es gar nicht so aus, als ob ausgerechnet das Gotteskind nun ein Sonntagskind wäre. „Ich bin gesandt", sagt der Herr, „zu verkündigen ...": Ist damit nun wirklich das angenehme Jahr des Herrn angebrochen auf Erden?

Wir brauchen nur um uns zu schauen, und der Menschheit ganzer Jammer steht erschreckend vor uns auf [Faust]. Druck und Angst, Hunger und Elend überall. Es ist, als habe der Fortschritt der Kultur den Menschen nicht geholfen, als habe er ihnen nur die Mittel geliefert, noch mehr gegeneinander wüten, noch härter einander drücken und plagen, noch rücksichtsloser sich gegen die anderen durchsetzen zu können. Freudloser werden die Armen von Tag zu Tag.

Gotteskinder sollen Sonntagskinder sein? Gilt nicht ihnen gerade: Nimm dein Kreuz auf Dich und folge mir nach? (Mt. 16,34). Haßt sie die Welt nicht besonders, weil sie nicht von der Welt sind? Wenn die ersten Christen ihr Leben beschrieben, dann redeten sie von Trübsal und Angst und Verfolgung und Hunger. Ist der Apostel Paulus mit seinem schweren Schicksal ein Sonntagskind gewesen, waren es die Märtyrer mit ihrem furchtbaren Ende — war es der Herr Jesus selbst?

Liebe Freunde: der Sonntag ist uns teuer um des Werktags willen. Gerade je größer deren Mühe und Plage war, um so dankbarer begrüßen wir den Segen des Tages des Herrn. So scheint mir gerade um so heller das Licht, die Sonne, die Sonntagsart des hl. Gottes zu strahlen, je tiefer die Welt in Nacht und Grauen taucht.

Leuchtet vom Kreuz nicht am hellsten des Heilands Sünderliebe herab? Beweist nicht gerade in seinem Leiden der Apostel Paulus am überzeugendsten, daß weder Tod noch Leben ihn kann scheiden von der Liebe Gottes ...? (Röm. 8,38) Auf eines dunklen Schicksals Hintergrund hebt sich um so heller ab die Sonnenart des Sonntagskindes, sehen wir bezeugt die Wahrheit: Gotteskinder sind Sonntagskinder.

Natürlich: Es gibt auch für das Sonntagskind sechs Werktage in der Woche. Aber gerade in ihnen soll seine Art sich bewähren. Gerade je grauer und düsterer sie sind, desto heller wird es in sie hineintragen den Glanz und die Weihe und den Frieden des Tages des Herrn.

Menschen, die mit lichten Stirnen schreiten durch die Nacht auf Erden. Führermenschen, lieber Heiland, laß uns finden, laß uns werden!

Das aber sind die Sonntagskinder, die Gotteskinder.

Da steht der Heiland in der Synagoge von Nazareth, seiner kleinen Vaterstadt, deren gedrückte Verhältnisse, deren mühselige und beladene Menschen er doch alle kennt. Hier der Nachbar, der sich so plagen muß Tag und Nacht für das Haus voller Kinder. Dort das alte Mütterchen, das voll Sorgen ganz allein steht in der Welt. Drüben die Armen, die sich beschämt im Hintergrund halten, weil sie in der bösen Zeit nicht alles leisten können, was das Gesetz vorschreibt, da vor ihm der Kranke, von dem Jesus weiß, wie sehr er zu leiden hat jahraus jahrein. Was ist es, das er ihnen zu sagen hat?

Redet er von den Lasten, die sie zu tragen haben? Spricht er von den Machthabern, denen sie dienen müssen? Zeigt er, wie sie verdammt sind unter der Not der Zeit? Will er ihnen klarmachen, daß sie Enterbte sind, Kinder des Elends, Stiefkinder des Glücks?

Nein. Eine frohe Botschaft ruft er ihnen zu, daß sie aufhorchen sollen und staunen und jubeln: Die Enge soll weit werden und licht. Wer wund ist, wird heil, wer gefangen ist, wird los, wer blind ist, lernt sehen, wer arm ist, kann sich freuen.

Mitten in der Not der Zeit ist es da, das angenehme Jahr des Herrn. Hell über dem Dunkel des Alltags voller Plage und Müh geht das Licht des Sonntags auf. Es ist, als weite sich das Gemach, als schöbe seine Hand die Decke über ihren Häuptern zurück, daß sie hineinschauen können in des Himmels Saal. Nicht was die Erde ihnen zugefügt, läßt er sie sehen, sondern was Gott für sie und an ihnen getan hat.

Da ist's, als begännen die verschütteten Brunnen des Märchens zu rauschen, als begännen die Glocken der versunkenen Stadt vernehmlich in die heilige Stunde zu läuten. Die Quellen aller Sehnsucht im Menschenherzen brechen auf.

Was sie dichten und träumen im Märchen, ist hier Wirklichkeit geworden. Gott wandelt auf Erden. Seine Wunder geschehen ringsum. Weit sind die Tore jenes Zauberlandes geöffnet, wo alle Qual verstummt und Friede wohnt, wo Leid und Geschrei und Schmerzen nicht mehr sind, wo Heil und Freiheit winkt. Nicht Kinder des Elends, sondern Gotteskinder zu sein, seid ihr berufen! Erben des Gottesreiches, Sonntagskinder, denen die geheime Pforte erschlossen ist aus der Enge in die Weite, aus der Tiefe in die Höh, aus der Angst der Zeit in den Frieden der Ewigkeit.

So steht der Herr noch immer, auch heute und hier vor uns. — Daß wir doch vertrauend auf ihn hörten! Oder sind wir wie jene Leute in Nazareth, die nur verständnislos staunen und wie taub und blind nichts wahrnehmen von all der zauberhaften Herrlichkeit.

Sie sehen nur, was vor Augen ist, das Äußere, Greifbare, Gewohnte, den Alltag. Was ist denn groß? Da spricht Jesus, Josefs Sohn, wir kennen ihn doch. Von draußen, von Kapernaum, werden große Dinge von ihm erzählt — hier aber merken wir nichts Besonderes, er ist ein Bürger von Nazareth wie wir auch.

Und der Märchentraum versinkt, der Zauber der goldenen Stunde geht vorüber, ohne ihre Seele anzuziehen. Das Bekannte, Gewohnte, Begreifbare triumphiert, die Vordergründe siegen — der Alltag hat die Sonntagsgnadenstunde erstickt.

Was ihnen zum höchsten Heil hätte werden können, wird ihnen sogar zum Fluch. Als der Herr ihre Unempfänglichkeit geißelt, wallt ihr Zorn auf. Sie wollen ihn töten, daß er kaum zu entrinnen vermag.

Wir aber wollen hören auf sein Wort von der *einen* Witwe zu des Elias Zeiten, dem *einen* Naeman bei Elisa, denen geholfen wird. Der Ernst dieses Wortes drängt uns zur Entscheidung. Wir wollen die Stunde nutzen. Die große Masse bleibt blind und taub, unfrei und gebunden von des Alltags Last und Dreck — der *eine* sieht und gewinnt das Sonntagskind.

Es gilt für alle die Urteile über unsere böse Zeit:
Legs dem Leben nicht zur Last,
dünkt sein Wert Dich Plunder:
Wenn du Märchenaugen hast,
ist die Welt voll Wunder!

Diese Augen gilt es zu erbitten, Augen für das Unsichtbare, für die Wunder der Barmherzigkeit Gottes in der Welt. Ein neuer, sechster Sinn muß in den Menschen erschlossen werden, der Sinn für das Hintersinnliche, für den Urgrund der Dinge, für Gott. Wer ihn spürt, der weiß, wie seine Verheißungen alle in Jesus Christus wahr geworden sind. Der erlebt an sich, was er als Wirklichkeit von sich bezeugt: Der Geist des Herrn ist bei mir.

Der geht alle Zeit unter der Sonne durch gute und böse Tage, dem klingts im Lärm der aufgeregten Zeit wie eine feine tröstliche Musik im Herzen, der schaut hinter all den häßlichen, abstoßenden Bildern unserer Tage ein leuchtendes Ziel, der ist in der größten Armut, der drückendsten Dürftigkeit reich, frei, groß in der Gewißheit: Ob ich schon wanderte im finstern Tal, fürchte ich kein Unglück, denn du bist bei mir, dein Stecken und Stab trösten mich. (Ps. 23,4).

Der ist schon hier auf Erden ein seliges Gotteskind — ein wirkliches Sonntagskind!

Amen.

6. Predigt in Greifenstein am Bußtag 1924 über Hosea 6,1 - 2

Auf einem alten Schlosse — so erzählt die Sage — stand in der Ecke eines Gemaches eine Harfe, auf der niemand mehr spielen konnte. Sie war nicht zu Schaden gekommen, und keiner wußte, wo es fehlte. So viele sich um sie mühten — sie vermochten ihr nur schauerliche Mißklänge zu entlocken. Und doch erzählte man, daß sie einst hohen, herrlichen Klang von sich gegeben hätte. — Bis eines Tages ein greiser Spielmann ans Schloßtor pochte und Herberge begehrte. Der sah sich die Harfe an. Und hatte schnell mit ein paar Griffen die Saiten geordnet und gespannt. Als er dann hineingriff, rauschten reine, volle, wunderbare Akkorde durch des Schlosses Hallen. — Es stellte sich heraus, daß der Alte der Meister war, der vormals die Harfe gefertigt hatte. Und der sie um der Undankbarkeit des damaligen Auftraggebers willen in einem unspielbaren Zustand zurückgelassen. —

Liebe Freunde: ein Bild will mir das scheinen für unsere Zeit und ihre Seele. Sie ist verstimmt, diese Seele. Sie schwingt nicht mehr, wie sie einstmals schwang und wie sie schwingen soll nach ihres Meisters Willen, voll und rein. Wer von allen, die in sie hineinlauschen, hört noch reine Harmonien? Schrille Dissonanzen, die einem herzzereißend in die Ohren gellen! Keiner ist, der sie zu spielen versteht, keiner, der den Schaden aufdecken oder gar heilen könnte. Alle Versuche der Menschen, sie zu stimmen, laufen auf neue Mißhandlungen hinaus. Wenn wir doch den Meister kennten, dessen Hand sie entstammt! Wir wollten zu ihm hin — und wohnte er an den Enden der Erde, wir wollten ihn kniefällig bitten, daß er den schrecklichen Fluch der Verwirrung von uns nähme. — Aber so viele auch suchen auf Wegen und Stegen: sie finden ihn nicht.

Horch, da klopft's heute an der Pforte! Horch, da ruft eine Stimme: wegweisend klingt in diese Stunde ihr Klang: *Kommt, wir wollen wieder zum Herrn, denn er hat uns geschlagen ...!* Eine Mahnung zu ernster Einkehr und zu heiliger Umkehr höre ich aus dem Ruf heraus. —

Wo fehlt's denn unserer Zeit? Denn: fehlen muß es doch irgendwo. Sonst stünden wir nicht so fried- und freudelos, so vergrämt und verbittert, so hilf- und ratlos wie verirrte Kinder in ihrem Strom. Das ist ein Brodeln und Branden rings um uns her, ohne daß ein brauchbares Gebilde sich gestaltete, das ist ein Hasten und Irren und Jagen, ohne daß einer wüßte, wo es hinauswill, das ist ein Rasseln und Knirschen und Kreischen, ohne daß eine Harmonie sich herauszulösen vermöchte. Unser ganzes Volk rast wie im Fieber sinnlos durcheinander und widereinander, ohne daß die Krankheit sich besserte. Es ist, als sei die babylonische Verwirrung noch einmal über uns gekommen. In wieviel Parteien sind wir zerspalten! Keiner versteht mehr den anderen. Als wanderten wir in einer fremden Welt, so leben wir mitten in unserem Vaterland.

Wohl sind da viele, die sich als Führer anbieten heraus aus diesem Chaos, viele, die sich zu Ärzten berufen glauben. Der eine sieht den Schaden in unserem politischen Zusammenbruch und will ihn durch Stärkung des deutschen

Gedankens beheben. Der andere erklärt: „Deutschlands Schicksal ist seine Wirtschaft" (Rathenau) und will um jeden Preis Geld und Geldeswert dem Volke schaffen. Der dritte wieder ruft: erst muß die soziale Frage gelöst sein und empfiehlt, mit dem härtesten staatlichen Zwang die persönliche Freiheit zu rationieren. Der vierte erwartet von einer Revolution in der Jugenderziehung, der fünfte von einer Erneuerung der Kirche das Heil und der sechste endlich von alledem zusammen. Und der Schade wird nur größer und die Entfremdung tiefer. Den Grundfehler hat keiner erkannt. Die Besten verzweifeln an der Rettung.

Die große Menge aber, an der Oberfläche haftend und des Sinnes für die Tiefe des Lebens entwöhnt, geht ganz in dem auf, was die Zeit bietet, in der technischen Auswertung dessen, was Menschenverstand uns geschenkt. Und darin allerdings haben wir Großes geleistet. Ich erinnere an den Jubel und die Hoffnungen, die sich an die Fahrt des Zeppelinluftschiffes nach Amerika knüpften. Ich erinnere an die Verbreitung des Interesses an Radiofunkeinrichtungen. Ich erinnere an die Anziehungskraft der Kinos und der Sportplätze — da wird die ganze Armut unserer Zeit offenbar.

Das ist ihr Schaden, daß sie meint, das Seelische durch das Technische ersetzen zu können. Und wenn wir darin auch noch so viel leisten und noch so weit wachsen am Vertrauen auf unser Können — vom Quell des inneren Lebens, von der hl. Ehrfurcht, die uns erst zu Menschen macht, entfernen wir uns immer weiter.

Ich höre aus alledem das leise Weinen einer ungestillten Sehnsucht, die in die Irre ging. Ich sehe die Lage, wie sie der Dichter sieht:

Titanenhafter Mensch, du Weltbezwinger,
Von Meer zu Meere stürmt dein Siegeszug.
An alle Rätsel rühren deine Finger
Und an die Sterne stößt dein Adlerflug.

So mancher Traum, du hast ihn wahrgemacht.
Gewiß, wir habens herrlich weit gebracht.
Wir sehen Großes rings um uns entstehn,
Und größre Dinge werden noch geschehn.

Doch: sind wir glücklich bei dem wilden Jagen?
Ich wende traurig ab mein Angesicht:
Wo wohnt auf Erden doch das Glück? Mit Zagen
Spürt meine Seele: Glücklich sind wir nicht!

Daß wir so weit fort in die Irre gingen, daß wir mit unserem Rennen und Laufen uns verlieren weg von dem Urgrund unseres Seins, daß wir den Meister nicht mehr kennen, der das feine Instrument unserer Seele fügte, daß wir ihr und damit uns selbst fremd geworden sind — das ist der tiefste Grund unseres Unglückes. Ich möchte alle, die so heimwehkrank umgetrieben werden in unseren Tagen, die die Erde durcheilen und keine Ruhe finden, die alles, was die Zeit bietet, haben und nicht befriedigt sind, an der Hand fassen:

Wohin, du müdrer Wandrer du?
Kehr heim ins Vaterhaus!
Du findest sonsten nirgends Ruh,
Läufst du die Welt gleich aus:
Kehr heim!

Kehr heim mit deinem Heimatschmerz
In Jesu Friedensschloß:
Wer nicht zuhaus am Heilandsherz,
Bleibt ewig heimatlos!
Kehr heim!

Ja, kommt, wir wollen wieder zum Herrn! Denn er hat uns zerrissen, er wird uns auch heilen, er hat uns geschlagen, er wird uns auch verbinden. Mir ist auch, als halle der Ruf nicht vergebens Sonntag für Sonntag von so vielen Kanzeln ins Land, mir ist, als besänne man sich in weiten Kreisen auf das eine, was not ist, auf den, der Leben bringt und Auferstehen, die Heimkehr zu dem allmächtigen Vater. Selbst die, die früher gegen die Religion waren [zwei unleserliche Namen], geben zu, daß es ihre Unterdrückung, ihr Sterbenlassen war, das uns so verwundet und zerschlagen hat. Die Sonderung von dem Quell alles Lebens, von der schöpferischen Tiefe, der es entstammt, hat dazu geführt, daß es so leer und frostig, so matt und mechanisch geworden ist, daß wir seine Harmonie, seine Erfüllung nicht mehr finden können. Man strebt wieder heraus aus der knechtenden Herrschaft der Technik der Dinge, heim zur Freiheit des Gotteskindes. Das Urwort „Gott" bekommt wieder einen Klang von tiefer Bedeutung.

Aber wie oft wird es noch verkehrt erfaßt und falsch verstanden. Wie oft tappen wir auf eigenem Weg zu ihm hin, statt uns von dem erfahrenen Gottesmann an die Hand nehmen zu lassen: *Kommt, wir wollen wieder zum Herrn!* Wir suchen ihn in Besitz zu nehmen wie ein Ding dieser Welt. Und das ist er doch nicht. Ob wir wie die Anthroposophen in Dornach eine komplizierte Methode ausklügeln, uns hinaufzuschaffen in den Himmel, oder ob wir wie die hessischen Siedler versuchen, in mühseligem Bau das Reich Gottes auf dem Boden dieser Erde zu errichten, oder ob wir gar wie die sog. Ernsten Bibelforscher seine Gedanken nachdenken und seine Zukunftspläne ausklügeln wollen — wir bleiben immer in unserer eigenen Sphäre, immer in dieser Welt. Gott thront darüber in einem Lichte, da niemand zukommen kann. Zu ihm führt kein Weg, den wir uns selber bauen. Von sich aus hat er die Brücke geschlagen in unsere Verlassenheit. *Kommt, wir wollen wieder zum Herrn,* das kann nur heißen: wir wollen ihn wieder zu uns kommen lassen. Bei ihm steht, daß er uns heilt, bei ihm, daß er uns verbindet. Heile du uns, Herr, so werden wir heil!

Da macht es nicht die himmelstürmende Begeisterung. Der schlichte Gehorsam macht's. Da machen es nicht die großen Worte. Das Schweigen und Harren in Demut muß es tun. Wir dürfen nichts mehr von unserer Vortrefflichkeit, von unserem Verstand, von unseren Werken erwarten — wir müssen es lernen, unser Vertrauen auf sein Walten zu setzen.

Wer waren die, die Jesus einst rief, daß er sie zu Gott brächte? Waren es die Glücklichen, Satten, Selbstsicheren, die Pharisäer, oder nicht vielmehr die Zöllner in ihrer Verzweiflung? So schaut er auch heute nicht auf unsere Leistungen, sondern auf unseren Mangel, unseren Hunger und Durst.

Er fragt euch Männer nicht nach euren Erfolgen, er fragt nach dem geheimen Sehnen, das in euch brennt, nach den Wunden in euren Gewissen. Er fragt euch Frauen nicht nach eurer schweren Arbeit im Haushalt, nach eurer Trefflichkeit als Gattin und Mutter, sondern nach eurer Müdigkeit, eurer Hilflosigkeit. Er fragt euch jüngeren Leute nicht nach eurem Fleiß, euren Fortschritten, sondern nach der Sehnsucht, die euch umtreibt hinaus über das, was ihr habt. Und er fragt euch Alte nicht nach eurem Lebenswerk, nach dem Erreichten, sondern, ob ihr erkannt habt: es ist alles eitel.

So fragt er auch die Frommen nicht nach ihrer Bekehrung und Heiligung, auf die sie manchmal stolz zurücksehen, sondern nach dem Augenblick, wo der Glaube schreit: Herr, hilf meinem Unglauben!

Auf dem Wege Gott entgegen bleibt nichts als ein geängstetes Gewissen und ein zerschlagenes Herz. Nichts als das Empfinden des Gerichtetwerdens, des Vergehens, des Todes.

Die so sterben, an ihm sterben, die macht er lebendig nach drei Tagen, die so verbluten in Schmerz und Scham, die macht er heil. Sie alle dürfen folgen, sie alle dürfen kommen, wenn der Gottesmann einlädt: Kommt, wir wollen wieder zum Herrn!

Amen.

7. Predigt in Greifenstein an einem Sonntag p. Epiph. 1925 über Römer 1,16 - 17

Von den alten deutschen Märchen, die die Brüder Grimm auch in unserer Gegend gesammelt haben, erinnern wir uns wohl aus unserer Kindheit eines, das vom „Rumpelstilzchen" handelt, jenem bösen Geist, der der Königin Kind holen wollte, wenn sie nicht bis zu einem bestimmten Tage seinen Namen erraten hätte. Als ihr das durch einen Zufall glückte, mußte er, seiner Macht beraubt, mit Ärger und Enttäuschung von seinem Vorhaben abstehen.

Diesen Zug der Volksdichtung, daß es die unheimlichen Mächte unschädlich macht, wenn man sie mit Namen zu nennen weiß, finden wir in vielen alten Erzählungen. Der Name steht für das Wesen eines Geistes. Wenn man ihn kennt, verliert er seine Macht, wird er unter die bekannten Dinge dieser Welt eingereiht.

Das Erkennen des Menschen führt ihn empor über alle anderen Wesen, macht ihm die Geister untertan, läßt ihn die Kräfte der Welt beherrschen. „Wissen ist Macht", dies Bewußtsein hat sich dem Menschen früh eingeprägt. Mit der Erkenntnis Fackel hat er Licht in das Dunkel der Welt getragen und ihr „das Prinzip verständiger Ordnung, das wir in uns tragen", wie Goethe sagt, „als

Siegel seiner Macht aufgeprägt". Dieses Prinzips verständige Ordnung erscheint ihm darum als das Ausschlaggebende im Leben. Das Werkzeug seines Verstandes trägt er an alles, was ihn berührt, heran. Mit ihrem Erkennen wollen die Menschen alles meistern.

Was sie alles über Gott und sein Wesen ausgeklügelt haben! Seht die metaphysischen Systeme, mit denen sie die Religion erfassen und verdeutlichen! Wieviel Spekulation ist schon aufgewandt worden, um auch in das Wesen der übersinnlichen Welt, des Gottesreiches einzudringen! Man weiß es nicht mehr anders, als daß man alle Offenbarung Gottes mit dem Verstand begreifen müsse. Man sieht in Christus einen Religionsstifter, wie es hundert andere gegeben hat, im Christentum eine Weltanschauung wie eine naturwissenschaftliche Theorie, im Evangelium eine Lehre wie die eines philosophischen Systems.

Man glaubt, auch für Gott den Namen entdeckt zu haben, der ihn in den Zusammenhang der übrigen Welt einreiht, so daß er nun, ungefährlich und harmlos, ein Werkzeug für den klugen Menschen, ein Helfer in seinem Dienst geworden ist.

Da versinkt das Heilige in dem allzu nüchternen Lichte des gewöhnlichen Alltags, da gibt es kein Geheimnis mehr, das man in Demut verehrt. Da ist es kein Wunder, wenn man erkundet und glaubt: Gott ist tot, dem alles mechanisierenden Verstand, der rationalen Sektion durch den Menschen ist er zum Opfer gefallen. Er ist ein lebloses Ding geworden wie die anderen zählbaren, meßbaren auch.

Diese auf den Menschenverstand eingebildete Sinnesart hat es auch schon im Altertum gegeben. Der Apostel Paulus begegnet ihr in den Großstädten der damaligen Welt. In Athen und Korinth besonders, aber auch in Rom muß er sich mit ihr auseinandersetzen. Die gelehrten Kreise dort verlangen nach Weisheit und sehen im Evangelium eine gar zu einfache Lehre, hilfreich vielleicht für die Einfalt vom Lande, für kindliche Gemüter in der Provinz, zu verachten aber für den gebildeten Städter.

„Ich schäme mich des Evangeliums von Christo nicht", bekennt demgegenüber der Apostel. Und dann kommt die Begründung, die diese [andere] Denkart ins Unrecht versetzt: Das Evangelium ist gar keine Lehre, die irgend etwas dem Verstand begreiflich machen will, es ist keine Theorie, die sich an die Erkenntnis, die Einsicht, das vernünftige Urteil ihrer Hörer wendete. Es ist eine Kraft Gottes, eine Kraft, die über den Menschen kommt und ihn vergewaltigt, ob er es will oder nicht, eine umgestaltende Macht, die ihn ändern, erneuern, beseligen will, die sich nicht an den Intellekt, sondern an den Glauben wendet.

Wollen wir verstehen, was der Apostel meint, dann ersteht vor uns ein Weltbild ganz anderer Ordnung, als wir es zu sehen gewohnt sind. Nicht die mit Begriffen zu fassende Welt der Dinge ist das mehr, jene Welt, deren Wesenhaftigkeit und Wirkensmöglichkeit wir abgetötet haben, indem wir ihre Erscheinungen mit Namen benannten, sondern die Welt des Ursprünglichen, des persönlichen Erlebens, wo das nur Gedachte nichts gilt, was aber gefühlt wird, alles.

Da ist nicht mehr der Mensch das Maß aller Dinge, der, der sie schafft, gestaltet und prägt mit seinem Geist — da zerschellt die Macht des Wissens an dem Irrationalen, da steht im Mittelpunkt der lebendige allmächtige Gott. Da kommt es nur noch an auf seine Gnade. In ihr ruht die Geistigkeit, die vor ihm gilt.

Die Menschen, nach denen da gefragt wird, sind nicht die Weisen und Klugen, die Intelligenten, sondern die Menschen des Glaubens. Denn aus dem Glauben quillt das Leben. Die Gotteskraft des Evangeliums dringt wie ein Blitz vom Himmel durch das Bollwerk des Verstandes ein ins tiefe Herz. Das heißt Christ werden.

Im Glauben gilt's zu Gott hinüber sich zu retten, nicht auf Maß und Zahl, auf Raum und Kausalität, auf den Begriff zu vertrauen, sondern den Mut aufbringen, an den Unsichtbaren sich zu halten, als sähe man ihn.

Das ist das Leben, das Paulus die antike Welt überwinden, Luther gegen Papst und Kaiser sich durchsetzen ließ, das Leben, das in E. M. Arndts Liedern Funken sprühte und Bismarck die Kraft zur Erfüllung schwerer Pflichten gab.

Daß wir doch diese urgewaltige Gotteskraft auch auf uns wirken ließen! Aber wir sind in unserer rationalistischen Zeit so ganz auf das Greifbare und Begreifbare eingestellt, daß wir sogleich in dessen Sphäre auch einbeziehen und umbiegen, was uns die irrationale Welt Gottes anbietet. So wie man den Blitz des Himmels in dem klug erdachten Netz der Blitzableiter auffängt und unwirksam in die Erde ableitet, so fangen wir das Gottesfeuer des Evangeliums in dem erklügelten System unserer Gedankengebilde auf, damit es das Herz nicht in Brand setze.

Wir üben so noch immer jenen Namenszauber der Alten, die die übernatürlichen Mächte bannen und beschwören, d. h. unschädlich und sich untertan machen wollten, indem sie Namen, Wörter für sie erfanden.

Nicht der kennt Gott, der aus dem Evangelium Definitionen für sein Verhalten zu uns herleitet. Nur der kann etwas von Gott wissen, der seine Gnade an sich erlebt. Das Evangelium ist keine Lehre über ihn, sondern eine Kraft von ihm, die nicht mit dem Verstand, sondern im Glauben erfaßt sein will, die uns aus der Schuld in die Unschuld, aus dem Zorn in die Gnade, aus der Hölle in die Seligkeit versetzt. In das „Prinzip verständiger Ordnung" paßt das Evangelium nicht hinein.

Wir müssen mit aller Energie uns losmachen von dem Intellektualismus der Zeit, wenn's um die Religion, um Gott geht. Den Klugen bleiben die Geheimnisse des Himmelreiches nun einmal verborgen.

Wir müssen vielmehr seine Herz und Mut umgestaltende Gnadenkraft in innigem Vertrauen fassen, müssen uns seinem Leiten hingeben in zuversichtlichem Gehorsam, ihn nicht erkennen, verstehen, d. h. zwingen, beherrschen wollen mit unseres Geistes Kraft, sondern ihm folgen in demütigem, ehrfurchtsvollem, gehorsamem Glauben:

Wenn ich auch gleich nichts fühle von deiner Macht, du führst mich doch zum Ziele, auch durch die Nacht.

Amen.

8.   Predigt in Greifenstein an einem Sonntag p. Epiph. 1926 über Lukas 14,7 - 11

Und ist das Reich zerschlagen
Und wiederum dahin,
So hilft kein eitles Klagen,
Das brachte nie Gewinn.
So hilft kein Rückwärtsschauen,
Kein Streit um Schimpf und Schuld,
So gilt es aufzubauen
Mit hoffender Geduld.

Da legst Du ohne Trauer
Die Krone still beiseit
Und bist nur noch der Bauer
Im schlichten Bauernkleid.
Und wanderst hinterm Pferde,
Die Hand an Pfluges Schaft —
Wer heimkehrt zu der Erde,
Dem gibt sie ihre Kraft.

Und wer sich treu und wacker
Bemüht mit frommer Tat,
Dem gibt der alte Acker
Sein Brot und neue Saat.
Es wird nicht lange dauern
— Wie oft geschah es schon —,
Da holen sie den Bauern
Vom Pfluge auf den Thron.   (Will Vesper)

Nicht wahr, liebe Freunde, uns aus dem Herzen gesungen ist die Klage um des Reiches geschwundene Herrlichkeit und das Sehnen nach ihrer Auferstehung. — Stimmen wir auch ebenso mit dem Dichter überein in dem Wege, den er weist zu ihr hin?

Es ist doch ein energisches „Halt!" und „Kehrt!", was er uns zuruft, eine unbequeme Wendung, eine strenge Buße, was er fordert. Es ist die Anwendung des Rezeptes der Hl. Schrift: Die Letzten werden die Ersten, die Kleinsten die Größten sein: *Wer sich selbst erhöht, der wird erniedrigt, wer sich selbst erniedrigt, der wird erhöht werden.*

Ich glaube, daß das Heilmittel probat ist und unserer Zeit kaum eines so nötig als dieses.

Riesengroß ist die Gefahr gewachsen, daß wir uns selbst verlieren. Wir brauchen festen Boden unter den Füßen, sonst verschlingt uns der Strudel. Wenn uns die Augen dafür aufgehen, daß wir mit unserer Kultur auf allen Gebieten, sei's Wissenschaft, sei's Kunst, sei's Wirtschaft, sei's Politik uns in eine Sackgasse verrannt haben, daß wir in lauter Widersprüchen uns selber widerlegen, daß alle gefundenen Werte sich wieder auflösen — der Heiland ruft uns zurück und stellt uns wieder an einen Anfang. Haben wir alle Möglichkeiten des Aufstiegs erschöpft, stehen wir auf der Spitze, haben wir uns obenhin gesetzt, daß keiner mehr „Freund, rücke herauf!" uns sagen kann — dann gilt es wieder hinabzutauchen in die Tiefe. Dahin, woher wir gekommen sind, um den Aufstieg von neuem zu beginnen, ohne uns diesmal wieder zu versteigen.

Das müßten wir wirklich können, was der Dichter als selbstverständlich annimmt: „Da legst Du ohne Trauer die Krone still beiseit und bist nur noch der Bauer im schlichten Bauernkleid." Der Uranfang, die Keimzelle des Werdens, der Quellort aller neuen Möglichkeiten ist uns damit gezeigt: der schlichte, einfache Bauernsinn, der nichts von sich selber sein und gelten will. So kämen wir unter die Wahrheit der Bildrede unseres Textes: *Wer sich selbst erniedrigt, der wird erhöht werden.* —

Wir kennen das Märchen vom Hans im Glück, jenem einfältigen Menschen, der erst wieder froh wurde, als er alle seine Reichtümer, die ihn nur beschwerten, wieder hingegeben hatte. Ein sehr dummes Märchen, nicht wahr? Ja, dumm im Sinne unserer Bildung, ein Märchen voll tiefer Lebensweisheit aber für den, der zu hören versteht, ein Märchen, in das unsere Vorfahren ihre Wesensart geprägt haben.

Erst wenn wir loskommen von den Dingen, in denen wir es suchen, kommen wir zum Leben, will es sagen. Nicht der Besitz, sondern die Arbeit, nicht das Haben, sondern das Sein ist es, was die Lebensfreude gibt. So ist es deutsche Art. Aus den schweren Zeiten der Heimsuchungen hat unser Volk stets den größten Segen gezogen. So entspricht es auch dem Geist des Evangeliums. „Unten an!", ruft der Herr uns in unserem Gleichnis zu. Dann habt ihr Aussicht, wieder empor zu kommen.

Wollen wir da nicht Buße tun? Bekennen, wie hochmütig wir geworden sind in dem Kulturdünkel, in dem Fortschrittsrummel unserer Zeit, wie erschreckend oberflächlich und hohl, geblendet von den selbstgeschaffenen Vordergründen dieser Welt.

Man muß sich die Tonangeber, die Wortführer des Zeitgeistes, die sich selbst so wichtig nehmen, einmal ansehen. „Drei Dinge", las ich die Woche in einem Brief aus Berlin, „beherrschen die Hauptstadt zur Zeit: die Mode, der Film und der Sport".

Und nach diesen Dingen in der Stadt schauen wir mit neidischen Blicken. Und um dieser zerfallenden Oberflächenkultur willen geben wir die echten Werte des Landes hin, verraten wir die tiefe, treue Art der Väter? Warum müssen wir hinauf in diese ungesunde Übersteigerung der Zivilisation, wo es für uns nur noch heißen kann: rücke hinab? Warum können wir nicht aus freiem Entschluß auf solche verderbliche, nivellierende Verstädterung verzichten und uns unserer Eigenart getreu untenan setzen, daß wir es zu hören bekommen: Freund, rücke herauf! Wenn du doch aufwachen wolltest, du deutsches Landvolk, und dich besinnen! Dann wirfst du ohne Trauer die Krone still beiseit und bist nur noch der Bauer im schlichten Bauernkleid.

Ist die Wesensart des Landvolkes nicht wertvoller als die in der Stadt? Ist sie nicht kraftvoller und gesünder an Leib und Seele? — Man wird dem entgegenhalten: Aber aller Fortschritt geschieht doch in der Stadt! Da denkt man alle neuen Gedanken, da erzeugt man die technischen Güter. — Gewiß, dieser Fortschritt, dieses abstrakte Denken, diese Häufung von Gütern ist es gerade, woran wir leiden. Die Übersättigung mit irdischen Dingen knechtet den Menschen, verstrickt ihn in die Welt und nimmt ihm die Tiefe, löst ihn vom Urgrund seines Wesens, vom ewigen Leben, von Gott. — Dagegen steht warnend die Heilandsfrage: Was hülfe es dem Menschen, wenn er die ganze Welt gewönne und nähme doch Schaden an seiner Seele?

Herausgelöst aus dem Vielzuvielen, frei von den Einflüssen der Mode und der Masse nur wird der Mensch Mensch. Verbunden mit den Werken Gottes in der Natur nur findet er seinen Schöpfer.

Es klingt doch ganz anders, viel tiefer als alle stolzen Fanfaren aus der Stadt, was ich einmal als Inschrift in einem hessischen Bauernhofe fand:

Ein Bauer bin ich. Ich breche die Erde,
Die meiner Väter Saaten trug.
Allein mit meinem dampfenden Pferde,
Allein mit mir und meinem Pflug.

Die Scholle ist zäh, mein Tritt ist schwer,
Mein Mund ist stumm wie das stumme Land.
Aber: Gott schreitet neben mir her
Und führt das Eisen in meiner Hand.

Das ist ursprüngliches, unmittelbares Empfinden. Da spricht das für die andere Welt erschlossene Gemüt. Das ist nicht der rechnende, messende, wägende alles verstehen wollende, kalte, klare Großstadtgeist. Das ist das warme Lebensgefühl eines ungebrochenen Seelentums, das ahnend noch in zwei Welten lebt, das den Rhythmus des Ewigen empfindet, wie er durch die ganze Schöpfung geht, und sich selber von ihm getragen weiß. Auf dem Lande, liebe Freunde, da baut sich eine Welt, die der Stadtmensch gar nicht versteht, eine „primitivere", aber viel reichere, alle Lebensfülle in sich schließende, voll tausender zu verwirklichenden Möglichkeiten:

Das ist die Welt der bäuerlichen Seele, die mit dem Schöpfer verbunden ist, unberechenbar, unfaßbar für Definitionen, wunderlich und rätselhaft, ihren Trägern selber nicht klar bewußt. Der echte deutsche Bauersmann hat immer etwas an sich vom Kinde und vom Träumer, Augen, die durchschauen durch die sinnlichen Vordergründe des Daseins, Ohren, die in jedem Acker, jedem Baum die Geister des Dorfes und der Feldmark reden hören.

Eine Welt, die sicher ein Erstes, ein Anfang, ein Unten ist, die aber alle Zukunft in sich birgt. Denen, die in dieser Welt leben, kann nur gelten: Rücke herauf! Da ist Gott nicht Begriff einer theologischen Schule, sondern eine reale Macht. Da beugt man sich ihm in ehrfürchtiger Scheu, da nimmt man, was das Leben bringt, demütig als Schicksal aus seinen Händen.

Der Städter spürt in dem Geschehen dem Zusammenhang von Ursachen und Wirkung nach, der Landmann erspürt darin Gottes Willen, wie Feld und Flur, Saat und Ernte Gottes Willen ausgeliefert sind. Es ist aus seiner Frömmigkeit heraus gesungen und klingt auf dem Land anders als in der Stadt: Befiehl du deine Wege und was dein Herze kränkt der allertreusten Pflege des, der den Himmel lenkt.

Fürwahr, unendliche ungehobene Schätze birgt das Land! Neues Leben ist, wenn die Großstadt abgewirtschaftet hatte, noch immer aus dem Bauerntum gekommen. Verwachsen mit der ihm von Gott anvertrauten Scholle, fühlt der Landmann all deren gestaltende Kraft durch sich hindurchgehen. Wie jener Riese Antäus, der Erde Sohn, der immer stärker wurde, je mehr er im Kampf zu Boden fiel. ,,Unten an! Hinunter zur Erde!" ,,Wer heimkehrt zu der Erde, dem gibt sie ihre Kraft." Ihre Auferstehung bringende Schöpferkraft. Wer sich selbst erniedrigt, der soll erhöht werden!

So ist der deutsche Bauer auch heute die letzte Hoffnung für einen Aufstieg unseres Volkes − Gott lasse euch das erkennen, lasse euch nichts anderes sein wollen, als was ihr seid, daß ihr treu erfunden werdet in eurer herrlichen Berufung!

Möge sich am Bauersmann erfüllen, was ein alter hessischer Bauersmann sich wünscht:

Wenn unterm Glockenläuten
Vom Heimatkirchlein traut
Die Nachbarn mich geleiten
Dahin, wo's Grab gebaut:

Als Weizenkorn gebettet
In Jesu Wort und Blut,
Die Seele heimgerettet.
Wie wohl der Bauer ruht!

Dann wirds nicht lang mehr dauern
− Wie oft geschah es schon −
Dann holen sie den Bauern
Vom Pfluge auf den Thron.

Amen.

9. Predigt in Greifenstein im Advent 1926 über Matthäus 5,3

,,Es liegt verborgen in der Menschenbrust, / verschüttet oft und vielen unbewußt / ein heilig Tor, das, fest verriegelt, / Geheimnis birgt. − Wir hätten's gern entsiegelt. / Doch, ob wir rütteln mit trotz'ger Kraft, / wir sprengen nicht der Bänder starke Haft. / Doch kann die Demut, die um Einlaß pocht, / was Stärke nicht, noch Klugheit hat vermocht, / die Riegel lösen: nun vollzieht's sich sacht, / es wird das Tor von innen aufgemacht. / Was sie hier sahn, die selig gingen ein, / Geheimnis ist's und wird es immer sein. / Nur mögt ihr wohl in ihren Augen lesen / die frohe Kunde, daß sie dort gewesen."

Einsam und öde ist's in der Welt geworden. Die Erde hat ihr buntes Sommerkleid abgestreift. Kurz ist der Tag nun, früh kommt die Nacht. Die tausend Tore in der Umwelt, die uns sonst lockend offenstanden,. schließen sich eines nach dem andern zu.

Da kehrt von selber sich der Blick nach innen. Das heilige Tor in Deiner Brust gewinnt wieder verstärkte Bedeutung. Ein heimliches Leben ist nun dahinter aufgewacht. Es raunt und rauscht / wie von verborgenen Quellen. Es pocht und hämmert drin / wie neu erwachendes Leben. Wie der Takt zu einer alten seligen Melodie, die auf einmal rings die Luft erfüllt: „Wie soll ich Dich empfangen und wie begegn' ich dir, o aller Welt Verlangen, o meiner Seelen Zier?". Ja, es ist wieder Advent geworden.

Die Tür, die geheimnisvolle Tür! — Wie Kinder vor dem verschlossenen Weihnachtszimmer stehen, stehen wir verlangend davor, voll Ungeduld, daß sie aufgehe. Wie kommen wir nur hinein, die verborgene Herrlichkeit zu schauen? Wie schenkt sich uns der Schatz der anderen Welt, der Reichtum Gottes, den wir dahinter vermuten?

Liebe Freunde! Das Jesuswort vorhin, die erste der Seligpreisungen der Bergpredigt, gibt die Antwort, weist den Weg zum Beginn der Adventszeit. „Selig sind, die arm sind im Geist", denn „es kann die Demut, die um Einlaß pocht, was Stärke nicht noch Klugheit hat vermocht: die Riegel lösen. Nun vollzieht sich's sacht, es wird das Tor von innen aufgemacht." Wir wollen das zu verstehen suchen und dazu eine alte Wahrheit zu Hilfe nehmen.

Wenn die frühe Dämmerung niedersinkt und die langen Abende die Familien um des Lichtes gesellige Flammen sammeln, dann wachen wohl die alten Märchen wieder auf und alt und jung freuen sich an ihren alten, schönen Bildern.

So steht uns jetzt gewiß vor der Seele auch jenes Märchen von den Sterntalern, das Gleichnis von dem Kind, das alles, was es hat, fortschenkt, bis es selbst ganz arm und hilflos, nackt und bloß, einsam im Wald steht. Da geht die Tür auf zu den Schatzkammern der anderen Welt. Da fällt von droben ein reines, weißes Hemdchen über es und die glitzernden Sterne regnen vom Himmel herunter lauter blanke, silberne Taler. Wir haben ja wieder erlebt, wie reichlich die Erde, die durch das Kind im Märchen symbolisiert wird, mit vollen Händen ohne Bedenken, ohne Vorbehalt, sich arm und ärmer schenkt, bis sie all ihres Schmuckes, der bunten Blumen, des leuchtenden Grüns beraubt, bar aller Habe, der goldenen Ähren, der reifen Früchte, nackt und bloß, abgeerntet und ausgeplündert dasteht. Doch der barmherzige Himmel wirft sein weißes Schneehemd über sie und regnet des Segens Fülle von droben, von den Sternen, auf sie nieder, füllt ihr die Hände neu mit Reichtum, neuen Schätzen.

Weit über diese Grundbedeutung hinaus wird uns dies Märchen heute hier aber wertvoll, weil es uns so recht anschaulich machen kann, wie die geheime Tür zu der verborgenen, anderen Welt sich öffnet, wo der Weg zum Himmelreich geht, und was es ist um Gottes Gnade, dem Thema der Adventszeit. Da, wo die Menschenseele ganz arm, ganz leer, ganz alles eigenen Besitzes bar, auswegslos Gott gegenübersteht, da ist sie bereit, daß des Himmels Sterne in ihren Schoß fallen können. *Selig, die da arm sind in ihrem Geist, denn ihrer ist das Himmelreich.*

Haben wir das verstanden, dann darf schon ein großes Staunen und ein tiefes Erschrecken durch unsere Seele gehen. Dann ist ja all die viele Mühe, die wir uns geben, umsonst, verkehrt die Richtung, die die Menschen gehen mit ihrem Fragen und Suchen. Dann brauchen, ja, dann dürfen wir gar nicht verstehen, begreifen, wissen wollen. Nicht Geist-reich, — arm im Geist sein ist die Losung.

Siehe, tiefen Geheimnisses voll ist die Zeit. Es raunt und wispert durch sie hin von seligster Verheißung. Auf außerordentliches Geschehen ist alles Denken eingestellt. Ein Wunder zu schauen, bereiten sich unsere Augen: *das Himmelreich ist nahe herbeigekommen.* Das ganz, ganz Andere, die Welt Gottes will sich herablassen auf die Erde. Müssen wir da nicht auch ganz anders hören und darauf achten und warten: Arme im Geist, *denn deren ist das Himmelreich.* Haltet doch einmal inne, liebe Freunde, mit Eurem Eilen und Hasten, Euren sich überstürzenden Weihnachtsvorbereitungen! Ihr müßt umdenken lernen! All das Suchen und Sammeln, alles Haschen und Gewinnen führt nicht zum Ziel. Anders will es der Heiland in seiner Seligpreisung, anders lehrt es die Märchenweisheit unserer Väter. Wer ganz einsam seine Straße zieht, fern ab vom Gebrause und Getöse der Welt, wer von dem, was er sein nennt, ein Stück nach dem anderen weggibt, bis er selbst nichts mehr hat, der ist auf dem rechten Wege. Solange das stolze Selbstgefühl noch mitschwingt, solange der Mensch bewußt und gewollt nach dem Himmel zu Gott hinaufklettern will, bleibt er unempfänglich für ihn. Alles Menschenwissen und Menschenerkennen verbaut Gott nur den Weg, aller Witz und Geist verrammelt der Seele Pforte. Wer sich einbildet, er selber hätte die Lösung eines der allerernstesten Probleme, die heute die Welt erschüttern, gefunden, ist unbrauchbar für der Weihnacht große Freude. Er versteht ihn gar nicht, den Allmächtigen, vor dem alle Menschenleistung zunichte wird, und der nur schenkt und gibt aus freier Gnade. „Wie soll ich dich empfangen und wie begegne' ich dir?", fragen wir, und hören Luthers Antwort: „Ich glaube, daß ich nicht aus eigener Vernunft noch Kraft an Christum, meinem Herrn, glauben oder zu ihm kommen kann." Auch das Letzte vom Eigenen muß erst noch fort. Der Mensch muß im Geist ganz arm, ganz bedürftig werden. Im Bewußtsein vollkommener Ohnmacht, durchdrungen von dem beschämenden Gefühl absoluter Bedürftigkeit, gilt es, Gott gegenüberzustehen unter dem erhabenen Glanz seiner Sterne, ohne alles Begehren, ohne Anwartschaft auf irgendeinen anderen Lohn als nur den des Geistes.

Da beginnt es wohl vom Himmel herabzurinnen wie silbernes Sternenlicht und füllt mit seinem Glanz die Seele, die arm und leer geworden ist. Da vollzieht sich das Wunder, das Ewige schenkt sich in unendlicher Fülle in die Leere, die der von sich selber freigewordene Mensch empfindet. Die arm geworden sind in ihrem Selbstbewußtsein, die haben die angemessene Voraussetzung des kommenden Gottesreiches erfüllt. Es ist damit, um einen menschlichen Vergleich zu brauchen, wie mit dem Gottesfunken im Menschengeist, den wir „Genie" zu nennen pflegen. Auch der glüht stets nur unbewußt, der wirkt ohne klaren Willen, ohne die Kontrolle der Vernunft. In instinktiver Sicherheit, unabsichtlich wie im Rausch, wie von Sinnen, schaffen die Großen ihr ursprüngliches, bleibendes Werk, das nicht die Minderwertigkeit der Erde an sich trägt. Das Vertrauen zu sich selbst, zur eigenen Kraft, dem eigenen Können, zu Fähigkeiten des Menschengeistes mag brauchbares Handwerk geben. Erfüllung aber gibt es nur, wo die Übermacht der Gewalt von droben das Ich mit all seinen Funktionen zersprengt.

So, liebe Freunde, wendet sich unser Advent auch gegen das Philistertum der ungebrochenen Oberfläche. So kommt des Himmels Weihnachtssegen nur zu denen, die in Demut, in selbstentsagender Bereitschaft von Gott sich beschenken lassen, die in Ehrfurcht und Demut sich Gott hingeben, sich von ihm durchwalten und gebrauchen lassen, unvermögend, ohnmächtig, — siehe: denen fallen die Sterne des Himmels in den Schoß, die sind zum Reiche Gottes berufen.

Es liegt auf der Hand, liebe Freunde, wie unsinnig der in unserer Zeit so oft gehörte Vorwurf der übersteigerten Geistigkeit unserem Glauben gegenüber ist. Er soll doch in der Adventszeit zum Schweigen kommen, wenn wir uns dem höchsten Erleben entgegenbereiten nach dem Heilandswort: „Selig sind, die da geistig arm sind, denn das Himmelreich ist ihrer". Es gibt wohl keine schärfere Entwertung des Menschenvermögens, kein vernichtenderes Urteil über den „Geist". Gnade nennt die Schrift, was Ewiges vermittelt. Ganz wie im Märchen tut sich die ewige Welt geheimnisvoll auf nur durch Gnade. Und Gnade spottet der Erklärung, des Begreifens, des Verstandes, des Geistes. Gnade ist die von Gott ausgehende rätselvolle, schöpferische, den Menschen umwandelnde Kraft.

Für Gott brauchbar, Adventsmenschen, werden wir nur in absoluter geistiger Bedürftigkeit. Der kann Weihnachten feiern, der beten kann: „Nun weiß ich, was das Herze stillt auf sturmumbraustem Pfade, mit ew'gem Reichtum es erfüllt, 's ist Gnade, nichts als Gnade!"

Amen.

10. Predigt in Greifenstein an einem Sonntag p. Epiph. 1927 über 1. Petrus 5,5 - 11

Eine Briefstelle, liebe Freunde, aus alter Zeit! Einer Zeit aber, die in vielem verwandt war mit der unseren. Schwere Zeit, eine Zeit des Jammers, wo viel Leiden über die jungen Christen in der Welt gingen. Kaum waren sie ins Leben eingetreten, kaum hatten sie ihren Lauf begonnen, da kamen auch schon die Prüfungen des Glaubens hart und schwer. Verfolgungen brachen los, Feindschaften entbrannten. Die Welt bot alle ihre Macht und List auf, die Neulinge im Glauben zu verderben, sie wieder zum Abfall zu bringen.

Gefahren lauerten aller Enden. Mit Sorgen nur konnte man leben von einem zum anderen Tage. Und in den Gefahren und in den Sorgen schlummerte die Versuchung. Da trat immer wieder die Lockung zum Abfall, zur Untreue, zur Verleugnung des Gewissens, zum Mord an der Seele der Neubekehrten heran. Dem möchte der Brief mit seinen Mahnungen begegnen: zur Vorsicht, zur Wachsamkeit ruft er immer wieder auf. Werdet nicht sicher und übermütig und vorwitzig, wenn ihr die Gefahr nicht seht! *Bestebt in der Demut!*, ist sein Hauptanliegen. *Denn Gott widersteht den Hoffärtigen, aber den Demütigen gibt er Gnade.* Laßt euch von der Sorge aber auch nicht niederdrücken, sondern werft sie auf Gott. Bei ihm steht die Macht zu retten und zu helfen. In allem aber: „Seid nüchtern und wachet, denn euer Widersacher, der Teufel, geht umher wie ein brüllender Löwe und sucht, welchen er verschlinge!"

Das klingt wie die Mahnung eines besorgten Vaters, wie die Ratschläge einer treuen Mutter an ihre Kinder, die sie einen schweren Weg ziehen lassen muß, ohne ihnen helfen zu können. Und in der Tat, es ist ein Appell an eine junge Christengemeinde in schwerer Zeit. Stürme sind über sie hereingebrochen. Kaum, daß sie richtig Wurzel geschlagen hatte im Lande des Glaubens, drangen Verfolgung und Feindschaft der Welt von allen Seiten gegen sie an. Der römische Staat hat die Parole ausgegeben: „Gegen die Christen!" — so sind sie, wo sich blicken lassen, auf der ganzen Erde vogelfrei. Das war nicht leicht für das junge Feuer der Neubekehrten, sich zu entwickeln zu wärmender Glut, wo soviel von allen Seiten dämpfte.

„*Wie ein brüllender Löwe*", sagt der Apostel. Das erinnert doch an die Gleichnissprache des deutschen Märchens. „Hütet Euch vor dem Wolf!", sind die Mahnworte der Mutter an die sieben Geißlein, als sie geht und sie unbeschützt lassen muß.

Dort der Teufel im Bilde des stärksten Raubtiers des Morgenlandes, hier der Böse, verkörpert in dem blutgierigsten Räuber des deutschen Waldes. In der Tat, es sind beidesmal ganz dieselben Gedanken, die uns ans Herz gelegt werden sollen, so daß wir diese Märchen gut als erklärende Illustration zu unserer Textstelle gebrauchen können. Laßt uns sehen, was wir an ewiger Wahrheit daraus gewinnen!

Mag es sein, daß dies Märchen, wie die meisten wohl, ursprünglich einem Wunder in der Natur seine Entstehung verdankt. Es ist den Vätern aber der Lauf der Dinge draußen immer zugleich ein Gleichnis geworden für Menschenschicksal. Eine Gottesoffenbarung, eine Lebensweisheit haben sie in ihm ihren Kindern und Enkeln hinterlassen wollen.

Kommt nicht für jeden Vater, jede Mutter einmal die Stunde, wo sie die Kinder entlassen müssen aus sorglicher Elternhut. Eine Stunde besonders schwer, wenn man weiß, der Widersacher, der Teufel gehet umher wie ein brüllender Löwe. Wird die Unerfahrenheit, die Schwachheit der Kinder ihm auch widerstehen? „Hütet Euch vor den falschen Propheten, die in Schafskleidern zu Euch kommen, inwendig aber sind sie reißende Wölfe". (Matth. 7,15) So mahnte einst einer die Seinen, die er auch ungefestigt und unerfahren zurücklassen mußte, als er ging. „Hütet Euch vor dem Wolf!", ist auch im Märchen der Mutter Abschiedswort.

Ja, wenn die Kinder nur nicht so sicher und so leichtsinnig wären den Mahnungen der Alten gegenüber und der Wolf so listig und schlau! Die Geißlein lächeln über die vorsichtige Alte, wie eben Kinder lächeln, denen das Wissen ums Leben noch fehlt: „Wir wollen schon achtgeben, sei ohne Sorge!" Sieh, da wird verständlich, warum der Apostel besonders mahnt: „Ihr Jüngeren seid untertan den Ältesten." Folgt ihren Weisungen, hört ihren Rat. Werdet vor allem nicht sicher, nicht übermütig, nicht leichtsinnig, sondern haltet an der Demut fest." Denn Gott widersteht den Hoffärtigen, aber den Demütigen gibt er Gnade!"

Wir sehen's im Märchen:

Es ist wie im Leben, als habe der Wolf nur die Stunde abgepaßt, wo die Jungen sich selbst überlassen sind, prompt ist er da. Und die Geißlein sind ja auch wohl auf der Hut und wehren ihn ab, einmal und noch einmal. Aber der Wolf findet Helfer. Ist es nicht wirklich so, daß immer wieder die Bosheit und Dummheit der Menschen dem Teufel Vorschub leistet, daß er sein Böses vollbringt? Mit ihrer Hilfe vermag er die Stimme zu verstellen, daß sie fein und gütig klingt, wie die Stimme derer, die es gut mit uns meinen. Und mit ihrer Hilfe wird die schwarze Pfote übermalt, daß der Wolf gar nicht mehr aussieht wie ein Wolf und niemand den Pferdefuß des Bösen gewahrt. Ihr armen Geißlein, nun seid ihr in eurer Harmlosigkeit übertölpelt! Ihr armen, jungen Menschenherzen, nun schiebt ihr den Riegel weg, nun ist es um euch geschehen! Und habt doch so manchmal wohl als Kinder der Mutter nachgebetet: „Ein reines Herz, Herr, schaff in mir, schließ zu der Sünde Tor und Tür!" Ja, wenn ihr im Glauben widerstanden und den Schlüssel allein in Gottes treue Hand gelegt hättet! Ja, wäret ihr nicht aus der Demut gefallen und hättet gehorsam der Mutter letzte Mahnung befolgt: „Hütet Euch!" – „Den Demütigen gibt Gott Gnade, aber Hoffart kommt vor dem Fall!" Ist dem Wolf einmal aufgetan, dann hilft die Reue nicht, dann hilft kein Flüchten mehr und kein Verstecken. Wer Sünde tut, der ist der Sünde Knecht. Wie ein Löwe, der vor Hunger brüllt, stürzt sich der Böse auf seinen Raub und läßt nicht eher nach, als bis er alles Erreichbare verschlungen hat und satt ist, satt zum Bersten.

Haben wir es anders erfahren in unseres Volkes Geschick? Seht, da kam erst der Krieg mit seiner schweren Not, die mit dämonischer Macht menschliche und göttliche Gebote zerbrach. Und die Zwangswirtschaft kam, und der Wolf schlich umher im Gewande der Fürsorge, und es wurde Betrügen daraus. Dann kam die Revolution. Der Wolf klopfte an und nannte sich „Freiheit" und es wurde schauerliche Frechheit. Dann kam die Inflation und der Wolf sprach von Aufwertung und Abfindung. Als er fertig war, war Diebstahl daraus geworden. Ein Riegel nach dem andern fiel von dem Heiligtum der deutschen Volksseele. Nun ist der Wolf drin, nun würgt er da, nun wird das Oberste zuunterst gekehrt, Recht zu Unrecht, Unrecht zu Recht. Nun soll schwarz weiß sein und weiß schwarz. Alle Zucht und Sitte, alle Größe und Autorität, alle Reinheit und Wahrhaftigkeit, Glaube und Liebe, alles wird vernichtet, zerrissen, zerfetzt und getötet. Und Mut und Ehre, Schlichtheit und Einfachheit, Treue und Zuverlässigkeit und was alles die Urseele eines Volkes seit Jahrhunderten gehegt und gepflegt, liegt im Staube.

Oh, der Jammer, als die Mutter nach Hause kommt und die Verwüstung sieht! Der Tisch, an dem die Familie sich sammelt, umgestürzt. Das Bett, sonst zum erquickenden Schlaf bereitet, zerrissen und durchwühlt. Die Waschschüssel, die sonst das klare Wasser hält, zerschlagen. Alle Kinder ruft sie der Reihe nach mit Namen, aber alles bleibt tot und stumm.

So könnte das Märchen wohl schließen. Aber es bleibt ebensowenig wie unser Text stecken im Jammer und in der Hoffnungslosigkeit. Der Glaube, der nach oben sieht, ist stärker als irdische Voraussicht. Was beim Menschen unmöglich ist, bei Gott ist es möglich. Sein Wille steht auch über der Vernichtung. Er kann aus dem Tode Leben schaffen. Er verwandelt das Leid in die Rettung. „Der Gott aller Gnade", sagt der Text Vers 10, „... der wird euch, die ihr eine kleine Zeit leidet, vollbereiten, stärken, kräftigen, gründen." „Darum demütigt Euch unter die gewaltige Hand Gottes, daß er euch erhöhe zu seiner Zeit. Alle eure Sorge werfet auf ihn, denn er sorgt für euch."

Und das Märchen weiß von dem Wunder, wie des Wolfes Untat ihm selbst sein Verderben wird. Gott läßt den glimmenden Docht nicht verlöschen und zerbricht das zerstoßene Rohr nicht ganz. Ganz im hintersten Winkel des Hauses, da glimmt ein letztes Lebensfünklein noch. Ganz leise, aber deutlich regt sich im Uhrkasten noch Leben. Ganz leise, aber nicht unterdrückbar, klopft es doch auch in dem verwüsteten Herzen noch. Das erzwingt schließlich die Aufmerksamkeit der trostlos Lauschenden. Sie vernimmt ein feines Stimmchen: „Ich bin noch da". Ein Etwas, nenne es die Stimme des Blutes, nenne es den göttlichen Funken in der Seele, nenne es eine letzte Scham, das wehrt sich gegen die Vernichtung. Warum es der Wolf übrig ließ? Wohl weil er noch nie ein Ohr gehabt hat für diese feinste Regung des Lebens. So war das letzte und kleinste Geißlein gerettet.

Von dem Unscheinbaren, dem Schwachen, dem ganz feinen Stimmchen im verborgenen Winkel geht die Wendung aus. Was schwach ist in der Welt, das das hat Gott erwählt, daß er zu Schanden mache, was etwas ist (1. Kor.1,27f.). das hat Gott erwählt, daß er zu Schanden mache, was etwas ist (1. Kor. 1,23). „Laß Dir an meiner Gnade genügen", spricht er, „denn meine Kraft ist in den Schwachen mächtig" (2. Kor. 12,9). Es ist, als ob das Märchen das der Gemeinde verdeutlichen wollte. Und was dem Bösen erst Gewinn deuchte, wird ihm zum Untergang. So zeigt das Märchen, was es ist um den Trost, zu dem der Apostel nach oben weist: Gott! Der Gott aller Gnade, der wird seine Berufung durchführen.

Liebe Freunde! Auch wir stehen vor Trümmern.

Auch bei uns liegt so vieles darnieder, was die Väter mit Mühe gebaut. Auch uns könnte die Verzweiflung überkommen, sehen wir, wie der Wolf sich öffentlich breitmacht, lesen wir nur eine einzige Nummer der Tageszeitungen. Und dennoch, liebe Freunde: Dem widerstehet fest im Glauben!

Amen.

11. Predigt in Greifenstein in der Passionszeit 1927 über Jesaja 52,13 - 53,12

Oh, dies bekannte, feierliche, uralte Passionslied des Propheten, diese wunderbare Weissagung von dem leidenden Knecht Gottes! Viermal hören wir in den Jesaja-Kapiteln von ihr. Zuletzt hier — wohl in der uns vertrautesten, umfassendsten, deutlichsten Form. Unsere Seelen sind ja jetzt auf Leiden, Dulden, Tragen gerichtet. So wird das hohe Lied von der Kraft des Leidens einen Widerhall in ihnen wecken.

Vor unseren Augen taucht der auf, auf den man immer dies Prophetenwort zuerst bezogen hat, in dem die Weissagung sichtbarlich sich erfüllte: Jesus auf dem Weg nach Jerusalem ans Kreuz. Wir staunen, wie jeder Zug des Bildes auf ihn paßt, als wäre es nach seinem Tode erst gezeichnet worden. Doch liebe Freunde, paßt es nicht auf alle die auch, die ihm das Kreuz nachtragend durch Selbstverleugnung, Weh und Schmerzen, erst zum Ziele kommen konnten, die Opfer alle, die durch Lebenshingabe erst Lebenserfüllung fanden?

Es ist ein langer Zug doch, der ihm nachfolgt auf dem Passionsweg, der Zug der Kreuzträger, der Märtyrer, der Dulder unter der Dornenkrone. Ja, ist das nicht der Weg, den er die Seinen alle führt, wissen wir nicht, hören wir nicht vom Kreuz her: ,,Mir nach spricht Christus unser Held, mir nach ihr Christen alle."? Es wird der Knecht Gottes in der Welt immer eine Dornenkrone tragen, immer mit Leiden zu kämpfen haben, immer der Verkennung und der Verfolgung ausgesetzt sein. Daß uns vor mehr als 2000 Jahren der Prophet schon sein tragisches Los so beweglich schildert, kann uns Trost und Stärkung werden in unserem Beruf als Jünger. Wir erfahren es immer wieder: Wer Gottes Sache in der Welt vertritt, muß verachtet und unwert in ihr sein, doch nur, wer dennoch Gottes Sache vertritt, kann der Welt Helfer und Retter und Befreier werden.

Liebe Freunde! Es war eine böse, schwere Zeit, aus der das Lied vom Gottesknecht zu uns herüberklingt, eine Zeit der Bedrückung und Hörigkeit für das Volk Israel. In Babylon mußte es leben in der Verbannung, und auf tausend Weisen suchten die fremden Herren es abhängig und abtrünnig zu machen seiner eigenen Art.

Es waren gewiß nicht wenige, die der Väter Recht, Sitte und Brauch entsagten, sich um ihres Vorteils willen einfügten in das Neue. Die Regel der Klugheit: ,,Man muß mit den Wölfen heulen" hat gewiß auch da ihre Verführung geübt. Es waren aber andere, Treue, wie Daniel, die ihre Fenster offen hielten gen Jerusalem, die nicht dem Zeitgeist huldigten, nicht vor den Götzen des gerade Vorteilhaften knieten. Spott und Verachtung, Feindschaft und Verfolgung mußten sie tragen, alle Ungunst der Verhältnisse war gegen sie. Die eigenen Volksgenossen schalten sie wohl dumm, doch unentwegt gingen sie ihren Weg schweigend, ihren Glauben bergend in ihrer Brust, geduldig ihres Gottes harrend, den Weg des Gottesknechtes durchs Kreuz zur Krone, trotz alledem Träger der Verheißung, Hort des Volkstums, heiliger Same der Zukunft.

Über uns ist eine ähnliche schwere und böse Zeit gekommen. Der verlorene Krieg, die verwirrende Umwälzung unseres Staates hat alles Unterste zuoberst gekehrt. Wie ein hitziges Fieber rast es durch die Adern unseres Volkes, wie der Sturmwind die Wogen der See aufpeitscht, so jagen die erregten Leidenschaften es auf und nieder. Die alten festen Dämme sind zerbrochen, die alten oft bewährten Schutzwände überflutet, Väterbrauch und Sitte gelten für abgetan, Zucht und Ehrbarkeit sind verachtet. Auf was kann man noch bauen? Auf wen kann man sich bei uns noch verlassen? Wo sind die Treuen, die Standhaften, die Starken? Wo ist das Volk Gottes? Ist es nicht wirklich so, wie der Dichter schon einstmals es schaute? „Nichts Heiliges ist mehr. Es lösen / sich alle Bande frommer Scheu, / der Gute räumt den Platz dem Bösen, / und alle Laster walten frei" [Schiller, Glocke], und dennoch, horch, das Trostlied von dem Knecht Gottes hallt herüber durch die Jahrhunderte. „Er hatte keine Gestalt noch Schöne; wir sahen ihn, aber da war keine Gestalt, die uns gefallen hätte. Er war der Allerverachteste und Unwerteste, voller Schmerzen und Krankheit. Er war so verachtet, daß man das Angesicht vor ihm verbarg; darum haben wir ihn für nichts geachtet. Da er gestraft und gemartert ward, tat er seinen Mund nicht auf wie ein Lamm, das zur Schlachtbank geführt wird."

Verachtet und unwert, zerschlagen und bedrückt, schwach und unscheinbar, still und stumm, ist er dennoch da, von Gott berufen, jener Kern des Volkes, in dem sein Heil schlummert, die verzauberte und mißhandelte deutsche Seele, die die Rettung bringen kann. Still und verborgen unter der sturmbewegten Oberfläche ruht tief des Meeres Unergründlichkeit, und sie ist es doch erst, die jene trägt und speist. Siehe, sie liegt tiefer als der laute, aufgeregte Tag, es denkt unter dem Niveau der erdrückenden Masse die erlösende Macht, das eigentliche Deutschland, des Volkes guter Genius. Freilich, der Weise schweigt in dieser Zeit, denn es ist böse Zeit. Verachtet und unwert, verfemt, verfolgt, muß der Knecht Gottes sein. „Siehe, das ist mein Knecht — ich erhalte ihn — und mein Auserwählter, an welchem meine Seele Wohlgefallen hat. Ich habe ihm meinen Geist gegeben; er wird das Recht unter die Heiden bringen. Er wird nicht schreien noch rufen, und seine Stimme wird man nicht hören auf den Gassen." (Jesaja 42,1 - 2).

Der Knecht Gottes, das sind auch bei uns, die es allezeit waren: die Stillen im Lande.

Liebe Freunde, unser deutsches Volk hat ein lebhaftes Empfinden dafür, was Hilfe, Heil, Befreiung und Erlösung bringt. Dafür: Das, was nichts ist, das hat Gott erwählt, daß er zu Schanden mache, was etwas ist.

Ich denke an die mancherlei Volksmärchen, die des Volkes sinnende Seele geschaffen, wo die Treue in der Stille die Hilfe bringt, wie die Märchen von Brüderchen und Schwesterchen, vom Bärenhäuter. Ich denke vornehmlich an jenes Märchen, das gut unser Textwort veranschaulichen kann, das Märchen von den zwölf Brüdern, wie es bei Grimm heißt.

Die zwölf Brüder sind in Raben verwandelt, sind verzaubert, daß man sie nicht mehr erkennt, haben ihre Natur gewechselt. Allein das Schwesterchen weiß darum, sieht das Leid und macht sich daran, es zu wenden. Zwar ist die

Aufgabe unendlich schwer und seine Kraft schwach. Doch der Glaube beseelt es: ich weiß gewiß, daß ich meine Brüder erlöse. Ohne daß es redet, und ohne daß es lacht, muß es sieben Jahre existieren und während der Zeit zwölf Hemden aus Nesseln für die Brüder spinnen. Mannigfache Prüfungen und Versuchungen machten ihm die Aufgabe schier unmöglich. Schließlich wird es als Hexe verurteilt und zum Flammentod auf den Scheiterhaufen geführt. Es duldet das alles stumm, doch scheint alle Mühe vergebens, es naht das Ende. Nein, nicht das Ende! In Märchen heißt es, das Unbeschreibliche geschieht: „Als das Feuer schon an ihren Kleidern mit roten Zungen leckte, da war eben der letzte Augenblick von den sieben Jahren verflossen." Die Zeit ist erfüllt, die Erlösung vollendet. Die seelische Kraft, die aushielt bis zuletzt, still und geduldig und unbeirrbar im Glauben und in der Liebe, hat sie bewirkt.

Liebe Freunde, was uns not ist, ist auch diese Seelenkraft. Der überzeugte, unbeirrbare Wille: Ich weiß gewiß, daß ich meine Brüder erlösen muß. Wir kämpfen ja auch wie gegen bösen Zauber. Auch um uns sind die Brüder verwandelt, wie verwünscht, verwirrt, verhetzt, die Verständigung ausgeschlossen. Ist das noch deutsch, was wir in den Zeitungen lesen, im Parlament hören? Oder ist das nicht für Deutsche unerhört? Krächzend fliegen die Raben. Hilfe bringen, scheint unmöglich, die Aufgabe zu riesengroß, unsere Kräfte gar zu schwach. Doch: „den lieb ich, der Unmögliches begehrt."

Wir schaffen es nicht mit unserer Kraft. Stillesein und Hoffen kann allein unser Heil sein. Dulden, Tragen, Sich-Bezwingen und im Verborgenen stumm und fleißig seine Pflicht tun. Der Kampf muß zu Ende gekämpft werden, bis die Zeit erfüllt ist. Der Knecht Gottes darf seiner Aufgabe nicht untreu werden. Ein Glaube ist ihm not, wie der jener Schwester: „Ich weiß gewiß, daß ich meine Brüder erlösen muß", und eine Liebe, die wie dort alles hofft, alles duldet, alles trägt (1. Kor. 13). Und das ist die Hoffnung, die wir haben: während im lauten Tagesgeschrei der böse Zauber triumphiert und undurchbrechbar scheint, ist in der Stille schon die Erlösung am Werk, reift treues, redliches, beharrliches Wollen der Erfüllung entgegen, wandelt unter uns schon der Knecht Gottes, von dem es heißt, „Fürwahr, er trug unsre Krankheit und lud auf sich unsre Schmerzen. Wir aber hielten ihn für den, der geplagt und von Gott geschlagen und gemartert wäre. Aber er ist um unsrer Missetat willen verwundet und um unsrer Sünde willen zerschlagen. Die Strafe liegt auf ihm, auf daß wir Frieden hätten; und durch seine Wunden sind wir geheilt. Wir gingen alle in der Irre wie Schafe, ein jeglicher sah auf seinen Weg; aber der Herr warf unser aller Sünde auf ihn."

Wahrlich, es ist ein dornenvoller Weg, der Weg des Gottesknechtes, das weiß jeder, der ihn mitgeht in unseren Tagen. Es ist der Weg, den Jesus Christus ging, der Weg der Entsagung und Selbstverleugnung, der Weg der Enttäuschung, der Weg bitterer Erfahrungen, der Weg des Kreuzes. Aber es ist der einzige Weg, der die Rettung bringt, der zum Heil führt, dem der Sieg folgt, weil es der Weg Gottes ist. Menschenaugen sehen auf ihm freilich nur die Mühsal, die Einsamkeit, die Not, das bittere Ende. Gott aber, der aus dem Tod Leben schafft, der schafft auch aus der Knechtschaft Erlösung. „Er ist aber aus Angst und Gericht genommen; wer will seines Lebens Länge ausreden? Denn er ist aus dem Lande der Lebendigen weggerissen, da er um die Missetat meines Volks geplagt war. Und man gab ihm bei Gottlosen sein Grab und bei Reichen, da er gestorben war, wiewohl er niemand Unrecht getan hat, noch Betrug in seinem Munde gewesen ist. Aber der Herr wollte ihn also zerschlagen mit Krankheit. Wenn er sein Leben zum Schuldopfer gegeben hat, so wird er Samen haben und in die Länge leben, und des Herrn Vornehmen wird durch seine Hand fortgehen. Darum daß seine Seele gearbeitet hat, wird er seine Lust sehen und die Fülle haben. Und durch seine Erkenntnis wird er, mein Knecht, der Gerechte, viele gerecht machen; denn er trägt ihre Sünden. Darum will ich ihm große Menge zur Beute geben, und er soll die Starken zum Raube haben, darum daß er sein Leben in den Tod gegeben hat und den Übeltätern gleich gerechnet ist, und er vieler Sünde getragen hat und für die Übeltäter gebeten.''

Bis zur bitteren Neige muß er den Kelch trinken, bis ans Ende seinen schweren Weg gehen, dann kommt die Wendung, dann geschieht das Wunder, dann ,,wird das Unzulängliche Ereignis'' [Goethe].

Liebe Freunde, es kann nicht zweifelhaft sein, wo unser Platz ist in der Welt. Wen irgend Gottes Hauch gestreift, Gottes Geist berührt hat in seinem Leben, der weiß, daß das Eigentliche, Wirkliche, Beständige, Verläßliche, und wenn es tausend Mal so aussehen sollte, nicht in dem lauten Wesen der Welt und in ihrem aufdringlichen Getue liegt, sondern daß alles Große still kommt und im Verborgenen heranreift.

Sieh: die große lärmende Masse, die den Tag erfüllt und in ihm triumphiert, wird mit ihm vergehen. Der Knecht Gottes, der verborgen im Dunkeln arbeitet, der führt das Ewige im Schilde. Was sichtbar ist, das ist zeitlich, was aber unsichtbar ist, das ist ewig. Lassen wir uns nicht blenden von all dem grellen Licht der lärmenden Reklame. Erlösung bringt der Knecht Gottes.

Ich grüße die Stillen im lauten Land. / Sie alle, die in dem glitzernden Tand / Kraft behielten, still zu sein, / sie grüß ich: haltet euch selber rein! / Bleibt still und stark, / bleibt stark und still: / der über uns waltet, weiß, was er will.

Amen.

12. Predigt in Greifenstein (Kirchweihe 1927) über Apostelgeschichte 17,24 - 28a

Liebe Gemeinde, ohne daß wir diesmal so viel wie sonst davon merkten, ist der Tag der Kirchweihe in unserem Dorf wieder dahingegangen. Und wenn er weniger brachte an weltlichem Vergnügen und damit weniger an Versuchung und Verführung zum Bösen, so hat er vielleicht gerade dadurch manchen wieder aufmerken lassen auf seinen ursprünglichen Sinn, seine kirchliche Bedeutung. Vielleicht hat er sogar den Wunsch geweckt, den Geburtstag unserer Kirche, die mit ihren Sehenswürdigkeiten ja vor anderen im Lande ausgezeichnet ist, und mit dem Ergehen der Gemeinde und mit vieler einzelner Freude und Leid innig verknüpft, im Gottesdienst hier zu begehen.

Wir haben manchmal schon unser Gotteshaus in den Mittelpunkt unserer Sonntagsfeier gestellt, und manchmal schon es predigen lassen, weil es wahrlich mit seinen ausdrucksreichen Formen und mit seiner Farbenfülle und mit seinen vielen sprechenden Zeugnissen aus der hl. Schrift an Decken und Wänden gar manches zu sagen hat. Und ich denke, was es spricht, schreibt sich ganz besonders in Greifensteiner Herzen.

So wollen wir uns auch heute Mühe geben, auf seine eindringliche wortlose Sprache zu hören und das, was es mit seiner Gestalt und mit seiner Geschichte lehrt, für uns zu nutzen versuchen.

Mir ist, als hörte ich von seinen Wänden es hallen wie ein eindringliches Zeugnis von dem, zu dessen Ehre es ein Denkmal sein soll auf unserem Fleck Erde, ein Zeugnis, das weitergibt, was einst der Apostel Paulus vor allem Volk in Athen gepredigt hat: „Gott, der die Welt gemacht hat und alles, was darinnen ist, er, der ein Herr ist Himmels und der Erde, wohnt nicht in Tempeln mit Händen gemacht; Sein wird auch nicht von Menschenhänden gepflegt, als der jemands bedürfe, so er selber jedermann Leben und Odem allenthalben gibt. Und fürwahr, er ist nicht ferne von einem jeglichen unter uns. Denn in ihm leben, weben und sind wir."

Hört auch ihr die mahnende Rede unserer Kirche? Versteht ihr, wie sie gerade *diese* Wahrheit des Evangeliums so laut verkündet?

Ich bin schon manchmal gefragt worden: Ist diese Kirche nicht viel zu hell und viel zu bunt mit all ihren farbigen Ornamenten, als daß sie wirklich als geweihte Stätte, als Ort der Anbetung dienen könnte? Macht sie nicht eher den Eindruck eines weltlichen Versammlungsraumes, in dem die Kunst des Menschen durch die Schönheit des Menschenwerkes den Menschen erhebt? Müßte die Kirche nicht abgeschlossener sein gegen das Draußen, viel düsterer, geheimnisvoller, ernster, wenn man den Eindruck haben soll, daß hier Gottes Ehre wohnt? Müßte nicht all die Lebendigkeit, die ablenkende Unruhe in ihr zur Ruhe gebracht sein, wenn man die Sammlung finden will, die mit Gott in Verbindung bringt?

Ich will niemandem das Recht zu solchen Fragen bestreiten. Es wird immer Menschen geben, die mit anderem Gemüt Gott auf anderem Wege suchen und finden, als ihn unsere Kirche weist. Es gibt ja genug andere Gotteshäuser, die eine andere Sprache reden. Um aber unserem in seiner Eigenart gerecht zu werden, wird man wohl nicht von den eigenen Wünschen und Erwartungen ausgehen dürfen, sondern zu verstehen suchen müssen, was es, wie es nun einmal ist, zu sagen hat, sagen soll nach dem Willen derer, die es einst bauten. Und da, meine ich, weist unsere Kirche denselben Weg zu Gott, den Paulus den Leuten in Athen verkündet hat: „Gott, der die Welt gemacht hat und alles, was darinnen ist, er, der ein Herr ist Himmels und der Erde, wohnt nicht in Tempeln mit Händen gemacht; sein wird auch nicht von Menschenhänden gepflegt, als der jemands bedürfe, so er selber jedermann Leben und Odem allenthalben gibt. Und er hat gemacht, daß von einem Blut aller Menschen Geschlechter auf dem ganzen Erdboden wohnen, und hat Ziel gesetzt und vorgesehen, wie lange und wie weit sie wohnen sollen. Daß sie den Herrn suchen sollten, ob sie doch ihn fühlen und finden möchten; und fürwahr, er ist nicht ferne von einem jeglichen unter uns. Denn in ihm leben, weben und sind wir".

Wir wissen, meine Freunde, daß sich unter dieser Kirche gewissermaßen wie ein Keller noch die ältere von 1448 befindet, die wieder eine noch frühere Burgkapelle in sich aufgenommen hat. Wenn wir an die unten denken, wird uns durch den Gegensatz klar, was die Gestalt unserer hier oben ausdrücken soll. Jedem, der einmal drunten war, wird als charakteristischster Eindruck der große Bogen in der Mitte des Raumes in der Erinnerung geblieben sein, der diesen in zwei fast gleich große Teile teilt. Der eine war für die Gemeinde und der andere für den Priester bestimmt. Da stand einst der geweihte Altar Gottes, da haben wir den geheiligten, abgesonderten Raum. Das ist gewiß sehr stimmungsvoll gewesen. Die kleinen schmalen Wandschlitze tauchten den Raum in ewiges Dämmerlicht. Da war die Stätte, wo der Allerheiligste wohnte, wo er zu finden war. Da schimmerte etwas von des Himmels Glanz. Wie die große Scheidewand zwischen Gott und Welt ragt der trennende große Triumphbogen vor den Augen der Gemeinde empor. Was sagt uns, was wir da sehen? — Nichts anderes als die Wahrheit, die damals die grundlegende war, wie sie es in der katholischen Kirche noch heute ist: Gott ist fern. Er wohnt nicht hier in der Welt. Wer in *ihr* lebt, der lebt von ihm getrennt. Er hat nur seine besonderen Orte, geheiligte, geweihte Stätten, wo er sich finden läßt. Und nur hl. Personen und hl. Dinge, hl. Geräte, Gewänder, Bilder, Statuen und dergl. sind fähig, mit ihm in Berührung zu kommen. Auf diese Weise hält er die Verbindung zu seiner Welt. Gnade und Hilfe für die Menschen ist da in den hl. Bereichen wohl zu finden. Aber auch *nur* da und *nur* auf solche Weise. Dem Wesen nach ist Gott der ferne Gott.

Und vielleicht hat der eine oder andere auch empfunden, wie in der Formensprache der Steine der gotische Spitzbogen da unten aufwärtsstrebt, gewissermaßen den ganzen Raum und mit ihm die Menschen nach oben weisen und reißen will. Die Zeit, die die Erde als sündig empfand, als gottfremd und gottverlassen, hat ihn gebaut. Empor zum hohen Himmelsdom will er zeigen, wo Gott über der verlorenen Erde thront. Von ihr nur fort! Denn auf ihr gibt es kein Heil. Erst wer sie hinter sich läßt, ist auf dem rechten Wege. —

Da ist es freilich eine andere Luft, die uns empfängt, wenn wir aus der mittelalterlichen Kirche unten wieder emporsteigen und diese betreten. Aus dumpfer, drückender, dunkler Gruft fühlt man sich dem Leben wiedergegeben. Wie hier das Sonnenlicht voll durch die großen Fenster oben hereinstrahlt, wie die bunten Farben und belebenden Stuckarbeiten die ganze Daseinsfülle unserer Erde spiegeln! Es ist, als sei von draußen die bunte Welt hereingeströmt ins Gotteshaus, oder auch, als böten die Mauern und Wände gar keinen Abschluß gegen das Land ringsum. Palmen und Früchte bringen „der schönen Gärten Zier" nahe, Putten halten Blumengirlanden. Da ist keine Schranke mehr, die Gott in einem besonderen Raum abtrennte von der Gemeinde. Da ist keine Stelle, die ihm besonders heilig wäre. Gottes ist nicht mehr nur der Altar, Gottes ist der ganze Raum mit all dem Leben, das ihn erfüllt, ja, Gottes ist auch draußen die Welt so gut wie die drinnen. Ist es doch seine Sonne, die durch die Fenster bricht, sind es doch seine Werke und Gaben, die in Blumen- und Früchtekränzen hier eingebunden sind. Was will das anders bezeugen als ein jubelndes: Gott ist nahe! Die Scheidewand ist eingestürzt, die ihn trennte von den Menschen. Es ist nicht wahr, daß er ferne thront, irgendwo hinter Engeln und Heiligen verborgen, daß man ihm nur nahen könnte durch ihre besondere Vermittlung. Es ist nicht wahr, daß es besonderer hl. Orte und hl. Zeiten, hl. Personen und hl. Dinge und hl. Zeremonien brauchte, um zu ihm zu kommen. Des alten Evangeliums Wahrheit ist hier wieder klar bezeugt: Gott, der die Welt gemacht hat und alles, was darinnen ist, der ein Herr ist Himmels und der Erden, wohnt nicht in Tempeln, mit Händen gemacht.

Es ist die Erkenntnis der Reformatoren, es ist die große Säkularisation der Welt der Heiligen, die wir sich auswirken sehen im Bau unseres Gotteshauses. Den Evangelischen ist die Welt nicht mehr unheilig. Sie ist durchwaltet von Gottes hl. Atem. Seine Gnade umfängt den Menschen, wo immer er wandert, auf Schritt und Tritt. Seine Augen stehen schirmend offen über ihm allezeit. Unsere Väter dankten ihm dafür mit diesem Bau: Allein Gott in der Höh sei Ehr und Dank für seine Gnade!

Wir wissen allerdings auch von einer jenseitigen Welt, in der alles ganz anders ist als bei uns. Aber dieses Jenseits ist uns nicht ein fernes Land, in das wir erst reisen könnten, wenn diese Welt im Tod hinter uns bleibt. Dies Jenseits ist vielmehr — wenn ich so sagen darf — die Seele des Diesseits. Die Gotteswelt ist der hl. Untergrund der Menschenwelt, ist unser aller Heimat, die wir kennen und lieben. Wie hier im Gotteshause, so umschweben uns überall ihre Engel. Auch das Alltäglichste, was wir schaffen, ist Gottes Werk, weil sie daran teilhaben.

Nun aber muß ich euch fragen, liebe Freunde: Nehmen wir den gegenwärtigen Gott in unserem Leben auch wahr? Wir brauchen uns nichts vorzumachen: es sieht in jedem Christenleben manchmal so aus, als sei Gott fern in den Himmel verschlossen, wir aber stünden verlassen und verloren in einer gottfremden Welt. Was sich da zwischen Gott und uns drängt, ist das, was die hl. Schrift „Sünde" nennt, das Losgelöstsein von dem ewigen Urgrund, die Zurückweisung der uns angebotenen göttlichen Liebe. Das ist der höchste Einsatz dieser Liebe, daß er seinen eingeborenen Sohn gab. Diese Wahrheit steht in dem Spruchfeld im Mittelpunkt des Deckengewölbes. Sie ist die Quelle der Offenbarung von dem nahen Gott. In der Nähe des Gekreuzigten werden wir uns selber offenbar, sehen wir die Sünde, die uns hält, wird sie in uns verurteilt und gerichtet. In der Nähe des Gekreuzigten finden wir zugleich die hl. Liebe, die uns trotz alledem zu sich zieht.

Darum: wenn wir im Erdendunkel den nahen Gott suchen, ist uns der sicherste Wegweiser zu ihm hin das Kreuz. Daß sie ihn dort suchen und finden möchten in ihrem Leben, hat Gott seine Menschen in die Welt hineingestellt. Zur Erfüllung dieser Aufgabe will unsere Kirche uns helfen. Gerade daß sie fortruft aus ihrem Inneren weg, eine Brücke schlägt zwischen dem Leben vor und in ihren Mauern, weist uns nachdrücklich darauf hin, wie nahe Gott doch ist. Er wohnt überall, nicht in Tempeln mit Händen gemacht. Kein kultisches Werk führt dich zu ihm hin. Wenn uns die Augen aufgetan werden, erkennen wir: Er ging all die Zeit schon mit uns auf Schritt und Tritt. Er ist nicht fern von einem jeglichen unter uns — er ist einem jeglichen allzeit nahe.

Daß wir das auch an diesem Kirchweihsonntag wahrnehmen dürfen, erbitten wir von ihm mit jenem innigen Gebet Tersteegens: „Du durchdringest alles; laß dein schönstes Lichte, / Herr, berühren mein Gesichte. / Wie die zarten Blumen / willig sich entfalten / und der Sonne stille halten, / laß mich so / still und froh / deine Strahlen fassen / und dich wirken lassen."

Amen.

13. Predigt in Greifenstein im Advent 1927 über Jesaja 60,1.2.

In den dunklen Dezembertagen leuchtet das Wort „Licht" mit besonderem Glanz. Kurz sind die Tage, wenig die Sonnenstunden. Auf der Erde rings graut das Dunkel, als wolle es uns eine Probe geben von der Macht der Finsternis.

Die Wärme ist mit dem Licht geschwunden, Frost fesselt die Welt. Das Leben stockt, zerrinnt, stirbt. Da spüren wir es recht eigentlich, wie wir zum Lichte geschaffen sind, und unsere Sehnsucht geht nach ihm hin. Wer je in Trübsal und Tränen, in Kummer und Sorge nach einem Sonnenstrahl ausgeschaut hat, der weiß, was die Nacht bedeutet, die grabschwarze, Hoffnung erstickende Nacht. Erkennt die Qual des Wartens auf das Licht, erkennt aber vielleicht auch die jauchzende Freude, wenn er hört, das Licht kommt. Er weiß, wie belebend, elektrisierend es wirkt, wenn an arme, müde, abgehärmte Menschenkinder der Ruf ergeht: „Mache Dich auf, werde Licht, denn Dein Licht kommt!"

Liebe Freunde, von jeher hat das Warten auf das Licht diesen dunklen Wintertagen ihre Note gegeben. Von jeher fühlten die Menschen sich hineingestellt in den ewigen Kampf zwischen Licht und Finsternis. Sie sahen, wie immer wieder die Sonne versank, Nacht und Nebel sie übermachten. Sie sahen, wie immer wieder das Leuchten verblaßte, das Helle, Lichte, grob erniedrigt und verdunkelt wurde. Sie erkannten das Gesetz, daß es der Welt eigentümlich ist, „das Strahlende zu schwärzen und das Erhabene in den Staub zu ziehen". Dann brach das Bangen um das Licht, die Sorge um seine Erhaltung immer wieder durch.

Mannigfach haben sie diese Sorge gestaltet in ihren Überlieferungen, mannigfach ihr Ausdruck gegeben in Bildern und Gleichnissen, die künstlerische Phantasie gestaltete. Wie ein roter Faden geht die Tragödie des Kampfes zwischen Licht und Finsternis durch all das Erbgut an Weisheit der Väter hindurch. Wenn in der frühen Dämmerung der langen Winterabende auch jetzt noch die Mutter mit den Kindern, die Großmutter mit den Enkeln sich um das Licht der Lampe sammeln und die alten Sagen und Märchen erzählt werden, dann ist es der Hunger nach Licht, der Menschenkinder zuhören läßt.

An diese Sehnsucht knüpft auch unser Text an. Er setzt sie voraus, er kommt ihr entgegen. Es ist wie eine Illustration zu ihm, was wir in dem uns bekanntesten Märchen vom Rotkäppchen hören. Darum wollen wir es zum Verständnis unseres Textes heranziehen.

Es ist ein rechtes Weihnachtsmärchen, ganz von dieser Sorge um den Kampf und den Sieg des Lichtes her geboren. Denn dies kleine Mädchen mit den hellen Augen und dem gold'nen Haar, das ein rotes Mützchen trägt, und das alle Menschen liebhaben, was ist das anders, als die Sonne, wenn sie, angekündigt von der Morgenröte, jung und strahlend hinter dem Berge hervortaucht? So wie das Kind der weit weg wohnenden Großmutter Kuchen bringt und Wein, so ist sie es doch, die der alten Erde Essen und Trinken gibt. Es ist das Licht, das Leben und Gedeihen weckt und gibt und schafft, es ist das Wirken Gottes, der selbst Licht ist, und ist keine Finsternis in ihm, das da symbolisiert wird in dem hellen, reinen Wesen des Kindes. Aber ach, die andere Macht, ist auch schon da, die zerstörende, die im *Finstern schleicht*, der Wolf, das grausame Raubtier, das im dunklen Walde wohnt. Die Alten kannten das Wesen der Welt und wußten, wie das Böse nicht geradezu geht, sondern Umwege macht, heuchelt, sich verstellt, betrügt. Mit freundlichen Worten macht das Untier sich an das Rotkäppchen heran, versteht, seine Gedanken zu erforschen und sie dann zu durchkreuzen. Mit „großer Macht und viel List" triumphiert es über Einfalt und Unschuld. Die Großmutter und das Rotkäppchen, also Himmel und Erde zugleich, sind in des Bösen Gewalt. Die Nacht hat das Sonnenlicht ausgelöscht, Finsternis deckt die Erde und Dunkel die Völker.

Liebe Gemeinde, es ist der alte ewige Kampf zwischen Licht und Finsternis, zwischen Wahrheit und Lüge, zwischen Gut und Böse, der da symbolisiert wird. Bitter ist die Wahrheit, die das Märchen verkündet. Das Gute ist das Schwächere in der Welt, die Unschuld wird übertölpelt, das Böse siegt, die Finsternis verdrängt das Licht, das Helle, Unschuldige wird vom Bösen verschlungen. Der Wolf kommt in den Kleidern der Großmutter, als ob die Erde selbst das Böse wäre.

Wie manches Mal ist wohl schon ein junges Menschenkind wie das Mädchen ausgezogen in leuchtender Unschuld, und ehe es sich versah, war es in die Macht des Bösen gefallen, hat die Sünde es verführt. In heuchlerischer Freundlichkeit drängt sie sich heran. Sie gibt sich den Anschein, als habe sie die lautersten Absichten, als wolle sie nur dem Guten hilfreich und förderlich sein. Dabei erspäht sie listig den Moment, wo sie es überrumpeln und vernichten kann.

Kennen wir nicht alle aus eigener Erfahrung den Wolf, den Versucher, der grausam und gierig sich auf alles stürzt, das Reine befleckt, das Große herabzieht, das Heilige schändet, die Unschuld mordet? Und wissen wir nicht, wie in der Welt ihm nichts entgehen kann? So, wie die Wolken sich immer wieder vor die Sonne drängen, wie immer wieder die Nacht den Tag verschlingt, so zieht immer wieder das Böse die Menschen in Schuld und Sühne. Die Welt liegt im Argen. Die Sünde herrscht über sie, und jeder einzelne ist ihr Knecht. Die Menschen lieben die Finsternis mehr denn das Licht, und ihre Werke sind böse. (Joh. 3,19)

Unsere schmerzlichsten Erfahrungen geben dem Märchen recht. Aber auch unsere Hoffnung kann sich aufrichten an ihm. Es ist mit der Tat des Wolfes ja nicht zu Ende. Wohl hat er triumphiert, wohl ist ihm sein Anschlag gelungen, aber ihm selbst zu Verderben! Gar zu siegessicher macht ihn sein Erfolg, gar zu leichtfertig gibt er sich dem Genuß des Sieges hin. Da ereilt ihm sein Schicksal. Er wird erlegt, und das Rotkäppchen und die Großmutter kehren zurück ins Licht. Das Gute setzt sich dennoch durch. Die Finsternis kann es schon verschlingen, aber sie tötet es nicht. Das Licht siegt über die Finsternis. Und wird es tausendmal verdunkelt, es steht tausendmal wieder auf.

Gott sorgt, daß zu rechten Zeit die Erlösung kommt. Das wußten die Alten aus dem gesetzmäßigen Gang der Natur: „Und dräut der Winter noch so sehr mit trotzigen Gebärden, und streut er Eis und Schnee umher, es muß doch Frühling werden!" Und das wissen wir, wenn wir noch so sehr seufzen unter Leid und Druck in Finsternis und Nacht: „Als die Zeit erfüllet war, sandte Gott seinen Sohn" (Gal. 4,4). Und so warten auch wir auf unsere Erlösung.

Am eigenen Leibe spüren wir des Untiers Krallen, leiden unter der Ohnmacht dem Bösen gegenüber, seufzen über die Finsternis, die die Erde deckt, über das Dunkel über den Völkern, — aber lauschen mit verlangendem Herzen nach der Botschaft: „Mache Dich auf, werde Licht, denn Dein Licht kommt!" Gott wird auch uns nicht im Dämmern und Dunklen lassen. Daß wir die Bande fühlen, mit denen wir gebunden sind, daß uns die Finsternis bedrückt, in der wir leben, das ist ja schon ein Zeichen, daß Gott uns nahe ist. „Selig sind, die hungert und dürstet nach der Gerechtigkeit, denn sie sollen satt werden!" (Matth. 5,6).

Wer sehnend fragen kann in Buße und Demut: „Hüter, ist die Nacht schon hin?", der hat die Antwort schon. So heißt sie für ihn: „Mache Dich auf, denn Dein Licht kommt". Das ist die Antwort des Advents. Das Licht ist entglommen, es scheint durch die dunkle Nacht, es sucht dich. „Mache Dich auf, werde Licht!"

Wir sind ein merkwürdiges Geschlecht. Lichthungrig und doch lichtscheu sehnen wir uns nach Licht und fürchten doch, aus der Finsternis zu entkommen. Wir kennen den Wolf und scheuen ihn, aber wir verhandeln mit ihm und lassen uns immer wieder von ihm bereden, wenn er uns begegnet. Darum hat es besonderen Grund, daß Gott uns aufruft vier Adventswochen hindurch: „Mache Dich auf, werde Licht, denn Dein Licht kommt". Bist Du bereit für das Licht?

Ach, so manche sehen wir, die haben sich abgefunden mit der Dämmerung in ihrem Leben. Die haben sich eingerichtet in den Halbheiten, in denen sie stecken. Die begehren gar nicht mehr aus der Gewalt des Wolfes heraus. Wo der Lichthunger aber noch treibt, wo die Weihnachtssehnsucht noch lebendig ist, da wird es gehört: „Mache Dich auf, werde Licht, denn Dein Licht kommt".

Es besteht eine Wechselwirkung zwischen unserem Verhalten und Gottes Handeln an uns. Wer zu der Gewalt, die der Wolf übt, ja sagt, sich einspinnt in die Finsternis, der kann das Licht nicht sehen. Wie vielen ist die Fähigkeit, das Weihnachtswunder zu erleben, in der seichten Gewohnheit ihres Lebens verlorengegangen. Wie viele sind müde geworden in dem beständigen Kampf gegen die Finsternis und haben mit ihr ihren Frieden gemacht. Durch Nacht geht's aber zum Licht. Das Dunkel bereitet uns für den Empfang des Lichtes. „Post tenebras lux", ist der Wappenspruch der Stadt Genf, im Gedenken daran, daß nach langen unfruchtbaren Zeiten eines dunklen Verlorenseins in ödem Materialismus das Licht des Glaubens in ihr aufflammte. Möchten auch wir einmal dankend bekennen können: „Post tenebras lux!" Nach der Finsternis wurde es Licht, das Weihnachtslicht glomm auf, „mitten im kalten Winter, wohl zu der halben Nacht." Möchten auch wir bekennen können:

„Das ew'ge Licht geht da herein, / gibt der Welt einen neuen Schein. / Es leucht' wohl mitten in der Nacht / und uns des Lichtes Kinder macht!"

Amen.

14. Predigt in Greifenstein im Advent 1928 über Matthäus 7, 12 - 23

Früh dämmert hernieder der Abend,
Kalt weht der Winterwind,
Schnee flockt auf Straßen und Steigen,
Ein heilig stilles Schweigen
Die Erde weich umspinnt.

Da, wie ein seltsam Träumen
Geht's durch die stille Nacht
Von lichterhellen Räumen,
Von duft'gen Tannenbäumen
Und alter Märchenpracht.

Und fern erwacht ein Tönen,
Ich lausche wie gebannt:
Advent! Die Glocken klingen:
Nun fliegt auf goldnen Schwingen
Das Christkind wieder durch's Land.

Weihnachtszeit ist's wieder geworden. Unmerklich umspinnt uns der Weihnachtszauber mit seinen goldenen Fäden. Allen Wundern stehen die Seelen offen. Ein heimlich Raunen von unsagbarer Herrlichkeit wispert durch die Häuser. Um den warmen Ofen rücken die ganz Alten und die ganz Jungen eng zusammen und tauschen mancherlei geheime Kunde von versunkenen Königreichen: Es war einmal ...

Draußen wirbeln die ersten weißen Flocken zur Erde, und drinnen klingt die alte Mär von Frau Holle, die die Betten schüttelt. Draußen vollzieht sich das uralte Winterwunder der Natur und drinnen versucht die deutsche Seele, es zu deuten.

Ihr geheimstes Empfinden hat sie in ihre alten Märchen hineingegossen — wir wollen versuchen, den Schatz zu heben und zu nutzen.

Der Adventskönig kommt wieder zu seinem Volk, der Heliand zu seinen Gefolgsmannen, das Himmelskind auf die Erde. Wege und Bahn gilt es, ihm zu bereiten. Überall klingt die Frage auf: ,,Wie soll ich Dich empfangen und wie begegne' ich Dir? O aller Welt Verlangen, o meiner Seelen Zier!"

Des deutschen Gemütes Ahnen und Sehnen, Fürchten und Hoffen, Warten und Wollen kann uns die Antwort auf diese Frage finden helfen.

Eine Reihe von Wegweisungen gibt uns der Herr selbst im Text an die Hand. Wir wollen sie zu deuten versuchen. Das Märchen der Winter- und Weihnachtszeit, das Märchen von der Frau Holle, soll uns anleiten.

Es sind zwei Arten von Menschen, die Bibeltext und Märchen unterscheiden: die einen, die den schmalen Weg des Lebens gehen, durch die enge Pforte, und die anderen, die die breite Straße zum Verderben ziehen, die einen, die, echt in der Wurzel, gute Früchte bringen, und die anderen, die, aus schlechter Wurzel gewachsen, dazu die Kraft nicht haben. Die falsch und heuchlerisch nur den Schein wahren ,,als ob" und ,,Herr, Herr" sagen. Und die anderen, die den Willen tun des Vaters im Himmel. Die einen: die hellen strahlenden Goldmenschen, die ihre Umgebung beglücken und beschenken, die anderen die nachtschwarzen Pechmenschen, an denen sich nur schmutzig macht, wer ihnen begegnet.

So malt das Märchen ein anschauliches Bild zu dem Wort des Herrn Jesus in unserm Text: Es hat eine Mutter, die alte Mutter Erde, zwei Töchter: eine schön und fleißig, das ist die Stieftochter; die andere häßlich und faul, ihr richtiges Kind. Das hat es gut — und jene muß leiden, — wie es ja im Leben wohl auch so geht: die edlen Seelen sind die Stiefkinder der Welt. Das feine Mädchen muß an der großen Straße am Brunnen sitzen und spinnen, bis ihm das Blut aus den Fingern springt, und wird noch dabei gescholten. Als es die Spule in den Brunnen fallen läßt, kriegt es zu hören: Hast Du die Spule hinunterfallen lassen, so hole sie auch wieder herauf!

Hart ist das Wandern auf dem schmalen Weg. Es kostet Schweiß und Blut, auf ihm voranzukommen. Jammern hilft nichts und Klagen, überhaupt gilt's nicht, viel Worte zu machen. Es gilt, den Willen Gottes zu *tun*. In harter Mühe erfüllen, was die Not erfordert, wenn auch Unrecht sie schuf. Selbstverleugnung üben, sich in straffe Zucht nehmen. Das aber ist der Weg zu Jesus hin. *Wer mir will nachfolgen, der verleugne sich selbst!* So gehen die Goldmenschen, die Stiefkinder der Welt, die Advents- und Weihnachtsmenschen, durch den grauen Alltag: ,,Und ob mein Herz auch klagt, des harr ich unverzagt: Still trägt sein Kreuz, wer Gottes Fahrt gewagt!"

Und doch, mit all der Mühe ist's noch nicht genug. Noch ein Größeres, Letztes wird gefordert: Das Mädchen steht vor dem tiefen Brunnen, in dem die

212

Spindel liegt, und weiß nicht, was es anfangen soll. Weil es nicht aus dem Gehorsam fallen kann und will, springt es in seiner Herzensangst in den Brunnen hinein, meint, in den Tod zu springen, und — springt in das Leben, in den Himmel.

Vor den Brunnen werden alle irgendwann gestellt, die den schmalen Weg zu Ende gehen wollen. Eine tiefe dunkle Pforte zur anderen Welt gähnt ihnen entgegen. Das ist die gefährliche Entscheidung, die die meisten zum Umkehren veranlaßt und ihnen den Sieg nimmt. Doch bleibt der Entschluß zur Vollendung unerläßlich: *Gehet ein durch die enge Pforte*, mahnt der Herr. Auch er hat sie mit Zagen und Zittern durchschritten in Gethsemane, als er nur Nacht und Untergang vor sich sah und doch „ja" dazu sprach, weil Gott ja gesagt hatte.

Vor dieser Brunnen-Pforte stehen wir jetzt in der Adventszeit. Sie scheidet die zwei Welten, die sichtbare unseres Alltags und die unsichtbare der hl. Weihnacht. Du mußt aus jener heraus, willst Du in diese hinein. Dem Bekannten, Greifbaren, Sinnenfälligen mußt Du den Abschied geben und Dich ganz dem Unbekannten, Fernen, Zukünftigen in die Arme werfen. Du mußt den Sprung wagen von dem Festen ins Ungewisse in der gewissen Zuversicht des, das man hoffet (Hebr. 11). Das eigene Ich mußt Du in den Tod geben, dann geht Dir jene andere Welt auf, in der die Weihnacht wartet, in der das Wunder waltet, in der Gott wohnt.

Das Kind im Märchen wacht in dieser Welt wieder auf. Da umfängt es die Harmonie, die es oben vergeblich ersehnte. Durch Mitleid wissend, kann es ihren Forderungen genügen. Hat sie droben an dem, das sie litt, Gehorsam gelernt — hier unten kann sie ihn brauchen. Wie sie über die sonnige Wiese schreitet, hört sie den Ruf nach Hilfe vom Backofen und vom Apfelbaum und erhört ihn auch. Sie bewährt sich als würdig des Gottesreiches: Selig sind die Barmherzigen, denn sie werden Barmherzigkeit erlangen (Matth. 5,7). So kommt sie zur Frau Holle. Sie dient ihr in Treue und hat ein gutes Leben. Druck und Qual des früheren Daseins sind geschwunden.

Advent! Da sollen auch wir uns fragen, in welcher Welt wir leben möchten. Es ist eine sehr einfache Regel, die der Herr an den Anfang seiner Gebote für die Seinen stellt: Alles nun, was Euch die Leute tun sollen, das tut ihnen auch. Aber: ob sie so leicht zu erfüllen ist?

Jedenfalls ist es die einfache Probe darauf, ob wir wirklich bereit sind zu seinem Empfang, ob wir wirklich jene andere Welt gefunden haben.

Das Mädchen im Märchen hat die Prüfung bestanden. Darum tut sich vor ihm das goldene Tor weit auf. Der goldene Weihnachtsglanz, nach dem wir uns sehnen, kommt über sie und bleibt an ihr hängen. Über und über ist sie von Gold bedeckt.

Haben wir verstanden, wie es sich im Advent zum Erleben der Herrlichkeit des Herrn zu bereiten gilt?

Freilich eins noch: Es läßt sich nicht „machen". Man kann sich nicht einfach hineinzwingen in das Leben, in die Gesetze der anderen Welt. Wer nicht von vorneherein auch im täglichen Leben den schmalen Weg höheren Strebens geht, scheitert an den Aufgaben, die der Advent stellt.

Das sollte eigentlich selbstverständlich sein, so selbstverständlich wie das, was von der anderen Tochter berichtet wird. Auch ihre Begehrlichkeit hat das Gold erregt, aber sie erlangt es nicht.

Es nutzt nichts, wenn einer jetzt als Weihnachtsvorbereitung etwa anfängt, „Herr, Herr" zu sagen, sich daran macht, in seinem Namen große Taten zu tun. Das bleibt im besten Fall äußerliche Kunst, wird mit der Abzweckung auf Weihnachten die Heuchelei der zweiten Tochter des Märchens. Die sticht sich selbst die Finger blutig, springt ohne Not in den Brunnen hinein, geht gefühllos wie der Priester und der Levit im Gleichnis (Lk. 10) an den Hilferufen auf der Wiese vorbei, ist nur auf den Gewinn aus, geblendet von dem Gold, sodaß sie ihren Dienst bei der Frau Holle ohne Ernst und Ehrfurcht tut. Kein Wunder, daß der Lohn auch danach ist.

Man kann eben nicht Feigen von den Dornen lesen und Trauben von den Disteln. Wo solche Früchte an den Pflanzen dennoch sichtbar werden, da hängen sie ohne Lebenszusammenhang künstlich, rasch welkend dran. Scharf und vernichtend wie das Urteil des Märchens ist auch des Herrn Urteil über die Leute, die ihnen gleichen: Reißende Wölfe in Schafspelzen nennt er sie. Und weist sie ab:,,Weicht von mir, ihr Übeltäter!"

Liebe Freunde: ,,Wie soll ich Dich empfangen und wie begegn' ich Dir?" — Haben wir erkannt, wie wir uns vorbereiten sollten auf das Kommen des Herrn? Wie wir des Goldglanzes der Weihnacht teilhaftig werden? Nicht zu denen dürfen wir gehören, die sich nur eben im Advent jetzt äußerlich zurüsten, als gehörten sie in die Reihen der Jünger Jesu hinein, die sie künstlich nachzuahmen versuchen, weil ihnen an dem Goldschatz der Weihnacht, deren Segen, doch auch gelegen ist. Wir sollen vielmehr Menschen sein, die um das Himmelreich leiden, die aus Gottvertrauen und Gottgehorsam leben, die mit dieser Welt brechen. Den Willen Gottes *tun*, darauf kommt es an — und nicht so zu tun, als ob man ihn täte!

Wie werden wir solche Menschen? Wir können uns nicht selbst dazu machen. ,,Ihr müßt von neuem geboren werden", spricht der Herr (Joh. 3). Er wird mit seiner Wunderkraft selbst uns helfen müssen. Darum heben wir die Hände: ,,Ach, mache Du mich Armen / zu dieser heilgen Zeit / aus Güte und Erbarmen, / Herr Jesu, selbst bereit. / Zeuch in mein Herz hinein / vom Stall und von der Krippen, / so werden Herz und Lippen / dir allzeit dankbar sein."

Amen.

15. Predigt in Greifenstein im Advent 1928 über Matthäus 24, 36 - 51

Komm zu uns, wir warten Dein,
Himmelskönig, komm hernieder!
Schon entbrennt der Lichter Schein,
Und schon rüsten sich die Lieder.
Und die arme, dunkle Welt
Sehnt sich weinend Dir entgegen –
Unser Herz, Du Himmelsheld,
Wartet schon an Deinen Wegen.

Komm, die Welt ist leidenswund,
Hat an Not so viel zu tragen.
Komm herbei, laß uns Dein'n Mund
Wieder volle Wahrheit sagen!
Freuden-, Licht- und Liebesmacht
Sollen leuchtend wieder werden:
O Du heil'ge Freudennacht!
Friede, Friede sei auf Erden!

Amen, ja komm, Herr Jesu! (Offb. 22,20) – Es ist, als ob dieses letzte Wort des letzten Buches der Hl. Schrift fortschwinge durch alle Zeiten, als ob überall über der Gemeinde geschrieben stehe: Alles Christenleben ist Sehnsucht nach dem Herrn, Warten auf die Erlösung.

Im Advent wird uns das deutlich bewußt. Da werden alle Verheißungen lebendig.

Der Advent redet vom Kommen Jesu Christi, von seinem Kommen in der Vergangenheit, in die Gegenwart und in die Zukunft. Er will uns ihm entgegen zurüsten, daß wir am Augenblick der Gnade nicht vorübergehen, ihn nicht verkennen, wenn er nun kommt. Wesentlich gleich ist das, ob es sich darum handelt, wie Jesus einst eintrat in die Geschichte, wie er in unserer Gegenwart uns begegnet, oder auch wie er kommen wird am Ende der Tage – immer müssen wir bereit sein, ihn zu empfangen. Das Himmelswunder der Weihnacht, wenn das Reich Gottes zu den Menschen kommt, wenn Himmel und Erde sich berühren, erfordert empfängliche, bereite, wache Seelen.

Wir versuchen mit angestrengtem Auge das Dunkel zu durchdringen. Unsere Gemüter sind gespannt, erschlossen bis in die Tiefe.

Damit mag es zusammenhängen, daß die Adventszeit auch die Zeit der Märchen ist mit der Tiefe ihrer Wahrheiten, dem Zauber ihrer Verheißungen. Wir haben sie mit ihren bunten Bildern schon öfter zur Veranschaulichung der Adventswahrheit heranziehen können. Auch heute soll uns eines von ihnen den Dienst tun, heute, wo wir uns sammeln um die Herrenworte unseres Textes: Wachet, denn Ihr wißt nicht, welche Stunde der Herr kommen wird! Jenes Märchen, das bei den Brüdern Grimm überschrieben ist: Der Froschkönig, scheint mir anschaulich darzustellen, was das Wort „Warten" meint.

Mit Wehmut nur sehen wir die Welt von heute im Spiegel der Märchenwelt, die sich da enthüllt. Kann es einen größeren Gegensatz geben als unser Leben und das jenes Königstöchterleins, das am Brunnen im Waldesschatten spielt, die goldene Kugel hochwirft und wieder fängt? Das ist wie ferne Kunde aus der Heimat der Seele, ähnlich der biblischen Erzählung vom Paradies, wo alles Leben beschlossen ist in die heilige, göttliche Harmonie, wo alles Geschehen ein unbefangenes Spiel, wo der Mensch in ungetrübter Einfalt lebt, und das Gold ihm der schimmernde Tand ist, an dessen Glanz er sich in Unschuld freut.

Es ist das Spiel der Seele, ihrer ersten Regungen, wenn sie die Schwingen spannt zum Flug und doch immer wieder bleibt im Bereich der sie sorglich dirigierenden, bergenden Menschenhände. Ein Bild voll Reinheit und Unschuld mit der Unterschrift: Ich trage meine Seele in meinen Händen.

Dann fällt ein großer Schatten auf das Bild. Großes Leid: Ein unbewachter Augenblick, ein Sich-zu-weit-Wagen im fröhlichen Spiel — die leuchtende Kugel entrollt und sinkt in des Brunnens Tiefe. Jäh ist der Glanz erloschen. Das leuchtende Seelensymbol berührt die Erde, das Unterirdische, sinkt (wer will sagen, wie es kam) aus der durchsonnten Luft in die Tiefe. Es ist verloren. Das heitere Spiel weicht der Trauer.

Das Königskind erhält zwar sein Spielzeug wieder. Es ist nicht so, daß alles gleich zuende wäre. Aber das Menschenkind ist nun unlöslich gebunden an das Geschöpf der Tiefe, den eklen Frosch, dem sie sich verpflichtet, weil er das Spielzeug wieder holt. Er läßt sich nicht abweisen. Er taucht immer wieder auf, pocht auf sein Recht — und auch des alten Königs Urteil muß bestätigen: Es geht nicht anders. Es *muß* so sein nach Recht und Gerechtigkeit.

Erkennen wir uns nicht wieder in dem Bild, wir gefallenen, erdverhafteten, den Geistern der Tiefe ausgelieferten Menschen unserer Tage, die zum Verzweifeln drückend belastet sind mit all den schlimmen Folgen des Leichtsinns, der Bündnisse mit dem Unterirdischen? Wer kann sich ihrem dämonischen Einfluß entziehen, seit er in die Welt einbrach, wer wird nicht von ihrer beherrschenden Macht bedrängt? Wer erhält sich unbefleckt von all dem Unrecht, dem Eklen, dem Gemeinen, das überall im öffentlichen Leben, in der Politik, in der Wirtschaft und in der Kultur sich an uns drängt und unsere Seelen — ehe wir es ahnen — tausendfach verstrickt? Wo ist das fröhliche Leuchten, das unbefangene Spiel aus unseren Kindertagen? In dunkle Tiefe gestürzt, dem Nachtgeist Unterwelt verhaftet — verhaftet von Rechts wegen nach unentrinnbarem Gesetz der Schuld — gehn Menschen dahin und vermögen sich nicht zu befreien.

Gerade wenn das helle Licht der Weihnacht jetzt wieder aufleuchtet, sehn wir, wie es sein könnte und nicht ist, sehn wir so recht die dunklen Schatten unseres Alltags. Die Sehnsucht wird brennend in uns nach Reinigung, Befreiung, Erlösung. Doch es gilt auszuhalten, die Kunst des Wartens zu üben.

Das ist die schwere Kunst, zu der der Herr im Advent ruft: Wachet! — Wachen, auf den Herrn harren, das kann nicht heißen, die Hände in den Schoß legen und untätig zusehen, bis es anders wird. Das ist es, worauf der Herr im Text den Finger legt, und seine ernste Mahnung trifft mit der anschaulichen

Lehre des Märchens zusammen. Ganz eindringlich wollen beide eine solche Haltung der Seele korrigieren. Daß es Euch nicht gehe, wie es den Leuten in den Tagen Noahs ging! Die machten ihren Frieden mit dem Alltag, die aßen und tranken und freiten und ließen sich freien. Dabei vergaßen sie des Wachseins, schliefen ein – und die Sintflut brachte sie alle um.

Daß Ihr Euch nicht einrichtet und Eure Kompromisse schließt mit den Geistern von unten – wie jener Knecht, der als Besserwisser sagt: Der Herr kommt noch lange nicht! Er fängt an, seine Mitknechte zu schlagen, und ißt und trinkt mit den Trunkenen. Der Herr aber kommt und zerschmettert ihn.

Wir spüren wohl die großen Gefahren. Wie oft hören wir, ernstem Christenstreben entgegen, daß man nicht gegen den Strom schwimmen dürfe, daß man mit den Wölfen heulen müsse. Vielen verwischt sich der Unterschied zwischen Licht und Finsternis, Böse und Gut. Sie schlafen ein, sinken ab, werden gleichgültig und stumpf übermannt von den Geistern der Tiefe.

Ein anderes Bild aber zeigt unser Märchen. Die Königstochter gewöhnt sich nicht an den Frosch. Ein ständiger Kampf beginnt zwischen den beiden. Der Frosch kennt sein Recht und seine Macht und nimmt jede Gelegenheit wahr, sich bei der Königstochter einzunisten. Immer mehr aber verstärkt sich deren Widerstand, ihr Abscheu, ihr Ekel. Schließlich kommt ihre Verzweiflung auf den Höhepunkt: Sie packt den Frosch und wirft ihn an die Wand.

Gewiß, sie hat damit den Vertrag gebrochen, der sie an den Frosch bindet. Aber sie brach ihn in höchster Not um ihrer Seele willen, so wie Luther sein Klostergelübde brach. Unser innerstes Gewissen gibt der Tat Recht: Man muß Gott mehr gehorchen als den Menschen.

Es gilt so auch in trüben Tagen, in böser versuchlicher Zeit, wach zu bleiben und auf der Hut, daß, was aus dunkler Tiefe aufgestiegen ist, nicht seinen Willen bekomme. Das ist unsere Not, die Not der Zwischenzeit, der Wartezeit, daß wir, unser Ziel vor Augen und der himmlischen Berufung gewiß, in der Welt leben, ihr verhaftet sind, daß immer wieder das Dunkle, Dämonische in ihr auf uns eindringt. Niemand weiß so gut, was auf dem Lebensweg Spannung heißt, wie die Christen. Der Gegensatz zwischen dem, was wir sind und was wir sein sollten, verwundet tief und reibt auf. – Aber die Spannung muß bleiben. Der Kampf darf nicht erlahmen.

Das ist das Warten, das die Adventszeit von uns fordert: wie jenes Kind im Märchen mit dem Unterirdischen, dem Eklen, Gemeinen, das ein Recht auf uns geltend macht, kämpfen und dabei nicht müde werden, sondern wach und stark bleiben. Es geht um das höchste Gut, um unsere Seelen. Bis zum Sein oder Nichtsein gilt's widerstehen. Wenn wir doch über alle Bedenken und Bindungen hinaus das, was die Seele quält, so an die Wand werfen könnten!

Dann – wenn die Not am größten, ist Gott am nächsten – kommt die Erlösung. Wer treu bis an den Tod die Prüfung besteht, der wird gekrönt. Gott, der hinter allem Geschehen steht, kennt seine Zeit. Auf einmal offenbart überraschend noch das Böse, dem Du tapfer widerstanden hast, den Segen, den es in sich schließt. Verzweifelt wirft die Königstochter den Frosch an die Wand, weil ihre Reinheit sich auflehnt gegen das ekle Tier, aber gerade diese Explosion der Spannung bringt die Rettung. Sie ist wach geblieben. Selig ist der Knecht, wenn sein Herr kommt und findet ihn also tun.

Nun wird es Weihnacht. Nun ist die ursprüngliche Harmonie wieder hergestellt. Im goldenen Wagen fährt das Königskind ins Glück.

Es ist noch ein anderer im Märchen, dem das weihnachtliche Geschehen Erlösung bringt: der treue Diener, dem die eisernen Bande vom Herzen springen. Auch er war einer der wachen Wartenden. Auch er war einer, dem die Seele über alles ging. Weil sie nicht ersticken sollte in der bösen Wartezeit, hatte er sie mit eisernen Reifen gebunden. — Wie viele sind auch dem gleich in unseren Tagen, die tief im Innersten ihr Bestes, ihre Sehnsucht, ihr Hoffen verschließen müssen und binden, daß es nicht zerbricht!

Die Hauptsache bleibt, daß wir es hindurchretten durch die Zeit des Wartens, Harrens, durch die Zeit des Advent, daß es empfänglich bleibt für den Weihnachtsglanz:

Herr Jesu, mach ein Ende
Und führ uns aus dem Streit!
Wir heben Herz und Hände
Nach der Erlösungszeit.

Amen.

16. Predigt in Greifenstein an einem Sonntag p. Tr. 1932 über Matthäus 5,14 - 16

Von der Hand Hans Thomas gibt es ein eindrucksvolles Bild: ,,Der Hüter des Tales''. Da steht auf hoher Felsenwand ein Ritter im Eisenkleid, das Schwert zur Seite, die Lanze in der Hand. Über ihm flattert im Winde seine Fahne. Den Helm hat er abgenommen. Er schaut weit über das Tal, dessen Hütten im stillen Frieden des Abends träumen, bewahrt in seinem Schutz, während dunkle Wetterwolken über den Rand des Waldgebirges heranziehen.

Das ist mir immer wie ein Symbol für den Greifenstein hier oben erschienen, der auch wie in Wehr und Waffen noch heute über dem Dilltal Wache hält und einst in der Tat all derer, die da wohnten, Hüter und Schützer war, bei dem sie ihre Zuflucht suchten und an dem des Wetters Ungestüm sich brach, wenn Sturm und Wolken dunkel übers Tal gezogen kamen. Es ist mir oft schon von Fremden ein Verwundern ausgesprochen worden, daß bei den wenigen Hilfsmitteln, die es gab, die Leute des Solmser Landes es sich nicht haben verdrießen lassen, die Steinmassen der Burg aufzutürmen. Sie wußten gut, was sie damit taten, daß sie sich selber einen Hort schufen — für alles Land ringsum in gefahrvollen Zeiten: den Hüter des Tales!

Das ist eine Bestimmung, die Greifenstein aus der Geschichte überkommen hat, eine Aufgabe, deren es heute noch eingedenk sein soll.

Zwar ist seine Geltung im Lande gesunken, ist es selbst klein und arm geworden und von anderen Orten weit überholt, aber eines ist ihm von damals geblieben, das wird es immer hinweisen auf seine Pflicht, Vorort zu sein denen drunten. Das ist seine Lage auf dem Berge, die es auf alle Zeit vor aller Augen stellen wird. Das ist, was der Heiland sagt: Es mag die Stadt, die auf einem Berg liegt, nicht verborgen sein. Das begründet Verantwortung für die, die an sichtbarer Stelle stehen, die das Augenmerk der Leute auf sich ziehen. Jesus sieht seine Jünger im Text als solche an. „Lichter der Welt" nennt er sie, Lichter, die um ihres Scheins willen von der Welt gesehen werden, die aber auch sich sichtbar machen sollen. Wir wollen die Worte auch auf unsere Gemeinde beziehen. Vor äußerer Gefahr braucht der „Hüter des Tales" das Land heute nicht mehr zu schirmen. Aber treu soll er auf der Wacht sein gegen die verderblichen Gewalten, die der Seele nachstellen. Wo er noch immer hoch, von allen sichtbar seinen Platz hat, soll er, dieser Stellung sich bewußt, auch als ein scheinend Licht Halt und Weg und Richtung weisend für die anderen seine Aufgabe erfüllen.

Uns auf der Höhe hier wollen die Worte des Heilandes besonders ansprechen, erinnern an unseren Christenwandel, mahnen an dieses Wandels Pflicht.

Wie oft höre ich in diesen Tagen die Bitte: „Herr, bleibe bei uns, denn es will Abend werden, und der Tag hat sich geneiget" (Lk. 24,29). Wir haben alle das unabweisbare Gefühl, daß wir an einem Ende stehen. Ein müde gewordenes Zeitalter geht zur Ruhe, eine abgesungene Melodie klingt aus. Alle Lichter erlöschen. Dichter und dichter webt um uns undurchdringliches Dunkel seine Schatten. Alle Daseinsmöglichkeiten sehen wir erschöpft. Auf allen Lebensgebieten sind wir in eine Sackgasse verrannt. Gedrückt, mutlos, sich selber fremd stehen die Menschen in der Zeit. Das Bewährte enttäuscht, das Erprobte läßt im Stich, das Gewohnte zerbricht ...

Ganz von selbst werden wir aus den Vordergründen der Welt heraus in den tragenden Grund gedrängt, je mehr das Äußere versagt, an das Innere gewiesen. Je dunkler es um uns wird, desto heller leuchtet in uns ein Licht, das Licht des Glaubens. – Und dieses Licht wollen wir hüten und hegen. Es ist nicht von uns selber entzündet, kommt nicht von der Erde: Gott hat es uns aufgesteckt. Was er uns zu sagen und damit zu geben hat, das glüht und brennt in uns. Mit ihm kommt das ewig Gültige. Da werden die letzten Entscheidungen geboren.

Daß wir dieses Lichtes Träger sind, macht unseren Christenwandel aus. Daß wir hören und an den uns halten, der gesagt hat: Ich bin das Licht der Welt, wer mir nachfolgt, der wird nicht wandeln in der Finsternis, sondern wird das Licht des Lebens haben. (Joh. 8,12). Das Licht, das er herabbringt aus der ewigen Welt Gottes, das sollen wir widerspiegeln, hineinstellen in unsere dunkle Zeit.

Wir haben wohl alle schon erzählen gehört, wie das ist, wenn ein Schiff, auf Irrfahrt im wilden Meer in stürmischer Nacht, plötzlich das Leuchtfeuer vom festen Land her aufflammen sieht, das den Weg weist, die Richtung angibt, Rettung ankündigt. So soll die christliche Gemeinde wie ein Leuchtturm stehen in den brausenden Wogen der Zeit, der die Verirrten ruft. So sollen auch wir im Gotteshause hier auf dem Berge, die wir um Christi Wort uns scharen, den Adel unserer Berufung erkennen: Ihr seid das Licht der Welt.

Wir können das nur dann, wenn wir die Flamme rein erhalten, wenn wir in die Welt Gottes Wort hineinrufen und nicht eigene Weisheit, wenn wir Christus nicht verraten an die Finsternis. Das ist es ja gerade, was uns zu Lichtern in dem Dunkel macht, daß wir Besseres haben als alle Werte der Kultur, als all das Feuerwerk der politischen und sozialen und wirtschaftlichen Experimente. Lichter der Welt, Wegweiser für die Suchenden, Hüter des Tales, das können nicht die gescheiten, sondern das müssen gläubige Menschen sein. Neue Lebensmöglichkeiten schafft nicht der Scharfsinn und nicht der Wagemut, neues Leben schafft nur der Glaube. Hüter des Tales — das ist heutzutage hoch droben, unbeirrt von den auf und nieder wogenden Meinungen drunten, in der hl. Freiheit der Christenmenschen allein die gläubige Gemeinde, wissend um die sündenvergebende Gnade Gottes. Soweit wir zu ihr gehören, von ihrem hellen Schein durchdrungen sind, gilt auch von uns: Ihr seid das Licht der Welt.

Freilich: ein Licht muß scheinen. Man zündet es nicht an, um es unter den Scheffel zu stellen. Es muß die Welt durchdringen. „Laßt Euer Licht leuchten", sagt der Herr, „vor den Leuten, daß sie eure guten Werke sehen und euren Vater im Himmel preisen".

Euer Licht: Da ist vorausgesetzt, daß wir das Licht haben. Wir, deren Tun dem Irrtum unterworfen, deren Vermögen unzuverlässig ist, deren Werke schuldbehaftet sind, wir sollen Fackelträger sein.

Merken wir, daß uns unsere geschichtliche Stellung von Gott zugewiesen ist? Wir sollen auf die Eigenart unserer Gemeinde, von ihm gesetzt, achten. Es ist sicher nicht bedeutungslos, daß wir als Berg- und Waldmenschen leben, von der großen Masse abgesondert, den allgemeinen Einflüssen viel weniger zugänglich. Unsere Berufung wird es sein, daß wir in tieferem Maße als die meisten anderen auf Gottes Wort und Willen in seiner Schöpfung achten sollen. Gnädig ist uns von ihm verliehen, daß wir auf alt-geschichtlichem, mit dem Schicksal von Jahrhunderten gedüngtem Boden die Kontinuität der Überlieferung, Väterbrauch und Vätersitte besser verstehen und bewahren können als die Menschen im Tal. Was dabei unter uns für andere sichtbar wird an Gottgehorsam, Glauben und Liebe, an Christussinn, ist unser Licht.

Laßt dieses euer Licht leuchten vor den Menschen! Laßt sie etwas spüren von der Gottverbundenheit, vom Gottvertrauen in allen Dingen des täglichen Lebens! Der Herr Jesus setzt voraus, daß bei den Menschen in unserer Umgebung ein freudiges Erstaunen möglich ist über unser Tun, ein Tun, das sie überführt und gewinnt.

Steht dazu als Hüter des Tales, als Lichter der Welt!

Amen.

17. Predigt im Soldaten-Gottesdienst in Werdorf Weihnachten 1939 (Einquartierung im Dorf) über Lukas 2,14.

Wolfram von Eschenbach, der ritterliche Sänger, hat in seinem Heldenlied vom Parzival das Ideal des Rittertums in den Gralshütern vor uns hingestellt. Ihre Gemeinschaft, die sonder Lohn aus Ehrfurcht und Dank für Recht und Wahrheit kämpft, heiligt sich durch Stille vor Gott. In stets neuen Gottesbegegnungen schöpft sie immer wieder neue Kraft zu neuen Taten.

Wir kennen diese hl.-ernste Mannesgemeinschaft wohl aus dem Bühnenweihfestspiel Richard Wagners. Die Vollendung des Gegründetseins der ritterlichen Streiter in Gott wird deutlich in der Szene in der Gralsburg. Sie ist wie eine mahnende Predigt, daß alles rechte Rittertum, alles Kämpfertum sich gründen muß auf die Versöhnung mit Gott und als Ziel alles Kämpfens seine Ehre habe. Das Schwertamt, das die Ritter verwalten, ist ein besonders schweres, von Dämonien umlauert. Den Streiter schützt nur die innig-feste Verbundenheit mit Gott.

Auch wir stehen hier vor seinem Angesicht. Auch wir möchten seine Hand fassen, seiner Gegenwart, seines Beistandes uns trösten können.

Da kommt mit dem Hall der Weihnachtsglocken auch jetzt wieder zu uns die gute neue Mär: Siehe, ich verkündige euch große Freude: Euch ist heute der Heiland geboren.

Weltenwende bedeutet die Botschaft. Die Gralstunde ist erfüllt. Gott kommt und mit ihm Friede und Freude und Heil und Seligkeit.

Wir sind nicht alleingelassen. Der Himmel bricht über uns auf. Eine Brücke wölbt sich von jenseits zu uns herüber. Wie jene Ritter um den Gral, scharen wir uns um die Krippe. Dort wie hier kommt Gottes Hilfe in unsere Schwachheit. Wir schauen die Klarheit der anderen Welt, wir hören den Chor der Engel: Ehre sei Gott in der Höhe, Friede auf Erden, den Menschen ein Wohlgefallen! — Was sagt *uns* ihr Lied?

Ehre sei Gott in der Höhe! Diese Losung des Himmelsheeres steht auch über dem Leben der Gralsritterschaft. Sie bestimmt ihr Handeln. Engel und Menschen vereinigen sich unter dieser Losung im Ringen um dasselbe Ziel. Was bedeutet das für unser Kämpfen?

Man hat als Auszeichnung auch in diesem Krieg das Eiserne Kreuz aus den Freiheitskriegen erneuert, das mit seinem Schwarz-Weiß an die deutschen Ordensritter und ihr Kämpfen für Christus erinnert. In seiner Mitte sollte der aufsteigende preußische Adler den neuen Flug andeuten: per aspera ad astra, durch Nacht zum Licht.

Was bedeutet das anders als das Zeichen für eine deutsche Wehrmacht unter Gott! Als Erben des deutschen Ordens sollen unsere Soldaten sich erweisen. Erben einer Ritterschar, der in Krieg und Frieden das „Ehre sei Gott in der Höhe" voranleuchtet.

Wie sie einst zur Ehre Gottes auszogen, sein Reich auszubreiten auf Erden und sich dabei im Bunde wußten mit den himmlischen Heerscharen, so soll

Deutschland in dieser Kriegszeit wissen: Volk in Wehr zu Gottes Ehr! Das Weihnachtswunder zeigt, wie er uns erworben und gewonnen hat zu seinem Eigentum. Darum stehen wir als seine Mannen für unser Land als ein Gotteslehen, darum wissen wir uns von ihm gerufen in unser Schicksal hinein, darum ertragen wir das Kämpfen in der Einsamkeit zwischen Tod und Teufel, allzeit den höchsten Herrn vor Augen, darum harren wir seiner.

Und ob mein Herz auch klagt — ich bleibe unverzagt:
Still trägt sein Kreuz, wer Gottes Fahrt gewagt, —
es gehe zum Leben oder zum Sterben, zum Siege oder zum Untergang: Ehre sei Gott in der Höhe!

Die Losung über dem streitbaren Heer des Himmels, über den Ordensrittern und über den preußischen Fahnen mahnt, daß es dem Soldaten vor allem anderen not ist, Gott zu dienen und immer wieder zu ihm zurückzukehren. Das bedeutet für ihn Läuterung und Reinigung, das bewahrt ihn vor dem Versinken ins Untermenschentum, davor, daß im Menschenkampf der Teufel Gewalt über ihn kriegt. Im Krieg wie im Frieden ist seines Handelns Richtschnur, was die Engel auf Bethlehems Feldern ihm mahnend zurufen: Ehre sei Gott in der Höhe! —

Bestimmt die Ehre Gottes alles Handeln auf Erden wie im Himmel, dann ist Friede auf Erden. Dann ist Diesseits und Jenseits ausgesöhnt. Dann steht das Himmelsheer nicht mehr gegen die Menschen, sondern geht mit ihnen zusammen. Die Menschen haben Verzeihung erlangt, sind angenommen zu Gottes Kindern. Gott schickt als Pfand für seine verzeihende Liebe seinen Sohn in die Welt. Da breitet sich auf Erden sein Friede aus.

Dieser Friede meint nicht eine pazifistische Lebenshaltung. Er ist die Folge des mit Gott versöhnten Gewissens: ,,Nun wir denn sind gerecht geworden durch den Glauben, haben wir Frieden mit Gott '' (Röm. 5,1). In diesem Frieden stehen der Menschen und der Engel Heere verbündet gegen den Antichristen.

Das ist das Weihnachtswunder: Das Friedensreich Gottes bricht an in der Welt. Dem König, geboren im Stall in Bethlehem, stehen alle Erdenheere zur Verfügung. ,,Gottes Ehre'' ist für sie das Allerwichtigste, für das sie kämpfen. Wird der Gottesfriede verletzt, Gottes Recht gebrochen durch der Menschen Verrat, führt das zum Krieg auf Erden.

Auf dem Reichsschwert, mit dem der Kaiser den Ritterschlag erteilte, dem Schwert Karls des Großen, standen die Worte: ,,Christus vincit, Christus regnat, Christus imperat''. Christus ist Sieger und Herrscher und König.

Deutsche Soldaten haben sich so immer als Mannen Jesu Christi gefühlt, die in dem Frieden, den er in die Welt gebracht hat, zu Gottes Ehre ins Feld zogen für sein Weihnachtsgeschenk: Friede auf Erden!

In diesem Frieden werden neue Menschen, Menschen nach dem Wohlgefallen Gottes. Weihnachtserleben läßt keinen, wie er ist. Daß Gott zu den Menschen kommt, verwandelt sie zu ihrer göttlichen Bestimmung hin, daß einmal Gott sein wird alles in allen.

Der Mensch im Gottesfrieden ist immer ein Kämpfer, unausgesetzt im Krieg mit Teufel, Welt und eigenem Fleisch. Mensch nach dem Wohlgefallen Gottes ist der Mensch, der sich selbst verleugnet und Gottes Geboten gehorcht.

So haben die Ordensritter immer vor Gott stehen wollen, Priester und Kämpfer zugleich, daß nichts von den furchtbaren Kriegsversuchungen ihr Herz von Gott abwenden könnte. Immer wieder haben sie im Gottesdienst Vergebung, Versöhnung mit Gott gesucht.

So war es auch der preußischen Soldaten, wie sie Friedrich Wilhelm I. schuf, erstes Anliegen, die Ehre Gottes und den Frieden Gottes zu wahren, so ihr Gewissen rein und das Herz unbefleckt zu erhalten. Die Mahnung: „Üb immer Treu und Redlichkeit bis an dein kühles Grab, und weiche keinen Finger breit von Gottes Wegen ab!", die ihnen das Glockenspiel ihrer Garnisonkirche in Potsdam ins Herz singen wollte, war ihnen zur anderen Natur geworden. Die Preußische Armee war die erste der Welt, die ihren Dienst ohne Landsknechtsbenehmen und Marketendermoral tun wollte.

Mit diesen Soldaten hat Friedrich der Große seine Kriege geführt. Im Dienste dieser inneren Zucht, dieser soldatischen Selbstüberwindung stand das Exerzieren und der äußere Drill des Kasernenhofes.

Im deutschen Soldaten-Gedanken liegt ein Übermilitärisches. Die Geisteshaltung des preußischen Heeres war allezeit durchaus vom christlichen Glauben bestimmt. Mit durch sie wurde dieser in der Gesamtheit des Volkes fest verankert. Den Christenglauben dem deutschen Soldaten aus dem Herzen reißen wollen, heißt darum nichts anderes, als den Ast absägen, der ihn trägt. —

So wie die Gralsritter, von denen wir eingangs sprachen, in immer neuer Begegnung mit Gott die Kraft ihres Rittertums erneuern ließen, so wollen auch wir uns stärken zu dem Kampf, der uns verordnet ist, Kraft erbitten zum Aushalten in der Entscheidungszeit, in die wir hineingestellt sind. Wenn wir hier heute vor Gott treten, bekommt unser Weihnachtsfest ein neues Verständnis und seine Engelsbotschaft einen besonders eindringlichen Klang:

Ehre sei Gott in der Höhe,
Friede auf Erden
und den Menschen ein Wohlgefallen!
Amen.

Andacht anläßlich der Wiedersehensfeier der Abiturienten von 1902 in der Aula des Gymnasiums in Weilburg am 7. 6. 1927 über Psalm 90

Endlich wird's nun mal geschehen,
daß auch wir uns wiedersehen!

Unter unseres alten Ordinarius Leitung haben wir das im Chore in dem Raum hier manchesmal gesungen, wenn die Abiturienten entlassen wurden und uns dabei wohl im Geiste vorzustellen versucht, wie das bei uns denn sein würde – nun ist die Erfüllung da, ist das Wunschbild Wirklichkeit geworden. Die Stätte, an der wir vor 25 Jahren selber entlassen wurden in die Welt hinaus, sieht uns heute wirklich wieder vereint. Hände strecken sich uns entgegen, hinweg über die lange Trennungszeit, deren Druck zum Abschied einst wir noch zu spüren meinen. In wohlbekannte Augen schauen wir hinein und sehen sie aufleuchten, wenn sie auch in den unseren etwas lesen von der alten Treue. Ein wogendes Meer von Erinnerungen an unser gemeinsames Werden und Wachsen hier in Lust und Leid und Ernst und Scherz wird wach.

Weit auf die Herzen dem, was sie bewegen und erschüttern will in dieser Stunde! Einen zutreffenden Ausdruck für unser Erleben in ihr – wer fände den? Wir fühlen uns von selbst über das Sichtbare, Zeitliche hinausgedrängt zu aller Dinge letztem Grund:

Ehe denn die Berge wurden
und die Erde und die Welt geschaffen wurden,
Bist Du, Gott, von Ewigkeit zu Ewigkeit.
Tausend Jahre sind vor Dir wie der Tag, der gestern vergangen
ist, und wie eine Nachtwache.

Fünfundzwanzig Jahre, liebe Freunde – In die Stille der Minuten tönt vernehmlich das Brausen des Stromes der Zeit, taucht empor mit seinem versteinernden Medusen-Antlitz, dies unheimlichste all der Rätsel, die uns umgeben! Fort und fort wandelt sich unter seinem bannenden Zauber für uns alle unwiederbringlich unumkehrbar lebendige Gegenwart in tote Vergangenheit. Was gab und nahm es uns seitdem nicht alles? Was verschlang das Ungeheuer nicht von unserer einstigen Welt und von uns selber! Wie hat es uns auseinander gerissen auf die verschiedensten Wege, wie uns gezerrt und geschleift durch Höhen und Tiefen, die einen empor gehoben und die anderen hinab gedrückt und uns in unseren Tagen gerade hineingestellt in ein entscheidungsreiches Weltenschicksal, in Kampf und Not und Mühe.

Auch viele am Ziele zu den Toten entboten. In Treue rufen wir in dieser Stunde in unserer Mitte das Andenken an Anacker in seinem frohen welterschlossenen Wesen und Anthes in seinem stillen, lebensscheuen; an den stets so

heiter gelassenen Grimm, an Gropius, den guten Kameraden, Görz den begei-
sterungsfähigsten Idealisten. Wir mußten sie lassen an dem Wege, den wir
hergekommen sind, und welche von unseren alten Lehrern wandern die Straße
noch mit uns? Wie viele von uns werden nach weiteren 25 Jahren noch am
Leben sein? Denn es fährt schnell dahin als flögen wir davon. Freunde, wie
wahren wir uns? Irgend woher aus dem Raume hier springt das Leitwort der
Stoa auf, das uns so manchesmal hier gepredigt wurde: monos ho sophos
plousios kai eleutheros basileus — lehre uns gedenken, dass wir sterben müssen,
auf dass wir klug werden!

— — —

Fünfundzwanzig Jahre Werden und Vergehen, Aufblühen und Welken. — Hat
das Wissen darum nicht schon unsere jungen Seelen durchbebt, als wir noch die
weißen Stürmer des Gymnasiums trugen? Ist nicht ein solch geschichtlicher
Sinn der Hauptnenner aller humanistischen Bildungs-Elemente? Siehe, der
altvertraute Raum hier predigt schon Erinnerung, das momento mori unseres
Mosesgebetes. Da, die Bilder der Direktoren an den Wänden zeugen von
Generationen, die hier kamen und gingen. Da, die Büsten der Großen der
Antike reden von der alten Welt, die unterging, damit die unsere entstehen
könnte. Man bestreitet heutzutage solcher Erinnerung das Recht. Man hat
gesagt: Was soll der allzeit rückwärts gewandte Blick unserer Gymnasial-
bildung? Es geht uns nicht um die Antike, es geht um das deutsche Kulturgut
der Gegenwart. — Hat jemand von uns, liebe Freunde, den Eindruck gehabt,
daß es an der humanistischen Anstalt des Direktors Paulus nicht um deutsches
Kulturgut ging? Nur das ist die Frage, ist dem mehr gedient durch das ewige
Drängen auf seine forcierte Weiterentwicklung, Anschluss an den westeuro-
päischen Kulturkreis, Eintauchen in die Welt der Technik, oder wie die
modernen Schlagworte heißen — oder durch ein immer und immer wieder
erneutes Zurückgehen auf seine Grundlagen, durch das Aufsuchen der Ver-
bindungslinien von den Wurzeln her, durch den Zwang, das Werden der Probleme der Gegenwart von Anbeginn an selber zu durchdenken.
Das „ad fontes" des Humanismus ist die Parole einer Weltanschauung. — Da
schlagen wir uns draussen im Leben mit Gott weiß alles für Tagesfragen herum,
der Wirtschaft, Politik, Gesellschaft, Wissenschaft, Technik, oder wie ihre
Gebiete alle heißen. Der Fortschritt jagt nur so. Eine Entdeckung verdrängt
die andere, ein Kulturwerk türmt sich aufs andere. Riesengross, wie jener Turm
von Babel — „Ad fontes, ad fontes!", daß nicht die Fundamente ins Gleiten
kommen und der ganze stolze Bau der Menschenwerke mit seinen Meistern
stürzt und zerbricht, denn es gilt noch immer von all unserem Wesen und Werk:

> Du lässest sie dahinfahren wie ein Strom,
> sie sind wie ein Schlaf, gleich wie das Gras,
> das doch bald welk wird, das da frühe blüht und
> bald welk wird und des abends abgehauen wird und verdorret.

Nicht wahr, da redet nun wirklich der lebensfremde Schüler des humanistischen Gymnasiums, das ist so recht dessen Welt, der alles Praktische fehlt.

O, diese wundervolle Welt des Unpraktischen! Liebe Freunde, verdanken wir ihr nicht alle schließlich das Beste in unserem Leben? Wenn wir einmal los von der täglichen Fron der Zwecke in einem weiteren und tieferen Zusammenhang unser Schaffen und Wollen und Vollbringen schauen durften hinter dem Alltag, hinter all den Vergänglichkeiten, die Verbindung mit dem Ewigen ahnend erfassen. Es ist wohl wahr, jenes Nietzsche-Wort, daß unsere tiefsten Stunden nicht unsere lautesten, sondern unsere stillsten sind.

Wohlan, so wollen wir ruhig hier auch bewußt unpraktischen Erinnerungen Raum geben. Der Wert dieser Stunden der Gemeinschaft an dem Orte, wo wir einmal jung waren, liegt ja in einer Rückwärts-Orientierung.

Allerdings kommt es auch uns auf das praktische Leben an, in dem wir jeder an seiner Stelle unseren Mann zu stehen haben, (was nicht zur praktischen Tat wird, hat keinen Wert!) nur so lässt es sich meistern.

> Wenn es köstlich gewesen ist,
> so ist es Mühe und Arbeit gewesen,
> denn es fährt schnell dahin,
> als flögen wir davon.

Jedoch abgesperrt von seinen Quellen, stirbt es ab; im innersten Mark, aus dem Tiefen, dem Ursprünglichen, Echten, Wahren, Naturhaften heraus muß es sich immer wieder erneuern, muß immer wieder, durch des Menschen Persönlichkeit gestaltet, diese selber formen und fördern hindurch durch das ewige „Stirb und Werde". — Das ist das eigentliche „Humanum", auf das es ankommt, und das uns not tut. An solches Werden ein Erinnern geht uns nach aus unseren Schülertagen wie eine süße, sehnsüchtige Melodie:

> Aus der Jugendzeit, aus der Jugendzeit
> klingt ein Lied mir immerdar,
> ach, wie liegt so weit, ach, wie liegt so weit
> was mein, was mein einst war.

Ja, wir schauen heute in einem gewaltigen Abstand auf das Damals. Wir fühlen, wie wir andere geworden sind: nüchterner, ernster, reifer, klarer, fester. — Aber auch spröder, starrer, unlebendiger, älter ... Vieles von dem, was uns als möglich einst vorschwebte, mögen wir erreicht haben, haben wir nicht noch viel mehr als unerreichbar aufgegeben? Ich denke, wir sind alle bescheidener, anspruchsloser geworden.

Fünfundzwanzig Jahre Mannesarbeit — fünfundzwanzig zurückgelegte Etappen zum Ziel — haben wir es erreicht, sind wir ihm wenigstens nahegekommen? Oder macht Ihr nicht auch die Erfahrung wie ich, daß es immer weiter entschwebt, je mehr wir uns es zu erreichen mühen, daß es höher und höher wächst vor unseren spähenden Augen, sodaß wir das ahnungsvolle Gefühl haben: wir werden es in unserem Leben doch nie erreichen? Es liegt überhaupt hier nicht an unserem Rennen und Laufen. Es kommt nicht an auf unsere Leistungen, unser Können. Das Beste ist Geschenk und Gabe, Gunst und Güte — Gnade, wenn ihr das Wort gelten lassen wollt. Nicht unser eigener, ein höherer Wille bestimmt unseres Schicksals Lose. Darum, ehe wir uns wieder hinwenden zu dem rufenden Leben draußen, stehen wir hier noch einmal still mit gefalteten Händen — alte Schüler des Gymnasiums Philippinum illustre in dem an dieser Stätte stets gepflegten Sinn und Geist:

Herr, kehre du dich wieder zu uns
und sei deinen Knechten gnädig!
Fülle uns frühe mit deiner Gnade,
so wollen wir rühmen und fröhlich sein
unser Leben lang.
Zeige deinen Knechten deine Werke
und deine Ehre ihren Kindern.
Und der Herr, unser Gott, sei uns freundlich
und fördere das Werk unserer Hände bei uns;
ja, das Werk unserer Hände wollest du fördern!

Leben kann doch nur sein
ein festes, sicheres In-die-Zukunft-Gehen
und ein freudiges Vorwärtssehen
auf das Ziel jenseits der Zeit
in die Ewigkeit

                  Amen.

C. Erzählungen von Otto Henn

1. Die beiden Bergfriede

Vor Zeiten, als noch die Raubritter auf allen Burgen im Lande saßen, das Faustrecht galt, und Krieg und Kriegsgeschrei auf deutschem Boden kein Ende nehmen wollte, waren schwere Zeiten der Not auch für den Greifenstein herangekommen. Die Großen im Lande hatten aus Neid auf das mächtige Ritterhaus sich mit den Wetterauer Städten verbündet und seine wehrhaften Burgen gebrochen. Von dem schmucken Lichtenstein am Ulmbach drunten war kein Stein auf dem anderen geblieben. Nur rauchgeschwärzte Trümmer bezeichneten die Stätte noch, wo einst sein schlanker Turm aus grünen Wipfeln ragte. Und der Greifenstein selbst mit seinen in die Gräben gestürzten Mauern, zerborstenen Türmen, zerbrochenen Toren war auch nicht viel mehr als ein Schutthaufen. Seine Herren waren außer Landes geflohen und suchten fern am Rheinstrom Glück und Hilfe. Nur ein Edelfräulein noch, ein gütig und mildtätig Menschenkind mit inniger Liebe zur angestammten Heimat, hauste mit einer alten Dienerin kümmerlich in den paar erhaltenen Gemächern zwischen den Trümmern. Täglich sah man sie durch den vom Schutt fast ausgefüllten Graben schreiten, einen Korb mit Speisen am Arm, um Nahrung und Hilfe in die Hütten des Dorfes zu bringen, die das Unglück nicht minder schwer betroffen hatte. Denn zu den Kriegsnöten waren böse Seuchen gekommen, und überall lagen Kranke hungernd und ohne Pflege. So groß war die Not und so schlimm die Zeit, daß auch dieser Kampf der Liebe gegen die Wunden, die die Gewalt geschlagen, aussichtslos erschien.

Nun war in jener Zeit von den feindlichen Nachbarn des Greifenstein der mächtigste der Graf von Nassau, ein rauher Kriegsmann, der mit eiserner Faust in seinem Lande Frieden und Ordnung zu erzwingen strebte. Der hätte den Greifenstein gern zu eigen gehabt, weil er den Zugang bildete zu diesem Lande von Osten her, und bot dem Fräulein an, ihm Burg und Herrschaft zu verkaufen. — Da er aber so hart und streng, der Schrecken nicht nur seiner Feinde, sondern auch der eigenen Untertanen war und den Ruf eines Bedrückers hatte in der ganzen Gegend, das Fräulein auch die Burg gern seinen Brüdern in der Fremde erhalten wollte, schlug es das Anerbieten rundweg aus.

Da erschien eines Tages der Nassauer Graf mit seinen Kriegsmannen, nahm ohne weiteres den ganzen Burgberg in Besitz und sperrte das widerstrebende Fräulein einfach ins Verließ. Die Eroberung zu schützen, baute er in den Trümmern der alten Burg einen mächtigen Turm, der stark und trutzig ins Land ragte, und den er stolz den „Nassauer" hieß. Ein sichtbares Zeichen seiner Gewalt und Macht und eine unmißverständliche Warnung an alle seine Gegner sollte er sein.

Als er vollendet war und hoch, wie für die Ewigkeit gegründet, von der Höhe ragte, ließ sein Erbauer die Gefangene holen und fragte, ob sie ihn jetzt wohl als den Herrn über die Greifensteiner Herrschaft anerkennen wolle, oder was dazu noch fehle. Worauf sie kurz und bestimmt antwortete, es fehle dem Großen, das er geleistet, das Größte noch. Das Land habe er zwar gewonnen, aber nicht seine Bewohner; ihre Burg habe er bezwungen, aber nicht die Herzen ihrer Untertanen. Fester und dauernder als der Turm sichere jede Herrschaft die Liebe. Da meinte er lachend, wenn sie mit ihrer Liebe denn auch einen solchen Turm zu bauen imstande sei, solle sie recht haben und sogleich frei sein. – Dann wurde sie wieder ins Gefängnis abgeführt. Der Graf verritt, nachdem er eine Wache in den Nassauer Turm bestellt hatte.

Aber wie ein Lauffeuer verbreitete sich die Kunde von seinen Worten durchs ganze Land, daß das Fräulein frei sein solle, wenn es einen Turm gleich dem Nassauer baute. Eine merkwürdige Unruhe war in die Greifensteiner gefahren. Heimlich taten sie sich zusammen, schmiedeten einen Plan, kamen zum Schlosse gezogen Mann für Mann, schafften mit Hammer und Kelle, einander ablösend, Tag und Nacht, fügten Stein zu Stein, türmten Stockwerk auf Stockwerk, bis, ehe man's gedacht, neben dem Nassauer Turm ein zweiter stand, ebenso stark und gewaltig, ebenso hoch und breit wie er. So daß der Graf, als er der Kunde davon nicht glauben wollte und selber das Wunder zu schauen gezogen kam, erstaunt ausrief: ,,Der gleicht wahrhaftig dem ,,Nassauer'' wie ein Zwillingsbruder dem anderen.''

Noch heute steht der ,,Bruderturm'' neben dem ,,Nassauer Turm''. Dem Fräulein aber hielt der Graf sein Wort. Alsobald ward es frei. Augenscheinlich waren seine Anschauungen von der Liebe als sicherster Stütze der Herrschaft doch nicht so ganz zu verachten. Hier hatte es damit jedenfalls die Gewalt übermocht.

Und man will wissen, daß nur deshalb mit der Erbauung der Türme die lange Fehde- und Notzeit für den Greifenstein überwunden und eine glückliche Entwicklung eingeleitet wurde, weil, durch das Erlebnis belehrt, der Graf seine Widersacherin mit anderen Augen ansehen lernte, und indem er durch einen Ehebund mit ihr auch die Herzen seiner Untertanen an sich fesselte, doch schließlich ihrem Standpunkt in allem recht gab.

2. Das Zehnuhrläuten

Um die Mauern und Türme des alten Greifenstein heult der Wintersturm und rüttelt an Dächern und Fensterläden und dringt durch alle Ritzen und Fugen, fegt wie feindlicher Heersturm gegen die Wälle, wirft dicke Flockenmassen in Zwinger und Gräben und hüllt Gänge und Höfe in einen weißen Schleier. Es ist um die Mittagszeit am Tage vor Weihnachten, der den heiligen Abend bringt. Aber es ist so dunkel, daß im Inneren der Burg allenthalben die Kienspäne angezündet sind.

In ihrem flackernden Schein sitzt der Graf im Armstuhl am Kaminfeuer, trotz dessen heller Glut ganz in Pelze gehüllt, und nicht minder vermummt stehen vor ihm die Gestalten dreier Bauern aus dem Dorfe, die verlegen die Kappen in den Händen drehen, während der Schnee in kleinen Bächlein von ihren groben Schuhen rinnt.

Unwirsch poltert des Grafen Stimme: „Unsinn ist es, bei dem Wetter den Wolf jagen wollen, wo man nicht drei Schritte voraus sehen kann und Pferd und Hund versinken im Schnee!"

Bittend entgegnen die Bauern: „Ach, gnädiger Herr, bis in die Dorfstraßen dringt das Raubzeug vor. Sie haben in der Obergasse eine Ziege im Stall zerrissen. Kaum, daß sich noch ein Mensch aus dem Hause wagt. Und wir haben sie ganz fest eingekreist in der Dornschlucht hinter dem Dorfe. Es sind wenigstens sieben starke Wölfe. Und keiner kann entkommen aus dem ganzen Rudel."

Ein neuer, heftiger Windstoß fährt durch den Kamin. Schneeflocken und Feuerfunken wirbeln in den Saal.

„Hört nur", ruft der Graf, „wie der heult und pfeift. Was nicht geht, geht nicht."

Da wird den Bauern unvermutet Hilfe. Des Grafen Töchterchen, sein einzig Kind, springt aus der Kaminnische hervor. „Ei Väterchen, seit wann bleibt man auf dem Greifenstein daheim, wenn es gilt, den Wolf zu jagen? Seit wann ist das Wetter ein Hindernis zur fröhlichen Jagd? — Bedenkt doch der armen Leute beständige Gefahr, und Christfest ist morgen."

Verwundert schaut der Graf. „Ja, willst denn du hinaus bei dem Wetter?" — „Gewiß doch, seht zu, daß wir bald reiten. Ein selbsterbeuteter Wolfspelz zur Christbescherung, das wäre mir eben recht." — „Nun denn" — bei dem Grafen siegt die schon lange schlecht verhehlte Jagdlust doch — „laß satteln, wir reiten. Aber" — zu den Bauern gewandt — „daß ihr mir das Rudel ja ordentlich zusammenhaltet!"

Während die Bauern erfreut sich trollen, bläst das Hifthorn mit verwehten Klängen die Jäger der Burg zusammen zur Jagd auf den Wolf.

Es ist ein stattlicher Zug zu Fuß und Roß, der sich bald darauf im dichten Schneetreiben von der Burg herab durchs Dorf bewegt mit Hunden und Fanggeräten, wohl an dreißig Mann, an der Spitze neben dem Grafen sein Töchterlein auf hohem Roß, freundlich die Grüße aus den Hütten erwidernd, mit heißen Wangen, begierig auf die Jagd.

In der weißen Wildnis ein paar tausend Schritte hinter den letzten Häusern ist eine dicht verwachsene Schlucht von Bauern eingekreist. Darin sollen die Wölfe stecken. Der Jägertroß zieht sich auseinander. Rings wird das Dickicht umstellt. Der alte Burgwart ist der Grafentochter beigesellt, daß er sie anleite und schütze. Er sucht ihr einen Platz, möglichst dem Winde abgekehrt. Der Schnee ist womöglich noch dichter, die Luft noch dunkler geworden. Nur wie abgerissene Fetzen flattern der Laut eines Hundes oder ein Jägerruf durch den Sturm.

Alle Fibern gespannt, wartet das Grafenkind, die Armbrust in der Hand, den Pfeil auf der Sehne. Das Pferd stampft unter ihr vor Kälte und Ungeduld.

Da auf einmal, kurz vor ihr, aus den finsteren Büschen ein graues Etwas, das sich hastig bewegt. Ein vom Sturm erstickter Ruf ihres Jägers, ein heftiges Drücken der Hand — wahrhaftig ein Wolf, ein großer, grauer Wolf. Vergessen die Kälte, der Schnee, der Sturm. Weit offen starren die Augen durch das Flockengewimmel. Schon liegt die Armbrust schußbereit. Schon schwirrt die Sehne. „Getroffen!" ruft sie und gibt dem Gaul die Sporen, mit der Armbrust zurückwinkend. Da vorn, da, am Ende der Schlucht, aus der jetzt einen Moment die Meute lauthals vernehmbar ist, da kämpft er sich noch durch den Schnee, der alte Räuber. Aber sie weiß, sie hat ihn getroffen. Er kann ihr nicht entkommen. Daß sie ihn nur nicht aus den Augen verliert in der unsichtigen Dämmernis! Aha, er hat einen Haken geschlagen. Da drüben bewegt es sich zwischen den Bäumen durch. Schnell das Pferd herum und ihm auf den Fersen geblieben! Ein paar wilde Galoppsprünge — da ist er schon nahe. Ja, er ist's. Er strebt dem Walde zu. Aber er geht schon sehr keuchend und unsicher. Warte, wir haben dich. Energisch fordern die Sporen das Pferd zum Hergeben aller Kraft auf. Angestrengt spähen die Augen voraus in den Flockenfall. Da, eben huschte es doch noch da vorn. Ja, da ist er auch wieder. Ein Sprung, noch einer, und auf einmal ist alles weg: Wolf und Pferd und weißes Feld und prustend arbeitet das Mädchen sich aus einer hohen Schneewehe heraus, in die sie kopfüber geflogen war, als das Pferd, bis an den Leib versinkend, in eine Mulde sprang. Gott sei Dank, es hat sich auch herausgekrabbelt und steht da, schnaubend und zitternd in dem Sturm. Aber o weh, wo ist die Armbrust hin und der Jagdspeer? — Mögen sie im Schnee stecken, wenn sie nur selber wieder glücklich im Sattel wäre! Ein paarmal schreckt das Pferd zurück, als sie sich ihm nähert. Dann aber gelingt es doch, den Zügel zu fassen. Mühselig arbeitet sie sich in dem dicken Pelzwerk in den Sattel. Allein, wo ist nur die Jagd? Der Wolf, an den denkt sie schon gar nicht mehr. Ihr Jagdhorn ist ihr geblieben. Sie bläst hinein, selber unsicher, ob man es hören wird. Kaum, daß ihr eigenes Ohr den Ton vernimmt im Sturm. Nun überlegt sie in aller Ruhe. Weit kann es unmöglich sein, was sie abgekommen ist. Die Spuren im Schnee sind zwar verweht, aber klang es da nicht wie Hundegebell? Mühsam arbeitet das Pferd sich den tiefverschneiten Hang hinauf, jedoch wie sehr sie sich auch anstrengt, das Flockengewirbel zu durchdringen mit dem Blick, sie kann keine drei Meter weit sehen. Keine Marke, kein Erkennungszeichen, ringsum nur eine gleichmäßig weiße Fläche. Einmal taucht plötzlich ein Baum vor ihr auf. Gespenstig schlagen seine Zweige ächzend hin und her in der Dämmerung. Ein Schauer geht durch ihren Körper. Ab und zu läßt sie noch wieder ihr Hörnlein erklingen und lauscht mit angehaltenem Atem. Nur das Brausen des Sturmes tönt als Antwort wie ein Hohngelächter an ihr Ohr.

Es ist nicht furchtsam, das Grafenkind. Es will auch den Mut nicht verlieren. Es rafft sich auf. Da hinten hatte der Wolf versucht, in den Wald zu entkommen. Da hinten muß also der Waldrand sein. Und vom Waldrand in einem spitzen Winkel muß man das Dorf treffen und die Burg. Aber wohin sie das Pferd auch wendet, nirgends ein Anhaltspunkt. Sie versucht, sich nach dem Wind zu orientieren. Von links kam der Wind, als sie ausritten. Behält sie ihn zur Rechten, muß sie zurückfinden nach Haus — aber so weit sie kommt — und es ist ihr, als lege sie ganze Meilen zurück — überall nur diese schreckliche, einförmige Weiße vor ihr, hinter ihr, über ihr, rings um sie. Müde läßt sie dem

Pferd die Zügel, ob es nicht vielleicht selber herausfinde aus der Irre. Es wendet sich, geht, wie einer Witterung nach, eine kurze Strecke. Ihr ist's, als trüge es sie heraus aus dem Wind. Da auf einmal schräg vor ihr unheimlich starr auf webenden weißen Schleiern, unmittelbar nahe, eine Wand, rechts und links sich dehnend, wohin sie sich auch wendet – der Wald. Und hastig drängt sich das Pferd hinein in sein Dunkel zwischen den Stämmen. Da ist wenigstens des Sturmes Brausen nicht so fühlbar wie auf dem freien Feld. – Längst ist der letzte Tagesschein verglommen. Durch des Waldes eintönig brausende weiße Wintereinsamkeit tappt der Gaul in immer tiefere Finsternis hinein.

Es war eine böse Nacht für den Greifenstein, diese schneesturmerfüllte heilige Nacht. Kein Mensch fand in ihr auf der Burg den Schlaf. Die Zugbrücke war niedergelassen und die Tore standen weit offen. Immerzu kamen und gingen Reiter und Fußgänger, auf der Suche nach der Vermißten. In großen Pechflammen loderten Feuer von den Mauerzinnen, und zuckend ließ der Wind die Flammen aufflackern, um sie sogleich wieder mit einem dichten Wirbel von Flocken zu ersticken.

Es sah so aus, als liege die Veste in grimmiger Fehde mit einem von den Mauern abzuwehrenden Feind. Und dem war ja auch so. Was Menschen vermögen gegenüber der Übermacht der Elemente, geschah, dem weißen Tode seine Beute abzujagen, nach der er draußen mit tausend weichen, flockigen Netzen stellte. Zwar waren die Jäger, als es dunkelte, mit fünf erlegten Wölfen von dem Treiben zurückgekommen, doch hatte die Gewißheit von der Wahrheit des ihre Reihen durcheilenden Gerüchtes, daß ihres Herrn Töchterchen in dem Unwetter verirrt sei, sie sogleich wieder hinausgetrieben in Sturm und Dunkel. Nach allen Seiten zogen Streifen durch die wilde Nacht, und immer wieder trieb der Graf, selbst unermüdlich im Sattel, zu neuen Anstrengungen an. Auf allen Wegen und Stegen suchten Fackeln in der Dunkelheit, riefen Hörner durch den Sturm nach der Verlorenen.

Mitternacht war längst vorüber. Da erst schien in den ersten Stunden des Weihnachtstages der Sturm abzuflauen. Schon mehrmals hatte der Burgkaplan wegen der Christmette angefragt. Immer wieder war er aufs Warten verwiesen worden. In der allgemeinen Unruhe fand sich zum Feiern keine Zeit. Dann war es eine niedergeschlagene, todwunde, erschöpfte Gemeinde, die endlich, als das späte Morgenlicht schon fahl durch den immer noch endlos fallenden Schnee dämmerte, in der Burg sich zu sammeln begann. Zugleich von Mühe und von Verzweiflung matt, kam zuletzt auch der Graf in den Hof eingeritten, und mit ihm der Burgwart, dessen Hut das Fräulein anvertraut gewesen war, und der, nun von Selbstvorwürfen getrieben, am ausdauerndsten in Feld und Wald nach ihr gesucht hatte. Kümmernis lag auf allen Mienen. Menschenwacht hatte versagt. Es war nichts 'weiter von ihr mehr zu hoffen. Vielleicht, daß man zu lange schon versäumt hatte, Gott um Hilfe anzugehen. Und so schlich eine letzte zage Erwartung in die Herzen, als jetzt das Glöcklein der Kapelle mit feierlichen Schlägen zur heiligen Handlung lud.

Langsam schwebten die Klänge durch den Flockentanz, widerhallend an den Mauern und Türmen der Burg, füllten die Luft, schwangen sich über den Wall den Berghang hinunter bis ganz drunten in den Grund der Schlucht, wo in einen verwehten Schneehügel zwischen Busch- und Dornwerk plötzlich Leben kam. Da tauchte lauschend ein junges Haupt empor, richtete eine Gestalt im dichtverschneiten Pelzrock sich auf, und in Eile begann ein junges Menschenkind durch Schnee und Strauchwerk sich den steilen Hang emporzuarbeiten, dem Klange nach.

Bange, bange Stunden war das Grafenkind auf dem sich immer mühsamer durch den Schnee arbeitenden Pferde im nächtlichen Walde kreuz und quer umhergeirrt. Längst hatte es jeden Versuch aufgegeben, Richtung und Schicksal zu bestimmen. Müde und willenlos hielt es sich eben noch tief gebückt im Sattel, oft von tiefhängenden, schneebeladenen Baumästen getroffen. Wohl war es ihm mitunter gewesen, als ob Hornruf aus der Ferne klänge, aber dann wieder ging jeder Laut unter in dem Brausen des Sturmes, der knarrend und ächzend die Wipfel der Bäume bog. Sie empfand es kaum noch, daß der Sturm endlich nachließ, und es war mehr ihrer Lässigkeit als ihrer Geschicklichkeit zu danken, daß sie noch rechtzeitig aus dem Sattel kam, als das Pferd in ein Schneeloch trat, stürzte und nicht wieder aufstand. Sie mochte auch nicht weiter. Dicht an den Pferdeleib gedrängt, streckte sie sich hin. Wohlig empfand sie die Wärme noch, die es ausströmte – und dann nichts mehr.

Das Mägdelein mochte stundenlang geschlafen haben, als sie auf einmal erwachte von einem merkwürdigen Summen und Singen, das die stille Luft erfüllte. So feierlich und friedlich klang es, wenn der alte Kaplan im Burgkirchlein Messe las, wo es so heilig-still war und so viele Lichter brannten. Grad wie vom Himmel herunter schien es zu kommen. Wurde sie dorthin gerufen?

Sie tat die Augen auf. Es war wahrhaftig ganz hell um sie, und der Klang, den sie kannte, Glockengeläut. Wo war sie denn? – Mit einem Male wurde ihr klar: die Flocken, die ihr ins Gesicht rieselten, das Pferd, das neben ihr lag, die weißen Stämme umher – sie war im Wald eingeschlafen, in einer schauerlichen heiligen Nacht, und das Klingen aus der Höhe, das war der Burgkapelle Glocke, Weihnachtsgeläut. Gar nicht so weit, grad über ihr, mußte die Burg liegen, und ohne Besinnen machte sie sich auf, so gut es ging, dem Ruf der Glocken entgegen, bergan zu klimmen.

Das war nicht leicht. Bis über die Hüften versank sie oftmals im Schnee. Oft rutschte sie mit überhängenden Schneemengen ein ganzes Stück wieder zurück. Ihr Pelzkleid behinderte sie. Sie begann, so viel sie konnte, davon abzuwerfen. Das Glöcklein schwieg wieder. Die fallenden Flocken nahmen jede Aussicht. Wie eine undurchdringliche Mauer, steil bis zum Himmel hinan, und rechts und links, so weit sie sehen konnte, breitete sich vor ihr nur diese furchtbare, monotone, mörderische Weiße. Keuchend und in Schweiß gebadet stand sie still. War es denn doch unmöglich, diesem schleichenden, lauernden, unheimlichen Gespenst zu entrinnen? Ein Stoßgebetlein nach dem andern rang sich zum Himmel empor. Da, horch, ganz nahe, ganz deutlich, gerade über ihr, des Glöckleins Stimme! Himmel, die weiße Wand vor ihr, das war ja die Burgmauer, und über ihr ragte die Kapelle mit ihren helfenden, wegweisenden

Rufen. Einen lauten Schrei stieß sie aus, in dem alle Angst, die das Herz bedrängte, sich löste. Wie gejagt hastete sie mit der letzten Kraft die weiße Wand entlang. Wahrhaftig: da der Wall, die Häuser, da die Brücke übern Graben, das Tor, Menschen ... Wie auf ein Gespenst schaute das Trüpplein Dörfler, das zu spät zum Messebeginn gekommen war und nun an dem geschlossenen Tor auf das Ende des Gottesdienstes wartete, mit allen Zeichen des Schreckens auf die über und über beschneite Gestalt des jungen Burgfräuleins, das taumelnd durch den Walleinschnitt vor dem Graben wankte und auf der Brücke lautlos zusammensank. Dann aber löste sich die Überraschung in lauten Rufen, helfende Hände griffen zu, harte Fäuste, nägelbeschlagene Schuhe trommelten gegen das Tor, und durch dessen rasch geöffnete Wölbung trugen die Bauern ihrem Grafen die gerettete Tochter zu, als gerade in der zehnten Morgenstunde das Kapellenglöcklein die heilige Mette dieses absonderlich-wundersamen Weihnachtsfestes auf dem Greifenstein ausläutete.

Seit der Zeit aber hängt auf dem höchsten Turm der Burg eine Glocke mit der Widmung: „Der Geburt des Heilandes geehrt", und einer ewigen Stiftung des Burgfräuleins zufolge erhebt sich noch jeden Morgen um 10 Uhr ihre Stimme, zu erzählen, wie einst ein verirrtes Menschenkind der Glocke Ruf nach Hause wies und zu mahnen die Einsamen und Verlassenen, die Verzweifelten und Verlorenen: Euch ist der Heiland geboren!

3. Greifenstein, edles Haus, nüchtern hinein, trunken hinaus!

Man sagt, daß auch die Großen dieser Welt klein seien vor ihren Kammerdienern; doch wohl, weil da am ersten zutage tritt, daß auch sie nicht frei sind von dem Allzumenschlichen, das zwar durch jener, ihrer Vertrautesten, Künste meist klug verborgen, dem Wissenden das Erhabene gar zu leicht umschlagen läßt ins Lächerliche. Daß aber auch die kleine Menschlichkeit, zur Unzeit hervortretend, dem Großen einmal vor aller Öffentlichkeit und an entscheidender Stelle einen Streich spielen und ihn bös aus der Rolle des Helden fallen lassen kann, das hat einst vor dem Greifenstein zu dessen Heil und seinem eigenen argen Leidwesen der französische Feldherr Turenne erfahren.

Der kam im heißen Sommer 1673 die Lahn herauf gezogen, als ob er ausprobieren wollte, wie gründlich er die Städte und Dörfer dort vor einem Menschenalter schon einmal heimgesucht, und ob nach 25 Friedensjahren seit dem großen Kriege bei dem Fleiß und der Sparsamkeit der Bevölkerung ein Feldzug in der Gegend sich schon wieder verlohne. Wie eine vom Westwind getriebene Springflut schwollen seine Scharen das Tal hinauf und stauten sich besonders in der Umgebung von Wetzlar verheerend auch in die Seitentäler hinein, weil der Führer dort Halt machte, wie um sich vor dem Siegeszug durchs offene Land erst einmal zu erholen, und der unerbetene Besuch in einem festen Lager, auf Hermannstein zu, sich einzurichten begann, als wolle er von diesem Fleck Erde überhaupt nicht wieder weichen. Da er das aber, auf seinen bewährten Grundsatz vertrauend, tat, daß der Krieg den Krieg ernähren müsse, und im Feindesland nur vom Feindeslande leben wollte, machte sich doch gar bald der Umstand störend bemerkbar, daß eben erst, vor einem Vierteljahrhundert, die furchtbaren Wetter des Dreißigjährigen Krieges sich über der Gegend ausgetobt hatten. Denn wenn der Franzose im Fouragieren alle Übung besaß und ohne Gefahr seine Raubzüge weit hinaus ausdehnen konnte, so traf er auf denselben doch nicht nur auf manche Wüstung noch und kleine, arme Ansiedlungen, wo einst blühende Dörfer gestanden hatten, sondern fand auch die gar oft dazu völlig verlassen und von aller Habe geräumt und merkte, daß auch die Bauern, die bitteren Lehren jener langen Notzeit über das Verhalten dem Feinde im Lande gegenüber noch nicht wieder vergessen hatten. Da stach ihm dann hoch über dem Dilltal der Greifenstein so recht in die Augen als ein besonders fetter Happen unter all den mageren, weil von dem männiglich bekannt war, daß er allein von allen Plätzen in der Runde unversehrt und ungeschmälert die zehrenden Drangsale der dreißig Notjahre überdauert habe.

Doch fanden die ersten Streifen der turennischen Reiter das feste Schloß von Scharen erschreckter Flüchtlinge von der Dill und Ulm längst unsanft aus allen Friedensträumen gerissen, schon wohl verwahrt und auf der Wacht, die Zugänge zerstört, die Gräben voller Wasser. Und als am anderen Tage ein besonders starkes Fouragierkorps sich im Morgengrauen wie von ungefähr etwas nahe an die Torbefestigungen herangetastet hatte und vielleicht allzu sehnsüchtige Blicke zu ihnen hinüber warf, ging als Entgegnung von denselben ein solcher Höllenspektakel aus Feldstücken aller Kaliber los, daß nur ein sehr hastiger Rückzug den ohnehin schon steil zu Tal abfallenden Burgweg hinab einen größeren Schaden solch eines Mißverständnisses verhüten konnte.

Zwar sah man von den Türmen des Greifenstein aus darauf das ganze feindliche Lager in Bewegung kommen und die Franzosen zu Fuß und zu Roß, mit allem Geschütz, an verschiedenen Stellen vom Tal in die Berge steigen, sodaß man annehmen konnte, was Kundschafter bestätigten, die Burg solle von allen Seiten zugleich angegriffen werden; doch zeigten sich auf dem freien Felde vor den Wällen nur schwächere Dragonertrupps, bis nach der Mittagsstunde schon den noch mit den Spuren des eiligen Rückzuges vom Morgen bedeckten Burgweg herauf ein größeres Reitergeschwader kam, an dessen Ausrüstung und Bewaffnung man unschwer vornehme Herren und an der Spitze, wenn man sich darauf verstand, den alten Turenne selber erkennen konnte. Noch glaubten sich die sorglos reitenden Offiziere offenbar nicht im Schußfelde des Schlosses, als oben auf dem Wall ein Rauchwölkchen in den blauen Augusthimmel stieg und mit dem Donner eines plötzlich die Stille unterbrechenden Kanonenschusses zugleich eine respektable Stückkugel so nahe ihnen zur Seite sprang, daß die Ackererde ihnen bis an die Federhüte spritzte. Aus dem verdutzt zugleich haltenden Zuge löste sich darauf ein Reiter ab und ritt, begleitet von einem lustig blasenden Trompeter, bis an den Torgraben vor, von dem Wachhabenden sogleich in herrischem Tone den Grafen zu sprechen begehrend. Als dieser darauf auch auf der Mauerbrüstung des äußeren Tores erschien, rief er ihm über den Graben seinen Auftrag etwa so entgegen: Sein Feldherr, der Vicomte de Turenne, auf dem Marsche wider erklärte Feinde seiner allerchristlichsten Majestät des Königs von Frankreich durchpassierend, wolle nicht versäumen, dem tapferen Grafen von Greifenstein, seinem Vetter und Liebden, einen Gruß zu entbieten und bitte, ihm mit seinen Offizieren im Schlosse aufwarten und die Hitze des Tages durch einen kühlen Trunk kompensieren zu dürfen.

Nun war ja unter den begleitenden Nebenumständen ein solches Verlangen etwas ungewöhnlich, da es zur Unterstützung seiner Harmlosigkeit nicht einer ganzen Armee bedurft hätte, die auch für weniger geübte Augen, als die der Greifensteiner waren, nur mangelhaft durch Bergschluchten und Wälder ringsum verborgen, den Wunsch ihres Führers ganz zum eigenen machen zu wollen schien; wie auch die Kanoniere mit brennenden Lunten auf den Wällen des Schlosses an scharf geladenen Geschützen stehend und nicht zu verleugnende absonderliche Zurichtung an den Pechnasen der Tore und Türen, verbunden mit mancherlei im gewöhnlichen Bilde des Schlosses Auffallendem, nur um die französische Höflichkeit zu ehren, allzu übertrieben erscheinen mußten. Indessen der Graf, wie in der Kriegskunst, so auch in der Courtoisie seiner Zeit wohl erfahren, eingedenk, daß in der Tat eine entfernte Verwandtschaft mit den Latours d' Auvergne, zu denen Turenne gehörte, bestand, und sich überlegend, daß er so vielleicht der immerhin nachteiligen und unsicheren Entscheidung der Waffen enthoben würde, auch wohl in der Sorge, sonst unhöflich oder gar furchtsam zu erscheinen, hielt die verbindliche Anfrage einer verbindlichen Antwort für wert, und so brachte der Bote den Bescheid zurück, daß es der Herr des Schlosses sich zur Ehre anrechne, Sr. allerchristlichsten Majestät Offiziere in seinem Besitztum als Gäste zu begrüßen.

Wie dann die Franzosen auf einem schnell improvisierten Steg über den Graben hereingeritten kamen, indessen alle Wachposten doppelt besetzt waren und alle verfügbare Mannschaft unter Gewehr in höchster Bereitschaft stand, empfing sie der Graf, ebenfalls zu Pferde, unter dem äußersten Tore schon mit allem höflichen Brauch und bot mit eigener Hand dem Vicomte einen großen Becher edlen Weines als Willkommen- und Ehrentrunk. —

Es war wirklich ein heißer Tag, und der Ritt übers schattenlose Glacis den steilen Berg herauf hatte tüchtig Durst gemacht, sodaß der Franzose den kühlen Wein mit einem Zuge hinunter goß und, sich den Mund wischend, scherzend meinte: Halb verschmachtet und um einen Trunk bittend müsse man also kommen, damit der so gewaltig fest verwahrte Greifenstein sich einem auftue. Gut, daß sie jetzt das Zaubermittel kennten, das hier die Tore öffne. — Da kam den mit der Schwäche der Kavaliere wohl vertrauten Grafen der Übermut an, im leichten Geplänkel höfischer Artigkeit den geworfenen Ball zurückgebend, mit seines Hauses Stärke, wie sie in der Unmenge der Wehranlagen mit vielen Einzeltoren sich offenbarte, kühn zu prunken, um so die Entscheidung am Ende ohne Einsatz von Gut und Blut durch ein verwegenes Spiel mit der freien Herrensitte jener Tage zu erzwingen, daß er mit schnellem Bedacht dem welschen Heerführer den Vorschlag tat, wenn er jetzt auf dem Wege durch die Burg

237

bis in den Rittersaal an jedem Tore, durch das sie kämen, einen solchen Becher jungen Weines sich zu trinken getraue, sollten die Tore alle sich ihm auftun und der Greifenstein ihn empfangen als seinen Herrn. — Wohl stutzte der Franzose im ersten Moment über das Angebot. Doch weil er dann nichts anderes meinte, als daß der deutsche Graf von der Überlegenheit der Armee des Königs von Frankreich überzeugt, nur einen schicklichen Ausweg suche, um die Burg ohne die Demütigung einer Niederlage übergeben zu können, auch sicher war, die paar Becher Wein ohne Mühe zu bewältigen (die Außenanlage hatte er als drei-torige schnell erkannt, die Innenwerke schätzte er auf wenig mehr) und seine bewährte Trinkfestigkeit zu zeigen eiferte, zumal er sich dazu eben aufgelegt fühlte, weil jener erste Trunk nur seinen erhitzten Durst recht angestachelt hatte, so ging er eilig auf den Handel ein: „Es gilt, die Herrn sind Zeugen!" und drängte förmlich sein Pferd durch die Gasse der Soldaten zum zweiten Tor, wo auf des Grafen Wink ein Kellermeister den geleerten Humpen von neuem füllte.

Allein der Weg zur inneren Burg war lang und zog in großen Schneckenwin-dungen hinter der Außenbefestigung durch mancherlei Wehranlagen und Zwinger und Höfe sich langsam bergauf. An jedem Tor aber, durch das er führte, floß reichlich bester Wein für die Besucher, die sich mit heiterem Lachen und Scherzen gar nicht mehr fremd zu fühlen begannen. Immer wieder ward ihrem Führer der große Humpen gefüllt, den er gewissenhaft austrank, weil es ihm Ehrensache geworden war, nun bis zuletzt auch standhaft aus-zuhalten. Doch setzte er schon vom sechsten Tore an manchmal ab und schien mit mehr Bedacht als im Anfang haushalten zu wollen mit seiner Kraft und legte beim zehnten Tore — noch immer war das Ende des Rittes nicht abzu-sehen — durch lebhafte Zwiesprache mit seinem fröhlich erregten Gefolge eine Pause ein, weil er, vom Wein und von der Hitze ganz benommen, doch erst auch einmal Atem schöpfen mußte. Das elfte Tor, das zwölfte Tor — er rückt und zerrt an seinem Feldhut und wischt sich den strömenden Schweiß von der geröteten Stirn, schon nicht mehr ganz in der Form des überlegenen könig-lichen Feldhauptmannes. Die Augen blicken starr dem gleich wieder den Weg sperrenden dreizehnten Tor entgegen. Er nimmt auch da den Becher. Es ist, als versuche er freudig gehobenen Mutes einen Trinkspruch auszubringen, redet von Frieden und Freundschaft verworrene Dinge und schließt, sich in den Bügeln aufrichtend und den Becher schwenkend, plötzlich klar und vernehm-lich mit dem mit lautem Beifall aufgenommenen Rufe „Greifenstein, edles Haus!", trinkt dann in einem Zuge den Humpen leer, kehrt ihn um, die Nagel-probe zu machen, und — gleitet, während der Becher aus seiner Hand unter die Pferdehufe rollt und zugleich unter Jubelgeschrei knarrend das Tor sich auftut, den Weg zum vierzehnten frei machend, ganz langsam und still aus dem Sattel in die Arme seiner in jäher Bestürzung noch eben rechtzeitig herandrängenden Offiziere.

Der Pulverturm des Greifenstein, plötzlich in die Luft fliegend, hätte keine größere Verwirrung anrichten können, als dieses ganz lautlos sich abspielende Geschehen.

Wie wenn des Schlosses Fee sie alle mit einem neckischen Zauber umstrickt und nun, des übermütigen Spieles müde, den Bann gelöst hätte, um ihre Opfer noch mehr zu verblüffen, so war mit einem Male die Situation spukhaft aus dem Grunde verändert, und keiner mehr, der sich in ihr ausgekannt hätte. Noch hörte man in die jäh einfallende Stille hinein in ausgelassener Laune ein paar jüngere Franzosen dem Greifensteiner zutrinken, und im Hintergrunde lachten und lärmten noch einzelne Stimmen eine Weile fort, dann erstickte das betretene Schweigen, wie eine Wolke sich über dem Kreis zusammenballend, den hellen Schimmer auf den Dingen, daß auch der Letzte wie aus wirrem Traum erwachend, mit erschrockenen Augen auf die jählings in bedrängende Nähe gerückte beklemmende Wirklichkeit sah. Daß sich der Hauptdarsteller in dem Drama so unprogrammäßig wie definitiv aus der Affäre zog, schien beiden Parteien das Konzept gänzlich verdorben zu haben.

Zwar bot der Graf, nicht minder peinlich bestürzt als die Offiziere, und bestrebt, das Spiel wieder in die Hand zu bekommen, sogleich Quartier in seinem Schlosse an, doch sah er wohl, so gut, wie's alle sahen, daß solche Lösung schon nicht mehr möglich war. Denn wie die Franzosen sich, in besorgter Erregung auf einen Haufen um ihren solchermaßen mattgesetzten Führer dicht geschart, wie ganz von selbst in einen sie plötzlich isolierenden Kreis unverhohlen schadenfroher und spöttischer Bewaffneter eingeschlossen und unvermögend sahen, aus dem engen Zwinger aus eigener Kraft einen Ausweg zu gewinnen, fuhr alsobald ein unmittelbares Gefühl drängender Gefahr aufrüttelnd in ihren jäh ernüchterten Soldatensinn, so daß sie wie zur Abwehr eng die Reihen schlossen und manche Hände an die Degen fuhren, die wie von selber aus der Scheide sprangen. Doch brachte ein kurzes Wort des Ältesten aus ihrer Mitte die Ruhe und Besonnenheit wieder, worauf er sein Roß zu dem Grafen hin wendete, mit kurzem militärischen Gruß um der plötzlichen Erkrankung ihres Feldherrn willen Urlaub und sicheres Geleite aus der Burg zu erbitten. Sie würden dafür Waffenruhe halten, bis ihr Oberbefehlshaber Verhandlungen wieder aufzunehmen imstande sei. — Es flogen wohl aus der Schar der Greifensteiner Gebärden und Worte des Unmutes herüber, und Drohungen wurden laut; doch war der Graf auch seiner Gesinnung nach edel genug, die mißliche Lage seiner Gegner nicht arglistig zum eigenen Vorteil auszubeuten.

So ritten denn die stolzen Offiziere des Königs von Frankreich, von Greifensteiner Bewaffneten geleitet, unwilliger als sie heraufgekommen waren, den Weg durch die vielen Tore zurück und über den Grabensteg aus der Feste hinaus, stumm und gesenkten Hauptes, nicht anders als wie nach einer schweren Niederlage, und brachten (das Satirspiel mitten im Ernst der schicksalsschweren, waffenklirrenden Stunde), eine betrübliche Ehreneskorte, was von ihrem jetzt laut schnarchenden Feldherrn vom Felde der Ehre her übrig geblieben war, zu den Seinen in Sicherheit, während das Gerücht von dem Vorgefallenen sich blitzschnell noch mit allerlei Ausschmückungen in der Burg verbreitete und lautes Triumphgeschrei von den Wällen den Abzug begleitete. Ja, so sehr fühlten sich die Greifensteiner als die Herren des Tages, daß ein übereifriger Stückmeister auch ein paar Kanonenschläge abfeuerte, als gelte es, einen Sieg zu feiern. — Und das hätte beinahe doch den ganzen Erfolg gefährdet. Denn weil die französischen Geschütze schon den ganzen Tag auf die Mauern des Greifenstein gerichtet gelauert hatten in Spannung und Ungewißheit über die Vorgänge in der Burg, entnahmen sie den Schüssen, die im Zusammenhang mit dem sich auf den Wällen erhebenden Getöse als das Signal zu einem Überfall gedeutet wurden, nun die Erlaubnis, auch ihrerseits loszugehen. Und da, wo es Kameradschaft zu bewähren galt, auch keiner dahinten bleiben wollte, kam im Handumdrehen ein Bombardement in Gang, als solle der Greifenstein doch noch in Grund und Boden geschossen werden. Kein Wunder, daß er sich das aber im Bewußtsein seines errungenen Erfolges nicht schweigend gefallen lassen wollte und zu zeigen sich beeilte, daß, wie seine Tore, auch seine Kanonen zahlreich und ihrer Pflicht eingedenk seien. So kampffreudig waren die grimmen Gegner, daß trotz aller Gegenbefehle die Kannonade, hüben oder drüben immer wieder aufflackernd, erst in den Abendstunden einschlief, wahrscheinlich auch, weil die Einsicht sich durchgesetzt hatte, daß es doch schade um das schöne Pulver sei. Denn weil den Franzosen die schweren Geschütze auf den steilen Waldwegen zur Veste rettungslos steckengeblieben waren, die hinaufgelangten aber vor allem auf die eigene Deckung sogleich bedacht gewesen waren, ging ihr Kugelregen meist schon vor den Greifensteiner Wällen wirkungslos nieder.

Doch war der Tag so wenigstens, wie er mit kriegerischem Lärm begonnen hatte, mit ebensolchem auch beendet worden, und hatte auf die Bedeutsamkeit, die ihm für den Verlauf des zweiten Raubkrieges Ludwigs XIV. im Wetzlarer Heimatland ankommt, genugsam aufmerksam gemacht.

Denn wie nach einer ruhig verlaufenen Nacht die Greifensteiner nach den Feinden spähten, da sahen sie um das ferne Lager lebhafte Tätigkeit, marschierende Kolonnen, Geschützparks, Reiter, Wagenzüge, und waren aufs neue in sorgender Unruhe, bis wieder ein Offizier zu Pferde, vor dem Tor nur kurze Weile haltend, des Rätsels Lösung brachte in Gestalt eines Briefes von der Hand des alten Turenne: durch eilige Ordre seines Königs behindert, noch selber Abschied zu nehmen, entbiete er dem Grafen seinen Dank für die vornehme, gastliche Aufnahme, die er am Tage zuvor gefunden. Er habe einsehen müssen, daß es größere Schwierigkeiten mache, als er gedacht, eines mit so viel Toren wohlverwahrten Schlosses Herr zu werden und müsse dieses Feldzugs Lorbeeren wohl auf einem anderen Felde suchen. Doch wünsche er dem edlen Hause Greifenstein für alle Zeiten so tapfere, kluge Herren, so feste Tore und so guten Wein.

Man hatte auf dem Greifenstein seine eigenen Gedanken über die königlichen Ordres, die den Aufbruch veranlaßten. Doch war es offenbar, daß der Feind das Lager abbrach und die Gegend räumte. Da ging denn wieder der Jubel los, zumal bei den Flüchtlingen aus den offenen Dörfern im Tal, die in der Veste Zuflucht gesucht hatten und nun nach Hause zurückkehren konnten. Der Krieg, der ihnen viel Leid gebracht, war mit einem Male durch eine seltsame Entscheidung wie ein Fastnachtsscherz zu Ende gekommen. — Durch die Erfahrung gewitzt, ließ man freilich diesmal bei aller Freude die Kanonen mit ihren gar zu groben und leicht mißverständlichen Lauten hübsch in Ruhe. —

Der Schloßherr aber befahl, zum bleibenden Gedächtnis an jenem Tor, wo die Franzosen hatten umkehren müssen, eine Tafel anzubringen, die die Inschrift trug, die bis zum heutigen Tage noch überall, soweit die Türme vom Greifenstein sichtbar sind, im Volke lebt und die Erinnerung an jenen absonderlichen Besuch auf dem Greifenstein wach hält:

Greifenstein — edles Haus,
Nüchtern hinein — trunken hinaus!

4. Der Balken im neuen Bau

„Wenn die Könige bauen, haben die Krämer zu tun" — dachte der alte Stoffel Adam im Tal zu Greifenstein, während er, gemächlich die lange holländische Tonpfeife schmauchend, an einem lauen Spätsommerabend von seiner Bank in der Nische des Pfortenhauses das rege Gewimmel auf den Gerüsten an den neuemporwachsenden Mauern auf der Burg betrachtete. Gern ging er auf seinem verborgenen Plätzchen zuweilen dem „Tabaktrunk" nach, den die fremden Soldaten während der Kriegsläufte in den Ort gebracht hatten, eines der neuen Laster, wider welches der gestrenge Herr Hofprediger nicht wenig eiferte. Zwar der junge Graf dachte milder und hatte erst kürzlich einen allzu puritanisch gesonnenen geistlichen Herrn „aufs Land transferiert". Doch schien es um der Reputation willen geraten, das Pfeifchen nicht in der Öffentlichkeit dampfen zu lassen.

Hier im Pfortenwinkel saß es sich gut. Da war auch kein Mangel an Unterhaltung. Wenigstens zu dieser Zeit brauchte man nicht von der Burg hinauszuschauen ins weite Land, um den Augen etwas zu tun zu geben. Das ganze Tal war wie ausgestorben. Alles lärmende Leben schien sich auf der Burg um den Bau zusammenzudrängen. Der wuchs empor über dem Bollwerk und den Wehrmauern mit den dicken Geschütztürmen, ein hochgiebeliges Haus. Es war erstaunlich, aus wie kühner Höhe die weiten Fensterbogen in stolzen Reihen herniedergrüßten. Schon wollte abschließend das Dach sich drüber fügen.

Stoffel Adam wußte ein Lied davon zu singen, was es hieß, bei den Bauten da droben in der Fronde Hand- und Spanndienste leisten zu müssen. Ein Andenken für Lebenszeit hatte er davon zurückbehalten, als damals auf der steilen Auffahrt sein schwerbeladener Wagen ins Rollen gekommen war, und er, in der Enge zwischen Gefährt und Mauer eingeklemmt, sich nicht mehr hatte in Sicherheit bringen können. Für tot hatte man ihn vom Platze getragen. Wirklich hatte er wochenlang mit dem Tode gerungen, war ihm aber doch schließlich dank seiner kräftigen Natur noch einmal entgangen. Nur mit ein paar Rippen weniger und einem steifen Bein humpelte er seitdem durchs Leben.

Na, die gnädige Herrschaft hatte ja für ihn gesorgt und ihm den Posten als Torwärter übertragen, den er nun wohl schon zwei Jahrzehnte versah. Er war dankbar dafür und zufrieden mit seinem Lohn. Wenn nur seine brave Frau noch am Leben gewesen wäre! So hatte sie schon bald nach seinem Unfall die Augen zugemacht und hatte ihn mit dem Jost, seinem einzigen Sohn, allein gelassen. Und der, ja der war leider anders als er und seine Selige, war angesteckt von der neuen Zeit voll brodelnder Unruhe und Aufsässigkeit, voll unzufriedenem Murren und Widerspruchsgeist. Dem wollte es gar nicht in den Kopf, daß er mitaufgeboten war aufs Baugerüst. Der redete mit seinen Kameraden nur von den Freiheiten, die der alte Graf gegeben habe. Dazu müßte man stehen, die müsse man schützen, die wären nicht mit der Feder von heute auf morgen wieder weggestrichen und einfach aus der Welt. – Es war eine Mißstimmung und eine Verdrossenheit, ein Geraune und ein Köpfezusammenstecken unter den jungen Leuten, daß er sich freuen wollte, wenn das neue Haus erst glücklich unter Dach und das junge Volk seines Dienstes quitt sein würde.

Von der Pforte draußen klangen Hörner in die Betrachtungen des Alten hinein. So beeilte er sich, sein Pfeifchen zu verwahren und das Tor aufzutun. Mit seinem Gefolge kehrte der Graf von der Jagd zurück. Offenbar in fröhlicher Stimmung ritt er an der Spitze des Zuges über die Brücke herein, zu seiner Seite den fremden Baumeister, den er für den Ausbau des Schlosses geworben. Der Alte hörte, wie er, zum Bau hinaufschauend, das Werk und seinen Fortschritt lobte und anerkennende Worte hatte für die Kunst seines Begleiters.

Ja, sie verstehen ihre Sache, die fremden Baumeister und Handwerker – dachte Adam mit Seufzen –; aber durch sie wird auch viel Unzufriedenheit hineingetragen ins Dorf. Sie werden gut bezahlt, und die Einheimischen haben das Nachsehen. Sie stolzieren hoffärtig einher und schauen verachtungsvoll auf die Bauern herab, die sich abplagen und schinden und kriegen nichts dafür. Seit jene da sind, nehmen die Reibereien, die Sticheleien und Anspielungen, aber auch die versteckten Gegenhiebe und Drohungen kein Ende.

Der Reiterzug hatte sich zur Burg hinauf gewandt. In das Getrappel der letzten Pferdehufe auf der hölzernen Zugbrücke fiel schrill das Gebimmel eines Glöckleins hinein. Feierabend! Rasch leerten sich die Gerüste von den Schaffenden. Aus dem Burgtor quoll's hervor: Trupps heimkehrender Arbeiter, darunter die fremden Handwerker, die drüben in der Ortschaft ihre Herberge hatten, im übrigen Pflichtige aus den Dörfern ringsum, die zur Dienstleistung aufgeboten waren, dazu Gespanne aller Art, die Material gefahren hatten und noch nach Hause wollten. Meist strebten sie dem Haupttor der äußeren Umwallung zu, manche wandten sich aber auch zur Pforte.

Stoffel Adam kannte sie alle und gab ihnen ein freundliches Grußwort mit. Aber nur müde und mißmutig kam zumeist der Gegengruß. Man hatte Eile, den Bereich der Burg hinter sich zu bringen, wo so viel Mühe und Plage lauerte, während es draußen auf den Feldern auch noch Arbeit die Hülle und die Fülle zu leisten gab.

Zurückkehrend von seinem Dienst an der Pforte, fand der Torwächter in seiner versteckten Mauernische seinen Sohn mit zwei Kameraden in einer erregten Beratung. Es waren wiederholt von den fremden Maurern die Kübel mit dem Mörtel umgestürzt gefunden worden oder die Halteseile an ihren Gerüsten zerschnitten. Auch kam es vor, daß, was sie am Tage gebaut hatten, nach der Nacht wieder am Boden lag. Die Täter waren nicht zu ermitteln. Da war denn hart verkündet worden: „Wer dabei betroffen wird, wie er sich am Bau oder fremdem Werkzeug vergreift, verliert die rechte Hand. Desgleichen, wer nach Feierabend noch sich unbefugt auf der Baustelle zu tun macht." — „Und wir spielen ihnen schon noch einen Streich, daß sie daran denken sollen!" riefen die drei und schlugen auf den Tisch. „Sie hetzen und kommandieren uns und spielen selber die feinen Herren, denen man nichts recht machen kann. Schließlich ist doch das Ganze unser Werk; ohne unsre Arbeit und Plackerei hätten sie es nicht geschafft."

„Kinder, Kinder!" mahnte der Alte, an den Tisch tretend, „was haben wir in unserer Jugend gefrondet und geschafft und wurden auch nicht gefragt, — und haben doch gesehen, wie gut es war, daß wir heran mußten. Denn wie die Kriegsfurie mit Mord und Brand durchs Tal unten raste, ist hier oben auch nicht ein Stein verrückt worden. Für alle die Flüchtigen von Aßlar bis Biskirchen, ja Löhnberg und Mengerskirchen sind unsre festen Mauern Schutz gewesen."

Sein Sohn sprang auf: „Vater, das waren ganz andre Zeiten! Siehst du den Unterschied von heute denn nicht? Damals bautet ihr Wehrmauern und Wälle dem Land zu Nutz. Heute bauen wir Prachtgemächer und Prunksäle zur Festbarkeit. Da droben geht's immer toller zu, und hier drunten wird's immer ärmer. Kein Ende ist mit Zinsen und Steuern und Arbeiten und Dienstbarkeiten und Fronden. Was helfen da unsre Freiheitsbriefe, wenn wir doch immer wieder angespannt werden?" Er schüttelte drohend die Faust zur Burg hinauf: „Macht nicht, daß die Hände, die da bauten, auch wieder niederreißen!"

Ernst schaute der Alte ihn an: „Macht ihr nicht, daß es euch geht wie Anno dreißig den Aufrührern von der Dill! Die sahen auch nicht den Zweck der Steuern und Fronden und hätten lieber ein offenes Land für die Spanier gehabt. Bis sie doch noch auf den Knien Gott danken lernten für das feste Haus Greifenstein und die weise Vorsicht seiner alten Herren! Wer weiß, wozu eure Mühe noch einmal gut ist! Es ist allemal vom Übel, wenn das Ei klüger sein will als die Henne, und — der Obrigkeit untertan sein ist auch ein Stück vom fünften Gebot!"

Mit Gelächter und lautem Reden war unterdes noch ein Trupp junger Burschen die Straße heraufgekommen und machte an der Pforte Halt. Hier verabschiedeten sich die lauten Brüder von einem absonderlichen Gesellen, den sie geleitet hatten. Ein alter Kriegsmann war's, der vom großen Kriege her in der Gegend hängengeblieben war. Er hatte nur einen Arm und eine breite Narbe durch das ganze wüste Gesicht, das ein struppiger Bart umrahmte. Er stand in dem Geruche, weit herumgekommen zu sein und mehr zu wissen als andere Leute.

Gewöhnlich zog er von Ort zu Ort und von Haus zu Haus mit geringen Waren, mit Riemen und Schnallen, Schnur und Band, kannte und hatte aber auch allerlei Mittel, Salben und Tränklein gegen Zauber und Hexerei aller Art. Ja, wenn man nicht seit den großen Prozessen 43 bis 45 der Hexenverfolgung überdrüssig geworden wäre, so wäre er sicher die Person gewesen, gegen ihn ein solches hochnotpeinliches Verfahren zu eröffnen. Wer auf sich hielt, mied seine Gesellschaft.

So gab auch jetzt der Stoffel Adam den Torschlüssel an seinen Sohn und schritt selber dem Eingang zur Burg zu, wo er die Baustelle noch abzusperren und zu verwahren hatte. Da hörte er noch, daß der Einarm auseinandersetzte, wie man im Welschland baue. „Ein Lebendiges", rief er, „mauern die Kundigen dort am Fuße des Baues ein. Dann halten die Mauern und wachsen wie von selber empor. Mich soll's nicht wundern" — und er dämpfte den Schall seiner Worte mit vorgehaltener Hand — „wenn die fremdländischen Bauleute die kluge Kunst auch hierher gebracht hätten. Deswegen ist der neue Bau so schnell vorgeschritten und so gradkantig und fest geworden."

Adam verstand nicht mehr, was die anderen darauf erwiderten. Doch sah er zu seiner Beruhigung die jungen Leute gleich danach fortgehen und seinen Sohn den Schlüssel der Pforte ergreifen, den Einarm hinauszulassen. Er wäre freilich doch erst noch einmal umgekehrt, hätte er beobachtet, wie leidenschaftlich sein Sohn bei der Pforte auf den Alten eindrang, sich ihm gefällig zu erweisen. Er wäre wohl nicht wenig erschrocken, wäre er dabei gewesen, wie sein Sohn dreist jenen anging, ihm gegen den Lohn einer Woche ein Mittel zu verraten, solchen Zauber unwirksam zu machen und die Kraft der Mauern zu zerstören.

Es lag eine unglaubliche Verschlagenheit in dem Blick des Stromers, als er mit verbissenem Gesicht und geheimnisvoller Geste sich von dem Jüngeren sein Geheimnis entreißen ließ. „Ja", sagte er, „wenn man unterm Dach noch ein Stück von einem Galgen anbringen könnte, dann wär's getan; dann gewönne der Böse Macht über den Bau und würd' auch das Dach mit allem Unheil segnen, das ihr ihm nur anwünscht. — In Böheim hab ich's selbst erlebt", schloß er unter der Pforte seine Rede, „wie ein Span vom Galgenholz, so lang wie ein halber Arm, heimlich unterm Dach angenagelt, nach einem Jahr schon das ganze Haus unter dem zusammenkrachenden Gebälk begrub. — Nur gehört natürlich", fügte er noch mit einem ziemlich zweifelnden Blick an, „zu solchem Beginnen Mut. Gar stark zieht Galgenholz den Bösen an."

Ein Galgenstück unters Dach! — Dem Jost Adam zeigt sich auf einmal ein Weg, wie man sich rächen und alle Plackerei da oben heimzahlen kann. Und sollte das so schwierig sein? Er hat bald einen Plan ausgeheckt, und ganz fröhlich wird ihm dabei zu Mute, wie er sich die verdutzten Gesichter seiner Freunde ausmalt. Noch heute abend wird er sie einweihen.

Ein paar Nächte später. — Schlaflos liegt der Christoph Adam auf seiner Ruhestatt. Draußen rüttelt der Sturm an Läden und Schiefern, heult um die Dächer und wirft prasselnde Regenschauer gegen die Fenster. Aber es ist weniger der Sturm, der ihm den Schlaf raubt, als die Sorge um den Sohn. Der Jost ist wie behext seit ein paar Tagen, verschlossen gegen den Vater noch weit mehr als sonst, unwirsch und unstet in seinem ganzen Wesen, kommt nicht zu den gemeinsamen Mahlzeiten, flieht das Haus, geht umher wie im Fieber. Beständig hockt er mit seinen Freunden zusammen, verbringt halbe Nächte drüben im Hintertal und kommt zu nachtschlafener Zeit durchs Torpförtchen hereingeschlichen, dessen Schlüssel er immer bei sich trägt.

Auch jetzt ist seine Bettstatt leer. Es ist bestimmt nichts Gutes, was sie treiben.

Da ist's, als habe das Pförtchen geknarrt. Nun wird er bald in die Stube treten. Aber kein Jost läßt sich sehen. Voll Unruhe tritt der Alte ans Fenster. Dicht am Hause schleicht eine Gestalt in das Dunkel der Torwölbung zurück. Das war der Jost! Und dann eilen drei undeutliche Schatten, etwas Schweres schleppend, gegen die Burg hin.

Christoph ahnt nichts Gutes. Gewiß planen die drei einen Anschlag gegen die fremden Handwerker. Da droht Gefahr. Im Bauhof steht eine besondere Wache. So rasch er kann, stürzt sich der Alte in die Kleider, entzündet eine Laterne und läuft zur Burg. Es dauert eine Ewigkeit, bis er am Tor einen verschlafenen Wächter herausgeklopft hat. Nur zögernd läßt der ihn heran, da er angibt, er habe seinen Schlüsselbund in der Tür zum neuen Bau stecken lassen.

Auf einem schmalen Treppengang hastet er aufwärts, sperrt mit zitternden Händen Türen auf und zu und steht endlich im Bauhof, der verlassen und dunkel daliegt. Nur der Wind heult um das Gemäuer. Unsicher flackernd tastet der Lichtschein seiner Laterne sich durch die Finsternis. Alle Winkel leuchtet er ab; aber keine menschliche Seele ist zu entdecken. Der Zimmergesell, der auf die Werkzeuge achtgeben soll, hat sich in eine windgeschützte Mauernische gekauert und schläft.

Nur einmal ist es, als blitze da oben am Bau, wo sich die nackten Dachsparren gespenstisch in den nächtlichen Himmel recken, ein unsicherer Lichtstrahl auf. Der Alte betritt das sturmdurchschauerte Gemäuer und beginnt, die Leiter emporzuklimmen.

Und droben, ganz hoch unterm Dach, sind in der Tat die drei Freunde emsig bei der Arbeit, den vermeintlichen Teufelstrug des verhaßten Baues durch einen noch stärkeren Zauber unwirksam zu machen. Viel heimlichere Wege freilich, als der alte Torwart sie durch Wachen und Tore und offene Höfe über die nächtliche Burg genommen, sind sie, sich im Verborgenen zu halten, auf den Dachstuhl hinaufgekommen. Da, wo der neue Bau an die Umfassungsmauern der Burg stieß, hatte man an Seilen Dachsparren hochgewunden. Noch hingen die Stricke bis zur Talsohle herab und schlugen im Winde klatschend an die Mauern. Daran waren sie aus der dunklen Tiefe außen emporgeklommen und hatten einen schweren Balken von Eichenholz, vom Galgen hinter der Schulwies frisch abgesägt, hinter sich hergezogen, bis sie die noch stehenden festen Baugerüste und, an denen aufwärts, den Dachboden gewonnen hatten.

Dort soll nun einer der neuen Dachsparren gegen das Galgenholz ausgewechselt werden, um damit das Haus in die Macht des Bösen zu geben. Es ist ihnen freilich selber nicht geheuer bei dem unheimlichen Tun. Schaurig war schon die mitternächtige Arbeit auf der öden Galgenhöhe draußen am Walde gewesen im heulenden Wind. Hörbar klopfen die Herzen auch hier in der ragenden Höhe, so einsam über der schlafenden Welt, und die gespenstische Finsternis und der schlagende Regen sind auch nicht die besten Tröster. Manchmal, wenn der Wind in den Sparren ächzt oder der Schein ihrer kleinen Blendlaterne unvorsichtig über die Bretterwände hüpft und bebend aus geheimen

Winkeln unglaubliche Schattengebilde hervorholt, fahren sie zusammen und schauen sich an, ob nicht der leibhaftige Gottseibeiuns schon auftauche.

Jetzt, was ist das? Regte es sich nicht drunten im Bau? — Durch eine Luke im Boden ragt eine lange Leiter. Man sieht, wie das Ende in ein leichtes Schwanken kommt, und hört ein Stapfen, als stiege es langsam und schwer daran empor. Finsternis hüllt dicht den Raum ein. Die drei drücken sich, einer hinter den anderen, in eine dunkle Ecke. „Der Zimmermannsposten ... Wir sind verloren!" raunt der eine dem Jost zu. Der hält den Balken vom Galgen noch krampfhaft gepackt. „Was? Drei vor dem einen?" — er macht einen Schritt nach der Luke hin. Aber fest umklammert der andere seinen Arm: „Um Christi willen! Der Leibhaftige selber! Hört nur den Pferdefuß!" Und wirklich! Man hört jetzt das schwere Tripp-Trapp in einem beängstigend unregelmäßigen Aufschlag! Ein matter Lichtschein fällt durch die Luke; das Leiterende ächzt. Der Jost hat sich losgerissen, den Balken fester gepackt und in Kampfstellung hoch emporgeschwungen.

Jetzt taucht in dunklen Umrissen ein Kopf aus der Luke auf. „Alle guten Geister ..." stöhnt der eine im Winkel. „Drauf!!" zischt der andere dem Jost ins Ohr. Eine Hand hebt sich tastend aus dem Loch; es ist, als griffe sie gerade nach dem zur Abwehr ausholenden Jost. Da, ein Windstoß, als müßte das ganze Dach zusammenkrachen, und — schwer und scharf saust aus Jostens Händen der Balken hernieder. Ein erstickter Laut, das Licht erlischt und dumpfpolternd stürzt eine schwere Masse in die dunkle Tiefe. Schauerlich aber, das Tosen des Sturmes zerreißend, ein Schrei: „Mein Vater!"

Vier Arme winden sich um Jost Adams Leib, der, keiner seiner Sinne mehr mächtig, sich weit über das Loch beugt, als wolle er unmittelbar hinterher. Sie ringen mit ihm, sie reißen ihn zurück, sie zerren ihn mit sich fort. Und während in die schlafende Burg verworrenes Leben kommt, Hunde laut werden, Stimmen sich erheben, Fenster auffliegen, der Alarmruf des plötzlich erwachten Zimmerers über den Bauhof schallt, und mit schweren Tritten vom Schmiedetor her über das Pflaster des Zwingers die Wache herbeieilt ——, hasten draußen über die Leitern drei dunkle Gestalten herab, gleiten wie der Blitz an den Seilen zu Boden, atemlos, keuchend, wie von Sinnen, nur auf das eine bedacht: Fort, fort! —

Drei Tage später bringen die Reiter des Grafen den Jost Adam ins Tor, in zerrissenem Gewand, abgehetzt, verstört, erbärmlich blutend und zerschunden, mit derben Stricken zwischen zwei Pferde gefesselt.

Und wieder nach drei Tagen steht die Menge im Tal gedrängt Kopf an Kopf und schaut dem grausigen Schauspiel zu, wie hoch droben am neuen Bau — an dem Galgenbalken, der auf Befehl des Grafen dicht unterm Dach eingemauert worden ist —, der Henker dem Jost die Schlinge um den Hals legt und ihn hinausstößt in die freie Luft. — —

Den ganzen Tag über hing der Vatermörder hoch über dem Tal von Greifenstein, eine weithin sichtbare, unmißverständliche Warnung vor allen aufrührerischen Gedanken. Scheu und gedrückt nur gingen die Jungen vorüber, die heimlich um den adamischen Plan gewußt hatten und das Spiel nun so zu

Ende kommen sahen. Es war der schaurige Anblick eine noch eindrucksvollere Predigt, als sie am nächsten Sonntag in der Schloßkapelle der Herr Hofprediger hielt über das fünfte Gebot nach dem Heidelberger Katechismus: „Du sollst deinen Vater und deine Mutter ehren, auf daß du lange lebest im Lande, das dir der Herr, dein Gott, gibt."

Am späten Abend erst wurde der Leichnam abgenommen und an den schnell wieder hergerichteten Galgen vor dem Wald geknüpft. So kam das Trauerspiel dort, wo es seinen Ausgang genommen hatte, auch wieder zu Ende. Der Pfeil, der andere hatte verwunden sollen, war schrecklich auf den Schützen zurückgeschnellt. Wohl hatte das entwendete Galgenholz Unheil gebracht, aber auf das Haupt des Übeltäters selber.

Die Nichtigkeit des Aberglaubens zu zeigen, blieb auch der Unglücksbalken vom Galgen nach dem Willen des Grafen droben im Neuen Bau, daß er für alle Zeiten den Leuten auch die andere Wahrheit ihres Katechismus bezeugt: „Daß ich bei Verlierung meiner Seelen Heil und Seligkeit alle Abgötterei, Zauberei, abergläubischem Segen, Anrufung der Heiligen und anderer Kreaturen meiden und fliehen soll." — —

Kommst du aber einmal nach der Burg Greifenstein, dann laß dir hoch droben im Neuen Bau, der heute mit leeren Fensterhöhlen wie mit erloschenen Augen schaurig und traurig hinabstarrt ins Tal, als hätte er das Grauen noch nicht überwunden vor dem, was er einstmals sah, den Balken zeigen, mit dem beim Bau der Sohn den Vater erschlug. Das hohe Dach, das sich einst stolz über ihm erhob, ist schon lange nicht mehr, das Mauerwerk zerbröckelt und zerfällt. Aber aus den letzten Trümmerresten reckt sich nackt und einsam jenes Galgenholz noch immer in die blaue Luft. Wind und Wetter sind darüber hingegangen, Schnee und Regen haben an seinen Kanten genagt, die Sonne hat es ausgedörrt. Doch ist es auch geschrumpft und gebogen unter den Gewalten der Zeit, es hängt da noch heute starr und unbeweglich, eine schweigende Klage um schwere Schuld, die mit dem grauen Gemäuer verwoben ist, und eine schwere Anklage gegen den Aberglauben und Wahn der Menschen. Denn die Sünde, aus der dort alle anderen entsprangen, war doch die, die immer die erste ist, und vor der es das Menschenherz zu bewahren gilt mit allem Fleiß — auch wieder nach jenem Katechismus:

„Anstatt des einigen wahren Gottes, der sich in seinem Worte hat geoffenbaret, oder neben demselben etwas anderes dichten oder haben, darauf der Mensch sein Vertrauen setzet."

5. Der Wilde Jäger

Nach einer wahren Begebenheit erzählt von L. v. S.

Der Schusterheinrich von Greifenstein war mit der Welt und sich selbst zufrieden. Er wanderte, den Schusterranzen umgehängt und einen derben Knotenstock in der Hand, durch den hohen Schnee auf leidlich festgetretener Bahn das Ulmtal herauf nach Hause. Sein Weg war nicht vergeblich gewesen. Er pflegte in der Zeit zwischen Weihnachten und Neujahr, wo er die Leute meist zuhause, traf, seine Kunden aufzusuchen, um Gelder einzukassieren, Bestellungen entgegenzunehmen und dergleichen. So hatte er auch heute wieder einmal bis zur Lahn hin seinen Kundenkreis durchwandert und gewissermaßen die Geschäfte des alten Jahres abgeschlossen. – Es war so eine gewisse feiertägige Ruhe in ihm, des Jahres Geschäfte gingen zu Ende. Nur einen Auftrag hatte er noch unterwegs zu erledigen, und der hagere, fast schmächtige Mann freute sich auf das Heimkehren und Ausruhenkönnen; denn der Weg war doch beschwerlich. Ordentlich warm war es ihm geworden. Er schaute zu dem grau verhängten Himmel hinauf. Wahrhaftig, es schien Tauwetter zu werden. Ganz mild strich der Wind in einzelnen kurzen Stößen über das Feld. Der Schnee ballte sich unter den Schuhen und fiel in großen Klumpen von den Bäumen am Wege zur Erde. Es dämmerte schon, obwohl es erst 4 Uhr nachmittags war. Vielleicht auch würde es noch wieder schneien. Der einsame Wanderer war froh, daß er das größte Stück Wegs hinter sich hatte. Nur im letzten Dorfe noch eine Besorgung bei dem reichen Wirt – dann konnte er durch den Wald hin die Höhe, auf der sein Heimatort lag, wieder erklimmen.

Das letzte der Geschäfte dachte er aber um so schneller zu erledigen, als er nicht gern ein Wirthaus betrat. Er zählte zu den Frommen im Lande. Seinerzeit hatte er Missionar werden wollen, aber der Körper hatte sich als zu schwächlich erwiesen, um den Strapazen, zumal in ferneren Ländern, gewachsen zu sein. Nicht einmal zur Feldarbeit daheim war er recht zu gebrauchen. So war er ganz bei seinem Schusterhandwerk geblieben, das er liebte, weil es ihm Muße zum Sinnieren bei den geheimnisvollen Lichtern seiner Schusterkugel ließ. Man bestaunte ihn oft, was er nicht alles wußte, was anderen verborgen blieb, und gerade jetzt im Winter war manchmal in seiner warmen Werkstatt ein lebhaftes Gespräch über die letzten Fragen der Menscheit im Gange.

Aber da waren die weißen Dächer des Dorfes schon da, wohl das größte von ihnen war das Wirtshaus. Der Schusterheinrich klopfte den Schnee von den Schuhen und trat mit freundlichem Gruß in die dämmerige Wirtsstube ein. Wahrhaftig, da saßen trotz der frühen Nachmittagsstunde schon Menschen beim Branntwein. Der Schuster erkannte den Förster, den er nicht recht mochte, weil er ein Freigeist war und über alles Heilige spottete. Schon aber hatte auch der ihn bemerkt: „Alle guten Geister" rief er, „jetzt schlägt's aber Dreizehn, der Schusterheinrich beehrt uns auch einmal in der Wirtsstube! Hast du dich endlich bekehrt und willst mit dem langbekämpften Branntwein Frieden schließen? Komm tu uns Bescheid!" – Und er hielt ihm das Glas hin.

Der Schusterheinrich hatte sich in aller Ruhe an einen anderen Tisch gesetzt. „Förster, entgegnet er, Förster ihr wißt daß ich Branntwein nicht mag. Er ist einer von den Fallstricken, die der Böse Geist auslegt, um Seelen zu fangen. Damit soll man keinen Fürwitz treiben." „Ja, freilich", lachte der Förster, „er ist gefährlich. Darum vertilgen wir ihn ja auch. Prost!" „Daß ihr Frommen doch in jeder Gottesgabe den Teufel sehen müßt, Leuten wir uns kann er nichts tun, denn wir glauben nicht an ihn." „Vielleicht fallen die am leichtesten ihm zur Beute, die hochmütig ihn meinen leugnen zu können", meinte der Schuster und beeilte sich mit dem Wirte, der herein gekommen war und die Lampe angezündet hatte, sein Geschäft ins reine zu bringen, weil ihm die Unterhaltung unbehaglich war. „Daß ihr gleich streiten müßt", wollte der Wirt beschwichtigen. „Bei dem Licht jetzt schwinden die Phantasien. Laßt den Schuster gehen, der hat einmal Missionar werden wollen, da weiß er von dem Teufel, der bei den Wilden mehr als bei uns Christenmenschen regiert, Bescheid." „Nun, er braucht nicht gleich verdrießlich zu sein und mag noch bleiben", erwiderte der Förster einlenkend. Draußen scheint's auch nicht geheuer zu werden. Da will's jagen, da geht der wilde Jäger um. Da packt ihn dann nur in anderer Gestalt der Belzebub doch beim Kragen."

„Vor dem fürchte ich mich nun nicht, denn an den glaube ich nicht", sagte der Schusterheinrich, sich zum Gehen wendend. Mit solchem Aberglauben straft der Allmächtige die, die sonst nichts glauben wollen." „Schuster, Schuster, nun leugnest du und bist hoffärtig!" rief der Förster ihm lachend nach, „er hat schon manchen, der ihm trotzen wollte, mitgenommen, paß nur auf, er geht jetzt um in den zwölf heiligen Nächten, daß du ihm nicht begegnest, es woustert draußen."

„Willst du nicht doch lieber noch etwas verweilen", meinte auch der Wirt, der mit in die Haustür getreten war. Es war dunkel geworden und hatte zu schneien angefangen. „Es kann noch Schnee machen, es kommt ein Woust vom Wald."

„Ich mache mich fort", entgegnete der Schusterheinrich, „bis dahin kann ich daheim oder wenigstens auf dem Elgershäuser Weg sein. Besser im Schnee draußen, als bei dem Spötter drinnen, ich nehme die kürzeste Strecke durch den Wald." Damit verabschiedete er sich.

Der Schusterheinrich schritt hastig aus, so gut es gegen den Berg gehen wollte. Der Schnee trieb ihm von links her ins Gesicht. Er hing sich an seine Füße, es war schon schwierig, in dem einförmigen Dunkel ringsum sich zurecht zu finden, aber er kennt die Richtung, er kennt die Wegzeichen. In etwa einer halben Stunde dann ist er an der Oberförsterei in Elgershausen und auf dem festen Wege nach Hause.

Aber der Wind nimmt zusehends an Heftigkeit zu, schüttet ganze Wolken von Schnee über ihn aus. Weiß von oben bis unten zieht er den Kittel enger um sich. Versucht noch schneller voranzukommen. Noch immer ist der Wald nicht da, der müßte doch einigermaßen Schutz bieten gegen den Sturm. In diesem tollen Wirbel merkt man wirklich nicht, ob man die Richtung noch inne hat. Man muß nur immer bergauf gehen, nicht bergab, da biegt man ins Ulmtal zurück.

Dem Schusterheinrich ist ganz warm geworden, keuchend arbeitet er sich den Hang hinauf. Wie ausgestoßen von der Welt kommt er sich vor, in eine unheimliche weiße Mauer eingeschlossen, die wohl zurückweicht vor seinem Schritt, aber sich mit ihm fortbewegt und von allen Seiten ihn gleichmäßig wieder umfließt.

Endlich, da im Schneetreiben etwas Ragendes, Festes, der Waldrand. Aber nicht die stille schutzbietende Wand, als die ihn der Heinrich sonst im Sturme kennt, ein aufgeregtes, sturmzerwühltes Meer vielmehr. So wiegen und biegen sich die Stämme mit wildschlagenden Ästen gegeneinander. Doch der gehetzte Mann hastet hinein, vielleicht daß es inmitten der Bäume doch ruhiger wird. Wenn er nur einen Weg hätte, wenn er nur wüßte, wohin er sich wenden sollte! Hier findet er nimmermehr heraus. Die Angst kriecht an ihn heran. Mit jedem Schritt wird ihm schauriger zu Mut.

Das fauchte, pfiff, stöhnte, orgelte aber auch durch die kahlen Stämme in Grausen erregenden Lauten. Das nahm ihm den Atem, warf ihm die Flocken ins Gesicht, daß er die Hand nicht mehr vor den Augen sah. Große Äste brachen, fuhren mit Krachen ihm vor die Füße, er wußte nicht, wie ausweichen, rechts oder links. Wie ein Gefängnis hielt ihn diese undurchdringliche weiße Einöde, in der die Hölle los schien.

Und da flammte es auf! – Urplötzlich ein heller Schein ringsum, als ob der Wald, als ob die Welt brenne und ein dumpf polterndes Grollen hinter dem schneidenden Sausen des Windes. Dem Schusterheinrich stehen die Haare zu Berge. Das ist die Rache der Hölle, die er verächtlich behandelt hatte.

Hinter eine dicke Eiche hat er sich Schutz suchend gekrochen. Da naht es mit Geheul und Gekläff grade auf ihn zu, nichts anderes als leibhaftig die wilde Jagd. Ganz deutlich hört er durch das Tosen die Meute, das helle „Hiff-Hiff" der kleinen Hunde und das tiefe „Hau-Hau" der großen, und rechts und links fährt's durch den Flockensturm im flatternden Wirbel.

Der Schusterheinrich ist in die Knie gesunken. Der Schweiß rinnt ihm von der Stirn. Das Herz klopft zum Zerspringen.

Wieder eine feurige Lohe durch den weißen Wald und das tolle Treiben darin, und vor ihm, hoch über die gespenstischen Baumwipfel ragend, auf schäumendem schauerlich weißem Pferd eine hohe Gestalt mit wallendem weißen Bart und wippendem, weißen Hut, und eine Stimme wie Donnergrollen ruft ihn an: „Wuhi" (wohin)?

Vor Angst bebend vermag er nur zu antworten – und es ist ein Schrei, der ohne, daß er es will, überlaut aus seinen Innern bricht: „Hoam!" (heim).

Und „hoam, hoam, hoam", spottet es höhnisch, in der Ferne verhallend, ihm nach.

Ja – wirklich in der Ferne verhallend. Mit Gebrüll und Gejauchze ist der tolle Spuk vorüber gezogen. Man hört ihn brausend und sausend nach dem Kesselberg zu fahren. Es ist plötzlich merkwürdig still um den verängstigten Mann in der weißen Einsamkeit geworden. Zwar es weht noch, aber das kennt er, und der Schnee fällt noch, aber längst nicht mehr so im rasenden Wirbel. Ihm ist es selber verwunderlich, daß er noch lebt. Oder ist die Welt um ihn her untergegangen, oder er in eine ganz andere Sphäre geschleudert worden? Er richtet sich auf. Über und über mit Schnee bedeckt, in Schweiß gebadet, arbeitet er sich durch weiße Hügel zwischen den Stämmen hindurch den Hang hinunter. Ein unendliches Grauen sitzt ihm im Herzen, obwohl die Luft immer stiller, der Schnee lichter und der Weg leichter wird. Es kommt ihm selber ganz unwirklich vor, als er vor sich durch die Bäume herauf ein Licht schimmern sieht. Das Licht steht ruhig und traulich in der Nacht, er hastet darauf zu. Und dann — als wache er auf aus einem schweren Traum — wird ihm alles klar. Da das Gebäude vor ihm ist der Elgershäuser Hof, und das winkende Licht ist das Licht aus dem Fenster der Oberförsterei. Da unten geht der Weg nach Greifenstein, nach Hause.

Vor der Tür seines Hauses steht der alte Oberförster und schaut nach dem Himmel, an dem schon wieder einzelne Sterne blinken wollen. Das Schneien hat fast völlig aufgehört. Aus dem Dunkeln kommt ein Mann den Weg herunter, dem Oberförster scheint er bekannt. Es ist der Schusterheinrich aus Greifenstein. ,,Seid Ihr in dem Gewitter gewesen?" fragt er. Aber dann, wie er im Scheine des Lichtes aus der offenen Tür dem Mann ins Gesicht sieht, erschrickt er: ,,Was in aller Welt ist Euch begegnet? Wie seht Ihr denn aus? Fehlt euch etwas? Ihr zittert ja am ganzen Leibe."

Der Schusterheinrich versucht zu lächeln, es ist das Lächeln eines Menschen, der ein Geheimnis weiß: ,,Ich hab ihn gesehen", sagte er scheu, ,,ich hab' ihn geleugnet, da hat er mich angepackt."

,,Wem seid ihr begegnet, wer hat euch gepackt?"

,,Er", sagt der Schusterheinrich und deutet über die Schulter zurück zu dem verschneiten Berghang hinüber. Dann leise dem andern fast ins Ohr: ,,Der wilde Jäger!" — Da wird der Oberförster beinah vergnügt: ,,Na, das müßt Ihr erzählen, kommt in die warme Stube und erholt Euch von dem Schrecken, stärkt Euch erst einmal, dann könnt Ihr immer noch heim." Der Schusterheinrich schüttelt den Kopf: ,,Ich sage Dank, Herr Oberförster, wer ihn sieht wie ich ihn sah, der hat keine Zeit mehr, sich aufzuhalten, der muß sich eilen, daß er das Seine noch bestellen kann zur letzten großen Reise. Er hat so gräßlich gelacht wie ich gesagt habe, ich wollte heim, daß ich verstanden habe, er wird mich heim bringen. Mit mir ist's am End, laßt mich gehen, Herr Oberförster."

,,Aber guter Mann, Ihr seid ja ganz verstört, es war freilich ein arges Wetter und es hat einen, den es draußen erwischte, tüchtig mitnehmen können. Aber kommt doch zu Euch, es ist ja noch gut abgelaufen." ,,Nein, Herr Oberförster, ich muß heim, ich weiß gewiß, es ist am Ende." ,,Aber Mann" — der Schusterheinrich hatte sich schon abgekehrt, der Alte schritt ihm nach — ,,was redet Ihr für Dinge? Das ist ein gotteslästerlicher Aberglaube, seid Ihr denn ganz vom Herrgott verlassen?" Doch der andere schüttelt den Kopf: ,,Ich hab' das auch gemeint. Da hat er mich gestraft, er hat nach mir gegriffen, nun muß ich ihm nach."

,,Na, dann bringe ich Euch wenigstens noch ein Stück Wegs über das Hoffeld hinaus." Der gutmütige Mann ging neben ihm her. ,,Beschlaft nur Euer Erlebnis erst einmal. Morgen sieht die Welt anders aus.

Der Schusterheinrich kam nach Hause. Er war noch stiller und in sich gekehrter als sonst, erzählte nur, er sei dem wilden Jäger begegnet und ging gleich zu Bett. Am nächsten Morgen blieb er liegen. Er erklärte, er sei zu müde, um aufstehen zu können. Man ließ ihn, weil er sich von dem ausgestandenen Schrecken erholen sollte, er lächelte dazu nur still. Auf alles Fragen, alles Zureden seiner Angehörigen schüttelte er den Kopf. Er sprach nicht viel, aber immer wiederholte er: ,,Ich habe ihn gesehen, den Wilden Jäger, den ich verleugnet habe. Ich muß sterben.'' Man versuchte es im Guten und im Bösen mit ihm, mit Freundlichkeit und Schelten. Durch nichts ließ er sich bewegen. Es half auch nichts, daß der Oberförster vom Hof Elgershausen herauf kam und eine frisch erlegte Schneegans mitbrachte, von denen eine ganze Kette von dem Unwetter gegen die Höhe, über die er den Weg genommen, getrieben worden sei und ihn gewiß mit ihrem Geschrei und Flügelschlagen erschreckt hätte. ,,Ich weiß, was ich weiß!'' Dabei beharrte Heinrich. Der Pfarrer wurde geholt und verwies ihm seinen Aberglauben. Ob er denn nicht mehr an den lebendigen Gott im Himmel glaube. ,,Gewiß'', bestätigte er, ,,aber auch an die Fürsten und Gewaltigen in der Luft.'' Der Teufel nehme mannigfaltige Gestalt an und habe Macht über die Menschen wegen ihrer Sünde. Gott habe mancherlei Boten, die er den Menschen schicke. Er lasse sie mitunter durch diese ihr Schicksal sehen. ,,Und wer den Wilden Jäger sah wie ich ihn sah, der muß mit ihm davon in der Wilden Jagd.''

So lag er sechs Wochen lang, ohne eigentlich krank zu sein. Er klagte nicht, war still und freundlich, wie man ihn nicht anders kannte. Oft hörte man ihn laut und herzbewegend beten, daß den auf der Treppe Lauschenden die Tränen in die Augen traten. Allen aber, die es hören wollten, erzählte er die Geschichte seiner Begegnung mit dem Wilden Jäger und nahm, ohne Widerspruch zu dulden, Abschied von ihnen. Eines Morgens war er wirklich tot. − Ganz still und friedlich eingeschlafen lag er in seinem Bett. Verwunderlicherweise war das Kammerfenster geöffnet, als habe er noch hinaushorchen wollen in die rufenden Stimmen des Winterwindes, oder auch − man raunt noch heute davon − als hätte eine starke Faust von außen das Fenster eingedrückt und der wanderfertigen Seele den Weg gebahnt in die den Frühling ahnende Weite.

D. Otto Henn: Gedichte

Aus der Zeit als Vikar in Andernach / Rhein. 1908 - 1911.

Bei Rücksendung eines Handschuhs, der gelegentlich einer Pfingsttour an den Laacher See
1909 aus dem Besitz einer jungen Marburgerin, die ich nach Hause zu bringen hatte, in
meinen Besitz übergegangen war.

1. Nun weiß ich nicht, ist's Wirklichkeit,
    Sah ich es nur im Träumen:
    Ein Wald zur grünen Maienzeit
    Mit hohen dunklen Bäumen,
    Auf meinem Arm im Mondenschein
    Schüchtern ein Händchen, weiß und klein,
    Im Handschuh.

2. Ich glaub sonst gern an Zauberei,
    An Feen und an Elfen;
    Doch diesmal merk ich, wird dabei
    Das Märchen nicht viel helfen.
    Denn wie ich sitze still zu Haus,
    Da fällt aus meiner Tasche raus:
    Ein Handschuh.

3. Ein Handschuh weiß, ein Handschuh klein,
    Just wie ich ihn gesehen.
    Das Händchen, das da paßt hinein,
    Muß dann wohl auch bestehen.
    Und weil's ihn selbst nicht reklamiert,
    So sei er mit der Post spediert,
    Der Handschuh.

4. Ich wünsch' ihm eine gute Statt
    Am Arme seiner Schönen!
    Wenn sie um ihn getrauert hat,
    Dann soll er sie versöhnen.
    Doch ist sie froh, dann plaudre ihr
    Von einer Pfingsttour und von mir,
    Mein Handschuh!

Auf die poetische Einladung zu einer Pfirsichbowle, in der all ihre Zutaten und Vorzüge
aufgezählt waren.

1. O herrlich, verehrte gnädige Frau,
   Ihre Verse, und was sie enthalten!
   Ich sehe schon alles vor mir genau:
   Ihr bowlenbraukundiges Walten
   Mit Pfirsich und Zucker ... o könnt ich die Zeit
   Nächsten Sonntag um fünf mir erkaufen! —
   Doch leider, leider — da bin ich weit. —
   Nicht wahr, man muß doch auch taufen!

2. Zu derselben Stunde in Weißenthurm
   Harren meiner ernste Pflichten.
   Und lieh' ich mir Flügel auch beim Sturm,
   Ich könnt sie nicht schneller verrichten.
   Ein kleiner Junge — noch Heide schier —
   Und kann schon fast, glaub' ich, laufen. —
   Was soll man machen? — Raten Sie mir! —
   Nicht wahr, man muß ihn doch taufen!

3. Drum bitt' ich schön: Zürnen Sie nicht, wenn ich
   Diesmal eile zu anderen Taten.
   Und möge die Bowle auch ohne mich
   Wie stets aufs beste geraten!
   Der Himmel schenk Ihnen Sonnenschein
   Und fröhliche Gäste in Haufen! —
   O Pfirsichbowle, o Zucker, o Wein! —
   Allein — man muß doch auch taufen!

Von einer Spessartwanderung. (Ansichtskarte an Mariechen aus Rothtenburg).

1. Durch den Odenwald sind wir gezogen
   Und waren dem Spessart vermählt,
   Und haben die vielen Bogen
   Des Mains getreulich gezählt,

2. Und aßen in Miltenberg Kuchen,
   Und saßen in Lohr beim Bier,
   Taten Würzburger Steinwein versuchen,
   Und nahmen jetzt hier Quartier.

3. Doch keiner wußte zu sagen,
   So oft wir auch Dein gedacht,
   Wo Du in diesen Tagen
   Dir Herberg hast gemacht.

4. Vielleicht weht der Wind Dir zu Füßen
   Dies Lied, drum sing ich es hell. —
   Es soll Dich herzlich grüßen
   Von einem jung Wandergesell.

Bei Überreichung von Schreckenbach „Luther" an Lehrer Stelz (Greifenstein), 16/12.1917.
(Dank für die Einübung der Lutherlieder)

1. Sooft wir in guten Stunden
   Trotz all dem schweren Leid
   Zu frohem Gesang uns verbunden,
   Schritt Luther uns zur Seit.

2. An seinen Weisen und Worten
   Erneut sich stets der Mut,
   Sein Lied weckt allerorten
   Heilger Begeisterung Glut.

3. Es spornt zu ihren Taten
   Die Kämpfer draußen an,
   Sein mag auch nicht entraten
   Daheim ein deutscher Mann.

4. Drum unsres Dankes beste
   Gabe zur heiligen Nacht
   Sei vom Lutherjubelfeste
   Dies Büchlein dargebracht!

5. Mög aus ihm allerwegen
   In gut und böser Zeit
   Des Luthergeistes Segen
   Strömen in Ewigkeit!

Nachtrag dazu. Bei Überreichung eines Sophakissens.

Von Luther aber will mir scheinen
Als habe er im Kreis der Seinen
Nach all den Arbeits= und Kampfesstunden
Auch Erholung und stillen Frieden gefunden.
Drum daß es der müde geschafften Seele
Auch hier an der nötigen Ruhe nicht fehle,
So hat das Christkind mit gutem Bedacht
Auch noch dies Kissen mitgebracht.
Als Zeichen des Dankes ist's sicher willkommen.
Mög es dem Leib und der Seele frommen!

Ins Reisebuch v. Hanna Tilmes zu einer Zeichnung der Kirche von Greifenstein. 1918.

1. Zwei hohe Türme ragen
    Weithin ins Land hinein,
    Zeugen aus besseren Tagen
    Der Veste Greifenstein.

2. Zu ihren Füßen sanken
    In Trümmer längst Brücke und Tor.
    Wilde Rosen ranken
    Um Graben und Schanze davor.

3. Nur wo einst zwingervergittert
    Starrt' trotzig und drohend der Wall,
    Lugt noch ein grau verwittert
    Kirchlein still ins Tal.

4. Von der Burg, der fehdebereiten,
    Ihren Wehrgängen, ihren Bastein,
    Blieb im Gehen und Kommen der Zeiten
    Diese Stätte des Friedens allein. —

5. Glocken rufend klingen
    Um die Höhe her,
    Orgelstimmen singen
    Brausend Gottes Ehr,

6. Bunte Lichter grüßen
   Hell aus dem traulichen Raum,
   Welt und Weh zerfließen
   Wie ein dunkler Traum.

7. Und über Schutt und Trümmer,
   Über all Leid der Zeit,
   Breitet verklärender Schimmer
   Himmelsherrrlichkeit. –

8. Wenn einst Erinnerung leise
   Aus diesem Büchlein spricht,
   Vom Fahrtgewinn der Reise, –
   Vergiß das Kirchlein nicht!

[Für Marie Köhler, Henns spätere Frau]
Das tröstliche Geheimnis der Nachkriegszeit.

1. Durch dieser trüben Tage
   Schweren Schritt
   Ein süß Geheimnis trage
   Ich allzeit mit.

2. Es füllt mir mit fröhlichem Klingen
   Die Einsamkeit
   Es macht mit Lachen und Singen
   Das Herz mir weit.

3. Wenn nächtens ohn Erbarmen
   Das Licht entwich,
   Mit weichen, warmen Armen
   Umfängt es mich.

4. Und ob auch schwarz und dunkel
   Die Zukunft naht,
   Wie lichtes Sterngefunkel
   Erhellt's den Pfad.

5. Sicher und stolz kann ich wandern
   Dem König gleich.
   Ich weiß mehr als die andern,
   Das macht mich reich.

6. Soviel mir auch entrissen,
   Das Beste blieb:
   (Es brauchts niemand zu wissen)
   Mich hat wer lieb.

7. Damit ein End ich mache
   Der Plauderei,
   Daß nicht am Ende die Sache
   Am Ende sei!

[Für Marie Köhler]
Mai 1920

1. Und wieder schmückte sich neu die Welt
   Mit der Maien smaragdnem Geschmeide,
   Da hab ich das flüchtige Glück gestellt,
   Lenztrunken hat es sich selbst mir gesellt
   Auf der Heide, der grünen Heide.

2. Es woben viel Blümlein in duftiger Rund
   Einen Teppich von bunter Seide.
   Drauf leerte es mir — o fröhliche Stund!
   Seines Füllhorns Gaben bis auf den Grund
   Auf der Heide, der grünen Heide.

3. Von dem leuchtenden Himmel ganz allein
   Sah nur die Sonne uns beide —
   Da lächelt's mir tief in die Augen hinein,
   An den Lippen den Finger: Verschwiegen sein!
   Auf der Heide, der grünen Heide.

4. Drum was ich gewann, ich plaudre's nicht aus,
   Sonst würd mir's vielleicht noch zu leide.
   Durch des neidischen Tags verworren Gebraus
   Trag ich still einen heimlichen Schatz mir nach Haus
   Von der Heide, der grünen Heide!

Zwei Widmungen zu „Eichendorffs Gedichten" (1921)
[Für Marie Köhler]

a.   Mar. Pfingsten 21.

Grüßt Dich aus diesen Seiten
Waldrauschen und Sonnenschein,
Denk an den blütenverschneiten,
Herzfrohen, wunderbereiten
Frühling in Greifenstein!

b.   Mög es sein, daß wenn des Büchleins
Tiefste Seele sich enthüllt,
All die Qual der rohen Welt
Friedevoll sein Atem stillt!

Nach einem verlorengegangenen Vers in ein Greifensteiner Gästebuch

1.   Hell klingen die Becher, hell funkelt der Wein.
Hell hallt unser Sang durch die Nacht —
Und droben beim alten Greifenstein
Sind drob die Geister erwacht
Und stimmen in vollem Chor mit ein
In den alten Sang von Greifenstein:
        Greifenstein,
        Edles Haus,
        Nüchtern hinein,
        Trunken hinaus!

2.   Das war in den Zeiten der schweren Not,
Rings wütet der Feind im Land,
Rings lauert Verderben, rings droht der Tod,
Nur eine Burg hält Stand,
Nur eine Burg noch im Sonnenschein
Läßt fliegen ihr Banner ins Land hinein:
        Greifenstein!

3.   Und Turenne selbst, der alte, mit reisigem Troß
Zieht sie zu bezwingen heran;
Doch vergebens stürmen Mann und Roß
Gegen Wall und Mauern an.

In Pulverblitz und Sturmgebraus
Hält die Feste mit tapferer Gegenwehr aus:
        Edles Haus!

4. Des Greifenstein Mauern wie Eisen stehn,
    Hier zerschellt des Franzosen Glück.
    Da möcht er als Gast denn die Feste sehn ...
    Der Trompeter bringt Antwort zurück:
    Trinkt an jedem Tor er den Ehrenwein,
    Dann sollt er dem Grafen willkommen sein. —
        Nüchtern hinein ...

5. Doch wie am Tor ob der Brücke schon beut
    Ihm den Becher die Wache behend,
    So am zweiten, am dritten, am zehnten erneut —
    Ist denn der Tore kein End? —
    Jetzt der dreizehnte Humpen! — Er trank ihn nicht aus.
    Schwer sank er vom Pferde. Man trug ihn durchaus
        Trunken hinaus.

6. Dem deutschen Schwert und dem deutschen Wein,
    Dem hält kein Welscher stand.
    Laut gebe dies Verslein vom Greifenstein
    Des Kunde im ganzen Land! — —
    Und auch dich trifft tief seiner Wahrheit Strahl,
    Schweift von droben dein Blick übers blühende Tal:
        Greifenstein,
        Edles Haus,
        Nüchtern hinein
        Trunken hinaus!

Greifenstein

1. Zwei alte Türme grüßen
    Weithin übers grüne Land,
    Es schlingt zu ihren Füßen
    Ein Fluß sein Silberband,

2. Es rauscht um sie versonnen
    Der Wald sein ewiges Lied,
    Und drüber lichtumsponnen
    Der Falke Kreise zieht.

3. Verfallen längst Wall und Mauern
   Durch Trümmer saust der Wind,
   Leere Hallen trauern
   Mit Fensterhöhlen blind.

4. Fernher an stillen Tagen
   Dringt nur des Markts Geschrei,
   Des Lebens Hasten und Jagen
   Braust der Höhe tief unten vorbei.

5. Winzige Hütten schmiegen
   Sich scheu dem Gemäuer an,
   Flur und Felder liegen
   Wipfelumfriedet im Tann.

6. Doch ist auch steinig der Acker,
   Kärglich da oben das Brot,
   Stets trutzte still und wacker
   Die alte Veste der Not.

7. Sie scheucht von dannen die Sorgen,
   Sie hegt aller Freuden Keim,
   Vor dem Weh der Welt ist geborgen,
   Wer da droben daheim.

8. Soll auch deine Seele gesunden,
   Zwei Türme laden dich ein —
   Hoch preist, wer je ihn gefunden,
   Den Frieden vom Greifenstein.

Während der Aufführung einer Laienspielgruppe auf der Burg in Greifenstein hatte Marie ihren Ring verloren. Ich fand ihn und schenkte ihn ihr an ihrem Geburtstag wieder mit folgendem Vers: (1924)

1. Wer ein Ringlein von Gold an den Finger zieht,
   Wird es brav hüten müssen,
   Sonst wird er, eh' er sich dessen versieht,
   Es im Kurtheater vermissen.
   Das alte Gemäuer von Greifenstein
   Ist voll von Rissen und Spalten;
   Die werden den Ring, fiel er da hinein,
   Für alle Zeiten behalten.

2. Wer ein Ringlein von Gold für den Finger erkor,
    Kürt klüglich auch einen Gatten,
    Der, wenn der Finger den Ring verlor,
    Ihn treu tut wieder erstatten.
    Der Ring tut's wahrlich nicht allein,
    Der rollt zu leicht von dannen.
    Ein Mann muß ihn ans Fingerlein
    Erst dauernd zwingen und bannen.

3. Drum kehr voll Reue ich hier zurück.
    Für immer wär ich entschwunden,
    Hätte mich als ein Hans im Glück
    Der Gatte nicht wieder gefunden.
    Soll ein Goldreif mit Fug Dir zu eigen sein,
    Nimm Rat und Warnung an:
    Besorge Dir für Dein Ringelein
    Vorerst einen tüchtigen Mann.

Auf eine poetische Einladung zur Adventfeier im „Vogelsang" von Dr. Liebe (1925)

1. Arme Seele, nimm dich in acht,
    Es kommen seltsame Tage!
    Leis von der nahenden heiligen Nacht
    Raunt eine heimliche Sage. —

2. Dichter schließen wir da die Reihn,
    Rücken näher zusammen,
    Lauschen der Botschaft im Dämmerschein
    Bei des Lichts geselligen Flammen.

3. Steht ein Haus im Vogelsang,
    Weihnachtsluft weht drinnen,
    Will mit frohem Feierklang
    Den Advent beginnen.

4. Strömen von allen Seiten hin
    Weihnachtshungrige Seelen,
    Wollen wir zum Festbeginn
    Wahrlich auch nicht fehlen.

Der Küster Simon in Greifenstein erhielt zu Weihnachten immer ein Geldgeschenk, einmal (1925), mangels besserer Vorbereitung in einer Hustenbonbonschachtel aus der Apotheke. Diese Schwäche zu verdecken war folgender Vers beigefügt:

1. In der Menschenwelt hernieder
    Kam die letzte Nacht
    Christkindchen vom Himmel wieder,
    Hat viel mitgebracht.

2. Denn der eine hat dies nötig,
    Und der andre das;
    Jedem schenkt es gern erbötig,
    Was ihm grad macht Spaß.

3. Will ja alle Nöte stillen,
    Alle gern erfreun.
    Hier dachts: ,,Apothekerpillen
    Werden nötig sein,

4. Daß ich jene Krankheit linder;
    Die am meisten heut
    Plagt, zwar nicht Israels Kinder,
    Doch die Christenleut."

5. ,,So wird, " riefs, ,,dem Simon taugen
    Dieser Lutschbonbon,
    Doch nur mäßig zu gebrauchen!" —
    Und war bald davon.

Zum 40jährigen Dienstjubiläum der Hebamme Kunz in Greifenstein (1932).

1. Wo alle heute rings im Land
    Dir wünschen Glück und Segen,
    Da wolln auch wir in Deine Hand
    Ein Dankeszeichen legen.

2. Es künde, daß, wenn insgemein
    Du Ehr und Lob gefunden,
    Vor allem hier in Greifenstein
    Die Frauen Dir verbunden.

3. Sie wissen, wie Du 40 Jahr
    Treu ihnen beigestanden,
    Und wo in Not sie und Gefahr
    Stets Rat und Hilfe fanden.

4. Sie denken mancher Leidensnacht
    Voll Ängsten und voll Sorgen,
    Die sie durchlitten und durchwacht,
    In Deiner Hut geborgen.

5. Den Dienst, an den Dich Gott, der Herr,
    Vor 40 Jahr'n gestellt,
    Hast Du in Treuen I h m zur Ehr
    Getan, nicht vor der Welt.

6. So gebe er Dir auch zum Lohn
    Das Stehn in seinem Frieden.
    Sein Heil, des Alters Ehrenkron,
    Sei Dir zuletzt beschieden!

7. Und manches Jahr noch fernerhin
    Mögst wie bisher Du sein
    Der Frauenhilfe Führerin
    Der Heimat zum Gedeihn!

Antwort auf Glückwünsche aus Blasbach zum 50. Geburtstage in Versen.

Ein gutes Wort findt guten Ort:
Es dankt der ganzen Schar,
Die reimend gratulierte dort,
Gerührt der Jubilar.

Drückt ihn auch nun der Jahre Last,
Er trägt's doch nicht allein.
Ein Wunsch, so fein zum Vers gefaßt,
Wird Trost und Halt ihm sein!

In das Fremdenbuch der Pension Pöhlein in Gößweinstein (1925).

Gößweinstein, du schönster Fleck im Land,
„Gießweinstein" sollt man dich taufen!
Denn wie ich hier heuer die Sache erfand,
Des Himmels Schleusen stets laufen.
Man sitzt und schaut sich die Augen fast aus
Nach Sonne aus Stube und Kammer,
Und wär nicht Frau Pöhleins gastliches Haus
Und die gute Pflege, man stürbe vor Graus
In all dem wässrigen Jammer.

Aus demselben Ort auf einer Karte mit der Klage über den ständigen Regen:

Auch ich hab's so gefunden:
Gössweinstein, bist du feucht!
's gießt 24 Stunden
Des Tages, wie mich deucht.
Nur der Frau Pöhlein rare,
Kochsichre Sorglichkeit,
Das ist der letzte wahre
Trost in so nasser Zeit.

Ansichtskarte aus der Bing-Höhle:

Der Regen, der regnet jeglichen Tag.
Hilf Himmel, wie das noch enden mag!
Wie der Urmensch kriecht man in Höhlen hinein,
Vielleicht wird es da doch trocken sein!

Karte aus Bayreuth auf der Wanderung zum Ochsenkopf
(Die Karte hat um dieses ominösen Namens willen manche Mißverständnisse und An-
stöße ausgelöst und ist von dem Briefträger nur zögernd und mit Vorbehalten ausgeliefert
worden).

Nun ist es erreicht! — Die Sonne lacht,
Und der Himmel ist wieder blau.
Da haben wir uns aufgemacht
Hierher zur Fremdenschau.

O, welche Wunder sieht man hier:
Florstrümpfe, Pagenkopf!
Wär ich doch erst weiter, o wär ich bei dir,
Mein lieber Ochsenkopf!

Kollege Läufer hatte 1936 von der Reise aus Elberfeld eine poetische Karte geschick
mit dem Bilde eines Elefanten mit erhobenem Rüssel und der Klage über ewige Feuchti
keit.

1. Nein, ist es wirklich denn getreu
Aus Elberfeld Ihr Konterfei,
Das heute angekommen?
Wie sich im Urlaub doch ein Mann
In 14 Tagen ändern kann! —
Sie haben zugenommen!

2. Sie sehen wirklich reizend aus,
Sie stehn auf festen Füßen,
Aufwärts reckt gar der Mund sich raus,
Wie Sie „Heil Hitler" grüßen.

3. Und — schier hätt' mich das Bild entsetzt:
Wie haben Sie den Zahn gewetzt,
Den Gegner abzuführen!
Gefährlich scheint in dieser Zeit
Solch Symbolum der Streitbarkeit,
Rätlicher: still parieren!

4. Zu einem aber wünsch ich Glück!
Man sieht, zu welcher Klasse
Sie streben, auf den ersten Blick:
„Dickhäuter" heißt die Rasse.

5. Ein solches gutes dickes Fell,
Das wünscht ich mir auch auf der Stell!
Das ist bei diesem Regen
Und in der ganzen trüben Zeit
Benebst der innern Feuchtigkeit
Unzweifelhaft ein Segen.

Das Ordenskleid, oder die abenteuerliche Fahrt eines Reisekoffers. 1933.

1. Als Wanderziel ist wohlbekannt
   Männiglich doch das Frankenland,
   Seit einst in der Scholaren
   Streng zunftgemäßem Ordenskleid
   Ein Dichtersmann zur Sommerzeit
   Wollt in die Gegend fahren.

2. Sachkundig pries er hoch im Lied,
   Was man da alles Schönes sieht,
   Und was er so gesungen,
   Das war — wie das nun mal so geht —
   Auf Umwegen, drum etwas spät,
   Zur Tante Mie gedrungen.

3. Die ließ die Sache nun nicht ruhn,
   Sie wollte auch die Reise tun,
   Entschloß sich jetzt: nach Franken!
   Nur, wie schon alles sonst bereit,
   Das mit dem zünftgen Ordenskleid,
   Das machte ihr Gedanken.

4. Ist das in jenem Lande Brauch,
   (Was andre können, kann ich auch)
   Dann pack ich der Modelle,
   Der neusten für die Wanderzeit,
   Ein Dutzend ein. Ein passend Kleid
   Ist dann, wenn's gilt, zur Stelle.

5. Der allersonnigste Sonnenschein
   Liegt ob dem Land am schönen Main,
   Und froher Wandrer Scharen
   Mit leichtem Ränzel, leichtem Sinn,
   Ziehn durch den grünen Spessart hin. —
   Da kommt die Tant gefahren.

6. Der schönste Herbsthut schmückt das Haar,
Stulphandschuh passen wunderbar
Zur modefarbnen Robe.
Unter dem neusten Paletot
Zierliche Lackschuh, comme il faut,
Vollenden die Garderobe.

7. Vom Handgelenk hängt modisch=firm,
Echt China, stiellos=kurz der Schirm,
Und was vor allen Dingen
Den fahrenden Scholaren zeigt:
Zwei Mann, unter der Last gebeugt,
Den Reisekoffer bringen.

8. Nun sieht den Spessart sie: o Graus,
Wie Wald und Wildnis sieht das aus,
Geht nur bergauf, bergunter. —
„Wie extra da ein kundger Mann
Toiletten anempfehlen kann,
Das nimmt mich wahrlich Wunder!

9. Was hilft nun meiner Lackschuh Zier
In diesem bergigen Revier,
Was hilft für alle Lagen
Im Koffer mir der schönste Lack?
Ich kann ihn doch nicht huckepack
Durch das Gebirge tragen"!

10. Zu Wertheim blieb im Grand-Hotel
Die ganze Nacht ein Zimmer hell,
Die Tant eilt auf und nieder.
Und in der ersten Morgenfrüh
Da schleppt der Hausknecht mit viel Müh
Zur Bahn den Koffer wieder.

11. Die Tant sah nassen Augs ihm nach
Und schmerzlich resigniert sie sprach:
„Kehr heim, du warst zu schade!
Man wandert auch im Frankenland
Nicht ander's als ich's immer fand,
Steinige Waldespfade.

12. Zu wenig schätzt in Wald und Flur
Man hierorts höhere Kultur,
Man will sie sabotieren!
Zu Reisekoffern sieht man schief,
Die Möglichkeit ist primitiv,
Sie waldwärts zu spedieren.

13. Es ist ganz ohne tiefren Blick
Die Wanderzunft für letzten Schick,
Ich seh's in trüber Helle,
Das Ordenskleid ist kurz und gut
Nur Rucksack, Wanderschuh und =hut.
Da spar ich die Modelle!

14. Und zieh ich einmal wieder aus,
Laß ich den Koffer ganz zu Haus
Und alle Modewaren.
Mir ahnt: In strengster Einfachheit
Ist zünftig nur das Ordenskleid
Der fahrenden Scholaren!"

Aus meinem Leben.

1.

Meine älteste Kindheitserinnerung ist die an
einen großen Apfelbaum, der sich die jüngeren Bäume bald
eingezogen hat...

Orts- und Personenregister

Abkürzungen

A = Anmerkung   s. = siehe

A

Aachen VI
Aare 58
Abicht, Friedrich Kilian (1788-1855);
Pfarrer von Oberkleen und Dornholz-
hausen (1826-30), Hochelheim (1830-
42)) I, A5
Abstroda 71
Adam (Rentmeister in Ulm) 22
Adele (Blumenmädchen) 79, 80
Adler, Johannes A66
Änne s. Köcher
Agamemnon (sagenhafter König von My-
kene, Feldherr der Griechen vor Troja
XIV, XV
Ahrtal 155
Albrecht, Prinz von Solms-Braunfels (geb.
10.2.1841 in Düsseldorf, gest. 8.3.1901
in Wiesbaden. Regent von 1891-1901,
Sohn von Prinz Wilhelm; Gemahlin
Ebba von Lavonius 32
Albshausen 115
Alexander d. Gr. (356-323) XVIII, 160
Allendorf 112, 122, 141, 152
Almenröder (Posthalter) 23, 25
Almenröder. Elisabeth Emmi Klara 25
Allmenröder, Christian Heinrich Karl
(1828-1912) von 1859-67 Pfr. in Ober-
quembach, von 1867-1911 in Oberbiel
XX, 61, 96, 97
Allmenröder, Robert Gustav August
(1864-1923); Pfr. in Braunfels (1896-
1917) 100, 101
Allmersbach 101
Altenkirchen 116, 156
Altizer, Thomas A101
Altmann-Reich, Hilde A126a
Altmark 67
Ambrosius (Gartenknecht) 19
Amsterdam 92
Anacker, Theo (Mitschüler Otto Henns)
39, 224

Andernach IX, XIX, XX, XXVIII, 79,
94, 96, 97, 101, 103-107, 109, 134,
155, 156, 253
Andersen (Schulrat) 26f
Andreae, Dr. (Chemiker, Presbyter in
Burgbrohl, Mitglied der Alt-Preußi-
schen Generalsynode) 97, 104, 105
Andreae, Olga 105
Andreasberg 84
Andres, Stefan A66
Aner, Karl A102, A103
Anrath 91
Antaeus (gr. Antaios) Gigant, zwang die
Fremden, mit ihm zu ringen. Bei der
Berührung mit der Erde, seiner Mutter,
gewann er Kraft. XLII, 194
Anthes, (Mitschüler Otto Henns) 224
Apicius, Caelius bzw. Caetlus Appicus, ein
von den Humanisten erschlossener
Name für den Verfasser eines römi-
schen Kochbuchs XVI, A42
Appel (Mitschüler Otto Henns) 45
Apollon, Sohn von Zeus und Leto, Gott
der Weisheit und der Musik, Beschützer
des Ackerbaus und der Viehzucht.
Auch Sonnengott VIII
Archenbold 104
Argos = Argolis: Landschaft im Pelepon-
nes XV
Aristides (athenischer Heerführer, + 467,
erfolgreich gegen die Perser bei Mara-
thon und Palatää 160
Aristoteles (384-322/1) XVI
Armaingaud, A. A32
Arnd, Johann (1555-1621) A26
Arndt, Ernst Moritz (1769-1860); Histo-
riker, Philosoph und Dichter 190
Arnold (Braunfels) 11, 12, 13, 15
Arnold, Eberhard A151
Aschinger (Kommilitone Otto Henns) 73
Assion, Peter A157
Aßlar (Kreis Wetzlar) 53, 82, 93-95, 98,
156, 243
Aßlar, Louis (Schulkamerad von Otto
Henn) 35

271

279

Hollmann, Hermann (Schulkamerad von Otto Henn) 35
Hollmann (Wirt) 22
Holshausen LV, 122, 141
Holz, Gebrüder 65, 71
Holz (Amtsrichter und Presbyter) 105
Holzhausen LV, 131, 137, 143
Homann (Oberförster) 36, 41
Homann, Wilhelm (Schulkamerad von Otto Henn) 35-38, 40, 41, 45, 53, 61, 63
— seine Schwester 41
Homburg v.d.H. 78
Homburger Hof 33, 36-38
Homer 45
Horaz, A. Horatius Flaecus (65-8 v. Chr.) XII, A33, 44, 45, 48, 164
Horch, Henrich (1652-1724); Dozent für Philosophie in Marburg. Pfr. in Heidelberg, Kreuznach, Frankfurt a.M., 1690 Prof. an der Hohen Schule in Herborn, weigerte sich, an Examina teilzunehmen. Amtsenthebung, Verbindung mit Eva von Buttlar, Gefangenschaft auf dem Schloß Marburg. Die letzten Jahre als Privatgelehrter in Kirchhain. XXIII, A69, 77
Horn (Dorf) XIX
Horn, O. von s. Oertel XIX, A60
Hübner, Erich A1
Huizinga, Jan A67
Huijben, Jaques (Prieur d'Egmond) A25
Humburg, Paul Walter (1878-1945); Hilfspr. in Viersen u. Unterbarmen, Pfr. in Dhünn, Elberfeld ref., Generalsekretär der DCSV Bundeswart des westdeutschen Jungmänner-Bundes, Pfr. in Gemarke 1929 — em. 1943, Präses der Bekenntnissynode seit 1934 XXIV, A73, 90
Hundsmüller 32, 33
— sein Sohn Robert 32
Hunsrück XIX, 80, 146
Hut, Frl.; Cousine von A. Görz 55
Hutten, Kurt A152
Hutten, Ulrich von 28
Huysken, Albert A83

I — J

Idelberger, Ernst 45, 49-52
Idomeneus A32
Ilgenstein, Wilhelm A66
Ikarus (Sagengestalt: Sohn des Daedalus, stürzte ins Meer, als er mit seinen aus Federn und Wachs gefertigten Flügeln der Sonne zu nahe kam) X
Illfeld 68
Imhäuser 89
Indien 151
Italien 58, 75
Jakoby, Marie A129
Jaeckel, Georg A16
Jäger, Oskar (Schuster) 142
Jakob (Erzvater) 26
Jantz, Rolf-Peter A104, A126a
Jaspert, Bernd A6, A10, A69, A115
Jelluschek, Hans A128
Jena 70
Jesaja 182
Jeremia (Prophet) XXXVIII
Jerusalem 201
Jesus XI, XXX, XXXIII, XXXVII, XLV, XLVI, XLVII, IL, 173, 179, 182-184, 187, 188, 201, 215, 218, 220
Jesus Christus XXXVI, XLI, 176, 214, 215
Jockel (Fürstl. Sekretär) 96
Jockel (Fürstl. Kammerrat) 54
Johann, Graf von Solms-Burgsolms LII
Johann Heinrich Christian (1644-1668), Graf (seit 1635) zu Solms-Hohensolms, wurde in einem Duell tödlich verwundet LIV
Johore, Sultan von 27
Jörgens, Franz Ludwig A138a
Josef (N.T.) 184
Joseph, Sohn Jakobs XX
Jüngel, Eberhard A101
Justin (um 100-165); Apologet, evangelisierender Philosoph, Märtyrer XXXIX

K

Kaegi, Werner A67
Kaftan, Julius (1848-1926); Prof. für (System.) Theol. 72

Nell, Johannes Adolf Eduard (geb. 1899); Vereinsgeistlicher der Inn. Mission Langenberg 1925-1936 138
Nell (eine Greifensteinerin, die einen Hamburger heiratete) 153
Nelle, Wilhelm A138a
Netz, Th. A86
Neuhaus, Ingrid A128
Neumühle 54
Neu-Rakotczi 66
Neuwied XXI, A64a, 15, 51, 52, 78, 82, 101, 103, 105, 106, 116-120, 137, 155
Nicolai, Christoph Friedrich (1733-1811); bedeutender Verleger der Aufklärungslit. in Deutschland. Seine eigenen Werke schuf er in enger freundschaftl. Verbindung mit Lessing und Mendelssohn.wegen seiner absolut rationalen Einstellung, die jede Emotion in der Dichtung ablehnte, wurde N. häufig verspottet XXXII
Niederbreisig 103-105, 150, 155
Niederdresselndorf 131
Niedergirmes, s. auch Wetzlar-Niedergirmes XXV, A74, A75, 94, 95, 157
Niederlande LIV
Niedermaier [Niedermeyer], Franz Xaver (1763-1849); Pfr. in Aßlar 1826-1848 53
Niedermeier [Niedermeyer], Elise 51
Niederrhein 89, 92
Niederwalddenkmal 52, 93
Niederwalgern 126
Niethammer XXXII
Nienhagen 68
Nietzsche, Friedrich (1844-1900) XVIII, XXXI, A51, A100, 226
Nigg, Walter A83, A115
Nikodemus 179
Nocke, Pfr. 129
Nordenflycht A33
Nordhausen 63
Nordsee 107
Novalis (Friedrich von Hardenberg) A109

Obermühle (Gaststätte in Braunfels) 22, 23, 38, 54, 89, 139
Obitz (Greifenstein) 107
Ochsenkopf 265
Odenwald 254
Odin A169
Ölenberg A127
Oeri, Hans-Georg A47
Oertel, Wilhelm Friedrich Philipp (1798-1867); Pfr. in Manubach (1821-1835) und Sobernheim (1835-1863). Sein Schriftstellername: von Horn, dessen Arbeiten als Quellen zur Hunsrücker Volkskunde ihren Wert behalten, während seine idealisierenden Charakterzeichnungen aus bäuerl.-konservativem Milieu und die einfachen Handlungen dem heutigen literarischen Geschmack nicht mehr entsprechen XIX
Ohl, Otto Theodor, Lic. (1888-1973); Agent des ostdt. Jünglingsbundes Berlin 1911-1912, Dir. der Inneren Mission Langenberg ab 1912 137, 138
Origenes (um 185-254); Theologe, verband die christl. Lehre mit neuplotonischem Gedankengut, unterschied dreifachen Schriftsinn: einen buchstäblichen, moralischen und mystischen XXXXIX
Ortenbach (Weinstube in Wetzlar) 149
Oschersleben 83
Ostende 92
Ott, Heinrich A101
Otto, Rudolf (1869-1937); 1914 o. Prof. für System. Theologie in Breslau, 1917 in Marburg. Betonte die obj. Seite von Rechtfertigung und Versöhnung, war aber vor allem religionsphilosophisch an dem Wesen des religiösen Erlebnisses interessiert XXXI, XXXIX, LX, A99
Oven von; Pfr. in Fleisbach 113, 147
Ovid; Publius Ovidus Naso (43 v. Chr. bis etwa 18 n. Chr.); Röm. Dichter, Augustus verbannte ihn 8 n. Chr. nach Tomi am Schwarzen Meer X

O

Obenauer, Karl Justus A139
Oberbieber 103
Oberbiel XX, 96, 97

P - QU

Padderatz 89
Panzer, Friedrich A127
Paris XVI, A67, A84, 75, 106